김석귀의

사주감정서

김석귀의 **사주감정서**

초판 1쇄 2013년 08월 20일

지은이 김석귀
발행인 김재홍
기획편집 김태수, 이은주, 권다원
마케팅 이연실

발행처 도서출판 지식공감
등록번호 제396-2012-000018호
주소 경기도 고양시 일산동구 견달산로225번길 112
전화 031-901-9300
팩스 031-902-0089
홈페이지 www.bookdaum.com

가격 58,000원
ISBN 978-89-97955-81-7 03180

김석귀의

사주 감정서

| 김석귀 지음 |

지식공감

推薦書

학술단체 동양철학회 남서울지부 동양철학 교육원

　社團法人 韓國東洋運命哲學人協會(한국동양운명철학인협회) 學術團體 東洋哲學會(동양철학회) 남서울 支部長 金 錫貴先生께서는 天地自然(천지자연)의 靈妙(영묘)한 秘策(비책)을 여기 眞數(진수)로 羅列(나열)하시니 東洋哲學會(동양철학회)의 中興發展(중흥발전)에 瑞光(서광)으로 永遠(영원)하리라.

　天地紫煙(천지자연)의 精氣(정기)를 享受(향수)함으로 저마다 타고난 人間(인간)은 所謂一個(소위일개)의 小宇宙(소우주) 卽 小天地(소천지)이다.

　선생께서 覺苦(각고) 끝에 함께하는 東洋哲學人(동양철학인)들이 學術(학술)을 通常的(통상적) 배우기가 難解(난해)함을 지극히 苦心(고심)하시면서 비책으로 있던 450여 편의 임상 적 實驗(실험)으로서 例問(예

문)을 通(통)해 實證(실증)을 記錄(기록)하시니 當然之事(당연지사) 玉書(옥서)로다.

또한 哲學同好人(철학동호인)으로서 누구나 하지 감히 못하는 바이지만, 秘策(비책)을 여기에 記錄(기록)을 하셨으니 이제 癸巳(계사)년에는 發射(발사)라! (쏘아 올리다.)

여태껏 보지 못하던 地藏干(지장간)속에서 發射(발사)됨을 보고 익혀 가면서 獨學(독학)하는 이 모두가 큰 힘의 字典(자전)으로도 學術界(학술계)의 讀本(독본)으로서 충분하리라.

김석귀 선생의 책 『김석귀사주감정서』는 기존의 命理書(명리서)들과는 그 내용과 해석방법이 대단히 다르고도 새롭다. 그런 점에서 命理學(명리학)을 연구하는데 새로운 地平(지평)을 열 것을 믿어 의심치 않으므로, 哲學人(철학인)과 先後輩(선후배) 江湖諸賢(강호제현)들의 기쁜 消息(소식)으로, 一讀(일독)을 권하는 바이다.

癸巳年 生活易學敎授 明觀 劉基鍾書

초대의 글

　四柱(사주)이란 말도 이제는 우리주변에서 익숙하게 들을 수 있는 單語(단어)가 되었습니다. 많은 분들이 學文(학문)으로 인정하고 배우는 모습을 흔히 볼 수 있기 때문입니다. 다만 일부의 사람들은 아직도 好奇心(호기심)과 두려움이라는 생각 때문에 쉽게 接近(접근)하지 못할 뿐입니다. 東洋醫學(동양의학)에서 몸은 陰陽(음양)의 均衡(균형)이 깨어졌을 때 그대로 放置(방치)하면 病(병)이 된다고 하였습니다. 陰陽(음양)의 均衡(균형)이라고 하면 漠然(막연)하게 생각되지만 身體(신체)의 부족한 부분은 채워주고 넘치는 부분은 배출하여 몸의 均衡(균형)을 잡아 身體活動(신체활동)을 活潑(활발)하게 하는 의미로 받아들이면 됩니다. 하물며 人體(인체)의 생리활동은 五臟(오장)을 基本(기본)으로 하는 생리현상 뿐만 아니라 病理(병리)현상의 모든 變化(변화)에도 가장 큰 영향을 미친다고 볼 수 있습니다.

　東洋哲學(동양철학)도 이러한 基本(기본) 바탕을 가지고 성장한 學文(학문)입니다. 세상에 있는 모든 사물은 각자의 특성을 가지고 存在(존재)하는데 특성을 파악하고 그 특성에 따라 陰陽(음양)의 調和(조화)를 이루도록 이끌어 주는 學文(학문)이 東洋哲學(동양철학)이라고 생각 했기에 추천합니다.

　생각과 실천, 노력과 단합, 서로에 대한 의지의 꽃을 활짝 피워주신 여러분들의 앞날에 祝賀(축하)를 보내드리고 싶습니다. 끝으로 모든 분들을 이끌고 率先垂範(솔선수범)하시면서 묵묵히 자리를 지켜주시는 東洋

哲學會(동양철학회) 남서울 김석귀 支部長(지부장)님과 중앙회 회장님, 이하 임원여러분들과 전국에 계시는 동양철학회 회원님들의 소중한 觀心(관심)에 깊은 감사를 드리고 남서울 지부 회원 여러분, 東洋哲學敎育院 敎育生(동양철학교육원 교육원생), 哲學同好(철학동호)인 분들의 獻身的(헌신적)인 노력이 빛나기를 祈願(기원)합니다.

癸巳年 산야초 연구소 소장 김 민 서

머리말

존경하는 회원 여러분 반갑습니다.

회원 여러분과 인연을 맺은 지도 어연 15년이 넘었습니다. 그 동안 멀리 바라보이던 세상이 우리에게 가까이 다가온 느낌입니다. 나날이 발전하는 현대 사회는 더 복잡해지고 혼란스러운 시대로 가고 있는 것을 많은 사람들은 느끼고 있습니다.

지나간 세월 동안 조상님들과 우리들이 연구한 학문이 미신이다. 맞지 않는다. 과거는 맞는데 미래는 모른다. 등등 구구절절한 오해를 받아가면서도 포기하지 않고 지속적인 만남과 계속적인 연구를 통해서 발전해가는 모습을 뵈올 때 가슴 한 켠으로 뿌듯함을 느끼고 미래의 여러 사람들에게 앞날이 밝아짐을 느꼈습니다.

그동안 왕성한 활동과 꾸준히 봉사를 하면서 우리나라의 전통을 살리고 정신적인 지주로써 자리 메김을 하여 많은 분들께 꼭 필요한 학문으로 부각시켜 심을 감사하게 생각합니다.

고로 여러 회원여러분들께서 다양한 계층의 사람들에게 심리적으로 정신적으로 안정을 찾아주며 그분들의 나아갈 길에 등불을 밝혀주시는 역할을 하시고 계시는 모습이 자랑스럽습니다. 이 책은 그동안 함께 노력해 왔던 남서울지부 회원 여러분들과 함께 집필 하였습니다. 부족하나마 이 책을 통하여 주변의 많은 사람들이 심리적으로 건강하고 행복한 생활을 할 수 있다면 큰 영광이 되겠습니다.

『김석귀사주감정서』 책이 나오도록 아낌없는 노력을 해 주신 동양철학회

남서울지부 회원님, 전국에 철학동호님 들과 출판관계자 여러분들께 감사
드립니다.

癸巳年 동양철학회 남서울지부 지부장 好傘 金 錫 貴

차례

제 1 장

사주의 기초와 격국

천간(天干)

하늘의 오행이며 10간(干)이라고 한다.

순위	1	2	3	4	5	6	7	8	9	10
10간	갑(甲)	을(乙)	병(丙)	정(丁)	무(戊)	기(己)	경(庚)	신(辛)	임(壬)	계(癸)
오행	목	목	화	화	토	토	금	금	수	수
음양	양	음	양	음	양	음	양	음	양	음

지간(支干)

땅의 오행이며 12지(支)라고 한다.

월	11	12	1	2	3	4	5	6	7	8	9	10
12지	자(子)	축(丑)	인(寅)	묘(卯)	진(辰)	사(巳)	오(午)	미(未)	신(申)	유(酉)	술(戌)	해(亥)
오행	수	토	목	목	토	화	화	토	금	금	토	수
음양	양	음	양	음	양	음	양	음	양	음	양	음
띠별	쥐	소	범	토끼	용	뱀	말	양	원숭이	닭	개	돼지

오행(五行)의 상생(相生)과 상극(相剋)

1. 상생(相生)

五行(오행)이 巡行(순행)하여 서로 生(생)하여 주는 것이다.

‒ 木生火(목생화). 火生土(화생토). 土生金(토생금). 金生水(금생수). 水生木(수생목).

2. 상극(相剋)

五行(오행)이 相對(상대)를 서로 만남에 이기고 지는 관계에 避害(피해)를
당하는 이치다.

‒ 火剋金(화극금). 金剋木(금극목). 木剋土(목극토). 土剋水(토극수). 水剋火(수극화).

천간합(天干合)

天干合(천간합)은 각각 여섯 번째 天干(천간)과 슴(합)되어 다른 五行(오행)으로 변하며 뜻은 아래와 같다.

갑(甲)+기(己)=토(土)...중정지합(中正之合)
을(乙)+경(庚)=금(金)...인의지합(仁義之合)
병(丙)+신(辛)=수(水)...위엄지합(威嚴之合)
정(丁)+임(壬)=목(木)...인수지합(仁壽之合)
무(戊)+계(癸)=화(火)...무정지합(無情之合)

지지합(地支合)

地支合(지지합) 에는 세 가지가 있는데 삼합(三合), 방합(方合), 육합(六合)이고 作用(작용)은 다음과 같다.
삼합(三合)은 다음과 같다.

亥卯未는 木局으로 변하고 巳酉丑은 金局으로 변한다.
寅午戌은 火局으로 변하고 申子辰은 水局으로 변한다.

三合(삼합)은 지지의 세 글자가 意氣投合(의기투합) 하여 하나의 나라를 만드는 것을 말한다. 그러나 둘만 있어도 반합(半合)이라 하여 약한 三合(삼합)으로 본다.

방합(方合)

寅卯辰은=木局　巳午未은=火局　申酉戌은=金局　亥子丑은=水局 변한다.

方合(방합)은 한 글자가 반드시 월지(月支)에 있고, 세 글자가 모두 합쳐져야 成立(성립) 된다. 三合(삼합)과는 다르게 두개만으로는 方合局(방합국)이 될 수 없다.

육합(六合)

子丑은 = 土 辰酉은 = 金 寅亥은 = 木 巳申은 = 水 卯戌은 = 火

六合(육합)은 天干合(천간합)과 마찬가지로 서로 意氣投合(의기투합)하여 힘을 과시하는 것을 말한다.

천간충(天干沖)

甲庚沖	乙辛沖	丙壬沖	丁癸沖	甲戊沖	乙己沖	庚丙沖	辛丁沖	壬戊沖	癸己沖

칠충(七沖)이라 하며, 일곱 번째 천간(天干)끼리 충돌하므로 칠살(七殺)이라고도 한다. 양간(陽干)은 양간(陽干)끼리 음간(陰干)은끼리 음간(陰干)끼리 충(沖)한다.

지지충(地支沖)

寅申沖	巳亥沖	子午沖	卯酉沖	辰戌沖	丑未沖

인신충 (寅申沖). 사해충 (巳亥沖). 자오충 (子午沖).
묘유충 (卯酉沖). 진술충 (辰戌沖). 축미충 (丑未沖).

【천간과 지지의 물상법】

분류 五行	天干	地支	물상
木 木	甲	寅	큰 나무
	乙	卯	작은 나무, 화초, 넝쿨나무
火 火	丙	巳	태양, 큰 불
	丁	午	용광로, 별, 반딧불, 촛불, 형광등, 불씨
土 土	戊	辰 戌	큰 산, 둑, 댐, 마른 흙
	己	丑 未	작은 흙, 먼지, 논밭, 기름진 땅, 화분의 흙, 습토
金 金	庚	申	큰 무쇠덩어리, 서리
	辛	酉	제련된 금, 비수, 침, 귀금속
水 水	壬	亥	호수, 바닷물, 큰 강물
	癸	子	이슬비, 개울물

【천간(10)과 (12)지의 속한 사항】

속성 ＼ 간지	甲 乙 寅 卯	丙 丁 巳 午	戊 巳 辰 戌 丑 未	庚 辛 申 酉	壬 癸 子 亥
오행	목(木)	화(火)	토(土)	금(金)	수(水)
방위	동	남	중앙	서	북
계절	봄	여름	사계절마다 하나씩 있다	가을	겨울
색상	푸른색	붉은색	황토색	흰색	검정색
오미	신맛	쓴맛	단맛	매운맛	짠맛
오장	간, 담	심장, 소장	비위, 위장	폐, 대장	신장, 방광
성질	인(仁) 인정	예(醴) 명랑	신(信) 의리	의(義) 냉정	지(智) 비밀
하루	아침	정오	하루에도 3시간마다 하나씩 있음	저녁	밤
한글 오행	ㄱ, ㅋ	ㄴ, ㄷ ㄹ, ㅌ	ㅇ, ㅎ	ㅅ, ㅈ, ㅊ	ㅁ, ㅂ, ㅍ
질병	간, 쓸개 신경, 두통	심장, 소장 눈병, 고혈압	비장, 위장 당뇨, 피부	폐, 대장 뼈, 기관지	신장, 방광 혈병, 부인병
후천수	3, 8	2, 7	5, 10	4, 9	1, 6

【24절기(節期)】

12절기만 설명함

월별	절기	내용	양력
1월	입춘(立春)	봄이 시작이 되는 날.	2월4.5일경
2월	경칩(驚蟄)	잠자던 개구리 등이 봄기운 에 잠을 깬다는 날.	3월 5일경
3월	청명(淸明)	봄기운이 화창하다는 뜻	4월 5일경
4월	입하(立夏)	여름이 시작이 되는 날	5월 5일경
5월	망종(芒種)	보리 등 까끄라기가 있는 곡식을 수확 한다는 날	6월 5일경
6월	소서(小暑)	더위가 발산 하는 날	7월 6일경
7월	입추(立秋)	가을이 시작 되는 날	8월 7일경
8월	백로(白露)	이슬이 뽀얀 기운이 돈다는 날	9월 7일경
9월	한로(寒露)	찬 이슬이 내린다는 날	10월 8일경
10월	입동(立冬)	겨울이 시작 되는 날	11월 7일경
11월	대설(大雪)	눈이 많이 내린다는 날	12월 6일경
12월	소한(小寒)	아주 추운 날	1월 5일경

【지장간 도표 및 기간】

	초 중 정	
寅	戊 丙 甲	입춘(立春) 후 7일간은 戊土. 그 후 7일간은 丙火. 그 후 16일간은 甲木이 사령한다.
卯	甲 　 乙	경칩(驚蟄) 후 10일간은 甲木. 그 후 20일간은 乙木이 사령한다.
辰	乙 癸 戊	청명(淸明) 후 9일간은 乙木. 그 후 3일간은 癸水. 그 후 그 후 18일간은 戊土가 사령한다.
巳	戊 庚 丙	입하(立夏) 후 7일간은 戊土. 그 후 7일간은 庚金. 그 후 16일간은 丙火가 사령한다.
午	丙 己 丁	망종(芒種) 후 10일간은 丙火. 그 후 9일간은 己土. 그 후 11일간은 丁火가 사령한다.
未	丁 乙 己	소서(小暑) 후 9일간은 丁火. 그 후 3일간은 乙木. 그 후 18일간은 己土가 사령한다.
申	戊 壬 庚	입추(立秋) 후 7일간은 戊土. 그 후 7일간은 壬水. 그 후 16일간은 庚金이 사령한다.
酉	庚 　 辛	백로(白露) 후 10일간은 庚金. 그 후 20일간은 辛金이사령한다.
戌	辛 丁 戊	한로(寒露) 후 9일간은 辛金. 그 후 3일간은 丁火. 그 후 18일간은 戊土가 사령한다.
亥	戊 甲 壬	입동(立冬) 후 7일간은 戊土. 그 후 7일간은 甲木. 그 후 16일간은 壬水가사령한다.
子	壬 　 癸	대설(大雪) 후 10일간은 壬水. 그 후 20일간은 癸水가사령한다.
丑	癸 辛 己	소한(小寒) 후 9일간은 癸水. 그 후 3일간은 辛金. 그 후 18일간은 己土가 사령한다.

【월 간지표】

월별	년간 / 절기	甲 乙	乙 庚	丙 辛	丁 壬	戊 癸
1월	입춘(立春)	丙 寅	戊 寅	庚 寅	壬 寅	甲 寅
2월	경칩(驚蟄)	丁 卯	己 卯	辛 卯	癸 卯	乙 卯
3월	청명(清明)	戊 辰	庚 辰	壬 辰	甲 辰	丙 辰
4월	입하(立夏)	己 巳	辛 巳	癸 巳	乙 巳	丁 巳
5월	망종(芒種)	庚 午	壬 午	甲 午	丙 午	戊 午
6월	소서(小暑)	辛 未	癸 未	乙 未	丁 未	己 未
7월	입추(立秋)	壬 申	甲 申	丙 申	戊 申	壬 申
8월	백로(白露)	癸 酉	乙 酉	丁 酉	己 酉	辛 酉
9월	한로(寒露)	甲 戌	丙 戌	戊 戌	庚 戌	壬 戌
10월	입동(立冬)	乙 亥	丁 亥	己 亥	辛 亥	癸 亥
11월	대설(大雪)	丙 子	戊 子	庚 子	壬 子	甲 子
12월	소한(小寒)	丁 丑	己 丑	辛 丑	癸 丑	乙 丑

【시 간지표】

시간		甲乙 日	乙庚 日	丙辛 日	丁壬 日	戊癸 日
자(子)시	밤 11시 30분 부터 새벽 1시 30분 까지	甲子	丙子	戊子	庚子	壬子
축(丑)시	새벽 1시 30분 부터 새벽 3시 30분 까지	乙丑	丁丑	己丑	辛丑	癸丑
인(寅)시	새벽 3시 30분 부터 새벽 5시 30분 까지	丙寅	戊寅	庚寅	壬寅	甲寅
묘(卯)시	새벽 5시 30분 부터 오전 7시 30분 까지	丁卯	己卯	辛卯	癸卯	乙卯
진(辰)시	오전 7시 30분 부터 오전 9시 30분 까지	戊辰	庚辰	壬辰	甲辰	丙辰
사(巳)시	오전 9시 30분 부터 오전 11시 30분 까지	己巳	辛巳	癸巳	乙巳	丁巳
오(午)시	오전 11시30분 부터 오후 1시 30분 까지	庚午	壬午	甲午	丙午	戊午
미(未)시	오후 1시 30분 부터 오후 3시 30분 까지	辛未	癸未	乙未	丁未	己未
신(申)시	오후 3시 30분 부터 오후 5시 30분 까지	壬申	甲申	丙申	戊申	庚申
유(酉)시	오후 5시 30분 부터 밤 7시 30분 까지	癸酉	乙酉	丁酉	己酉	辛酉
술(戌)시	밤 7시 30분 부터 밤 9시 30분 까지	甲戌	丙戌	戊戌	庚戌	壬戌
해(亥)시	밤 9시 30분 부터 밤 11시 30분 까지	乙亥	丁亥	己亥	辛亥	癸亥

【육신법】

日干 六神	甲	乙	丙	丁	戊	己	庚	辛	壬	癸
비견	甲寅	乙卯	丙巳	丁午	戊辰戌	己丑未	庚申	辛酉	壬亥	癸子
겁재	乙卯	甲寅	丁午	丙巳	己丑未	戊辰戌	辛酉	庚申	癸子	壬亥
식신	丙巳	丁午	戊辰戌	己丑未	庚申	辛酉	壬亥	癸子	甲寅	乙卯
상관	丁午	丙巳	己丑未	戊辰戌	辛酉	庚申	癸子	壬亥	乙卯	甲寅
편재	戊辰戌	己丑未	庚申	辛酉	壬亥	癸子	甲寅	乙卯	丙巳	丁午
정재	己丑未	戊辰戌	辛酉	庚申	癸子	壬亥	乙卯	甲寅	丁午	丙巳
편관	庚申	辛酉	壬亥	癸子	甲寅	乙卯	丙巳	丁午	戊辰戌	己丑未
정관	辛酉	庚申	癸子	壬亥	乙卯	甲寅	丁午	丙巳	己丑未	戊辰戌
편인	壬亥	癸子	甲寅	乙卯	丙巳	丁午	戊辰戌	己丑未	庚申	辛酉
인수	癸子	壬亥	乙卯	甲寅	丁午	丙巳	己丑未	戊辰戌	辛酉	庚申

【육신(六神) 조견표】

육신	남자	여자
비견(比肩)	형제. 친구. 선배. 경쟁자.	자매. 친구. 동서. 남편의 여자
겁재(劫財)	누이. 이북형제. 사촌. 처의 남자	남자형제. 남편의 여자. 동서
식신(食神)	장모. 사위. 손자. 조모. 밥그릇	딸. 조모. 자궁. 유방. 식기 밥그릇
상관(傷官)	조모. 손녀. 조카. 장모	아들. 조모. 자궁. 유방. 식기
편재(偏財)	부친. 백부. 첩. 재물. 처남	부친. 시어머니. 백부. 재물
정재(正財)	처. 숙부. 재물	시어머니. 숙부. 재물
편관(偏官)	아들. 조카.	외간남자. 남편의 형제
정관(正官)	딸. 질녀. 관직. 직장	남편. 남편의 형제. 관직
편인(偏印)	계모. 이모. 조부. 문서	계모. 이모. 조부. 문서
인수(印綬)	모친. 장인. 학문. 문서	모친. 사위. 학문. 문서

육신(六神)을 표출하는 방법

비견(比肩) : 일간과 오행이 같고 음양(陰陽)도 같은 것.

겁재(劫財) : 일간과 오행이 같고 음양(陰陽)이 다른 것.

식신(食神) : 일간이 생하고 음양(陰陽)이 같은 것.

상관(傷官) : 일간이 생하고 음양(陰痒)이 다른 것.

편재(偏財) : 일간이 극하고 음양(陰陽)이 같은 것.

정재(正財) : 일간이 극하고 음양(陰陽)이 다른 것.

편관(偏官) : 일간을 극하고 음양(陰陽)이 같은 것.

정관(正官) : 일간을 극하고 음양(陰陽)이 다른 것.

편인(偏印) : 일간을 생하고 음양(陰陽)이 같은 것.

인수(印綬) : 일간을 생하고 음양(陰陽)이 다른 것.

나와 같으면 비견겁재(比肩劫財)요.

내가 도와주면 식신상관(食神傷官)이요.

내가 극하는 상대방은 편재정재(偏財正財)요.

나를 도와주면 편인인수(偏印印綬)요.

나를 다스리면 편관정관(偏官正官)이다.

일반 10격(格)

1. 관인상생격(官印相生格)

2. 제살태과격(制殺太過格)

3. 식상생재격(食傷生財格)

4. 재자약살격(財滋弱殺格)

5. 식상용식상격(食傷用食傷格)

6. 재다용비격(財多用比格)

7. 살중용인격(殺重用印格)

8. 식상제살격(食傷制殺格)

9. 식상용인격(食傷用印格)

10. 무격(無格)

종격(從格)

본항 이하에서 설명할 從格(종격), 化格(화격), 一行得氣格(일행득기격), 兩神成象格(양신성상격), 등은 지금까지 설명한 四柱(사주)의 일반 原則(원칙)에 의하지 아니하고 특별한 原則(원칙)에 의하므로 이를 四柱(사주) 推命學(추명학)상의 用語(용어)로 外格(외격)이라 한다.

從格(종격)은 四柱八字(사주팔자)의 전부 또는 대부분을 官殺(관살), 財星(재성), 食傷(식상), 印星(인성), 比劫(비겁)중의 어느 한두 가지가 차지하고 있어, 內格(내격)과 같이 日柱(일주)를 중심으로 해서 身强(신강), 身弱(신약)등을 밝히지 않고, 四柱(사주)의 대부분을 차지하고 있는 六神(육신)의 氣勢(기세)에 따라 用神(용신)을 정하는 四柱(사주)를 말한다. 같은 從格(종격)에도 四柱(사주)의 전부 또는 대부분을 차지하고 있는 六神(육신)에 의하여 다음과 같이 분류된다.

1. 從强格(종강격) 및 從旺格(종왕격)

從强格(종강격)은 四柱(사주)의 전부 또는 대부분을 比劫(비겁) 또는 印星(인성)이 차지하고 있는 것을 말한다. 원래 比劫(비겁)보다 印星(인성)이 많은 것을 從强格(종강격)이라 하고, 印星(인성)보다 比劫(비겁)이 많은 것을 從旺格(종왕격)이라 하나 이 兩者(양자)는 四柱(사주)를 푸는 方法(방법)이 대동소이(大同小異)하므로 번잡을 피해 從强格(종강격)에 兩者(양

자)를 포함시켰다,

從强格(종강격)에 즉 四柱(사주)의 전부 또는 대부분이 比劫(비겁)또는 印星(인성)으로 구성되어 있는 四柱(사주)는 比劫(비겁) 또는 印星(인성)의 大勢(대세)에 따라야 하며 이에 거슬러서는 아니 된다, 고로 比劫(비겁) 또는 印星(인성)의 大運(대운)을 만나면 四柱(사주)가 대길(大吉)한 반면 比劫(비겁) 또는 印星(인성)과 相剋(상극)되는 財星(재성) 또한 官殺運(관살운)을 만나면 四柱(사주)가 대흉(大凶)하다, 食傷運(식상)은 四柱(사주)의 전부 또는 대부분이 比劫(비겁)으로 되어 있을 때에는 좋으나, 印星(인성)로 되어 있을 때에는 凶(흉)하다.

比劫(비겁)이 많을 때는 比劫運(비겁운), 印星運(인성운), 食傷運(식상운), 吉(길)하고 財星(재성), 官星運(관성운)은 不吉(불길)하다.

印星(인성)이 많을 때는 比劫運(비겁운), 印星運(인성운), 官星運관성운)이 吉(길)하고 食傷運(식상운), 財星運(재성운) 不吉(불길)하다.

2. 從官煞格(종관살격) 및 從財格(종재격)

從官煞格(종관살격) 및 從財格(종재격)은 四柱八字(사주팔자)의 전부 또는 대부분을 官星(관성) 또는 財星(재성)이 차지하고 있는 四柱(사주)를 말한다. 從官煞格(종관살격)은 四柱(사주)의 일반 原則(원칙) 과는 달리, 印星(인성) 및 比劫(비겁)이 四柱(사주)에 있거나 그런 大運(대운)을 만나면 크게 凶(흉)하고, 財星(재성)이나 官星運(관성운)을 만나면 大吉(대길)하다. 또 食傷運(식상운)도 四柱(사주)의 대부분을 차지하고 있는 官星(관성)과 相沖(상충)되어 해롭다.

從財格(종재격)도 印星(인성) 및 比劫(비겁)이 四柱(사주)에 있거나 그런 運(운)을 만나면 大凶(대흉)하고 財星(재성)이나 食傷運(식상운)을 만나야 吉(길)하다. 그러나 從財格(종재격)은 從官煞格(종간살격)과는 달리 食

傷(식상)은 四柱(사주)의 대부분을 차지하고 있는 財星(재성)를 상생(相生)하므로 吉(길)하다. 從財格(종재격)은 그 四柱八字(사주팔자) 중에 食傷(식상)이 있으면 비단 공명(功名)이 크게 떨칠 뿐만 아니라 一生(일생)을 통해 크게 凶(흉)한 일을 당하지 아니한다. 그것은 從財格(종재격)이 가장 싫어하는 比劫運(비겁운)을 만났더라도 四柱(사주) 중의 食傷(식상)이 五行相生(오행상생)의 法則(법칙)에 의하여 比劫(비겁)을 財星(재성)으로 화하게 하기 때문이다. 만일 從財格(종재격)이 四柱(사주) 중에 食傷(식상)이 없으면 학문(學問)에 전혀 취미를 가질 수 없을 뿐만 아니라 일단 比劫運(비겁운)을 만나면 크게 凶(흉)한 일을 당한다.

從官煞格(종관살격)은 官星運(관성운), 財星運(재성운), 吉(길)하고 比劫運(비겁운), 食傷運(식상운), 印星運(인성운)은 凶(흉)하다.

從財格(종재격)은 財星運(재성운), 食傷運(식상운), 吉(길)하고 比劫運(비겁운), 印星運(인성운), 官星運(관성운)은 凶(흉)하다.

3. 從我格(종아격)

從我格(종아격)은 四柱八字(사주팔자)의 전부 또는 그 대부분을 食傷(식상)이 차지하고 있는 四柱(사주)를 말한다. 食傷(식상)은 四柱推命學(사주추명학)상 자식(子息)을 의미하므로 이를 從我格(종아격)이라고 命名(명명)한 것이다. 從我格(종아격)은 四柱(사주)에 印星(인성)이 있거나 印星運(인성운)을 만나는 것을 싫어하고 다음은 官星運(관성운)을 싫어한다.

그것은 印星(인성) 및 官星(관성)은 食傷(식상)과 相沖(상충)되기 때문이다. 從我格(종아격)은 四柱(사주)에 財星(재성)이 있거나 財星運(재성운)을 만나면 富貴(부귀)하지 않는 사람이 없으며, 그 人物(인물)역시 總名(총명)하고 學文(학문)이 정순하다. 比劫運(비겁운)은 일반적으로 財星(재성)과 相剋(상극)되기 때문에 不吉(불길)하다.

從我格(종아격)은 食傷運(식상운), 財星星(재성운), 吉(길)하고, 印星運(인성운), 官星運(관성운), 比劫運(비겁운)은 不吉(불길)하다.

4. 從勢格(종세격)

從勢格(종세격)이란 四柱八字(사주팔자)에 印星(인성) 및 比劫(비겁)이 전혀 없거나, 있더라도 극히 微弱(미약)하고? 財星(재성), 官星 (관성) 및 食傷(식상) 三子(삼자)가 똑 같이 旺盛(왕성)하여 서로 그 强弱(강약)을 구별할 수 없는 것을 말한다. 財星(재성), 官星(관성) 및 食傷(식상) 중 어느 하나가 특히 旺盛(왕성)할 때는 앞서 설명한 從財格(종재격) 從官煞格(종관살격) 및 從我格(종아격) 등의 法則(법칙)에 의하여 解決(해결)하면 된다. 그러나 從勢格(종세격)은 財星(재성), 官星(관성) 및 食傷(식상)중에 그 강약을 구분할 수 없는 것을 말하므로 다음과 같은 法則(법칙)에 의한다. 즉 五行相生(오행상생)의 法則(법칙)에 의하여 食傷(식상)과 官星(관성)을 和解(화해)시키는 財星運(재성운)이 가장 吉(길)하고 다음은 官星運(관성운)이고 그 다음은 食傷運(식상운)이다. 그리고 比劫(비겁) 및 印星運(인성운)은 흉(凶)하다.

5. 化格(화격) 및 假化格(가화격)

앞서 설명한 從格(종격)과 비슷한 것에 化格(화격)이 있다. 干合(간합)이 四柱(사주)상의 日柱(일주)를 中心(중심)으로 해서 時干(시간) 또는 月干(월간)에 있고, 그 干合(간합)이 표시하는 五行(오행)에 해당하는 干支(간지)가 많이 있는 四柱(사주)를 化格(화격)이라 한다.

즉 甲己 는 干合(간합)하여 土가 되는데, 日柱(일주)가 甲일이고 月干(월간) 또는 時干(시간)에 己토가 있든지 己일 때는 月干(월간) 또는 時干(시간)에 甲이 있는 것을 말한다. 그러나 火格(화격)이 成立(성립)되기 위해서는 다시 月支(월지)가 干合(간합)의 五行(오행)과 일치해야 한다. 고로 甲己의 火格(화격)은 月支(월지)가 辰戌丑未월이어야 하고 丙辛의 化格(화격)은 月支(월지)가 申子辰亥월이어야 한다. 申 및 辰은 그 五行(오행)이 수는 아니나 三合(삼합)하여 수로 화하므로 無妨(무방)하다. 戊癸의 化格(화격)은 月支(월지)가 寅午戌巳월이어야 하고, 乙庚의 化格(화격)은 月支(월지)가 巳酉丑申월이어야 하며 丁壬의 化格(화격)은 月支(월지)가 亥卯未寅월이어야 한다. 그리고 火格(화격)은 四柱(사주) 속에 干合(간합)이 표시하는 五行(오행)에 해당하는 干支(간지)가 많을수록 吉(길)한데, 만일 이것이 부족할 때는 이를 生(생)하는 運(운)이 吉(길)하고, 반면 太過(태과)할 때는 이를 漏出(누출)시키는 運(운)이 吉(길)하다. 가령 甲己토의 化格(화격)에 있어서 四柱(사주) 속에 土가 부족할 때는 土運(토운)이나 土를 生(생)하는 火 運(운)이 吉(길)하고, 반대로 四柱(사주)전체가 土로 되어 토기(土氣)가 過多(과다)할 때는 이 土氣(토기)를 漏泄(누설)시키는 金運(운)이 吉(길)하다. 그리고 土氣(토기)와 相剋(상극)되는 水, 木, 運(운)은 모두 不吉(불길)하다.

假化格(가화격)은 化格(화격) 중 그 四柱(사주) 중에 火氣(화기)와 相沖(상충)되는 干支(간지)가 있는 것을 말한다. 즉 甲己 化格(화격)에 있어 土氣(토기)와 相沖(상충)되는 木 또는 水氣(수기)가 四柱(사주)중에 있는 것을 말한다. 일반적으로 假化格(가화격)에 해당하는 四柱八字(사주팔자)는 幼年(유년)시 孤獨(고독)하고 苦難(고난)이 많은 것이 特徵(특징)인데, 假化格(가화격)이더라도 化格(화격)과 같은 氣運(기운)을 만나면 富貴多福(부귀다복)할 수 있다. 반면 吉運(길운)을 만나지 못하면 그 性格(성격)이 倨慢(거만)하고 疑心(의심)이 많으며, 苦難(고난)이 많이 따른다.

6. 一行得氣格(일행득기격)

一行得氣格(일행득기격)은 앞서 설명한 從强格(종강격)의 一種(일종)이다. 四柱(사주)를 푸는 方法(방법)도 從强格(종강격) 중 比劫(비겁)이 많은 것과 똑같다. 다만 四柱推命學(사주추명학)의 鼻祖(비조)인 서공승이 쓴 연해자평에서 특별히 取扱(취급)했기 때문에 오늘날까지 一般的(일반적)으로 從强格(종강격)에서 分離(분리)하여 說明(설명)하고 있다.

一行得氣格(일행득기격)은 다음과 같다.

1. 甲乙일생으로 지지에 寅卯辰 또는 亥卯未 전부가 있고 金이 섞여있지 않을 것……. 이것을 曲直仁壽格(곡직인수격)이라 한다.

2. 丙丁일생으로 지지에 巳午未 또는 寅午戌 전부가 있고 水가 섞여있지 않을 것……. 이것을 炎上格(염상격)이라 한다.

3. 戊己일생으로 지지에 辰戌丑未 전부가 있고 木이 섞여 있지않을 것……. 이것을 稼穡格(가색격)이라 한다.

4. 庚辛일생으로 지지에 申酉戌 또는 巳酉丑 전부가 있고 火가 섞어있지 않을 것……. 이것을 從革格(종혁격)이라 한다.

5. 壬癸일생으로 지지에 亥子丑 또는 申子辰 전부가 있고 土가 섞여있지 않을 것……. 이것을 潤下格(윤하격)이라 한다.

이상 一行得氣格(일행득기격)은 從强格(종강격) 중 四柱(사주)에 比劫(비겁)이 많은 것과 同一(동일)하게 取扱(취급)되므로 印星(인성), 比劫(비겁) 및 食傷運(식상운)은 吉(길)하고 財星(재성) 및 官星運(관성운)은 不吉(불길)하다. 만일 四柱(사주)에 食傷(식상)이 있을 때에는 印星(인성)이 食傷(식상)을 極害(극해)하므로 印星運(인성운)은 不吉(불길)하다.

7. 兩神成象格(양신성상격)

兩神成象格(양신성상격)이란 木火, 火土 등 두 개의 五行(오행)이 四柱(사주)의 양간 양지를 각각 차지하고 있는 四柱(사주)를 말한다. 一般的(일반적)으로 양간양지를 다른 두개의 五行(오행)이 차지하고 있는 한 모두 兩神成象格(양신성상격)으로 取扱(취급)하고 있으나, 실상 土金, 金水, 水木, 木火 등 서로 相生(상생)하는 두 개의 五行(오행)으로 구성되어 있는 四柱(사주)에 한하는 것이 타당할 것이다.

그것은 木土, 土水, 水火, 火金, 金木 등 서로 相剋(상극)되는 五行(오행)으로 구성되어 있는 四柱(사주)는 抑扶法(억부법)에 의하여 解決(해결)하여야 하기 때문이다. 서로 相生(상생)하는 두 개의 五行(오행)으로 구성되어 있는 四柱(사주) 즉 兩神成象格(양신성상격)을 푸는 方法(방법)은 從强格(종강격)의 方法(방법)과 같다. 즉 木과 火의 兩神成象格(양신성상격)은 木, 火 運(운)이 가장 吉(길)하며, 土 金. 運(운)은 木, 火, 와 相沖(상충)되는 고로 가장 不吉(불길)하다. 兩神成象格(양신성상격)은 吉運(길운)을 만나면 부귀(富貴)할 수 있어나 만일 凶運(흉운)을 만나면 貧賤(빈천)하게 된다. 실상 兩神成象格(양신성상격)은 그 吉運(길운)이 際限(제한)되어 있어 한 平生(평생)을 福祿(복록)을 누리기는 困難(곤란)하다.

8. 中和(중화)

四柱(사주) 중 가장 吉(길)한 것은 中和(중화)된 四柱(사주)이다. 四柱(사주)가 中和(중화)되면 富貴榮華(부귀영화)를 누릴 뿐만 아니라 人間五服(인간오복)을 모두 具備(구비)하게 된다. 앞서 설명한 抑扶法(억부법)도 强者(강자)를 抑制(억제)하고 弱者(약자)를 生助(생조)하여 四柱(사주)상의 五行(오행)을 中和(중화)시키자는 것이다. 대개의 四柱(사주)는 五行(오행)이 中和(중화)되지 아니하여 혹은 身强(신강)이거나 혹은 身弱(신약)이거나 혹은 用神(용신)의 힘이 부족 되거나 이런 四柱(사주)는 用神(용신)과 和合(화합)되는 運(운)을 만나면 吉(길)하나 일단 用神(용신)과 상반되는 運(운)을 만나면 역경에 처하게 된다. 그러나 中和(중화)된 四柱(사주)는 吉運(길운)에는 發展(발전)하고, 凶運(흉운)에도 평온무사 하게 지낼 수 있다. 中和(중화)된 四柱(사주)는 四柱(사주) 중의 五行(오행)의 流通(유통)에 부족 됨이 없고 日干(일간)을 剋(극)하는 六神(육신)과 生助(생조)하는 六神(육신)이 서로 中和(중화), 衡平(형평)을 이루고 있는 것을 말한다.

9. 通關(통관)

四柱(사주) 중에 旺盛(왕성)한 두 五行(오행)이 대립되어 있어 어느 것이나 抑制(억제)하기 困難(곤란)한 경우, 이를 서로 流通(유통)하게 하는 六神(육신)으로 用神(용신)을 삼는 境遇(경우)가 있는데, 이 境遇(경우) 그 用神(용신)을 通關(통관)지신이라고 한다. 가령 正財(정재)와 印星(인성)이 서로 대립하여 있을 때 그 勢力(세력)이 兩立(양립)하여 어느 하나를 抑制(억제)하기 困難(곤란)한 境遇(경우), 官星(관성)과 財生官(재생관), 官生印(관생인)하여 兩者(양자)를 서로 流通(유통)시켜 五行(오행)의 中和(중화)를 도모한다. 따라서 이런 境遇(경우) 四柱(사주)의 일반 原則(원칙)과 달리 用神(용신)은 官星(관성)이다. 이것을 天上(천상)의 관내에 있는 織女(직녀)와 관외에 있는 우랑이 通關(통관)하여 洞房(동방)에 들어가는 것에 비유하여 通關(통관)지신이라고 한다.

10. 調候(조후)

天地間(천지간)의 萬物(만물)은 陰陽(음양)의 調和(조화)에 의하여 이루어졌다. 男性(남성) 또는 女性(여성)만으로는 人間(인간) 社會(사회)가 유지될 수 없으며 乾燥(건조)한 沙漠(사막)이나 한냉한 氷原(빙원)에는 生物(생물)이 存在(존재)할 수 없다. 이와 같은 自然界(자연계)의 原理(원리)는 四柱(사주)에도 適用(적용)된다. 陰陽(음양) 및 五行(오행)의 調和(조화)를 尊重(존중)하는 四柱(사주) 推命學(추명학)에 이 原則(원칙)이 適用(적용)됨은 오히려 當然(당연)하다고 해야 할 것이다.

四柱(사주)상의 陰陽(음양)의 調和(조화)를 調候(조후)라고 한다. 調候(조후)는 自然界(자연계)의 天氣(천기) 및 氣溫(기온)과 마찬가지로 한난조습(寒暖燥濕)의 五行(오행)상의 調和(조화)이다. 五行(오행)상의 寒(한), 暖(난), 燥(조), 濕(습)은 다음과 같다.

천간의 금, 수 즉 경(庚) 신(辛) 임(壬) 계(癸)는 寒(한), 하고,

　　목, 화 즉 갑(甲) 을(乙) 병(丙) 정(丁)은 暖(난), 하다.

　　토,　즉 무(戊) 기(己)는 寒暖(한난)의 中間(중간)에 위치한다.

지지의 금, 수 즉 신(申) 유(酉) 해(亥) 자(子)는 濕(습), 하고,

　　목, 화 즉 인(寅) 묘(卯) 사(巳) 오(午)는 燥(조), 하다.

　　토　즉 술(戌) 미(未)는 燥(조), 하고,

　　　　진(辰) 축(丑)은 濕(습), 하다.

이를 季節(계절)별로 보면 推動(추동)지절은 한습하고, 춘하지절은 난조하다. 이와 같은 寒暖燥濕(한난조습) 즉 氣候(기후)의 調節(조절)은 다음과 같다.

四柱(사주) 전체를 觀察(관찰)하여 과하게 寒濕(한습)하면 暖燥(난조)지

기가 必要(필요)하고, 과하게 暖燥(난조)하면 寒濕(한습)지기가 必要하
다. 이 原則에 適合한 四柱는 吉(길)하고 反對(반대)되는 四柱(사주)는
不吉(불길)하며 福澤(복택)이 부족하다. 따라서 四柱(사주)가 과하게 寒
濕(한습) 또는 暖燥(난조)할 때는 抑扶(억부), 病弱(병약) 등의 原則(원
칙)에 의하지 아니하고, 우선 이상 말한 調候(조후)에 의하여 用神(용
신)을 정해야 한다. 四柱(사주)전체가 極甚(극심)하게 寒濕(한습)하여 暖
燥(난조)한 氣運(기운)이 전혀 없거나, 있더라도 無根(무근)할 때는 反
對(반대)로 暖燥(난조)한 氣運(기운)이 전혀 없어야 하고, 極甚(극심)하게
暖燥(난조)할 때는 寒濕(한습)지기가 전혀 없어야 한다. 이것이 소위 陰
極(음극) 즉 養生(양생) 陽極(양극) 즉 蔭生(음생)이라는 天地自然(천지자
연)의 이치와 같다. 또 四柱(사주)가 極甚(극심)하게 寒濕(한습) 또는 暖
燥(난조)하여, 暖燥(난조) 또는 寒濕(한습)의 氣運(기운)이 無根(무근)한
四柱(사주)도 暖燥(난조)지기 또는 寒濕(한습)지기를 만나 富貴功名(부귀
공명)을 얻는 수가 있으나, 外面(외면)만 화려할 뿐 內面(내면)은 不實(부
실)하며, 福澤(복택)은 있더라도 陰結(음결)이 그치지 아니한다.

11. 精神氣(정신기)

四柱(사주)가 좋으려면 精神氣(정신기 三子(삼자)가 充足(충족)되어야 한
다. 精(정)이란 日干(일간)을 生(생)하는 六神(육신)을 말하고, 神(신)이란
日干(일간)을 剋(극)하는 六神(육신)을 말하며 氣(기)는 日干(일간)과 同
氣(동기)인 比肩(비견) 또는 劫財(겁재)를 말한다. 四柱(사주)가 吉(길)할
러면 精(정)이나 氣(기)만 充足(충족)해도 안 되며 神(신)만 旺盛(왕성)해
도 안 된다. 精神氣(정신기) 三子(삼자)를 均等(균등)하게 具備(구비)하여
야 한다. 精(정)만 旺(왕)하면 四柱(사주)가 悲慨(비개)해지고, 氣(기)만
旺(왕)하면 流通(유통)이 되지 않아 답답하고, 神(신)만 旺(왕)하면 幼

弱(유약)해진다. 반면 精(정)이 부족하면 四柱(사주)가 身弱(신약)이 되고
氣(기)가 부족하면 精神(정신)이 족하더라도 富貴(부귀)가 길지 못하고,
神(신)이 부족하면 四柱(사주)가 無用之物(무용지물)이 된다. 精神氣(정신
기) 三子(삼자)가 充足(충족)하면 自然(자연)히 四柱(사주)도 中和(중화)되
기 마련이다.

감정서(鑑定書) 보기 전

　본 鑑定書(감정서)는 地藏干(지장간) 및 주기를 活用(활용)하여 四柱感情(사주감정)했기 때문에 六神法(육신법)과 大運(대운)의 숫자와가 틀린다는 것을 參考(참고)해야 한다?

지장간(地藏干) 활용(活用)

　寅申巳亥(인신사해)는 初氣(초기) 7日, 中氣(중기) 7日, 正氣(정기) 16日간이다

　辰戌丑未(진술축미)는 初氣(초기) 9日, 中氣(중기) 3日, 正氣(정기) 18日간이다.

　子午卯酉(자오묘유)는 初氣(초기) 10日, 正氣(정기) 20日간이고, 午火만 中氣(중기)에 9日간이 있다.

　가령 甲寅日柱(갑인일주)라면? 節期(절기)에서 5日간이면, 初氣(초기)이므로 戊土 偏財(편재)이고, 節期(절기)에서 13日간이면 中氣(중기)이므로 丙火 食神(식신)이고, 節期(절기)에서 16日간이면, 正氣(정기)이므로 甲木 比肩(비견)이다. 이렇게 六神法(육신법)이 틀림으로 정확하게 鑑定(감정)해야 된다.

　2月 4日 立春(입춘)이 왔다 해서 봄이 온 것이 아니라 전달의 겨울 氣(기)가 더욱 強(강)하기 때문에 전달의 氣運(기운)에 해당하는 六神法(육

신법)으로 봐야 되고? 中氣(중기)란 겨울도 봄도 아닌 中間(중간)에 해당하므로 中氣(중기)에 해당하는 六神法(육신법)으로 봐야 되고? 봄은 本氣(본기)의 正氣(정기)에 해당하므로 正氣(정기)에 대한 六神法(육신법)으로 보면 된다. 地藏干(지장간)을 活用(활용)하지 않으면 天干(천간)과 地支(지지)가 서로간의 變化(변화)를 파악할 수 없고, 하늘과 땅은 陰陽(음양)의 調和(조화)이고? 하늘과 땅의 움직임을 더욱 정확하게 鑑定(감정)할 수 있다. 地藏干(지장간)의 活用(활용)이 힘이 들더라도 열심히 공부하시길?

주기란

　萬歲曆(만세력)에 있는 大運(대운)의 숫자는 統計的(통계적)으로만 대여 있기 때문에 萬歲曆(만세력)만 믿고 鑑定(감정)하면 실수가 있기 마련이다. 가령 萬歲曆(만세력)에서 2大運(대운)에 해당한다면 2세에 大運(대운)이 바뀌는 四柱(사주)도 있고, 주기를 계산하면 3세에 大運(대운)이 바뀌는 四柱(사주)도 있다, 3세에 大運(대운)이 바뀐다 해도 勢運(세운)에서 1月부터 바뀌는 것이 아니고, 1月 2月 11月에 大運(대운)이 바뀌는 四柱(사주)가 있으므로, 각각 四柱(사주)의 大運(대운)이 틀리므로 주기를 계산하여 鑑定(감정)해야 실수하지 않고 정확하게 鑑定(감정)할 수 있다. 주기 계산은 태어난 날짜에서 다가오는 節期(절기)까지 날짜와 시간을 계산하는 하는 것이다. 가령 일진에서 다가오는 節期(절기)까지 10日 18시간 이라면, 10을 3으로 나누면 3이 되고 나머지 1이 되므로 3大運(대운)이다. 11日 이라면 11을 3으로 나누면 3이 되고 나머지 2가 되므로 사사오입하여 4大運(대운)이 된다. 萬歲曆(만세력)대로 하면 실수하기 마련이다.

주기 계산법은 일진에서 다가오는 節期(절기)까지 10일 18시간이면 10을 3으로 나누면 3이 되고 나머지 1이 되므로 3大運(대운)이다. 1일은 4개월이고 1시간은 20일이고, 12시간이 넘어가면 사사오입하여 1일이 추가로 올라가게 된다. 하여 3大運(대운)이 아니라 4大運(대운)에 해당하고, 18시간 중 12시간 빼면 나머지 6시간을×20일으로 하면 120일이다. 120일÷30일=4개월이 되므로 4大運(대운) 5月 에 大運(대운)이 變化(변화)게 된다. 萬歲曆(만세력)과는 1년 4개월이 차이가 나게 되므로 꼭 주기를 계산하여 鑑定(감정)해야 된다. 만일 萬歲曆(만세력)만 믿고 손님에게 사업해도 된다고 한다면 그 손님은 두 번 다시 오지 않게 된다. 주기를 계산해서 感情(감정)한다면 그 손님은 영원한 단골이 될 것이다.

(사주)의 각각 힘의 세력은

100으로 계산한다면 天干(천간)은 각각 4의 힘이 있고 日干(일간)은 계산하지 않고, 月支(월지)는 28의 힘이 있고 나머지는 20의 힘으로 계산하면 100이 나오게 된다.

제 2 장

鑑定書

감정서

겁재		비견	정관			乾命				용신.화.식상
목	목	목	금							희신.목.비겁
甲	乙	乙	庚	60	50	40	30	20	10	진용신.수.인성
申	未	酉	戌	辛	庚	己	**戊**	丁	丙	기신.금.관성
戊	丁	庚	辛	卯	寅	丑	子	亥	戌	구신.토.재성
토	화	금	금							
정재	식신	정관	편관							

식상제살격(食傷制殺格) 월의심천 4일 5시간 52분

節期(절기)에서 4日 5時間(시간)이라 初氣(초기)에 해당한다. 乙木日干(을목일간)이 地支(지지)에 通根(통근)하지 못하고 身弱(신약)하다. 四柱(사주)에 强(강)한 것은 官星(관성)이다. 官星(관성)이 强(강)하면 피해 보는 것은 比劫(비겁)인데, 구제할 수 있는 五行(오행)은 水星(수성)과 火星(화성) 두 五行(오행)이다. 水星(수성)은 四柱(사주)에 없으므로 用神(용신)을 잡을 수는 없고, 眞用神(진용신)으로는 잡을 수 있다. 火星(화성)이 官星(관성)을 攻擊(공격)하고, 比劫(비겁)을 保護(보호)해야 된다. 그러나 印星運(인성운)이 가장 吉(길)하다.

戊土 大運(대운)에 戊土는 正財(정재) 仇神運(구신운) 이다. 戊土 財星(재성)은 官星(관성)을 相生(상생)하므로 官星(관성)은 힘이 강해져 比劫(비겁)을 攻擊(공격)하면 比劫(비겁)이 다치게 되고, 職場(직장)문제가 發生(발생)한다. 32세 辛巳年에 辛金이 四柱(사주) 乙木과 乙辛沖(을신충)이다. 健康(건강)이 弱해(약)해져, 힘이 너무 없어, 職場(직장)을 그만두어야 하거나 아니면 무리하게라도 出勤(출근)해야 하는지, 健康(건강)이 最高(최고)라고 生角(생각)해야 한다.

<table>
<tr><td>상관</td><td></td><td>겁재</td><td>편인</td><td colspan="6" align="center">坤命</td><td>용신.토.비겁</td></tr>
<tr><td>금</td><td>토</td><td>토</td><td>화</td><td></td><td></td><td></td><td></td><td></td><td></td><td>희신.화.인성</td></tr>
<tr><td>辛</td><td>戊</td><td>己</td><td>丙</td><td>59</td><td>49</td><td>39</td><td>29</td><td>19</td><td>9</td><td>기신.목.관성</td></tr>
<tr><td>酉</td><td>子</td><td>亥</td><td>辰</td><td>癸</td><td>甲</td><td>乙</td><td>丙</td><td>丁</td><td>戊</td><td>구신.수.재성</td></tr>
<tr><td>辛</td><td>癸</td><td>壬</td><td>戊</td><td>巳</td><td>午</td><td>未</td><td>申</td><td>酉</td><td>戌</td><td>한신.금.식상</td></tr>
<tr><td>금</td><td>수</td><td>수</td><td>토</td><td></td><td></td><td></td><td></td><td></td><td></td><td></td></tr>
<tr><td>상관</td><td>정재</td><td>편재</td><td>비견</td><td></td><td></td><td></td><td></td><td></td><td></td><td></td></tr>
</table>

재다용비격(財多用比格) 월의심천 25일 2시간 31분

戊土日柱(무토일주)가 地支(지지)에 通根(통근)하고 印星(인성)까지 있어 比劫(비겁)이 적당한 힘을 維持(유지)하고 있다.

四柱(사주)에 强(강)한 것은 水星(수성)인 財星(재성)이다. 財星(재성)이 强(강)하면 피해보는 것은 印星(인성)인데, 구제할 수 있는 五行(오행)은 土星(토성)과 木星(목성) 두 五行(오행)이다. 木星(목성)은 四柱(사주)에 없으므로 用神(용신)의 資格(자격)이 未達(미달)이라 쓸 수가 없고, 比劫(비겁)이 財星(재성)을 攻擊(공격)하고 印星(인성)을 保護(보호)해야 된다.

酉金 大運(대운)에 酉金은 辛金이므로 年干(년간) 丙火와 丙辛合水局(병신합수국)하면 壬水이고 偏財(편재) 仇神運(구신운)이다. 丙火 印星(인성)이 合(합)으로 變質(변질)되어, 財星(재성) 仇神(구신)이 된다면 財星(재성)이 더욱 强(강)해져 印星(인성) 喜神(희신)을 攻擊(공격)하면, 印星(인성)이 다치게 된다. 즉 文書(문서)나 二姓(이성)문제가 發生(발생)한다.

26세 辛巳年에 辛金이 四柱(사주) 年干(년간) 丙火와 丙辛合水局(병신합수국)하면 壬水이고 偏財(편재) 仇神運(구신운)이다. 大運(대운)에서 財星(재성) 仇神運(구신운)이고, 勢運(세운)에서 財星(재성) 仇神運(구신

운)이라 陷穽(함정)인데 男子의 福(복)이 없다고 하는데 일찍 結婚(결혼)해
도 이상이 없을까?

식신		식신	인수							용신.수.인성
화	목	화	수			乾命				희신.금.관성
丙	甲	丙	癸							
寅	申	辰	丑	55	45	35	25	15	5	진용신.목.비겁
丙	壬	戊	己	庚	辛	壬	癸	甲	乙	기신.토.재성
화	수	토	토	戌	亥	子	丑	寅	卯	구신.화.식상
식상	편인	편재	정재							

무격(無格)   월의심천 12일 21일 16분

節期(절기)에서 12日 21時間(시간)이라 申, 寅은 中氣(중기)에 해당한다.
甲木日干(갑목일간)이 地支(지지)에 通根(통근)하지 못하고 身弱(신약)하
다. 四柱(사주)에 强(강)한 것은 土星(토성)인 財星(재성)이다. 財星(재성)이
强(강)하면 피해보는 것은 印星(인성)인데, 구제할 수 있는 五行(오행)은
木星(목성)과 金星(금성) 두 五行(오행)이다. 四柱(사주)에 木星(목성)과 金
星(금성)이 없으므로, 剋(극)을 당하고 있는 印星(인성)이 用神(용신)이고,
官星(관성)이 喜神(희신)이고, 眞用神(진용신)은 比劫(비겁)이라, 比劫運(비
겁운)이 가장 吉柱(길)하게 된다. 四柱(사주)구조상 어쩔 수 없어서 官
星(관성)을 喜神(희신)으로 잡은 것이다. 癸水大運(계수대운)에 癸水가 四
柱(사주) 月支(월지) 戊土와 戊癸火局(무계화국)하면 丙火이고 食神(식신)
仇神運(구신운)이다. 食傷(식상)이 財星(재성)을 相生(상생)하므로 財星(재
성)이 强(강)하게 되어, 印星(인성)을 攻擊(공격)하면 印星(인성)이 다치게

된다.

29세 辛巳年에 巳火는 丙火이므로 四柱(사주) 日支(일지) 壬水와 丙壬沖(병임충)하면 印星(인성)이 다치게 되는데 어머니가 健康(건강)문제 때문에 危險(위험)에 있는데 完快(완쾌)될까?

편인		정재	편재				坤命				용신.목.인성
목	화	금	금								희신.화.비겁
乙	丁	庚	辛	60	50	40	30	20	10		기신.금.재성
巳	丑	子	丑	丙	乙	甲	癸	壬	辛		구신.토.식상
戊	癸	壬	癸	午	巳	辰	卯	寅	丑		한신.수.관성
토	수	수	수								
상관	편관	정관	편관								

살중용인격(殺重用印格)　　월의심천 2일 17시간 4분

節期(절기)에서 2日 17時間(시간)이라 初氣(초기)에 해당한다.

丁火日干(정화일간)이 地支(지지)에 通根(통근)하지 못하고 身弱(신약)하다. 四柱(사주)에 强(강)한 것은 水星(수성)인 官星(관성)이다. 官星(관성)이 强(강)하면 피해보는 것은 比劫(비겁)인데, 구제할 수 있는 五行(오행)은 木星(목성)과 土星(토성) 두 五行(오행)이다. 土星(토성)을 用神(용신)으로 잡으면 比劫(비겁)이 身弱(신약)이라 쓸 수가 없고, 木星(목성)인 印星(인성)에게 부탁하여, 官星(관성)을 泄氣(설기)하고 比劫(비겁)을 相生(상생)하여 保護(보호)해야 된다.

甲木 大運(대운)에 甲木이 四柱(사주) 月干(월간) 庚金과 甲庚沖(갑경충)이다. 我軍(아군)와서 적을 沖(충)하면 丁火日干(정화일간)이 힘이 된다.

印星(인성) 用神運(용신운)이라 文書(문서)나, 二姓(이성)문제가 吉(길)하게
된다.

  40세 庚辰年에 辰은 戊土이므로 四柱(사주) 癸水와 戊癸火局(무계화
국)하면 丙火이고 喜神(희신) 用神運(용신운)이다. 불고기 食堂(식당)을 開
業(개업)했는데 生角(생각) 외로 손님이 大運(대운)에서 用神運(용신운)이
고 勢運 歲運(세운)에도 喜神(희신)이 왔는데 어찌 찬스를 잡지 않겠는
가? 陰氣(음기)가 强(강)한데 陽氣(양기) 太陽(태양)이 왔으니 調喉(조후)가
얼마나 잘 맞겠는가?

편재		식신	인수				坤命			용신.토.비겁
수	토	금	화							희신.화.인성
壬	戊	庚	丁							희신.금.식상
戊	午	戊	未	57	47	37	27	17	7	기신.목.관성
戊	己	戊	己	丙	乙	甲	癸	壬	辛	구신.수.재성
토	토	토	토	辰	卯	寅	丑	子	亥	
비견	겁재	비견	겁재							

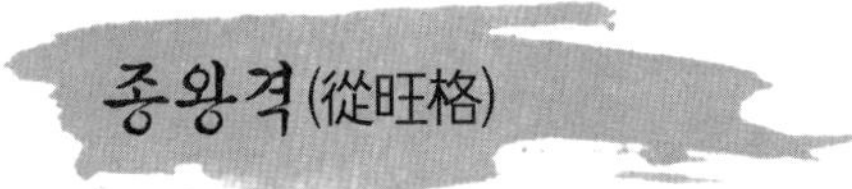

종왕격(從旺格)　　　월의심천 12일 11시간 49분

  節期(절기)에서 12日 11時間(시간)이라 午火는 中氣(중기)에 해당한다.
  戊土日干(무토일간)이 月令(월령)에 得令(득령)하고 太旺(태왕)하다. 四
柱(사주)에 强(강)한 것은 土星(토성)인 比劫(비겁)이다. 比劫(비겁)이
强(강)하면, 피해보는 것은 財星(재성)인데, 구제할 수 있는 五行(오
행)은 木星(목성)과 金星(금성) 두 五行(오행)이다. 强(강)한 土星(토성)을

魁(극)하는 木星(목성)이 없으므로 일반 四柱(사주)와 달리 强者(강자)의 勢力(세력)에 大勢(대세)를 따라가야 吉(길)하게 된다.

丑土 大運(대운)에 丑土가 四柱(사주) 年支(년지) 未土와 丑未沖(축미충)하면, 未中乙木(미중을목)이 中氣(중기)에서 나오게 된다. 乙木(을목)이 나와서 무엇을 하는가 月干(월간) 庚金(경금)과 乙庚金局(을경금국)하면, 庚金(경금)이고 食神(식신) 喜神運(희신운)이다. 食傷(식상)은 무엇인가 始作(시작)하려는 마음을 가지게 된다.

35세 辛巳年에 辛金이 乙木과 乙辛沖(을신충)이다. 大運(대운)에서 乙庚金局(을경금국)한 것을 勢運(세운)에서 乙辛沖(을신충)하면 發生(발생)하게 된다. 會社(회사)를 退職(퇴직)하고 개인 事業(사업)을 始作(시작)하려고 準備(준비) 중이다.

식신		편재	겁재							용신.토.재성
화	목	토	목			乾命				희신.화.식상
丙	甲	戊	乙							
子	寅	子	巳	57	47	37	27	17	7	기신.목.비겁
癸	甲	癸	丙	壬	癸	**甲**	乙	丙	丁	구신.수.인성
수	목	수	화	午	未	申	酉	戌	亥	한신.금.관성
인수	비견	인수	식신							

재자약살격 (財滋弱殺格)　　월의심천 19일7시간 13분

甲木日干(갑목일간)이 日支(일지)에 得地(득지)하고 印星(인성)이 强(강)하게 있어 身强(신강)하다. 四柱(사주)에 强(강)한 것은 水星(수성)인 印星(인성)이다. 印星(인성)이 强(강)하면 피해보는 것은 食傷(식상)인데, 구제할 수 있는 五行(오행)은 木星(목성)과 土星(토성) 두 五行(오행)이다. 木星(목성)을 用神(용신)으로 잡으면 比劫(비겁)이 더욱 身强(신강)되기 때문에 쓸 수가 없고, 土星(토성)인 財星(재성)에게 부탁하여 印星(인성)을 攻擊(공격)하고, 食傷(식상)을 保護(보호)해야 된다.

甲木 大運(대운)에 甲木 比肩(비견) 忌神運(기신운)이다. 比劫(비겁)이 用神(용신)인 財星(재성)을 攻擊(공격)하면, 財星(재성)이 다치게 된다. 즉 財物(재물)을 힘들게 하고 親舊(친구) 및 兄弟(형제)를 때문에 陷穽(함정)에 빠지게 된다.

37세 辛巳年에 辛金이 四柱(사주) 丙火와 丙辛合水局(병신합수국)하면 壬水이고 偏印(편인) 仇神運(구신운)이다. 大運(대운)에서 忌神運(기신운)이고 勢運(세운)에서 合(합)으로 仇神運(구신운) 印星(인성)은 比劫(비겁)을 相生(상생)하므로 比劫(비겁)이 夥多(과다)하여, 比劫(비겁)에서 發生(발생)하게 된다. 親舊(친구)가 同業(동업)하자 해서 職場(직장)을 退職(퇴직)했는데 이제 와서 같이 할 수가 없다고 한다.

정재		정재	정관							용신.화.재성
화	수	화	토			坤命				희신.토.관성
丙	癸	丙	戊	51	41	31	21	11	1	기신.수.비겁
辰	丑	辰	戊	庚	辛	壬	癸	甲	乙	구신.금.인성
乙	癸	乙	辛	戌	亥	子	丑	寅	卯	한신.목.식상
목	수	목	금							
식신	비견	식신	편인							

제살태과격(制殺太過格)　월의심천 0일 16시간 18분

節期(절기)에서 0日 16時間(시간)이라 初氣(초기)에 해당한다. 癸水日柱(계수일주)가 日支(일지)에 得地(득지)하고 印星(인성)까지 있어 적당한 힘을 維持(유지)하고 있다. 四柱(사주)에 强(강)한 것은 木星(목성)인 食傷(식상)이다. 食傷(식상)이 强(강)하면 피해보는 것은 官星(관성)인데, 구제할 수 있는 五行(오행)은 金星(금성)과 火星(화성) 두 五行(오행)이다. 金星(금성)을 用神(용신)으로 잡으면 比劫(비겁)이 身强(신강)되기 때문에 쓸 수가 없고, 火星(화성)인 財星(재성)에게 부탁하여 食傷(식상)을 泄氣(설기)하고 官星(관성)을 保護(보호)해야 된다.

辛金 大運(대운)에 辛金이 四柱(사주) 丙火와 丙辛合水局(병신합수국)하면 壬水이고 劫財(겁재) 忌神運(기신운)이다. 比劫(비겁)은 强(강)하게 되고, 財星(재성)은 힘이 無力(무력)하게 되어, 財星(재성)이 다치게 된다.

44세 辛巳年에 巳火는 丙火이므로 四柱(사주) 年支(년지) 辛金과 丙辛合水局(병신합수국)하면 壬水이고 劫財(겁재) 忌神運(기신운)이다. 大運(대운)에서 比劫運(비겁운)이고 勢運(세운)에서 丙火 財物(재물)과 辛金 文書(문서)와 合(합)하여 比劫運(비겁운) 어찌 親舊(친구) 말을 믿고 慾心(욕심)을 내지 않겠는가? 親舊(친구)가 事業(사업)을 하면 큰돈을 벌수 있다고 해서 準備(준비) 중이다.

식신		편인	편관								
목	수	금	토			乾命					용신.토.관성
甲	壬	庚	戊								희신.화.재성
辰	子	申	申	51	41	31	21	11	1		기신.목.식상
壬	壬	壬	戊	乙	甲	癸	壬	辛	庚		구신.수.비겁
수	수	수	토	丑	子	亥	戌	酉	申		한신.금.인성
비견	비견	비견	관성								

재자약살격(財滋弱殺格) 월의심천 2일 12시간 3분

節期(절기)에서 2日 12時間(시간)이라 初氣(초기)에 해당한다.

申子辰水局(신자진수국)하면 壬水이고, 年支(년지) 申金은 三合(삼합)에 해당 하지 않고, 三合(삼합)이 成立(성립)되기 까지는 三子중 한자는 꼭 月支(월지)에 있어야 된다.

壬水日柱(임수일주)가 月令(월령)에 得令(득령)하고 太旺(태왕)하다. 四柱(사주)에 強(강)한 것은 比劫(비겁)이다. 比劫(비겁)이 強(강)하면 피해 보는 것은 財星(재성)인데, 구제할 수 있는 五行(오행)은 土星(토성)과 木星(목성)두 五行(오행)이다. 木星(목성)을 用神(용신)으로 잡으면 무엇인가 不安(불안)하고, 土星(토성)인 官星(관성)에게 부탁하여, 比劫(비겁)을 攻擊(공격)하고, 財星(재성)을 保護(보호)해야 된다.

癸水大運(계수대운)에 癸水가 四柱(사주) 戊土와 戊癸火局(무계화국)하면 丙火이고 偏財(편재) 喜神運(희신운)이다. 戊土 用神(용신)이 變質(변질)되어 힘이 없고, 財星(재성)이 왔으니 慾心(욕심)이 날수 밖에 없는데,

丙火 偏財(편재)가 오면 比劫(비겁)이 가만히 있지 않고 攻擊(공격)한다.
이것이 軍比正財(군비정재)이다. 戊土 用神(용신)이 슴(합)을 하지 않았다
면 軍比正財(군비정재)가 나지 않았을 것이다.

34세 辛巳年 辛金 印綬(인수) 閑神運(한신운)이다. 印星(인성)이 와서 比
劫(비겁)을 相生(상생)하면 比劫(비겁)은 더욱 强(강)하게 되어, 財星(재
성)을 攻擊(공격)하므로 財星(재성)이 다치게 된다. 官星(관성)이 變質(변
질)되므로 比劫(비겁)은 氣高萬丈(기고만장)하게 된다. 父母(부모)의 도움
으로 호프집을 開業(개업)했는데 2年만에 모든 것을 잃고 말았다.

편인		식신	편관			坤命					용신.목.식상
금	수	목	토								희신.수.비겁
庚	壬	甲	戊	59	49	39	29	19	9		기신.금.인성
戊	午	子	戊	戊	己	庚	辛	壬	癸		구신.토.관성
戊	丁	癸	戊	午	未	**申**	酉	戌	亥		한신.화.재성
토	화	수	토								
편관	정재	겁재	편관								

식상제살격(食傷制殺格)　월의심천 23일 20시간 40분

壬水日柱(임수일주)가 月令(월령)에 得令(득령)하고 印星(인성)까지 있
어 적당한 힘을 維持(유지)하고 있다. 四柱(사주)에 强(강)한 것은 土星(토
성)인 官星(관성)이다. 官星(관성)이 强(강)하면 피해보는 것은 比劫(비
겁)인데, 구제할 수 있는 五行(오행)은 金星(금성)과 木星(목성) 두 五行(오
행)이다. 金星(금성)을 用神(용신)으로 잡으면 比劫(비겁)이 身强(신강)되기
때문에 쓸 수가 없고, 木星(목성)인 食傷(식상)에게 부탁하여 官星(관성)을
攻擊(공격)하고 比劫(비겁)을 保護(보호)해야 된다.

申金 大運(대운) 申金은 庚金이므로 四柱(사주) 月干(월간) 甲木과 甲庚沖(갑경충)이다. 印星(인성) 忌神(기신)이 用神(용신)을 沖(충)하면 甲木 用神(용신)이 힘을 못쓰게 되고 官星(관성)은 氣高萬丈(기고만장)하게 되어, 官星(관성)에서 發生(발생)하게 된다.

44세 辛巳年에 巳火는 丙火이므로 四柱(사주) 日干(일간) 壬水와 丙壬沖(병임충)이다. 大運(대운)에서 用神(용신)과 沖(충)이고 勢運(세운)에서 喜神(희신)과 沖(충)이라 사리판단을 잘 해야 되는데 잘 못하면 陷穽(함정)에 빠지게 된다. 男便(남편)과 3年 전에 離婚(이혼)했는데, 이제 와서 합치자고 하는데 어떻게 해야 옳은지 判斷(판단)을 할 수가 없다.

상관		편관	식신			坤命					
화	목	금	화								용신.토.재성
丁	甲	庚	丙								희신.금.관성
卯	寅	子	午	55	45	35	25	15	5		기신.목.비겁
乙	丙	癸	己	甲	乙	丙	丁	戊	己		구신.수.인성
목	화	수	토	午	未	申	酉	戌	亥		한신.화.식상
겁재	식신	인수	정재								

제살태과격(制殺太過格)　월의심천 13일 7시간 52분

節期(절기)에서 13日 7時間(시간)이라 午, 寅은 中氣(중기)에 해당한다.

甲木日柱(갑목일주)가 地支(지지)에 通根(통근)하고 印星(인성)까지 있어 身强(신강)하다. 四柱(사주)에 强(강)한 것은 火星(화성)인 食傷(식상)이다. 食傷(식상)이 强(강)하면 피해보는 것은 官星(관성)인데, 구제할 수 있는 五行(오행)은 水星(수성)과 土星(토성) 두 五行(오행)이다. 水星(수성)을 用

神(용신)으로 잡으면 比劫(비겁)이 身强(신강)이라 쓸 수가 없고, 土星(토성)인 財星(재성)에게 부탁하여, 食傷(식상)을 泄氣(설기)하고, 官星(관성)을 相生(상생)하여 保護(보호)해야 된다.

丙火 大運(대운)에 丙火 食神(식신) 閑神運(한신운)이다. 食傷(식상)은 官星(관성)을 攻擊(공격)하므로 官星(관성)에서 發生(발생)하고 食傷(식상)은 무엇인가 始作(시작)한다는 뜻이다.

36세 辛巳年에 辛金이 四柱(사주) 丙火와 丙辛合水局(병신합수국)하면 壬水이고 偏印(편인) 仇神運(구신운)이다. 印星(인성)이 仇神(구신)이면 文書(문서)나, 二姓(이성)문제가 不吉(불길)하게 된다. 男便(남편)과는 別居(별거)중이고, 愛人(애인)을 만나고 있는데 또 男子가 와서 愛人(애인)하자고 한다.

편인		편인	편인				坤命			용신.목.인성
목	화	목	목							용신.목.인성
甲	丙	甲	甲							희신.수.관성
午	辰	戌	辰	60	50	40	30	20	10	기신.금.재성
丁	戊	戊	戊	戊	己	庚	辛	壬	癸	구신.토.식상
화	토	토	토	辰	巳	午	未	申	酉	한신.화.비겁
겁재	식신	식신	식신							

식상용인격(食傷用印格)　　월의심천 25일 21시간 8분

丙火日柱(병화일주)가 地支(지지)에 通根(통근)하고 印星(인성)까지 있어 比劫(비겁)이 적당한 힘을 維持(유지)하고 있다. 四柱(사주)에 强(강)한 것은 土星(토성)인 食傷(식상)이다. 食傷(식상)이　强(강)하면 피해보는 것은

官星(관성)인데, 구제할 수 있는 五行(오행)은 木星(목성)과 金星(금성) 두 五行(오행)이다. 金星(금성)은 四柱(사주)에 없으므로 用神(용신)을 잡을 수가 없고. 木星(목성)인 印星(인성)에게 부탁하여, 食傷(식상)을 攻擊(공격)하고, 官星(관성)을 保護(보호)해야 된다.

未土 大運(대운)에 未土는 己土이므로 四柱(사주) 甲木과 甲己合土局(갑기합토국)하면 戊土이고 食神(식신) 仇神運(구신운)이다. 甲木 用神(용신)이 合(합)하여 食傷(식상)으로 變質(변질)되면 사리판단 못하고 食傷(식상)은 官星(관성)을 攻擊(공격)하므로 官星(관성)이 다치게 된다. 즉 職場(직장), 官災(관재), 男子문제가 發生(발생)한다.

38세 辛巳年에 辛金이 四柱(사주) 日干(일간) 丙火와 丙辛合水局(병신합수국)하면 壬水이고 偏官(편관) 喜神運(희신운)이다. 喜神(희신)이라 할지라도 凶(흉)이 된다. 强(강)한 食傷(식상)이 가만히 있겠는가 官星(관성)을 攻擊(공격)하지 辛金은 財物(재물)이고, 丙火나와 合(합)하여 官星(관성)이면 財物(재물) 때문에 男子를 만나는 것이고 男便(남편)과는 離婚(이혼)할 수밖에 없다.

겁재	편재	비견		乾命						용신.수.관성
화	화	금	화							희신.금.재성
丙	丁	辛	丁							기신.토.식상
午	酉	亥	巳	61	51	41	31	21	11	구신.화.비겁
丁	辛	壬	丙	乙	丙	丁	戊	己	庚	한신.목.인성
화	금	수	화	巳	午	未	申	酉	戌	
비견	편재	정관	겁재							

재자약살격(財滋弱殺格) 월의심천 28일 14시간 44분

丁火日柱(정화일주)가 地支(지지)에 通根(통근)하고 身强(신강)하다. 四柱(사주)에 强(강)한 것은 比劫)비겁)이다. 比劫(비겁)이 强(강)하면 피해보는 것은 財星(재성)인데, 구제할 수 있는 五行(오행)으로는 水星(수성)과 木星(목성) 두 五行(오행)이다. 木星(목성)은 四柱(사주)에 없으므로 用神(용신)의 資格(자격)이 未達(미달)이라 쓸 수가 없고, 水星(수성)인 官星(관성)에게 부탁하여, 比劫(비겁)을 攻擊(공격)하고, 財星(재성)을 保護(보호)해야 된다.

己土 大運(대운)에 己土 食神(식신) 忌神運(기신운)이다. 食傷(식상)이 오면 比劫(비겁)은 食傷(식상)을 生助(생조)하기 때문에 食傷(식상)이 더욱 强(강)하게 되어 官星(관성)을 攻擊(공격)하므로 官星(관성)에서 發生(발생)하게 된다.

25세 辛巳年에 巳火가 四柱(사주) 月支(월지) 亥水와 巳亥沖(사해충)하면 亥中甲木(해중갑목)이 中氣(중기)에서 나오게 된다. 甲木이 나와서 무엇을 하는가 變化(변화)지 않고, 印綬(인수) 閑神運(한신운)이다. 亥水 正官(정관)은 사라지고 甲木 印綬(인수)가 왔으니 比劫(비겁)은 氣高萬丈(기고만장)하게 된다. 官星(관성)이 사라지면 比劫(비겁)은 王(왕)이 된 기분으로 行動(행동)하게 된다. 女子를 만나서 父母(부모)와 議論(의논)하지도 않고 혼인신고를 하고 同居生活(동거생활)를 한다.

인수		편인	정재			坤命				용신.화.재성
금	수	금	화							희신.토.관성
庚	癸	辛	丙	55	45	35	25	15	5	기신.수.비겁
申	未	卯	申	乙	丙	丁	戊	己	庚	구신.금.인성
壬	乙	乙	壬	酉	戌	亥	子	丑	寅	한신.목.식신
수	목	목	수							
겁재	식신	식신	겁재							

제살태과격(制殺太過格)   월의심천 11일 17시간 6분

節期(절기)에서 11日 17時間(시간)이라 申, 未는 中氣(중기)에 해당한다.

癸水日柱(계수일주)가 地支(지지)에 通根(통근)하고 印星(인성)까지 있어 身强(신강)하다. 四柱(사주)에 强(강)한 것은 木星(목성)인 食傷(식상)이다. 食傷(식상)이 强(강)하면 피해보는 것은 官星(관성)인데, 구제할 수 있는 五行(오행)은 金星(금성)과 火星(화성) 두 五行(오행)이다. 金星(금성)을 用神(용신)으로 잡으면 比劫(비겁)이 强(강)하게 되므로 쓸 수가 없고, 火星(화성)인 財星(재성)에게 부탁하여, 食傷(식상)을 泄氣(설기)하고, 官星(관성)을 相生(상생)하여 保護(보호)해야 된다.

丙火 大運(대운)에 丙火가 四柱(사주) 月干(월간) 辛金과 丙辛合水局(병신합수국)하면 壬水이고 劫財(겁재) 忌神運(기신운)이다. 比劫(비겁)은 財星(재성)을 攻擊(공격)하기 때문에 財星(재성)이 다치게 된다. 比劫(비겁)이

食傷(식상)을 生助(생조)하면 食傷(식상)은 官星(관성)을 攻擊(공격)하고 무엇인가 始作(시작)한다는 뜻이다.

　46세 辛巳年에 辛金이 四柱(사주) 年干(년간) 丙火와 丙辛合水局(병신합수국)하면 壬水이고 劫財(겁재) 忌神運(기신운)이다. 丙火 用神(용신)이 사라지고 사리판단 못하게 된다. 旅館業(여관업)을 하다가 不實(부실)하여 정리하고 노래방이나, 주점을 하려고 한다.

겁재		상관	식신				坤命				용신.금.비겁
금	금	수	수								희신.토.인성
庚	辛	壬	癸		52	42	32	22	12	2	기신.화.관성
寅	亥	戊	卯		戊	丁	丙	乙	甲	癸	구신.목.재성
甲	壬	戊	乙		辰	卯	寅	丑	子	亥	한신.수.식상
목	수	토	목								
정재	상관	인수	편재								

재다용비격(財多用比格)　　월의심천 25일 18시간 54분

　辛金日干(신금일간)이 地支(지지)에 通根(통근)하지 못하고 身弱(신약)하다. 四柱(사주)에 强(강)한 것은 木星(목성)인 財星(재성)이다. 財星(재성)이 强(강)하면 피해보는 것은 印星(인성)인데, 구제할 수 있는 五行(오행)으로는 火星(화성)과 金星(금성) 두 五行(오행)이다. 火星(화성)은 四柱(사주)에 없으므로 用神(용신)의 資格(자격)이 未達(미달)이라 쓸 수가 없고, 比劫(비겁)이 財星(재성)을 攻擊(공격)하고, 印星(인성)을 保護(보호)해야 된다.

　寅木 大運(대운)에 寅木은 甲木이므로 四柱(사주) 時干(시간) 庚金과 甲庚沖(갑경충)이다. 甲木 仇神(구신)이 庚金 用神(용신)과 沖(충)이라 즉 財

物(재물) 때문에 比劫(비겁)이 다치게 되는데

39세 辛巳年에 巳火가 四柱(사주) 日支(일지) 亥水와 巳亥沖(사해충)하면 亥中甲木(해중갑목)이 中氣(중기)에서 나오게 된다. 甲木이 나와서 무엇을 하는가 四柱(사주) 時干(시간) 庚金과 甲庚沖(갑경충)이다. 大運(대운)에도 沖(충) 勢運(세운)에도 沖(충)이라 財星(재성)과 比劫(비겁)이 沖(충)하면 누가 다칠까? 財物(재물)은 强(강)해지고 比劫(비겁)은 弱(약)해 지는데 慾心(욕심)이 많아 旅館業(여관업)을 하는데 不振(부진)하여 언니에게 運營(운영)하게 하고 레스토랑을 始作(시작)하려고 한다. 慾心(욕심) 때문에 陷穽(함정)에 빠진다.

편인		겁재	편관			坤命					
토	금	금	화							용신.토.인성
戊	庚	辛	丙							희신.금.비겁
寅	午	卯	午	53	43	33	23	13	3	기신.목.재성
戊	丙	甲	丙	乙	丙	丁	戊	己	庚	구신.수.식상
토	화	목	화	酉	戌	亥	子	丑	寅	한신.화.관성
편인	편관	편재	편관							

살중용인격(殺重用印格)   월의심천 5일 18시간 39분

節期(절기)에서 5日 18時間(시간)이라 初氣(초기)에 해당한다.

庚金日干(경금일간)이 地支(지지)에 通根(통근)하지 못하고 身弱(신약)하다. 四柱(사주)에 强(강)한 것은 火星(화성)인 官星 (관성)이다. 官星(관성)이 强(강)하면 피해보는 것은 比劫(비겁)인데, 구제할 수 있는 五行(오행)은 土星(토성)과 水星(수성) 두 五行(오행)이다. 水星(수성)은 四柱(사주)에 없으므로 用神(용신)으로 쓸 수가 없고, 土星(토성)인 印星(인성)에게 부탁하여, 官星(관성)을 泄氣(설기)하고, 比劫(비겁)을 相生(상생)하여 保護(보호)해야 된다. 丁火 大運(대운)에 丁火 正官(정관) 閑神運(한신운)이다. 官星(관성)이 強(강)한데, 官星運(관성운)이 오면 官星(관성)이 夥多(과다)하여 官星(관성)쪽에서 문제가 發生(발생)한다.

36세 辛巳年에 辛金이 四柱(사주) 丙火와 丙辛合水局(병신합수국)하면 壬水이고 食神(식신) 仇神運(구신운)이다. 辛金은 男子이고 丙火 職場(직장)과 合(합)하여 食傷(식상)이면 무엇인가 始作(시작)한다는 뜻이고 아랫사람을 말한다. 男便(남편)과는 離婚(이혼)하고, 호프집을 運營(운영)하는데, 7年 年下(연하)인데, 단골이라 옆에 앉자서 같이 먹기도 했는데 再婚(재혼)을 하자고 한다. 男子로 생각한 적이 없는데 陷穽(함정)이다.

편인		비견	겁재			坤命				용신.목.재성
토	금	금	금							희신.수.식상
己	辛	辛	庚	53	43	33	23	13	3	기신.금.비겁
丑	卯	巳	戌	乙	丙	丁	戊	己	庚	구신.토.인성
癸	甲	戊	辛	亥	子	丑	寅	卯	辰	한신.화.관성
수	목	토	금							
식신	정재	인수	비견							

재자약살격(財滋弱殺格)　　월의심천 4일 18시간 56분

節期(절기)에서 4日 18時間(시간)이라 初氣(초기)에 해당한다.

辛金日柱(신금일주)가 地支(지지)에 通根(통근)하고 印星(인성)까지 있어 身強(신강)하다. 四柱(사주)에 強(강)한 것은 土星(토성)인 印星(인성)이다.

印星(인성)이 强(강)하면 피해보는 것은 食傷(식상)인데, 구제할 수 있는 五行(오행)은 金星(금성)과 木星(목성) 두 五行(오행)이다. 金星(금성)을 用神(용신)으로 잡으면 比劫(비겁)이 더욱 身强(신강)되기 때문에 쓸 수가 없고. 木星(목성)인 財星(재성)에게 부탁하여 印星(인성)을 攻擊(공격)하고, 食傷(식상)을 保護(보호)해야 된다.

寅木 大運(대운)에 寅木은 甲木이므로 四柱(사주) 時干(시간) 己土와 甲己合土局(갑기합토국)하면 戊土이고 印綬(인수) 仇神운(구신운)이다. 財星運(재성운)이 와서 印星(인성)으로 變質(변질)되면 文書(문서)나, 二姓(이성)쪽으로 不吉(불길)하게 된다.

戊土 大運(대운)에 24세 癸酉年에 癸水가 四柱(사주) 戊土와 戊癸火局(무계화국)하면 丙火 正官運(정관운)에 男子를 만나 結婚(결혼)하고 酉金 後半(후반)에 離婚(이혼)하고 말았다. 아이가 생겨 어떻게 할 수가 없어 혼자서 키우기로 다짐하고 食堂(식당)일을 하면서 8年 동안 많은 고생하였는데 앞날이 걱정된다.

	겁재		식신	겁재				乾命				
	금	금	수	금								용신.토.인성
	庚	辛	癸	庚								희신.화.관성
	寅	丑	未	子	60	50	40	30	20	10		기신.목.재성
	戊	癸	丁	壬	己	戊	丁	丙	乙	甲		구신.수.식상
	토	수	화	수	丑	子	亥	戌	酉	申		한신.금.비겁
	인수	식신	편관	상관								

식상용인격(食傷用印格)　　월의심천 4일 15시간 17분

　節期(절기)에서 4日 15時間(시간)이라 初氣(초기)에 해당한다.

　辛金日干(신금일간)이 地支(지지)에 通根(통근)하지 못하고 身弱(신약)하다. 四柱(사주)에 强(강)한 것은 水星(수성)인 食傷(식상)이다. 食傷(식상)이 强(강)하면 피해보는 것은 官星(관성)인데. 구제할 수 있는 五行(오행)은 土星(토성)과 木星(목성) 두 五行(오행)이다. 木星(목성)은 四柱(사주)에 없으므로 用神(용신)으로 쓸 수가 없고, 土星(토성)인 印星(인성)에게 부탁하여, 食傷(식상)을 攻擊(공격)하고, 官星(관성)을 保護(보호)해야 된다.

　丁火 大運(대운)에 丁火가 四柱(사주) 年支(년지) 壬水와 丁壬木局(정임목국)하면 甲木이고 正財(정재) 忌神運(기신운)이다. 財星(재성)은 用神(용신)을 攻擊(공격)하기 때문에 印星(인성)이 다치게 된다. 즉 文書(문서)나 二姓(이성)문제이다.

　42세 辛巳年에 巳火는 丙火이므로 四柱(사주) 年支(년지) 壬水와 丙壬沖(병임충)이다. 大運(대운)에서 丁壬木局(정임목국)한 것을 勢運(세운)에서 丙壬沖(병임충)하면 發生(발생)하게 된다. 女子를 만나고 있다는 것을

婦人(부인)이 알고 家出(가출)하고 婦人(부인)이 없어서 불편한 점이 많아서 만나고 있는 愛人(애인)과 同居生活(동거생활)하고 있다. 無財(무재)는 反覆(반복)되는 것이 特徵(특징)이다.

편관		겁재	인수							
금	목	목	수		**坤命**					용신.목.비겁
辛	乙	甲	壬							희신.수.인성
巳	亥	辰	寅	52	42	32	22	12	2	기신.금.관성
戊	戊	乙	戊	戊	己	庚	辛	壬	癸	구신.토.재성
토	토	목	토	戌	亥	子	丑	寅	卯	한신.화.식상
정재	정재	비견	정재							

재다용비격(財多用比格)　월의심천 1일18시간 56분

節期(절기)에서 1日 18時間(시간)이라 初氣(초기)에 해당한다.

乙木日柱(을목일주)가 月令(월령)에 得令(득령)하고 印星(인성)까지 있어 比劫(비겁)이 적당한 힘을 維持(유지)하고 있다. 四柱(사주)에 强(강)한 것은 土星(토성)인 財星(재성)이다. 財星(재성)이 强(강)하면 피해보는 것은 印星(인성)인데, 구제할 수 있는 五行(오행)은 木星(목성)과 金星(금성) 두 五行(오행)이다. 金星(금성)을 用神(용신)으로 잡으면 比劫(비겁)이 身弱(신약)되기 때문에 쓸 수가 없고, 比劫(비겁)이 財星(재성)을 攻擊(공격)하고, 印星(인성)을 保護(보호)해야 된다.

子水 大運(대운)에 子水은 癸水이므로 四柱(사주) 戊土와 戊癸火局(무계화국)하면 丙火이고 傷官(상관) 閑神運(한신운)이다. 食傷(식상)은 財星(재성)을 生助(생조)하므로 財星(재성)에서 문제가 發生(발생)한다.

40세 辛巳年에 辛金이 四柱(사주) 乙木과 乙辛沖(을신충)이다. 官星(관성)은 職場(직장)이나, 男子인데, 나와 沖(충)이라 比劫(비겁) 用神(용신)이 당하게 되는데 男便(남편)이나, 男子에게 당한다는 뜻이다. 시동생이 精肉店(정육점)한다고 貸出(대출)하여 빌려 주었는데 장사가 不實(부실)하고 貸出利子(대출이자) 돈을 준다고 하고는 주지 않아서 너무 힘이 들어 어떻게 해야 하는지 앞이 막막하다

비견		겁재	인수							용신.화.비겁
화	화	화	목			乾命				희신.목.인성
丙	丙	丁	乙							기신.수.관성
申	申	亥	未	59	49	39	29	19	9	구신.금.재성
庚	庚	壬	己	辛	壬	癸	甲	乙	丙	한신.토.식상
금	금	수	토	巳	午	**未**	申	酉	戌	
편재	편재	편관	상관							

재다용비격(財多用比格) 월의심천 23일 2시간 45분

丙火日干(병화일간)이 地支(지지)에 通根(통근)하지 못하고 身弱(신약)하다. 四柱(사주)에 强(강)한 것은 金星(금성)인 財星(재성)이다. 財星(재성)이 强(강)하면 피해보는 것은 印星(인성)인데, 구제할 수 있는 五行(오행)으로는 火星(화성)과 水星(수성) 두 五行(오행)이다. 水星(수성)을 用神(용신)으로 잡으면 比劫(비겁)이 身弱(신약)이라 쓸 수가 없고, 比劫(비겁)이 財星(재성)을 攻擊(공격)하고, 印星(인성)을 保護(보호)해야 된다.

未土 大運(대운)에 未土는 己土 傷官(상관) 閑神運(한신운)이다. 食傷(식상)은 財星(재성)을 相生(상생)므로 財星(재성)이 夥多(과다)하여 財星(재)

성)에서 發生(발생)하게 된다. 즉 財物(재물)이나, 女子문제이다.

47세 辛巳年에 辛金이 四柱(사주) 丙火와 丙辛合水局(병신합수국)하면 壬水이고 偏官(편관) 忌神運(기신운)이다. 辛金은 女子이고, 丙火 나와 合(합)하여 官星(관성)이면 愛人(애인)을 만나게 되고, 合(합)하여 官星(관성)으로 變質(변질)되니 官災(관재)가 나지 않겠는가, 우연히 女子와 같이 있는 것을 보고 느낌이 戀人(연인)사이 같다고 或是(혹시)나 하고 婦人(부인)이 尾行(미행)을 해서 꼬리가 잡힌 것이다. 離婚訴訟(이혼소송)중 인데 방법이 없을까?

편관		식신	정관			坤命				용신.수.비겁
토	수	목	토							희신.금.인성
己	癸	乙	戊							
未	未	丑	申	52	42	32	22	12	2	기신.토.관성
丁	丁	癸	戊	己	庚	辛	壬	癸	甲	구신.화.재성
화	화	수	토	未	申	酉	戌	亥	子	한신.목.식상
편재	편재	비견	정관							

재다용비격 (財多用比格)　　월의심천 2일 17시간 13분

節期(절기)에서 2日 17時間(시간)이라 初氣(초기)에 해당한다.

癸水日柱(계수일주)가 月令(월령)에 得令(득령)하고 적당한 힘을 維持(유지)하고 있다. 四柱(사주)에 强(강)한 것은 火星(화성)인 財星(재성)이다. 財星(재성)이 强(강)하면 피해보는 것은 印星(인성)인데, 구제할 수 있는 五行(오행)은 水星(수성)과 土星(토성) 두 五行(오행)이다. 土星(토성)을 用神(용신)으로 잡으면 比劫(비겁)이 身弱(신약)되기 때문에 쓸 수가 없고,

比劫(비겁)이 財星(재성)을 攻擊(공격)하고, 印星(인성)을 保護(보호)해야 된다.

辛金 大運(대운)에 辛金이 四柱(사주) 月干(월간) 乙木과 乙辛沖(을신충)이다. 辛金 喜神(희신)이 와서 乙木을 沖(충)하면 財星(재성)은 弱(약)하게 되고 반면에 比劫(비겁)은 힘을 받아서 自己(자기)가 할 일을 最大限(최대한)잘 할 수 있다. 文書(문서)나, 二姓(이성)쪽으로 發展(발전)하게 된다.

34세 辛巳年에 辛金이 四柱(사주) 月干(월간) 乙木과 乙辛沖(을신충)이다. 大運(대운)에도 沖(충) 勢運(세운)에도 沖(충)이라 무엇인가 움직인다는 뜻이다. 最終的(최종적)으로는 年에서 發生(발생)하게 되는데 어찌 吉(길)하지 않겠는가, 商街建物(상가건물)을 求入(구입)하면 運(운)에서 避害(피해)가 없을까? 大運(대운)의 흐름이 吉(길)이라 大吉(대길)하다.

정재		겁재	정관								용신.토.인성
목	금	금	화			乾命					희신.금.비겁
甲	辛	庚	丙	62	52	42	32	22	12	2	기신.목.재성
午	巳	子	戌	丁	丙	乙	甲	癸	壬	辛	구신.수.식상
丁	丙	癸	戊	未	午	巳	辰	卯	寅	丑	한신.화.관성
화	화	수	토								
편관	정관	식신	인수								

살중용인격(殺重用印格)　　월의심천 25일 10시간 30분

辛金日干(신금일간)이 地支(지지)에 通根(통근)하지 못하고 身弱(신약)하다. 四柱(사주)에 强(강)한 것은 火星(화성)인 官星(관성)이다. 官星(관성)이 强(강)하면 피해보는 것은 比劫(비겁)인데, 구제할 수 있는 五行(오행)으로

는 土星(토성)과 水星(수성) 두 五行(오행)이다. 水星(수성)을 用神(용신)으로 잡으면 比劫(비겁)이 身弱(신약)이라 쓸 수가 없고, 土星(토성)인 印星(인성)에게 부탁하여, 官星(관성)을 泄氣(설기)하고 比劫(비겁)을 相生(상생)하여 保護(보호)해야 된다.

丙火 大運(대운)에 丙火가 四柱(사주) 日干(일간) 辛金과 丙辛合水局(병신합수국)하면 壬水이고 傷官(상관) 仇神運(구신운)이다. 官星(관성)이 와서 比劫(비겁) 나와 合(합)하여 食傷(식상)이면 무엇인가 움직인다는 뜻이다.

56세 辛巳年에 辛金이 四柱(사주) 丙火와 丙辛合水局(병신합수국)하면 壬水이고 傷官(상관) 仇神運(구신운)이다. 辛金은 나와 동기이고 丙火는 직장이다 合(합)하여 食傷(식상)이라 自營業(자영업)하는데 3~4年동안 事業(사업)이 不振(부진)하여 親舊(친구)의 도움을 받을까 하고 同業(동업)을 始作(시작)한 것이 잘못되었고 親舊(친구)한데 빌린 金錢(금전) 때문에 事業(사업)장을 抛棄(포기)하고 물려주고 서로 사이가 나빠지고 앞이 闇惑(암흑)처럼 生角(생각)이 나지 않는다.

겁재		편관	비견				坤命					용신.금.인성
수	수	토	수									희신.수.비겁
壬	癸	己	癸	67	57	47	37	27	17	7		기신.화.재성
戌	酉	未	巳	丙	乙	甲	癸	壬	辛	庚		구신.목.식상
戌	辛	己	庚	寅	丑	子	亥	戌	酉	申		한신.토.관성
토	금	토	금									
정관	편인	편관	인수									

살중용인격(殺重用印格) 월의심천 13일 23시간 55분

節期(절기)에서 13日 23時間(시간)이라 巳는 庚金 中氣(중기)에 해당한다.

癸水日干(계수일간)이 地支(지지)에 通根(통근)하지 못하고 身弱(신약)하다. 四柱(사주)에 强(강)한 것은 土星(토성)인 官星(관성)이다. 官星(관성)이 强(강)하면 피해보는 것은 比劫(비겁)인데, 구제할 수 있는 五行(오행)은 金星(금성)과 木星(목성) 두 五行(오행)이다. 木星(목성)은 四柱(사주)에 없으므로 用神(용신)을 잡을 수가 없고, 金星(금성)인 印星(인성)에게 부탁하여, 官星(관성)을 泄氣(설기)하고, 比劫(비겁)을 相生(상생)하여 保護(보호)해야 된다.

甲木 大運(대운)에 甲木이 四柱(사주) 己土와 甲己合土局(갑기합토국)하면 戊土이고 正官(정관) 閑神運(한신운)이다. 四柱(사주)에 官星(관성)이 强(강)하게 있는데, 官星運(관성운)이 오면 官星(관성)이 夥多(과다)하므로 官星(관성)에서 문제가 發生(발생)하게 된다.

49세 辛巳年에 巳火는 丙火이므로 四柱(사주) 日支(일지) 辛金과 丙辛合水局(병신합수국)하면 壬水이고 劫財(겁재) 喜神運(희신운)이다. 丙火는 財

物(재물)이고 合(합)하여 壬水이면 男子이다. 就業(취업)을 했는데 윗사람이고 먹고살기 위해서 拒絶(거절)못하고 당하고 말았다.

겁재		편인	상관								용신.토.인성
금	금	토	수				乾命				희신.금.비겁
庚	辛	己	壬								희신.화.관성
寅	亥	酉	寅	71	61	51	41	31	21	11	기신.목.재성
戊	戊	庚	戊	丙	乙	甲	癸	壬	辛	庚	구신.수.식상
토	토	금	토	辰	卯	寅	丑	子	亥	戌	
인수	인수	겁재	인수								

종강격(從强格)   월의심천 1일 16시간 15분

節期(절기)에서 1日 16時間(시간)이라 初氣(초기)에 해당한다.

辛金日柱(신금일주)가 月令(월령)에 得令(득령)하고 印星(인성)까지 있어 太王(태왕)하다. 四柱(사주)에 强(강)한 것은 土星(토성)인 印星(인성)이다. 印星(인성)을 剋(극)하는 木星(목성)이 四柱(사주)에 있어야 하는데, 없기 때문에 일반 四柱(사주)와 달리 强者(강자)의 勢力(세력)에 大勢(대세)를 따라가야 吉(길)해진다. 四柱(사주)에 印星(인성)이 많을 때는 比劫運(비겁운), 印星運(인성운), 官星運(관성운)이 吉(길)하고, 財星運(재성운), 食傷運(식상운)은 不吉(불길)하다.

子水 大運(대운)에 子水는 癸水이므로 四柱(사주) 戊土와 戊癸火局(무계화국)하면 丙火이고 正官(정관) 喜神運(희신운)이다.

40세 辛巳年에 辛金 比肩(비견) 喜神運(희신운)이다. 親舊(친구)의 소개로 女子를 만났는데 나이 차이가 많아서 生角(생각)도 하지 않았는데 結

婚(결혼)을 하자고 청을 해왔다.

女子는 27세 初婚(초혼)이고 結婚(결혼)해서 離婚(이혼)한 상태인데 再婚(재혼)을 하려고 生角(생각)하면 무엇인가 不安(불안)하고 或是(혹시)나 앞전과 같은 일이 發生(발생)하지 않을까 大運(대운)의 흐름은 잘 오고 있다.

편재		편재	편관								용신.토.인성
목	금	목	화				乾命				희신.화.관성
甲	庚	甲	丙								기신.목.재성
申	子	午	辰	68	58	48	38	28	18	8	구신.수.식상
壬	癸	己	癸	辛	庚	己	戊	丁	丙	乙	한신.금.비겁
수	수	토	수	丑	子	亥	戌	酉	申	未	
식신	상관	인수	상관								

관인상생격(官印相生格)　　월의심천 11일 17시간 59분

節期(절기)에서 11日 17時間(시간)이라 辰, 午, 申는 中氣(중기)에 해당한다. 子水는 正氣(정기)이다.

庚金日干(경금일간)이 地支(지지)에 通根(통근)하지 못하고 身弱(신약)하다. 四柱(사주)에 强(강)한 것은 水星(수성)인 食傷(식상)이다. 食傷(식상)이 强(강)하면 피해보는 것은 官星(관성)인데, 구제할 수 있는 五行(오행)은 土星(토성)과 木星(목성) 두 五行(오행)이다. 木星(목성)을 用神(용신)으로 잡으면 比劫(비겁)이 身弱(신약)이라 쓸 수가 없고, 土星(토성)인 印星(인성)에게 부탁하여, 食傷(식상)을 攻擊(공격)하고, 官星(관성)을 保護(보호)해야 된다.

申金 大運(대운)에 申金은 庚金이므로 四柱(사주) 甲木과 甲庚沖(갑경충)이다. 比劫(비겁)과 財星(재성)이 沖(충)하면 당하는 것은 財星(재성)이 다치게 되고 財星(재성)이 다치면 食傷(식상)이 바로 官星(관성)을 攻擊(공격)하므로 官星(관성)이 다치게 된다.

26세 辛巳年에 辛金이 四柱(사주) 年干(년간) 丙火와 丙辛合水局(병신합수국)하면 壬水이고 食神(식신) 仇神運(구신운)이다. 丙火 偏官(편관)이 사라지고 食傷(식상)이면 무엇인가 始作(시작)한다는 뜻이다. 職業軍人(직업군인)인데. 退職(퇴직)하고 외국으로 공부하려 갈려고 한다.

정관		식신	편관			乾命							
토	수	목	토								용신.목.식상		
己	壬	甲	戊								희신.화.재성		
酉	戌	子	申	67	57	47	37	27	17	7	기신.금.인성		
辛	丁	癸	壬	辛	庚	己	戊	丁	丙	乙	구신.토.관성		
금	화	수	수	未	午	巳	辰	卯	寅	丑	한신.수.비겁		
인수	정재	겁재	비견										

식상생재격(食傷生財格)　　월의심천 11일 8시간 22분

節期(절기)에서 11日 8時間(시간)이라 申, 戌은 中氣(중기)에 해당한다.

壬水日干柱(임수일주)가 月令(월령)에 得令(득령)하고 太旺(태왕)하다. 四柱(사주)에 强(강)한 것은 比劫(비겁)이다. 比劫(비겁)이 强(강)하면, 피해 보는 것은 財星(재성)인데, 구제할 수 있는 五行(오행)은 木星(목성)과 土星(토성) 두 五行(오행)이다. 土星(토성)을 用神(용신)으로 잡기는 무엇인가 不安(불안)하고, 木星(목성)인 食傷(식상)에게 부탁하여, 比劫(비겁)을 泄

氣(설기)하고, 財星(재성)을 相生(상생)하여 保護(보호)해야 된다.

卯木 大運(대운)에 卯木은 乙木이므로 四柱(사주) 時支 (시지)辛金과 乙辛沖(을신충)이다. 乙木이 와서 辛金과 沖(충)해도 甲木 用神(용신)에게는 힘이 되지 못하고, 오히려 妨害(방해)만 될 뿐이다.

34세 辛巳年에 辛金 印綬(인수) 忌神運(기신운)이다. 辛金 印星(인성)이 食傷(식상)을 攻擊(공격)하게 되고 比劫(비겁)을 相生(상생)하면, 比劫(비겁)이 더욱 強(강)하게 되어 財星(재성)을 攻擊(공격)하면, 財星(재성) 財物(재물)이 다치게 된다. 觀光事業(관광사업)을 하는데 不振(부진)하고 어떻게 해서라도 支撐(지탱)해야 되는데 감당이 되지 않는다.

정재		비견	정재					乾命				용신.목.비겁
토	목	목	토									희신.수.인성
戊	乙	乙	戊									
子	巳	丑	戌	65	55	45	35	25	15	5		기신.금.관성
癸	丙	己	戊	壬	辛	庚	己	戊	丁	丙		구신.토.재성
수	화	토	토	申	未	午	巳	辰	卯	寅		한신.화.식상
편인	상관	편재	정재									

재다용비격(財多用比格)　　월의심천 17일 13시간 1분

乙木日干(을목일간)이 地支(지지)에 通根(통근)하지 못하고 身弱(신약)하다. 四柱(사주)에 強(강)한 것은 土星(토성)인 財星(재성)이다. 財星(재성)이 強(강)하면 피해보는 것은 印星(인성)인데, 구제할 수 있는 五行(오행)으로는 木星(목성)과 金星(금성) 두 五行(오행)이다. 金星(금성)은 四柱(사주)에 없으므로 用神(용신의 資格(자격)이 未達(미달)이라 쓸 수가 없고, 比劫(비겁)이 財星(재성)을 攻擊(공격)하고, 印星(인성)을 保護(보호)해야 된다.

巳火 大運(대운)에 巳火는 丙火 傷官(상관) 閑神運(한신운)이다. 食傷(식상)은 움직인다는 뜻이고, 財星(재성)을 相生(상생)하므로 財星(재성)이 夥多(과다)하여 財星(재성)에서 문제가 發生(발생)하게 된다.

44세 辛巳年에 巳火는 丙火 傷官(상관) 閑神運(한신운)이다. 食傷(식상)에게 比劫(비겁)은 泄氣(설기)당하고, 財星(재성)은 힘이 더욱 强(강)하게 되어 財星(재성)에서 發生(발생)한다. 婦人(부인)이 노래방 도우미로 일하고 있는데 行動(행동)이 變化(변화)고 있다는 것을 알게 되었다.

상관		겁재	편재								용신.목.식상
목	수	수	화				乾命				희신.수.비겁
甲	癸	壬	丁	62	52	42	32	22	12	2	진용신.금.인성
寅	卯	寅	未	乙	丙	丁	戊	己	庚	辛	기신.토.관성
戊	甲	戊	丁	未	申	酉	戌	亥	子	丑	구신.화.재성
토	목	토	화								
정관	상관	정관	편재								

식상제살격(食傷制殺格)　월의심천 3일 6시간 59분

節期(절기)에서 3日 6時間(시간)이라 初氣(초기)에 해당한다.

癸水日干(계수일간)이 地支(지지)에 通根(통근)하지 못하고 身弱(신약)하다. 四柱(사주)에 强(강)한 것은 土星(토성)인 官星(관성)이다. 官星(관성)이 强(강)하면 피해보는 것은 比劫(비겁)인데, 구제할 수 있는 五行(오행)은 金星(금성)과 木星(목성) 두 五行(오행)이다. 金星(금성)을 用神(용신)으로 잡아야 하는데, 없기 때문에 用神(용신)을 잡을 수는 없고 眞用神(진용신)으로는 사용할 수 있다. 食傷(식상)이 官星(관성)을 攻擊(공격)하고, 比劫(비겁)을 保護(보호)해야 된다. 그러나 印星運(인성운)이 가장 吉(길)하다.

戊土 大運(대운)에 戊土가 四柱(사주) 日干(일간) 癸水와 戊癸火局(무계화국)하면 丙火이고 正財(정재) 仇神運(구신운)이다. 日干(일간)이 財星(재성)으로 變質(변질)되면 金錢(금전)이나, 官災(관재), 女子문제가 發生(발생)하게 된다.

35세 辛巳年에 巳火는 丙火이므로 四柱(사주) 月干(월간) 壬水와 丙壬沖(병임충)이다. 丙火 正財(정재) 仇神(구신)이 와서 壬水 喜神(희신)과 沖(충)이라 財星(재성) 때문에 比劫(비겁)이 다치게 된다는 뜻이다. 婦人(부인)과는 離婚(이혼)하였고 女子를 만나고 있는데 再婚(재혼)을 하자고 해서 結婚(결혼)을 하면 或是(혹시) 前妻(전처)의 길을 갈까봐 걱정이다.

겁재		편관	상관								용신.목.비겁
목	목	금	화			坤命					희신.수.인성
甲	乙	辛	丙								기신.금.관성
申	未	丑	午	69	59	49	39	29	19	9	구신.토.재성
庚	己	己	丁	甲	乙	丙	丁	戊	己	庚	한신.화.식상
금	토	토	화	午	未	申	酉	**戌**	亥	子	
정관	편재	편재	식신								

재다용비격(財多用比格) 월의심천 25일 6시간 42분

乙木日干(을목일간)이 地支(지지)에 通根(통근)하지 못하고 身弱(신약)하다. 四柱(사주)에 强(강)한 것은 土星(토성)인 財星(재성)이다. 財星(재성)이 强(강)하면, 피해보는 것은 印星(인성)인데, 구제할 수 있는 五行(오행)으로는 木星(목성)과 金星(금성) 두 五行(오행)이다. 金星(금성)을 用神(용신)으로 잡으면 比劫(비겁)이 身弱(신약)이라 쓸 수가 없고, 比劫(비겁)이 財星(재성)을 攻擊(공격)하고, 印星(인성)을 保護(보호)해야 된다.

戊土 大運(대운)에 戊土는 戊土 正財(정재) 仇神運(구신운)이다. 四柱(사주)에 財星(재성)이 强(강)한데, 財星(재성) 運(운)이 오면 財物(재물)쪽으로 慾心(욕심)을 내지 말아야 되는데 오히려 財物(재물)을 慾心(욕심)내다가, 陷穽(함정)에 빠지게 된다.

36세 辛巳年에 巳火는 丙火이므로 四柱(사주) 月干(월간) 辛金과 丙辛合水局(병신합수국)하면 壬水이고 印綬(인수) 喜神運(희신운)이다. 勢運(세운)에서 吉(길)하지만 大運(대운)에는 凶(흉)하다. 勢運(세운)에서 吉(길)한 것이 5年동안 계속 온다면 문제는 없겠지만 그러나 그렇게 올리는 萬無(만무)하다. 호프집을 하려고 契約(계약)하고 開業(개업)날짜를 이왕이면 좋은 날짜를 擇日(택일)해서 한다면서…

상관		비견	정재		乾命						용신.수.비겁
목	수	수	화								희신.금.인성
甲	癸	癸	丙	62	52	42	32	22	12	2	기신.토.관성
子	巳	巳	午	庚	己	戊	丁	丙	乙	甲	구신.화.재성
癸	丙	丙	丁	子	亥	戌	酉	申	未	午	한신.목.식상
수	화	화	화								
비견	정재	정재	편재								

재다용비격(財多用比格)　　　월의심천 28일 15시간 29분

癸水日柱(계수일주)가 地支(지지)에 通根(통근)하고 比劫(비겁)이 적당한 힘을 維持(유지)하고 있다. 四柱(사주)에 强 (강)한 것은 火星(화성)인 財星(재성)이다. 財星(재성)이 强(강)하면, 피해보는 것은 印星(인성)인데, 구제할 수 있는 五行(오행)은 水星(수성)과 土星(토성) 두 五行(오행)이다. 土星(토성)은 四柱(사주)에 없으므로 用神(용신)의 資格(자격)이 未達(미달)이라, 쓸 수가 없고, 比劫(비겁)이 財星(재성)을 攻擊(공격)하고, 印星(인성)을 保護(보호)해야 된다.

丁火 大運(대운)에 丁火가 四柱(사주) 癸水와 丁癸沖(정계충)이다. 財星(재성) 仇神(구신)이 와서 比劫(비겁) 用神(용신)을 沖(충)하면 比劫(비겁)은 弱(약)하게 되고 財星(재성)은 夥多(과다)하여 財星(재성)에서 문제가 發生(발생)하게 된다.

36세 辛巳年에 巳火은 丙火 正財(정재) 仇神運(구신운)이다. 大運(대운)에서 財星運(재성운)이고 勢運(세운)에서 財星運(재성운)이라 힘을 喪失(상실)한 比劫(비겁)이 어찌 많은 財星(재성)을 다스릴 수 있겠는가?

申金 大運(대운)에 事業(사업)을 始作(시작)해서 生角(생각)보다 德(덕)이 많아 擴張(확장)도 하고 잘 되었는데 丁火 大運(대운)부터 서서히 不振(부진)해서 그동안 얻은 德(덕)을 最終的(최종적)으로 다 잃고 말았다.

겁재		편관	인수			坤命					용신.화.재성
수	수	토	금								희신.토.관성
壬	癸	己	庚	65	55	45	35	25	15	5	기신.수.비겁
戊	卯	卯	子	壬	癸	甲	乙	丙	丁	戊	구신.금.인성
丁	乙	乙	癸	申	酉	戌	亥	子	丑	寅	한신.목.식상
화	목	목	수								
편재	식신	식신	비견								

제살태과격(制殺太過格)　　월의심천 10일 21시간 54분

節期(절기)에서 10日 21時間(시간)이라 戊土는 中氣(중기)에 해당한다.

癸水日柱(계수일주)가 地支(지지)에 通根(통근)하고 印星(인성)까지 있어 比劫(비겁)이 적당한 힘을 維持(유지)하고 있다. 四柱(사주)에 强(강)한 것은 木星(목성)인 食傷(식상)이다. 食傷(식상)이 强(강)하면 피해보는 것은 官星(관성)인데, 구제할 수 있는 五行(오행)은 金星(금성)과 火星(화성) 두 五行(오행)이다. 金星(금성)을 用神(용신)으로 잡으면 比劫(비겁)이 身强(신강)되기 때문에 쓸 수가 없고, 火星(화성)인 財星(재성)에게 부탁하여, 食傷(식상)을 泄氣(설기)하고, 官星(관성)을 相生(상생)하여 保護(보호)해야 된다.

亥水 大運(대운) 亥水는 壬水이므로 四柱(사주) 時支(시지) 丁火와 丁壬木局(정임목국)하면 甲木이고 傷官(상관) 閑神運(한신운)이다. 壬水는 男子이고 丁火는 財物(재물)인데, 合(합)을 하면 食傷(식상)이 되는데, 男子 親舊(친구)가 나의 財物(재물)을 가져간다는 뜻이다. 大運(대운)에는 財物(재물)이 나간다고 하는데 언제 나가는지는 알아야 한다.

42세 辛巳年에 巳火는 丙火이므로 四柱(사주) 壬水와 丙壬冲(병임충)하면 發生(발생)하게 된다. 大運(대운)에서 丁壬木局(정임목국)한 것을 勢運(세운)에서 丙壬沖(병임충)하면 문제가 發生(발생)하게 된다. 男子 親舊(친구)가 한 달만 쓰고 준다고 했는데, 느낌이 不吉(불길)하고 연락도 되지 않아 詐欺(사기)당하였다.

41세 庚辰년에 辰土는 戊土이므로 四柱(사주) 癸水와 戊癸火局(무계화국)하면 丙火이고 正財(정재) 用神(용신) 運(운)이다.

戊土는 男子이고 日干과 合을 하면 男子 親舊(친구)에게 묶인 현상이 된다. 우연히 만나 戀人(연인)사이가 되어 너무 多情多感(다정다감)하게 해주었다.

인수		식신	겁재				坤命					
목	화	토	화								용신.토.식상	
乙	丙	戊	丁								희신.화.비겁	
未	午	申	未	71	61	51	41	31	21	11	기신.목.인성	
丁	丙	戊	丁	乙	甲	癸	壬	辛	庚	己	구신.수.관성	
화	화	토	화	卯	寅	丑	子	亥	戌	酉	한신.금.재성	
겁재	비견	식신	겁재									

식상용식상격(食傷用食傷格) 월의심천 1일 23시간 55분

節期(절기)에서 1日 23時間(시간)이라 初氣(초기)에 해당한다.

丁火日柱(정화일주)가 地支(지지)에 通根(통근)하고 比劫(비겁)이 많아 太旺(태왕)하다. 四柱(사주)에 强(강)한 것은 比劫(비겁)이다. 比劫(비겁)이 强(강)하면, 피해보는 것은 財星(재성)인데, 구제할 수 있는 五行(오행)은 土星(토성)과 水星(수성) 두 五行(오행)이다. 水星(수성)은 四柱(사주)에 없기 때문에 쓸 수가 없고, 土星(토성)인 食傷(식상)에게 부탁하여, 比劫(비겁)을 泄期(설기)하고, 財星(재성)을 保護(보호)해야 된다.

辛金 大運(대운)에 辛金이 四柱(사주) 丙火와 丙辛合水局(병신합수국)하면 壬水이고 偏官(편관) 仇神運(구신운)이다. 辛金은 財物(재물)이고, 丙火나와 合(합)하여 官星(관성)이면 財物(재물)과, 職場(직장), 男子문제가 發生(발생)한다.

35세 辛巳年에 辛金이 四柱(사주) 丙火와 丙辛合水局(병신합수국)하면 壬水이고 偏官(편관) 仇神運(구신운)이다. 事業(사업)을 하다가 不實(부실)하여 모든 것을 잃고 정리하고 事業(사업)을 亡(망)하고 보니 愛人(애인)도 逃亡(도망)가고 지금은 美容(미용)에 就業(취업)해서 일하고 있다 愛人(애인)을 만나지 않고, 事業場(사업장)만 열심히 했다면 이렇게 까지는 되지 않았을 것을 이제 와서 後悔(후회) 한다.

편인		인수	상관				乾命				
목	화	목	토								용신.목.인성
乙	丁	甲	戊								희신.수.관성
巳	巳	寅	戊	69	59	49	39	29	19	9	기신.금.재성
戊	戊	戊	辛	辛	庚	己	戊	丁	丙	乙	구신.토.식상
토	토	토	금	酉	申	未	午	巳	辰	卯	한신.화.비겁
상관	상관	상관	편재								

관인상생격(官印相生格)　　월의심천 4일 17시간 41분

節期(절기)에서 4日 17時間(시간)이라 初氣(초기)에 해당한다.

丁火日干(정화일간)이 地支(지지)에 通根(통근)하지 못하고 身弱(신약)하다. 四柱(사주)에 强(강)한 것은 土星(토성)인 食傷(식상)이다. 食傷(식상)이 强(강)하면 피해보는 것은 官星(관성)인데, 구제할 수 있는 五行(오행)은 木星(목성)과 金星(금성) 두 五行(오행)이다. 金星(금성)을 用神(용신)으로 잡으면 比劫(비겁)이 身弱(신약)이라 쓸 수가 없고, 木星(목성)인 印星(인성)에게 부탁하여, 食傷(식상)을 攻擊(공격)하고, 官星(관성)을 保護(보호)해야 된다.

午火 大運(대운)에 午火는 丁火 比肩(비견) 閑神運(한신운)이다. 比劫(비겁)이 食傷(식상)을 相生(상생)하면 食傷(식상)이 氣高萬丈(기고만장)하여, 官星(관성)을 攻擊(공격)하게 되므로 官星(관성)이 다치게 된다.

44세 辛巳年에 辛金이 四柱(사주) 時干(시간) 乙木과 乙辛沖(을신충)이다. 辛金 財星(재성)이 와서 乙木 用神(용신)을 沖(충)이라, 印星(인성)이 다치게 된다. 親舊(친구)가 事業(사업)을 同業(동업)하자고 해서 始作(시작)했는데, 너무 不振(부진)하고 財星(재성)이 印星(인성) 文書(문서)를 沖(충)하면 文書(문서)가 깨진다는 뜻인데 始作(시작)을 했으니, 文書(문서)가 어떻게 살겠는가?

<table>
<tr><td>비견</td><td></td><td>정재</td><td>상관</td><td colspan="7" style="text-align:center">坤命</td><td>용신.금.식상</td></tr>
<tr><td>토</td><td>토</td><td>수</td><td>금</td><td colspan="7"></td><td>희신.수.재성</td></tr>
<tr><td>己</td><td>己</td><td>壬</td><td>庚</td><td>63</td><td>53</td><td>43</td><td>33</td><td>23</td><td>13</td><td>3</td><td>기신.화.인성</td></tr>
<tr><td>巳</td><td>卯</td><td>午</td><td>寅</td><td>乙</td><td>丙</td><td>丁</td><td>戊</td><td>己</td><td>庚</td><td>辛</td><td>구신.목.관성</td></tr>
<tr><td>戊</td><td>甲</td><td>丙</td><td>戊</td><td>亥</td><td>子</td><td>丑</td><td>寅</td><td>卯</td><td>辰</td><td>巳</td><td>한신.토.비겁</td></tr>
<tr><td>토</td><td>목</td><td>화</td><td>토</td><td colspan="7"></td><td></td></tr>
<tr><td>겁재</td><td>정관</td><td>인수</td><td>겁재</td><td colspan="7"></td><td></td></tr>
</table>

식상생재격(食傷生財格)　　월의심천 6일 17시간 39분

節期(절기)에서 6日 17時間(시간)이라 初氣(초기)에 해당한다.

己土日柱(기토일주)가 地支(지지)에 通根(통근)하고 印星(인성)까지 있어 比劫(비겁)이 太旺(태왕)하다. 四柱(사주)에 强(강)한 것은 比劫(비겁)이다. 比劫(비겁)이 强(강)하면, 피해보는 것은 財星(재성)인데, 구제할 수 있는 五行(오행)은 木星(목성)과 金星(금성) 두 五行(오행)이다. 木星(목성)을 用神(용신)으로 잡기는 무엇인가 不安(불안)하고, 金星(금성)인 食傷(식상)에게 부탁하여, 比劫(비겁)을 泄氣(설기)하고, 財星(재성)을 相生(상생)하여 保護(보호)해야 된다.

丑土 大運(대운)에 丑土는 己土이므로 四柱(사주) 日支(일지) 甲木과 甲己合土局(갑기합토국)하면 戊土이고 劫財(겁재) 閑神運(한신운)이다. 比劫(비겁)은 財星(재성)을 攻擊(공격)하므로 財星(재성)이 다치게 된다. 己土는 나의 同僚(동료)나, 親舊(친구)인데, 保證(보증)서준 것이 잘못되어 集(집)몇 개를 競賣(경매)처분하여 잃고 이제 살고 있는 集(집)마저 넘어가면 어떻게 되겠는가?

52세 辛巳年에 巳火는 丙火이므로 四柱(사주) 月干(월간) 壬水와 丙壬

沖(병임충)이다. 喜神(희신)인 壬水가 다치게 된다. 印星(인성)이 와서 比劫(비겁)을 生助(생조)하면 比劫(비겁)은 財星(재성)을 攻擊(공격)하면, 財星(재성)이 어떻게 살겠는가?

겁재		인수	편재				乾命				용신.금.인성
수	수	금	화								희신.수.비겁
壬	癸	庚	丁	71	61	51	41	31	21	11	기신.화.재성
戊	未	戊	酉	癸	甲	乙	丙	丁	戊	己	구신.목.식상
戊	己	戊	辛	卯	辰	巳	午	未	申	酉	한신.토.관성
토	토	토	금								
정관	편관	정관	편인								

살중용인격 (殺重用印格)　　월의심천 29일 22시간 0분

　癸水日干(계수일간)이 地支(지지)에 通根(통근)하지 못하고 身弱(신약)하다. 四柱(사주)에 强(강)한 것은 土星(토성)인 官星(관성)이다. 官星(관성)이 强(강)하면 피해보는 것은 比劫(비겁)인데, 구제할 수 있는 五行(오행)으로는 金星(금성)과 木星(목성) 두 五行(오행)이다. 木星(목성)은 四柱(사주)에 없으므로 用神(용신)의 資格(자격)이 未達(미달)이라, 쓸 수가 없고, 金星(금성)인 印星(인성)에게 부탁하여, 官星(관성)을 泄氣(설기)하고, 比劫(비겁)을 相生(상생)하여 保護(보호)해야 된다.

　丙火 大運(대운)에 丙火가 四柱(사주) 年支(년지) 辛金과 丙辛合水局(병신합수국)하면 壬水이고 劫財(겁재) 喜神運(희신운)이다. 丙火 正財(정재)가 와서 辛金 偏印(편인)과 合(합)하여, 劫財(겁재)이면 財物(재물)과 文書(문서)이고, 女子쪽으로 吉(길)하게 된다는 뜻이다.

45세 辛巳年에 巳火는 丙火이므로 四柱(사주) 年支(년지) 辛金과 丙辛合水局(병신합수국)하면 壬水이고 劫財(겁재) 喜神運(희신운)이다. 우연히 女子를 만나게 되어 정이 들어 戀人(연인)사이가 되었고 愛人(애인)의 도움으로 自營業(자영업)을 할 수 있도록 開業(개업)을 해주었는데 事業(사업)이 生角(생각) 외로 잘되고 있다. 午火 大運(대운)이 눈앞에 있는데 丁壬木局(정임목국)하면 仇神運(구신운)이다.

겁재		비견	인수				乾命						
화	화	화	목									용신.수.관성
丙	丁	丁	甲									희신.금.재성
午	亥	卯	午	62	52	42	32	22	12	2		기신.토.식상
丁	壬	乙	丁	甲	癸	壬	辛	庚	己	戊		구신.화.비겁
화	수	목	화	戌	酉	申	未	午	巳	辰		한신.목.인성
비견	정관	편인	비견									

재자약살격 (財滋弱殺格)   월의심천 26일 0시간 41분

丁火日柱(정화일주)가 地支(지지)에 通根(통근)하고 印星(인성)까지 있어 太旺(태왕)하다. 四柱(사주)에 强(강)한 것은 比劫(비겁)이다. 比劫(비겁)이 强(강)하면 피해보는 것은 財星(재성)인데, 구제할 수 있는 五行(오행)으로는 水星(수성)과 土星(토성) 두 五行(오행)이다. 土星(토성)은 四柱(사주)에 없으므로 用神(용신)의 資格(자격)이 未達(미달)이라 쓸 수가 없고, 水星(수성)인 官星(관성)에게 부탁하여, 比劫(비겁)을 攻擊(공격)하고, 財星(재성)을 保護(보호)해야 된다.

申金 大運(대운)에 申金은 庚金이므로 四柱(사주) 月支(월지) 乙木과 乙

庚金局(을경금국)하면 庚金이고 正財(정재) 喜神運(희신운)이다. 財物(재물)이나, 二姓(이성)문제가 吉(길)하다는 뜻이다.

48세 辛巳年에 辛金이 四柱(사주) 月支(월지) 乙木과 乙辛沖(을신충)이다. 大運(대운)에서 乙庚金局(을경금국)한 것을 勢運(세운)에서 沖(충)하면 發生(발생)하게 된다. 親舊(친구)의 소개로 女人을 만나 정이 들어 戀人(연인)사이가 되었고 結婚(결혼)을 하자고 하는데 女子의 福(복)이 없다고 알고 있어 決定(결정)을 못하고 或是(혹시) 前妻(전처)의 길이 또 올까봐 걱정이지만 日就月將(일취월장)할 수 있을까?

비견		편인	인수				坤命					
금	금	토	토									용신.토.인성
庚	庚	戊	己									희신.금.비겁
辰	辰	辰	酉	61	51	41	31	21	11	1		희신.화.관성
戌	戌	戊	辛	乙	甲	癸	壬	辛	庚	己		기신.목.재성
토	토	토	금	亥	戌	酉	申	未	午	巳		구신.수.식상
편인	편인	편인	겁재									

양신성상격(兩神成象格) 월의심천 30일 0시간 15분

庚金日柱(경금일주)가 地支(지지)에 通根(통근)하고 印星(인성)과 比劫(비겁)이 두 개의 五行(오행)만 있다. 이것을 兩神成象格(양신성상격)이라고 한다. 從强格(종강격)과 푸는 방법은 같다. 土·金·火 運(운)은 吉(길)하고 木·水, 運(운)은 凶(흉)하다. 兩神成象格(양신성상격)은 吉運(길운)을 만나면 富貴(부귀)할 수 있으나 凶運(흉운)을 만나면 貧賤(빈천)하게 된다. 兩神成象格(양신성상격)은 吉運(길운)이 한 개가 제한되어 있어 平生福祿(평생복록)을 받을 수는 없고, 屈曲(굴곡)이 심하다.

壬水 大運(대운)은 食傷運(식상운)이라 不吉(불길)하다.

33세 辛巳年에 巳火는 丙火이므로 四柱(사주) 年支(년지) 辛金과 丙辛合水局(병신합수국)하면 壬水이고 食神(식신) 仇神運(구신운)이다. 食傷運(식상운)에 모든 것을 정리 하였다. 31세부터 事業(사업)이 서서히 不實(불실)하여 最惡(최악)이 되었고

辛金 大運(대운) 25세 癸酉年에 戊癸火局(무계화국)하여 官星運(관성운)에 自營業(자영업)을 始作(시작)했는데, 너무나 잘되어 6年 동안 擴張(확장)을 몇 개를 하고 愛人(애인)과 旅行(여행)다니면서 즐겁게 愛人(애인)을 만나지 말고 事業(사업)장을 관리만 했다면 오늘날 이런 결과가 없지 않았을 것이다.

편인		비견	정관								용신.목.인성
목	화	화	수			乾命					희신.수.관성
乙	丁	丁	壬								기신.금.재성
巳	丑	未	辰	64	54	44	34	24	14	4	구신.토.식상
丙	己	己	戊	甲	癸	壬	辛	庚	己	戊	한신.화.비겁
화	토	토	토	寅	丑	子	亥	戌	酉	申	
겁재	식신	식신	상관								

관인상생격(官印相生格)　　월의심천 22일 19시간 45분

丁火日柱(정화일주)가 地支(지지)에 通根(통근)하고 印星(인성)까지 있어 比劫(비겁)이 적당한 힘을 維持(유지)하고 있다. 四柱(사주)에 强(강)한 것은 土星(토성)인 食傷(식상)이다. 食傷(식상)이 强(강)하면 피해보는 것은

官星(관성)인데, 구제할 수 있는 五行(오행)으로는 木星(목성)과 金星(금성) 두 五行(오행)이다. 金星(금성)은 四柱(사주)에 없으므로 用神(용신)의 資格(자격)이 未達(미달)이라 쓸 수가 없고, 木星(목성)인 印星(인성)에게 부탁하여, 食傷(식상)을 攻擊(공격)하고, 官星(관성)을 保護(보호)해야 된다.

子水 大運(대운)에 子水는 癸水이므로 四柱(사주) 年支(년지) 戊土와 戊癸火局(무계화국)하면, 丙火이고 劫財(겁재) 閑神運(한신운)이다. 比劫(비겁)이 食傷(식상)을 生助(생조)하면, 食傷(식상)이 强(강)하게 되어 官星(관성)을 攻擊(공격)하게 되므로 官星(관성)이 다치게 된다. 즉 病院(병원), 職場(직장), 健康(건강)문제가 發生(발생)하게 된다.

50세 辛巳年에는 巳火는 丙火이므로 四柱(사주) 年干(년간) 壬水와 丙壬沖(병임충)이다. 大運(대운)에서 심하게 剋(극)당하고 있는데 勢運(세운)에서 壬水를 沖(충)까지 官星(관성)이 어떻게 살겠는가? 神經痲痺(신경마비)가 와서 入院(입원)중이고 事業(사업)은 婦人(부인)이 代身(대신)하고 있다.

편관		겁재	상관				乾命						용신.금.관성
금	목	목	화										희신.토.재성
庚	甲	乙	丁	68	58	48	38	28	18	8			진용신.수.인성
午	申	巳	巳	戊	己	庚	辛	壬	癸	甲			기신.화.식상
丁	庚	丙	丙	戌	亥	子	丑	寅	**卯**	辰			구신.목.비겁
화	금	화	화										
상관	편관	식신	식신										

무격(無格)　　월의심천 21일 12시간 14분

甲木日干(갑목일간)이 地支(지지)에 通根(통근)하지 못하고 身弱(신약)이다. 四柱(사주)에 强(강)한 것은 火星(화성)인 食傷(식상)이다. 食傷(식상)이 强(강)하면 피해보는 것은 官星(관성)인데, 구제할 수 있는 五行(오행)은 水星(수성)과 土星(토성) 두 五行(오행)이다. 四柱(사주)에 두 五行(오행)모두가 없으므로, 攻擊(공격)을 당하고 있는 金星(금성) 自己(자기)가 用神(용신)이 된다. 用神(용신)인 金星(금성)이 運(운)에서 오면 比劫(비겁)을 가만히 둘리가 萬無(만무)하다 하여 眞用神(진용신)을 사용할 수밖에 없다. 四柱(사주) 구조상 用神(용신)으로 잡지 못하고 大運(대운)에서 水星(수성)인 印星(인성) 眞用神(진용신)이 가장 吉(길)하다고 봐야 된다.

卯木 大運(대운)에 卯木은 乙木이므로 四柱(사주) 庚金과 乙庚金局(을경금국)하면 庚金이고 偏官(편관) 用神運(용신운)이다. 用神(용신)이라 하지만 乙木이 庚金을 꼼작 못하게 묶인 상태이다. 庚金이 묶기면 甲木이 氣高萬丈(기고만장)하게 된다.

25세 辛巳年에 巳火는 丙火이므로 食神(식신) 忌神運(기신운)이다. 官

星(관성)을 攻擊(공격)하게 된다. 오토바이를 親舊(친구)와 같이 타고 가다
가 앞 차와 衝突(충돌)했는데, 뒤에 타고 있던 친구가 많이 다쳐 入院(입
원) 治療(치료)중이다.

상관		편재	식신				乾命				용신.목.식상
목	수	화	목								희신.화.재성
甲	癸	丁	乙	71	61	51	41	31	21	11	기신.금.인성
寅	卯	亥	未	庚	辛	壬	癸	甲	乙	丙	구신.토.관성
甲	乙	乙	乙	辰	巳	午	**未**	申	酉	戌	한신.수.비겁
목	목	목	목								
상관	식신	식신	식신								

종아격(從我格)   월의심천 29일 14시간 45분

亥卯未木局(해묘미목국)하면 乙木이다. 三子中 月支(월지)에 亥水가 있
어 三合(삼합)이 成立(성립)된다.

癸水日干(계수일간)이 地支(지지)에 通根(통근)하지 못하고 身弱(신약)하
다. 四柱(사주)에 强(강)한 것은 木星(목성)인 食傷(식상)이다. 食傷(식
상)이 强(강)하면 피해보는 것은 官星(관성)인데, 구제할 수 있는 五行(오
행)으로는 金星(금성)과 火星(화성) 두 五行(오행)이다. 火星(화성)을 用
神(용신)으로 잡으면 比劫(비겁)이 身弱(신약)이라, 쓸 수가 없고, 四柱(사
주)에 木星(목성)을 剋(극)하는 者(자)가 없으므로, 일반 四柱(사주)와 달
리 强者(강자)의 勢力(세력)에 大勢(대세)를 따라가야 吉(길)하게 된다.

未土 大運(대운)에 未土는 己土이므로 四柱(사주) 甲木과 甲己合土局(갑
기합토국)하면 戊土이고 正官(정관) 仇神運(구신운)이다. 官星運(관성운)이

오면 食傷(식상)이 가만히 있겠는가 官星(관성)을 攻擊(공격)하게 된다 官星(관성)은 꼼작 못하고 다치게 된다.

47세 辛巳年에 辛金이 四柱(사주) 乙木과 乙辛沖(을신충)이다. 辛金이 强(강)자와 沖(충)을 하면 벌집을 건들인 것과 같다. 自營業(자영업)을 하는데 最大限(최대한) 努力(노력)을 다했는데도 不振(부진)하여 정리하고 그만 두었다.

비견		인수	편관				乾命					용신.목.비겁
목	목	수	금									희신.수.인성
乙	乙	壬	辛	70	60	50	40	30	20	10		기신.금.관성
酉	未	辰	丑	乙	丙	丁	戊	己	庚	辛		구신.토.재성
辛	己	戊	己	酉	戌	亥	子	丑	寅	卯		한신.화.식상
금	토	토	토									
편관	편재	정재	편재									

재다용비격 (財多用比格) 월의심천 27일 8시간 48분

乙木日干(을목일간)이 地支(지지)에 通根(통근)하지 못하고 身弱(신약)하다. 四柱(사주)에 强(강)한 것은 土星(토성)인 財星(재성)이다. 財星(재성)이 强(강)하면 피해보는 것은 印星(인성)인데, 구제할 수 있는 五行(오행)으로는 木星(목성)과 金星(금성)이다. 金星(금성)을 用神(용신)으로 잡으면 比劫(비겁)이 身弱(신약)이라, 쓸 수가 없고, 比劫(비겁)이 財星(재성)을 攻擊(공격)하고, 印星(인성)을 保護(보호)해야 된다.

戊土 大運(대운)에 戊土 正財(정재) 仇神運(구신운)이다. 財星(재성)이 强(강)한데 財星運(재성운)이 오면 印星(인성)을 攻擊(공격)하게 되므로 學

文(학문)이 잘 될 일이 없고 努力(노력)해도 대가가 없다,

　41세 辛巳年에 巳火는 丙火이므로 四柱(사주) 月干(월간) 壬水와 丙壬沖(병임충)이다. 丙火가 와서 壬水를 沖(충)하면 壬水 印綬(인수) 喜神(희신)이 다치게 된다. 四柱(사주)를 보면 官(관)쪽으로 가면 不吉(불길)하고 印星(인성)인 學文(학문)쪽으로 가야 吉(길)하게 될 것인데 官(관)으로 試驗(시험)을 몇 번이나 떨어지고 아직까지 未練(미련)을 못 버리고 잘 못하면 平生(평생) 受驗生(수험생)이 될 수도 있는데 金錢(금전)적으로 힘이 들어 지금은 一時的(일시적)으로 建築(건축)일 하고 있다.

상관		정관	편인									
화	목	금	수		乾命							용신.수.인성
丁	甲	辛	壬									희신.목.비겁
卯	子	亥	子	64	54	44	34	24	14	4		희신.금.관성
乙	癸	壬	癸	戊	丁	丙	乙	甲	癸	壬		기신.토.재성
목	수	수	수	午	巳	辰	卯	寅	丑	子		구신.화.식상
겁재	인수	편인	인수									

종강격(從强格)

월의심천 21일 13시간 51분

　甲木日柱(갑목일주)가 地支(지지)에 通根(통근)하고 印星(인성)까지 있어 太旺(태왕)하다. 四柱(사주)에 强(강)한 것은 水星(수성)인 印星(인성)이다. 印星(인성)이 强(강)하면 피해보는 것은 食傷(식상)인데. 구제할 수 있는 五行(오행)은 木星(목성)과 土星(토성) 두 五行(오행)이다. 木星(목성)을 用神(용신)으로 잡기는 不安(불안)하고 土星(토성)이 四柱(사주)에 있어야 되는데 없으므로 일반 四柱(사주)와 달리 强者(강자)의 勢力(세력)에 大勢(대

세)를 따라가야 吉(길)하게 된다.

寅木 大運(대운)에 寅木은 甲木이므로 比肩(비견) 喜神運(희신운)이다. 甲木은 同僚(동료), 親舊(친구), 兄弟(형제) ,事業(사업), 擴張(확장),등등이 吉(길)하게 된다는 뜻이다.

30세 辛巳年에 巳火가 四柱(사주) 月支(월지) 亥水와 巳亥沖(사해충)하면 亥中甲木(해중갑목)이 中氣(중기)에서 나오게 된다, 甲木이 나와서 무엇을 하는가? 變化(변화)지 않고 甲木 比肩(비견) 喜神運(희신운)이다. 大運(대운)에도 甲木 喜神運(희신운)이고 勢運(세운)에도 甲木 喜神運(희신운)이라 吉(길)할 것이다. 親舊(친구)가 찾아와서 같이 事業(사업)을 同業(동업)하자고 해서 始作(시작)했는데 或是(혹시)나 事業(사업)이 잘 못되어 親舊(친구)와 友情(우정)이 잘 못 되지는 않을까?

편재		인수	편인				坤命					
화	수	금	금									용신.금.인성
丁	癸	庚	辛									희신.수.비겁
巳	未	寅	丑	66	56	46	36	26	16	6		기신.화.재성
丙	己	甲	己	丁	丙	乙	甲	癸	壬	辛		구신.목.식상
화	토	목	토	酉	申	未	午	巳	辰	卯		한신.토.관성
정재	편관	상관	편관									

살중용인격(殺重用印格)   월의심천 15일 0시간 8분

癸水日干(계수일간)이 地支(지지)에 通根(통근)하지 못하고 身弱(신약)하다. 四柱(사주)에 强(강)한 것은 土星(토성)인 官星(관성)이다. 官星(관성)이 强(강)하면 피해보는 것은 比劫(비겁)인데, 구제할 수 있는 五行(오행)으로는 金星(금성)과 木星(목성) 두 五行(오행)이다. 木星(목성)을 用神(용신)으로 잡으면 比劫(비겁)이 身弱(신약)이라, 쓸 수가 없고, 金星(금성)인 印星(인성)에게 부탁하여, 官星(관성)을 泄氣(설기)하고, 比劫(비겁)을 相生(상생)하여, 保護(보호)해야 된다.

午火 大運(대운)에 午火는 丁火이므로 四柱(사주) 日干(일간)癸水와 丁癸忠(정계충)이다. 丁火 偏財(편재) 忌神(기신)이 癸水 比肩(비견) 喜神(희신)과 沖(충)이라 내가 다치게 된다는 뜻이고 財星(재성)이 官星(관성)을 生助(생조)하면 官星(관성)이 夥多(과다)해지므로 官星(관성)에서 문제가 發生(발생)한다.

41세 辛巳年에 辛金이 四柱(사주) 時支(시지) 丙火와 丙辛合水局(병신합수국)하면 壬水이고 劫財(겁재) 喜神運(희신운)이다. 壬水는 男子인데 우연히 만나 再婚(재혼)을 했는데 離婚(이혼)하자고 한다, 이제 6개월 밖에 되지 않았는데 시어머니 때문에 夫婦(부부)싸움을 하게 되었고 男便(남편)은 中間(중간)에서 이러지도 저러지도 못하고 있다.

편인		정재	비견								용신.토.식상
목	화	금	화			坤命					희신.금.재성
乙	丁	庚	丁								
巳	未	戌	未	71	61	51	41	31	21	11	기신.목.인성
戊	丁	辛	丁	丁	丙	乙	甲	癸	壬	辛	구신.수.관성
토	화	금	화	巳	辰	卯	寅	丑	子	亥	한신.화.비겁
상관	비견	편재	비견								

식상용재격(食傷用財格)　　월의심천 1일 1시간 49분

節期(절기)에서 1日 1時間(시간)이라 初氣(초기)에 해당한다.

丁火日柱(정화일주)가 日支(일지)에 得地(득지)하고 印星(인성)까지 있어 身强(신강)하다. 四柱(사주)에 强(강)한 것은 火星(화성)인 比劫(비겁)이다. 比劫(비겁)이 强(강)하면, 피해보는 것은 財星(재성)인데, 구제할 수 있는 五行(오행)은 水星(수성)과 土星(토성) 두 五行(오행)이다. 水星(수성)은 四柱(사주)에 없으므로, 用神(용신)으로 잡을 수가 없고, 土星(토성)인 食傷(식상)에게 부탁하여, 比劫(비겁)을 泄氣(설기)하고, 財星(재성)을 相生(상생)하여 保護(보호)해야 된다.

癸水 大運(대운)에 癸水가 四柱(사주) 時支(시지) 戊土와 戊癸火局(무계화국)하면 丙火이고 劫財(겁재) 閑神運(한신운)이다. 癸水는 官星(관성)이고 合을 하여 丙火이므로 男子가 되고 比劫(비겁)이 强(강)한데 比劫運(비겁운)이 오면 財星(재성)을 攻擊(공격)하고 男子의 德(덕)이 없고, 因緣(인연)이 되지 못한다.

35세 辛巳年 巳火는 丙火이므로 四柱(사주) 月支(월지) 辛金과 丙辛合水局(병신합수국)하면 壬水이고 正官(정관) 仇神運(구신운)이다. 辛金 喜

神(희신)이 合(합)으로 變質(변질)되어 正官(정관)이면 男子가 들어온다는
뜻인데 12年 年下(연하) 男子를 만나고 있는데 어떻게 해야 될지 判斷(판
단)을 하지 못하고 있다.

편관		인수	편재								용신.금.비겁
화	금	토	목				坤命				희신.토.인성
丁	辛	戊	乙								기신.화.관성
酉	亥	寅	巳	63	53	43	33	23	13	3	구신.목.재성
辛	壬	甲	丙	乙	甲	癸	壬	辛	庚	己	한신.수.식상
금	수	목	화	酉	申	未	午	巳	辰	卯	
비견	상관	정재	정관								

재다용비격(財多用比格)　　월의심천 22일 8시간 44분

辛金日柱(신금일주)가 地支(지지)에 通根(통근)하고 印星(인성)까지 있
어 적당한 힘을 維持(유지)하고 있다. 四柱(사주)에 强(강)한 것은 木星(목
성)인 財星(재성)이다. 財星(재성)이 强(강)하면 피해보는 것은 印星(인성)인
데, 구제할 수 있는 五行(오행)으로는 金星(금성)과 火星(화성) 두 五行(오
행)이다. 火星(화성)을 用神(용신)으로 잡으면 比劫(비겁)이 身弱(신약)되기
때문에 쓸 수가 없고, 比劫(비겁)이 財星(재성)을 攻擊(공격)하고, 印星(인
성)을 保護(보호)해야 된다.

壬水 大運(대운)에 壬水가 四柱(사주) 時干(시간) 丁火와 丁壬木局(정임
목국)하면 甲木이고 正財(정재) 仇神運(구신운)이다. 財星(재성)은 忌神(기
신)인 官星(관성)을 生助(생조)하면, 官星(관성)이 强(강)하게 되므로 官
星(관성)에서 문제가 發生(발생)하게 된다.

37세 辛巳年에 巳火가 四柱(사주) 日支(일지) 亥水와 巳亥沖(사해충)하면, 亥中甲木(해중갑목)이 中氣(중기)에서 나오게 된다. 甲木 正財(정재) 仇神運(구신운)이다. 財星(재성)은 官星(관성)을 相生(상생)하므로 官星(관성)이 더욱 强(강)하게 되어 比劫(비겁)을 攻擊(공격)하게 된다. 結婚(결혼)해서 지금까지 살면서 한 번도 즐겁게 살아보지 못하고 어떻게 하면 離婚(이혼)할까만 생각 중이다.

상관		정재	편관				坤命				용신.토.관성
목	수	화	토								희신.금.인성
甲	癸	丙	己	67	57	47	37	27	17	7	진용신.수.비겁
寅	亥	寅	酉	癸	壬	辛	庚	己	戊	丁	기신.화.재성
丙	甲	丙	辛	酉	申	未	午	巳	辰	卯	구신.목.식상
화	목	화	금								
정재	상관	정재	편인								

관인상생격(官印相生格)　　월의심천 12일 19시간 31분

節期(절기)에서 12日 19時間(시간)이라 寅, 亥는 中氣(중기)에 해당한다.

癸水日干(계수일간)이 地支(지지)에 通根(통근)하지 못하고 身弱(신약)하다. 四柱(사주)에 强(강)한 것은 火星(화성)인 財星(재성)이다. 財星(재성)이 强(강)하면 피해보는 것은 印星(인성)인데, 구제할 수 있는 五行(오행)은 土星(토성)과 水星(수성) 두 五行(오행)이다. 水星(수성)은 四柱(사주)에 없으므로 用神(용신)으로 사용할 수는 없고 眞用神(진용신)으로는 잡을 수 있다. 土星(토성)인 官星(관성)이 財星(재성)을 泄氣(설기)하고, 印星(인성)을 保護(보호)해야 된다. 하지만 比劫(비겁)을 攻擊(공격)하기 때문에

用神(용신)의 資格(자격)이 부족 하다. 四柱(사주)구조상 어쩔 수 없어 사용한 것이다.

巳火 大運(대운)에 巳火는 丙火이므로 四柱(사주) 年支(년지) 辛金과 丙辛合水局(병신합수국)하면 壬水이고 劫財(겁재) 眞用神運(진용신운)이다. 財星(재성)과 印星(인성)이 합을 하여 比劫(비겁)이면 財物(재물), 文書(문서), 男子에 대한 일이 發生(발생)한다,

33세 辛巳年에 辛金이 四柱(사주) 丙火와 丙辛合水局(병신합수국)하면 壬水이고 劫財(겁재) 眞用神運(진용신운)이다. 제과점에서 從業員(종업원)으로 勤務(근무)하는데, 社長(사장)님이 다른 事業(사업)한다고, 제과점 인수하여 잘 해보라고 하는데 돈 부담 갖지 말고 되는대로 나중에 돈을 벌어서 계산하면 된다고 한다. 福(복)은 勞力(노력)한 만큼 오기 마련이다.

편인		편재	정재								용신.금.식상
화	토	수	수				坤命				희신.수.재성
丙	戊	壬	癸								기신.화.인성
辰	申	戌	卯	63	53	43	33	23	13	3	구신.목.관성
戊	庚	戊	乙	己	戊	丁	丙	乙	甲	癸	한신.토.비겁
토	금	토	목	巳	辰	卯	寅	丑	子	亥	
비견	식신	비견	정관								

식상생재격(食傷生財格) 월의심천 22일 22시간 54분

戊土日柱(무토일주)가 月令(월령)에 得令(득령)하고 印星(인성)까지 있어 太旺(태왕)하다. 四柱(사주)에 强(강)한 것은 土星(토성)인 比劫(비겁)이다. 比劫(비겁)이 强(강)하면, 피해보는 것은 財星(재성)인데, 구제할 수 있

는 五行(오행)으로는 木星(목성)과 金星(금성) 두 五行(오행)이다. 木星(목성)을 用神(용신)으로 잡기는 무엇인가 不安(불안)하고, 金星(금성)인 食傷(식상)에게 부탁하여, 比劫(비겁)을 泄氣(설기)하고, 財星(재성)을 相生(상생)하여 保護(보호)해야 된다.

寅木 大運(대운)에 寅木이 四柱(사주) 日支(일지) 申金과 寅申沖(인신충)하면, 申中壬水(신중임수)가 中氣(중기)에서 나오게 된다. 壬水가 나와서 무엇을 하는가 時干(시간) 丙火와 丙壬沖(병임충)이다. 庚金 用神(용신)이 사라지고 丙火와 壬水가 沖(충)하여 壬水가 氣盡脈盡(기진맥진)하는 사이 比劫(비겁)이 가만히 있지 않고 財星(재성)을 攻擊(공격)하게 된다. 財星(재성)은 無防備(무방비)로 다치게 된다.

39세 辛巳年에 巳火는 丙火이므로 四柱(사주) 月干(월간) 壬水와 丙壬沖(병임충)이다. 壬水 偏財(편재) 喜神(희신)이 다치게 된다. 男便(남편)이 生活費(생활비)도 주지 않고 빚만 점점 불어나고 愛人(애인)이 생겼는지 不安(불안)하고 離婚(이혼)생각 밖에 없다.

편재		편재	식신				乾命					용신.목.식상
화	수	화	목									희신.화.재성
丙	壬	丙	甲	66	56	46	36	26	16	6		기신.금.인성
午	子	子	午	癸	壬	辛	庚	己	戊	丁		구신.토.관성
己	癸	癸	己	未	午	巳	辰	卯	寅	丑		한신.수.비겁
토	수	수	토									
정관	겁재	겁재	정관									

식상제살격(食傷制殺格)   월의심천 14일 12식간 1분

節期(절기)에서 14日 12時間(시간)이라 午火는 中氣(중기)에 해당한다.

壬水日柱(임수일주)가 月令(월령)에 得令(득령)하고 身强(신강)하다. 四柱(사주)에 强(강)한 것은 水星(수성)인 比劫(비겁)이다. 比劫(비겁)이 强(강)하면 피해보는 것은 財星(재성)인데, 구제할 수 있는 五行(오행)은 土星(토성)과 木星(목성) 두 五行(오행)이다. 土星(토성)을 用神(용신)으로 잡으면 比劫(비겁)과 서로 싸우기 때문에 쓸 수가 없고, 木星(목성)인 食傷(식상)에게 부탁하여, 比劫(비겁)을 泄氣(설기)하고, 財星(재성)을 保護(보호)해야 된다.

辛金 大運(대운)에 辛金이 四柱(사주) 丙火와 丙辛合水局(병신합수국)하면 壬水이고 比肩(비견) 閑神運(한신운)이다. 財星(재성)은 弱(약)하게 되고 比劫(비겁)은 더욱 强(강)하게 되어 財星(재성)을 攻擊(공격)하면, 財星(재성)이 다치게 된다.

48세 辛巳年에 辛金이 四柱(사주) 丙火와 丙辛合水局(병신합수국)하면 壬水이고 比肩(비견) 閑神運(한신운)이다. 丙火 財星(재성) 喜神(희신)이 合(합)으로 變質(변질)되어 比劫(비겁)이 되었는데 어찌 財物(재물)이 살겠는가? 流通業(유통업)을 運營(운영)하고 있는데 지금 最惡(최악)이다.

편인		식신	겁재				坤命				용신.금.인성
금	수	목	수								희신.수.비겁
庚	壬	甲	癸								기신.화.재성
戌	戌	寅	未	61	51	41	31	21	11	1	구신.목.식상
戊	戊	甲	己	辛	庚	己	戊	丁	丙	乙	한신.토.관성
토	토	목	토	酉	**申**	未	午	巳	辰	卯	
편관	편관	식신	정관								

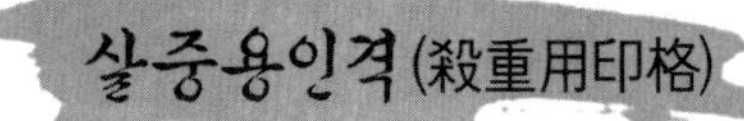 **살중용인격(殺重用印格)**   월의심천 28일 18시간 50분

壬水日干(임수일간)이 地支(지지)에 通根(통근)하지 못하고 身弱(신약)하다. 四柱(사주)에 强(강)한 것은 土星(토성)인 官星(관성)이다. 官星(관성)이 强(강)하면 피해보는 것은 比劫(비겁)인데, 구제할 수 있는 五行(오행)으로는 金星(금성)과 木星(목성) 두 五行(오행)이다. 木星(목성)을 用神(용신)으로 잡으면 比劫(비겁)이 더욱 身弱(신약)되기 때문에 쓸 수가 없고, 金星(금성)인 印星(인성)에게 부탁하여, 官星(관성)을 泄氣(설기)하고, 比劫(비겁)을 相生(상생)하여 保護(보호)해야 된다.

申金 大運(대운)에 申金이 四柱(사주) 月支(월지) 寅과 寅申沖(인신충)하면 寅中丙火(인중병화)가 中氣(중기)에서 나오게 된다. 丙火삭 나와서 무엇을 하는가 日干(일간) 壬水와 丙壬沖(병임충)이다. 丙火 財星(재성)은 財物(재물)이고, 壬水나를 沖(충)하면 財物(재물), 健康(건강)쪽에 일이 發生(발생)하게 되고, 財星(재성)이 官星(관성)을 生助(생조)하면 官星(관성)이 氣高萬丈(기고만장)하여 男子문제, 職場(직장)문제가 發生(발생)하게 된다.

59세 辛巳年에 巳火는 丙火(병화)이므로 四柱(사주) 日干(일간) 壬水와 丙壬沖(병임충)이다. 男便(남편)이 놀면서 용돈 안준다고 事業(사업)장에

와서 싸움만 하고 營業(영업)에 지장이 많고 깨진 항아리 물 붓는 꼴이
된다.

인수		비견	편관			坤命					용신.목.관성
화	토	토	목								희신.화.인성
丙	己	己	乙	65	55	45	35	25	15	5	기신.금.식상
寅	丑	丑	未	丙	乙	甲	癸	壬	辛	庚	구신.토.비겁
甲	己	己	己	申	未	午	巳	辰	卯	寅	한신.수.재성
목	토	토	토								
정관	비견	비견	비견								

재자약살격(財滋弱殺格) 월의심천 16일 11시간 0분

　己土日柱(기토일주)가 月令(월령)에 得令(득령)하고 印星(인성)까지 있
어 太旺(태왕)하다. 四柱(사주)에 强(강)한 것은 土星(토성)인 比劫(비겁)이
다. 比劫(비겁)이 强(강)하면, 피해보는 것은 財星(재성)인데, 구제할 수 있
는 五行(오행)으로는 木星(목성)과 金星(금성) 두 五行(오행)이다. 四柱(사
주)에 金星(금성)은 없기 때문에 用神(용신)의 資格(자격)이 未達(미달)이
라, 쓸 수가 없고, 木星(목성)인 官星(관성)에게 부탁하여, 比劫(비겁)을
攻擊(공격)하고, 財星(재성)을 保護(보호)해야 된다. 勢運(세운)에서 財星
運(재성운)이 오면, 軍比正財(군비정재)가 되기 때문에 財星(재성)은 喜
神(희신)이 되지 못한다.

　甲木 大運(대운)에 甲木이 四柱(사주) 己土와 甲己合土局(갑기합토국)하
면 戊土이고 劫財(겁재) 仇神運(구신운)이다. 比劫(비겁)이 强(강)한데 比
劫運(비겁운)이 오면 比劫(비겁)은 더욱 强(강)하게 되어 比劫(비겁)에서 문

제가 생긴다. 親舊(친구), 財物(재물), 官災(관재), 職場(직장), 口舌數(구설수), 등등이 發生(발생)하게 된다.

47세 辛巳年에 辛金이 四柱(사주) 時干(시간) 丙火와 丙辛合水局(병신합수국)하면 壬水이고 正財(정재) 閑神運(한신운)이다. 職場(직장)에 勤務(근무)하면서 서로 눈이 마저 戀人(연인)사이가 되었는데, 職員(직원)들이 눈치로 口舌數(구설수)에 올라 退職(퇴직)할 수밖에 없었다.

정관	상관	정재		坤命							용신.토.식상
수	화	토	금								희신.화.비겁
壬	丁	戊	庚								진용신.목.인성
子	丑	子	戌	66	56	46	36	26	16	6	기신.수.관성
癸	己	癸	戊	辛	壬	癸	甲	乙	丙	丁	구신.금.재성
수	토	수	토	巳	午	未	申	酉	戌	亥	
편관	식신	편관	상관								

식상재살격(食傷制殺格)　월의심천　16일 2시간 22분

丁火日干(정화일간)이 地支(지지)에 通根(통근)하지 못하고 身弱(신약)하다. 四柱(사주)에 强(강)한 것은 水星(수성)인 官星(관성)이다. 官星(관성)이 强(강)하면 피해보는 것은 比劫(비겁)인데, 구제할 수 있는 五行(오행)은 土星(토성)과 木星(목성) 두 五行(오행)이다. 木星(목성)은 四柱(사주)에 없으므로 用神(용신)을 잡을 수는 없고, 眞用神(진용신)으로는 쓸 수가 있다. 土星(토성)인 食傷(식상)이 官星(관성)을 攻擊(공격)하고, 比劫(비겁)을 保護(보호)해야 되는데 比劫(비겁)이 너무 泄氣(설기)되기 때문에 큰 힘이 되지는 못한다.

酉金 大運(대운)에 酉金은 辛金 偏財(편재) 仇神運(구신운)이다. 財星(재성)이 官星(관성)을 生助(생조)하면 官星(관성)은 더욱 强(강)하게 되므로, 官星(관성)쪽이나 比劫(비겁)에 대한 일이 發生(발생)하게 된다.

32세 辛巳年에 辛金 偏財(편재) 仇神運(구신운)이다. 財星(재성)이 官星(관성)을 相生(상생)하게 되어 官星(관성)이 더욱 强(강)하게 되므로 官星(관성)쪽으로 문제가 있게 된다. 男便(남편)이 自營業(자영업)을 하고 있는데, 不振(부진)하여 그만 두었다. 10年 동안 男便(남편)이 職場生活(직장생활)도 하지 못하고 事業(사업)해도 德(덕)이 없고 男子의 福(복)이 왜 이렇게 없는지 한탄한다.

인수		정재	비견				坤命				용신.수.인성
수	목	토	목								희신.목.비겁
壬	乙	戊	乙								기신.토.재성
午	巳	子	巳	68	58	48	38	28	18	8	구신.화.식상
丙	庚	壬	庚	乙	甲	癸	壬	辛	庚	己	한신.금.관성
화	금	수	금	未	午	巳	辰	卯	寅	丑	
상관	정관	인수	정관								

살중용인격(殺重用印格)　　월의심천 9일 19시간 44분

節期(절기)에서 9日 19時間(시간)이라 巳는 中氣(중기)이고 子, 午는 初氣(초기)에 해당한다.

乙木日干(을목일간)이 地支(지지)에 通根(통근)하지 못하고 身弱(신약)하다. 四柱(사주)에 强(강)한 것은 金星(금성)인 官星(관성)이다. 官星(관성)이 强(강)하면, 피해보는 것은 比劫(비겁)인데, 구제할 수 있는 五行(오행)은

水星(수성)과 火星(화성) 두 五行(오행)이다. 火星(화성)을 用神(용신)으로 잡으면 比劫(비겁)이 身弱(신약)이라 쓸 수가 없고, 水星(수성)인 印星(인성)에게 부탁하여, 官星(관성)을 泄氣(설기)하고, 比劫(비겁)을 相生(상생)하여 保護(보호)해야 된다.

卯木 大運(대운)에 卯木은 乙木이므로 四柱(사주) 庚金과 乙庚金局(을경금국)하면 庚金이고 正官(정관) 閑神運(한신운)이다. 乙木은 친구이고 合(합)하여 金局(금국)이면, 親舊(친구)男便(남편)이나, 男子문제가 發生(발생)하게 된다.

37세 辛巳年에 辛金이 四柱(사주) 乙木과 乙辛沖(을신충)이다. 大運(대운)에서 乙庚金局(을경금국)한 것을 勢運(세운)에서 乙辛沖(을신충)하면 發生(발생)하게 된다. 男便(남편)과 別居(별거)중이고 親舊(친구)의 소개로 男子를 만나게 되었는데 이상하게 끌어가는 느낌이다. 或是(혹시)만나서 官災(관재)가 나지 않을까 두렵다.

편인		정관	정재				坤命				용신.목.관성
화	토	목	수								희신.수.재성
丙	戊	乙	癸	65	55	45	35	25	15	5	기신.금.식상
辰	午	卯	丑	壬	辛	庚	己	戊	丁	丙	구신.토.비겁
戊	己	乙	己	戌	酉	申	未	午	巳	辰	한신.화.인성
토	토	목	토								
비견	겁재	정관	겁재								

재자약살격 (財滋弱殺格)　　월의심천 17일 6시간 17분

節期(절기)에서 17日 6時間(시간)이라 午火는 中氣(중기)에 해당한다.

戊土日柱(무토일주)가 日支(일지)에 得地(득지)하고 印星(인성)까지 있어 太旺(태왕)하다. 四柱(사주)에 强(강)한 것은 土星(토성)인 比劫(비겁)이다. 比劫(비겁)이 强(강)하면 피해보는 것은 財星(재성)인데, 구제할 수 있는 五行(오행)은 木星(목성)과 金星(금성) 두 五行(오행)이다. 金星(금성)은 四柱(사주)에 없으므로 用神(용신)으로서 資格(자격)이 未達(미달)이라 쓸 수가 없고, 木星(목성)인 官星(관성)에게 부탁하여, 比劫(비겁)을 攻擊(공격)하고, 財星(재성)을 保護(보호)해야 된다.

戊土 大運(대운)에 戊土가 四柱(사주) 年干(년간) 癸水와 戊癸火局(무계화국)하면 丙火이고 偏印(편인) 閑神運(한신운)이다. 印星(인성)이 와서 比劫(비겁)을 生助(생조)하면 比劫(비겁)이 더욱 强(강)하게 되므로, 比劫(비겁)쪽으로 문제가 發生(발생)하게 된다.

29세 辛巳年 巳火는 丙火 偏印(편인) 閑神運(한신운)이다. 親舊(친구)가 급하다 해서 카드를 빌려 주었는데, 活用(활용)해서 쓰고 준다고 하고는 아직까지 못 받고 있으며 能力(능력)이 부족하여 解決(해결) 못하고 信用不良者(신용불량자) 되었다.

정관		인수	편관				坤命					용신.화.인성
목	토	화	목									희신.토.비겁
乙	戊	丁	甲	68	58	48	38	28	18	8		기신.수.재성
卯	辰	卯	寅	庚	辛	壬	癸	甲	乙	丙		구신.금.식상
乙	戊	乙	甲	申	酉	戌	亥	子	丑	寅		한신.목.관성
목	토	목	목									
정관	비견	정관	편관									

살중용인격(殺重用印格)   월의심천 21일 22시간 23분

戊土日柱(무토일주)가 日支(일지)에 得地(득지)하고 印星(인성)까지 있어 比劫(비겁)이 적당한 힘을 維持(유지)하고 있다.

四柱(사주)에 强(강)한 것은 木星(목성)인 官星(관성)이다. 官星(관성)이 强(강)하면 피해보는 것은 比劫(비겁)인데, 구제할 수 있는 五行(오행)으로는 火星(화성)과 金星(금성) 두 五行(오행)이다. 金星(금성)은 四柱(사주)에 없으므로 用神(용신)의 資格(자격)이 未達(미달)이라 쓸 수가 없고, 火星(화성)인 印星(인성)에게 부탁하여, 官星(관성)을 泄氣(설기)하고, 比劫(비겁)을 相生(상생)하여 保護(보호)해야 된다.

甲木 大運(대운)에 甲木 偏官(편관) 閑神運(한신운)이다. 四柱(사주)에 官星(관성)이 强(강)하게 있는데, 大運(대운)에서 官星運(관성운)이 오면 職場(직장), 健康(건강), 病院(병원), 등등이 發生(발생)하게 된다.

28세 辛巳年에 辛金이 四柱(사주) 乙木과 乙辛沖(을신충)이다. 正官(정관)과 傷官(상관)이 沖(충)이다. 沖(충)을 하면 辛金이 다치게 된다. 辛金은 나의 子息(자식)이다. 姙娠(임신) 5개월 정도 되어 病院(병원)에서 檢査(검사)를 했는데 胎芽(태아)에 문제가 있는 것 같고 정상이 아니 것 같다고 檢査(검사)결과가 나왔다.

제살태과격(制殺太過格)　　월의심천 20일 0시간 58분

丁火日干(정화일간)이 地支(지지)에 通根(통근)하지 못하고 身弱(신약)하다. 四柱(사주)에 强(강)한 것은 食傷(식상)이다. 食傷(식상)이 强(강)하면, 피해보는 것은 官星(관성)인데, 구제할 수 있는 五行(오행)으로는 木星(목성)과 金星(금성) 두 五行(오행)이다. 木星(목성)은 四柱(사주)에 없으므로 用神(용신)은 잡지 못하고 眞用神(진용신)은 可能(가능)하다. 金星(금성)인 財星(재성)이 食傷(식상)을 泄氣(설기)하고, 官星(관성)을 保護(보호)해야 된다. 官星(관성)이 强(강)하게 되면 比劫(비겁)을 가만히 두겠는가 四柱(사주)구조상 어쩔 수없이 財星(재성)을 用神(용신)으로 잡은 것이고 印星運(인성운)이 가장 吉(길)할 것이다.

戊土 大運(대운)에 戊土가 四柱(사주) 月干(월간) 癸水와 戊癸火局(무계화국)하면 丙火이고 劫財(겁재) 忌神運(기신운)이다. 丙火는 劫財(겁재)이고 男子이다. 50세 辛巳年에 巳火는 丙火이므로 四柱(사주) 年干(년간) 壬水와 丙壬沖(병임충)이다. 大運(대운)에서 合으로 癸水가 喪失(상실)되고 勢運(세운)에서 沖(충)으로 壬水가 힘이 없어지고 正官(정관), 偏官(편관)이 힘을 못 쓰게 된다. 14年 年下(연하)를 단 한번 만났는데 떨어지지 않고 힘들게 하고 있다. 한번의 失手(실수)가 이렇게 家庭(가정)이 있는데…

정재		편재	인수								용신.목.재성
목	금	목	토			乾命					희신.수.식상
乙	庚	甲	己	71	61	51	41	31	21	11	기신.금.비겁
酉	子	戊	丑	丁	戊	己	庚	辛	壬	癸	구신.토.인성
辛	癸	戊	己	卯	辰	巳	午	未	申	酉	한신.화.관성
금	수	토	토								
겁재	상관	편인	인수								

재자약살격(財滋弱殺格)　　월의심천 28일 18시간 19분

　庚金日柱(경금일주)가 地支(지지)에 通根(통근)하고 印星(인성)까지 있어 身强(신강)하다. 四柱(사주)에 强(강)한 것은 土星(토성)인 印星(인성)이다, 印星(인성)이 强(강)하면, 피해보는 것은 食傷(식상)인데, 구제할 수 있는 五行(오행)으로는 金星(금성)과 木星(목성) 두 五行(오행)이다. 金星(금성)을 用神(용신)으로 잡으면 比劫(비겁)이 더욱 身强(신강)되기 때문에 쓸 수가 없고, 木星(목성)인 財星(재성)에게 부탁하여, 印星(인성)을 攻擊(공격)하고, 食傷(식상)을 保護(보호)해야 된다.

　己土 大運(대운)에 己土가 四柱(사주) 月干(월간) 甲木과 甲己合土局(갑기합토국)하면 戊土이고 偏印(편인) 仇神運(구신운)이다. 甲木 偏財(편재)가 合(합)으로 變質(변질)되어 文書(문서)나 財物(재물)이 묶인 상태이다.

　53세 辛巳年에 辛金이 四柱(사주) 時干(시간) 乙木과 乙辛沖(을신충)이다. 大運(대운)에서 甲木 偏財(편재) 合(합)으로 勢運(세운)에서 正財(정재)가 沖(충) 用神(용신)이 사라지면 나의 마음이 올바른 생각 못하고 慾心(욕심) 때문에 陷穽(함정)에 빠지게 된다. 51세 己丑年에 證券投資(증권투자)를 始作(시작)해서 2年 만에 모든 것을 잃고 말았다.

정관		편인	정재				乾命				용신.목.관성
목	토	화	수								희신.수.재성
甲	己	丁	壬								기신.금.식상
子	巳	未	寅	64	54	44	34	24	14	4	구신.토.비겁
癸	丙	己	甲	甲	癸	壬	辛	庚	己	戊	한신.화.인성
수	화	토	목	寅	丑	子	亥	戌	酉	申	
편재	인수	비견	정관								

재자약살격(財滋弱殺格)　　월의심천 22일 1시간 9분

己土日柱(기토일주)가 月令(월령)에 得令(득령)하고 印星(인성)까지 있어 身强(신강)하다. 四柱(사주)에 强(강)한 것은 比劫(비겁)이다. 比劫(비겁)이 强(강)하면 피해보는 것은 財星(재성)인데, 구제할 수 있는 五行(오행)으로는 木星(목성)과 金星(금성) 두 五行(오행)이다. 金星(금성)은 四柱(사주)에 없으므로 用神(용신)의 資格(자격)이 未達(미달)이라 쓸 수가 없고, 木星(목성)인 官星(관성)에게 부탁해서, 比劫(비겁)을 攻擊(공격)하고, 財星(재성)을 保護(보호)해야 된다.

亥水 大運(대운)에 亥水가 四柱(사주) 日支(일지) 巳火와 巳亥沖(사해충)하면 巳中庚金(사중경금)이 中氣(중기)에서 나오게 된다. 庚金이 나와서 무엇을 하는가? 甲木과 甲庚沖(갑경충)이다. 沖(충)을 하면 甲木 用神(용신)이 다치게 된다.

40세 辛巳年에 巳火가 丙火이므로 四柱(사주) 年干(년간) 壬水와 丙壬沖(병임충)이다. 大運(대운)에서 甲木 用神(용신)이 沖(충) 勢運(세운)에서 喜神(희신)인 壬水 沖(충) 살아있는 것은 癸水 偏財(편재)뿐이다. 比劫(비겁)이 가만있을 리가 없고 바로 癸水를 攻擊(공격)하게 된다, 無理(무리)하

게 事業(사업)을 進行(진행)하다 보니 잘못되어, 財物(재물)회전이 잘 안
되고 있는데 金錢(금전) 때문에 싸움하고 婦人(부인)이 집을 나가 別居(별
거)중이다. 財物(재물) 잃고, 婦人(부인)도 잃게 되었다.

	비견		비견	인수					乾命					
목	목	목	수										용신.화.식상
乙	乙	乙	壬										희신.목.비겁
酉	卯	巳	寅		68	58	48	38	28	18	8	기신.수.인성
辛	乙	庚	丙		壬	辛	庚	己	戊	丁	丙	구신.금.관성
금	목	금	화		子	亥	戌	酉	申	未	午	한신.토.재성
편관	비견	정관	상관										

식상제살격(食傷制殺格) 월의심천 11일 9시간 20분

節期(절기)에서 11日 9時間(시간)이라 寅, 巳는 中氣(중기)에 해당한다.

乙木日柱(을목일주)가 日支(일지)에 得地(득지)하고 印星(인성)까지 있어
比劫(비겁)이 적당한 힘을 維持(유지)하고 있다.

四柱(사주)에 强(강)한 것은 金星(금성)인 官星(관성)이다. 官星(관성)이
强(강)하면 피해보는 것은 比劫(비겁)인데, 구제할 수 있는 五行(오행)은
火星(화성)과 水星(수성) 두 五行(오행)이다. 水星(수성)을 用神(용신)으로
잡으면 比劫(비겁)이 身强(신강)되기 때문에 쓸 수가 없고, 火星(화성)인
食傷(식상)에게 부탁하여, 官星(관성)을 攻擊(공격)하고, 比劫(비겁)을 保
護(보호)해야 된다.

己土 大運(대운)에 己土 偏財(편재) 閑神運(한신운)이다. 己土 偏財(편
재)는 官星(관성)을 生助(생조)하므로 官星(관성)이 더욱 强(강)하게 되

어 比劫(비겁)을 攻擊(공격)하고 偏財(편재)는 女子이므로 女子문제가 發生(발생)한다.

40세 辛巳年에 辛金이 四柱(사주) 年支(년지) 丙火와 丙辛合水局(병신합수국)하면 壬水이고 印綬(인수) 忌神運(기신운)이다. 丙火 用神(용신)이 變質(변질)되어 사리판단 못하게 되고 陷穽(함정)에 빠지게 된다. 女子를 만나서 同居(동거) 중이지만, 알고 보니 家出(가출)한 有夫女(유부녀)이다.

비견		상관	상관				坤命				
금	금	수	수								용신.금.비겁
辛	辛	壬	壬								희신.토.인성
卯	卯	子	寅	65	55	45	35	25	15	5	기신.화.관성
乙	乙	癸	丙	乙	丙	丁	戊	己	庚	辛	구신.목.재성
목	목	수	화	巳	午	未	申	酉	戌	亥	한신.수.식상
편재	편재	식신	정관								

재다용비격(財多用比格) 월의심천 11일 7시간 13분

節期(절기)에서 11日 7時間(시간)이라 寅木은 中氣(중기)에 해당한다.

辛金日干(신금일간)이 地支(지지)에 通根(통근)하지 못하고 身弱(신약)하다. 四柱(사주)에 强(강)한 것은 木星(목성)인 財星(재성)이다. 財星(재성)이 强(강)하면, 피해보는 것은 印星(인성)인데, 구제할 수 있는 五行(오행)은 金星(금성)과 火星(화성) 두 五行(오행)이다. 火星(화성)을 用神(용신)으로 잡으면, 比劫(비겁)이 身弱(신약)이라, 쓸 수가 없고, 比劫(비겁)이 財星(재성)을 攻擊(공격)하고, 印星(인성)을 保護(보호)해야 된다. 申金 大運(대운)에 申金은 庚金이므로 四柱(사주)에 乙木과 乙庚金局(을경금국)하면 庚金이고 劫財(겁재) 用神運(용신운)이다. 庚金은 男子이고 乙木은 財物(재물)이라 財物(재물)쪽으로 吉(길)하게 된다.

40세 辛巳年에 辛金이 四柱(사주) 年支(년지) 丙火와 丙辛合水局(병신합수국)하면 壬水이고 傷官(상관) 閑神運(한신운)이다. 忌神(기신)인 丙火가 힘이 喪失(상실)되고 比劫(비겁)이 自己(자기)할일을 다할 수 있다. 친정 아버지가 男便(남편)한데, 藥局開業(약국개업)을 해준다고 하는데 或是(혹시)잘 못될까 봐 걱정이다. 丙火는 職場(직장)이고 辛金과 合(합)하여 食傷(식상)이면 職場(직장)에 變化(변화)가 생겨 大吉(대길)이다.

인수		식신	편인				坤命				
수	목	화	수								용신.수.인성
癸	甲	丙	壬								희신.금.관성
酉	申	午	寅	64	54	44	34	24	14	4	기신.토.재성
庚	壬	丙	丙	己	庚	辛	壬	癸	甲	乙	구신.화.식상
금	수	화	화	亥	子	丑	寅	卯	辰	巳	한신.목.비겁
편관	편인	식신	식신								

관인상생격 (官印相生格)　월의심천 9일 59분

節期(절기)에서 9日 4時間(시간)이라 午, 酉는 初氣(초기)이고 寅, 申은 中氣(중기)에 해당한다.

甲木日干(갑목일간)이 地支(지지)에 通根(통근)하지 못하고 身弱(신약)하다. 四柱(사주)에 强(강)한 것은 火星(화성)인 食傷(식상)이다. 食傷(식상)이 强(강)하면, 피해보는 것은 官星(관성)인데, 구제할 수 있는 五行(오행)은 水星(수성)과 土星(토성) 두 五行(오행)이다. 土星(토성)은 四柱(사주)에 없으므로 用神(용신)의 資格(자격)이 未達(미달)이라, 쓸 수가 없고, 水星(수성)인 印星(인성)에게 부탁하여, 食傷(식상)을 공격하고, 官星(관성)을 保護(보호)해야 된다.

寅木 大運(대운)에 寅木은 甲木이므로 四柱(사주) 時支(시지)에 庚金과 甲庚沖(갑경충)이다. 沖(충)을 하면 發生(발생)하게 되는 것은 親舊(친구), 職場(직장), 健康(건강), 男子쪽으로 문제가 생긴다.

40세 辛巳年에 巳火는 丙火(병화)이므로 四柱(사주) 壬水와 丙壬沖(병임충)이다. 大運(대운)에서 官星(관성)이 沖(충)이고 勢運(세운)에서 印星(인성) 用神(용신)과 沖(충)이다. 用神(용신), 喜神(희신)이 沖(충)이라 사리판단 못하게 되고 慾心(욕심)으로 困境(곤경)에 처하게 된다. 종업원으로 일하고 있는데 親舊(친구)가 언제까지 남의 밑에서 일만 하고 있냐며 美容室(미용실)이라도 開業(개업)하지라는 충고에 陷穽(함정)에 빠져 든다.

식신		편인	편재					坤命					
수	금	토	목									용신.토.인성	
癸	辛	己	乙									희신.금.비겁	
巳	卯	丑	巳	62	52	42	32	22	12	2	기신.목.재성	
丙	乙	己	丙	丙	乙	甲	癸	壬	辛	庚	구신.수.식상	
화	목	토	화	申	未	午	巳	辰	卯	寅	한신.화.관성	
정관	편재	편인	정관										

살중용인격(殺重用印格)   월의심천 26일 6시간 36분

辛金日干(신금일간)이 地支(지지)에 通根(통근)하지 못하고 身弱(신약)하다. 四柱(사주)에 强(강)한 것은 火星(화성)인 官星(관성)이다. 官星(관성)이

强(강)하면 피해보고 있는 것은 比劫(비겁)인데, 구제할 수 있는 五行(오행)으로는 土星(토성)과 水星(수성) 두 五行(오행)이다. 食傷(식상)을 用神(용신)으로 잡으면 比劫(비겁)이 身弱(신약)이라, 쓸 수가 없고, 土星(토성)인 印星(인성)에게 부탁하여, 官星(관성)을 泄氣(설기)하고, 比劫(비겁)을 相生(상생)하여 保護(보호)해야 된다.

巳火 大運(대운)에 巳火는 丙火이므로 四柱(사주) 日干(일간) 辛金과 丙辛合水局(병신합수국)하면 壬水이고 傷官(상관) 仇神運(구신운)이다. 丙火 正官(정관)이 와서 辛金 比肩(비견)과 合(합)이면 나를 묶인 상태이고 食傷(식상)이라 새로운 變化(변화)이고 밖으로 나간다는 뜻이다.

37세 辛巳年에 辛金이 四柱(사주) 丙火와 丙辛合水局(병신합수국)하면 壬水이고 傷官(상관) 仇神運(구신운)이다. 辛金은 나의 同僚(동료) 女子이고 丙火는 나의 男便(남편)이다. 男便(남편)이 女子를 만나고 있는 것을 얼마 전에 알고는 있었는데 '만나다가 그만 하겠지' 生角(생각)했는데 離婚(이혼)하자고 한다. 어떻게 해야 잘 하는지 判斷(판단)을 못하고 있다.

인수		상관	상관		乾命							용신.토.식상
목	화	토	토									희신.화.비겁
甲	丁	戊	戊		63	53	43	33	23	13	3	기신.목.인성
辰	亥	午	子		乙	**甲**	癸	壬	辛	庚	己	구신.수.관성
戊	壬	丁	癸		丑	子	亥	戌	酉	申	未	한신.금.재성
토	수	화	수									
상관	정관	비겁	편관									

식상제살격(食傷制殺格)　　월의심천 25일 3시간 10분

　丁火日柱(정화일주)가 月令(월령)에 得令(득령)하고 印星(인성)까지 있어 적당한 힘을 維持(유지)하고 있다. 四柱(사주)에 强(강)한 것은 水星(수성)인 官星(관성)이다. 官星(관성)이 强(강)하면, 피해보는 것은 比劫(비겁)인데, 구제할 수 있는 五行(오행)으로는 土星(토성)과 木星(목성) 두 五行(오행)이다. 木星(목성)을 用神(용신)으로 잡으면 比劫(비겁)이 身强(신강)되기 때문에 쓸 수가 없고, 土星(토성)인 食傷(식상)에게 부탁하여, 官星(관성)을 攻擊(공격)하고, 比劫(비겁)을 保護(보호)해야 된다.

　甲木 大運(대운)에 甲木 印綬(인수) 忌神運(기신운)이다. 印星(인성)은 用神(용신)인 食傷(식상)을 攻擊(공격)하면 活動舞臺(활동무대)나 밥그릇에 문제가 생긴다는 뜻이다

　54세 辛巳年에 辛金 偏財(편재) 閑神運(한신운)이다. 財星(재성)이 와서 官星(관성)을 相生(상생)하므로 官星(관성)이 더욱 强(강)하게 되어 官星(관성)에서 문제가 發生(발생)하게 된다. 公務員(공무원)에 勤務(근무)하고 있었는데 親舊(친구)가 同業(동업)하자고 해서 退職(퇴직)하고 事業(사업)을 始作(시작)했는데 처음부터 不振(부진)하여 結局(결국) 失敗(실패)하고 말았다.

<table>
<tr><td>편재</td><td></td><td>편인</td><td>인수</td><td colspan="7" align="center">坤命</td><td>용신.금.식상</td></tr>
<tr><td>수</td><td>토</td><td>화</td><td>화</td><td></td><td></td><td></td><td></td><td></td><td></td><td></td><td>희신.수.재성</td></tr>
<tr><td>壬</td><td>戊</td><td>丙</td><td>丁</td><td>65</td><td>55</td><td>45</td><td>35</td><td>25</td><td>15</td><td>5</td><td>기신.화.인성</td></tr>
<tr><td>戌</td><td>辰</td><td>午</td><td>酉</td><td>癸</td><td>壬</td><td>辛</td><td>庚</td><td>己</td><td>戊</td><td>丁</td><td>구신.목.관성</td></tr>
<tr><td>戊</td><td>戊</td><td>丁</td><td>辛</td><td>丑</td><td>子</td><td>亥</td><td>戌</td><td>酉</td><td>申</td><td>未</td><td>한신.토.비겁</td></tr>
<tr><td>토</td><td>토</td><td>화</td><td>금</td><td></td><td></td><td></td><td></td><td></td><td></td><td></td><td></td></tr>
<tr><td>비견</td><td>비견</td><td>인수</td><td>상관</td><td></td><td></td><td></td><td></td><td></td><td></td><td></td><td></td></tr>
</table>

식상생재격(食傷生財格)　　월의심천 19일 11시간 5분

戊土日柱(무토일주)가 日支(일지)에 得地(득지)하고 印星(인성)까지 있어 太旺(태왕)하다. 四柱(사주)에 强(강)한 것은 土星(토성)인 比劫(비겁)이다. 比劫(비겁)이 强(강)하면 피해보는 것은 財星(재성)인데, 구제할 수 있는 五行(오행)으로는 木星(목성)과 金星(금성) 두 五行(오행)이다. 木星(목성)은 四柱(사주)에 없으므로 用神(용신)의 資格(자격)이 未達(미달)이라 쓸 수가 없고, 金星(금성)인 食傷(식상)에게 부탁하여, 比劫(비겁)을 泄氣(설기)하고, 財星(재성)을 保護(보호)해야 된다.

辛金 大運(대운)에 辛金은 四柱(사주)에 月干(월간) 丙火와 丙辛合水局(병신합수국)하면 壬水이고 偏財(편재) 喜神運(희신운)이다.

45세 辛巳年에 巳火는 丙火이므로 四柱(사주) 年支(년지)에 辛金과 丙辛合水局(병신합수국)하면 壬水이고 偏財(편재) 喜神運(희신운)이다. 大運(대운)도 喜神運(희신운) 勢運(세운)도 喜神運(희신운)인데 무엇이 걱정 있겠는가? 職場生活(직장생활)하고 있는데, 구조조정 때문에 걱정된다. 나이도 많고 俸給(봉급)도 가장 많아 子息(자식)들과 함께 살아가고 있는데 그만두게 되면 앞날이 걱정이고 할 수 있는 것이 職場(직장)밖에 모르는데 만약에 그만 두게 되면 더욱 좋은 길상이 찾아올 것이다.

정관		비견	편관				坤命				용신.목.관성
목	토	토	목								희신.수.재성
乙	戊	戊	甲								기신.금.식상
卯	戌	辰	寅	68	58	48	38	28	18	8	구신.토.비겁
乙	戊	戊	甲	辛	壬	癸	甲	乙	丙	丁	한신.화.인성
목	토	토	甲	酉	戌	亥	子	丑	寅	卯	
정관	비견	비견	편관								

재자약살격(財滋弱殺格)　월의심천 21일 17시간 25분

戊土日柱(무토일주)가 月令(월령)에 得令(득령)하고 太旺(태왕)하다. 四柱(사주)에 强(강)한 것은 土星(토성)인 比劫(비겁)이다. 比劫(비겁)이 强(강)하면 피해보는 것은 財星(재성)인데,

구제할 수 있는 五行(오행)은 木星(목성)과 金星(금성) 두 五行(오행)이다. 金星(금성)은 四柱(사주)에 없으므로 用神(용신)의 資格(자격)이 未達(미달)이라, 쓸 수가 없고, 木星(목성)인 官星(관성)에게 부탁하여, 比劫(비겁)을 攻擊(공격)하고, 財星(재성)을 保護(보호)해야 된다.

乙木 大運(대운)에 乙木 正官(정관) 用神運(용신운)이다. 乙木은 職場(직장)이고, 男子인데 즉 結婚(결혼)할 수 있는 사람을 만나거나, 職場(직장)이 좋아 진다는 뜻이다.

28세 辛巳年에 巳火는 丙火이므로 偏印(편인) 閑神運(한신운)이다. 大運(대운)에서는 結婚(결혼) 運勢(운세)가 왔다 하더라도 勢運(세운)에서 發生(발생)하기 때문에 勢運(세운)에서 結婚(결혼) 運勢(운세)가 와야 結婚(결혼)할 수 있다. 丙火 印星運(인성운)에는 官星(관성)을 泄氣(설기)하고 比劫(비겁)을 生助(생조)하므로 比劫(비겁)이 더욱 强(강)하게 되는

運(운)이기 때문에 結婚(결혼)할 수 있는 男子를 만나기가 힘들고 다음 勢運(세운)을 기다려야 한다.

상관		정재	정관				乾命				용신.토.관성
목	수	화	토								용신.토.관성
甲	癸	丙	戊								희신.화.재성
子	亥	辰	申	65	55	45	35	25	15	5	기신.목.식상
壬	壬	壬	壬	癸	壬	辛	庚	己	戊	丁	구신.수.비겁
수	수	수	수	亥	戌	酉	申	**未**	午	巳	한신.금.인성
겁재	겁재	겁재	겁재								

재자약살격 (財滋弱殺格)　　월의심천 18일 21시간 38분

　申子辰水局(신자진수국)하면 壬水이고, 三合(삼합)이 成立(성립)되기 까지는 3자 중 한자는 꼭 月支(월지)에 있어야 三合(삼합)이 成立(성립)된다.

　癸水日柱(계수일주)가 月令(월령)에 得令(득령)하고 太旺(태왕)하다. 四柱(사주)에 强(강)한 것은 比劫(비겁)이다. 比劫(비겁)이 强(강)하면 피해 보는 것은 財星(재성)인데, 구제할 수 있는 五行(오행)은 木星(목성)과 土星(토성)이다. 木星(목성)을 用神(용신)으로 잡으면, 地支(지지) 전체가 水星(수성)물이라 甲木나무가 浮木(부목)이 되어 쓸 수가 없고, 星(토성)인 官星(관성)에게 부탁하여, 比劫(비겁)을 攻擊(공격)하고, 財星(재성)을 保護(보호)해야 된다.

　未土 大運(대운)에 未土는 己土이므로 四柱(사주) 時干(시간) 甲木과 甲己合土局(갑기합토국)하면 戊土이고 正官(정관) 用神運(용신운)이다.

　34세 辛巳年에 辛金이 四柱(사주) 月干(월간) 丙火와 丙辛合水局(병신

합수국)하면 壬水이고 劫財(겁재) 仇神運(구신운)이다. 丙火 正財(정재) 喜
神(희신)이 사라지는 현상인데 婦人(부인)이 離婚(이혼)하자고 한다. 水
星(수성)물이 强(강)하면 火星(화성)불이 꺼지므로 財星(재성)인 女子가 살
기 위함이 아닐까 大運(대운)이 吉(길)해도 勢運(세운)에서 凶(흉)하면 당
하게 된다.

편관		편인	편관				坤命				용신.토.식상
수	화	목	수								희신.화.비겁
癸	丁	乙	癸	70	60	50	40	30	20	10	기신.목.인성
卯	巳	丑	卯								구신.수.관성
甲	戊	癸	卯	壬	辛	庚	己	戊	丁	丙	한신.금.재성
목	토	수	목	申	未	午	巳	**辰**	卯	寅	
인수	상관	편관	인수								

무격(無格)　　　월의심천 2일 14시간 8분

節期(절기)에서 2日 14時間(시간)이라 初氣(초기)에 해당한다.

丁火日干(정화일간)이 地支(지지)에 通根(통근)하지 못하고 身弱(신약)하
다. 四柱(사주)에 强(강)한 것은 木星(목성)인 印星(인성)이다. 印星(인성)이
强(강)하면 피해보는 것은 食傷(식상)인데, 구제할 수 있는 五行(오행)은 火
星(화성)과 金星(금성) 두 五行(오행)이다. 四柱(사주)에 두 五行(오행)이 없
으므로 攻擊(공격)당하고 있는 食傷(식상)이 用神(용신)이 된다. 無格(무
격)이라 吉(길)한 運(운)이 없는 것이 아닌가 無格(무격)은 도와주는 五
行(오행)이 없다 보니 심한 剋(극)을 당하고 있어 힘이 없는 用神(용신)이
되기 때문이다. 用神(용신)이나 喜神運(희신운)이 오면 發福(발복)하는 것

은 지장이 없다. 忌神(기신)이나 仇神運(구신운)이 오면 혼자서 싸워야 되기 때문에 힘이 부족한 것이 短點(단점)이다.

辰土 大運(대운)에 辰土는 戊土이므로 四柱(사주) 癸水와 戊癸火局(무계화국)하면 丙火이고 劫財(겁재) 喜神運(희신운)이다. 丙火는 男子이고 同氣(동기) 運(운)이다.

39세 辛巳年에 巳火는 丙火 劫財(겁재) 喜神運(희신운)이다. 男子를 만나서 再婚(재혼)하고 살고 있는데 前男便(전남편)이나 지금 男便(남편)이나 맘에 들지 않고 왜 나는 男子 福(복)이 없는가? 나의 손 크기를 먼저 알아야 한다.

정관		식신	정관			坤命						
목	토	금	목								용신.화.인성	
乙	戊	庚	乙								희신.토.비겁	
卯	戊	辰	未	71	61	51	41	31	21	11	기신.수.재성	
甲	辛	乙	丁	丁	丙	乙	甲	癸	壬	辛	구신.금.식상	
목	금	목	화	亥	戌	酉	申	未	午	巳	한신.목.관성	
편관	상관	정관	인수									

살중용인격(殺重用印格)   월의심천 1일 7시간 51분

節期(절기)에서 1日 7時間(시간)이라, 初氣(초기)에 해당한다

戊土日干(무토일간)이 地支(지지)에 通根(통근)하지 못하고 身弱(신약)하다. 四柱(사주)에 强(강)한 것은 木星(목성)인 官星(관성)이다. 官星(관성)이 强(강)하면, 피해보고 있는 것은 比劫(비겁)인데,. 구제할 수 있는 五行(오행)은 火星(화성)과 金星(금성) 두 五行(오행)이다. 金星(금성)을 用神(용

신)으로 잡으면 比劫(비겁)이 身弱(신약)이라, 쓸 수가 없고, 火星(화성)인 印星(인성)에게 부탁하여, 官星(관성)을 泄氣(설기)하고, 比劫(비겁)을 相生(상생)하여 保護(보호)해야 된다.

申金 大運(대운)에 申金은 庚金이므로 四柱(사주) 乙木과 乙庚金局(을경금국)하면 庚金이고 食神(식신) 仇神運(구신운)이다. 乙木 正官(정관)이 合(합)하여, 庚金 食神(식신)으로 變質(변질)되면 나의 男便(남편)이 밖으로 나간다는 뜻이다.

47세 辛巳年에 辛金이 四柱(사주) 乙木과 乙辛沖(을신충)이다. 大運(대운)에서 乙庚金局(을경금국)한 것을 勢運(세운)에서 乙辛沖(을신충)하면 最終的(최종적)으로 發生(발생)하게 된다. 男便(남편)이 다른 女子와 同居生活(동거생활)중이고 離婚(이혼)하자고 매일 와서 脅迫(협박)하고 있다. 어떻게 해야 잘 하는지 判斷(판단)을 내릴 수가 없고 나의 未來(미래)가 어떻게 될 것인지 궁금해진다.

인수		비견	비견				坤命				용신.금.관성
수	목	목	목								희신.토.재성
壬	乙	乙	乙								기신.화.식상
午	酉	酉	未	67	57	47	37	27	17	7	구신.목.비겁
己	辛	辛	己	壬	辛	庚	己	戊	丁	丙	한신.수.인성
토	금	금	토	辰	卯	寅	丑	子	亥	戌	
편재	편관	편관	편재								

종관살격(從官煞格) 월의심천 12일 16시간 58분

節期(절기)에서 12日 16時間(시간)이라 午火는 中氣(중기)에 해당한다.

乙木日干(을목일간)이 地支(지지)에 通根(통근)하지 못하고 身
弱(신약)하다. 四柱(사주)에 强(강)한 것은 金星(금성)인 官星(관성)이다.
土星(토성)인 財星(재성)역시 强(강)하게 있어, 官星(관성)을 相生(상생)하
면 官星(관성)이 氣高萬丈(기고만장)한데, 剋(극)하는 食傷(식상)이 있어야
되는데 없기 때문에 일반 四柱(사주)와 달리 强者(강자)의 勢力(세력)에 大
勢(대세)를 따라가야 吉(길)하게 된다.

庚金 大運(대운)에 庚金이 四柱(사주)에 乙木과 乙庚金局(을경금국)하면
庚金이고 正官(정관) 用神運(용신운)이다. 庚金은 職場(직장)이고, 男子인
데, 乙木 比肩(비견) 나와 合(합)이면 男子한데 묶인 현상이 되어 男子가
생긴다.

47세 辛巳年에 辛金이 四柱(사주) 乙木과 乙辛沖(을신충)이다. 大運(대
운)에서 乙庚金局(을경금국)한 것을 勢運(세운)에서 乙辛沖(을신충)하면
發生(발생)하게 된다. 소개팅으로 男子를 만났는데 너무나 多情多感(다정
다감)하고 再婚(재혼)을 할까 生角(생각)하는데 結婚(결혼)하고도 이렇게
잘해주면 얼마나 좋을까 살아보니까 男子의 德(덕)이 지금 까지는 없었는
데 앞으로 어찌될까?

편관		비견	인수		坤命						용신.금.식상
목	토	토	화								희신.수.재성
甲	戊	戊	丁	69	59	49	39	29	19	9	기신.화.인성
寅	午	申	酉	乙	甲	癸	壬	辛	庚	己	구신.목.관성
戊	丙	戊	庚	卯	寅	丑	子	亥	戌	酉	한신.토.비겁
토	화	토	금								
비견	편인	비견	식신								

식상생재격(食傷生財格)　월의심천 5일 22시간 58분

節期(절기)에서 5日 22時間(시간)일라 初氣(초기)에 해당한다.

戊土日柱(무토일주)가 月令(월령)에 得令(득령)하고 印星(인성)까지 있어 太旺(태왕)하다. 四柱(사주)에 强(강)한 것은 比劫(비겁)이다. 比劫(비겁)이 强(강)하면, 피해보는 것은 財星(재성)인데, 구제할 수 있는 五行(오행)은 金星(금성)과 木星(목성) 두 五行(오행)이다. 木星(목성)을 用神(용신)으로 잡기는 무엇인가 不安(불안)하고, 金星(금성)인 食傷(식상)에게 부탁하여, 比劫(비겁)을 泄氣(설기)하고, 財星(재성)을 相生(상생)하여 保護(보호)해야 된다.

子水 大運(대운)에 子水는 癸水이므로 四柱(사주) 戊土와 戊癸火局(무계화국)하면 丙火이고 偏印(편인) 忌神運(기신운)이다. 癸水 正財(정재)가 와서 比肩(비견)과 合(합)이면 財物(재물)과 同氣(동기), 文書(문서)쪽으로 發生(발생)하게 되고, 合(합)하여 와기 때문에 慾心(욕심)으로 陷穽(함정)에 빠지게 된다.

45세 辛巳年에 巳火는 丙火 偏印(편인) 忌神運(기신운)이다. 大運(대운) 勢運(세운)에서 丙火 偏印(편인)이 强(강)하게 와서니, 庚金 用神(용신)이

온전하겠는가? 親舊(친구)말만 믿고 딸과 衣類(의류)업을 始作(시작) 했는데 始作(시작)하자마자 잘 못 되었고 이제 와서 後悔(후회)하지만 너무 늦었다.

겁재		편관	편관										
수	수	토	토				乾命					용신.금.인성
壬	癸	己	己									희신.수.비겁
子	巳	巳	酉	65	55	45	35	25	15	5		희신.토.관성
癸	庚	庚	辛	壬	癸	甲	乙	丙	丁	戊		기신.화.재성
수	금	금	금	戌	亥	子	丑	寅	卯	辰		구신.목.식상
비견	인수	인수	편인									

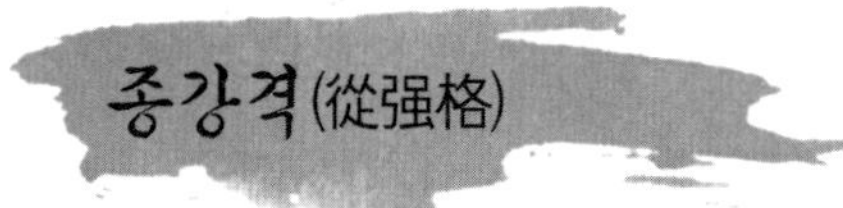
종강격(從强格)   월의심천 11일 23시간 10분

節期(절기)에서 11日 23時間(시간)이라 巳火는 中氣(중기)에 해당한다.

癸水日柱(계수일주)가 地支(지지)에 通根(통근)하고 印星(인성)까지 있어 太旺(태왕)하다. 四柱(사주)에 强(강)한 것은 金星(금성)인 印星(인성)이다. 印星(인성)이 强(강)하면 피해보는 것은 食傷(식상)인데, 구제할 수 있는 五行(오행)은 金星(금성)이 너무나 强(강)하기 때문에, 剋(극)하는 火星(화성)이 있어야 되는데 四柱(사주)에 없으므로 일반 四柱(사주)와 달리 强者(강자)의 勢力(세력)에 大勢(대세)를 따라가야 吉(길)하게 된다. 이것을 從强格(종강격)이라 한다.

寅木 大運(대운)에 寅木는 甲木이므로 四柱(사주) 己土와 甲己合土局(갑기합토국)하면 戊土이고 正官(정관) 喜神運(희신운)이다.

33세 辛巳年에 巳火는 丙火이므로 四柱(사주)에 年支(년지) 辛金과 丙辛

合水局(병신합수국)하면 壬水이고 劫財(겁재) 喜神運(희신운)이다. 壬水는 女子이므로 女子에 대한 일이 發生(발생)하게 된다. 健康(건강)이 좋지 않아 지금까지 혼자서 結婚(결혼)도 하지 않고 있었는데 우연히 女子를 만나서 結婚(결혼)문제가 나왔다. 健康(건강)이 좋지 않다고 告白(고백)하면 結婚(결혼)을 과연 할 수 있을까?

비견		편관	편재			坤命					용신.금.비겁
금	금	화	목								희신.토.인성
辛	辛	丁	乙	65	55	45	35	25	15	5	기신.화.관성
卯	卯	亥	未	甲	癸	壬	辛	庚	己	戊	구신.목.재성
乙	乙	乙	乙	午	巳	辰	卯	寅	丑	子	한신.수.식상
목	목	목	목								
편재	편재	편재	편재								

재다용비격(財多用比格) 월의심천 17일 16시간 45분

亥卯未木局(해묘미목국)하면 乙木이고, 삼자 중 月支(월지)에 한자가 있기 때문에 三合(삼합)이 成立(성립)된다.

辛金日干(신금일간)이 地支(지지)에 通根(통근)하지 못하고 身弱(신약)하다. 四柱(사주)에 强(강)한 것은 木星(목성)인 財星(재성)이다. 財星(재성)이 强(강)하면, 피해보는 것은 印星(인성)인데, 구제할 수 있는 五行(오행)은 金星(금성)과 火星(화성) 두 五行(오행)이다. 火星(화성)을 用神(용신)으로 잡으면 比劫(비겁)이 身弱(신약)이라, 쓸 수가 없고, 比劫(비겁)이 財星(재성)을 攻擊(공격)하고, 印星(인성)을 保護(보호)해야 된다.

壬水 大運(대운)에 壬水가 四柱(사주) 月干(월간) 丁火와 丁壬木局(정임

목국)하면 甲木이고 正財(정재) 仇神運(구신운)이다. 辛金 比劫(비겁)이 弱(약)한데 財星運(재성운)이 오면 나의 힘은 부족인데 財物(재물) 慾心(욕심)으로 陷穽(함정)에 빠지게 된다.

47세 辛巳年에 巳火가 四柱(사주) 月支(월지) 亥水와 巳亥沖(사해충)하면 亥中甲木(해중갑목)이 中氣(중기)에서 나오게 된다. 甲木 正財(정재) 仇神運(구신운)이다. 財星(재성)이 더욱 强(강)하게 되어 財物(재물)쪽으로 힘들게 된다. 自營業(자영업)을 하고 있는데 너무나 不振(부진)하여 어떻게 해야 될지 判斷(판단)이 서지 않는다.

식상		비견	인수		坤命							
토	화	화	목									용신.화.비겁
戊	丙	丙	乙									희신.목.인성
戊	申	戊	巳		71	61	51	41	31	21	11	기신.수.관성
辛	戊	辛	戊		癸	壬	辛	庚	己	戊	丁	구신.금.재성
금	토	금	토		巳	辰	卯	寅	丑	子	亥	한신.토.식상
정재	식신	정재	식신									

재다용비격(財多用比格)　　월의심천 0일 23시간 19분

節期(절기)에서 0日 23時間(시간)이라 初氣(초기)에 해당한다.

丙火日干(병화일간)이 地支(지지)에 通根(통근)하지 못하고 身弱(신약)하다. 四柱(사주)에 强(강)한 것은 金星(금성)이다. 金星(금성)이 强(강)하면, 피해보는 것은 印星(인성)인데, 구제할 수 있는 五行(오행)은 水星(수성)과 火星(화성) 두 五行(오행)이다. 水星(수성)은 四柱(사주)에 없으므로 用神(용신)의 資格(자격)이 未達(미달)이라, 쓸 수가 없고, 比劫(비겁)이 財

星(재성)을 攻擊(공격)하고, 印星(인성)을 保護(보호)해야 된다.

丑土 大運(대운)에 丑土는 己土 傷官(상관) 閑神運(한신운)이다. 食傷(식상)이 財星(재성)을 生助(생조)하면, 財星(재성)은 더욱 强(강)하게 되어 印星(인성)을 攻擊(공격)하여 印星(인성)이 다치게 된다. 즉 二姓(이성), 文書(문서), 健康(건강), 등등이 發生(발생)하게 된다.

37세 辛巳年에 辛金이 四柱(사주) 丙火와 丙辛合水局(병신합수국)하면 壬水이고 偏官(편관) 忌神運(기신운)이다. 丙火 用神(용신)이 合(합)하여 官星(관성)으로 變質(변질)되면 사리판단 못하게 되고 陷穽(함정)에 빠지게 된다. 家庭(가정)이 있으면서, 有婦男(유부남)을 만났으니 올바른 男子를 만났겠는가?

식신		편관	겹재			乾命					용신.목.비겹
화	목	금	목								희신.수.인성
丁	乙	辛	甲	65	55	45	35	25	15	5	기신.금.관성
亥	酉	未	午	戊	丁	**丙**	乙	甲	癸	壬	구신.토.재성
壬	辛	己	丁	寅	丑	子	亥	戌	酉	申	한신.화.식상
수	금	토	화								
인수	편관	편재	식신								

재다용비격(財多用比格) 월의심천 20일 20시간 11분

乙木日干(을목일간)이 地支(지지)에 通根(통근)하지 못하고 身弱(신약)하다. 四柱(사주)에 强(강)한 것은 土星(토성)인 財星(재성)이다. 財星(재성)이 强(강)하면 피해보는 것은 印星(인성)인데, 구제할 수 있는 五行(오행)으로는 木星(목성)과 金星(금성) 두 五行(오행)이다. 金星(금성)을 用

神(용신)으로 잡으면 比劫(비겁)이 身弱(신약)이라, 쓸 수가 없고, 比劫(비겁)이 財星(재성)을 攻擊(공격)하고 印星(인성)을 保護(보호)해야 된다.

丙火 大運(대운)에 丙火가 四柱(사주) 月干(월간) 辛金과 丙辛合水局(병신합수국)하면 壬水이고 印綬(인수) 喜神運(희신운)이다. 二姓(이성), 文書(문서), 健康(건강), 陞進(승진)등이 吉(길)해 진다.

48세 辛巳年에 辛金이 四柱(사주) 日干(일간) 乙木과 乙辛沖(을신충)이다. 辛金 偏官(편관) 忌神(기신)이 와서 乙木 比肩(비견) 나와 沖(충)이면 健康(건강)아니면 職場(직장)이 잘 못되거나 움직인다는 뜻이다 家內工業(가내공업)을 하는데 좁아서 큰 곳으로 移動(이동)하려고 擇日(택일)날짜 문제로 와서 亥水 大運(대운)에 亥水는 壬水이므로 年支(년지)에 丁火와 丁壬木局(정임목국)하면 甲木이고 劫財(겁재) 用神運(용신운)부터 지금까지 不便(불편)없이 親舊(친구)의 도움으로 잘 되어왔다.

겁재		겁재	편재					坤命				용신.금.재성
화	화	화	금									희신.수.관성
丙	丁	丙	辛	71	61	51	41	31	21	11		기신.화.비겁
午	卯	申	亥	癸	壬	辛	庚	己	戊	丁		구신.목.인성
丙	甲	戊	戊	卯	寅	丑	子	亥	戌	酉		한신.토.식상
화	목	토	토									
겁재	인수	상관	상관									

제살태과격(制殺太過格)　　월의심천 1일 22시간 50분

節期(절기)에서 1일 22時間(시간)이라 初氣(초기)에 해당한다.

丁火日柱(정화일주)가 地支(지지)에 通根(통근)하고 印星(인성)까지 있어 身强(신강)하다. 四柱(사주)에 强(강)한 것은 土星(토성)인 食傷(식상)이다. 食傷(식상)이 强(강)하면 피해보는 것은 官星(관성)인데, 구제할 수 있는 五行(오행)은 木星(목성)과 金星(금성) 두 五行(오행)이다. 木星(목성)을 用神(용신)으로 잡으면 比劫(비겁)이 身强(신강)되기 때문에 쓸 수가 없고, 金星(금성)인 財星(재성)에게 부탁하여, 食傷(식상)을 泄氣(설기)하고 官星(관성)을 保護(보호)해야 된다.

己土 大運(대운)에 己土가 四柱(사주) 日支(일지)에 甲木과 甲己合土局(갑기합토국)하면 戊土이고 傷官(상관) 閑神運(한신운)이다. 食傷(식상)이 더욱 强(강)하게 되어 官星(관성)을 攻擊(공격)하게 되면 官星(관성)이 다치게 된다.

31세 辛巳年에 巳火는 丙火이므로 四柱(사주) 年干(년간) 辛金과 丙辛合水局(병신합수국)하면 壬水이고 正官(정관) 喜神運(희신운)이다. 辛金 用神(용신)이 合(합)으로 變質(변질)되어 힘이 喪失(상실)되면 食傷(식상)이 官星(관성)을 攻擊(공격)하여 官星(관성)이 다치게 된다. 結婚(결혼) 準備(준비) 때문에 職場(직장)을 그만두고 男子쪽에서 集(집)을 合作(합작)해서 求入(구입)하자고 해서 結婚(결혼)을 抛棄(포기)하고 말았다.

인수		비견	편인		坤命						
수	목	목	수								용신.목.비겁
壬	乙	乙	癸								희신.수.인성
午	丑	丑	亥	62	52	42	32	22	12	2	기신.금.관성
丁	己	己	壬	壬	辛	庚	己	戊	丁	丙	구신.토.재성
화	토	토	수	申	未	午	巳	辰	**卯**	寅	한신.화.식상
식신	편재	편재	인수								

재다용비격(財多用比格)　월의심천 25일 23시간 49분

乙木日干(을목일간)이 地支(지지)에 通根(통근)하지 못하고 身弱(신약)하다. 四柱(사주)에 强(강)한 것은 土星(토성)인 財星(재성)이다. 財星(재성)이 强(강)하면, 피해보는 것은 印星(인성)인데, 구제할 수 있는 五行(오행)은 金星(금성)과 木星(목성) 두 五行(오행)이다. 金星(금성)은 四柱(사주)에 없으므로, 用神(용신)의 資格(자격)이 未達(미달)이라, 쓸 수가 없고, 比劫(비겁)이 財星(재성)을 攻擊(공격)하고, 印星(인성)을 保護(보호)해야 된다.

卯木 大運(대운)에 卯木은 乙木 比肩(비견) 用神運(용신운)이다. 大運(대운)에서 吉(길)하다 해도 勢運(세운)에서 不吉(불길)하면 生角(생각)하는 대로 잘 안될 수 있다.

19세 辛巳年에 辛金이 四柱(사주) 乙木과 乙辛沖(을신충)이다. 辛金 偏官(편관)과 用神(용신)인 乙木과 沖(충) 즉 學校(학교)와 用神(용신) 自身(자신)과 沖(충)이니 學校(학교)에 가기 싫어하고 공부를 하기 싫어한다. 後半(후반) 巳火는 丙火이므로 四柱(사주) 年支(년지) 亥水와 巳亥沖(사해충)하면 亥中甲木(해중갑목)이 中氣(중기)에서 나오게 된다. 甲木이 나와서 무엇을 하는가? 四柱(사주) 己土와 甲己合土局(갑기합토국)하면 戊土이고

正財(정재) 仇神運(구신운)이다. 四柱(사주)에 財星(재성)이 强(강)하게 있
는데, 財星運(재성운)이 오면 印星(인성)을 攻擊(공격)하기 때문에 印星(인
성)이 다치게 된다. 印星(인성)의 本能(본능)은 學文(학문)인데 어떻게 공부
가 되겠는가? 공부는 싫고 알바해서 돈만 生角(생각)하고 있다. 合(합)으
로 財星(재성)이면 金錢(금전)이라, 돈에 대한 慾心(욕심)뿐이다.

정재		정재	편인								용신.목.비겁
토	목	토	수			**坤命**					희신.수.인성
戊	乙	戊	癸								기신.금.관성
寅	未	午	丑	64	54	44	34	24	14	4	구신.토.재성
甲	己	丁	己	乙	甲	癸	壬	辛	庚	己	한신.화.식상
목	토	화	토	丑	子	亥	戌	**酉**	申	未	
겁재	편재	식신	편재								

재다용비격 (財多用比格) 월의심천 21일 23시간 23분

乙木日干(을목일간)이 地支(지지)에 通根(통근)하고 印星(인성)이 있으
나 너무 멀리 떨어져 있어 身弱(신약)하다. 四柱(사주)에 强(강)한 것은 土
星(토성)인 財星(재성)이다. 財星(재성)이 强(강)하면, 피해보는 것은 印
星(인성)인데, 구제할 수 있는 五行(오행)은 木星(목성)과 金星(금성) 두 五
行(오행)이다. 金星(금성)은 四柱(사주)에 없으므로 用神(용신)의 資格(자
격)이 未達(미달)이라, 쓸 수가 없고, 比劫(비겁)이 財星(재성)을 攻擊(공
격)하고 印星(인성)을 保護(보호)해야 된다.

酉金 大運(대운)에 酉金는 辛金이므로 四柱(사주) 日干(일간)과 乙辛
沖(을신충)이다. 偏官(편관)이 와서 나를 沖(충)하면健康(건강), 職場(직장),

官災(관재), 男子문제, 등등이 發生(발생)할 수 있다.

　29세 辛巳年에 巳火는 丙火 食傷(식상) 閑神運(한신운)이다. 食傷(식상)은 强(강)한 財星(재성)을 生助(생조)하면 財星(재성)은 더욱 强(강)하게 되어 印星(인성)을 攻擊(공격)하면 印星(인성)이 無力(무력)해서, 印星(인성)이 다치게 된다. 즉 文書(문서)나 二姓(이성)문제가 發生(발생)한다. 男便(남편)이 事業(사업)을 하는데 不振(부진)하고 行動(행동)도 맘에 들지 않고 離婚(이혼)할 수 있는 生角(생각)만 하고 있다.

비견		정재	겁재								乾命	
목	목	토	목								용신.목.비겁	
甲	甲	己	乙				乾命				희신.수.인성	
戌	申	丑	未	65	55	45	35	25	15	5	기신.금.관성	
戊	壬	己	己	壬	癸	甲	乙	丙	丁	戊	구신.토.재성	
토	수	토	토	午	未	申	酉	戌	亥	子	한신.화.식상	
편재	편인	정재	정재									

재다용비격(財多用比格)　　월의심천 12일 3시간 0분

　節期(절기)에서 12日　3時間(시간)이라 申金은 中氣(중기)에 해당한다.

　甲木日干(갑목일간)이 地支(지지)에 通根(통근)하지 못하고 身弱(신약)하다. 四柱(사주)에 强(강)한 것은 土星(토성)인 財星(재성)이다. 財星(재성)이 强(강)하면, 피해보는 것은 印星(인성)인데, 구제할 수 있는 五行(오행)은 木星(목성)과 金星(금성) 두 五行(오행)이다. 金星(금성)은 四柱(사주)에 없으므로 用神(용신)의 資格(자격)이 未達(미달)이라, 쓸 수가 없고, 比劫(비겁)이 財星(재성)을 攻擊(공격)하고, 印星(인성)을 保護(보호)하는 것이 最

上(최상)이다.

45세 甲木 大運(대운)에 甲木은 四柱(사주) 己土와 甲己合土局(갑기합토국)하면 戊土이고 偏財(편재) 仇神運(구신운)이다. 甲木 比肩(비견)이 合(합)하여 偏財(편재) 仇神(구신)으로 變質(변질)된다면 財物(재물)이나, 女子 慾心(욕심) 때문에 陷穽(함정)에 빠지게 된다.

47세 辛巳年에 辛金이 四柱(사주) 年干(년간) 乙木과 乙辛沖(을신충)이다. 用神(용신)인 比劫(비겁)은 弱(약)하게 되고 財星(재성)은 强(강)하게 되어 比劫(비겁)이 흔들리는 현상이다. 家庭(가정)이 있는데 女子를 만났으니 愛人(애인)을 만나기만 하면 빨리 離婚(이혼)하라고 매달린다.

편재		편인	편인									
금	화	목	목				坤命					용신.목.인성
辛	丁	乙	乙									희신.화.비겁
亥	亥	酉	卯	61	51	41	31	21	11	1		기신.금.재성
壬	壬	辛	乙	壬	辛	庚	己	戊	丁	丙		구신.토.식상
수	수	금	목	辰	卯	寅	丑	子	亥	戌		한신.수.관성
정관	정관	편재	편인									

살중용인격(殺重用印格) 월의심천 30일 6시간 57분

丁火日干(정화일간)이 地支(지지)에 通根(통근)하지 못하고 身弱(신약)하다. 四柱(사주)에 强(강)한 것은 水星(수성)인 官星(관성)이다. 官星(관성)이 强(강)하면, 피해보는 것은 比劫(비겁)인데, 구제할 수 있는 五行(오행)으로는 木星(목성)과 土星(토성) 두 五行(오행)이다. 土星(토성)은 四柱(사주)에 없으므로 用神(용신)의 資格(자격)이 未達(미달)이라, 쓸 수가 없고,

木星(목성)인 印星(인성)에게 부탁하여, 官星(관성)을 泄氣(설기)하고, 比劫(비겁)을 相生(상생)하여 保護(보호)해야 된다.

子水 大運(대운)에 子水는 癸水이므로 四柱(사주) 日干(일간)丁火와 丁癸沖(정계충)이다. 癸水 偏官(편관)이 와서 丁火 比肩(비견) 나와 沖(충)이면 健康(건강), 職場(직장), 官災(관재), 男子 문제가 發生(발생)할 수 있다.

27세 辛巳年에 巳火가 四柱(사주) 亥水와 巳亥沖(사해충)하면 亥中甲木(해중갑목)이 中氣(중기)에서 나오게 된다. 甲木이 나와서 무엇을 하는가? 變化(변화)지 않고 甲木 印綬(인수) 用神運(용신운)이다. 官星(관성)은 弱(약)하게 되고 印星(인성)이 夥多(과다)해서 丁火 불이 꺼지는 현상이다. 지금 만나고 있는 사람이 두 번째 結婚(결혼)한 有婦男(유부남)이고 13살이나 많은 男子를 만나고 있다.

비견		겁재	겁재				乾命				용신.화.재성
수	수	수	수								희신.토.관성
壬	壬	癸	癸	70	60	50	40	30	20	10	기신.수.비겁
寅	午	亥	卯	丙	丁	戊	己	庚	辛	壬	구신.금.인성
甲	丁	壬	乙	辰	巳	午	未	申	酉	戌	한신.목.식상
목	화	수	목								
식신	정재	비겁	상관								

제살태과격 (制殺太過格) 월의심천 26일 15시간 58분

壬水日柱(임수일주)가 月令(월령)에 得令(득령)하고 身强(신강)하다. 四柱(사주)에 强(강)한 것은 木星(목성)인 食傷(식상)이다. 食傷(식상)이 强(강)하면, 피해보는 것은 官星(관성)인데, 구제할 수 있는 五行(오행)으로는 金星(금성)과 火星(화성) 두 五行(오행)이다. 金星(금성)은 四柱(사주)에 없으므로 用神(용신)의 資格(자격)이 未達(미달)이라 쓸 수가 없고, 火星(화성)인 財星(재성)에게 부탁하여, 食傷(식상)을 泄氣(설기)하고, 官星(관성)을 相生(상생)하여 保護(보호)해야 된다.

申金 大運(대운)에 申金이 四柱(사주) 時支(시지) 寅木과 寅申沖(인신충)하면 寅中丙火(인중병화)가 中氣(중기)에서 나오게 된다. 丙火가 나와서 무엇을 하는가 四柱(사주) 壬水와 丙壬沖(병임충)이다. 沖(충)하면 누가 다칠까 丙火 偏財(편재)가 다치게 된다.

39세 辛巳年에 辛金이 四柱(사주) 時支)시지) 丙火와 丙辛合水局(병신합수국)이다. 大運(대운)에서 丙壬沖(병임충)한 것을 勢運(세운)에서 丙辛合水局(병신합수국)하면 發生(발생)하게 된다. 女子를 만나서 두 번째 結婚(결혼)했는데 12年 年下(연하)와 얼마 살지도 못하고 離婚訴訟(이혼소송)중이다. 慾心(욕심) 때문에 陷穽(함정)에 빠지게 된 것이다.

정관		편재	편재									坤命						
목	토	수	수												용신.토.비겁
乙	戊	壬	壬									坤命				희신.화.인성
卯	寅	子	子	63	53	43	33	23	13	3					기신.목.관성
甲	戊	壬	壬	乙	丙	丁	戊	己	庚	辛					구신.수.재성
목	토	수	수	巳	午	未	申	酉	戌	亥					한신.금.식상
편관	비견	편재	편재												

節期(절기)에서 5日 21時間(시간)이라 初氣(초기)에 해당한다.

戊土日柱(무토일주)가 日支(일지)에 得地(득지)하고 印星(인성)이 없어, 身弱(신약)하다. 四柱(사주)에 强(강)한 것은 水星(수성)인 財星(재성)이 强(강)하다. 財星(재성)이 强(강)하면 피해보는 것은 印星(인성)인데, 구제할 수 있는 五行(오행)은 木星(목성)과 土星(토성) 두 五行(오행)이다. 木星(목성)을 用神(용신)으로 잡으면, 比劫(비겁)이 身弱(신약)이라, 쓸 수가 없고, 土星(토성)인 比劫(비겁)이 財星(재성)을 攻擊(공격)하고, 印星(인성)을 保護(보호)해야 된다.

酉金 大運(대운)에 酉金은 辛金이므로 四柱(사주) 時干(시간) 乙木과 乙辛沖(을신충)이다. 辛金 傷官(상관) 閑神(한신)이 乙木 正官(정관) 忌神(기신)을 沖(충)하면 比劫(비겁)이 숨쉬기가 한결 수월해진다.

30세 辛巳年에 辛金이 四柱(사주) 時支(시지) 乙木과 乙辛沖(을신충)하면 戊土 比劫(비겁)이 힘이 생기고 自身(자신)을 알게 되고 올바른 生角(생각)을 하게 된다. 두 번째 結婚(결혼)을 하였는데 지금 와서 生角(생각)하면 무엇인가 잘못 結婚(결혼)한 것을 알고 있고 未來(미래)가 걱정되고 어떻게 살아야 잘 하는 것인지 파악이 안 되고 매일 毆縛(구박)만 하고, 정이 가지 않고 같이 살아봐야 앞날이 태산 같다.

겁재		인수	겁재				坤命				용신.화.비겁
화	화	목	화								희신.목.인성
丙	丁	甲	丙								희신.토.식상
午	巳	午	午	68	58	48	38	28	18	8	기신.수.관성
丁	丙	丁	丁	丁	戊	己	庚	辛	壬	癸	구신.금.재성
화	화	화	화	亥	子	丑	寅	卯	辰	巳	
비견	겁재	비견	비견								

양신성상격(兩神成象格) 월의심천 20일 23시간 40분

丁火日柱(정화일주)가 月令(월령)에 得令(득령)하고 地支(지지)에 比劫(비겁)만 있고 四柱(사주)에 比劫(비겁) 印星(인성) 두 五行(오행)만 있다. 從旺格(종왕격)으로 볼 수도 있고, 따지자면 從旺格(종왕격)이나, 兩神成象格(양신성상격)이나 비슷하다. 用神(용신)이나 喜神(희신)을 잡은 위치가 같기 때문이다. 다만 삼자가 있는 것과 두자가 있는 것만 다를 뿐이다.

이 四柱(사주)는 두 五行(오행)만 있어 兩神成象格(양신성상격)이라고 칭한다.

卯木 大運(대운)에 卯木은 乙木 偏印(편인) 喜神運(희신운)이다. 印星(인성)은 文書(문서), 二姓(이성)등이 吉(길)하게 된다.

36세 辛巳年에 巳火는 丙火 用神運(용신운)이다. 大運(대운)에서 喜神運(희신운) 勢運(세운)에서 用神運(용신운)이라 大吉(대길)하리라

學院(학원)을 運營(운영)하고 있는데, 學生(학생)들이 너무 많아, 學院(학원)이 좁아서 큰 곳으로 擴張(확장)하려고 準備(준비) 중이다. 從格(종격)은 運勢(운세)가 吉(길)할 때는 너무나 잘되는데, 그리 길지는 않고 大運(대운)이 反對(반대)되는 官星(관성) 財星運(재성운)이 오면 餘波(여파)가 너무나 크다.

편인		정재	겁재	乾命							
목	화	금	화								용신.토.식상
乙	丁	庚	丙								희신.화.비겁
巳	丑	子	申	61	51	41	31	21	11	1	기신.목.인성
丙	己	癸	庚	丁	丙	乙	甲	癸	壬	辛	구신.수.관성
화	토	수	금	未	午	**巳**	辰	卯	寅	丑	한신.금.재성
겁재	식신	편관	정재								

식상제살격(食傷制殺格) 　월의심천 28일 22시간 28분

丁火日柱(정화일주)가 地支(지지)에 通根(통근)하고 印星(인성)까지 있어 적당한 힘을 維持(유지)하고 있다. 四柱(사주)에 强(강)한 것은 水星(수성)이다. 水星(수성)이 强(강)하면, 피해보는 것은 比劫(비겁)인데, 구제할 수 있는 五行(오행)은 木星(목성)과 土星(토성) 두 五行(오행)이다. 木星(목성)을 用神(용신)으로 잡으면 比劫(비겁)이 身强(신강)되기 때문에 쓸 수가 없고, 土星(토성)인 食傷(식상)에게 부탁하여, 官星(관성)을 攻擊(공격)하고, 比劫(비겁)을 保護(보호)해야 된다.

巳火 大運(대운)에 巳火는 丙火 劫財(겁재) 喜神運(희신운)이다. 親舊(친구), 兄弟(형제), 同氣(동기), 新規(신규)등등이 吉(길)하게 된다.

46세 辛巳年에 辛金이 四柱(사주) 丙火와 丙辛合水局(병신합수국)하면 壬水이고 正官(정관) 仇神運(구신운)이다. 親舊(친구)의 도움으로 衣類事業(의류사업)을 職員(직원) 30명과 始作(시작)을 했는데, 걱정이 되고 或是(혹시) 失敗(실패)하면 親舊(친구)에게 催眠(최면)이 말이 아니라서 四柱(사주)의 格(격)이 上이고 陰陽調和(음양조화)도 잘 맞고 巳火 後半(후반)으로 갈수록 大吉(대길)하리라. 乙木 大運(대운)에는 乙庚金局(을경금국)하면 庚金 正財運(정재운)에는 生角(생각)대로 되지 않고 고생 많았다.

<table>
<tr><td>상관</td><td></td><td>편인</td><td>겁재</td><td colspan="7">坤命</td><td>용신.토.비겁</td></tr>
<tr><td>금</td><td>토</td><td>화</td><td>토</td><td colspan="7"></td><td>희신.화.인성</td></tr>
<tr><td>辛</td><td>戊</td><td>丙</td><td>己</td><td>63</td><td>53</td><td>43</td><td>33</td><td>23</td><td>13</td><td>3</td><td>기신.목.관성</td></tr>
<tr><td>酉</td><td>子</td><td>子</td><td>亥</td><td>癸</td><td>壬</td><td>辛</td><td>庚</td><td>己</td><td>戊</td><td>丁</td><td>구신.수.재성</td></tr>
<tr><td>辛</td><td>癸</td><td>癸</td><td>壬</td><td>未</td><td>午</td><td>巳</td><td>辰</td><td>卯</td><td>寅</td><td>丑</td><td>한신.금.식상</td></tr>
<tr><td>금</td><td>수</td><td>수</td><td>수</td><td colspan="7"></td><td></td></tr>
<tr><td>상관</td><td>정재</td><td>정재</td><td>편재</td><td colspan="7"></td><td></td></tr>
</table>

재다용비격(財多用比格)　　월의심천 24일 12시간 53분

戊土日干(무토일간)이 地支(지지)에 通根(통근)하지 못하고 身弱(신약)하다. 四柱(사주)에 强(강)한 것은 財星(재성)이다. 財星(재성) 强(강)하면, 피해 보는 것은 印星(인성)인데, 구제할 수 있는 五行(오행)으로는 木星(목성)과 土星(토성) 두 五行(오행)이다. 木星(목성)은 四柱(사주)에 없으므로 用神(용신)의 資格(자격)이 未達(미달)이라 쓸 수가 없고, 土星(토성)인 比劫(비겁)이 財星(재성)을 攻擊(공격)하고 印星(인성)을 保護(보호)해야 된다.

辛金 大運(대운)에 辛金이 四柱(사주) 月干(월간) 丙火와 丙辛合水局(병신합수국)하면 壬水이고 偏財(편재) 仇神運(구신운)이다. 丙火 偏印(편인)이 合(합)으로 變質(변질)되어 財星(재성)이면 文書(문서), 財物(재물)쪽으로 慾心(욕심) 때문에 陷穽(함정)에 빠지게 된다.

43세 辛巳年에 辛金이 四柱(사주) 月干(월간) 丙火와 丙辛合水局(병신합수국)하면 壬水이고 偏制(편재) 仇神運(구신운)이다. 自營業(자영업)을 始作(시작)했는데 不振(부진)하고 잘못 始作(시작)했다는 것을 이제 서야 깨달았고 運勢(운세)를 미리 알아보고 할 것을 後悔(후회) 한다. 辰土 大運(대운)에 從業員(종업원)으로 일하면서 한푼 한푼 모아서 始作(시작)했는데 失敗(실패)하고 말았다.

정재		편재	편인			坤命							
화	수	화	금									용신.화.재성
丙	癸	丁	辛									희신.토.관성
辰	丑	酉	卯	71	61	51	41	31	21	11		기신.수.비겁
乙	癸	庚	甲	甲	癸	壬	辛	庚	己	戊		구신.금.인성
목	수	금	목	辰	卯	寅	丑	子	亥	戌		한신.목.식상
식신	비견	인수	상관									

제살태과격(制殺太過格) 월의심천 1일 12시간 12분

節期(절기)에서 1日 12時間(시간)이라 初氣(초기)에 해당한다.

癸水日柱(계수일주)가 日支(일지)에 得地(득지)하고 印星(인성)까지 있어 身强(신강)하다. 四柱(사주)에 强(강)한 것은 食傷(식상)이다. 食傷(식상)이 强(강)하면, 피해보고 있는 것은 官星(관성)인데, 구제할 수 있는 五行(오행)은 金星(금성)과 火星(화성) 두 五行(오행)이다. 金星(금성)을 用神(용신)으로 잡으면 身强(신강)이 더욱 身强(신강)되기 때문에 쓸 수가 없고, 火星(화성)인 財星(재성)이 食傷(식상)을 泄氣(설기)하고 官星(관성)을 保護(보호)해야 된다.

壬水 大運(대운)에 壬水가 四柱(사주) 月干(월간) 丁火와 丁壬木局(정임목국)하면 甲木이고 傷官(상관) 閑神運(한신운)이다. 四柱(사주)에 食傷(식상)이 强(강)하게 있는데, 食傷(식상) 運(운)이 오면 職場(직장), 官災(관재), 新規(신규), 男子문제가 發生(발생)하게 된다. 51세 辛巳年에 辛金이 四柱(사주) 時干(시간) 丙火와 丙辛合水局(병신합수국)하면 壬水 劫財(겁재) 忌神運(기신운)이다. 즉 用神(용신)인 偏財(편재) 正財(정재)가 모두 合(합)으로 사라지므로 財物(재물) 문제가 힘들게 되고 食傷(식상)은 官星(관성)을 攻擊(공격)하므로 官星(관성)이 다치게 된다. 男便(남편) 事業(사업)은 不實(부실)하고 가게를 賣買(매매)하고 타 業種(업종)을 다시 하려고 한다.

겁재		정관	상관				乾命				용신.금.인성
수	수	토	목								희신.토.관성
癸	壬	己	乙	62	52	42	32	22	12	2	기신.화.재성
卯	戌	卯	巳	壬	癸	甲	乙	丙	丁	戊	구신.목.식상
甲	辛	甲	戊	申	酉	戌	亥	子	丑	寅	한신.수.비겁
목	금	목	토								
식신	인수	식신	편관								

식상용인격(食傷用印格)　　월의심천 3일 2시간 29분

　節期(절기)에서 3日 2時間(시간)이라 初氣(초기)에 해당한다.

　壬水日干(임수일간)이 地支(지지)에 通根(통근)하지 못하고 身弱(신약)하다. 四柱(사주)에 强(강)한 것은 木星(목성)인 食傷(식상)이다. 食傷(식상)이 强(강)하면, 피해보고 있는 것은 官星(관성)인데, 구제할 수 있는 五行(오행)은 金星(금성)과 火星(화성) 두 五行(오행)이다. 火星(화성)은 四柱(사주)에 없으므로, 用神(용신)의 資格(자격)이 未達(미달)이라 쓸 수가 없고, 金星(금성)인 印星(인성)에게 부탁하여, 食傷(식상)을 攻擊(공격)하고, 官星(관성)을 保護(보호)해야 된다.

　亥水 大運(대운)에 亥水는 癸水이므로 四柱(사주) 年支(년지) 戊土와 戊癸火局(무계화국)하면 丙火 偏財(편재) 忌神運(기신운)이다. 財星(재성)은 用神(용신)인 印星(인성)을 攻擊(공격)하게 되므로 印星(인성)이 다치게 된다.

　37세 辛巳年에 巳火는 丙火이므로 四柱(사주) 日支(일지) 辛金과 丙辛合水局(병신합수국)하면 壬水이고 比肩(비견) 閑神運(한신운)이다. 用神(용신)과 喜神(희신)이 變質(변질)되면 나의 머리를 疲困(피곤)하게 한다는 뜻이다. 兄弟(형제)들이 財物(재물) 문제로 너무 힘들게 하는 바람에 본인 精神(정신)이 아니고 勤務(근무)하는데도 지장이 많다. 萬死(만사)가 다 싫어지고 있다.

편관		식신	상관				坤命				용신.수.식상
화	금	수	수								희신.목.재성
丁	辛	癸	壬	65	55	45	35	25	15	5	기신.토.인성
酉	酉	卯	辰	丙	丁	戊	己	庚	辛	壬	구신.화.관성
辛	辛	乙	癸	申	酉	戌	亥	子	丑	寅	한신.금.비겁
금	금	목	수								
비견	비견	편재	식신								

식상생재격(食傷生財格) 월의심천 10일 18시간 23분

節期(절기)에서 10日 18時間(시간)이라 辰土는 中氣(중기)인 癸水에 해당한다.

辛金日柱(신금일주)가 日支(일지)에 得地(득지)하고 身强(신강)하다. 四柱(사주)에 强(강)한 것은 比劫(비겁)이다. 比劫(비겁)이 强(강)하면, 피해보고 있는 것은 財星(재성)인데. 구제할 수 있는 五行(오행)은 火星(화성)과 水星(수성)두 五行(오행)이다. 火星(화성)을 用神(용신)으로 잡기는 무엇인가 不安(불안)하고, 水星(수성) 食傷(식상)에게 부탁하여, 比劫(비겁)을 泄氣(설기)하고, 財星(재성)을 相生(상생)하여 保護(보호)해야 된다.

戌土 大運(대운)에 戌土는 戊土이므로 四柱(사주) 癸水와 戊癸火局(무계화국)하면 丙火이고 正官(정관) 仇神運(구신운)이 이다. 合(합)하여 官星(관성) 仇神(구신)이면 즉 職場(직장)이나 官災(관재)문제가 不吉(불길)하게 된다.

50세 辛巳年에 辛金이 四柱(사주) 月支(월지) 乙木과 乙辛沖(을신충)이다. 辛金 比肩(비견)이 乙木 偏財(편재)를 沖(충)이면 財物(재물)이 다치게 된다. 自營業(자영업)을 始作(시작)했는데 生角(생각)대로 되지 않고 不振(부진)하여 정리를 해야 될지 아니면 계속 해야 하는지 고민이다.

편관		겁재	상관		乾命						용신.목.인성
수	화	화	토								희신.수.관성
壬	丙	丁	己	62	52	42	32	22	12	2	기신.금.재성
辰	申	丑	亥	庚	辛	壬	癸	甲	乙	丙	구신.토.식상
乙	戊	癸	戊	午	未	申	酉	戌	亥	子	한신.화.비겁
목	토	수	토								
인수	식신	정관	식신								

식상용인격(食傷用印格)　　월의심천 2일 15시간 48분

節期(절기)에서 2日 15時間(시간)이라 初氣(초기)에 해당한다.

丙火日干(병화일간)이 地支(지지)에 通根(통근)하지 못하고 身弱(신약)하다. 四柱(사주)에 强(강)한 것은 食傷(식상)이다. 食傷(식상)이 强(강)하면 피해보는 것은 官星(관성)인데, 구제할 수 있는 五行(오행)은 金星(금성)과 木星(목성) 두 五行(오행)이다. 金星(금성)은 四柱(사주)에 없으므로 用神(용신)의 資格(자격)이 未達(미달)이라 쓸 수가 없고, 木星(목성)인 印星(인성)에게 부탁하여, 食傷(식상)을 攻擊(공격)하고 官星(관성)을 保護(보호)해야 된다.

壬水 大運(대운)에 壬水가 四柱(사주) 月干(월간) 丁火와 丁壬 木局(정임목국)하면 甲木이고 偏印(편인) 用神運(용신운)이다. 印星(인성) 用神運(용신운)이면 二姓(이성), 文書(문서),健康(건강)등이 吉(길)하게 된다.

43세 辛巳年에 辛金이 四柱(사주) 日干(일간) 丙火와 丙辛合水局(병신합수국)하면 壬水이고 偏官(편관) 喜神運(희신운)이다. 大運(대운)에서 用神運(용신운)이고 勢運(세운)에서 喜神運(희신운)이다. 현장소장으로 勤務(근무)하다가 退職(퇴직)하고 本人(본인)이 直接(직접) 建設設立(건설설립)하려고 準備(준비) 중이다. 用神(용신)과 喜神運(희신운)이라 發展(발전)할 것이다.

<table>
<tr><td>편관</td><td></td><td>겁재</td><td>인수</td><td colspan="8"></td><td></td></tr>
<tr><td>금</td><td>목</td><td>목</td><td>수</td><td colspan="7" align="center">坤命</td><td></td><td>용신.목.비겁</td></tr>
<tr><td>辛</td><td>乙</td><td>甲</td><td>壬</td><td colspan="8"></td><td>희신.수.인성</td></tr>
<tr><td>巳</td><td>亥</td><td>辰</td><td>寅</td><td>62</td><td>52</td><td>42</td><td>32</td><td>22</td><td>12</td><td>2</td><td></td><td>기신.금.관성</td></tr>
<tr><td>戊</td><td>戊</td><td>乙</td><td>戊</td><td>丁</td><td>戊</td><td>己</td><td>庚</td><td>辛</td><td>壬</td><td>癸</td><td></td><td>구신.토.재성</td></tr>
<tr><td>토</td><td>토</td><td>목</td><td>토</td><td>酉</td><td>戌</td><td>亥</td><td>子</td><td>丑</td><td>寅</td><td>卯</td><td></td><td>한신.화.식상</td></tr>
<tr><td>정재</td><td>정재</td><td>비견</td><td>정재</td><td colspan="8"></td><td></td></tr>
</table>

재다용비격(財多用比格)　　월의심천 1일 18시간 56분

節期(절기)에서 1日 18時間(시간)이라 初氣(초기)에 해당한다.

乙木日柱(을목일주)가 月令(월령)에 得令(득령)하고 印星(인성)까지 있어 比劫(비겁)이 적당한 힘을 維持(유지)하고 있다. 四柱(사주)에서 强(강)한 것은 土星(토성)인 財星(재성)이다. 財星(재성)이 强(강)하면, 피해보는 것은 印星(인성)인데, 구제할 수 있는 五行(오행)은 金星(금성)과 木星(목성) 두 五行(오행)이다. 金星(금성)을 用神(용신)으로 잡으면 比劫(비겁)이 身弱(신약)되기 때문에 쓸 수가 없고, 木星(목성)인 比劫(비겁)이 財星(재성)을 攻擊(공격)하고, 印星(인성)을 保護(보호)해야 된다.

子水 大運(대운)에 子水는 癸水이므로 四柱(사주) 戊土와 戊癸火局(무계화국)하면 丙火이고 傷官(상관) 閑神運(한신운)이다. 食傷運(식상운)에는 무엇인가 밖으로 간다는 뜻이다.

40세 辛巳年에 辛金이 四柱(사주) 日干(일간) 乙木과 乙辛沖(을신충)이다. 즉 辛金 偏官(편관) 男子와 乙木 나와 沖(충)이다. 男便(남편)이 밖에서 女子를 만나고 있다는 것은 알고 있었는데 同居生活(동거생활)을 하는지 集(집)에 오지 않고 生活費(생활비)도 주지 않고 누구를 믿고 살아야 하는지 離婚(이혼)하는 것이 最先(최선)이라 生角(생각)하고 있다.

겁재		식신	겁재		乾命							용신.토.인성
금	금	수	금									희신.화.관성
庚	辛	癸	庚		70	60	50	40	30	20	10	기신.목.재성
寅	丑	未	子		庚	己	戊	丁	丙	乙	甲	구신.수.식상
戊	癸	丁	壬		寅	丑	子	亥	戌	酉	申	한신.금.비겁
토	수	화	수									
인수	식신	편관	상관									

식상용인격(食傷用印格)　　월의심천 4일 15시간 17분

　節期(절기)에서 4日 15時間(시간)이라 初氣(초기)에 해당한다.

　辛金日柱(신금일주)가 地支(지지)에 通根(통근)하지 못하고 身弱(신약)하다. 四柱(사주)에 强(강)한 것은 水星(수성)인 食傷(식상)이다. 食傷(식상)이 强(강)하면, 피해보는 것은 官星(관성)인데, 구제할 수 있는 五行(오행)은 土星(토성)과 木星(목성) 두 五行(오행)이다. 木星(목성)은 四柱(사주)에 없으므로 用神(용신)의 資格(자격)이 未達(미달)이라, 쓸 수가 없고, 土星(토성)인 印星(인성)에게 부탁하여, 食傷(식상)을 攻擊(공격)하고, 官星(관성)을 保護(보호)해야 된다.

　丁火 大運(대운)에 丁火가 四柱(사주) 年支(년지) 壬水와 丁壬木局(정임목국)하면 甲木이고 正財(정재) 忌神運(기신운)이다. 財星(재성)이 忌神(기신)이면 女子나 財物(재물) 때문에 陷穽(함정)에 빠지게 된다. 42세 辛巳年에 巳火는 丙火이므로 四柱(사주) 日干(일간)과 丙辛合水局(병신합수국)하면 壬水이고 傷官(상관) 仇神運(구신운)이다. 大運(대운)에서 合(합)하여 財星(재성) 忌神(기신)이고 勢運(세운)에서 合(합)하여 仇神(구신)이라 女子를 만나 정이 들어 家庭(가정)을 責任(책임)지고 있는 家長(가장)이 色情(색정)에 빠져 同居生活(동거생활)을 하고 있다. 이는 陷穽(함정)이다.

편재		편인	편관			乾命					용신.목.인성
금	화	목	수								희신.수.관성
辛	丁	乙	癸								기신.금.재성
丑	亥	丑	巳	69	59	49	39	29	19	9	구신.토.식상
己	壬	己	丙	戊	己	**庚**	辛	壬	癸	甲	한신.화.비겁
토	수	토	화	午	未	申	酉	戌	亥	子	
식신	정관	식신	겁재								

관인상생격(官印相生格)　월의심천 24일 20시간 45분

丁火日柱(정화일주)가 地支(지지)에 通根(통근)하고 印星(인성)까지 있어 比劫(비겁)이 적당한 힘을 維持(유지)하고 있다.　四柱(사주)에 强(강)한 것은 土星(토성)인 食傷(식상)이다. 食傷(식상)이 强(강)하면, 피해보는 것은 官星(관성)인데, 구제할 수 있는 五行(오행)으로는 木星(목성)과 金星(금성) 두 五行(오행)이다. 金星(금성)을 用神(용신)으로 잡으면 (비겁)이 身弱(신약)되기 때문에 쓸 수가 없고, 木星(목성)인 印星(인성)에게 부탁하여, 食傷(식상)을 攻擊(공격)하고, 官星(관성)을 保護(보호)해야 된다.

庚金 大運(대운)에 庚金이 四柱(사주) 月干(월간) 乙木과 乙庚金局(을경금국)하면 庚金이고 正財(정재) 忌神運(기신운)이다. 乙木 用神(용신)이 合(합)하여 庚金 正財(정재)로 變質(변질)되면 사리판단 못하게 되고 金錢(금전)이나, 女子문제로 공경에 처하게 된다.

49세 辛巳年에 巳火가 四柱(사주) 日支(일지) 亥水와 巳亥沖(사해충)하면 亥中甲木(해중갑목)이 中氣(중기)에서 나오게 된다. 甲木이 나와서 무엇을 하는가 四柱(사주) 己土와 甲己合土局(갑기합토국)하면 戊土이고 傷官(상관) 仇神運(구신운)이다. 食傷(식상)이 仇神(구신)이면 무엇인가 나간다는 뜻이다. 婦人(부인)이 家出(가출)하여 連絡(연락)이 없다.

편인		편재	편재									용신.수.식상
토	금	목	목				坤命					희신.금.비겁
己	辛	乙	乙	66	56	46	36	26	16	6		기신.토.인성
亥	巳	酉	巳	壬	辛	庚	己	戊	丁	丙		구신.화.관성
壬	丙	辛	丙	辰	卯	寅	丑	子	亥	戌		한신.목.재성
수	화	금	화									
상관	정관	비겁	정관									

식상제살격(食傷制殺格) 월의심천 16일 16시간 42분

辛金日柱(신금일주)가 月令(월령)에 得令(득령)하고, 印星(인성)까지 있어 比劫(비겁)이 적당한 힘을 維持(유지)하고 있다. 四柱(사주)에 强(강)한 것은 火星(화성)인 官星(관성)이다. 官星(관성)이 强(강)하면, 피해보는 것은 比劫(비겁)인데, 구제할 수 있는 五行(오행)으로는 土星(토성)과 水星(수성) 두 五行(오행)이다. 土星(토성)을 用神(용신)으로 잡으면, 比劫(비겁)이 身强(신강)되기 때문에 쓸 수가 없고, 水星(수성)인 食傷(식상)에게 부탁하여, 官星(관성)을 攻擊(공격)하고, 比劫(비겁)을 保護(보호)해야 된다.

己土 大運(대운)에 己土 偏印(편인) 忌神運(기신운)이다. 印星(인성)은 用神(용신)인 食傷(식상)을 攻擊(공격)하게 되므로 食傷(식상)이 다치게 된다. 食傷(식상)은 子息(자식)이고, 밥그릇이다

37세 辛巳年에 辛金이 四柱(사주) 丙火와 丙辛合水局(병신합수국)하면 壬水이고 傷官(상관) 用神運(용신운)이다. 지금 와서 生角(생각)하면 離婚(이혼)한 것이 잘못되었고 後悔(후회)하고 있다. 아이들 生角(생각)을 해야 되는데, 本分(본분)잃고 말았다. 食傷(식상) 用神(용신)은 子息(자식)만 生角(생각)하기 때문에 제자리로 가서 다시 始作(시작)하려고 生角(생각)한다.

겁재		편관	상관		坤命							용신.목.식상
수	수	토	목									희신.화.재성
壬	癸	己	甲									기신.금.인성
子	亥	巳	寅		66	56	46	36	26	16	6	구신.토.관성
癸	壬	丙	甲		壬	癸	甲	乙	**丙**	丁	戊	한신.수.비겁
수	수	화	목		戌	亥	子	丑	寅	卯	辰	
비견	겁재	정재	상관									

식상생재격(食傷生財格)　　월의심천 15일 18시간 26분

癸水日柱(계수일주)가 日支(일지)에 得地(득지)하고 身强(신강)하다. 四柱(사주)에. 强(강)한 것은 水星(수성)인 比劫(비겁)이다. 比劫(비겁)이 强(강)하면 피해보는 것은 財星(재성)인데, 구제할 수 있는 五行(오행)은 土星(토성)과 木星(목성)두 五行(오행)이다. 土星(토성)을 用神(용신)으로 잡기는 무엇인가 不安(불안)하고 木星(목성)인 食傷(식상)에게 부탁하여, 比劫(비겁)을 泄氣(설기)하고 財星(재성)을 相生(상생)하여 保護(보호)해야 된다.

丙火 大運(대운)에 丙火는 四柱(사주) 壬水와 丙壬沖(병임충)이다. 丙火 正財(정재)가 와서 壬水 劫財(겁재)를 沖(충)하면 比劫(비겁)이 氣高萬丈(기고만장)못하고 財星(재성) 喜神(희신)이 最大限(최대한) 發揮(발휘)할 수 있는데 까지는 다 할 수 있다. 財物(재물)이나, 職場(직장)이 吉(길)하게 된다.

28세 辛巳年에 辛金이 四柱(사주) 丙火와 丙辛合水局(병신합수국)하면 壬水이고 劫財(겁재) 閑神運(한신운)이다. 大運(대운)에서 丙壬沖(병임충)한 것을 勢運(세운)에서 丙辛合水局(병신합수국)하면 發生(발생)하게 된다. 아파트 마련하고 自營業(자영업)을 始作(시작)하려고 準備(준비) 중이다 寅木 大運(대운)에는 甲木이 甲己合土局(갑기합토국)하면 戊土 正官(정관) 仇神運(구신운)이라 深思熟考(심사숙고)해야 된다.

비견		비견	인수				坤命					용신.수.인성
목	목	목	수									희신.금.관성
甲	甲	甲	癸	63	53	43	33	23	13	3		기신.토.재성
戌	午	寅	丑	辛	庚	己	戊	丁	丙	乙		구신.화.식상
丙	丙	丙	己	酉	申	未	午	巳	辰	卯		한신.목.비겁
화	화	화	토									
식신	식신	식신	정재									

관인상생격(官印相生格)　월의심천 23일 12시간 26분

寅午戌火局(인오술화국)하면 丙火이고 食神(식신)이다. 三合(삼합)이 成立(성립)되기 까지는 三子中 하나는 꼭 月支(월지)에 있어야 된다.

甲木日干(갑목일간)이 地支(지지)에 通根(통근)하지 못하고 身弱(신약)하다. 四柱(사주)에 强(강)한 것은 火星(화성)인 食傷(식상)이다. 食傷(식상)이 强(강)하면, 피해보는 것은 官星(관성)인데, 구제할 수 있는 五行(오행)은 土星(토성)과 水星(수성) 두 五行(오행)이다. 土星(토성)을 用神(용신)으로 잡으면, 比劫(비겁)이 身弱(신약)이라 쓸 수가 없고, 水星(수성)인 印星(인성)에게 부탁하여, 食傷(식상)을 攻擊(공격)하고, 官星(관성)을 保護(보호)해야 된다.

巳火 大運(대운)에 巳火는 丙火 食神(식신) 仇神運(구신운)이다. 食傷(식상)은 무엇인가 새로운 것 始作(시작)이고, 官星(관성)을 攻擊(공격)하므로

職場(직장)이나, 男子문제가 發生(발생)하게 된다.

29세 辛巳年에 巳火는 丙火 食神(식신) 仇神運(구신운)이다. 二姓(이성)이나, 文書(문서)가 陷窄(함정)인데 18살이나 많은 有婦男(유부남)을 만나 同居生活(동거생활)을 하고 있다. 金錢(금전)문제로 慾心(욕심)이다.

편재		정관	정관				乾命				용신.금.재성
금	화	수	수								희신.수.관성
庚	丙	癸	癸	62	52	42	32	22	12	2	기신.화.비겁
子	寅	亥	巳	丙	丁	戊	己	庚	辛	壬	구신.목.인성
壬	戊	戊	戊	辰	巳	午	未	申	酉	戌	한신.토.식상
수	토	토	토								
편관	식신	식신	식신								

제살태과격(制殺太過格)　　월의심천 3일 21시간 58분

節期(절기)에서 3日 21時間(시간)이라 初氣(초기)에 해당한다.

丙火日干(병화일간)이 地支(지지)에 通根(통근)하지 못하고 身弱(신약)하다. 四柱(사주)에 强(강)한 것은 土星(토성)인 食傷(식상)이다, 食傷(식상)이 强(강)하면, 피해보는 것은 官星(관성)인데, 구제할 수 있는 五行(오행)은 金星(금성)과 木星(목성) 두 五行(오행)이다. 木星(목성)은 四柱(사주)에 없으므로,　用神(용신)의 資格(자격)이 未達(미달)이라, 쓸 수가 없고, 金星(금성)인 財星(재성)에게 부탁하여, 食傷(식상)을 泄氣(설기)하고, 官星(관성)을 相生(상생)하여 保護(보호)해야 된다.

午火 大運(대운)에 午火는 丁火이므로 四柱(사주) 時支(시지) 壬水와 丁壬木局(정임목국)하면 甲木이고 偏印(편인) 仇神運(구신운)이면 印星(인

성)이 다치게 된다. 强(강)한 食傷(식상)이 印星(인성)이 오면 가만두지 않고 역으로 攻擊(공격)하므로 二姓(이성), 文書(문서), 官災(관재)등이 發生(발생)하게 된다.

49세 辛巳年에 巳火은 丙火이므로 四柱(사주) 時支(시지) 壬水와 丙壬沖(병임충)이다. 大運(대운)에서 丁壬木局(정임목국)한 것을 勢運(세운)에서 丙壬沖(병임충)하면 最終的(최종적)으로 發生(발생)하게 된다. 集(집)을 新築(신축)하면서 사람이 死亡(사망)하고 建築業(건축업)자와는 裁判(재판)중이다. 判決(판결)이 어떻게 날것인지 기다리고 있다.

상관		정관	상관								
화	목	금	화				坤命				용신.토.재성
丙	乙	庚	丙								희신.화.식상
戌	巳	寅	申	62	52	42	32	22	12	2	기신.목.비겁
辛	戊	戊	戊	癸	甲	乙	丙	丁	戊	己	구신.수.인성
금	토	토	토	未	申	酉	戌	亥	子	丑	한신.금.관성
편관	정재	정재	정재								

종재격(從財格)　　월의심천 3일 15시간 18분

節期(절기)에서 3日 15時間(시간)이라 初氣(초기)에 해당한다.

乙木日干(을목일간)이 地支(지지)에 通根(통근)하지 못하고 身弱(신약)하다. 四柱(사주)에 强(강)한 것은 土星(토성)인 財星(재성)이다. 財星(재성)이 强(강)하면 피해보는 것은 印星(인성)인데, 구제할 수 있는 五行(오행)은 金星(금성)과 木星(목성) 두 五行(오행)이다. 金星(금성)을 用神(용신)으로 잡으면 比劫(비겁)이 身弱(신약)이라, 쓸 수가 없고, 木星(목성)인 比劫(비겁)은 四柱(사주)에 없고 剋(극)하는 比劫(비겁)이 없기 때문에 일반 四柱(사주)와 달리 强者(강자)의 勢力(세력)에 大勢(대세)를 따라가야 吉(길)하게 된다. 從財格(종재격)은 財星(재성), 食傷(식상), 官星運(관성운)이 吉(길)하다고 하는데, 官星運(관성운)은 鑑定(감정)해 본 결과 吉(길)하지 않고 凶(흉)으로 봐야 된다 官星運(관성운)이 오면 日干(일간)을 攻擊(공격)하여 身體(신체)에 變化(변화)가 오고 官(관)쪽으로 문제가 發生(발생)하고 있다는 점이다,

乙木 大運(대운)에 乙木이 四柱(사주) 月干(월간) 庚金과 乙庚合金局(을경합금국)하면 庚金이고 正官(정관) 閑神運(한신운)이다. 正官(정관)은 나의 男便(남편)인데 乙木한데 묶인 현상이라 꼼짝 못하고 있다.

46세 辛巳年에 巳火는 丙火이므로 四柱(사주) 時支(시지) 辛金과 丙辛合水局(병신합수국)하면 壬水이고 偏印(편인) 仇神運(구신운)이다. 大運(대운)에서 合(합)으로 庚金이 묶인 상태이고 勢運(세운)에서 合(합)하여 變質(변질)되어 힘이 喪失(상실)되면서 印星(인성)이면 文書(문서)나, 二姓(이성)문제이고 大運(대운)에서 庚金이 合(합)으로 묶인다면 男便(남편)이 꼼짝 못하게 된다는 뜻이다. 男便(남편)이 事業(사업)을 하다가 不振(부진)하여 亡(망)하는 바람에 金錢(금전) 문제로 官災(관재)에 걸려 裁判(재판)중이다.

상관		정관	상관		乾命						용신.수.인성
화	목	금	화								희신.금.관성
丙	乙	庚	丙	71	61	51	41	31	21	11	기신.토.재성
子	未	寅	午	丁	丙	乙	甲	癸	壬	辛	구신.화.식상
壬	丁	戊	丙	酉	申	未	午	巳	辰	卯	한신.목.비겁
수	화	토	화								
인수	식신	정재	상관								

관인상생격(官印相生格)　월의심천 0일 9시간 22분

節期(절기)에서 0日 9時間(시간)이라 初氣(초기)에 해당한다.

乙木日干(을목일간)이 地支(지지)에 通根(통근)하지 못하고 身弱(신약)하다. 四柱(사주)에 强(강)한 것은 火星(화성)인 食傷(식상)이다, 食傷(식상)이 强(강)하면 피해보는 것은 官星(관성)인데, 구제할 수 있는 五行(오행)은 土星(토성)과 水星(수성) 두 五行(오행)이다. 土星(토성)을 用神(용신)으로 잡으면 比劫(비겁)이 身弱(신약)이라 쓸 수가 없고, 水星(수성)인 印星(인성)에게 부탁하여, 食傷(식상)을 攻擊(공격)하고 官星(관성)을 保護(보호)해야 된다.

巳火 大運(대운)에 巳火는 丙火이므로 四柱(사주) 時支(시지) 壬水와 丙壬沖(병임충)이다. 火氣(화기)가 와서 水氣(수기)를 沖(충)하면 水氣(수기)가 弱(약)하게 되면서 火氣(화기)는 强(강)하게 되어 焦土化(초토화)가 된다. 즉 財物(재물), 職場(직장), 健康(건강),등이 發生(발생)하게 된다는 뜻이다.

36세 辛巳年에 巳火가 丙火이므로 四柱(사주) 時支(시지) 壬水와 丙壬沖(병임충)이다. 大運(대운)에서 沖(충) 勢運(세운)에서 沖(충)을 하고 왔는데 어떻게 職場(직장), 財物(재물)이 無死(무사)하겠는가, 旅行社業(여행사업)을 하고 있는데 最惡(최악)이라 어떻게 해야 잘 하는지 判斷(판단)을 못하고 있다. 大運(대운)이 이제 始作(시작)되고 있다.

정관		편인	상관		坤命								
토	수	금	목										용신.금.인성
己	壬	庚	乙										희신.토.관성
酉	午	辰	卯		71	61	51	41	31	21	11		기신.화.재성
庚	丙	乙	甲		丁	丙	乙	甲	癸	壬	辛		구신.목.식상
금	화	목	목		亥	戌	酉	申	未	午	巳		한신.수.비겁
편인	편재	상관	식신										

관인상생격 (官印相生格)　월의심천 0日 23시간 28분

節期(절기)에서 0日 23時間(시간)이라 初氣(초기)에 해당한다.

壬水日干(임수일간)이 地支(지지)에 通根(통근)하지 못하고 身弱(신약)하다. 四柱(사주)에 强(강)한 것은 木星(목성)인 食傷(식상)이다. 食傷(식상)이 强(강)하면, 피해보는 것은 官星(관성)인데, 구제할 수 있는 五行(오행)은 火星(화성)과 金星(금성) 두 五行(오행)이다. 火星(화성)인 財星(재성)을 用神(용신)으로 잡으면 比劫(비겁)이 身弱(신약)이라, 쓸 수가 없고, 金星(금성)인 印星(인성)에게 부탁하여, 食傷(식상)을 攻擊(공격)하고, 官星(관성)을 保護(보호)해야 된다.

午火 大運(대운)에 午火는 丁火이므로 四柱(사주) 日干(일간) 壬水와 丁壬木局(정임목국)하면 甲木이고 食神(식신) 仇神運(구신운)이다. 丁火 正財(정재)와서 壬水나와 合(합)하여 食傷(식상)이면 財物(재물)문제로 무엇인가 움직인다는 뜻이다.

27세 辛巳年에 巳火는 丙火이므로 四柱(사주) 日干(일간) 壬水와 丙壬沖(병임충)이다. 大運(대운)에서 丁壬木局(정임목국)한 것을 勢運(세운)에서 沖(충)하면 發生(발생)하게 된다. 親舊(친구)와 동대문에서 事業(사업)을 同業(동업)하는데 事業(사업)이 不振(부진)하고 賣買(매매)도 하지 않는 상태에서 또 다른 곳에 事業(사업)장을 始作(시작)해서 인테리어 工事(공사) 중이다.

편인		정관	정관				坤命					
목	화	수	수								용신.목.인성	
乙	丁	壬	壬								희신.화.비겁	
巳	亥	子	寅	63	53	43	33	23	13	3	진용신.토.식상	
庚	甲	壬	丙	乙	丙	丁	戊	己	庚	辛	기신.금.재성	
금	목	수	화	巳	午	未	申	酉	戌	亥	구신.수.관성	
정재	인수	정관	겁재									

살중용인격(殺重用印格)   월의심천 7일 11시간 13분

節期(절기)에서 7日 11時間(시간)이라 子는 初氣(초기)이고 寅, 巳, 亥는 中氣(중기)에 해당한다.

丁火日干(정화일간)이 地支(지지)에 通根(통근)하고 印星(인성)이 있어 比劫(비겁)이 적당한 힘을 維持(유지)하고 있다. 四柱(사주)에 强(강)한 것은 水星(수성)인 官星(관성)이다. 官星(관성)이 强(강)하면, 피해보는 것은 比劫(비겁)인데, 구제할 수 있는 五行(오행)은 木星(목성)과 土星(토성) 두 五行(오행)이다. 土星(토성)은 四柱(사주)에 없으므로, 用神(용신)으로 잡을 수는 없으나, 眞用神(진용신)으로는 잡을 수 있다. 木星(목성)인 印星(인성)이 用神(용신)인데 四柱(사주) 구조상 어쩔 수 없어 사용한 것인지 진정필요해서 사용한 것은 아니다. 大運(대운)에서 食傷運(식상운)이 제일 吉(길)하다고 보면 된다.

申金 大運(대운)에 申金은 庚金이므로 四柱(사주) 時干(시간) 乙木과 乙庚金局(을경금국)하면 庚金(경금)이고 正財(정재) 忌神運(기신운)이다. 庚金 正財(정재)는 官星(관성)을 生助(생조)하기 때문에 官星(관성)쪽에서 문제가 發生(발생)한다

40새 辛巳年에 辛金이 四柱(사주) 年支(년지) 丙火와 丙辛合水局(병신합수국)하면 壬水이고 正官(정관) 仇神運(구신운)이다. 衣類業(의류업)을 運營(운영)하는데, 2年 전부터 不振(부진)하여 적자 생활만 하고 있다.

식신		식신	겁재								
화	목	화	목			乾命					용신.화.식상
丙	甲	丙	乙								희신.토.재성
寅	寅	戌	巳	67	57	47	37	27	17	7	기신.수.인성
甲	甲	戊	丙	己	庚	辛	壬	癸	甲	乙	구신.금.관성
목	목	토	화	卯	辰	巳	午	未	申	酉	한신.목.비겁
비견	비견	편재	식신								

식상생재격(食傷生財格)　월의심천 18일 7시간 19분

甲木日柱(갑목일주)가 日支(일지)에 得地(득지)하고 身强(신강)하다. 四柱(사주)에 强(강)한 것은 木星(목성)인 比劫(비겁)이다. 比劫(비겁)이 强(강)하면 피해보는 것은 財星(재성)인데, 구제할 수 있는 五行(오행)은 金星(금성)과 火星(화성) 두 五行(오행)이다. 金星(금성)은 四柱(사주)에

없으므로 用神(용신)의 資格(자격)이 未達(미달)이라, 쓸 수가 없고, 火星(화성)인 食傷(식상)에게 부탁하여, 比劫(비겁)을 泄氣(설기)하고 財星(재성)을 相生(상생)하여 保護(보호)해야 된다.

　壬水 大運(대운)에 壬水가 四柱(사주) 丙火와 丙壬沖(병임충)이다. 用神(용신)을 沖(충)하면 사리판단을 못하게 되고, 하고자 하는 일들이 마음대로 풀리지 않는다.

　36세 辛巳年에 辛金이 四柱(사주) 丙火와 丙辛合水局(병신합수국)하면 壬水이고 偏印(편인) 忌神運(기신운)이다. 大運(대운)에서 丙壬沖(병임충)한 것을 勢運(세운)에서 丙辛合水局(병신합수국)하면 發生(발생)하게 되고 印星(인성)이 忌神(기신)이면 文書(문서)나 二姓(이성)문제가 發生(발생)한다. 約婚(약혼)을 하고 結婚式(결혼식)을 앞두고 있었는데 破婚(파혼)을 당하고 말았다. 이것은 大運(대운)에서 用神(용신)이 沖(충)했기 때문에 發生(발생)한 것이다.

정재		상관	편재					坤命					용신.금.재성
금	화	토	금										희신.토.식상
庚	丁	戊	辛	70	60	50	40	30	20	10			기신.화.비겁
戌	丑	戌	丑	乙	甲	癸	壬	辛	庚	己			구신.목.인성
辛	癸	辛	癸	巳	辰	卯	寅	丑	子	亥			한신.수.관성
금	수	금	수										
편재	편관	편재	편관										

종재격(從財格) 월의심천 2일 22시간 39분

節期(절기)에서 2日 22時間(시간)이라 初氣(초기)에 해당한다.

丁火日干(정화일간)이 地支(지지)에 通根(통근)하지 못하고 身弱(신약)하다. 四柱(사주)에 强(강)한 것은 金星(금성)인 財星(재성)인데, 尅(극)하는 比劫(비겁)이나 印星(인성)이 없어서 일반 四柱(사주)와 달리 强者(강자)의 勢力(세력)에 大勢(대세)를 따라가야 吉(길)하게 된다.

壬水 大運(대운)에 壬水가 四柱(사주) 日干(일간) 丁火와 丁壬合木局(정임합목국)하면 甲木이고 印綬(인수) 仇神運(구신운)이다. 印星(인성)이 仇神(구신)이면 二姓(이성)이나, 文書(문서)문제가 發生(발생)하게 된다.

41세 辛巳年에 巳火는 丙火이므로 四柱(사주) 辛金과 丙辛合水局(병신합수국)하면 壬水이고 正官(정관) 閑神運(한신운)이다. 合(합)으로 强(강)한 財星(재성)은 弱(약)하게 되고 오히려 官星(관성)이 强(강)하게 되어 문제가 發生(발생)하게 된 것이다. 아저씨는 女子를 만나 바람피우고 있는 것을, 알면서도 그냥 보고만 있고 언젠가는 그만하겠지 했는데 계속이다. 親舊(친구)에게 돈을 빌려 주었는데 지금 와서 오리발을 내미는데, 借用證(차용증)을 받아야 했지만, 친한 사이라 믿었던 것이 화근이다. 현재 裁判(재판)중인데, 어떻게 判決(판결)이 날것인가 기다리고 있는 중이다.

편관		정관	편관				乾命					
화	금	화	화									용신.수.식상
丙	庚	丁	丙									희신.목.재성
子	辰	酉	申	71	61	51	41	31	21	11		기신.토.인성
壬	乙	庚	戊	甲	癸	壬	辛	庚	己	戊		구신.화.관성
수	목	금	토	辰	卯	寅	丑	子	亥	戌		한신.금.비겁
식신	정재	비견	편인									

식상생재격(食傷生財格) 월의심천 1일 22시간 41분

節期(절기)에서 1日 22時間(시간)이라 初氣(초기)에 해당한다.

庚金日柱(경금일주)가 月令(월령)에 得令(득령)하고 印星(인성)까지 있어 身强(신강)하다. 四柱(사주)에 强(강)한 것은 金星(금성)인 比劫(비겁)이다. 比劫(비겁)이 强(강)하면, 피해보는 것은 財星(재성)인데, 구제할 수 있는 五行(오행)은 火星(화성)과 水星(수성) 두 五行(오행)이다. 火星(화성)을 用神(용신)으로 잡으면 무엇인가 不安(불안)하고, 水星(수성)인 食傷(식상)에게 부탁하여, 比劫(비겁)을 泄氣(설기)하고 財星(재성)을 相生(상생)하여 保護(보호)해야 된다.

丑土 大運(대운)에 丑土는 己土 印綬(인수) 忌神運(기신운)이다. 比劫(비겁)이 强(강)하게 있는데 印星(인성)이 와서 生助(생조)하면 比劫(비겁)이 더욱 强(강)하게 되어 財星(재성)을 攻擊(공격)하게 되므로 財星(재성)이 다치게 된다. 金錢(금전)이나, 女子문제가 發生(발생)하게 된다.

46세 辛巳年에 巳火는 丙火이므로 四柱(사주) 時支(시지) 壬水와 丙壬沖(병임충)이다. 丙火 仇神(구신)이 와서 食傷(식상) 用神(용신)을 沖(충)이면 밥그릇이 깨지고, 사리판단 못하고 陷穽(함정)에 빠지게 된다. 식당을

運營(운영)하고 있는데 不振(부진)하고 17年 年下(연하) 女人을 10年 동안 만나고 있는데 婦人(부인)과는 離婚(이혼)하려고 한다.

인수		편관	식신								용신.화.식상
수	목	금	화				乾命				희신.토.재성
壬	乙	辛	丁								기신.수.인성
午	酉	亥	未	64	54	44	34	24	14	4	구신.금.관성
丙	庚	甲	乙	甲	乙	丙	丁	戊	己	庚	한신.목.비겁
화	금	목	목	辰	巳	午	未	申	酉	戌	
상관	정관	겁재	비견								

식상생재격(食傷生財格)　월의심천 9일 0시간 53분

節期(절기)에서 9日 0時間(시간)이라 酉, 午는 初氣(초기)에 해당하고 未, 亥는 中氣(중기)에 해당한다.

乙木日柱(을목일주)가 月슈(월령)에 得슈(득령)하고 印星(인성)까지 있어 身强(신강)하다. 四柱(사주)에 强(강)한 것은 比劫(비겁)이다. 比劫(비겁)이 强(강)하면, 피해보는 것은 財星(재성)인데, 구제할 수 있는 五行(오행)은 火星(화성)과 金星(금성) 두 五行(오행)이다. 金星(금성)을 用神(용신)으로 잡기는 무엇인가 不安(불안)하고 火星(화성)인 食傷(식상)에게 부탁하여, 比劫(비겁)을 泄氣(설기)하고, 財星(재성)을 相生(상생)하여 保護(보호)하는 것이 吉(길)하다.

丁火 大運(대운)에 丁火가 四柱(사주) 時干(시간) 壬水와 丁壬木局(정임목국)하면 甲木이고 劫財(겁재) 閑神運(한신운)이다. 比劫(비겁)은 財星(재성)을 攻擊(공격)하기 때문에 文書(문서)나, 財物(재물), 女子문제로 잘못

되어 陷穽(함정)에 빠지게 된다.

  35세 辛巳年에 巳火는 丙火이므로 四柱(사주) 時干(시간) 壬水와 丙壬沖(병임충)이다. 大運(대운)에서 丁壬木局(정임목국)한 것을 勢運(세운)에서 沖(충)하면 發生(발생)하게 된다. 지금 인테리어 工事(공사)중이고 11月에 호프집 開業(개업)하려고 한다.

겁재		상관	식신				乾命					용신.토.인성
금	금	수	수									희신.화.관성
庚	辛	壬	癸		67	57	47	37	27	17	7	기신.목.재성
子	亥	戌	巳		乙	丙	丁	戊	己	庚	辛	구신.수.식상
癸	壬	戊	丙		卯	辰	巳	午	未	申	酉	한신.금.비겁
수	수	토	화									
식신	상관	인수	정관									

관인상생격 (官印相生格) 월의심천 19일 0시간 49분

  辛金日干(신금일간)이 地支(지지)에 通根(통근)하지 못하고 身弱(신약)하다. 四柱(사주)에 强(강)한 것은 水星(수성)인 食傷(식상)이다. 食傷(식상)이 强(강)하면 피해보는 것은 官星(관성)인데, 구제할 수 있는 五行(오행)은 土星(토성)과 木星(목성) 두 五行(오행)이다. 木星(목성)을 用神(용신)으로 잡으면 比劫(비겁)이 身弱(신약)이라, 쓸 수가 없고, 土星(토성)인 印星(인성)에게 부탁하여, 食傷(식상)을 攻擊(공격)하고, 官星(관성)을 保護(보호)해야 된다.

  丁火 大運(대운)에 丁火가 四柱(사주) 壬水와 丁壬木局(정임목국)하면 甲木이고 正財(정재) 忌神運(기신운)이다. 財星(재성)은 用神(용신)인 印星(인

성)을 攻擊(공격)하기 때문에 印星(인성)이 힘이 弱(약)하게 되고 食傷(식상)은 힘을 받아 官星(관성)을 攻擊(공격)하게 되면 金錢(금전)이나. 女子 문제가 發生(발생)하게 된다.

49세 辛巳年에 巳火가 四柱(사주) 日支(일지) 亥水와 巳亥沖(사해충)하면 亥中甲木(해중갑목)이 中氣(중기)에서 나오게 된다. 甲木이 나와서 무엇을 하는가? 四柱(사주) 時干(시간) 庚金과 甲庚沖(갑경충)이다. 金錢(금전)문제로 婦人(부인)과 사이가 좋지 못하고 離婚(이혼)하려고 한다.

편관		편관	편재								용신.토.재성
금	목	금	토				乾命				희신.화.식상
庚	甲	庚	戊								
午	戌	申	戌	66	56	46	36	26	16	6	기신.목.비겁
己	戊	庚	戊	丁	丙	乙	甲	癸	壬	辛	구신.수.인성
토	토	금	토	卯	寅	丑	子	亥	戌	酉	한신.금.관성
정재	편재	편관	편재								

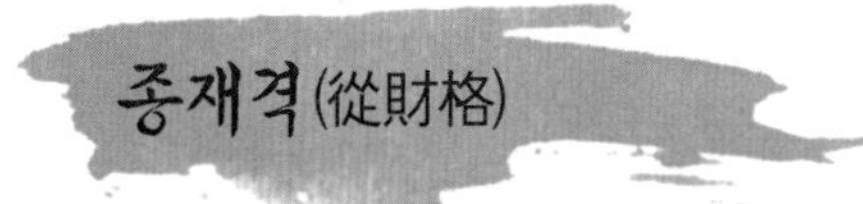

종재격(從財格)　　월의심천 17일 1시간 13분

節期(절기)에서 17日 1時間(시간)이라 午火는 中氣(중기)에 해당한다.

甲木日干(갑목일간)이 地支(지지)에 通根(통근)하지 못하고 身弱(신약)하다. 四柱(사주)에 强(강)한 것은 財星(재성)이다. 財星(재성)이 强(강)하면, 피해보는 것은 印星(인성)인데, 구제할 수 있는 五行(오행)은 木星(목성)과 金星(금성) 두 五行(오행)이다. 金星(금성)을 用神(용신)으로 잡으면 比劫(비겁)이 身弱(신약)이라 쓸 수가 없고, 財星(재성)을 剋(극)하는 木星(목성)이 없기 때문에 일반 四柱(사주)와 달리 强者(강자)의 勢力(세력)에 大

勢(대세)를 따라가야 吉(길)하게 된다.

子水 大運(대운)에 子水는 癸水이므로 四柱(사주) 戊土와 戊癸火局(무계화국)하면 丙火이고 食神(식신) 喜神運(희신운)이다. 새로운 것이나, 무엇인가 始作(시작)한다는 뜻이다.

44세 辛巳年에 巳火가 丙火이므로 食神(식신) 喜神運(희신운)이다. 食傷(식상)은 財星(재성)을 相生(상생)하기 때문에 財星(재성)쪽으로 發揮(발휘)할 수 있다는 뜻이다. 金錢(금전)이나, 女子쪽으로 吉(길)하게 된다는 의미이다. 현재 女人과 同居生活(동거생활)중인데, 再婚(재혼)하려고 結婚擇日(결혼택일)날짜 겸 이전에 失敗(실패)했는데 或是(혹시) 前妻(전처)의 길이 또 올까봐 걱정이다.

정관		겁재	상관								용신.목.인성
수	화	화	토			坤命					희신.수.관성
壬	丁	丙	戊								기신.금.재성
寅	巳	辰	戌	63	53	43	33	23	13	3	구신.토.식상
戊	戊	乙	辛	己	庚	辛	壬	癸	甲	乙	한신.화.비겁
토	토	목	금	酉	戌	亥	子	丑	寅	卯	
상관	상관	편인	편재								

관인상생격 (官印相生格)　　월의심천 4일 12시간 18분

節期(절기)에서 4日 12時間(시간)이라 初氣(초기)에 해당한다.

丁火日干(정화일간)이 地支(지지)에 通根(통근)하지 못하고 身弱(신약)하다. 四柱(사주)에 强(강)한 것은 土星(토성)인 食傷(식상)이다. 食傷(식상)이 强(강)하면, 피해보는 것은 官星(관성)인데, 구제할 수 있는 五行(오행)은 木星(목성)과 金星(금성) 두 五行(오행)이다. 金星(금성)을 用神(용신)으로 잡으면 比劫(비겁)이 身弱(신약)이라, 쓸 수가 없고, 木星(목성)인 印星(인성)에게 부탁하여, 食傷(식상)을 攻擊(공격)하고, 官星(관성)을 保護(보호)해야 된다.

辛金 大運(대운)에 辛金이 四柱(사주) 月干(월간) 丙火와 丙辛合水局(병신합수국)하면 壬水 正官(정관)이고 喜神運(희신운)이다. 職場(직장)이나, 二姓(이성)쪽으로 吉(길)하게 된다.

44세 辛巳年에 巳火는 丙火이므로 四柱(사주) 年支(년지) 辛金과 丙辛合水局(병신합수국)하면 壬水이고 正官(정관) 喜神運(희신운)이다. 大運(대운)에서는 辛金이 와서 合(합) 勢運(세운)에서는 丙火가 와서 合水局(합수국)이므로, 丙火는 男子이고 合(합)하여 壬水 正官(정관)이면 男子라는 뜻이다. 男子를 만나고 있는데, 結婚(결혼)하려고 準備(준비) 중이다.

인수		식신	식신				坤命					
목	화	토	토								용신.수.관성	
甲	丁	己	己								희신.금.재성	
辰	巳	巳	亥	62	52	42	32	22	12	2	기신.토.식상	
戊	丙	丙	壬	丙	乙	甲	癸	壬	辛	庚	구신.화.비겁	
토	화	화	수	子	亥	戌	酉	申	未	午	한신.목.인성	
상관	겁재	겁재	정관									

재자약살격 (財滋弱殺格)   월의심천 28일 15시간 51분

丁火日干(정화일간)이 月令(월령)에 得令(득령)하고 印星(인성)까지 있어 太旺(태왕)하다. 四柱(사주)에 强(강)한 것은 火星(화성)인 比劫(비겁)이다.

比劫(비겁)이 强(강)하면, 피해보는 것은 財星(재성)인데, 구제할 수 있는 五行(오행)은 水星(수성)과 土星(토성) 두 五行(오행)이다. 土星(토성)을 用神(용신)으로 잡으면 무엇인가 陰陽調和(음양조화) 때문에 不安(불안)하고 水星(수성)인 官星(관성)에게 부탁하여, 比劫(비겁)을 攻擊(공격)하고, 財星(재성)을 保護(보호)해야 된다.

甲木 大運(대운)에 甲木이 四柱(사주) 己土와 甲己合土局(갑기합토국)하면 戊土이고 傷官(상관) 忌神運(기신운)이다. 食傷(식상)이 忌神(기신)이면 官星(관성)쪽으로 發生(발생)하게 되는데, 職場(직장), 健康(건강), 男子등이 不吉(불길)하게 된다.

43세 辛巳年에 巳火가 四柱(사주) 年支(년지) 亥水와 巳亥沖(사해충)하면, 亥中甲木(해중갑목)이 中氣(중기)에서 나오게 된다. 甲木이 나와서 무엇을 하는가? 甲己合土局(갑기합토국)하면 戊土이고 傷官(상관) 忌神運(기신운)이다. 自營業(자영업)을 하는데 너무 不振(부진)하고 어떻게 해야 잘하는지 判斷(판단)을 못하고 있다.

<table>
<tr><td>편재</td><td></td><td>식신</td><td>상관</td><td colspan="8" rowspan="2" align="center"></td><td></td></tr>
<tr><td>수</td><td>토</td><td>금</td><td>금</td><td>용신.토.비겁</td></tr>
<tr><td>壬</td><td>戊</td><td>庚</td><td>辛</td><td colspan="8" align="center">乾命</td><td>희신.화.인성</td></tr>
<tr><td>戊</td><td>子</td><td>子</td><td>亥</td><td>68</td><td>58</td><td>48</td><td>38</td><td>28</td><td>18</td><td>8</td><td></td><td>기신.목.관성</td></tr>
<tr><td>戊</td><td>癸</td><td>癸</td><td>壬</td><td>癸</td><td>甲</td><td>乙</td><td>丙</td><td>丁</td><td>戊</td><td>己</td><td></td><td>구신.수.재성</td></tr>
<tr><td>토</td><td>수</td><td>수</td><td>수</td><td>巳</td><td>午</td><td>未</td><td>申</td><td>酉</td><td>戌</td><td>亥</td><td></td><td>한신.금.식상</td></tr>
<tr><td>비견</td><td>정재</td><td>정재</td><td>편재</td><td colspan="8"></td><td></td></tr>
</table>

재다용비격 (財多用比格)　　월의심천 21일 16시간 54분

戊土日柱(무토일주)가 地支(지지)에 通根(통근)하고 印星(인성)이 없어 身弱(신약)하다. 四柱(사주)에 强(강)한 것은 水星(수성)인 財星(재성)이다. 財星(재성)이 强(강)하면 피해보는 것은 火星(화성)인 印星(인성)인데, 구제할 수 있는 五行(오행)은 土星(토성)과 木星(목성) 두 五行(오행)이다. 木星(목성)은 四柱(사주)에 없으므로 用神(용신)의 資格(자격)이 未達(미달)이라, 쓸 수가 없고, 土星(토성)인 比劫(비겁)에게 부탁하여, 財星(재성)을 攻擊(공격)하고, 印星(인성)을 保護(보호)해야 된다.

丁火 大運(대운)에 丁火가 四柱(사주) 壬水와 丁壬木局(정임목국)하면 甲木이고 偏官(편관) 忌神運(기신운)이다. 四柱(사주)에 火氣(화기)는 없고, 水氣(수기)뿐이라 甲木은 浮木(부목)이 되어 官星(관성)의 役割(역할)을 못하게 된다. 즉 職場(직장)이 잘못되고 口舌數(구설수)가 많아진다.

31세 辛巳年에 巳火가 四柱(사주) 年支(년지) 亥水와 巳亥沖(사해충)하면 亥中甲木(해중갑목)이 中氣(중기)에서 나오게 된다. 甲木이 나와서 무엇을 하는가? 甲庚沖(갑경충)이다. 甲木(갑목)이 다치게 되므로 職場(직장)을 그만 두게 된다. 어떻게 된 것이 就業(취업)을 하면 그만두게 된다.

식신		인수	편재		乾命						용신.수.인성
화	목	수	토								희신.목.비겁
丁	乙	壬	己		68	58	48	38	28	18	8	기신.토.재성
丑	酉	申	亥		乙	丙	丁	戊	己	庚	辛	구신.화.식상
己	辛	庚	壬		丑	寅	卯	**辰**	巳	午	未	한신.금.관성
토	금	금	수								
편재	편관	정관	인수								

살중용인격(殺重用印格)　　월의심천 22일 9시간 26분

乙木日干(을목일간)이 地支(지지)에 通根(통근)하지 못하고 身弱(신약)하다. 四柱(사주)에 强(강)한 것은 金星(금성)인 官星(관성)이다, 官星(관성)이 强(강)하면, 피해보는 것은 比劫(비겁)인데, 구제할 수 있는 五行(오행)으로는 水星(수성)과 火星(화성) 두 五行(오행)이다. 火星(화성)을 用神(용신)을 잡으면, 比劫(비겁)이 身弱(신약)이라, 쓸 수가 없고, 水星(수성)인 印星(인성)에게 부탁하여, 官星(관성)을 泄氣(설기)하고 比劫(비겁)을 相生(상생)하여 保護(보호)해야 된다.

辰土 大運(대운)에 辰土는 戊土이고 正財(정재) 忌神運(기신운)이다. 戊土 正財(정재)는 用神(용신)인 印星(인성)을 攻擊(공격)하고 强(강)한 官星(관성)을 生助(생조)하면 官星(관성)이 더욱 强(강)하게 되어 氣高萬丈(기고만장)하여 官星(관성)쪽으로 문제가 發生(발생)하게 된다.

43세 辛巳年에 巳火가 四柱(사주) 年支(년지) 亥水와 巳亥沖(사해충)하면 亥中甲木(해중갑목)이 中氣(중기)에서 나오게 된다. 甲木이 나와서 무엇을 하는가? 甲己合土局(갑기합토국)하면 戊土이고 正財(정재) 忌神運(기신운)이다. 財星(재성)이 와서 官星(관성)을 生調(생조)하면 官災(관재), 女子

문제가 發生(발생)하게 된다. 女子를 만나 色情(색정)에 빠져 사리판단 못하고 婦人(부인)이 離婚(이혼) 訴訟(소송) 중이다.

비견		상관	식신	坤命							용신.화.식상
목	목	화	화								희신.목.비겁
甲	甲	丁	丙	62	52	42	32	22	12	2	기신.수.인성
戌	戌	酉	午	庚	辛	壬	癸	甲	乙	丙	구신.금.관성
辛	辛	庚	丙	寅	卯	辰	巳	午	未	申	한신.토.재성
금	금	금	화								
정관	정관	편관	식신								

식상제살격(食傷制殺格)　월의심천 4일 8시간 58분

節期(절기)에서 4일 8時間(시간)이라 初氣(초기)에 해당한다.

甲木日干(갑목일간)이 地支(지지)에 通根(통근)하지 못하고 身弱(신약)하다. 四柱(사주)에 强(강)한 것은 金星(금성)인 官星(관성)이다. 官星(관성)이 强(강)하면 피해보는 것은 比劫(비겁)인데, 구제할 수 있는 五行(오행)은 火星(화성)과 水星(수성) 두 五行(오행)이다. 水星(수성)은 四柱(사주)에 없으므로 用神(용신)의 資格(자격)이 未達(미달)이라, 쓸 수가 없고, 火星(화성)인 食傷(식상)에게 부탁하여, 官星(관성)을 攻擊(공격)하고, 比劫(비겁)을 保護(보호)해야 된다.

癸水 大運(대운)에 癸水가 四柱(사주) 月干(월간) 丁火와 丁癸沖(정계충)이다. 癸水 印綬(인수) 忌神(기신)이 丁火 用神(용신)과 沖(충)이면 二姓(이성)이나, 文書(문서)문제가 發生(발생)하게 된다.

36세 辛巳年에 巳火가 四柱(사주) 辛金과 丙辛合水局(병신합수국)하면

壬水이고 偏印(편인) 忌神運(기신운)이다, 丙火와 辛金이 合(합)이라 配偶者(배우자)궁이 흔들리고 食傷(식상)인 用神(용신)을 剋(극)하면 나의 머리를 어지럽게 하게 된다. 男便(남편)이 술집 女人을 만나 色情(색정)에 빠져 있고 姑夫葛藤(고부갈등)이 너무나 힘이 들고 男便(남편)은 바람피우고 最後(최후)의 방법은 離婚(이혼)하려고 한다.

편재		상관	상관				乾命						
화	수	목	목									용신.금.인성	
丁	癸	甲	甲									희신.수.비겁	
巳	巳	戌	辰	70	60	50	40	30	20	10		기신.화.재성	
戊	戊	辛	乙	辛	庚	己	戊	丁	丙	乙		구신.목.식상	
토	토	금	목	巳	辰	卯	寅	丑	子	亥		한신.토.관성	
정관	정관	편인	식신										

살중용인격(殺重用印格)   월의심천 2일 19시간 8분

節期(절기)에서 2日 19時間(시간)이라 初氣(초기)에 해당한다.

癸水日干(계수일간)이 地支(지지)에 通根(통근)하지 못하고 身弱(신약)하다. 四柱(사주)에 强(강)한 것은 土星(토성)인 官星(관성)이다. 官星(관성)이 强(강)하면, 피해보는 것은 比劫(비겁)인데, 구제할 수 있는 五行(오행)은 金星(금성)과 木星(목성) 두 五行(오행)이다. 木星(목성)을 用神(용신)으로 잡으면 比劫(비겁)이 身弱(신약)이라, 쓸 수가 없고, 金星(금성)인 印星(인성)에게 부탁하여, 官星(관성)을 泄氣(설기)하고 比劫(비겁)을 相生(상생)하여 保護(보호)해야 된다.

丑土 大運(대운)에 丑土는 己土이므로 四柱(사주) 甲木과 甲己合土局(갑

기합토국)하면 戊土이고 正官(정관) 閑神運(한신운)이다. 즉 職場(직장)문제가 發生(발생)하게 된다는 뜻이다.

38세 辛巳年에 巳火는 丙火이므로 四柱(사주) 月支(월지) 辛金과 丙辛合水局(병신합수국)하면 壬水이고 劫財(겁재) 喜神運(희신운)이다. 吉(길)하지 않고 凶(흉)이 된다. 辛金 用神(용신)이 合(합)으로 사라지면 官星(관성)은 比劫(비겁)을 攻擊(공격)하게 되어 比劫(비겁)이 다치게 된다. 相生(상생)하는 印星(인성)이 變質(변질)되었기 때문이다. 비디오방을 運營(운영)하는데, 不振(부진)하여 정리하고 식당업을 하려고 한다.

상관		편인	편관				坤命						
목	수	금	토									용신.목.식상	
乙	壬	庚	戊									희신.수.비겁	
巳	子	申	申	62	52	42	32	22	12	2		기신.금.인성	
戊	壬	戊	戊	癸	甲	乙	丙	丁	戊	己		구신.토.관성	
토	수	토	토	丑	寅	卯	辰	巳	午	未		한신.화.재성	
편관	비견	편관	편관										

식상제살격(食傷制殺格)　　월의심천 2일 14시간 3분

節期(절기)에서 2日 14時間(시간)이라 初氣(초기)에 해당한다.

壬水日干(임수일간)이 日支(일지)에 得地(득지)하고 偏印(편인)까지 있어 比劫(비겁)이 적당한 힘을 維持(유지)하고 있다. 四柱(사주)에 强(강)한 것은 土星(토성)인 官星(관성)이다. 官星(관성)이 强(강)하면 피해보는 것은 比劫(비겁)인데, 구제할 수 있는 五行(오행)은 木星(목성)과 金星(금성) 두 五行(오행)이다. 金星(금성)을 用神(용신)으로 잡으면 比劫(비겁)이 身强(신강)되기 때문에 쓸 수가 없고, 木星(목성)인 食傷(식상)에게 부탁하여, 官星(관성)을 攻擊(공격)하고, 比劫(비겁)을 保護(보호)하는 것이 吉(길)하다.

丙火 大運(대운)에 丙火가 四柱(사주) 壬水와 丙壬沖(병임충)이다. 丙火 閑神(한신)과 壬水 喜神(희신)이 沖(충)이라 配偶者(배우자)궁이 흔들리고 配偶者(배우자)에 대한 일이 發生(발생)할 수 있고 職場(직장)문제가 힘들 수 있다. 즉 財星(재성)이 官星(관성)을 相生(상생)하여 官星(관성)이 더욱 强(강)하게 되면 官星(관성)에서 發生(발생)한다.

34세 辛巳年에 辛金이 四柱(사주) 月干(월간) 乙木과 乙辛沖(을신충)이 다. 大運(대운)에서 丙壬沖(병임충) 勢運(세운)에서 乙辛沖(을신충) 用神(용 신) 喜神(희신)이 힘이 喪失(상실)되었고 男便(남편) 事業(사업)도 不振(부 진)하고 되는 것이 없다.

편인		식신	식신								용신.금.식상
화	토	금	금			坤命					희신.수.재성
丙	戊	庚	庚								기신.화.인성
辰	辰	辰	申	68	58	48	38	28	18	8	구신.목.관성
戊	戊	戊	庚	癸	甲	乙	丙	丁	戊	己	한신.토.비겁
토	토	토	금	酉	戌	亥	子	丑	寅	卯	
비견	비견	비견	식신								

식상용식상격(食傷用食傷格)　월의심천 20일 8시간 15분

戊土日干(무토일간)이 月令(월령)에 得令(득령)하고 印星(인성)까지 있어 太旺(태왕)하다. 四柱(사주)에 强(강)한 것은 土星(토성)인 比劫(비겁)이다. 比劫(비겁)이 强(강)하면, 피해보는 것은 財星(재성)인데, 구제할 수 있는 五行(오행)으로는 金星(금성)과 木星(목성) 두 五行(오행)이다. 木星(목성)은 四柱(사주)에 없으므로 用神(용신)의 資格(자격)이 未達(미달)이라 쓸 수가 없고, 金星(금성)인 食傷(식상)에게 부탁하여, 比劫(비겁)을 泄氣(설기)하고, 財星(재성)을 相生(상생)하여 保護(보호)해야 된다.

戊土 大運(대운)에 戊土 比肩(비견) 閑神運(한신운)이다. 四柱(사주)에 比劫(비겁)이 强(강)하게 있는데, 比劫運(비겁운)이 왔다. 女子 四柱(사주)에 比劫(비겁)이 强(강)한데, 比劫運(비겁운)이나, 印星運(인성운)이 오면 男便(남편)과 別居(별거)하거나 死別(사별)하게 된다 比劫(비겁)이 强(강)하면 나의 男便(남편)이 愛人(애인)이 많다는 뜻이다, 無官(무관)은 힘이 더욱 强(강)하여 結婚(결혼)을 늦게 해야 그나마 德(덕)이 있는데? 22세 辛巳年에 巳火는 丙火이므로 偏印(편인) 忌神運(기신운)이다. 男便(남편)이 集(집)에 오지 않고 親舊(친구)들과 女子친구 들과 놀기만 좋아서 지금 와서 結婚(결혼)한 것을 後悔(후회)하고 있다.

정재		편재	상관							용신.목.관성
수	토	수	금			坤命				희신.수.재성
癸	戊	壬	辛							기신.금.식상
亥	戊	辰	卯	64	54	44	34	24	14	4	
壬	戊	戊	乙	己	戊	丁	丙	乙	甲	癸	구신.토.비겁
수	토	토	목	亥	戌	**酉**	申	未	午	巳	한신.화.인성
편재	비견	비견	정관							

재자약살격 (財滋弱殺格)　　　월의심천 22일 22시간 57분

戊土日干(무토일간)이 月令(월령)에 得令(득령)하고 身强(신강)하다. 四

柱(사주)에 强(강)한 것은 比劫(비겁)이다. 比劫(비겁)이 强(강)하면, 피해 보는 것은 財星(재성)인데, 구제할 수 있는 五行(오행)으로는 金星(금성)과 木星(목성) 두 五行(오행)이다. 金星(금성)을 用神(용신)으로 잡기는 무엇인가 不安(불안)하고 木星(목성)인 官星(관성)에게 부탁하여, 比劫(비겁)을 攻擊(공격)하고, 財星(재성)을 保護(보호)하는 것이 最上(최상)이다.

酉金 大運(대운)에 酉金이 辛金이므로 四柱(사주) 年支(년지) 乙木과 乙辛沖(을신충)이다. 辛金 忌神(기신)이 乙木 用神(용신)과 沖(충)하면 乙木이 다치게 된다. 乙木은 나의 男便(남편), 職場(직장)이고, 나의 마음인데 不吉(불길)하다는 뜻이다.

51세 辛巳年에 辛金이 四柱(사주) 年支(년지) 乙木과 乙辛沖(을신충)이다. 大運(대운)에서 乙辛沖(을신충) 勢運(세운)에도 乙辛沖(을신충) 乙木 正官(정관)이 어떻게 無死(무사)하겠는가? 男便(남편)이 술을 먹고 漫醉(만취)상태에서 事故(사고)를 當該(당해)서 記憶(기억)을 하지 못하고 活動(활동)도 못하고 있으니 自動的(자동적)으로 金錢(금전)이 부족하고 集(집)을 賣買(매매)하고 전세로 移徙(이사)를 갈려고 한다.

겁재	겁재	비견		坤命								용신.금.비겁
금	금	금	금									희신.토.인성
庚	辛	庚	辛	63	53	43	33	23	13	3		기신.화.관성
寅	丑	寅	卯	丁	丙	乙	甲	癸	壬	辛		구신.목.재성
甲	己	甲	乙	酉	申	未	午	巳	辰	卯		한신.수.식상
목	토	목	목									
정재	편인	정재	편재									

재다용비격(財多用比格)   월의심천 25일 4시간 17분

辛金日干(신금일간)이 地支(지지)에 通根(통근)하지 못하고 身弱(신약)하다. 四柱(사주)에 强(강)한 것은 木星(목성)인 財星(재성)이다. 財星(재성)이 强(강)하면, 피해보는 것은 印星(인성)인데, 구재할 수 있는 五行(오행)으로는 火星(화성)과 金星(금성) 두 五行(오행)이다. 火星(화성)은 四柱(사주)에 없으므로 用神(용신)의 資格(자격)이 未達(미달)이라, 쓸 수가 없고, 比劫(비겁)에게 부탁하여, 財星(재성)을 攻擊(공격)하고, 印星(인성)을 保護(보호)해야 된다.

未土 大運(대운)에 未土가 四柱(사주) 日支(일지) 丑土와 丑未沖(축미충)하면 丑中辛金(축중신금)이 中氣(중기)에서 나오게 된다. 辛金이 나와서 무엇을 하는가? 四柱(사주) 年支(년지) 乙木(을목)과 乙辛沖(을신충)이다. 辛金 用神(용신)이 와서 强(강)한 財星(재성)을 沖(충)하면 比劫(비겁)이 自己(자기)할 役割(역할)을 다하게 된다.

51세 辛巳年에 巳火는 丙火이므로 四柱(사주) 辛金과 丙辛合水局(병신합수국)하면 壬水이고 傷官(상관) 閑神運(한신운)이다. 大運(대운)에서 乙辛沖(을신충)한 것을 勢運(세운)에서 合(합)하면 發生(발생)하게 된다. 丙火는 官星(관성) 職場(직장), 男子이고, 辛金는 身體(신체)이고, 同氣(동기)인데 合(합)을 하여 食傷(식상)이면 무엇인가 새로운 것, 始作(시작)이라는 뜻이다. 親舊(친구)소개로 男子를 만나서 정이 들어 戀人(연인)사이가 되었고, 再婚(재혼)을 하려고 하는데 或是(혹시) 앞전과 같은 일이 또 올까 봐 두려워한다.

인수		정재	인수								용신.수.비겁
금	수	화	금				乾命				희신.금.인성
辛	壬	丁	辛								희신.목.식상
亥	子	酉	亥	66	56	46	36	26	16	6	기신.토.관성
壬	癸	辛	壬	庚	辛	壬	癸	甲	乙	丙	구신.화.재성
수	수	금	수	寅	卯	辰	巳	午	未	申	
비견	겁재	인수	비견								

종왕격(從旺格)　　　월의심천 16일 6시간 0분

　　壬水日柱(임수일주)가 日支(일지)에 得地(득지)하고 印綬(인수)까지 있어 太旺(태왕)하다. 四柱(사주)에 强(강)한 것은 水星(수성)인 比劫(비겁)이다. 比劫(비겁)이 强(강)하면, 피해보는 것은 財星(재성)인데, 구제할 수 있는 五行(오행)은 土星(토성)과 木星(목성) 두 五行(오행)이다. 四柱(사주)에 두 五行(오행)이 없고 水星(수성)을 剋(극)하는 土星(토성)이 없기 때문에 일반 四柱(사주)와 달리 强者(강자)의 勢力(세력)에 大勢(대세)를 따라가야 吉(길)하게 된다.

　　午火 大運(대운)에 午火는 丁火이므로 四柱(사주) 壬水와 丁壬木局(정임목국)하면 甲木이고 食神(식신) 喜神運(희신운)이다. 食傷(식상)이 喜神(희신)이면, 무엇인가 始作(시작)이고 出發(출발)한다는 뜻이다. 즉 丁火 財

物(재물)과 比劫(비겁) 나와 合(합)하여 食傷(식상)이라 財物(재물)이나, 女子가 들어온다는 뜻이다,

31세 辛巳年에 巳火가 四柱(사주) 年支(년지) 亥水와 巳亥沖(사해충)하면 亥中甲木(해중갑목)이 中氣(중기)에서 나오게 된다. 甲木(갑목)이 나와서 무엇을 하는가? 變化(변화)지 않고 甲木 食神(식신) 喜神運(희신운)이다. 大運(대운)도 食神(식신) 勢運(세운)도 食神(식신) 喜神運(희신운)이다. 안경점을 始作(시작)하려고 準備(준비) 중이다.

상관		편인	겁재			坤命					
목	수	금	수								용신.금.인성
乙	壬	庚	癸								희신.토.관성
巳	辰	申	卯	68	58	48	38	28	18	8	기신.화.재성
庚	乙	壬	甲	丁	丙	乙	甲	癸	壬	辛	구신.목.식상
금	목	수	목	卯	寅	丑	子	亥	戌	酉	한신.수.비겁
편인	상관	비견	식신								

식상용인격(食傷用印格)　월의심천 8일 19시간 5분

節期(절기)에서 8日 19時間(시간)이라 卯, 辰은 初氣(초기)이고 申, 巳는 中氣(중기)에 해당한다.

壬水日干(임수일간)이 月令(월령)에 得地(득지)하고 印星(인성)까지 있어 身强(신강)하다. 四柱(사주)에 强(강)한 것은 木星(목성)인 食傷(식상)이다. 食傷(식상)이 强(강)하면, 피해보는 것은 官星(관성)인데, 구제할 수 있는 五行(오행)은 金星(금성)과 火星(화성) 두 五行(오행)이다. 火星(화성)은 四柱(사주)에 없으므로 用神(용신)의 資格(자격)이 未達(미달)이라, 쓸 수가

없고, 金星(금성)인 印星(인성)에게 부탁하여, 食傷(식상)을 攻擊(공격)하고, 官星(관성)을 保護(보호)해야 된다.

甲木 大運(대운)에 甲木이 四柱(사주) 庚金과 甲庚沖(갑경충)이다. 甲木 仇神(구신)이 와서 庚金 用神(용신)을 沖(충)이면 印星(인성)에서 문제가 發生(발생)하게 된다. 文書(문서)나 二姓(이성)문제이다.

39세 辛巳年에 巳火는 丙火이므로 四柱(사주) 壬水와 丙壬沖(병임충)이다. 丙火 忌神(기신)이 와서 壬水 閑神(한신)과 沖(충)이면 金錢(금전)문제로 나의 肉身(육신)이 힘들게 된다는 뜻이다. 男便(남편)이 自營業(자영업)을 하고 있는데, 사고로 다쳐 營業(영업)을 못하는 바람에 代身(대신)하고 있는데 몸이 滿身瘡痍(만신창이)라 抛棄(포기)하려고 한다.

겁재		편관	정재								坤命
화	화	수	금								용신.목.인성
丁	丙	壬	辛								희신.화.비겁
酉	子	辰	丑	68	58	48	38	28	18	8	기신.금.재성
庚	壬	乙	癸	己	戊	丁	丙	乙	甲	癸	구신.토.식상
금	수	목	수	亥	戌	酉	申	未	午	巳	한신.수.관성
편재	편관	인수	정관								

살중용인격 (殺重用印格)   월의심천 8일 8시간 48분

節期(절기)에서 8日 8時間(시간)이라 初氣(초기)에 해당한다.

丙火日干(병화일간)이 地支(지지)에 通根(통근)하지 못하고 身弱(신약)하다. 四柱(사주)에 强(강)한 것은 水星(수성)인 官星(관성)이다. 官星(관성)이 强(강)하면, 피해보는 것은 比劫(비겁)인데, 구제할 수 있는 五行(오행)은

木星(목성)과 土星(토성) 두 五行(오행)이다. 土星(토성)은 四柱(사주)에 없으므로 用神(용신)의 資格(자격)이 未達(미달)이라, 쓸 수가 없고, 木星(목성)인 印星(인성)에게 부탁하여, 官星(관성)을 泄氣(설기)하고, 比劫(비겁)을 相生(상생)하여 保護(보호)해야 된다.

丙火 大運(대운)에 丙火가 四柱(사주) 年干(년간) 辛金과 丙辛合水局(병신합수국)하면 壬水이고 偏官(편관) 閑神運(한신운)이다. 丙火는 나의 親舊(친구)이고, 辛金(신금) 財物(재물)이 合(합)하여 官星(관성)이면 親舊(친구) 때문에 財物(재물), 官災(관재)가 發生(발생)한다는 뜻이다.

41세 辛巳年에 巳火는 丙火이므로 四柱(사주) 年干(년간) 辛金과 丙辛合水局(병신합수국)하면 壬水이고 偏官(편관) 閑神運(한신운)이다. 官星(관성)이 夥多(과다)하면, 官星(관성)에서 문제가 發生(발생)한다. 親舊(친구)와 男便(남편)이 外桃(외도)문제로 離婚(이혼)하고 慰藉料(위자료)받은 돈으로 集(집) 마련하고 再婚(재혼)하지 않고 조용히 혼자 살려고 한다.

정관		편인	편관								용신.목.인성
수	화	목	수			乾命					희신.화.비겁
壬	丁	乙	癸	67	57	47	37	27	17	7	기신.금.재성
寅	卯	卯	卯	戊	己	庚	辛	壬	癸	甲	구신.토.식상
甲	乙	乙	乙	申	酉	戌	亥	子	丑	寅	한신.수.관성
목	목	목	목								
인수	편인	편인	편인								

화격 (化格)

월의심천 18일 12시간 13분

丁火日干(정화일간)이 時干(시간) 壬水와 丁壬木局(정임목국)하고, 月

支(월지)가 木月이고 剋(극)하는 金星(금성)이 四柱(사주)에 없기 때문에 化格(화격)이다.

化格(화격)은 四柱(사주)속에 干合(간합)이 표시하는 五行(오행)에 해당하는 干支(간지)가 많을수록 吉(길)한데, 만일 이것이 부족할 때는 이를 生(생)하는 運(운)이 吉(길)하고,, 반면 太過(태과)할 때는 이를 漏出(누출)시키는 運(운)이 吉(길)하다. 가령 丁壬木局(정임목국)의 化格(화격)에 있어서 四柱(사주)속에 木이 부족할 때는 木 運(운)이나 木을 生(생)하는 水 運(운)이 吉(길)하고, 반대로 四柱(사주)전체가 木으로 되어 木이 過多(과다)할 때는 이 木기를 漏泄(누설)시키는 火 運(운)이 吉(길)하다. 그리고 木기와 相剋(상극)되는 金 運(운)이나 土 運(운)은 不吉(불길)하다.

辛金 大運(대운)에 辛金이 四柱(사주) 乙木 用神(용신)과 乙辛沖(을신충)이다. 辛金은 偏財(편재)이므로, 財物(재물), 女子, 문제가 發生(발생)한다는 뜻이다.

39세 辛巳年에 辛金이 또, 乙辛沖(을신충)이다. 우연히 女人을 만나 戀人(연인)사이가 되었는데 大運(대운)도 沖(충) 勢運(세운)도 沖(충)이라, 사리판단 못하고 꼬리가 婦人(부인)이 알고 離婚(이혼)하자고 한다.

편인		편인	정재				乾命				용신.목.인성
목	화	목	금								희신.수.관성
乙	丁	乙	庚	66	56	46	36	26	16	6	기신.금.재성
巳	未	酉	戌	壬	辛	庚	己	戊	丁	丙	구신.토.식상
丙	己	辛	戊	辰	卯	寅	丑	子	亥	戌	한신.화.비겁
화	토	금	토								
겁재	식신	편재	상관								

식상용인격(食傷用印格)　월의심천 15일 23시간 52분

丁火日干(정화일간)이 地支(지지)에 通根(통근)하고 印星(인성)까지 있어 比劫(비겁)이 적당한 힘을 維持(유지)하고 있다. 四柱(사주)에 强(강)한 것은 土星(토성)인 食傷(식상)이다. 食傷(식상)이 强(강)하면, 피해보는 것은 官星(관성)인데, 구제할 수 있는 五行(오행)은 木星(목성)과 金星(금성) 두 五行(오행)이다. 金星(금성)을 用神(용신)으로 잡으면, 比劫(비겁)이 身弱(신약)되기 때문에 쓸 수가 없고, 木星(목성)인 印星(인성)에게 부탁하여, 食傷(식상)을 攻擊(공격)하고, 官星(관성)을 保護(보호)하는 것이 吉(길)하다.

子水 大運(대운)에 子水는 癸水이므로 四柱(사주) 年支(년지) 戊土와 戊癸火局(무계화국)하면 丙火이고 劫財(겁재) 閑神運(한신운)이다. 比劫(비겁)이 食傷(식상)을 生助(생조)하면, 食傷(식상)은 官星(관성)을 攻擊(공격)하기 때문에 직장이나, 시험문제, 등이 不吉(불길)하고 生角(생각)대로 되지 않는다.

32세 辛巳年에 辛金이 四柱(사주) 乙木 用神(용신)과 乙辛沖(을신충)이다. 7~8年동안 시험에서 失敗(실패)하고 無官(무관)이라 官(관)쪽으로

運(운)이 없는데 만일 運(운)에서 合格(합격)한다 해도 官運(관운)이 지나면 그만두게 된다. 이것을 平生受驗生(평생수험생)이라 칭한다.

	편관		인수	편관		乾命							
	수	화	목	수									용신.목.인성
	癸	丁	甲	癸									희신.화.비겁
	卯	丑	寅	丑	63	53	43	33	23	13	3		기신.금.재성
	甲	癸	戊	癸	丁	戊	己	庚	辛	壬	癸		구신.토.식상
	목	수	토	수	未	申	酉	戌	亥	子	丑		한신.수.관성
	인수	편관	상관	편관									

살중용인격(殺重用印格) 월의심천 5일 22시간 26분

節期(절기)에서 5일 22時間(시간)이라 初氣(초기)에 해당한다.

丁火日干(정화일간)이 地支(지지)에 通根(통근)하지 못하고 身弱(신약)하다. 四柱(사주)에 强(강)한 것은 官星(관성)이다. 官星(관성)이 强(강)하면, 피해보는 것은 比劫(비겁)인데, 구재할 수 있는 五行(오행)은 木星(목성)과 土星(토성) 두 五行(오행)이다. 土星(토성)을 用神(용신)으로 잡으면 比劫(비겁)이 身弱(신약)이라, 쓸 수가 없고, 木星(목성)인 印星(인성)에게 부탁하여, 官星(관성)을 泄氣(설기)하고, 比劫(비겁)을 相生(상생)하여 保護(보호)해야 된다.

亥水 大運(대운)에 亥水는 壬水이므로 四柱(사주) 日干(일간) 丁火와 丁壬木局(정임목국)하면 甲木이고 印綬(인수) 用神運(용신운)이다. 壬水는 職場(직장)이고 나와 合(합)하여, 印星(인성)이면 職場(직장)에 變化(변화)이고, 文書(문서)나, 二姓(이성)문제가 吉(길)하다는 뜻이다.

29세 辛巳年에 巳火는 丙火 劫財(겁재) 喜神運(희신운)이다. 大運(대운)에서 用神運(용신운) 勢運(세운)에서 喜神運(희신운)이다. 丙火는 女子이고, 同氣(동기)이므로 職業軍人(직업군인)인데, 退職(퇴직)하고 事業(사업)하려고 한다. 愛人(애인)이 軍(군)보다는 事業(사업)이 좋다 해서 官星(관성)이 强(강)한데 官(관)쪽으로 가면 훗날에 後悔(후회)하게 된다.

편인		편인	상관								용신.금.재성
목	화	목	토				乾命				희신.수.관성
甲	丙	甲	己								기신.화.비겁
午	戌	戌	酉	71	61	51	41	31	21	11	구신.목.인성
丁	戊	戊	辛	丁	戊	己	庚	辛	壬	癸	한신.토.상관
화	토	토	금	卯	辰	巳	午	未	申	酉	
겁재	식신	식신	정재								

제살태과격(制殺太過格) 월의심천 29일 16시간 13분

丙火日干(병화일간)이 地支(지지)에 通根(통근)하고 印星(인성)까지 있어 比劫(비겁)이 적당한 힘을 維持(유지)하고 있다. 四柱(사주)에 强(강)한 것은 土星(토성)인 食傷(식상)이다. 食傷(식상)이 强(강)하면, 피해보는 것은 官星(관성)인데, 구제할 수 있는 五行(오행)은 木星(목성)과 金星(금성) 두 五行(오행)이다. 木星(목성)을 用神(용신)으로 잡으면, 比劫(비겁)이 身强(신강)되기 때문에, 쓸 수가 없고, 金星(금성)인 財星(재성)에게 부탁해서, 食傷(식상)을 泄氣(설기)하고, 官星(관성)을 相生(상생)하여 保護(보호)해야 된다.

辛金 大運(대운)에 辛金이 四柱(사주) 日干(일간) 丙火와 丙辛合水局(병

신합수국)하면 壬水이고 偏官(편관) 喜神運(희신운)이다.

33세 辛巳年에 巳火는 丙火이므로 四柱(사주) 年支(년지) 辛金과 丙辛合水局(병신합수국)이다. 丙火 親舊(친구)가 와서 나의 辛金 財物(재물)인 用神(용신)이 合(합)하여 官星(관성) 喜神(희신)으로 變質(변질)되었는데 用神(용신)인 辛金이 사라지면 食傷(식상)이 가만히 있겠는가? 官星(관성)을 攻擊(공격)하면 官星(관성)이 다치게 된다 親舊(친구)만 믿고 투자 했다가 많은 財物(재물)을 損害(손해)보았다. 用神(용신)이 사라지면 喜神(희신)이라 할지라도 食傷(식상)이 官星(관성)을 攻擊(공격)하기 때문에 문제가 發生(발생)한다.

상관		편인	편인				坤命				용신.목.식상
목	수	금	금								희신.수.비겁
甲	癸	辛	辛	65	55	45	35	25	15	5	기신.금.인성
寅	丑	丑	亥	戊	丁	丙	乙	甲	癸	壬	구신.토.관성
甲	己	己	壬	申	未	午	巳	辰	卯	寅	한신.화.재성
목	토	토	수								
상관	편관	편관	겁재								

식상제살격(食傷制殺格)　월의심천 16일 13시간 48분

癸水日柱(계수일주)가 地支(지지)에 通根(통근)하고 印星(인성)까지 있어 比劫(비겁)이 적당한 힘을 維持(유지)하고 있다. 四柱(사주)에 強(강)한 것은 官星(관성)이다. 官星(관성)이 強(강)하면, 피해보는 것은 比劫(비겁)인데, 구제할 수 있는 五行(오행)으로는 木星(목성)과 金星(금성) 두 五行(오행)이다. 金星(금성)을 用神(용신)으로 잡으면 比劫(비겁)이 身強(신강)되기 때문에 쓸 수가 없고, 木星(목성)인 食傷(식상)에게 부탁하여, 官星(관성)을 攻擊(공격)하고, 比劫(비겁)을 保護(보호)하는 것이 吉(길)하다.

辰土 大運(대운)에 辰土는 戊土이므로 四柱(사주) 日干(일간) 癸水와 戊癸火局(무계화국)하면 丙火이고 正財(정재) 閑神運(한신운)이다. 財星(재성)이 와서 官星(관성)을 相生(상생)하면 强(강)한 官星(관성)이 夥多(과다)하게 되므로 官星(관성)에서 일이 發生(발생)하게 된다. 즉 職場(직장)이나, 男子쪽으로 문제가 생긴다.

31세 辛巳年에 巳火은 四柱(사주) 年支(년지) 亥水와 巳亥沖(사해충)하면 亥中甲木(해중갑목)이 中氣(중기)에서 나오게 된다. 甲木이 나와서 무엇을 하는가? 四柱(사주) 己土와 甲己合土(합기합토)하면 戊土 正官(정관) 仇神運(구신운)이다. 男子를 만나고 있는데 結婚(결혼)하려고 한다.

비견		편재	정재				乾命					
수	수	화	화									용신.금.인성
癸	癸	丁	丙									희신.수.비겁
亥	丑	酉	戌	62	52	42	32	22	12	2		진용신.목.식상
壬	己	辛	戊	甲	癸	壬	辛	庚	己	戊		기신.화.재성
수	토	금	토	辰	卯	寅	丑	子	亥	戌		구신.토.관성
겁재	편관	편인	정관									

살중용인격(殺重用印格)　월의심천 28일 7시간 3분

癸水日干(계수일간)이 地支(지지)에 通根(통근)하고 印星(인성)까지 있어 身强(신강)하다. 四柱(사주)에 强(강)한 것은 土星(토성)인 官星(관성)이다. 官星(관성)이 强(강)하면, 피해보는 것은 比劫(비겁)인데, 구제할 수 있는

五行(오행)은 金星(금성)과 木星(목성) 두 五行(오행)이다. 四柱(사주)에 木星(목성)은 없기 때문에 用神(용신)은 잡을 수가 없고, 眞用神(진용신)으로 잡을 수 있다. 印星(인성)이 官星(관성)을 泄氣(설기)하고, 比劫(비겁)을 相生(상생)하여 保護(보호)해야 되는데 比劫(비겁)이 身强(신강)되기 때문에 不安(불안)하다. 즉, 食傷運(식상운)이 吉(길)하고, 印星運(인성운)은 不吉(불길)하다. 印星(인성)이 用神(용신)인데, 왜 不吉(불길)한가 四柱(사주)에 없는 五行(오행)은 用神(용신)으로 쓸 수가 없고 印星(인성)은 四柱(사주)구조상 어쩔 수 없어 用神(용신)으로 사용 했다는 점이다.

癸水 大運(대운)에 癸水가 四柱(사주) 年支(년지) 戊土와 戊癸火局(무계화국)하면 丙火이고 正財(정재) 忌神運(기신운)이다. 癸水는 男子이고 親舊(친구)이다. 戊土는 職場(직장)이고, 合(합)하여 正財(정재)이면 즉 親舊(친구), 職場(직장), 財物(재물)문제가 發生(발생)한다는 뜻이다.

56세 辛巳年에 巳火가 四柱(사주)에 丑, 酉과 巳酉丑金局(사유축금국)하면 辛金 偏印(편인) 用神運(용신운)이다. 印星(인성)이 너무나 强(강)한데 比劫(비겁)을 相生(상생)하면 比劫(비겁)에서 發生(발생)하고, 比劫(비겁)은 親舊(친구)이고, 財物(재물)을 剋(극)하게 되고 印星(인성)이 **夥多(과다)**하므로 文書(문서)문제가 發生(발생)한다. 會社勤務(회사근무)하는데, 돈을 會社(회사)에 投資(투자)하고 무엇인가 不安(불안)하고 지금은 이상 없는데, 나의 運勢(운세)가 어떻게 될까? 다가오는 卯木 大運(대운)에 卯木은 乙木이므로 四柱(사주) 月支(월지) 辛金과 乙辛沖(을신충)이라 乙木이 다치게 되는데, 不吉(불길)하다.

상관		인수	상관								용신.화.식상
화	목	수	화			乾命					희신.토.재성
丁	甲	癸	丁								기신.수.인성
卯	戌	卯	未	63	53	43	33	23	13	3	구신.금.관성
甲	辛	甲	丁	丙	丁	戊	己	庚	辛	壬	한신.목.비겁
목	금	목	화	申	酉	戌	亥	子	丑	寅	
비견	정관	비견	상관								

식상생재격(食傷生財格)　　월의심천 4일 14시간 48분

節期(절기)에서 4日 14時間(시간)이라 初氣(초기)에 해당한다.

甲木日柱(갑목일주)가 月令(월령)에 得令(득령)하고 印星(인성)까지 있어 身强(신강)하다. 四柱(사주)에 强(강)한 것은 木星(목성)인 比劫(비겁)이다. 比劫(비겁)이 强(강)하면, 피해보는 것은 財星(재성)인데. 구제할 수 있는 五行(오행)은 火星(화성)과 金星(금성) 두 五行(오행)이다. 金星(금성)을 用神(용신)으로 잡기는 무엇인가 不安(불안)하고 火星(화성)인 食傷(식상)에게 부탁하여, 比劫(비겁)을 泄氣(설기)하고, 財星(재성)을 相生(상생)하여 保護(보호)해야 된다.

己土 大運(대운)에 己土가 四柱(사주) 甲木과 甲己合土局(갑기합토국)하면 戊土이고 偏財(편재) 喜神運(희신운)이다. 四柱(사주)에 없는 財星運(재성운)이 오면 事業(사업)이나, 財物(재물)이 吉(길)해 진다는 뜻이다.

35세 辛巳年에 巳火는 丙火이므로 四柱(사주) 日支(일지) 辛金과 丙辛合水局(병신합수국)하면 壬水 偏印(편인) 忌神運(기신운)이다. 自營業(자영업)을 하려고 準備(준비) 중이다. 大運(대운)에서 合(합)으로 比劫(비겁)이 弱(약)하게 된 상태이므로 勢運(세운)에서 印星運(인성운)이 와도 그리 凶(흉)하게는 되지 않는다.

정재		겁재	비견			乾命					용신.목.비겁
토	목	목	목								희신.수.인성
戊	乙	甲	乙	63	53	43	33	23	13	3	기신.금.관성
寅	卯	申	酉	丁	戊	己	庚	辛	壬	癸	구신.토.재성
戊	甲	戊	庚	丑	寅	卯	辰	巳	午	未	한신.화.식상
토	목	토	금								
정재	겁재	정재	정관								

재다용비격(財多用比格) 월의심천 5일 21시간 25분

節期(절기)에서 5日 21時間(시간)이라 初氣(초기)에 해당한다.

乙木日干(을목일간)이 日支(일지)에 得地(득지)하고 比劫(비겁)이 적당한 힘을 維持(유지)하고 있다. 四柱(사주)에 强(강)한 것은 土星(토성)인 財星(재성)이다, 財星(재성)이 强(강)하면, 피해보는 것은 印星(인성)인데, 구제할 수 있는 五行(오행)은 金星(금성)과 木星(목성) 두 五行(오행)이다. 金星(금성)을 用神(용신)으로 잡으면, 比劫(비겁)이 身弱(신약)되기 때문에 쓸 수가 없고, 比劫(비겁)이 財星(재성)을 攻擊(공격)하고 印星(인성)을 保護(보호)해야 된다.

戊土 大運(대운)에 戊土는 正財(정재)이므로 仇神運(구신운)이다. 財物(재물), 職場(직장), 女子문제가 發生(발생)하게 된다.

57세 辛巳年에 巳火는 丙火이므로 傷官(상관) 閑神運(한신운)이다. 食傷(식상)이 比劫(비겁)을 泄氣(설기)하고 財星(재성)을 相生(상생)하면 財星(재성)이 氣高萬丈(기고만장)하고 比劫(비겁)이 힘이 부족하여 끌러가는 현상이 된다. 親舊(친구)와 同業(동업)하고 있는데, 不實(부실)하고 戀人(연인)을 만나서 놀다 보니 職場(직장)은 더욱 어려워지고 女子를 만나지 않았다면 財物(재물)이 힘들지 않았는데 이제 와서 後悔(후회)하고 있다.

정관		겁재	편인					乾命					
금	목	목	수										용신.금.관성
庚	乙	甲	癸										희신.토.재성
辰	卯	寅	巳	71	61	51	41	31	21	11			기신.화.식상
戊	乙	甲	丙	丁	戊	己	庚	辛	壬	癸			구신.목.비겁
토	목	목	화	未	申	酉	戌	亥	子	丑			한신.수.인성
정재	비견	겁재	상관										

재자약살격(財滋弱殺格)   월의심천 28일 20시간 44분

乙木日柱(을목일주)가 月令(월령)에 得令(득령)하고 印星(인성)까지 있어 太旺(태왕)하다. 四柱(사주)에 强(강)한 것은 比劫(비겁)이다. 比劫(비겁)이 强(강)하면, 피해보는 것은 財星(재성)인데, 구제할 수 있는 五行(오행)은 金星(금성)과 火星(화성) 두 五行(오행)이다. 火星(화성)을 用神(용신)으로 사용하면, 무엇인가 不安(불안)해서 쓸 수가 없고, 金星(금성)인 官星(관성)에게 부탁하여, 比劫(비겁)을 攻擊(공격)하고, 財星(재성)을 保護(보호)해야 된다.

戊土 大運(대운)에 戊土가 四柱(사주) 時支(시지) 辰土와 辰戌沖(진술충)하면 辰中癸水(진중계수)가 中氣(중기)에서 나오게 된다. 癸水가 나와서 무엇을 하는가 偏印(편인) 閑神運(한신운)이다. 沖(충)으로 戊土 正財(정재)가 사라지므로 食傷(식상)이 官星(관성)을 攻擊(공격)하게 된다, 즉 金錢(금전), 職場(직장), 婦人(부인), 문제가 發生(발생)한다는 뜻이다.

49세 辛巳年에 巳火는 丙火 傷官(상관) 忌神運(기신운)이다. 大運(대운)에서 辰戌沖(진술충)하면서 財星(재성)이 사라지고, 勢運(세운)에서 丙火 傷官(상관)이 官星(관성)을 攻擊(공격)하게 되므로 職場(직장)을 그만두고 婦人(부인)은 健康(건강)이 좋지 않고, 婦人(부인) 健康(건강) 때문에 어쩔 수 없이 別居(별거) 중이다.

식신		편관	편재		坤命							용신.화.식상
화	목	금	토									희신.목.비겁
丙	甲	庚	戊									기신.수.인성
寅	申	申	戊	70	60	50	40	30	20	10		구신.금.관성
甲	庚	庚	戊	癸	甲	乙	丙	丁	戊	己		한신.토.재성
목	금	금	토	丑	寅	卯	辰	巳	午	未		
비견	편관	편관	편재									

식상제살격(食傷制殺格)　월의심천 26일 17시간 13분

　甲木日干(갑목일간)이 地支(지지)에 通根(통근)하고 印星(인성)이 없어 身弱(신약)하다. 四柱(사주)에 强(강)한 것은 官星(관성)인 金星(금성)이다. 官星(관성)이 强(강)하면, 피해보는 것은 比劫(비겁)인데, 구제할 수 있는 五行(오행)으로는 火星(화성)과 水星(수성) 두 五行(오행)이다. 水星(수성)은 四柱(사주)에 없으므로, 用神(용신)의 資格(자격)이 未達(미달)이라, 쓸 수가 없고, 火星(화성)에게 부탁하여, 官星(관성)을 攻擊(공격)하고, 比劫(비겁)을 保護(보호)해야 된다.

　丙火 大運(대운)에 丙火 食神(식신) 用神運(용신운)이다. 새로운 것 始作(시작)이라는 뜻이다.

　44세 辛巳年에 辛金이 四柱(사주) 時干(시간) 丙火와 丙辛合水局(병신합수국)하면 壬水이고 偏印(편인) 忌神運(기신운)이다. 辛金은 男子이고, 丙火 用神(용신)과 合(합)하여 水局(수국)으로 變質(변질)된다면 사리판단 못하게 되고 官星(관성)이 氣高萬丈(기고만장)하여 官星(관성)쪽으로 문제가 發生(발생)하게 된다. 男子를 소개로 만나서 戀人(연인)사이가 되었는데 多情多感(다정다감)하고 美男(미남)이라 男便(남편)과는 離婚(이혼)하고 싶은데, 幾回(기회)만 보고 있다.

30세 丁火 大運(대운)부터 지금까지는 運勢(운세)가 吉(길)했는데 大運(대운)의 흐름이 繼續(계속)잘 올까?

정관		겁재	편인								용신.목.비겁
금	목	목	수				乾命				희신.수.인성
辛	甲	乙	壬	71	61	51	41	31	21	11	기신.금.관성
未	辰	巳	寅	壬	辛	庚	己	戊	丁	丙	구신.토.재성
丁	乙	戊	戊	子	亥	戌	酉	申	未	午	한신.화.식상
화	목	토	토								
상관	겁재	편재	편재								

재다용비격(財多用比格) 월의심천 0일 5시간 20분

節期(절기)에서 0日 5時間(시간)이라 初氣(초기)에 해당한다.

甲木日干(갑목일간)이 日支(일지)에 得地(득지)하고 印星(인성)까지 있어 比劫(비겁)이 적당한 힘을 維持(유지)하고 있다. 四柱(사주)에 强(강)한 것은 財星(재성)이다. 財星(재성)이 强(강)하면, 피해보는 것은 印星(인성)인데, 구제할 수 있는 五行(오행)은 木星(목성)과 金星(금성) 두 五行(오행)이다. 金星(금성)을 用神(용신)으로 잡으면 比劫(비겁)이 身弱(신약)되기 때문에 쓸 수가 없고, 木星(목성)인 比劫(비겁)이 財星(재성)을 攻擊(공격)하고, 印星(인성)을 保護(보호)해야 된다.

申金 大運(대운)에 申金은 庚金이므로 四柱(사주) 乙木과 乙庚金局(을경금국)하면 庚金이고 偏官(편관) 忌神運(기신운)이다. 比劫(비겁)은 弱(약)하게 되면서 官星(관성)이 强(강)하게 되므로 官星(관성)에서 문제가 發生(발생)한다. 職場(직장)과 配偶者(배우자)궁이 흔들리고 있다는 점이다.

40세 辛巳年에 辛金이 四柱(사주) 乙木 用神(용신)과 乙辛沖(을신충)이다. 大運(대운)에서 乙庚金局(을경금국)한 것을 勢運(세운)에서 乙辛沖(을신충)하면 合(합)이 깨지면서 發生(발생)하게 된다. 事業(사업)하고 있는데, 말썽만 있고 口舌數(구설수)만 따르고 婦人(부인)은 가만히 있는데, 男子가 따라다니면서 힘들게 하고 있다.

편관		정재	인수				乾命				용신.목.관성
목	토	수	화								희신.수.재성
甲	戊	癸	丁	65	55	45	35	25	15	5	기신.금.식상
寅	子	丑	未	丙	丁	戊	己	庚	辛	壬	구신.토.비겁
丙	癸	己	己	午	未	申	酉	戌	亥	子	한신.화.인성
화	수	토	토								
편인	정재	겁재	겁재								

재자약살격 (財滋弱殺格) 월의심천 12일 13시간 4분

節期(절기)에서 12日 13時間(시간)이라 寅木은 中氣(중기)에 해당한다.

戊土日柱(무토일주)가 月令(월령)에 得令(득령)하고 印星(인성)까지 있어 太旺(태왕)하다. 四柱(사주)에 强(강)한 것은 比劫(비겁)이다. 比劫(비겁)이 强(강)하면, 피해보는 것은 財星(재성)인데, 구제할 수 있는 五行(오행)은 木星(목성)과 金星(금성) 두 五行(오행)이다. 金星(금성)은 四柱(사주)에 없으므로 用神(용신)의 資格(자격)이 未達(미달)이라 쓸 수가 없고, 木星(목성)인 官星(관성)에게 부탁하여, 比劫(비겁)을 攻擊(공격)하고, 財星(재성)을 保護(보호)해야 된다.

己土 大運(대운)에 己土가 四柱(사주) 時干(시간) 甲木과 甲己合土局(갑기합토국)하면 戊土이고 比肩(비견) 仇神運(구신운)이다. 甲木 用神(용신)이 사라지고 比劫(비겁)은 氣高萬丈(기고만장)하고 사리판단 못하게 된다, 즉 親舊(친구), 官災(관재)문제가 생긴다.

35세 辛巳年에 巳火는 丙火이므로 偏印(편인) 閑神運(한신운)이다. 大運(대운)에서 合(합)으로 比劫(비겁)이 强(강)한데, 勢運(세운)에서 印星運(인성운)이라 比劫(비겁)이 더욱 强(강)해지고 親舊(친구)와 술 먹고 운전하다가 交通事故(교통사고)를 내고 뺑소니 暴力(폭력)까지 휘두른다.

편관		상관	정관								
수	화	토	수				坤命				용신.목.인성
壬	丙	己	癸								희신.수.관성
辰	寅	未	卯	67	57	47	37	27	17	7	기신.금.재성
戊	甲	己	乙	丙	乙	甲	癸	壬	辛	庚	구신.토.식상
토	목	토	목	寅	丑	子	亥	戌	酉	申	한신.화.비겁
식신	편인	상관	인수								

식상용인격(食傷用印格)　　월의심천 14일 2시간 52분

丙火日干(병화일간)이 地支(지지)에 通根(통근)하지 못하고 身弱(신약)하다. 四柱(사주)에 强(강)한 것은 土星(토성)인 食傷(식상)이다. 食傷(식상)이 强(강)하면 피해보는 것은 官星(관성)인데, 구제할 수 있는 五行(오행)은 木星(목성)과 金星(금성) 두 오행(오행)이다. 金星(금성)은 四柱(사주)에 없으므로 用神(용신)의 資格(자격)이 未達(미달)이라, 쓸 수가 없고, 木星(목성)인 印星(인성)에게 부탁하여, 食傷(식상)을 攻擊(공격)하고, 官星(관성)을 保護(보호)해야 된다.

癸水 大運(대운)에 癸水가 四柱(사주) 時支(시지) 戊土와 戊癸火局(무계화국)하면 丙火이고 比肩(비견) 閑神運(한신운)이다.

38세 庚辰年에 辰土는 戊土이므로 四柱(사주) 年干(년간) 癸水와 戊癸火局(무계화국)하면 丙火이고 比肩(비견) 閑神運(한신운)이다. 癸水 正官(정관)이 合(합)으로 사라지면 男便(남편)을 뺏긴다는 뜻이다. 男便(남편)과 離婚(이혼)하고 아이 養育(양육)권은 本人(본인)이 책임지게 된다.

39세 辛巳年에 辛金이 四柱(사주) 日干(일간) 丙火와 丙辛合水局(병신합수국)하면 壬水이고 偏官(편관) 喜神運(희신운)이다. 辛金과 丙火 나와 合(합)하여 水局(수국)이면 男子이다. 총각을 만나고 있는데, 結婚(결혼)하려고 하는데 얘가 있어 걱정이다. 離婚(이혼)한 大運(대운)에 얼마나 吉(길)할까?

편재		겁재	식신			坤命					용신.화.비겁
금	화	화	토								희신.목.인성
庚	丙	丁	戊	65	55	45	35	25	15	5	기신.수.관성
寅	申	巳	戌	庚	辛	壬	癸	甲	乙	丙	구신.금.재성
丙	壬	庚	戊	戌	亥	子	**丑**	寅	卯	辰	한신.토.식상
화	수	금	토								
비견	편관	편재	식신								

재다용비격(財多用比格)　월의심천 12일 17시간 41분

節期(절기)에서 12日 17時間(시간)이라 寅, 申, 巳는 中氣(중기)에 해당한다.

丙火日干(병화일간)이 地支(지지)에 通根(통근)하고 比劫(비겁)이 적당한 힘을 維持(유지)하고 있다. 四柱(사주)에 强(강)한 것은 財星(재성)이다. 財星(재성)이 强(강)하면, 피해보는 것은 印星(인성)인데, 구제할 수 있는 五行(오행)은 火星(화성)과 水星(수성) 두 五行(오행)이다. 水星(수성)을 用神(용신)으로 잡으면 比劫(비겁)이 身弱(신약)되기 때문에 쓸 수가 없고, 火星(화성)인 比劫(비겁)이 財星(재성)을 攻擊(공격)하고, 印星(인성)을 保護(보호)하는 것이 吉(길)하다.

丑土 大運(대운)에 丑土는 己土이므로 傷官(상관) 閑神運(한신운)이다. 食傷(식상)은 새로운 것 始作(시작)이라는 뜻이다, 食傷(식상)와서 財星(재성)을 相生(상생)하면 財星(재성)이 强(강)하게 되므로 金錢(금전)및 職場(직장)문제가 發生(발생)한다.

44세 辛巳年에 辛金이 四柱(사주) 丙火와 丙辛合水局(병신합수국)하면 壬水이고 偏官(편관) 忌神運(기신운)이다. 比劫(비겁)이 弱(약)하게 되고 官

星(관성)이 强(강)하게 되면 職場(직장) 문제이다, 꽃가게 運營(운영)하는
데, 不實(부실)하여, 타 業種(업종)으로 始作(시작)하려고 한다.

편관		식신	정재				乾命				용신.토.식상
수	화	토	금								희신.화.비겁
癸	丁	己	庚								기신.목.인성
卯	未	丑	子	68	58	48	38	28	18	8	구신.수.관성
甲	丁	癸	壬	丙	乙	甲	癸	壬	辛	庚	한신.금.재성
목	화	수	수	申	未	午	巳	辰	卯	寅	
인수	비견	편관	정관								

식상제살격(食傷制殺格)　월의심천 8일 7시간 47분

　節期(절기)에서 8日 7時間(시간)이라 初氣(초기)에 해당한다.

　丁火日柱(정화일주)가 日支(일지)에 得地(득지)하고 印星(인성)까지 있어
比劫(비겁)이 적당한 힘을 維持(유지)하고 있다. 四柱(사주)에 强(강)한 것
은 水星(수성)인 官星(관성)이다. 官星(관성)이 强(강)하면, 피해보는 것
은 比劫(비겁)인데, 구제할 수 있는 五行(오행)은 木星(목성)과 土星(토
성) 두 五行(오행)이다. 木星(목성)을 用神(용신)으로 잡으면, 比劫(비겁)이
身强(신강)되기 때문에 쓸 수가 없고, 土星(토성)인 食傷(식상)에게 부탁
하여, 官星(관성)을 攻擊(공격)하고, 比劫(비겁)을 保護(보호)하는 것이
吉(길)하다.

　癸水 大運(대운)에 癸水가 四柱(사주) 丁火와 丁癸沖(정계충)이다. 仇
神(구신)이 와서 喜神(희신)과 沖(충)이라 職場(직장)문제나 健康(건강), 親
舊(친구)문제가 發生(발생)하게 된다.

42세 辛巳年에 辛金은 偏財(편재) 閑神運(한신운)이다. 財星(재성)이 官星(관성)을 相生(상생)하면 官星(관성)이 强(강)하게 되므로 官星(관성)이 氣高萬丈(기고만장)하여, 官星(관성)에서 일이 發生(발생)한다. 親舊(친구)와 自動車附屬品(자동차부속품)을 同業(동업)하고 있는데, 事業(사업)이 不振(부진)하고 親舊(친구)와 사이가 좋지 못하고, 정리를 해야 할지 아니면 계속 해야 되는지 判斷(판단)을 못하고 있다.

상관		겁재	편인								용신.수.인성
화	목	목	수				乾命				희신.금.관성
丁	甲	乙	壬	68	58	48	38	28	18	8	기신.토.재성
卯	寅	巳	寅	壬	辛	庚	己	戊	丁	丙	구신.화.식상
甲	丙	庚	丙	子	亥	戌	酉	申	未	午	한신.목.비겁
목	화	금	화								
비견	식신	편관	식신								

식상용인격 (食傷用印格) 월의심천 9일 21시간 20분

節期(절기)에서 9日 21時間(시간)이라 寅, 巳, 寅은 中氣(중기)에 해당하고 卯는 初氣(초기)에 해당한다.

甲木日干(갑목일간)이 地支(지지)에 通根(통근)하고 印星(인성)까지 있어 比劫(비겁)이 적당한 힘을 維持(유지)하고 있다. 四柱(사주)에 强(강)한 것은 火星(화성)인 食傷(식상)이다. 食傷(식상)이 强(강)하면, 피해보는 것은 官星(관성)인데, 구제할 수 있는 五行(오행)은 水星(수성)과 土星(토성) 두 五行(오행)이다. 土星(토성)은 四柱(사주)에 없으므로, 用神(용신)의 資格(자격)이 未達(미달)이라, 쓸 수가 없고, 水星(수성)인 印星(인성)에게 부

탁하여, 食傷(식상)을 攻擊(공격)하고, 官星(관성)을 保護(보호)하는 것이
吉(길)하다.

　己土 大運(대운)에 己土가 四柱(사주) 甲木과 甲己合土局(갑기합토국)하
면 戊土이고 偏財(편재) 忌神運(기신운)이다. 四柱(사주)에 없는 財星(재
성)이 合(합)하여 財星(재성)이면 내가 묶인 상태이고 陷穽(함정)인데 女子
문제나, 財物(재물)문제가 發生(발생)한다.

　40세 辛巳年에 巳火는 丙火(병화)이므로 四柱(사주) 壬水와 丙壬沖(병
임충)이다. 丙壬沖(병임충)하면 用神(용신)인 壬水가 다치게 된다. 大運(대
운)에서 財星(재성)이 와서 印星(인성)을 攻擊(공격)하기 때문에 힘이 부족
인데 勢運(세운)에서 用神(용신)인 印星(인성)을 沖(충)하고 오면 사리판단
못하고 陷穽(함정)에 빠지게 된다. 愛人(애인)이 同業(동업)하자고 하는데
어떻게 해야 할지 判斷(판단)을 못하고 있다.

편인		인수	인수								坤命						
목	화	목	목										용신.목.인성				
甲	丙	乙	乙		67	57	47	37	27	17	7		희신.수.관성			
午	戌	酉	未		壬	辛	**庚**	己	戊	丁	丙		기신.금.재성			
己	戊	辛	己		辰	卯	寅	丑	子	亥	戌		구신.토.식상			
토	토	금	토										한신.화.비겁			
상관	식신	정재	상관													

관인상생격 (官印相生格)　　월의심천 13일 16시간 58분

節期(절기)에서 13日 16時間(시간)이라 午火는 中氣(중기)에 해당한다.

丙火日干(병화일간)이 地支(지지)에 通根(통근)하지 못하고 身弱(신약)하

다. 四柱(사주)에 强(강)한 것은 土星(토성)인 食傷(식상)이다. 食傷(식상)이 强(강)하면, 피해보는 것은 官星(관성)인데, 구제할 수 있는 五行(오행)은 木星(목성)과 金星(금성) 두 五行(오행)이다. 金星(금성)을 用神(용신)으로 잡으면 比劫(비겁)이 身弱(신약)이라, 쓸 수가 없고, 木星(목성)인 印星(인성)에게 부탁하여, 食傷(식상)을 攻擊(공격)하고, 官星(관성)을 保護(보호)하는 것이 吉(길)하다.

庚金 大運(대운)에 庚金이 四柱(사주) 乙木과 乙庚金局(을경금국)하면 庚金이고 偏財(편재) 忌神運(기신운)이다. 財星(재성)은 印星(인성)을 攻擊(공격)하므로, 印星(인성)에 대한 일이 發生(발생)한다.

47세 辛巳年에 辛金이 四柱(사주) 乙木과 乙辛沖(을신충)이다. 大運(대운)에서 乙庚金局(을경금국)한 것을 勢運(세운)에서 沖(충)하면 發生(발생)한다. 事業(사업)을 始作(시작)하려고 準備(준비) 중인데 나의 運勢(운세)가 陷穽(함정)이다. 피할 수 있다는 것은, 나의 福(복)이다.

편재		편인	식신								용신.토.재성
토	목	수	화				乾命				희신.화.식상
戊	甲	壬	丙								기신.목.비겁
辰	辰	辰	辰	65	55	45	35	25	15	5	구신.수.인성
戊	戊	戊	戊	己	戊	丁	丙	乙	甲	癸	한신.금.관성
토	토	토	토	亥	戌	酉	申	未	午	巳	
편재	편재	편재	편재								

종재격(從財格)

월의심천 17일 7시간 44분

甲木日干(갑목일간)이 地支(지지)에 通根(통근)하지 못하고 身弱(신약)하다. 四柱(사주)에 强(강)한 것은 土星(토성)인 財星(재성)이다. 財星(재성)이 强(강)하면, 피해보는 것은 印星(인성)인데, 구제할 수 있는 五行(오행)은 木星(목성)과 金星(금성) 두 五行(오행)이다. 四柱(사주)에 두 五行(오행)이 없으므로, 일반 四柱(사주)와 달리 强者(강자)의 勢力(세력)에 大勢(대세)를 따라가야 吉(길)하게 된다.

乙木 大運(대운)에 乙木 劫財(겁재) 忌神運(기신운)이다. 從財格(종재격)은 比劫運(비겁운)을 가장 두려워한다. 食傷(식상)이 四柱(사주)에 있으면 比劫(비겁)을 두려워하지 않고 그것은 食傷(식상)이 比劫(비겁)을 泄氣(설기)하고 財星(재성)을 相生(상생)하기 때문이다.

26세 辛巳年에 辛金이 四柱(사주) 年干(년간) 丙火와 丙辛合水局(병신합수국)하면 壬水이고 偏印(편인) 仇神運(구신운)이다. 大運(대운)에서 比劫(비겁) 忌神運(기신운)이고 勢運(세운)에서 合(합)으로 食傷(식상)이 사라지고 印星(인성) 仇神運(구신운)이라 事業(사업)이 不振(부진)하여 最惡(최악)에 도달하고 말았다. 25세 庚辰年에 親舊(친구)와 自營業(자영업)을 同業(동업)했는데 丙火 食神(식신)이 變質(변질)만 되지 않았다면 最惡(최악)은 되지 않았을 것이다.

인수		식신	식신				坤命					
금	수	목	목									용신.목.식상
辛	壬	甲	甲									희신.수.비겁
亥	子	戌	午	66	56	46	36	26	16	6		기신.금.인성
壬	癸	戊	己	丁	戊	己	庚	辛	壬	癸		구신.토.관성
수	수	토	토	卯	辰	巳	午	未	申	酉		한신.화.재성
비견	겁재	편관	정관									

식상제살격(食傷制殺格)　　월의심천 14일 17시간 33분

節期(절기)에서 14日 17時間(시간)이라 午火는 中氣(중기) 己土에 해당한다.

壬水日干(임수일간)이 地支(지지)에 得地(득지)하고 印星(인성)까지 있어 身强(신강)하다. 四柱(사주)에 强(강)한 것은 官星(관성)이다. 官星(관성)이 强(강)하면, 피해보는 것은 比劫(비겁)인데, 구제할 수 있는 五行(오행)은 金星(금성)과 木星(목성)두 五行(오행)이다. 金星(금성)을 用神(용신)으로 잡으면 比劫(비겁)이 身强(신강)되기 때문에 쓸 수가 없고, 木星(목성)인 食傷(식상)에게 부탁하여, 比劫(비겁)을 泄氣(설기)하고 官星(관성)을 攻擊(공격)해야 싸움을 中斷(중단)시킬 수 있다.

己土 大運(대운)에 己土가 四柱(사주) 甲木과 甲己合土局(갑기합토국)하면 戊土이고 偏官(편관) 仇神運(구신운)이다. 甲木 用神(용신)이 合(합)하여 官星(관성)으로 變質(변질)되면 職場(직장)문제나, 男子문제가 發生(발생)한다.

48세 辛巳年에 巳火가 四柱(사주) 時支(시지) 亥水와 巳亥沖(사해충)하면 亥中甲木(해중갑목)이 中氣(중기)에서 나오게 된다. 甲木이 나와서 무엇을 하는가 甲己合土局(갑기합토국)하면 戊土 偏官(편관) 仇神運(구신운)이다. 自營業(자영업)을 하고 있는데 지금 最惡(최악)이고 부도 직전에 있다.

인수		겁재	정재				坤命					
목	화	화	금								용신.목.인성
甲	丁	丙	庚	69	59	49	39	29	19	9	희신.수.관성
辰	亥	戌	戌	己	庚	辛	壬	癸	甲	乙	기신.금.재성
戊	壬	戊	戊	卯	辰	巳	午	未	申	酉	구신.토.식상
토	수	토	토								한신.화.비겁
상관	정관	상관	상관								

관인상생격(官印相生格) 월의심천 25일 6시간 28분

丁火日干(정화일간)이 地支(지지)에 通根(통근)하지 못하고 身弱(신약)하다. 四柱(사주)에 强(강)한 것은 土星(토성)인 食傷(식상)이다. 食傷(식상)이 强(강)하면 피해보는 것은 官星(관성)인데, 구제할 수 있는 五行(오행)은 木星(목성)과 金星(금성) 두 五行(오행)이다. 金星(금성)을 用神(용신)으로 잡으면 比劫(비겁)이 身弱(신약)이라, 쓸 수가 없고, 木星(목성)인 印星(인성)에게 부탁하여, 食傷(식상)을 攻擊(공격)하고, 官星(관성)을 保護(보호)하는 것이 吉(길)하다.

癸水 大運(대운)에 癸水가 四柱(사주) 戊土와 戊癸火局(무계화국)하면 丙火이고 劫財(겁재) 閑神運(한신운)이다. 比劫(비겁)은 食傷(식상)을 相生(상생)하므로 무엇인가 始作(시작)한다는 뜻이고 食傷(식상)은 官星(관성)을 攻擊(공격)하기 때문에 官星(관성)에 대한 일이 發生(발생)한다. 職場(직장)이나 官災(관재), 男子·문제이다.

32세 辛巳年에 巳火가 四柱(사주) 日支(일지) 亥水와 巳亥沖(사해충)하면 亥中甲木(해중갑목)이 中氣(중기)에서 나오게 된다. 甲木이 나와서 무엇을 하는가? 甲庚沖(갑경충)이다. 甲木은 윗사람 도움으로 치킨 점을 開業(개업)했는데 現狀維持(현상유지)가 되지 않고 잘못 始作(시작)한 것 같다.

겁재		비견	식신										
토	토	토	금				坤命					용신.금.식상	
戊	己	己	辛									희신.수.재성	
辰	巳	亥	丑	63	53	43	33	23	13	3		기신.화.인성	
戊	丙	壬	己	丙	乙	甲	癸	壬	辛	庚		구신.목.관성	
토	화	수	토	午	巳	辰	卯	寅	丑	子		한신.토.비겁	
겁재	인수	정재	비견										

식상생재격(食傷生財格)　　월의심천 24일 7시간 44분

己土日柱(기토일주)가 地支(지지)에 通根(통근)하고 印星(인성)까지 있어 太旺(태왕)하다. 四柱(사주)에 强(강)한 것은 比劫(비겁)이다. 比劫(비겁)이 强(강)하면, 피해보는 것은 財星(재성)인데, 구제할 수 있는 五行(오행)은 木星(목성)과 金星(금성) 두 五行(오행)이다. 木星(목성)은 四柱(사주)에 없으므로, 用神(용신)의 資格(자격)이 未達(미달)이라, 쓸 수가 없고, 金星(금성)인 食傷(식상)에게 부탁하여, 比劫(비겁)을 泄氣(설기)하고, 財星(재성)을 保護(보호)하는 것이 吉(길)하다.

卯木 大運(대운)에 卯木은 乙木이므로 四柱(사주) 年干(년간) 辛金과 乙辛沖(을신충)이다. 用神(용신)인 辛金과 乙木이 싸우는 사이 比劫(비겁)은 財星(재성)을 攻擊(공격)하게 된다. 즉財物(재물) 때문에 神經(신경)을 쓰

게 된다는 뜻이다.

41세 辛巳年에 巳火가 四柱(사주) 月支(월지) 亥水와 巳亥沖(사해충)하면 亥中甲木(해중갑목)이 中氣(중기)에서 나오게 된다. 甲木이 나와서 무엇을 하는가? 甲己合土局(갑기합토국)하면 戊土이고 劫財(겁재) 閑神運(한신운)이다. 比劫(비겁)이 强(강)하게 있는데, 比劫(비겁)이 오면 財星(재성)을 攻擊(공격)하므로 財星(재성)이 다치게 된다. 用神(용신)과 喜神(희신)이 自己役割(자기역할)을 못하게 된다. 自營業(자영업)을 하고 있는데, 너무나 不振(부진)하고 方法(방법)이 없다.

편관		정관	편인				坤命				용신.목.인성
수	화	수	목								희신.수.관성
癸	丁	壬	乙	66	56	46	36	26	16	6	기신.금.재성
卯	未	午	巳	己	戊	丁	丙	乙	甲	癸	구신.토.식상
乙	己	己	丙	丑	子	亥	戌	酉	申	未	한신.화.비겁
목	토	토	화								
편인	식신	식신	겁재								

식상용인격(食傷用印格) 월의심천 15일 23시간 28분

節期(절기)에서 15日 23時間(시간)이라 午火는 中氣(중기) 己土에 해당한다.

丁火日干(정화일간)이 地支(지지)에 通根(통근)하고 印星(인성)까지 있어 比劫(비겁)이 적당한 힘을 維持(유지)하고 있다. 四柱(사주)에 强(강)한 것은 土星(토성)인 食傷(식상)이다. 食傷(식상)이 强(강)하면, 피해보는 것은 官星(관성)인데, 구제할 수 있는 五行(오행)은 木星(목성)과 金星(금성)

두 五行(오행)이다. 金星(금성)은 四柱(사주)에 없으므로 用神(용신)의 資格(자격)이 未達(미달)이라, 쓸 수가 없고, 木星(목성)인 印星(인성)에게 부탁하여, 食傷(식상)을 攻擊(공격)하고, 官星(관성)을 保護(보호)해야 된다.

丙火 大運(대운)에 丙火가 四柱(사주) 月干(월간) 壬水와 丙壬沖(병임충)이다. 壬水 正官(정관) 喜神(희신)이 다치게 된다 官災(관재)나, 職場(직장), 男子문제가 發生(발생)한다는 뜻이다.

37세 辛巳年에 巳火는 丙火이므로 四柱(사주) 月干(월간) 壬水와 丙壬沖(병임충)이다. 大運(대운)에서 丙壬沖(병임충) 勢運(세운)에도 沖(충)이라 男子친구 한데 돈 빌려준 것이 아무래도 이상하고 두 달만 쓰고 준다는 것이 주지안고 있어 法(법)적으로 할까? 아니면, 나의 運(운)으로 받을 수 있을까?

겁재		비견	식신								용신.목.비겁
목	목	목	화			乾命					희신.수.인성
乙	甲	甲	丙								
丑	戌	午	申	61	51	41	31	21	11	1	기신.금.관성
己	戊	丁	庚	辛	庚	己	戊	丁	丙	乙	구신.토.재성
토	토	화	금	丑	子	亥	戌	酉	申	未	한신.화.식상
정재	편재	상관	편관								

재다용비격 (財多用比格)　　월의심천 29일 22시간 54분

甲木日干(갑목일간)이 地支(지지)에 通根(통근)하지 못하고 身弱(신약)하다. 四柱(사주)에 强(강)한 것은 土星(토성)인 財星(재성)이다. 財星(재성)이 强(강)하면 피해보는 것은 印星(인성)인데, 구제할 수 있는 五行(오행)은

木星(목성)과 金星(금성) 두 五行(오행)이다. 金星(금성)을 用神(용신)으로 잡으면, 比劫(비겁)이 身弱(신약)이라, 쓸 수가 없고, 木星(목성)인 比劫(비겁)이 財星(재성)을 攻擊(공격)하고, 印星(인성)을 保護(보호)하는 것이 吉(길)하다.

亥水 大運(대운)에 亥水는 壬水이므로 四柱(사주) 月支(월지) 丁火와 丁壬木局(정임목국)하면 甲木이고 比肩(비견) 用神運(용신운)이다. 擴張(확장), 新規(신규), 親舊(친구), 財物(재물), 兄弟(형제),등이 吉(길)하게 된다.

46세 辛巳年에 辛金이 四柱(사주) 年干(년간) 丙火와 丙辛合水局(병신합수국)하면 壬水이고 偏印(편인) 喜神運(희신운)이다. 大運(대운)에서 用神運(용신운)이고 勢運(세운)에서 喜神運(희신운)이라 職場生活(직장생활)하다가 退職(퇴직)하고, 兄弟(형제)들과 同業(동업)으로 레스토랑이나, 식당업을 할까 하고 或是(혹시)나 잘못될까 봐, 兄弟(형제)들과 마음이나 상하지 않을까 걱정되어 確認(확인)하려고 했지만, 大運(대운), 勢運(세운)이 大吉(대길)이라 이상이 있겠는가?

비견		겁재	비견				坤命					
수	수	수	수									용신.토.관성
壬	壬	癸	壬									희신.화.재성
寅	子	丑	寅	62	52	42	32	22	12	2		기신.목.식상
戊	壬	癸	戊	丙	丁	戊	己	庚	辛	壬		구신.수.비겁
토	수	수	토	午	未	申	**酉**	戌	亥	子		한신.금.인성
편관	비견	겁재	편관									

재자약살격(財滋弱殺格)   월의심천 2일 18시간 4분

節期(절기)에서 2日 18時間(시간)이라 初氣(초기)에 해당한다.

壬水日柱(임수일주)가 月令(월령)에 得令(득령)하고 身强(신강)하다. 四柱(사주)에 强(강)한 것은 比劫(비겁)이다. 比劫(비겁)이 强(강)하면, 피해 보는 것은 財星(재성)인데, 구제할 수 있는 五行(오행)으로는 土星(토성)과 木星(목성) 두 五行(오행)이다. 四柱(사주)에 木星(목성)이 없으므로 用神(용신)의 資格(자격)이 未達(미달)이라, 쓸 수가 없고, 土星(토성)인 官星(관성)에게 부탁하여, 比劫(비겁)을 攻擊(공격)하고, 財星(재성)을 保護(보호)해야 된다.

酉金 大運(대운)에 酉金은 辛金 印綬(인수) 閑神運(한신운)이다. 印星(인성)이 官星(관성)을 泄氣(설기)하고, 比劫(비겁)을 生助(생조)하면 比劫(비겁)에 대한 일이 發生(발생)한다. 職場(직장), 財物(재물), 親舊(친구), 同氣(동기), 등이 不吉(불길)하게 된다.

40세 辛巳年에 辛金 印綬(인수) 閑神運(한신운)이다. 大運(대운)에서 印綬運(인수운) 勢運(세운)에서 印綬(인수) 閑神運(한신운)이라 比劫(비겁)을 相生(상생)하면 比劫(비겁)이 氣高萬丈(기고만장)하게 되어 比劫(비겁)에서

發生(발생)한다. 親舊(친구)가 就業(취업)해준다고 해서 갔는데 나 자신도 모르게 다단계 事業(사업)에 빠지고 말았다.

비견		겁재	상관			坤命					용신.화.비겁
화	화	화	토								희신.목.인성
丙	丙	丁	己	69	59	49	39	29	19	9	기신.수.관성
申	戌	卯	酉	甲	癸	壬	辛	**庚**	己	戊	구신.금.재성
戊	辛	甲	庚	戌	酉	申	未	午	巳	辰	한신.토.식상
토	금	목	금								
식신	정재	편인	편재								

재다용비격(財多用比格) 월의심천 6일 13시간 19분

節期(절기)에서 6日 13時間(시간)이라 初氣(초기)에 해당한다.

丙火日干(병화일간)이 地支(지지)에 通根(통근)하지 못하고 身弱(신약)하다. 四柱(사주)에 强(강)한 것은 金星(금성)인 財星(재성)이다. 財星(재성)이 强(강)하면, 피해보는 것은 印星(인성)인데, 구제할 수 있는 五行(오행)은 水星(수성)과 火星(화성) 두 五行(오행)이다. 水星(수성)은 四柱(사주)에 없으므로, 用神(용신)의 資格(자격)이 未達(미달)이라, 쓸 수가 없고, 比劫(비겁)이 財星(재성)을 攻擊(공격)하고, 印星(인성)을 保護(보호)해야 된다.

庚金 大運(대운)에 庚金이 四柱(사주) 月支(월지) 甲木과 甲庚沖(갑경충)이다. 甲木 偏印(편인) 喜神(희신)이 다치게 된다. 甲木이 다치면 文書(문서), 健康(건강), 男子, 문제가 發生(발생)하게 된다.

33세 辛巳年에 巳火는 丙火이므로 四柱(사주) 日支(일지) 辛金과 丙辛合水局(병신합수국)하면 壬水이고 偏官(편관) 忌神運(기신운)이다. 丙火는 親

舊(친구)이고, 辛金는 財物(재물)이 合(합)하여 水局(수국)하여 官(관)이면 財物(재물)이나, 職場(직장), 문제가 發生(발생)하게 되는데 29세부터 지금까지 되는 일이 없고, 남자친구와도 잘못되고 親舊(친구)가 同業(동업)하자고 하는데 나의 運勢(운세)는 陷穽(함정)이다.

				坤命							
편인		정관	정재								용신.목.재성
토	금	화	목								희신.수.식상
己	辛	丙	甲	64	54	44	34	24	14	4	기신.금.비겁
亥	卯	子	寅	己	庚	辛	壬	癸	甲	乙	구신.토.인성
甲	甲	壬	丙	巳	午	未	申	酉	戌	亥	한신.화.관성
목	목	수	화								
정재	정재	상관	정관								

종재격(從財格)　　　　월의심천 9일 1시간 25분

節期(절기)에서 9日 1時間(시간)이라 寅, 亥는 中氣(중기)이고 子, 卯는 初氣(초기)에 해당한다.

辛金日干(신금일간)이 地支(지지)에 通根(통근)하지 못하고 身弱(신약)하다. 四柱(사주)에 强(강)한 것은 木星(목성)인 財星(재성)이다. 財星(재성)이 너무 强(강)하면 財星(재성)을 剋(극)하는 比劫(비겁)이 있어야 되는데 없으므로, 일반 四柱(사주)와 달리 强者(강자)의 勢力(세력)에 大勢(대세)를 따라가야 吉(길)하게 된다.

癸水 大運(대운)에 癸水 食神(식신) 喜神運(희신운)이다. 食傷(식상)이 喜神(희신)이면 새로운 것 始作(시작)이고 무엇인가 움직인 다는 뜻이다.

28세 辛巳年에 巳火는 丙火이므로 四柱(사주) 日干(일간) 辛金과 丙辛

合水局(병신합수국)하면 壬水이고 傷官(상관) 喜神運(희신운)이다. 丙火는
職場(직장)이고 辛金는 나의 同氣(동기)이고, 肉身(육신)이 合(합)하여 食
傷(식상)이면 무엇인가 始作(시작)이다. 大運(대운)에서 食神(식신) 喜神
運(희신운)이고 勢運(세운)에서 合(합)하여 傷官(상관) 喜神運(희신운)이
라 大吉(대길)하다 언니와 同業(동업)으로 11月 12月중에 食堂開業(식당개
업)하려고 準備(준비) 중에 있다.

편재		정관	겁재				坤命				용신.수.식상
목	금	화	금								희신.목.재성
甲	庚	丁	辛	70	60	50	40	30	20	10	기신.토.인성
申	子	酉	亥	甲	癸	壬	辛	庚	己	戊	구신.화.관성
戊	壬	庚	戊	辰	卯	寅	丑	子	亥	戌	한신.금.비겁
토	수	금	토								
편인	식신	비견	편인								

식상생재격(食傷生財格)　　월의심천 4일 0시간 0분

節期(절기)에서 4日 0時間(시간)이라 初氣(초기)에 해당한다.

庚金日柱(경금일주)가 月令(월령)에 得令(득령)하고 偏印(편인)까지
强(강)하게 있어 太旺(태왕)하다. 比劫(비겁)이 强(강)하면, 피해보는 것은
財星(재성)인데, 구제할 수 있는 五行(오행)으로는 火星(화성)과 水星(수
성) 두 五行(오행)이다. 火星(화성)을 用神(용신)으로 잡으면 强(강)한 印
星(인성)을 相生(상생)하기 때문에 쓸 수가 없고, 水星(수성)인 食傷(식
상)에게 부탁하여, 比劫(비겁)을 泄氣(설기)하고, 財星(재성)을 相生(상
생)하여 保護(보호)하는 것이 吉(길)하다.

庚金 大運(대운)에 庚金이 四柱(사주) 時干(시간) 甲木과 甲庚沖(갑경충)이다. 比劫(비겁) 閑神(한신)과 財星(재성) 喜神(희신)과 沖(충)하면 財星(재성)이 다치게 된다. 즉 財物(재물)문제가 發生(발생)한다는 뜻이다.

31세 辛巳年에 辛金 劫財(겁재)가 와서 財星(재성)을 攻擊(공격)하게 된다. 大運(대운)에서 沖(충)으로 財星(재성)이 힘을 못 쓰고 있는데 勢運(세운)에서 劫財(겁재)가 와서 財星(재성)을 剋(극)하면 財星(재성)이 다치게 된다. 男便(남편)이 會社(회사)를 議論(의론)도 없이 그만두고 事業(사업)을 같이 하자고 한다. 男便(남편)과 마음도 맞지 않는데 不吉(불길)하고 지금은 職場生活(직장생활)이 吉(길)하다.

비견		편관	편인				坤命							
수	수	토	금									용신.금.인성
壬	壬	戊	庚									희신.토.관성
寅	辰	寅	子	71	61	51	41	31	21	11		기신.화.재성
甲	戊	甲	癸	辛	壬	癸	甲	乙	丙	丁		구신.목.식상
목	토	목	수	未	申	酉	戌	亥	子	丑		한신.수.비겁
식신	편관	식신	겁재									

식상용인격(食傷用印格)　월의심천 29일 0시간 7분

壬水日柱(임수일주)가 地支(지지)에 通根(통근)하고 印星(인성)까지 있어 적당한 힘을 維持(유지)하고 있다. 四柱(사주)에 强(강)한 것은 木星(목성)인 食傷(식상)이다. 食傷(식상)이 强(강)하면, 피해보는 것은 官星(관성)인데, 구제할 수 있는 五行(오행)으로는 金星(금성)과 火星(화성) 두 五行(오행)이다. 火星(화성)은 四柱(사주)에 없으므로 用神(용신)의 資格(자격)이 未達(미달)이라, 쓸 수가 없고, 金星(금성)인 印星(인성)에게 부탁하여, 食傷(식상)을 攻擊(공격)하고, 官星(관성)을 保護(보호)해야 된다.

甲木 大運(대운)에 甲木이 四柱(사주) 年干(년간) 庚金과 甲庚沖(갑경충)이다. 甲木 食神(식신) 仇神(구신)이 庚金 用神(용신)과 沖(충)이라 庚金 用神(용신)이 다치게 된다. 庚金은 文書(문서)이고, 나의 마음이고, 머리인데, 沖(충)을 하면 올바른 생각 못하게 되고 즉 망치로 머리를 맞으면 精神(정신)없이 行動(행동)하는 것과 같다.

42세 辛巳年에 巳火는 丙火이므로 四柱(사주) 壬水와 丙壬沖(병임충)이다. 丙火는 偏財(편재)이고 忌神(기신)이다. 大運(대운)에서 仇神運(구신운) 勢運(세운)에서 忌神運(기신운)이다. 美容室(미용실)을 運營(운영)하는데, 너무 싫증나서 그만두고 旅館業(여관업)을 하려고 準備(준비) 중이다.

정재		인수	비견		坤命						용신.토.비겁
수	토	화	토								희신.화.인성
壬	己	丙	己	64	54	44	34	24	14	4	기신.목.관성
申	亥	子	卯	癸	壬	辛	庚	己	戊	丁	구신.수.재성
庚	壬	癸	乙	未	午	巳	辰	卯	寅	丑	한신.금.식상
금	수	수	목								
상관	정재	편재	편관								

재다용비격(財多用比格)   월의심천 20일 7시간 13분

己土日干(기토일간)이 地支(지지)에 通根(통근)하지 못하고 身弱(신약)하다. 四柱(사주)에 强(강)한 것은 水星(수성)인 財星(재성)이다, 財星(재성)이 强(강)하면, 피해보는 것은 印星(인성)인데, 구제할 수 있는 五行(오행)은

土星(토성)과 木星(목성) 두 五行(오행)이다. 木星(목성)을 用神(용신)으로 잡으면 比劫(비겁)이 身弱(신약)이라 쓸 수가 없고, 比劫(비겁)이 財星(재성)을 攻擊(공격)하고 印星(인성)을 保護(보호)해야 된다.

午火 大運(대운)에 午火는 丁火이므로 四柱(사주) 壬水와 丁壬木局(정임목국)하면 甲木이고 正官(정관) 忌神運(기신운)이다.

63세 辛巳年에 辛金이 四柱(사주) 月干(월간) 丙火와 丙辛合水局(병신합수국)하면 壬水이고 正財(정재) 仇神運(구신운)이다. 丙火 喜神(희신)이 사라지게 된다. 比劫(비겁)을 保護(보호)하는 丙火가 할 일을 못하면 官星(관성)이 比劫(비겁)을 攻擊(공격)하게 된다. 즉 健康(건강)이 나빠 일을 못하고 壬水 大運(대운)에 丙壬沖(병임충)하여 아저씨가 健康(건강) 마비가 와서 누워있고 10年 동안 金錢(금전)으로 苦生(고생) 너무나 많이 하고 大運(대운)에서 甲木 忌神運(기신운)이고 勢運(세운)에서 喜神(희신)이 사라지고 用神(용신) 喜神(희신)이 힘이 喪失(상실)되어 攻擊(공격)만 당하고 있다.

식신		식신	정관		乾命							용신.금.재성
토	화	토	수									희신.토.식상
己	丁	己	壬	63	53	43	33	23	13	3		기신.화.비겁
酉	酉	酉	申	丙	乙	甲	癸	壬	辛	庚		구신.목.인성
辛	辛	辛	庚	辰	卯	寅	丑	子	亥	戌		한신.수.관성
금	금	금	금									
편재	편재	편재	정재									

종재격(從財格)

월의심천 25일 12시간 27분

丁火日干(정화일간)이 地支(지지)에 通根(통근)하지 못하고 身弱(신약)하다. 四柱(사주)에 强(강)한 것은 財星(재성)이다. 財星(재성)이 强(강)하면, 尅(극)하는 比劫(비겁)이 있어야 되는데 없으므로 일반 四柱(사주)와 달리 强者(강자)의 勢力(세력)에 大勢(대세)를 따라가야 된다.

辰土 大運(대운)에 辰土는 戊土이므로 傷官(상관) 喜神運(희신운)이다 지난 丙火 大運(대운)에 丙火가 四柱(사주) 辛金과 丙辛合水局(병신합수국)하면 壬水이고 正官(정관) 閑神運(한신운)인데 官星(관성)이 比劫(비겁)을 攻擊(공격)하므로 比劫(비겁)이 다치게 되었고 四柱(사주)에 木星(목성)인 印星(인성)이 없으므로 머리가 약하다, 平生公職(평생공직)으로 勤務(근무)하다가 退職(퇴직)하고, 丙火(대운)에 64세 乙亥年에 亥水는 壬水이므로 四柱(사주) 日干(일간) 丁火와 丁壬木局(정임목국)하면 甲木이고 印綬(인수) 仇神運(구신운)에 侵害(침해)가 와서 본 精神(정신)을 잃고 말았다,

70세 辛巳年에 巳火는 丙火이므로 四柱(사주) 辛金과 丙辛合水局(병신합수국)하면 壬水이고 正官(정관) 閑神運(한신운)이다. 婦人(부인)이 지금까지 뒷바라지 했는데 지금은 婦人(부인)마저 健康(건강)에 문제가 있어 男便(남편)을 간호 할 수 없을 정도로 健康(건강)이 弱(약)하게 되었다.

인수		비견	비견				坤命					용신.화.인성
화	토	토	토									희신.토.비겁
丁	戊	戊	戊									희신.목.관성
巳	午	午	戌	62	52	42	32	22	12	2		기신.수.재성
戊	丙	丙	辛	辛	壬	癸	甲	乙	丙	丁		한신.금.식상
토	화	화	금	亥	子	丑	寅	卯	辰	巳		
비견	편인	편인	상관									

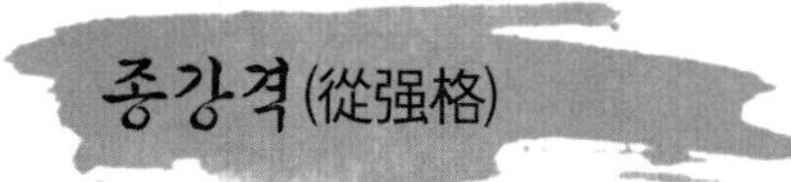

종강격(從強格)

월의심천 3일 19시간 18분

節期(절기)에서 3日 19時間(시간)이라 初氣(초기)에 해당한다.

戊土日柱(무토일주)가 地支(지지)에 通根(통근)하고 印星(인성)까지 있어 太旺(태왕)이다. 四柱(사주)에 強(강)한 것은 印星(인성)인데. 剋(극)하는 財星(재성)이 없으므로, 일반 四柱(사주)와 달리 強者(강자)의 勢力(세력)에 大勢(대세)를 따라가야 된다. 印星(인성)이 많을 때는 官星(관성)이 喜神(희신)이 되고, 比劫(비겁)이 많을 때는 食傷(식상)이 喜神(희신)이고, 官星(관성)은 忌神(기신)이 된다.

癸水 大運(대운)에 癸水가 四柱(사주) 戊土와 戊癸火局(무계화국)하면 丙火이고 偏印(편인) 用神運(용신운)이다. 文書(문서)가 吉(길)하다는 뜻이다. 44세 辛巳年에 巳火는 丙火이므로 四柱(사주) 年支(년지) 辛金과 丙辛合水局(병신합수국)하면 壬水이고 偏財(편재) 忌神運(기신운)이다. 財星(재성)이 強(강)한 印星(인성)을 攻擊(공격)하면 財星(재성)이 다치게 된다. 酒店(주점)을 開業(개업)해서 3年 동안 運營(운영)이 잘되어 財物(재물) 쪽은 成功(성공)했는데 後半(후반)에 가게에 強盜(강도)가 들어와 從業員(종업원) 月給(월급)줄 것을 빼앗기고 가게에 들어가기가 겁이 나고 가게를 정리하고 레스토랑 開業(개업)하려고 準備(준비) 중이다.

겁재		편재	식신		坤命							
수	수	화	목									용신.목.식상
壬	癸	丁	乙									희신.화.재성
子	巳	亥	巳	62	52	42	32	22	12	2		기신.금.인성
癸	丙	壬	丙	甲	癸	壬	辛	庚	己	戊		구신.토.관성
수	화	수	화	午	巳	辰	**卯**	寅	丑	子		한신.수.비겁
비견	정재	겁재	정재									

식상생재격(食傷生財格)   월의심천 27일 0시간 53분

癸水日柱(계수일주)가 月令(월령)에 得令(득령)하고 身强(신강)하다. 四柱(사주)에 强(강)한 것은 水星(수성)인 比劫(비겁)이다. 比劫(비겁)이 强(강)하면, 피해보는 것은 財星(재성)인데, 구제할 수 있는 五行(오행)으로는 木星(목성)과 土星(토성) 두 五行(오행)이다. 土星(토성)은 四柱(사주)에 없으므로 用神(용신)의 資格(자격)이 未達(미달)이라, 쓸 수가 없고, 木星(목성)인 食傷(식상)에게 부탁하여, 比劫(비겁)을 泄氣(설기)하고, 財星(재성)을 相生(상생)하여 保護(보호)하는 것이 吉(길)하다.

卯木 大運(대운)에 卯木은 乙木 食神(식신) 用神運(용신운)이다. 食神(식신)은 事業(사업), 擴張(확장), 新規(신규), 財物(재물)등이 吉(길)하다는 뜻이다.

37세 辛巳年에 巳火는 丙火이므로 四柱(사주) 壬水와 丙壬沖(병임충)이다. 丙火 財星(재성) 喜神(희신)이 와서 壬水 劫財(겁재)를 沖(충)하면 財物(재물)쪽으로 무엇인가 움직인다는 뜻이다 事業(사업)을 하려고 準備(준비) 중이다. 辛金 大運(대운)에 辛金이 四柱(사주) 丙火와 丙辛合水局(병신합수국)하면 壬水이고 劫財(겁재) 閑神運(한신운)에 호프집을 開業(개업)하고 부터 5年동안 장사도 不振(부진)하고 賣買(매매)도 하지 못하고 너무 힘들었다.

정관		정재	식신				坤命						
수	화	금	토										용신.금.재성
癸	丙	辛	戊										희신.토.식상
巳	戌	酉	午	65	55	45	35	25	15	5			기신.화.비겁
庚	戊	辛	己	甲	乙	丙	丁	戊	己	庚			구신.목.인성
금	토	금	토	寅	卯	辰	巳	午	未	申			한신.수.관성
편재	식신	정재	상관										

종재격(從財格)　　월의심천 13일 1시간 28분

節期(절기)에서 13日 1時間(시간)이라 巳, 午는 中氣(중기)에 해당한다.

丙火日干(병화일간)이 地支(지지)에 通根(통근)하지 못하고 身弱(신약)하다. 四柱(사주)에 强(강)한 것은 金星(금성)인 財星(재성)이다. 財星(재성)이 强(강)하면, 피해보는 것은 印星(인성)인데, 구제할 수 있는 五行(오행)은 火星(화성)과 水星(수성) 두 五行(오행)이다. 水星(수성)을 用神(용신)으로 잡으면 比劫(비겁)이 身弱(신약)이라 쓸 수가 없고, 火星(화성)은 四柱(사주)에 없으므로 일반 四柱(사주)와 달리 强者(강자)의 勢力(세력)에 大勢(대세)를 따라가야 吉(길)하게 된다.

未土 大運(대운)에 未土는 己土이고 傷官(상관) 喜神運(희신운)이다. 하지만 吉(길)하다고 생각하면 錯覺(착각)이다, 未土가 6月달 未土이기 때문에 火星(화성)의 氣(기)를 가지고 있기 때문이다.

24세 辛巳年에 辛金이 四柱(사주) 日干(일간) 丙火와 丙辛合水局(병신합수국)하면 壬水이고 偏官(편관) 閑神運(한신운)이다. 辛金 財物(재물)이 丙火 나의 肉身(육신)과 合(합)하여 水局(수국)이면 男子이다. 즉 財物(재물)이 많은 男子를 보고 끌려가는 현상이다 結婚(결혼)한지 5개월 되었는데, 하루도 싸우지 않고 지낸 날이 없어 離婚(이혼)하려고 한다.

상관		상관	식신	乾命							용신.토.식상
토	화	토	토								희신.금.재성
己	丙	己	戊	69	59	49	39	29	19	9	기신.목.인성
亥	戌	未	申	丙	乙	甲	癸	壬	辛	庚	구신.수.관성
甲	辛	丁	壬	寅	丑	子	亥	**戌**	酉	申	한신.화.비겁
목	금	화	수								
편인	정재	겁재	편관								

식상생재격(食傷生財格)　　월의심천 8일 11시간 48분

節期(절기)에서 8日 11時間(시간)이라 申, 亥는 中氣(중기)이고 未, 戌은 初氣(초기)에 해당한다.

丙火日柱(병화일주)가 月令(월령)에 得令(득령)하고 印星(인성)까지 있어 身强(신강)하다. 四柱(사주)에 强(강)한 것은 比劫(비겁)이다. 比劫(비겁)이 强(강)하면, 피해보는 것은 財星(재성)인데, 구제할 수 있는 五行(오행)은 水星(수성)과 土星(토성) 두 五行(오행)이다. 水星(수성)을 用神(용신)으로 잡기는 무엇인가 不安(불안)하고, 土星(토성)인 食傷(식상)에게 부탁하여, 比劫(비겁)을 泄氣(설기)하고, 財星(재성)을 相生(상생)하여 保護(보호)하는 것이 吉(길)하다.

戊土 大運(대운)에 戊土는 戊土 食神(식신) 用神運(용신운)이다. 食傷(식상)은 出發(출발), 財物(재물), 新規(신규), 새로운 것 始作(시작)등이 吉(길)해진다.

34세 辛巳年에 辛金이 四柱(사주) 日干(일간) 丙火와 丙辛合水局(병신합수국)하면 壬水이고 偏官(편관) 仇神運(구신운)이다. 職場(직장)이 힘이 든다는 것이다 大運(대운)에서 戊土 用神運(용신운)이 왔는데 勢運(세운)에서 仇神運(구신운)이라 吉(길)하지 않다. 大運(대운)이 辛巳年 3月에 戊

土 大運(대운)이 오게 되는데 勢運(세운)에서 凶(흉)이라 吉(길)하지 못하고 勢運(세운)에서 喜神運(희신운)이 와야 大發(대발)하고 吉(길)해진다. 大運(대운)이 온다고 바로 運勢(운세)가 좋아지지는 안는다. 百貨店(백화점)에서 賣店(매점)을 運營(운영)하고 있는데 3年 동안 苦生(고생)만 하고 得(득)이 없었다. 이제 大運(대운)이 始作(시작)이라 서서히 吉(길)해지고 發展(발전)할 것이다.

편재		겁재	겁재				坤命						용신.토.관성
화	수	수	수										희신.화.재성
丁	癸	壬	壬		61	51	41	31	21	11	1		기신.목.식상
巳	酉	子	子		乙	丙	丁	戊	己	庚	辛		구신.수.비겁
戊	庚	壬	壬		巳	午	未	申	**酉**	戌	亥		한신.금.관성
토	금	수	수										
정관	인수	겁재	겁재										

재자약살격(財滋弱殺格)　월의심천 1일 1시간 11분

節期(절기)에서 1日 1時間(시간)이라 初氣(초기)에 해당한다.

癸水日柱(계수일주)가 月令(월령)에 得令(득령)하고 印星(인성)까지 있어 太旺(태왕)하다. 四柱(사주)에 强(강)한 것은 比劫(비겁)이다. 比劫(비겁)이 强(강)하면, 피해보는 것은 財星(재성)인데, 구제할 수 있는 五行(오행)은 土星(토성)과 木星(목성) 두 五行(오행)이 있다, 木星(목성)을 用神(용신)으로 잡으면 子月에 木은 浮木(부목)이 되기 때문에 쓸 수가 없고, 土星(토성)인 官星(관성)에게 부탁하여, 比劫(비겁)을 攻擊(공격)하고, 財星(재성)을 保護(보호)하는 것이 最上(최상)이다.

酉金 大運(대운)에 酉金은 辛金이고 偏印(편인) 閑神運(한신운)이다. 四柱(사주)에 比劫(비겁)이 旺盛(왕성)한데, 印星運(인성운)이 오면 比劫(비겁)에서 發生(발생)한다. 즉 親舊(친구), 財物(재물), 職場(직장), 男子;등이 不吉(불길)해진다.

30세 辛巳年에 辛金 偏印(편인) 閑神運(한신운)이다. 大運(대운)에서 偏印(편인) 閑神運(한신운) 勢運(세운)에서 偏印(편인) 閑神運(한신운)이라 比劫(비겁)이 氣高萬丈(기고만장)하고 比劫(비겁)은 財星(재성)을 攻擊(공격)하기 때문에 財星(재성)이 다치게 된다. 食堂(식당)을 同業(동업)하고 있는데 不振(부진)해서 정리하고 衣類業(의류업)을 始作(시작)하려고 한다.

비견		인수	정재								용신.목.비겁
목	목	수	토				乾命				희신.수.인성
甲	甲	癸	己								기신.금.관성
戊	寅	酉	丑	65	55	45	35	25	15	5	구신.토.재성
戊	丙	辛	己	丙	丁	戊	己	庚	辛	壬	한신.화.식상
토	화	금	토	寅	卯	**辰**	巳	午	未	申	
편재	식신	정관	정재								

재다용비격(財多用比格)　　13일 11시간 36분

節期(절기)에서 13日 11時間(시간)이라 寅은 中氣(중기)에 해당한다.

甲木日干(갑목일간)이 地支(지지)에 通根(통근)하지 못하고 身弱(신약)하다. 四柱(사주)에 強(강)한 것은 土星(토성)인 財星(재성)이다. 財星(재성)이 強(강)하면, 피해보는 것은 印星(인성)인데, 구제할 수 있는 五行(오행)은 木星(목성)과 金星(금성) 두 五行(오행)이다. 金星(금성)을 用神(용신)으로 잡으면 比劫(비겁)이 더욱 身弱(신약)되기 때문에 쓸 수가 없고, 木星(목성)인 比劫(비겁)이 財星(재성)을 攻擊(공격)하고, 印星(인성)을 保護(보호)해야 된다.

辰土 大運(대운)에 辰土가 四柱(사주) 時支(시지) 戌土와 辰戌沖(진술충)하면 戌中丁火(술중정화)가 中氣(중기)에서 나오게된다. 丁火가 나와서 무엇을 하는가? 四柱(사주) 月干(월간) 癸水와 丁癸沖(정계충)이다. 丁火 傷官(상관)이 癸水 印綬(인수) 喜神(희신)과 沖(충)이다. 즉 健康(건강), 文書(문서), 職場(직장)등이 不吉(불길)하게 된다.

53세 辛巳年에 巳火가 四柱(사주) 月支(월지) 酉, 年支(년지) 丑과 巳酉丑金局(사유축금국)이면 辛金이고 正官(정관) 忌神運(기신운)이다. 職場(직장)을 退職(퇴직)하고 同業(동업)으로 事業(사업)을 始作(시작)하려고 하는데 陷穽(함정)이다.

식신		편인	식신					乾命				
토	화	목	토									용신.목.인성
戊	丙	甲	戊									희신.화.비겁
子	戌	子	子	64	54	44	34	24	14	4		기신.금.재성
癸	戊	癸	癸	辛	庚	己	戊	丁	丙	乙		구신.토.식상
수	토	수	수	未	午	巳	辰	卯	寅	丑		한신.수.관성
정관	식신	정관	정관									

살중용인격(殺重用印格)   월의심천 19일 11시간 22분

丙火日干(병화일간)이 地支(지지)에 通根(통근)하지 못하고 身弱(신약)하다. 四柱(사주)에 强(강)한 것은 水星(수성)인 官星(관성)이다. 官星(관성)이

强(강)하면, 피해보는 것은 比劫(비겁)인데, 구제할 수 있는 五行(오행)으로는 木星(목성)과 土星(토성) 두 五行(오행)이다. 土星(토성)을 用神(용신)으로 잡으면 比劫(비겁)이 身弱(신약)이라, 쓸 수가 없고, 木星(목성)인 印星(인성)에게 付託(부탁)하여, 官星(관성)을 泄氣(설기)하고, 比劫(비겁)을 相生(상생)하여 保護(보호)해야 된다. 或是(혹시) 浮木(부목)이 될까 戊土가 强(강)하게 있고 戊癸火局(무계화국)하고 있어 浮木(부목)은 되지 않는다.

　庚金 大運(대운)에 庚金이 四柱(사주) 月干(월간) 甲木과 甲庚沖(갑경충)이다. 庚金 偏財(편재) 忌神(기신)와서 甲木 偏印(편인) 用神(용신)과 沖(충)하면 甲木이 다치게 된다. 文書(문서), 金錢(금전), 職場(직장)등이 不吉(불길)하게 된다.

　54세 辛巳年에 辛金이 四柱(사주) 日干(일간) 丙火와 丙辛合水局(병신합수국)하면 壬水이고 偏官(편관) 閑神運(한신운)이다. 四柱(사주)에 官星(관성)이 强(강)한데, 合(합)으로 官星(관성)이 왔고, 大運(대운)에서 印星(인성)과 沖(충) 纖柔業(섬유업)을 運營(운영)하고 있는데, 지금에 와서 不失(부실)하고 現狀維持(현상유지)가 안 된다.

인수		인수	상관				坤命				용신.금.식상
화	토	화	금								희신.수.재성
丙	己	丙	庚	68	58	48	38	28	18	8	기신.화.인성
寅	丑	戌	子	己	庚	辛	壬	癸	甲	乙	구신.목.관성
甲	己	戊	癸	卯	辰	巳	午	未	申	酉	한신.토.비겁
목	토	토	수								
정관	비견	겁재	편재								

식상생재격(食傷生財格)　　월의심천 19일 12시간 21분

己土日柱(기토일주)가 月令(월령)에 得令(득령)하고 印星(인성)까지 있어 身强(신강)하다. 四柱(사주)에 强(강)한 것은 比劫(비겁)이다. 比劫(비겁)이 强(강)하면 피해보는 것은 財星(재성)인데, 구제할 수 있는 五行(오행)으로 는 木星(목성)과 金星(금성) 두 五行(오행)이다. 木星(목성)을 用神(용신)으 로 잡으면 무엇인가 不安(불안)하고, 金星(금성)인 食傷(식상)에게 부탁하 여, 比劫(비겁)을 泄氣(설기)하고, 財星(재성)을 相生(상생)하여 保護(보 호)하는 것이 吉(길)하다.

壬水 大運(대운)에 壬水가 四柱(사주) 丙火와 丙壬沖(병임충)이다. 壬水 正財(정재) 喜神(희신)이 와서 丙火 印綬(인수) 忌神(기신)을 沖(충)이면, 財物(재물), 文書(문서)가 解決(해결)된다는 뜻이다.

42세 辛巳年에 辛金이 四柱(사주) 丙火와 丙辛合水局(병신합수국)하면 문제가 發生(발생)하게 된다. 大運(대운)에서 沖(충)한 것을 勢運(세운)에서 合(합)이 되면 發生(발생)한다, 文書(문서)가 解決(해결)되고 辛金 食傷(식 상)이 合(합)을 해서 財星(재성)이면 始作(시작)이고 金錢(금전)이 들어온 다는 뜻이다. 빌려준 돈 문제가 裁判(재판)까지 가서 勝訴(승소)하고 호프

집하고 있는데 정리하고 旅館業(여관업)을 始作(시작)하려고 準備(준비)
중이다.

겁재		정관	비견				乾命				용신.목.비겁
목	목	금	목								희신.수.인성
乙	甲	辛	甲								기신.금.관성
亥	申	未	辰	62	52	42	32	22	12	2	구신.토.재성
壬	庚	己	戊	戊	丁	丙	乙	甲	癸	壬	한신.화.식상
수	금	토	토	寅	丑	子	亥	戌	酉	申	
편인	편관	정재	편재								

재다용비격(財多用比格)　　월의심천 27일 10시간 58분

　甲木日干(갑목일간)이 地支(지지)에 通根(통근)하지 못하고 身弱(신약)하
다. 四柱(사주)에 强(강)한 것은 土星(토성)인 財星(재성)이다. 財星(재성)이
强(강)하면, 피해보는 것은 印星(인성)인데, 구제할 수 있는 五行(오행)으로
는 木星(목성)과 金星(금성) 두 五行(오행)이다. 金星(금성)을 用神(용신)으
로 잡으면 身弱(신약)인 比劫(비겁)이 더욱 身弱(신약)되기 때문에 쓸 수
가 없고, 木星(목성)인 比劫(비겁)이 財星(재성)을 攻擊(공격)하고, 印星(인
성)을 保護(보호)해야 된다.

　亥水 大運(대운)에 亥水는 壬水이고 偏印(편인) 喜神運(희신운)이다. 文
書(문서)나, 二姓(이성)문제가 吉(길)해진다.

　38세 辛巳年에 巳火가 四柱(사주) 時支(시지) 亥水와 巳亥沖(사해충)하
면 亥中甲木(해중갑목)이 中氣(중기)에서 나오게 된다. 甲木이 나와서 무엇
을 하는가? 月支(월지) 己土와 甲己合土局(갑기합토국)하면 戊土 偏財(편

재) 仇神運(구신운)이다. 金錢(금전)문제나 女子문제가 發生(발생)한다는
뜻이다. 현장소장이고, 돈에 아쉬움은 없고, 돈이 들어오면 나가기가 바
쁘게 貯蓄(저축)이 안 된다. 甲木日干(갑목일간)이 己土와 甲己土局(갑기토
국)되어, 女子가 많이 따르거나 찾게 되고 지금도 戀人(연인)을 만나고 있
고 財物(재물)이 모이지 않다.

겁재		겁재	상관				坤命				용신.화.비겁
화	화	화	토								희신.목.인성
丁	丙	丁	己	64	54	44	34	24	14	4	기신.수.관성
酉	午	丑	酉	甲	癸	壬	辛	庚	己	戊	구신.금.재성
辛	丁	己	辛	申	未	午	巳	辰	卯	寅	한신.토.식상
금	화	토	금								
정재	겁재	상관	정재								

재다용비격(財多用比格)　　월의심천 20일 15시간 28분

　丙火日柱(병화일주)가 日支(일지)에 得地(득지)하고 比劫(비겁)이 적당한
힘을 維持(유지)하고 있다. 四柱(사주)에 强(강)한 것은 土星(토성)인 財
星(재성)이다. 財星(재성)이 强(강)하면, 피해보는 것은 印星(인성)인데, 구
제할 수 있는 五行(오행)으로는 火星(화성)과 水星(수성) 두 五行(오행)이
다. 水星(수성)은 四柱(사주)에 없으므로 用神(용신)의 資格(자격)이 未
達(미달)이라, 쓸 수가 없고, 火星(화성)인 比劫(비겁)이 財星(재성)을 攻
擊(공격)하고 印星(인성)을 保護(보호)해야 된다,

　辰土 大運(대운)에 辰土는 戊土이고 閑神運(한신운)이다. 食傷(식상)은
財星(재성)을 生助(생조)하고 官星(관성)을 攻擊(공격)하기 때문에 즉 財

物(재물), 職場(직장), 男便(남편)등이 不吉(불길)하다.

33세 辛巳年에 巳火는 四柱(사주) 年支(년지) 酉金, 月支(월지) 丑土와 巳酉丑金局(사유축금국)하면 辛金 正財(정재) 仇神運(구신운)이다. 大運(대운)에서 食傷運(식상운)이라, 財星(재성)을 相生(상생)하고, 勢運(세운)에서 三合(삼합)으로 財星(재성)이라. 財星(재성)이 氣高萬丈(기고만장)하여 印星(인성)을 攻擊(공격)하게 된다. 男便(남편)이 일은 하지 않고 親舊(친구)들과 화투에 빠져 있어 生活費(생활비)에 문제가 많고 結婚(결혼)해서 지금까지 고생만 하고 있다.

인수		정관	인수				乾命						
목	화	수	목									용신.금.재성	
甲	丁	壬	甲									희신.수.관성	
辰	巳	申	辰	62	52	42	32	22	12	2		기신.화.비겁	
戊	丙	庚	戊	己	戊	丁	丙	乙	甲	癸		구신.목.인성	
토	화	금	토	卯	寅	丑	子	亥	戌	酉		한신.토.식상	
상관	겁재	정재	상관										

제살태과격(制殺太過格)   월의심천 28일 11시간 14분

丁火日干(정화일간)이 日支(일지)에 得地(득지)하고 印星(인성)까지 있어 적당한 힘을 維持(유지)하고 있다. 四柱(사주)에 强(강)한 것은 土星(토성)인 食傷(식상)이다. 食傷(식상)이 强(강)하면, 피해보는 것은 官星(관성)인데, 구제할 수 있는 五行(오행)으로는 木星(목성)과 金星(금성) 두 五行(오행)이다. 木星(목성)을 用神(용신)으로 잡으면 比劫(비겁)이 身强(신강)되기 때문에 쓸 수가 없고, 金星(금성)인 財星(재성)에게 부탁하여, 食

傷(식상)을 泄氣(설기)하고, 官星(관성)을 相生(상생)하여 保護(보호)해야 吉(길)하다.

子水 大運(대운)에 子水는 癸水이므로 四柱(사주) 戊土와 戊癸火局(무계화국)하면 丙火이고 劫財(겁재) 忌神運(기신운)이다. 比劫(비겁)이 强(강)하게 되어 문제가 發生(발생)하면 金錢(금전), 親舊(친구), 女子문제이다.

38세 辛巳年에 巳火는 丙火이므로 四柱(사주) 壬水와 丙壬沖(병임충)이다. 丙火 劫財(겁재) 忌神(기신)이 壬水 正官(정관) 喜神(희신)과 沖(충)이라 丙火는 女子이므로, 女子문제가 發生(발생)한다. 지금 愛人(애인)을 만나고 있는데, 結婚(결혼)은 또 다른 女人과 結婚(결혼)한다고 가만두지 않는다고 脅迫(협박)을 하고 있다.

편관		겁재	상관								坤命	용신.목.비겁

편관		겁재	상관									
금	목	목	화									용신.목.비겁
庚	甲	乙	丁				坤命					희신.수.인성
午	辰	巳	亥	65	55	45	35	25	15	5		기신.금.관성
己	戊	丙	壬	壬	辛	庚	己	戊	丁	丙		구신.토.재성
토	토	화	수	子	亥	戌	酉	申	未	午		한신.화.식상
정재	편재	식신	편인									

재다용비격(財多用比格) 월의심천 18일 18시간 27분

節期(절기)에서 18日 18時間(시간)이라 午火는 中氣(중기) 己土에 해당한다.

甲木日干(갑목일간)이 地支(지지)에 通根(통근)하지 못하고 身弱(신약)하다. 四柱(사주)에 强(강)한 것은 土星(토성)인 財星(재성)이다. 財星(재성)이

强(강)하면, 피해보는 것은 印星(인성)인데, 구제할 수 있는 五行(오행)은 木星(목성)과 金星(금성) 두 五行(오행)이다. 金星(금성)을 用神(용신)으로 잡으면, 比劫(비겁)이 身弱(신약)이라 쓸 수가 없고, 木星(목성)인 比劫(비겁)이 財星(재성)을 攻擊(공격)하고, 印星(인성)을 保護(보호)해야 된다.

辛金 大運(대운)에 辛金이 四柱(사주) 月支(월지) 丙火와 丙辛合水局(병신합수국)하면 壬水이고 偏印(편인) 喜神運(희신운)이다. 文書(문서)나, 二姓(이성)문제가 吉(길)하다는 뜻이다.

55세 辛巳年에 辛金이 四柱(사주) 月支(월지) 丙火와 丙辛合水局(병신합수국)하면 壬水이고 偏印(편인) 喜神運(희신운)이다. 5年동안 男子(남자)를 만나고 있었는데, 돈만 가져가 도움이 되지 않았고 이제 와서 생각하면 바보짓을 하였다. 지금은 피해서 逃亡(도망)을 大運(대운) 勢運(세운)에서 喜神運(희신운)이라 辛金 大運(대운)부터는 사리판단 잘할 수 있고, 解決(해결)을 잘할 수 있을 것이다.

편인		비견	비견									
금	수	수	수				乾命					용신.금.인성
庚	壬	壬	壬									희신.토.관성
戊	寅	寅	寅	61	51	41	31	21	11	1		기신.화.재성
戊	甲	甲	甲	己	戊	丁	丙	乙	甲	癸		구신.목.식상
토	목	목	목	酉	申	未	午	巳	辰	卯		한신.수.비겁
편관	식신	식신	식신									

관인상생격 (官印相生格) 월의심천 29일 4시간 13분

壬水日干(임수일간)이 地支(지지)에 通根(통근)하지 못하고 身弱(신약)하다. 四柱(사주)에 强(강)한 것은 木星(목성)인 食傷(식상)이다. 食傷(식상)이 强(강)하면, 피해보는 것은 官星(관성)인데, 구제할 수 있는 五行(오행)으로는 金星(금성)과 火星(화성) 두 五行(오행)이다. 火星(화성)을 用神(용신)으로 잡으면, 比劫(비겁)이 身弱(신약)이라, 쓸 수가 없고, 金星(금성)인 印星(인성)에게 付託(부탁)하여, 食傷(식상)을 攻擊(공격)하고, 官星(관성)을 保護(보호)하는 것이 吉(길)하다.

午火 大運(대운)에 午火가 四柱(사주) 寅, 戌과 寅午戌火局(인오술화국)하면 丙火이고 偏財(편재) 忌神運(기신운)이다. 財星(재성)은 印星(인성)을 攻擊(공격)하므로 印星(인성)에 대한 일이 發生(발생)하게 된다. 文書(문서), 職場(직장), 健康(건강), 二姓(이성)등이 따르게 된다.

40세 辛巳年에 巳火는 丙火이므로 四柱(사주) 壬水와 丙壬沖(병임충)이다, 大運(대운)에서 三合(삼합)으로 官星(관성) 喜神(희신)이 사라지고 財星(재성)은 印星(인성)을 攻擊(공격)하고, 勢運(세운)에서 丙火 偏財(편재)가 壬水 比劫(비겁)을 沖(충)이라 事業(사업)이 4年동안 너무 不實(부실)하고 金錢(금전)으로 힘이 들고 婦人(부인)과 사이도 健康(건강)까지 弱(약)하게 되고 四面楚歌(사면초가)다.

식신		편관	식신				坤命				용신.화.식상
화	목	금	화								희신.목.비겁
丙	甲	庚	丙	66	56	46	36	26	16	6	기신.수.인성
子	子	子	申	癸	甲	乙	丙	丁	戊	己	구신.금.관성
癸	癸	癸	庚	巳	午	未	申	酉	戌	亥	한신.토.재성
수	수	수	금								
인수	인수	인수	편관								

무격(無格)

월의심천 16일 11시간 57분

甲木日干(갑목일간)이 地支(지지)에 通根(통근)하지 못하고 身弱(신약)하다. 四柱(사주)에 强(강)한 것은 水星(수성)인 印星(인성)이다. 印星(인성)이 强(강)하면, 피해보는 것은 食傷(식상)인데, 구제할 수 있는 五行(오행)은 木星(목성)과 土星(토성)이다. 四柱(사주)에 土星(토성)이나 木星(목성)이 없기 때문에 用神(용신)으로 쓸 수가 없고, 食傷(식상) 自己(자기)가 用神(용신)이 된다. 이것을 無格(무격)이다.

乙木 大運(대운)에 乙木이 四柱(사주) 庚金과 乙庚金局(을경금국)하면 庚金이고 偏官(편관) 仇神運(구신운)이다. 官星(관성)이 印星(인성)을 生助(생조)하므로 印星(인성)에 대한 일이 發生(발생)한다. 즉 文書(문서), 職場(직장), 二姓(이성)등이 不吉(불길)하게 된다.

46세 辛巳年에 辛金이 四柱(사주) 丙火와 丙辛合水局(병신합수국)하면 壬水이고 偏印(편인) 忌神運(기신운)이다. 粉食(분식)점을 하고 있는데, 不實(부실)하고, 男便(남편)모르게 돈을 親舊(친구)에게 빌려주고 받지 못하고 庚金 大運(대운)에 男子를 만나 7年동안 지금까지 戀人(연인)으로 사기고 있는데, 도와준다고 말만하고 아직까지 28세 많은 男子이고, 富者(부자)인데, 내가 福(복)이 부족한데 올해는 도와줄까?

비견		겁재	식신		坤命							
금	금	금	수									용신.금.비겁
辛	辛	庚	癸									희신.토.인성
卯	卯	申	卯	69	59	49	39	29	19	9		기신.화.관성
甲	甲	壬	甲	丁	丙	乙	**甲**	癸	壬	辛		구신.목.재성
목	목	수	목	卯	寅	丑	子	亥	戌	酉		한신.수.식상
정재	정재	상관	정재									

재다용비격(財多用比格) 월의심천 7일 15시간 5분

節期(절기)에서 7日 15時間(시간)이라 申은 壬水 中氣(중기)에 해당하고 卯木은 初氣(초기)이다.

辛金日干(신금일간)이 地支(지지)에 通根(통근)하지 못하고 身弱(신약)하다. 四柱(사주)에 強(강)한 것은 木星(목성)인 財星(재성)이다. 地支(지지)에 食傷(식상)까지 있어 從財格(종재격)으로 錯角(착각)할 수 있다. 剋(극)하는 金이 있어 從格(종격)으로 가지 못한다. 財星(재성)이 強(강)하면, 피해 보는 것은 印星(인성)인데, 구제할 수 있는 五行(오행)으로는 金星(금성)과 火星(화성) 두 五行(오행)이다. 火星(화성)은 四柱(사주)에 없으므로 用神(용신)을 資格(자격)이 未達(미달)이라, 쓸 수가 없고, 金星(금성)인 比劫(비겁)이 財星(재성)을 攻擊(공격)하고, 印星(인성)을 保護(보호)하는 것이 吉(길)하다.

甲木 大運(대운)에 甲木이 四柱(사주) 月干(월간) 庚金과 甲庚沖(갑경충)하면 庚金 用神(용신)이 다치게 된다. 財物(재물)과 親舊(친구)와 沖(충)이라 金錢(금전), 親舊(친구), 同氣(동기))문제가 發生(발생)한다.

39세 辛巳年에 巳火는 丙火이므로 四柱(사주) 辛金과 丙辛合水局(병신

합수국)하면 壬水이고 食傷運(식상운)이다. 무엇인가 始作(시작)한다는 뜻이다, 大運(대운)에서 甲庚沖(갑경충)하여 庚金 劫財(겁재)가 힘이 없어지고 勢運(세운)에서 合(합)으로 辛金 比肩(비견)이 食傷(식상)으로 變質(변질)되고 用神(용신)인 比劫(비겁)이 自己할 役割(역할)을 못하고 慾心(욕심)때문에 陷穽(함정)에 빠지게 된다. 외국에서 親舊(친구)말만 믿고 事業(사업)을 同業(동업)으로 投資(투자)를 했는데 始作(시작)도 못하고 돈만 詐欺(사기)당하고 入國(입국)하여 이제 國內(국내)에서 事業(사업)한다고 準備(준비) 중이다. 大運(대운)의 흐름이 이제 始作(시작)이라 不吉(불길)하다 比劫(비겁)힘이 부족이고 손이 적은데 財星(재성) 財物(재물)은 强(강)하고 어떻게 財物(재물)을 관리 할 수 있고 財物(재물)이 逃亡(도망)가지 않으면 健康(건강)이 해롭다.

겁재		편관	상관				坤命						
수	수	토	목								용신.토.관성		
癸	壬	戊	乙								희신.화.재성		
卯	子	子	巳	65	55	45	35	25	15	5	기신.목.식상		
乙	癸	癸	丙	乙	甲	癸	壬	辛	庚	己	구신.수.비겁		
목	수	수	화	未	午	巳	辰	卯	寅	丑	한신.금.인성		
상관	겁재	겁재	편재										

재자약살격 (財滋弱殺格)　　월의심천 16일 13시간 44분

　　壬水日柱(임수일주)가 月슈(월령)에 得令(득령)하고 劫財(겁재)이 많아 身强(신강)하다. 四柱(사주)에 强(강)한 것은 比劫(비겁)이다. 比劫(비겁)이 强(강)하면, 피해보는 것은 財星(재성)인데, 구제할 수 있는 五行(오행)으로는 土星(토성)과 木星(목성) 두 五行(오행)이다. 木星(목성)을 用神(용신)을 잡으면 子月에 木이라, 힘을 쓸 수가 없고 土星(토성)인 官星(관성)에게 부탁하여, 比劫(비겁)을 攻擊(공격)하고, 財星(재성)을 保護(보호)하는 것이 吉(길)하다.

壬水 大運(대운)에 壬水가 四柱(사주) 年支(년지) 丙火와 丙壬沖(병임충)이다. 壬水 比肩(비견) 仇神(구신)이 丙火 偏財(편재) 喜神(희신)과 沖(충)이면, 親舊(친구), 財物(재물), 官災(관재), 男子문제등이 發生(발생)하게 된다.

37세 辛巳年에 辛金이 四柱(사주) 年支(년지) 丙火와 丙辛合水局(병신합수국)하면 壬水이고 比肩(비견) 仇神運(구신운)이다. 大運(대운)에서 丙壬沖(병임충)한 것을 勢運(세운)에서 丙辛合水局(병신합수국)하면 發生(발생)하게 된다.

36세 庚辰年에 우연히 男子를 만나서 愛人(애인)사이가 되었고 서로 家庭(가정)이 있어 조심해서 만나곤 했는데, 男便(남편)에게 꼬리가 잡히고 男便(남편)이 용서 못한다고 離婚(이혼)을 要求(요구) 법적인 문제가 있기 때문에 拒絶(거절)못하고 돈으로 解決(해결)하였다.

인수		식신	정관				坤命				용신.화.인성
화	토	금	목								희신.토.비겁
丁	戊	庚	乙	62	52	42	32	22	12	2	희신.목.관성
巳	午	辰	巳	丁	丙	乙	甲	癸	壬	辛	기신.수.재성
丙	丁	戊	丙	亥	戌	酉	申	未	午	巳	구신.금.식상
화	화	토	화								
편인	인수	비견	편인								

종강격(從强格)　　월의심천 29일 1시간 23분

戊土日柱(무토일주)가 月令(월령)에 得令(득령)하고 印星(인성)이 强(강)하여 太旺(태왕)하다. 四柱(사주)에 强(강)한 것은 火星(화성)인 印星(인성)이다. 印星(인성)을 剋(극)하는 財星(재성)이 四柱(사주)에 없으므로, 일반 四柱(사주)와 달리 强者(강자)의 勢力(세력)에 大勢(대세)를 따라가야 吉(길)하게 된다. 比劫(비겁)보다 印星(인성)이 强(강)하므로 從强格(종강격)이라 한다.

申金 大運(대운)에 申金는 庚金이므로 四柱(사주) 年干(년간) 乙木과 乙庚金局(을경금국)하면 庚金이고 食神(식신) 仇神運(구신운)이다. 乙木 正官(정관) 喜神(희신)과 庚金 食神(식신) 仇神(구신)과 合(합)하여 食神(식신)이면 무엇인가 始作(시작)한다는 뜻이다. 職場(직장), 新規(신규), 移動(이동), 새로운 것 등이 發生(발생)한다.

37세 辛巳年에 辛金이 四柱(사주) 丙火와 丙辛合水局(병신합수국)하면 壬水이고 偏財(편재) 忌神運(기신운)이다. 大運(대운)에서 合(합)으로 仇神運(구신운) 勢運(세운)에서 合(합)으로 忌神運(기신운) 財星運(재성운)이 오면 軍比正財(군비정재)가 發生(발생)하고 合(합)으로 財物(재물)이라 陷

窄(함정)인데 事業(사업)을 한다고 準備(준비) 중이다. 지금은 事業(사업)하면 失敗(실패)인데 亡(망)해도 始作(시작)하려고 한다.

<table>
<tr><td>겁재</td><td>겁재</td><td>정재</td><td colspan="8"></td></tr>
<tr><td>화
丁
酉
辛
금</td><td>화
丙
寅
甲
목</td><td>화
丁
酉
辛
금</td><td>금
辛
丑
己
토</td><td colspan="2">坤命</td><td></td><td></td><td></td><td></td><td>용신.화.비겁
희신.목.인성
기신.수.관성
구신.금.재성
한신.토.식상</td></tr>
<tr><td></td><td></td><td></td><td></td><td>64
甲
辰</td><td>54
癸
卯</td><td>44
壬
寅</td><td>34
辛
丑</td><td>24
庚
子</td><td>14
己
亥</td><td>4
戊
戌</td></tr>
<tr><td>정재</td><td>편인</td><td>정재</td><td>상관</td><td colspan="7"></td></tr>
</table>

재다용비격 (財多用比格) 월의심천 22일 12시간 1분

丙火日干(병화일간)이 地支(지지)에 通根(통근)하지 못하고 身弱(신약)하다. 四柱(사주)에 强(강)한 것은 金星(금성)인 財星(재성)이다. 財星(재성)이 强(강)하면, 피해보는 것은 印星(인성)인데, 구제할 수 있는 五行(오행)으로는 火星(화성)과 水星(수성) 두 五行(오행)이다. 水星(수성)은 四柱(사주)에 없으므로, 用神(용신)의 資格(자격)이 未達(미달)이라 쓸 수가 없고, 火星(화성)인 比劫(비겁)이 財星(재성)을 攻擊(공격)하고, 印星(인성)을 保護(보호)해야 된다.

丑土 大運(대운)에 丑土는 己土이므로 四柱(사주) 日支(일지) 甲木과 甲己合土局(갑기합토국)하면 戊土이고 食神(식신) 閑神運(한신운)이다. 食傷(식상)이 財星(재성)을 相生(상생)하면 財星(재성)은 官星(관성)이 없기 때문에 印星(인성)을 攻擊(공격)해서 印星(인성)이 다치게 된다. 文書(문서), 健康(건강), 二姓(이성) 문제가 發生(발생)할 수 있다.

41세 辛巳年에 巳火가 四柱(사주) 年支(년지) 丑, 月支(월지) 酉와 巳酉丑 金局(사유축금국)하면 辛金이고 正財(정재) 仇神運(구신운)이다. 財星(재성)이 더욱 强(강)해져 印星(인성)을 攻擊(공격)하게 된다. 集(집)을 無理(무리)하게 新築(신축)하여 金錢(금전)문제로 夫婦(부부)사이도 멀어지고 싸움까지 한다.

정재		편인	인수								용신.금.재성
금	화	목	목								희신.토.식상
庚	丁	乙	甲			乾命					기신.화.비겁
戊	丑	亥	午	68	58	48	38	28	18	8	구신.목.인성
丁	辛	甲	丙	壬	辛	庚	己	戊	丁	丙	한신.수.관성
화	금	목	화	午	巳	辰	卯	寅	丑	子	
비견	편재	인수	겁재								

무격(無格)

월의심천 9일 12시간 39분

節期(절기)에서 9日 12時間(시간)이라 午는 初氣(초기)이고 亥, 丑, 戌은 中氣(중기)에 해당한다.

丁火日柱(정화일주)가 地支(지지)에 通根(통근)하고 月令(월령)에 印星(인성)까지 있어 太旺(태왕)하다. 四柱(사주)에 强(강)한 것은 比劫(비겁)이다. 比劫(비겁)이 强(강)하면, 피해보는 것은 財星(재성)인데, 구제할 수 있는 五行(오행)으로는 土星(토성)과 水星(수성) 두 五行(오행)이다. 四柱(사주)에 土星(토성)이나 水星(수성)이 없으므로 用神(용신)으로 쓸 수가 없고, 攻擊(공격)당하고 있는 財星(재성) 自己(자기)가 用神(용신)이 된다.

庚金 大運(대운)에 庚金이 四柱(사주) 月干(월간) 乙木과 乙庚金局(을경

금국)하면 庚金이고 正財(정재) 用神運(용신운)이다. 庚金(경금)이 用神(용신)이라 하지만 乙木(을목)에게 묶인 상태라 活動(활동)을 못하게 되고, 甲木이 庚金을 두려워하는데, 乙木이 庚金을 꼼작 못하게 붙들고 甲木이 氣高萬丈(기고만장)한데, 印星(인성)이 와서 比劫(비겁)을 相生(상생)하면 比劫(비겁)은 財星(재성)을 攻擊(공격)하여 財星(재성)이 다치게 된다.

48세 辛巳년에 巳火는 丙火이므로 四柱(사주) 日支(일지) 辛金과 丙辛合水局(병신합수국)하면 壬水이고 正官(정관) 閑神運(한신운)인데, 허리디스크 手術(수술)하고 지금은 다리에 마비까지 왔다. 술은 하루 두 병씩 마시고 金星(금성)이 變質(변질)되었기 때문이다.

편관		정재	식신									용신.금.식상
목	토	수	금				乾命					희신.수.재성
乙	己	壬	辛	71	61	51	41	31	21	11		기신.화.인성
丑	亥	辰	丑	乙	丙	丁	戊	己	庚	辛		구신.목.관성
己	壬	戊	己	酉	戌	亥	子	丑	寅	卯		한신.토.비겁
토	수	토	토									
비견	정재	겁재	비견									

식상생재격(食傷生財格) 월의심천 30일 16시간 48분

己土日柱(기토일주)가 月令(월령)에 得令(득령)하고 比劫(비겁)이 많아 太旺(태왕)하다. 四柱(사주)에 强(강)한 것은 比劫(비겁)이다. 比劫(비겁)이 强(강)하면 피해보는 것은 財星(재성)인데, 구제할 수 있는 五行(오행)으로는 金星(금성)과 木星(목성) 두 五行(오행)이다. 木星(목성)을 用神(용신)으로 잡으면 무엇인가 不安(불안)하고 金星(금성)인 食傷(식상)에게 부탁하여, 比劫(비겁)을 泄氣(설기)하고, 財星(재성)을 相生(상생)하여 保護(보호)하는 것이 吉(길)하다.

戊土 大運(대운)에 戊土 劫財(겁재) 閑神運(한신운)이다. 四柱(사주)에 比劫(비겁)이 強(강)한데, 比劫運(비겁운)이 오면 財星(재성)을 攻擊(공격)하기 때문에 財星(재성)이 다치게 된다. 즉 財物(재물), 親舊(친구), 職場(직장), 女子문제가 發生(발생)한다.

41세 辛巳年에 巳火가 四柱(사주) 日支(일지) 亥水와 巳亥沖(사해충)을 하면 亥中甲木(해중갑목)이 中氣(중기)에서 나오게 된다. 甲木이 나와서 무엇을 하는가? 甲己合土局(갑기합토국)하면 戊土이고 劫財運(겁재운)이다. 大運(대운)에서 戊土이고 勢運(세운)에서 戊土 劫財運(겁재운)이라 財星(재성)이 어떻게 比劫(비겁)을 감당 하겠는가? 親舊(친구)와 同業(동업)하는데 最惡(최악)이고 愛人(애인)까지 피해를 보고 있다.

비견		편재	상관							坤命		
토	토	수	금								용신.화.인성
戊	戊	壬	辛								희신.토.비겁
午	辰	辰	亥	69	59	49	39	29	19	9	기신.수.재성
丙	乙	乙	甲	己	戊	丁	丙	乙	甲	癸	구신.금.식상
화	목	목	목	亥	戌	酉	申	未	午	巳	한신.목.관성
편인	정관	정관	편관								

살중용인격(殺重用印格)   월의심천 7일 16시간 54분

節期(절기)에서 7日 16時間(시간)이라 亥는 中氣(중기)이고 辰, 辰, 午는 初氣(초기)에 해당한다.

戊土日干(무토일간)이 地支(지지)에 通根(통근)하지 못하고 身弱(신약)하다. 四柱(사주)에 强(강)한 것은 木星(목성)인 官星(관성)이다. 官星(관성)이 强(강)하면, 피해보는 것은 比劫(비겁)인데, 구제할 수 있는 五行(오행)으로는 火星(화성)과 金星(금성) 두 五行(오행)이다. 金星(금성)을 用神(용신)으로 잡으면 比劫(비겁)이 身弱(신약)이라 도움이 되지 않고, 火星(화성)인 印星(인성)에게 부탁하여, 官星(관성)을 泄氣(설기)하고, 比劫(비겁)을 相生(상생)하여 保護(보호)해야 된다.

乙木 大運(대운)에 乙木이 四柱(사주) 年干(년간) 辛金과 乙辛沖(을신충)이다. 官星(관성)과 食傷(식상)이 沖(충)이면, 밥그릇과 職場(직장)이 서로 沖(충)과 마찬가지다.

31세 辛巳年에 巳火는 丙火이므로 四柱(사주) 年干(년간) 辛金과 丙辛合水局(병신합수국)하면 壬水이고 偏財(편재) 忌神運(기신운)이다. 大運(대운)에서 乙辛沖(을신충)한 것을 勢運(세운)에서 合(합)하면 發生(발생)한다. 講師(강사) 하다가 그만두고 노래방 開業(개업)하려고 準備(준비) 중이다. 用神(용신)이 印星(인성)이라, 講師(강사) 職業(직업)이 잘 맞는데 뒷날은 사업이 잘 될지 두렵다.

정관		상관	식신				乾命				용신.토.재성
금	목	화	화								희신.금.관성
庚	乙	丙	丁	62	52	42	32	22	12	2	진용신.수.인성
辰	巳	午	未	己	庚	辛	壬	癸	甲	乙	기신.목.비겁
乙	戊	丙	丁	亥	子	丑	寅	卯	辰	巳	구신.화.식상
목	토	화	화								
비견	정재	상관	식신								

제살태과격(制殺太過格)　　월의심천 3일 13시간 54분

節期(절기)에서 3日 13時間(시간)이라 初氣(초기)에 해당한다.

乙木日柱(을목일주)가 地支(지지)에 通根(통근)하고 印星(인성)이 없어 身弱(신약)하다. 四柱(사주)에 强(강)한 것은 火星(화성)인 食傷(식상)이다. 食傷(식상)이 强(강)하면 피해보는 것은 官星(관성)인데, 구제할 수 있는 五行(오행)으로는 水星(수성)과 土星(토성) 두 五行(오행)이 있다. 水星(수성)을 用神(용신)으로 잡을까 하고보니 四柱(사주)에 없고 土星(토성)인 財星(재성)에게 부탁하여, 食傷(식상)을 泄氣(설기)하고, 官星(관성)을 保護(보호)해야 되는데 官星(관성)은 比劫(비겁)을 攻擊(공격)하기 때문에 不安(불안)감이 있다 하여 水星(수성)이 四柱(사주)에 없어 用神(용신)은 사용할 수는 없지만, 眞用神(진용신)으로는 쓸 수가 있다. 火氣(화기)가 많아 日干(일간)이 불에 타는 현상이라, 水氣(수기)인 印星(인성)이 와서 火氣(화기)를 攻擊(공격)해야 運(운)이 吉(길)해진다.

壬水 大運(대운)에 壬水가 四柱(사주) 丁火와 丁壬木局(정임목국)하면 甲木이고 劫財(겁재) 忌神運(기신운)이다. 食傷(식상)이 더욱 强(강)해져 官星(관성)을 攻擊(공격)하게 된다.

35세 辛巳年에 巳火는 丙火 傷官(상관) 仇神運(구신운)이다. 家具店(가구점)을 運營(운영)하는데 最惡(최악)의 상황이다.

식신		인수	정재		坤命						
토	화	목	금								용신.목.인성
戊	丙	乙	辛								희신.수.관성
戊	寅	未	丑	63	53	43	33	23	13	3	기신.금.재성
戊	甲	己	己	壬	辛	庚	己	戊	丁	丙	구신.토.식상
토	목	토	토	寅	丑	子	**亥**	戌	酉	申	한신.화.비겁
식신	편인	상관	상관								

식상용인격(食傷用印格) 월의심천 25일 2시간 23분

丙火日干(병화일간)이 地支(지지)에 通根(통근)하지 못하고 身弱(신약)하다. 四柱(사주)에 强(강)한 것은 土星(토성)인 食傷(식상)이다. 食傷(식상)이 强(강)하면 피해보는 것은 官星(관성)인데, 구제할 수 있는 五行(오행)으로는 木星(목성)과 金星(금성) 두 五行(오행)이다. 金星(금성)을 用神(용신)으로 사용하면 比劫(비겁)이 身弱(신약)이라 쓸 수가 없고 木星(목성)인 印星(인성)에게 부탁하여, 食傷(식상)을 攻擊(공격)하고, 官星(관성)을 保護(보호)해야 된다.

亥水 大運(대운)에 亥水는 壬水이므로 四柱(사주) 日干(일간) 丙火와 丙壬沖(병임충)이다. 壬水 偏官(편관) 喜神(희신)이 丙火 比劫(비겁) 閑神(한신)을 沖(충)하면 職場(직장)과 同氣(동기)에 대한 무엇인가 變化(변화)이다.

41세 辛巳年에 辛金이 四柱(사주) 日干(일간) 丙火와 丙辛合水局(병신합수국)하면 壬水이고 偏官(편관) 喜神運(희신운)이다. 大運(대운)에서 丙壬

沖(병임충)한 것을 勢運(세운)에서 合(합)하면 發生(발생)하게 된다. 그동안 職場(직장) 生活(생활)만 하다가 退職(퇴직)하고 男便(남편)과 같이 오징어 장사를 始作(시작)했는데, 職場生活(직장생활)보다, 收入(수입)도 吉(길)하고 男便(남편)과 사이도 좋지 않았는데 좋아지고 있다. 다가오는 庚金 大運(대운)이 문제이다.

편관		편인	편인										
화	금	토	토								용신.화.관성		
丁	辛	己	己			乾命					희신.토.인성		
酉	丑	巳	酉	68	58	48	38	28	18	8	기신.수.식상		
辛	辛	辛	辛	壬	癸	甲	乙	丙	丁	戊	구신.금.비겁		
금	금	금	금	戌	亥	子	丑	寅	卯	辰	한신.목.재성		
비견	비견	비견	비견										

재자약살격(財滋弱殺格) 월의심천 20일 16시간 40분

辛金日柱(신금일주)가 月令(월령)에 得令(득령)하고 比肩(비견)이 많아 太旺(태왕)하다. 四柱(사주)에 巳,酉,丑이 다 있어 巳酉丑金局(사유축금국)하면 辛金이고 比肩(비견)이다. 四柱(사주)에 强(강)한 것은 金星(금성)인 比劫(비겁)이다. 比劫(비겁)이 强(강)하면, 피해보는 것은 財星(재성)인데, 구제할 수 있는 五行(오행)으로는 火星(화성)과 水星(수성) 두 五行(오행)이다. 水星(수성)은 四柱(사주)에 없으므로 用神(용신)의 資格(자격)이 未達(미달)이라 쓸 수가 없고, 火星(화성)인 官星(관성)에게 부탁하여, 比劫(비겁)을 攻擊(공격)하고, 財星(재성)을 保護(보호)해야 되는데 財星運(재성운)이 오면 軍比正財(군비정재)라 不安(불안)하고 印星(인성)을 四柱(사주)구조상 어쩔 수없이 喜神(희신)라 했지만 印星運(인성운)은

吉(길)하지 않고 凶(흉)으로 봐야한다. 하여 四柱(사주)의 格(격)이 많이 떨어진다, 從革格(종혁격)으로 착각할 수 있는데 剋(극)하는 火가 있어 成立(성립)되지 못한다.

寅木 大運(대운)에 寅木는 甲木이므로 四柱(사주) 己土와 甲己合土局(갑기합토국)하면 戊土이고 印綬運(인수운)이다.

33세 辛巳年에 巳火는 丙火이므로 四柱(사주) 辛金과 丙辛合水局(병신합수국)하면 傷官(상관) 忌神運(기신운)인데, 自營業(자영업)을 運營(운영)하는데, 最惡(최악)을 맞이하여 失敗(실패)하고 말았다.

편관		상관	식신				坤命				용신.화.식상
금	목	화	화								희신.토.재성
辛	乙	丙	丁								기신.수.인성
巳	丑	午	未	64	54	44	34	24	14	4	구신.금.관성
丙	己	丁	己	癸	壬	辛	**庚**	己	戊	丁	한신.목.비겁
화	토	화	토	丑	子	亥	戌	酉	申	未	
상관	편재	식신	편재								

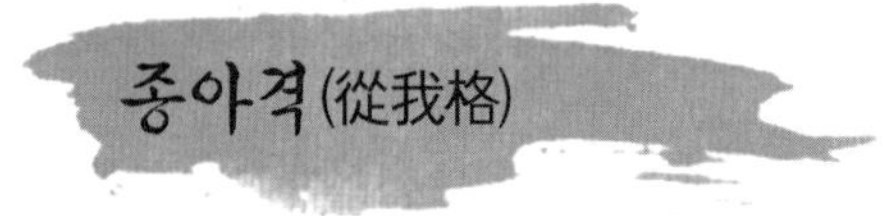

종아격(從我格)

월의심천 23일 15시간 54분

乙木日干(을목일간)이 地支(지지)에 通根(통근)하지 못하고 身弱(신약)하다. 四柱(사주)에 强(강)한 것은 火星(화성)인 食傷(식상)이다. 食傷(식상)을 剋(극)하는 印星(인성)이 四柱(사주)에 없고, 比劫(비겁)역시 없어, 일반 四柱(사주)와 달리 强者(강자)의 勢力(세력)에 大勢(대세)를 따라가야 吉(길)하게 된다. 이것을 從我格(종아격)이다.

庚金 大運(대운)에 庚金이 四柱(사주) 日干(일간) 乙木과 乙庚金局(을경

금국)하면 庚金이고 正官(정관) 仇神運(구신운)이다. 職場(직장)이나, 健康(건강), 男子문제가 發生(발생)한다.

35세 辛巳年에 巳火는 丙火이므로 四柱(사주) 時干(시간) 辛金과 丙辛合水局(병신합수국)하면 壬水이고 印綬(인수) 忌神運(기신운)이다. 文書(문서), 二姓(이성)문제가 發生(발생)한다는 뜻이다. 大運(대운)에서 乙庚金局(을경금국)하여 仇神運(구신운) 勢運(세운)에서 合(합)으로 忌神運(기신운)이라 男便(남편)이 自營業(자영업)을 하는데, 不振(부진)하고, 從業員(종업원)과 戀人(연인)사이가 되었고 男便(남편)은 愛人(애인)을 믿고 있었는데 金錢(금전)을 조금씩 빼낸 것이 날이 갈수록 점점 불어나고 事業(사업)이 잘되었다면 몰랐을 것을 事業(사업)이 不振(부진)해서 알게 되었다.

편재		정관	비견				坤命					
금	화	수	화									용신.화.비겁
辛	丁	壬	丁									희신.목.인성
丑	巳	子	未	67	57	47	37	27	17	7		기신.수.관성
辛	庚	癸	乙	己	戊	丁	丙	乙	甲	癸		구신.금.재성
금	금	수	목	未	午	巳	辰	**卯**	寅	丑		한신.토.식상
편재	정재	편관	편인									

재다용비격(財多用比格)　　월의심천 10일 22시간 12분

丁火日干(정화일간)이 地支(지지)에 通根(통근)하지 못하고 身弱(신약)하다. 四柱(사주)에 强(강)한 것은 金星(금성)인 財星(재성)이다. 財星(재성)이 强(강)하면, 피해보는 것은 印星(인성)인데, 구제할 수 있는 五行(오행)으로는 火星(화성)과 水星(수성) 두 五行(오행)이다. 水星(수성)을 用神(용신)을 잡으면 水剋火(수극화)하여, 比劫(비겁)이 더욱 身弱(신약)되기 때문에 쓸 수가 없고, 火星(화성) 比劫(비겁)이 財星(재성)을 攻擊(공격)하고, 印星(인성)을 保護(보호)해야 된다.

卯木 大運(대운)에 卯木는 乙木이므로 四柱(사주) 日支(일지) 庚金과 乙庚金局(을경금국)하면 庚金이고 正財(정재) 仇神運(구신운)이다. 財星(재성)은 官星(관성)을 生助(생조)하므로 官星(관성)에 대한 일이 發生(발생)한다.

35세 辛巳年에 辛金이 四柱(사주) 年支(년지) 乙木과 乙辛沖(을신충)이다. 大運(대운)에서 乙庚金局(을경금국)한 것을 勢運(세운)에서 乙辛沖(을신충)하면 發生(발생)하게 된다. 乙木 偏印(편인) 喜神(희신)이 다치게 된다. 未婚(미혼)이고 男子를 만나 愛人(애인)으로 3年 동안 結婚(결혼)상대로 만나서 매일 만나곤 했는데, 지금은 일주일 한번 하다가 한 달에 한번 尾行(미행)해서 다른 女子를 만나고 있었다, 因緣(인연)이 아니다 해서 정리를 하려고 하니 마음이 너무 아프다.

상관		비견	편재				乾命				용신.수.재성
금	토	토	수								희신.목.관성
辛	戊	戊	壬	65	55	45	35	25	15	5	기신.토.비겁
酉	戊	申	寅	乙	甲	癸	壬	辛	庚	己	구신.화.인성
辛	戊	庚	甲	卯	寅	丑	子	亥	戌	酉	한신.금.식상
금	토	금	목								
상관	비견	식신	편관								

제살태과격(制殺太過格) 월의심천 20일 8시간 56분

戊土日干(무토일간)이 日支(일지)에 得地(득지)하고 比劫(비겁)이 적당한 힘을 維持(유지)하고 있다. 四柱(사주)에 强(강)한 것은 金星(금성)인 食傷(식상)이다. 食傷(식상)이 强(강)하면, 피해보고 있는 것은 官星(관성)인데, 구제할 수 있는 五行(오행)으로는 火星(화성)과 水星(수성) 두 五行(오행)이다. 火星(화성)은 四柱(사주)에 없으므로 用神(용신)의 資格(자격)이 未達(미달)이라 쓸 수가 없고, 水星(수성)인 財星(재성)에게 부탁하여, 食傷(식상)을 泄氣(설기)하고, 官星(관성)을 相生(상생)하여 保護(보호)해야 된다.

子水 大運(대운)에 子水는 癸水이므로 四柱(사주) 戊土와 戊癸火局(무계화국)하면 丙火이고 偏印(편인) 仇神運(구신운)이다. 親舊(친구)와 文書(문서)문제가 發生(발생)한다. 40세 辛巳年에 辛金 食傷(식상) 閑神運(한신운)이다. 食傷(식상)은 무엇인가 始作(시작)한다는 뜻이다. 땅을 無理(무리)하게 求入(구입)하고 新築(신축)하려고 했는데, 金錢(금전)이 부족하여 業者(업자)가 集(집)을 完成(완성)하고, 전세해서 가져가기로 하고 新築(신축)공사를 始作(시작)했는데, 業者(업자)도 金錢(금전)이 부족하여 공사가 中斷(중단)되어있다. 大運(대운)에서 合(합)으로 仇神運(구신운)이라 慾心(욕심)으로 陷穽(함정)에 빠지고 말았다.

인수		편관	편인		乾命						용신.토.인성
토	금	화	토								희신.금.비겁
戊	辛	丁	己								희신.화.관성
戊	丑	丑	酉	66	56	46	36	26	16	6	기신.목.재성
戊	己	己	辛	庚	辛	壬	癸	甲	乙	丙	구신.수.식상
토	토	토	금	午	未	申	酉	**戌**	亥	子	
인수	편인	편인	비견								

종강격(從强格)

월의심천 15일 17시간 28분

辛金日柱(신금일주)가 地支(지지)에 通根(통근)하고 印星(인성)까지 있어 太旺(태왕)하다. 四柱(사주)에 强(강)한 것은 土星(토성)인 印星(인성)이다. 印星(인성)이 强(강)하면 피해보는 것은 食傷(식상)인데, 구제할 수 있는 五行(오행)은 金星(금성)과 木星(목성) 두 五行(오행)이다. 四柱(사주)에 木星(목성)이 없으므로 强(강)한 印星(인성)을 剋(극)하는 財星(재성)이 없기 때문에 일반 四柱(사주)와 달리 强者(강자)의 勢力(세력)에 大勢(대세)를 따라가야 吉(길)해진다.

戊土 大運(대운)에 戊土는 戊土 印綬(인수) 用神運(용신운)이다. 印星(인성)은 文書(문서), 二姓(이성), 貴人(귀인), 윗사람의 도움이 있다는 뜻이다.

33세 辛巳年에 巳火가 四柱(사주) 酉, 丑과 巳酉丑金局(사유축금국)하면 辛金이고 比肩(비견) 喜神運(희신운)이다. 比肩(비견)은 親舊(친구), 兄弟(형제), 同氣(동기)등의 도움이 있다. 大運(대운)에서 戊土 用神(용신) 윗사람, 勢運(세운)에서 三合(삼합)으로 辛金 喜神(희신) 親舊(친구), 兄弟(형제)들을 도움으로 職場生活(직장생활)을 하고 있는데, 金錢(금전)이 恒常(항상)부족하게 살았는데, 형님이 도와준다고 職場(직장) 그만두고 事

業(사업)을 한번 始作(시작) 해보라고 해야 할지 말아야 할지 다음 大運(대운)도 잘 오고 있고 吉(길)하다.

비견		겁재	식신			坤命					용신.화.인성
토	토	토	금								희신.토.비겁
戊	戊	己	庚	62	52	42	32	22	12	2	기신.수.재성
午	子	卯	戌	壬	癸	甲	乙	丙	丁	戊	구신.금.식상
丙	壬	甲	辛	申	酉	戌	亥	子	丑	寅	한신.목.관성
화	수	목	금								
편인	편재	편관	상관								

살중용인격(殺重用印格)   월의심천 3일 3시간 32분

節期(절기)에서 3日 3時間(시간)이라 初氣(초기)에 해당한다.

戊土日干(무토일간)이 地支(지지)에 通根(통근)하지 못하고 身弱(신약)하다. 四柱(사주)에 强(강)한 것은 木星(목성)인 官星(관성)이다. 官星(관성)이 强(강)하면 피해보는 것은 比劫(비겁)인데, 구제할 수 있는 五行(오행)으로는 火星(화성)과 金星(금성) 두 五行(오행)이다. 金星(금성)을 用神(용신)으로 잡으면 比劫(비겁)이 身弱(신약)이라 쓸 수가 없고, 火星(화성)인 印星(인성)에게 부탁하여, 官星(관성)을 泄氣(설기)하고, 比劫(비겁)을 相生(상생)하여 保護(보호)해야 된다.

乙木 大運(대운)에 乙木이 四柱(사주) 年干(년간) 庚金과 乙庚金局(을경금국)하면 庚金이고 食傷(식상) 仇神運(구신운)이다. 乙木는 男子이고 職場(직장)인데, 合(합)으로 食傷(식상)이면 무엇인가 始作(시작)한다는 뜻이다.

32세 辛巳年에 辛金이 四柱(사주) 時支(시지) 丙火(병화)와 丙辛合水

局(병신합수국)하면 壬水이고 偏財(편재) 忌神運(기신운)이다. 大運(대운)에서 合(합)으로 仇神運(구신운)이고 勢運(세운)에서 合(합)으로 用神(용신)이 사라지고, 財星(재성) 忌神運(기신운)이라 어찌 財物(재물) 慾心(욕심)을 내지 않겠는가? 職場(직장)을 退職(퇴직)하고 男便(남편)과 같이 호프집을 始作(시작)하려고 한다.

인수		겁재	인수				坤命					
화	토	토	화								용신.수.재성
丁	戊	己	丁								희신.목.관성
巳	子	酉	酉	70	60	50	40	30	20	10	기신.토.비겁
戊	壬	庚	庚	丙	乙	甲	癸	壬	辛	庚	구신.화.인성
토	수	금	금	辰	卯	寅	丑	子	亥	戌	한신.금.식상
비견	편재	식신	식신								

재살태과격(制殺太過格) 월의심천 5일 2시간 18분

節期(절기)에서 5日 2時間(시간)이라 初氣(초기)에 해당한다.

戊土日柱(무토일주)가 地支(지지)에 通根(통근)하고 印星(인성)까지 있어 적당한 힘을 維持(유지)하고 있다. 四柱(사주)에 强(강)한 것은 金星(금성)인 食傷(식상)이다. 食傷(식상)이 强(강)하면 피해보는 것은 官星(관성)인데, 구제할 수 있는 五行(오행)으로는 火星(화성)과 水星(수성) 두 五行(오행)이다. 火星(화성)을 用神(용신)으로 잡으면 比劫(비겁)이 身强(신강)되기 때문에 쓸 수가 없고, 水星(수성)인 財星(재성)에게 부탁하여, 食傷(식상)을 泄氣(설기)하고, 官星(관성)을 相生(상생)하여 保護(보호)하는 것이 吉(길)하다.

丑土 大運(대운)에 丑土는 己土 劫財(겁재) 忌神運(기신운)이다. 比劫(비겁)은 財星(재성)을 攻擊(공격)하므로 金錢(금전)문제가 深刻(심각)하고, 食傷(식상)을 相生(상생)하므로 무엇인가 始作(시작)하려는 마음을 가지게 된다.

45세 辛巳年에 巳火는 丙火이므로 四柱(사주) 日支(일지) 壬水와 丙壬沖(병임충)이다. 丙火 偏印(편인) 仇神(구신)이 壬水 用神(용신)과 沖(충)이면 참된 생각을 못하게 되고 財物(재물)을 잃게 된다. 男便(남편)이 金錢(금전)으로 힘이 들어, 무엇인가 始作(시작)해서 도움을 줄까 하는데, 지금은 時機尙早(시기상조)이다. 가만히 있는 것이 오히려 吉(길)하다.

편재		식신	정관				坤命				용신.목.비겁
토	목	화	금								희신.수.인성
己	乙	丁	庚	63	53	43	33	23	13	3	기신.금.관성
卯	巳	亥	子	庚	辛	壬	癸	甲	乙	丙	구신.토.재성
甲	戊	戊	壬	辰	巳	午	未	申	酉	戌	한신.화.식상
목	토	토	수								
겁재	정재	정재	인수								

재다용비격(財多用比格)   월의심천 5일 11시간 28분

節期(절기)에서 5日 11時間(시간)이라 初氣(초기)에 해당한다.

乙木日干(을목일간)이 地支(지지)에 通根(통근)하고 印星(인성)까지 있는데 比劫(비겁)과 印星(인성)이 거리가 멀어 서로 마음은 있어도 도움이 못되고 있어 身弱(신약)하다. 四柱(사주)에 强(강)한 것은 土星(토성)인 財星(재성)이다. 財星(재성)이 强(강)하면, 피해보는 것은 印星(인성)인데, 구제할 수 있는 五行(오행)은 木星(목성)과 金星(금성) 두 五行(오행)이다. 金星(금성)을 用神(용신)으로 잡으면, 比劫(비겁)이 弱(약)한 상태라 不安(불안)하고, 木星(목성)인 比劫(비겁)이 財星(재성)을 攻擊(공격)하고, 印星(인성)을 保護(보호)해야 된다.

未土 大運(대운)에 未土는 己土이므로 四柱(사주) 時支(시지) 甲木과 甲己合土局(갑기합토국)하면 戊土이고 正財(정재) 仇神運(구신운)이다.

42세 辛巳年에 辛金이 四柱(사주) 日干(일간) 乙木과 乙辛冲(을신충)이다. 大運(대운)에서 合(합)으로 甲木 用神(용신)이 사라지고 勢運(세운)에서 辛金 偏官(편관) 男子가 乙木 自身(자신)과 冲(충)이라, 未婚(미혼)이고 친구소개로 男子를 만났는데 처음에는 多情多感(다정다감)해서 結婚(결혼)까지 생각했는데 친하고 나니까. 점점 변해져 믿음이 가지 않고 抛棄(포기)하고 5개월 동안 잃은 것만 있고 德(덕)이 없다.

인수		편관	상관				乾命					
목	화	수	토									용신.금.재성
乙	丙	壬	己									희신.수.관성
未	辰	申	酉	62	52	42	32	22	12	2		기신.화.비겁
丁	乙	戊	庚	乙	丙	丁	戊	己	庚	辛		구신.목.인성
화	목	토	금	丑	寅	卯	辰	巳	午	未		한신.토.식상
겁재	인수	식신	편재									

제살태과격(制殺太過格)   월의심천 1일 12시간 16분

節期(절기)에서 1日 12時間(시간)이라 初氣(초기)에 해당한다.

丙火日柱(병화일주)가 地支(지지)에 通根(통근)하고 印星(인성)까지 있어 적당한 힘을 維持(유지)하고 있다. 四柱(사주)에 强(강)한 것은 食傷(식상)이다. 食傷(식상)이 强(강)하면, 피해보는 것은 官星(관성)인데, 구제할 수 있는 五行(오행)은 金星(금성)과 木星(목성) 두 五行(오행)이다. 木星(목성)을 用神(용신)으로 잡으면 比劫(비겁)이 身强(신강)되기 때문에 쓸 수가 없고, 金星(금성)인 財星(재성)에게 부탁하여, 食傷(식상)을 泄氣(설기)하고, 官星(관성)을 相生(상생)하여 保護(보호)해야 된다.

戊土 大運(대운)에 戊土 食神(식신) 閑神運(한신운)이다. 食傷(식상)이 四柱(사주)에 强(강)한데, 食傷運(식상운)이 오면 官星(관성)을 攻擊(공격)하기 때문에 職場(직장), 官災(관재)문제가 發生(발생)하고, 食傷(식상)은 새로운 것 新規(신규) 擴張(확장)등이 따르게 된다.

33세 辛巳年에 巳火는 丙火이므로 四柱(사주) 月干(월간) 壬水와 丙壬沖(병임충)이다. 丙火 比劫(비겁) 忌神(기신)이 壬水 偏官(편관) 喜神(희신)과 沖(충)이면 壬水 偏官(편관)이 다치게 된다. 約婚(약혼)하고 結婚式(결혼식)을 앞두고 破婚(파혼)하고 말았다.

겁재		정관	편재				坤命					용신.목.관성
토	토	목	수									희신.수.재성
戊	己	甲	癸	62	52	42	32	22	12	2		기신.금.식상
辰	亥	寅	丑	辛	庚	己	戊	丁	丙	乙		구신.토.비겁
戊	壬	甲	己	酉	申	未	午	**巳**	辰	卯		한신.화.인성
토	수	목	토									
겁재	정재	정관	비견									

재자약살격 (財滋弱殺格)　　월의심천 28일 0시간 26분

己土日柱(기토일주)가 地支(지지)에 通根(통근)하고 劫財(겁재)가 있어 身强(신강)하다. 四柱(사주)에 强(강)한 것은 比劫(비겁)이다. 比劫(비겁)이 强(강)하면, 피해보는 것은 財星(재성)인데, 구제할 수 있는 五行(오행)은 木星(목성)과 金星(금성) 두 五行(오행)이다. 金星(금성)은 四柱(사주)에 없으므로 用神(용신)의 資格(자격)이 未達(미달)이라 쓸 수가 없고, 木星(목성)인 官星(관성)에게 부탁하여, 比劫(비겁)을 攻擊(공격)하고, 財星(재성)을 保護(보호)하는 것이 吉(길)하다.

巳火 大運(대운)에 巳火가 四柱(사주) 日支(일지) 亥水와 巳亥沖(사해충)하면 亥中甲木(해중갑목)이 中氣(중기)에서 나오게 된다. 甲木이 나와서 무엇을 하는가 甲己合土局(갑기합토국)하면 戊土이고 劫財(겁재) 仇神運(구신운)이다. 甲木는 正官(정관)은 男便(남편)이고, 己土는 女子이고 配偶者(배우자)궁에서 沖(충)해서 甲木이 나와 合(합)하면 즉 男便(남편)과 女子문제가 發生(발생)하게 된다.

29세 辛巳年에 巳火가 四柱(사주) 日支(일지) 亥水와 巳亥沖(사해충)하면 亥中甲木(해중갑목)이 中氣(중기)에서 나오게 된다. 甲木이 나와서 무엇을 하는가? 四柱(사주) 己土와 甲己合土局(갑기합토국)하면 戊土 劫財(겁재) 仇神運(구신운)이다. 男便(남편)이 바람나서 離婚(이혼)했는데, 혼자서 두 男妹(남매)를 키우기가 힘이 들고 일을 해야 먹고사는데 어린아이 때문에 어떻게 해야 할지 막막하다.

<table>
<tr><td>편재</td><td></td><td>비견</td><td>겁재</td><td colspan="8"></td><td></td></tr>
<tr><td>화</td><td>수</td><td>수</td><td>수</td><td colspan="8" align="center">坤命</td><td>용신.토.관성</td></tr>
<tr><td>丁</td><td>癸</td><td>癸</td><td>壬</td><td colspan="8"></td><td>희신.화.재성</td></tr>
<tr><td>巳</td><td>卯</td><td>丑</td><td>子</td><td>62</td><td>52</td><td>42</td><td>32</td><td>22</td><td>12</td><td>2</td><td></td><td>기신.목.식상</td></tr>
<tr><td>戊</td><td>甲</td><td>癸</td><td>壬</td><td>丙</td><td>丁</td><td>戊</td><td>己</td><td>庚</td><td>辛</td><td>壬</td><td></td><td>구신.수.비겁</td></tr>
<tr><td>토</td><td>목</td><td>수</td><td>수</td><td>午</td><td>未</td><td>申</td><td>酉</td><td>戌</td><td>亥</td><td>子</td><td></td><td>한신.금.인성</td></tr>
<tr><td>정관</td><td>상관</td><td>비견</td><td>겁재</td><td colspan="8"></td><td></td></tr>
</table>

재자약살격(財滋弱殺格) 월의심천 1일 14시간 5분

節期(절기)에서 1日 14時間(시간)이라 初氣(초기)에 해당한다.

癸水日柱(계수일주)가 月令(월령)에 得令(득령)하고 比劫(비겁)이 太旺(태왕)하다. 比劫(비겁)이 强(강)하면, 피해보는 것은 財星(재성)인데, 구제할 수 있는 五行(오행)으로는 土星(토성)과 木星(목성) 두 五行(오행)이다. 木星(목성)을 用神(용신)으로 사용하면 丑月에 木星(목성)은 浮木(부목)이 되기 때문에 不安(불안)하고 土星(토성)인 官星(관성)에게 부탁하여 比劫(비겁)을 攻擊(공격)하고 財星(재성)을 保護(보호)해야 된다.

戊土 大運(대운)에 戊土는 戊土이므로 戊土가 四柱(사주) 癸水와 戊癸火局(무계화국)하면 丙火이고 正財(정재) 喜神運(희신운)이다. 戊土는 職場(직장), 男子이고, 癸水는 親舊(친구), 姉妹(자매) 合(합)하여 財星(재성),

즉 職場(직장)과 財物(재물)등이 吉(길)하다는 뜻이다.

　30세 辛巳年에 巳火는 丙火이므로 四柱(사주) 壬水와 丙壬沖(병임충)이다. 丙火 正財(정재)가 壬水 劫財(겁재) 仇神(구신)과 沖(충)이다. 大運(대운)에서 合(합)으로 喜神運(희신운)이고 勢運(세운)에서 丙火가 沖(충)이면 움직인다는 뜻이다. 廚房(주방)장 인데, 언니와 동생들과 公同(공동)으로 食堂(식당)을 開業(개업)하려고 하는데 이왕이면 擇日(택일)해서 좋은 날 開業(개업)하려고 한다.

편관		편관	편인								용신.토.인성
화	금	화	토				坤命				희신.금.비겁
丙	庚	丙	戊								희신.화.관성
戌	申	辰	申	66	56	46	36	26	16	6	기신.목.재성
戊	庚	戊	庚	己	庚	辛	壬	癸	甲	乙	구신.수.식상
토	금	토	금	酉	戌	亥	子	丑	寅	卯	
편인	비견	편인	비견								

종강격(從强格)　　　월의심천 15일 18시간 9분

　庚金日柱(경금일주)가 日支(일지)에 得地(득지)하고 印星(인성)까지 있어 太旺(태왕)하다. 四柱(사주)에 强(강)한 것은 土星(토성)인 印星(인성)이다. 印星(인성)이 强(강)하면 피해보는 것은 食傷(식상)인데. 구제할 수 있는 五行(오행)은 金星(금성)과 木星(목성) 두 五行(오행)이다. 四柱(사주)에 木星(목성)이 없으므로 强(강)한 印星(인성)을 剋(극)하는 者(자)가 없어 일반 四柱(사주)와 달리 强者(강자)의 勢力(세력)에 大勢(대세)를 따라가야 吉(길)하게 된다.

丑土 大運(대운)에 丑土는 己土이므로 印綬(인수) 用神運(용신운)인데, 吉(길)하다고는 生角(생각)하면 錯覺(착각)이다. 丑土는 12月에 土이기 때문에 水의 本紀(본기)를 가지고 있어 하여 50%는 水氣(수기)이고 濕土(습토)이다.

34세 辛巳年에 辛金이 四柱(사주) 丙火와 丙辛合水局(병신합수국)하면 壬水이고 食神(식신) 仇神運(구신운)이다. 辛金은 男子이고, 丙火는 男便(남편)인데, 合(합)하여 食傷(식상)이면 새로운 것 始作(시작)이다. 男便(남편)과 뜻이 맞지 않아서 家出(가출)하고, 우연히 男子만나 愛人(애인)사이가 되고 同居生活(동거생활)을 始作(시작)했는데, 每日(매일) 毆縛(구박)하고 싸움만 하여 集(집)을 나와서 어디를 갈까? 男子 福(복)이 왜 없는가? 어떻게 살아야 하는가?

편인		인수	편재				乾命				용신.금.인성
금	수	금	화								희신.수.비겁
辛	癸	庚	丁	67	57	47	37	27	17	7	진용신.목.식상
酉	亥	戌	未	癸	甲	乙	丙	丁	戊	己	기신.화.재성
辛	壬	戊	己	卯	辰	巳	午	未	申	酉	구신.토.관성
금	수	토	토								
편인	겁재	정관	편관								

살중용인격(殺重用印格)　월의심천 17일 9시간 49분

癸水日柱(계수일주)가 日支(일지)에 得地(득지)하고 印星(인성)까지 있어 적당한 힘을 維持(유지)하고 있다. 四柱(사주)에 强(강)한 것은 土星(토성)인 官星(관성)이다. 官星(관성)이 强(강)하면 피해보는 것은 比劫(비겁)인데, 구제할 수 있는 五行(오행)은 金星(금성)과 木星(목성) 두 五行(오행)이다. 木星(목성)은 四柱(사주)에 없어 用神(용신)을 잡을 수는 없고, 金星(금성)인 印星(인성)에게 부탁하여, 官星(관성)을 泄氣(설기)하고, 比劫(비겁)을 相生(상생)해야 되는데 比劫(비겁)이 身强(신강)되기 때문에 不安(불안)하다 四柱(사주)상 어쩔 수없이 用神(용신)을 잡았지만 木星(목성)인 食傷(식상)이 官星(관성)을 攻擊(공격)하고, 比劫(비겁)을 保護(보호)해야 吉(길)하다. 하여 眞用神(진용신)이라 칭한다.

未土 大運(대운)에 未土는 己土 偏官(편관) 仇神運(구신운)이다. 四柱(사주)에 官星(관성)이 强(강)하게 있는데 官星運(관성운)이 와서 印星(인성)을 相生(상생)하면 印星(인성)쪽에서 發生(발생)한다. 즉 文書(문서)나 二姓(이성)문제가 不吉(불길)하다.

35세 辛巳年에 巳火가 四柱(사주) 日支(일지) 亥水와 巳亥沖(사해충)하면 亥中甲木(해중갑목)이 中氣(중기)에서 나오게 된다. 甲木이 나와서 무엇을 하는가 年支(년지) 己土와 甲己合土局(갑기합토국)하면 戊土이고 正官(정관) 仇神運(구신운)이다. 巳亥沖(사해충)으로 配偶者(배우자) 궁이 흔들리고, 甲木이 나와서 己土와 合(합)으로 正官(정관)이라 官星(관성)은 印星(인성)을 相生(상생)하여 印星(인성)이 잘 못되고 官星(관성)은 食傷(식상)이 없으므로 氣高萬丈(기고만장)하여 比劫(비겁)을 攻擊(공격)하게 된다. 婦人(부인)이 家出(가출)했다가 들어 와기에 容恕(용서)를 했는데 또 集(집)을 家出(가출)해서 두 달이 되었는데 오지 않고 있다. 集(집)에 들어오면 용서해 줄 것인데 겁이 나서 못 오나 보다 무섭게 하지를 말아야지.

관인상생격(官印相生格)   월의심천 20일 0시간 3분

己土日干(기토일간)이 地支(지지)에 通根(통근)하고 印星(인성)까지 있어 적당한 힘을 維持(유지)하고 있다. 四柱(사주)에 强(강)한 것은 金星(금성)인 食傷(식상)이다. 食傷(식상)이 强(강)하면, 피해보는 것은 官星(관성)인데, 구제할 수 있는 五行(오행)은 火星(화성)과 水星(수성) 두 五行(오행)이다. 水星(수성)은 四柱(사주)에 없으므로, 用神(용신)의 資格(자격) 未達(미달)이라 쓸 수가 없고, 火星(화성)인 印星(인성)에게 부탁하여, 食傷(식상)을 攻擊(공격)하고, 官星(관성)을 保護(보호)해야 된다.

亥水 大運(대운)에 亥水는 壬水이므로 四柱(사주) 日支(일지) 丙火와 丙壬沖(병임충)이다. 壬水 正財(정재) 忌神(기신)이 丙火 印綬(인수) 用神(용신)과 沖(충)이면 印星(인성)이 꼼짝 못하고, 食傷(식상)은 喜神(희신)인 官星(관성)을 攻擊(공격)하게 되어 職場(직장)이 잘못되게 된다.

34세 辛巳年에 辛金이 四柱(사주) 日支(일지) 丙火와 丙辛合水局(병신합수국)하면 壬水이고 正財(정재) 忌神運(기신운)이다. 大運(대운)에서 沖(충)한 것을 勢運(세운)에서 合(합)하면 發生(발생)하게 된다. 用神(용신)이 사라지고 食傷(식상)은 官星(관성)을 攻擊(공격)하여 官星(관성)이 다치게 된다. 職場(직장)을 그만두고 부동산중개사 試驗(시험) 공부 중이다.

정재		겁재	편재	坤命							용신.목.식상
화	수	수	화								희신.수.비겁
丙	癸	壬	丁								기신.금.인성
辰	亥	寅	未	63	53	43	33	23	13	3	구신.토.관성
戊	壬	甲	己	己	戊	丁	丙	乙	甲	癸	한신.화.재성
토	수	목	토	酉	申	未	午	巳	辰	卯	
정관	겁재	상관	편관								

식상제살격(食傷制殺格) 월의심천 23일 10시간 59분

癸水日柱(계수일주)가 日支(일지)에 得地(득지)하고 적당한 힘을 維持(유지)하고 있다. 四柱(사주)에 强(강)한 것은 土星(토성)인 官星(관성)이다. 官星(관성)이 强(강)하면 피해보는 것은 比劫(비겁)인데, 구제할 수 있는 五行(오행)으로는 金星(금성)과 木星(목성) 두 五行(오행)이다. 金星(금성)은 四柱(사주)에 없으므로 用神(용신)의 資格(자격)이 未達(미달)이라, 쓸 수가 없고, 木星(목성)인 食傷(식상)에게 부탁하여, 官星(관성)을 攻擊(공격)하고, 比劫(비겁)을 保護(보호)해야 된다.

丙火 大運(대운)에 丙火가 四柱(사주) 壬水와 丙壬沖(병임충)이다. 丙火 正財(정재)가 喜神(희신)인 壬水 劫財(겁재)와 沖(충)이면 즉, 丙火 正財(정재) 財物(재물)과 壬水(임수) 劫財(겁재) 男子문제가 發生(발생)한다.

35세 辛巳年에 巳火가 四柱(사주) 日支(일지) 亥水와 巳亥沖(사해충)하면 亥中甲木(해중갑목)이 中氣(중기)에서 나오게 된다. 甲木이 나와서 무엇을 하는가? 年支(년지) 己土와 甲己合土局(갑기합토국)하면 戊土이고 正官(정관) 仇神運(구신운)이 된다. 男便(남편)과 같이 슈퍼마켓을 運營(운영)하는데, 不實(부실)해서 정리하고 어린이집을 始作(시작)하려고 하는데

男便(남편)과 議論(의논)이 맞지 않고, 싸움만 지금은 不吉(불길)하고 38
세 午火 大運(대운)이 吉(길)하게 된다.

정재		편재	인수									용신.토.비겁
수	토	수	화			坤命						희신.화.인성
癸	戊	壬	丁									기신.목.관성
亥	辰	子	酉	66	56	46	36	26	16	6		구신.수.재성
壬	戊	癸	辛	己	戊	丁	丙	乙	甲	癸		한신.금.식상
수	토	수	금	未	午	巳	**辰**	卯	寅	丑		
편재	비견	정재	상관									

재다용비격(財多用比格)

월의심천 15일 4시간 34분

戊土日柱(무토일주)가 日支(일지)에 得地(득지)하고 印星(인성)까지 있어
적당한 힘을 維持(유지)하고 있다. 四柱(사주)에 强(강)한 것은 水星(수
성)인 財星(재성)이다. 財星(재성)이 强(강)하면 피해보는 것은 印星(인성)인
데, 구제할 수 있는 五行(오행)은 土星(토성)과 木星(목성) 두 五行(오행)이
다. 木星(목성)은 四柱(사주)에 없으므로 用神(용신)의 資格(자격)이 未
達(미달)이라, 쓸 수가 없고, 土星(토성)인 比劫(비겁)이 財星(재성)을 攻
擊(공격)하고, 印星(인성)을 保護(보호)해야 된다. 四柱(사주)에 合(합)이
많아 多情多感(다정다감)하고, 잘못하면 色情(색정)에 빠지게 되고, 口舌
數(구설수)가 따르게 된다.

辰土 大運(대운)에 辰土는 戊土이므로 戊土가 四柱(사주) 癸水와 戊癸
火局(무계화국)하면 丙火이고 偏印(편인) 喜神運(희신운)이다. 癸水 正
財(정재) 財物(재물)과 戊土 用神(용신) 比劫(비겁) 親舊(친구), 同僚(동
료)와 合(합)해서 印星(인성)이라 윗사람의 도움이고, 文書(문서) 運(운)이

다. 45세 辛巳年에 巳火가 四柱(사주) 時支(시지) 亥水와 巳亥冲(사해충)하면 亥中甲木(해중갑목)이 中氣(중기)에서 나오게 된다. 甲木이 나와서 무엇을 하는가? 變化(변화)지 않고 甲木 偏官(편관) 忌神運(기신운)이다. 甲木 偏官運(편관운)에는 즉 職場(직장), 名譽(명예), 官災(관재), 口舌數(구설수), 男子, 등이 發生(발생)할 수 있다, 그동안에는 모든 사람들의 도움으로 代表理事(대표이사)를 歷任(역임)하면서 아무런 문제없이 잘해 왔는데, 올 後半(후반)에 男子에 대한 口舌數(구설수)가 있어 어쩔 수없이 代表理事(대표이사)직을 一時的(일시적)으로 물러나서 훗날을 보고 深思熟考(심사숙고)하고 있다. 大運(대운)에서 用神(용신) 喜神運(희신운)이라 해서 5年 동안 전부 吉(길)하지는 않고 勢運(세운)에서 忌神(기신) 仇神運(구신운)이 오면 凶(흉)하다. 다만 5年 동안에 凶(흉)보다는 吉(길)한 것이 많고 잃는 것보다 얻는 것이 많다는 뜻이다.

편인		인수	편인		坤命						용신.금.인성
금	수	금	금								희신.수.비겁
庚	壬	辛	庚	70	60	50	40	30	20	10	기신.화.재성
戌	子	巳	戌	甲	乙	丙	丁	戊	己	庚	구신.목.식상
戊	癸	丙	戊	戌	亥	子	丑	寅	卯	辰	한신.토.관성
토	수	화	토								
편관	겁재	편재	편관								

살중용인격(殺重用印格) 월의심천 26일 12시간 56분

壬水日柱(임수일주)가 日支(일지)에 得地(득지)하고 印星(인성)이 있어 적당한 힘을 維持(유지)하고 있다. 四柱(사주)에 强(강)한 것은 土星(토성)인 官星(관성)이다. 官星(관성)이 强(강)하면, 피해보는 것은 比劫(비겁)인데, 구제할 수 있는 五行(오행)으로는 金星(금성)과 木星(목성) 두 五行(오행)이다. 木星(목성)은 四柱(사주)에 없으므로, 用神(용신)의 資格(자격)이 未達(미달)이라, 쓸 수가 없고, 金星(금성)인 印星(인성)에게 부탁하여, 官星(관성)을 泄氣(설기)하고, 比劫(비겁)을 相生(상생)하여 保護(보호)하는 것이 吉(길)하다.

戊土 大運(대운)에 戊土가 四柱(사주) 日支(일지) 癸水와 戊癸火局(무계화국)하면 丙火이고 偏財(편재) 忌神運(기신운)이다. 財星(재성)이 合(합)으로 와서 官星(관성)을 相生(상생)하면 官星(관성)이 氣高萬丈(기고만장)하여 官星(관성)쪽으로 일이 發生(발생)하게 된다.

32세 辛巳年에 巳火는 丙火이므로 四柱(사주) 月干(월간) 辛金(신금)과 丙辛合水局(병신합수국)하면 壬水 比肩(비견) 喜神運(희신운)이다. 學院(학원)을 始作(시작)하려고 準備(준비) 중이다. 不安(불안)하다 大運(대운)에서 財星(재성) 忌神運(기신운)이면 勢運(세운)에서 喜神(희신)이라 할지라도 猜忌的(시기적)으로는 不吉(불길)하다.

편인		편인	식신		乾命							
목	화	목	토			70	60	50	40	30	20	10
甲	丙	甲	戊			辛	庚	己	**戊**	丁	丙	乙
午	辰	寅	戌			酉	申	未	午	巳	辰	卯
丙	乙	丙	丙									
화	목	화	화									
비견	인수	비견	비견									

용신.화.비겁
희신.목.인성
희신.토.식상
기신.수.관성
구신.금.재성

종왕격(從旺格)　　월의심천 3일 19시간 41분

節期(절기)에서 3日 19時間(시간)이라 辰은 初氣(초기)에 해당하고, 寅午戌火局(인오술화국)하면 丙火이다. 三子中에 月支(월지)에 한자가 있기 때문에 三合(삼합)이 成立(성립)된다.

丙火日柱(병화일주)가 月令(월령)에 得令(득령)하고 太旺(태왕)이다. 四柱(사주)에 强(강)한 것은 比劫(비겁)이다. 比劫(비겁) 强(강)하면 剋(극)하는 官星(관성)이 있어야 되는데, 四柱(사주)에 官星(관성)이 없으므로, 從格(종격)으로 가는 從旺格(종왕격)이다. 일반 四柱(사주)와 달리 强者(강자)의 勢力(세력)에 大勢(대세)를 따라가야 吉(길)하다.

戊土 大運(대운)에 戊土는 食神(식신) 喜神運(희신운)이다. 새로운 것 新規(신규), 擴張(확장), 무엇인가 始作(시작)한다는 뜻이다.

44세 辛巳年에 巳火는 丙火이므로 比肩(비견) 用神運(용신운)이다. 大運(대운)에서 食傷(식상) 喜神運(희신운)이고 勢運(세운)에서 比劫(비겁) 用神運(용신운)이라 吉(길)하다. 夫婦(부부)와 같이 치킨 점을 運營(운영)하는데 생각보다 장사가 잘되어, 業種(업종)을 바꿔서 해볼까 精肉店(정육점)을 해볼까 한다. 아니면 치킨 점을 하면서 精肉店(정육점)도 같이 大運(대운)이 흐름이 午火, 己土, 未土 大運(대운)까지는 大吉(대길)하다.

편재		상관	편인		乾命							용신.수.식상
목	금	수	토									희신.목.재성
乙	辛	壬	己									기신.토.인성
未	卯	申	亥	71	61	51	41	31	21	11		구신.화.관성
己	乙	庚	壬	乙	丙	丁	**戊**	己	庚	辛		한신.금.비겁
토	목	금	수	丑	寅	卯	辰	巳	午	未		
편인	편재	겁재	상관									

식상생재격(食傷生財格)　월의심천 28일 21시간 26분

　辛金日柱(신금일주)가 月令(월령)에 得令(득령)하고 印星(인성)까지 있어 身强(신강)하다. 四柱(사주)에 亥卯未 三合(삼합)이 있는데, 月令(월령)에 三子중 한자는 있어야 成立(성립)된다. 四柱(사주)에 强(강)한 것은 比劫(비겁)이다. 比劫(비겁)이 强(강)하면, 피해보는 것은 財星(재성)인데, 구제할 수 있는 五行(오행)으로는 火星(화성)과 水星(수성) 두 五行(오행)이 있다. 火星(화성)은 四柱(사주)에 없으므로 用神(용신)으로서 資格(자격) 未達(미달)이라 쓸 수가 없고, 水星(수성)인 食傷(식상)에게 부탁하여, 比劫(비겁)을 泄氣(설기)하고, 財星(재성)을 相生(상생)하여 保護(보호)해야 된다.

　戊土 大運(대운)에 戊土 印綬(인수) 忌神運(기신운)이다. 印星(인성)은 用神(용신)인 食傷(식상)을 攻擊(공격)하므로 사리판단을 못하게 하고 比劫(비겁)을 生助(생조)하면 比劫(비겁)은 財星(재성)을 剋(극)해서 財物(재물)이나 女子문제가 發生(발생)한다.

　43세 辛巳年에 辛金이 四柱(사주) 乙木과 乙辛沖(을신충)이다. 比肩(비견)이 偏財(편재) 喜神(희신)을 沖(충)이면 財物(재물)과 親舊(친구)문제이다.

親舊(친구)가 증권에 投資(투자)하면 얻는 것이 많다고 해서 始作(시작)했는데 損害(손해)를 많이 보았다. 지금은 마음잡고 抛棄(포기)하고 있다.

<table>
<tr><td>겁재</td><td></td><td>편재</td><td>정관</td><td colspan="7" rowspan="2">坤命</td><td>용신.토.재성</td></tr>
<tr><td>목</td><td>목</td><td>토</td><td>금</td><td>희신.금.관성</td></tr>
<tr><td>乙</td><td>甲</td><td>戊</td><td>辛</td><td>68</td><td>58</td><td>48</td><td>38</td><td>28</td><td>18</td><td>8</td><td>기신.목.비겁</td></tr>
<tr><td>亥</td><td>申</td><td>戌</td><td>丑</td><td>乙</td><td>甲</td><td>癸</td><td>壬</td><td>辛</td><td>庚</td><td>己</td><td>구신.수.인성</td></tr>
<tr><td>甲</td><td>壬</td><td>丁</td><td>辛</td><td>巳</td><td>辰</td><td>卯</td><td>寅</td><td>丑</td><td>子</td><td>亥</td><td>한신.화.식상</td></tr>
<tr><td>목</td><td>수</td><td>화</td><td>금</td><td colspan="7"></td><td></td></tr>
<tr><td>비견</td><td>편인</td><td>상관</td><td>정관</td><td colspan="7"></td><td></td></tr>
</table>

제살태과격(制殺太過格)　　월의심천 10일 0시간 39분

節期(절기)에서 10日 0時間(시간)이라 中氣(중기)에 해당한다.

甲木日柱(갑목일주)가 地支(지지)에 通根(통근)하고 印星(인성)까지 있어 적당한 힘을 維持(유지)하고 있다. 四柱(사주)에 强(강)한 것은 火星(화성)인 食傷(식상)이다. 食傷(식상)이 强(강)하면, 피해보는 것은 官星(관성)인데, 구제할 수 있는 五行(오행)은 土星(토성)과 水星(수성) 두 五行(오행)이다. 水星(수성)을 用神(용신)을 잡으면 比劫(비겁)이 身强(신강)되기 때문에 쓸 수가 없고, 土星(토성)인 財星(재성)에게 부탁하여, 食傷(식상)을 泄氣(설기)하고, 官星(관성)을 相生(상생)하여 保護(보호)하는 것이 吉(길)하다.

壬水 大運(대운)에 壬水가 四柱(사주) 月支(월지) 丁火와 丁壬木局(정임목국)하면 甲木이고 比肩(비견) 忌神運(기신운)이다. 丁火 傷官(상관)이 合(합)으로 사라지고 比劫(비겁)이 되면 比劫(비겁)은 바로 用神(용신)인

財星(재성)을 攻擊(공격)하게 되므로 財星(재성)이 다치게 된다.

41세 辛巳年에 巳火는 丙火이므로 四柱(사주) 年支(년지) 辛金과 丙辛合水局(병신합수국)하면 壬水이고 偏印(편인) 仇神運(구신운)이다. 15年 동안 꽃 도매를 잘했는데 3年 전부터 金錢(금전)도 詐欺(사기) 당하고 夫婦(부부)문제까지 장사도 不振(부진)하고, 最惡(최악)이다,

상관		편재	정재				坤命				용신.목.관성
금	토	수	수								희신.수.재성
辛	戊	壬	癸								기신.금.식상
酉	戌	戌	卯	67	57	47	37	27	17	7	구신.토.비겁
辛	戊	戊	乙	己	戊	丁	丙	乙	甲	癸	한신.화.인성
금	토	토	목	巳	辰	卯	寅	丑	子	亥	
상관	비견	비견	정관								

재자약살격(財滋弱殺格) 월의심천 13일 8시간 54분

戊土日柱(무토일주)가 月令(월령)에 得令(득령)하고 太旺(태왕)하다. 四柱(사주)에 强(강)한 것은 比劫(비겁)이다. 比劫(비겁)이 强(강)하면, 피해 보는 것은 財星(재성)인데, 구제할 수 있는 五行(오행)은 木星(목성)과 金星(금성) 두 五行(오행)이다. 金星(금성)을 用神(용신)을 잡으면 무엇인가 不安(불안)하고 같은 가을에 辛金이라 木星(목성)인 官星(관성)에게 부탁하여 比劫(비겁)을 攻擊(공격)하고, 財星(재성)을 保護(보호)하는 것이 吉(길)하다.

丙火 大運(대운)에 丙火가 四柱(사주) 辛金과 丙辛合水局(병신합수국)하면 壬水이고 偏財(편재) 喜神運(희신운)이다. 辛金 食傷(식상)이 슴(합)으

로 財星(재성)이 되면 食傷(식상)은 弱(약)하게 되고 官星(관성)을 相生(상생)하기 때문에 官星(관성)인 用神(용신)이 힘을 받아 自己(자기)할 役割(역할)을 잘할 수 있다. 즉 職場(직장)이나 男子문제, 進級(진급)등이 吉(길)해진다.

39세 辛巳年에 巳火는 丙火이므로 四柱(사주) 辛金과 丙辛合水局(병신합수국)하면 壬水 偏財(편재) 喜神運(희신운)이다. 大運(대운)과 勢運(세운)이 喜神運(희신운)이다. 호프집이나, 비디오방 둘 중에 선택하여 開業(개업)하면 吉(길)하다. 다음 寅木, 丁火 大運(대운)까지 大吉(대길)하다.

인수		편관	인수				乾命					용신.목,재성
토	금	화	토									희신.화.관성
己	庚	丙	己	66	56	46	36	26	16	6		기신.금.비겁
卯	午	子	酉	己	庚	辛	壬	癸	甲	乙		구신.토.인성
乙	己	癸	辛	巳	午	未	申	酉	戌	亥		한신.수.식상
목	토	수	금									
정재	인수	상관	겁재									

제살태과격(制殺太過格)　　13일 14시간 39분

節期(절기)에서 13日 14時間(시간)이라 午火는 中氣(중기)에 해당한다.

庚金日干(경금일간)이 地支(지지)에 通根(통근)하고 印星(인성)이 있어 比劫(비겁)이 적당한 힘을 維持(유지)하고 있다. 四柱(사주)에 强(강)한 것은 水星(수성)인 食傷(식상)이다. 食傷(식상)이 强(강)하면, 피해보는 것은 官星(관성)인데, 구제할 수 있는 五行(오행)은 木星(목성)과 土星(토성) 두 五行(오행)이다. 土星(토성)을 用神(용신)을 잡으면 比劫(비겁)이 身强(신강)되기 때문에 쓸 수가 없고, 木星(목성)인 財星(재성)에게 부탁하여, 食傷(식상)을 泄氣(설기)하고, 官星(관성)을 相生(상생)하여 保護(보호)하는 것이 吉(길)하다.

酉金 大運(대운)에 酉金은 辛金이므로 四柱(사주) 月干(월간) 丙火와 丙辛合水局(병신합수국)하면 壬水이고 食神(식신) 閑神運(한신운)이다. 辛金 劫財(겁재) 忌神(기신)이 丙火 偏官(편관) 喜神(희신)과 合(합)해서 食傷(식상)이면 職場(직장)을 移動(이동)한다든지 새로운 일을 始作(시작)한다는 뜻이다.

33세 辛巳年에 辛金이 四柱(사주) 丙火와 丙辛合水局(병신합수국)하면 壬水이고 食神(식신) 閑神運(한신운)이다. 職場(직장)을 그만두고 自營業(자영업)을 한다고 準備(준비) 중에 나의 運勢(운세)가 어떤지 慾心(욕심) 때문에 陷穽(함정)이다.

겁재		비견	인수				乾命					
목	목	목	수									용신.목.비겁
乙	甲	甲	癸									희신.수.인성
亥	午	子	巳	62	52	42	32	22	12	2		기신.금.관성
戊	丙	壬	戊	丁	戊	己	庚	辛	壬	癸		구신.토.재성
토	화	수	토	巳	午	未	申	酉	戌	亥		한신.화.식상
편재	식신	편인	편재									

재다용비격(財多用比格)　　월의심천 2일 3시간 53분

節期(절기)에서 2日 3時間(시간)이라 初氣(초기)에 해당한다.

甲木日干(갑목일간)이 地支(지지)에 通根(통근)하지 못하고 身弱(신약)하다. 四柱(사주)에 強(강)한 것은 土星(토성)인 財星(재성)이다. 財星(재성)이 強(강)하면, 피해보는 것은 印星(인성)인데, 구제할 수 있는 五行(오행)은 木星(목성)과 金星(금성) 두 五行(오행)이다. 金星(금성)은 四柱(사주)에 없으므로 用神(용신)의 資格(자격)이 未達(미달)이라, 쓸 수가 없고, 比劫(비겁)이 財星(재성)을 攻擊(공격)하고, 印星(인성)을 保護(보호)해야 된다.

未土 大運(대운)에 未土는 己土이므로 四柱(사주) 甲木과 甲己合土局(갑기합토국)하면 戊土이고 偏財(편재) 仇神運(구신운)이다. 甲木 用神(용신)이 合(합)으로 財星(재성)이 되면 財星(재성)은 喜神(희신)인 印星(인성)을 攻擊(공격)하게 된다.

49세 辛巳年에 巳火는 丙火(병화)이므로 四柱(사주) 月支(월지) 壬水와 丙壬沖(병임충)이다. 大運(대운)에서 合(합)으로 財星運(재성운) 勢運(세운)에서 偏印(편인)을 沖(충)이라, 用神(용신) 喜神(희신)이 힘이 喪失(상실)되어 당하고 있다. 婦人(부인)이 集(집) 살림을 다해왔는데 金錢(금전)을 다 챙겨서 家出(가출)했는데 아무런 영문도 모르고 오늘내일 올까 하고 기다리고만 있다.

식신		편인	편인							용신.금.관성
화	목	수	수							희신.토.재성
丁	乙	癸	癸			坤命				기신.화.식상
亥	亥	亥	巳	67	57	47	37	27	17	7	구신.목.비겁
甲	甲	甲	庚	庚	己	戊	丁	丙	乙	甲	한신.수.인성
목	목	목	금	午	巳	辰	卯	寅	丑	子	
겁재	겁재	겁재	정관							

재자약살격(財滋弱殺格)   월의심천 12일 20시간 29분

節期(절기)에서 12日 20時間(시간)이라 中氣(중기)에 해당한다.

乙木日干(을목일간)이 月令(월령)에 得令(득령)하고 太王(태왕)하다. 四柱(사주)에 强(강)한 것은 比劫(비겁)이다 比劫(비겁)이 强(강)하면 피해 보는 것은 財星(재성)인데, 구제할 수 있는 五行(오행)은 金星(금성)과 火星(화성) 두 五行(오행)이다. 火星(화성)을 用神(용신)으로 잡기는 무엇인가 不安(불안)하고, 나무에 불이 꺼지는 현상이라 쓸 수가 없고, 金星(금성)인 官星(관성)에게 부탁하여, 比劫(비겁)을 攻擊(공격)하고, 財星(재성)을 保護(보호)해야 된다.

戊土 大運(대운)에 戊土가 四柱(사주) 癸水와 戊癸火局(무계화국)하면 丙火이고 傷官(상관) 忌神運(기신운)이다. 食傷(식상)은 官星(관성)을 攻擊(공격)하게 되고 무엇인가 始作(시작)한다는 의미이다.

49세 辛巳年에 巳火는 丙火이고 傷官(상관) 忌神運(기신운)이다. 大運(대운)에서 合(합)으로 丙火 傷官運(상관운) 勢運(세운)에서 丙火 傷官運(상관운)이라 官星(관성)인 用神(용신)이 어떻게 살겠는가? 男便(남편)과는 離婚(이혼)하였고 子息(자식) 養育(양육)권도 男便(남편)에게 있고 愛人(애인)과 사기다가 同居生活(동거생활)을 始作(시작)했는데, 마음에 들지 않고 男子의 福(복)이 왜 이리 없는가? 뒷날에도 男子의 福(복)이 없을까?

겁재		정관	정관			坤命					용신.화.식상
목	목	금	금								희신.토.재성
乙	甲	辛	辛	70	60	50	40	30	20	10	기신.수.인성
丑	午	卯	亥	戊	丁	丙	乙	甲	癸	壬	구신.금.관성
癸	丙	甲	戊	戌	酉	申	未	午	巳	辰	한신.목.비겁
수	화	목	토								
인수	식신	비견	편재								

식상생재격(食傷生財格) 월의심천 3일 11시간 55분

節期(절기)에서 3日 11時間(시간)이라 初氣(초기)에 해당한다.

甲木日柱(갑목일주)가 月令(월령)에 得令(득령)하고 印星(인성)까지 있어 身強(신강)하다. 四柱(사주)에 强(강)한 것은 比劫(비겁)이다. 比劫(비겁)이 强(강)하면, 피해보는 것은 財星(재성)인데, 구제할 수 있는 五行(오행)은 金星(금성)과 火星(화성) 두 五行(오행)이다. 金星(금성)을 用神(용신)을 잡으면 무엇인가 不安(불안)하고 火星(화성)인 食傷(식상)에게 부탁하여, 比劫(비겁)을 泄氣(설기)하고, 財星(재성)을 相生(상생)하여 保護(보호)하는 것이 吉(길)하다.

甲木 大運(대운)에 甲木은 比肩(비견) 閑神運(한신운)이다. 比劫(비겁)은 財星(재성)을 攻擊(공격)하기 때문에 財物(재물), 아버지 문제가 不吉(불길)하다. 甲木 比劫(비겁)은 親舊(친구), 兄弟(형제)들이 財星(재성) 財物(재물)을 攻擊(공격)하는 현상이다.

31세 辛巳年에 辛金이 四柱(사주) 日支(일지) 丙火와 丙辛合水局(병신합수국)하면 壬水이고 偏印(편인) 忌神運(기신운)이다. 辛金 正官(정관) 男便(남편)이 用神(용신)인 丙火를 合(합)하여 變質(변질)되면 男便(남편)이 힘이 喪失(상실)되므로 당하게 된다. 男便(남편)이 兄弟(형제)들 한데 保證(보증)서 주고 또 빌려주고 가져가면 그만이다. 같이 살다간 病(병)만 생겨 離婚(이혼)하려고 한다.

겁재		식신	편재								坤命			용신.금.식상
토	토	금	수											희신.수.재성
己	戊	庚	壬		70	60	50	40	30	20	10			기신.화.인성
未	戌	戌	子		癸	甲	乙	丙	丁	戊	己			구신.목.관성
己	戊	戊	癸		卯	辰	巳	午	未	申	酉			한신.토.비겁
토	토	토	수											
겁재	비견	비견	정재											

식상생재격 (食傷生財格) 월의심천 26일 0시간 48분

戊土日柱(무토일주)가 月슈(월령)에 得슈(득령)하고 太旺(태왕)하다. 四柱(사주)에 比劫(비겁)이 强(강)하면, 피해보는 것은 財星(재성)인데, 구제할 수 있는 五行(오행)은 木星(목성)과 金星(금성) 두 五行(오행)이다. 木星(목성)은 四柱(사주)에 없으므로, 用神(용신)의 資格(자격)이 未達(미달)이라, 쓸 수가 없고, 金星(금성)인 食傷(식상)에게 부탁하여, 比劫(비겁)을 泄氣(설기)하고, 財星(재성)을 相生(상생)하여 保護(보호)해야 된다. 丁火 大運(대운)에 丁火가 四柱(사주) 年干(년간) 壬水와 丁壬木局(정임목국)하면 甲木이고 官星(관성) 仇神運(구신운)이다. 仇神運(구신운)이라 할지라도 凶(흉)이 아니라 吉(길)하다고 해야 한다. 四柱(사주)에 印星(인성)이 있으면 官星(관성)이 忌神(기신)인 印星(인성)을 生助(생조)하기 때문에 不吉(불길)하고 印星(인성)이 없기 때문에 官星(관성)은 强(강)한 比劫(비겁)을 攻擊(공격)하기 때문에 吉(길)해진다.

30세 辛巳年에 辛金 傷官(상관) 用神運(용신운)이다. 大運(대운)에서 合(합)으로 官星(관성)이라 職場(직장) 運(운)이고, 勢運(세운)에서 食傷運(식상운)은 무엇인가 始作(시작)이다. 自營業(자영업)을 始作(시작)했는데 生角(생각) 외로 잘되고 있고 無酌定(무작정) 始作(시작)했기 때문에 或是(혹시)나 잘못될까 봐, 丁火 大運(대운)은 얻는 것이 많아진다.

식신		정관	인수				坤命					
화	목	금	수								용신.목.비겁	
丁	乙	庚	壬								희신.수.인성	
亥	未	戌	寅	66	56	46	36	26	16	6	기신.금.관성	
壬	己	戊	甲	癸	甲	乙	丙	丁	戊	己	구신.토.재성	
수	토	토	목	卯	辰	巳	午	未	申	酉	한신.화.식상	
인수	편재	정재	겁재									

재다용비격(財多用比格)　　15일 18시간 52분

乙木日干(을목일간)이 地支(지지)에 通根(통근)하고 印星(인성)까지 있어 적당한 힘을 維持(유지)하고 있다. 四柱(사주)에 强(강)한 것은 土星(토성)인 財星(재성)이다. 財星(재성)이 强(강)하면, 피해보는 것은 印星(인성)인데, 구제할 수 있는 五行(오행)은 木星(목성)과 金星(금성) 두 五行(오행)이다. 金星(금성)을 用神(용신)으로 사용하면 좋은데, 比劫(비겁)과 印

星(인성)이 너무나 멀리 떨어져 있어 官星(관성)을 用神(용신)을 잡으면 不安(불안)해서 쓸 수가 없고, 木星(목성)인 比劫(비겁)이 財星(재성)을 攻擊(공격)하고, 印星(인성)을 保護(보호)해야 된다.

丙火 大運(대운)에 丙火가 四柱(사주) 壬水와 丙壬沖(병임충)이다. 丙火 傷官(상관) 閑神(한신)이 壬水 印綬(인수) 喜神(희신)을 沖(충)하면 文書(문서), 二姓(이성)문제가 發生(발생)한다.

40세 辛巳年에 巳火가 四柱(사주) 時支(시지) 亥水와 巳亥沖(사해충)하면 亥中甲木(해중갑목)이 中氣(중기)에서 나오게 된다. 甲木이 나와서 무엇을 하는가, 甲己合土局(갑기합토국)하면 戊土이고 正財(정재) 仇神運(구신운)이다. 甲木은 男子이고 合(합)하면 財物(재물)이다. 男便(남편)과는 別居(별거)하고 커피점에 就業(취업)했는데, 社長(사장)님이 월세 돈만 내고 運營(운영)하라고 해서 不安(불안)하여 確認(확인)하면 무엇인가 숨겨진 陷穽(함정)이다.

겁재		정재	정재								乾命									
토	토	수	수									용신.화.인성
己	戊	癸	癸		62	52	42	32	22	12	2	희신.토.비겁
未	午	亥	卯		丙	丁	戊	己	庚	辛	壬	기신.수.재성
乙	丙	乙	乙		辰	巳	午	未	申	酉	戌	구신.금.식상
목	화	목	목									한신.목.관성
정관	편인	정관	정관									

살중용인격(殺重用印格)   월의심천 3일 1시간 58분

節期(절기)에서 3日 1時間(시간)이라 午火는 初氣(초기)에 해당하고 月

슈(월령)에 亥水가 있고 亥卯未 三子가 三合(삼합)이 成立(성립)되어 乙木으로 보면 된다.

戊土日干(무토일간)이 地支(지지)에 通根(통근)하지 못하고 身弱(신약)하다. 四柱(사주)에 强(강)한 것은 木星(목성)인 官星(관성)이다. 官星(관성)이 强(강)하면, 피해보는 것은 比劫(비겁)인데, 구제할 수 있는 五行(오행)은 火星(화성)과 金星(금성) 두 五行(오행)이다. 金星(금성)은 四柱(사주)에 없으므로 用神(용신)의 資格(자격)이 未達(미달)이라, 쓸 수가 없고, 火星(화성)인 印星(인성)에게 부탁하여, 官星(관성)을 泄氣(설기)하고, 比劫(비겁)을 相生(상생)하여 保護(보호)해야 된다.

未土 大運(대운)에 未土는 己土 劫財(겁재) 喜神運(희신운)이다. 己土는 陰陽(음양)으로 보면 女子이다.

39세 辛巳年에 辛金이 四柱(사주) 日支(일지) 丙火와 丙辛合水局(병신합수국)하면 壬水이고 偏財(편재) 忌神運(기신운)이다. 合(합)으로 丙火 用神(용신)이 사라지면 財星(재성)이 官星(관성)을 相生(상생)하면 官星(관성)은 比劫(비겁)을 攻擊(공격)하여 用神(용신) 喜神(희신)이 다치게 된다. 女子를 만나 同居生活(동거생활)을 始作(시작)하였고 婦人(부인)은 離婚訴訟(이혼소송)을 提出(제출)하고 判決(판결)만 기다리고 있다.

정재		인수	상관				坤命				용신.목.인성
금	화	목	토								희신.수.관성
庚	丁	甲	戊	70	60	50	40	30	20	10	기신.금.재성
戌	丑	子	申	丁	戊	己	庚	辛	壬	癸	구신.토.식상
戊	己	癸	庚	巳	午	未	申	酉	戌	亥	한신.화.비겁
토	토	수	금								
상관	식신	편관	정재								

관인상생격(官印相生格)　　26일 10시간 22분

　丁火日干(정화일간)이 地支(지지)에 通根(통근)하지 못하고 身弱(신약)하다. 四柱(사주)에 强(강)한 것은 土星(토성)인 食傷(식상)이다. 食傷(식상)이 强(강)하면, 피해보는 것은 官星(관성)인데, 구제할 수 있는 五行(오행)은 木星(목성)과 金星(금성) 두 五行(오행)이다. 金星(금성)을 用神(용신)을 잡으면 比劫(비겁)이 身弱(신약)이라, 쓸 수가 없고, 木星(목성)인 印星(인성)에게 부탁하여, 食傷(식상)을 攻擊(공격)하고, 官星(관성)을 保護(보호)해야 吉(길)하다.

　辛金 大運(대운)에 辛金 偏財(편재) 忌神運(기신운)이다. 財星(재성)은 用神(용신)인 印星(인성)을 攻擊(공격)하기 때문에 印星(인성)이 다치게 되고 사리판단을 못하고, 慾心(욕심) 때문에 陷穽(함정)에 빠지게 된다.

　44세 辛巳年에 巳火는 丙火이므로 劫財(겁재) 閑神運(한신운)이다. 比劫(비겁)은 强(강)한 食傷(식상)을 生助(생조)하기 때문에 食傷(식상)이 더욱 强(강)해져 무엇인가 始作(시작)할려는 마음을 가지게 되고 食傷(식상)은 喜神(희신)인 官星(관성)을 攻擊(공격)하면 官星(관성)이 다치게 된다. 大運(대운)에서 用神(용신)을 剋(극)하고 勢運(세운)에서 喜神(희신)을

剋(극)하는데 事業(사업)을 始作(시작)하려고 하는데 運勢(운세)가 不吉(불길)하지만 多幸(다행)이 피할 수가 있다.

상관		인수	상관				乾命				용신.목.관성
金	土	火	金								희신.수.재성
庚	己	丙	庚								기신.금.식상
午	卯	戌	戌	65	55	45	35	25	15	5	구신.토.비겁
己	乙	戊	戊	癸	壬	辛	庚	己	戊	丁	한신.화.인성
土	木	土	土	巳	辰	卯	寅	丑	子	亥	
비견	편관	겁재	겁재								

재자약살격 (財滋弱殺格)　월의심천 17일 10시간 28분

節期(절기)에서 17日 10時間(시간)이라 午火는 己土 中氣(중기)에 해당한다.

己土日柱(기토일주)가 月令(월령)에 得令(득령)하고 太旺(태왕)하다. 四柱(사주)에 强(강)한 것은 比劫(비겁)이다. 比劫(비겁)이 强(강)하면, 피해 보는 것은 財星(재성)인데, 구제할 수 있는 五行(오행)은 木星(목성)과 金星(금성) 두 五行(오행)이다. 金星(금성)을 用神(용신)을 잡으면 무엇인가 不安(불안)하고, 木星(목성)인 官星(관성)에게 부탁하여, 比劫(비겁)을 攻擊(공격)하고, 財星(재성)을 保護(보호)해야 된다.

丑土 大運(대운)에 丑土는 己土 比肩(비견) 仇神運(구신운)이다. 比劫(비겁)은 食傷(식상)을 相生(상생)하고 食傷(식상)은 官星(관성)을 攻擊(공격)하게 된다. 四柱(사주)에 財星(재성)이있었다면 官星(관성)이 便安(편안)한데, 없기 때문에 官星(관성)이 다치게 된다.

32세 辛巳年에 巳火는 丙火 印綬(인수) 閑神運(한신운)이다. 印星(인성)이 比劫(비겁)을 相生(상생)하기 때문에 比劫(비겁)이 더욱 強氣(강)하게 되어 氣高萬丈(기고만장)하여 比劫(비겁)에서 發生(발생)한다. 事業(사업)을 하는데, 從業員(종업원)이 손님과 시비 끝에 손님을 때려 損害(손해)가 많았고 장사도 不實(부실)하고 접어야 하는지 不吉(불길)하다.

인수		편재	겁재								용신.수.재성
화	토	수	토			乾命					희신.금.식상
丙	己	癸	戊								기신.토.비겁
子	亥	亥	子	70	60	50	40	30	20	10	구신.화.인성
壬	戊	戊	壬	庚	己	戊	丁	丙	乙	甲	한신.목.관성
수	토	토	수	午	巳	辰	卯	寅	丑	子	
정재	겁재	겁재	정재								

무격(無格)

월의심천 3일 2시간 52분

節期(절기)에서 3日 2時間(시간)이라 初氣(초기)에 해당한다.

己土日柱(기토일주)가 月令(월령)에 得令(득령)하고 太旺(태왕)하다. 四柱(사주)에 強(강)한 것은 比劫(비겁)이다. 比劫(비겁)이 強(강)하면, 피해 보는 것은 財星(재성)인데, 구제할 수 있는 五行(오행)은 木星(목성)과 金星(금성) 두 五行(오행)이다. 四柱(사주)에 木星(목성)과 金星(금성) 두 五行(오행) 모두가 없어 쓸 수가 없고, 比劫(비겁)에게 당하고 있는 財星(재성) 自己(자기)가 用神(용신)이 된다. 이것을 無格(무격)이다.

戊土 大運(대운)에 戊土가 四柱(사주) 月干(월간) 癸水와 戊癸火局(무계화국)하면 丙火이고 印綬(인수) 仇神運(구신운)이다. 印星(인성)은 比劫(비

겁)을 生助(생조)하기 때문에 比劫(비겁)이 더욱 强(강)해져 財星(재성)을 攻擊(공격)하게 된다. 合(합)으로 印星運(인성운)이면 文書(문서) 運(운)이 긴 하지만 仇神(구신)에 文書(문서)이기 때문에 陷穽(함정)에 빠지게 된다.

54세 辛巳年에 巳火는 丙火이므로 四柱(사주) 壬水와 丙壬沖(병임충)이다. 丙火 印綬(인수)가 壬水 正財(정재)를 沖(충)하면 財星(재성)이 다치게 된다. 食堂業(식당업)을 잘 될 것으로 생각하고 無理(무리)하여 始作(시작)했는데 生角(생각)대로 잘 안되고 걱정이 泰山(태산)이다.

식신		식신	상관			坤命					
금	토	금	금								용신.금.식상
辛	己	辛	庚								희신.수.재성
未	亥	巳	子	63	53	43	33	23	13	3	기신.화.인성
丁	戊	戊	壬	甲	乙	丙	丁	戊	己	庚	구신.목.관성
화	토	토	수	戌	亥	子	丑	寅	卯	辰	한신.토.비겁
편인	겁재	겁재	정재								

식상생재격(食傷生財格)   월의심천 5일 16시간 7분

節期(절기)에서 5日 16時間(시간)이라 初氣(초기)에 해당한다.

己土日柱(기토일주)가 月令(월령)에 得令(득령)하고 印星(인성)까지 있어 太旺(태왕)하다. 四柱(사주)에 强(강)한 것은 比劫(비겁)이다. 比劫(비겁)이 强(강)하면, 피해보는 것은 財星(재성)인데, 구제할 수 있는 五行(오행)은 木星(목성)과 金星(금성) 두 五行(오행)이다. 木星(목성)은 四柱(사주)에 없으므로 用神(용신)으로 쓸 수가 없고, 金星(금성)인 食傷(식상)에게 부탁하여, 比劫(비겁)을 泄氣(설기)하고, 財星(재성)을 相生(상생)하여 保護(보호)해야 된다.

　丑土 大運(대운)에 丑土는 己土 比肩(비견) 閑神運(한신운)이다. 四柱(사주)에 比劫(비겁)이 强(강)한데 比劫運(비겁운)이 오면 財星(재성)을 攻擊(공격)하기 때문에 金錢(금전)문제가 發生(발생)하고, 男便(남편)이 잘못되어 사이가 나빠진다.

　41세 庚辰年에 辰土는 戊土 劫財(겁재) 閑神運(한신운)에 財星(재성)을 攻擊(공격)하여 財星(재성)이 다치게 된다. 男便(남편)이 事業(사업)하다가 失敗(실패)하고 42세 辛巳年에 巳火는 丙火이므로 四柱(사주) 辛金과 丙辛合水局(병신합수국)하면 壬水이고 正財(정재) 喜神運(희신운)이다. 生活費(생활비)때문에 就業(취업)을 하고 男子를 알게 되면서 친하게 되었고 男便(남편)과는 離婚(이혼)하려고 한다.

편관		편인	식신			乾命					용신.금.관성
금	목	수	화								희신.토.재성
辛	乙	癸	丁	67	57	47	37	27	17	7	기신.화.식상
巳	未	卯	酉	丙	丁	戊	己	庚	辛	壬	구신.목.비겁
丙	己	乙	辛	申	酉	戌	亥	子	丑	寅	한신.수.인성
화	토	목	금								
상관	편재	비견	편관								

재자약살격(財滋弱殺格)　월의심천 18일 5시간 20분

　乙木日柱(을목일주)가 月令(월령)에 得令(득령)하고 상당한 힘을 有志(유지)하고 있다. 四柱(사주)에 强(강)한 것은 比劫(비겁)이다. 比劫(비겁)이 强(강)하면, 피해보는 것은 財星(재성)인데, 구제할 수 있는 五行(오행)은

火星(화성)과 金星(금성) 두 五行(오행)이다. 火星(화성)을 用神(용신)으로 사용하면 陰陽調候(음양조후)에서 무엇인가 不安(불안)하고 金星(금성)인 官星(관성)에게 부탁하여, 比劫(비겁)을 攻擊(공격)하고, 財星(재성)을 保護(보호)해야 된다.

亥水 大運(대운)에 亥水가 四柱(사주) 卯, 未와 亥卯未木局(해묘미목국)하면 乙木이고 三合(삼합)이 成立(성립)된다. 乙木은 比肩(비견) 仇神運(구신운)이다. 比劫(비겁)이 强(강)해지면 財星(재성)이 다치게 된다. 즉 財物(재물), 女子문제가 發生(발생)하게 된다.

45세 辛巳年에 巳火는 丙火이므로 四柱(사주) 辛金과 丙辛合水局(병신합수국)하면 壬水이고 印綬(인수) 閑神運(한신운)이다. 大運(대운)에서 酉金이 合(합)하여 比劫(비겁)으로 變質(변질)되고 勢運(세운)에서 辛金이 合(합)하여 印星(인성)으로 變質(변질) 用神(용신)인 官星(관성)이 사라지고, 比劫(비겁)만 旺盛(왕성)하다. 自營業(자영업)을 하다가 너무 不振(부진)하고 더 이상 運營(운영)할 수가 없어 그만 두고 말았다.

겁재		인수	식신					乾命					용신.목.인성
화	화	목	토										희신.수.관성
丁	丙	乙	戊	65	55	45	35	25	15	5			기신.금.재성
酉	午	丑	戌	壬	辛	庚	己	戊	丁	丙			구신.토.식상
辛	己	己	戊	申	未	午	巳	辰	卯	寅			한신.화.비겁
금	토	토	토										
정재	상관	상관	식신										

관인상생격 (官印相生格)　　월의심천 18일 7시간 32분

節期(절기)에서 18日 7時間(시간)이라 午火는 己土 中氣(중기)에 해당한다.
丙火日干(병화일간)이 地支(지지)에 通根(통근)하지 못하고 身弱(신약)하다. 四柱(사주)에 强(강)한 것은 土星(토성)인 食傷(식상)이다. 食傷(식상)이 强(강)하면, 피해보는 것은 官星(관성)인데, 구제할 수 있는 五行(오행)은 木星(목성)과 金星(금성) 두 五行(오행)이다. 金星(금성)을 用神(용신)을 잡으면 比劫(비겁)이 身弱(신약)이라 쓸 수가 없고, 木星(목성)인 印星(인성)에게 부탁하여, 食傷(식상)을 攻擊(공격)하고, 官星(관성)을 保護(보호)해야 된다. 巳火 大運(대운)에 巳火가 四柱(사주) 酉, 丑과 巳酉丑金局(사유축금국)하면 辛金이고 正財(정재) 忌神運(기신운)이다. 財星(재성)이 强(강)해지면 用神(용신)인 印星(인성)을 攻擊(공격)하게 된다. 四柱(사주)에 官星(관성)이 있으면 印星(인성)이 打擊(타격)이 적은데 官星(관성)이 없기 때문에 큰 打擊(타격)을 당하게 된다.

44세 辛巳年에 巳火가 四柱(사주) 酉, 丑과 다시 巳酉丑金局(사유축금국)하면 辛金 正財(정재) 忌神運(기신운)이다. 乙木과 辛金이 싸우면 당연히 乙木(을목)이 당하게 된다. 纖柔(섬유) 事業(사업)을 하다가 不振(부진)하여 最惡(최악)을 맞이하고 현제는 職場生活(직장생활)하고 있다.

<table>
<tr><td>편관</td><td></td><td>정관</td><td>겁재</td><td colspan="7">坤命</td><td>용신.화.관성</td></tr>
<tr><td>화</td><td>금</td><td>화</td><td>금</td><td></td><td></td><td></td><td></td><td></td><td></td><td></td><td>희신.목.재성</td></tr>
<tr><td>丙</td><td>庚</td><td>丁</td><td>辛</td><td>67</td><td>57</td><td>47</td><td>37</td><td>27</td><td>17</td><td>7</td><td>기신.수.식상</td></tr>
<tr><td>子</td><td>戌</td><td>酉</td><td>亥</td><td>甲</td><td>癸</td><td>壬</td><td>辛</td><td>庚</td><td>己</td><td>戊</td><td>구신.금.비겁</td></tr>
<tr><td>癸</td><td>戊</td><td>辛</td><td>甲</td><td>辰</td><td>卯</td><td>寅</td><td>丑</td><td>子</td><td>亥</td><td>戌</td><td>한신.토.인성</td></tr>
<tr><td>수</td><td>토</td><td>금</td><td>목</td><td></td><td></td><td></td><td></td><td></td><td></td><td></td><td></td></tr>
<tr><td>상관</td><td>편인</td><td>겁재</td><td>편재</td><td></td><td></td><td></td><td></td><td></td><td></td><td></td><td></td></tr>
</table>

재자약살격(財滋弱殺格) 월의심천 13일 8시간 30분

　節期(절기)에서 13日 8時間(시간)이라 亥水는 甲木 中氣(중기)에 해당한다.

　庚金日柱(경금일주)가 月令(월령)에 得令(득령)하고 印星(인성)까지 있어 身强(신강)하다. 四柱(사주)에 强(강)한 것은 比劫(비겁)이다. 比劫(비겁)이 强(강)하면, 피해보는 것은 財星(재성)인데, 구제할 수 있는 五行(오행)은 水星(수성)과 火星(화성) 두 五行(오행)이다. 水星(수성)을 用神(용신)을 잡으면 陰陽調候(음양조후)가 不安(불안)하여 쓸 수가 없고, 火星(화성)인 官星(관성)에게 부탁하여, 比劫(비겁)을 攻擊(공격)하고, 財星(재성)을 保護(보호)하는 것이 吉(길)하다.

　庚金 大運(대운)에 庚金이 四柱(사주) 年支(년지) 甲木과 甲庚沖(갑경충)이다. 庚金 比肩(비견) 仇神(구신)이 喜神(희신) 甲木을 沖(충)이면 親舊(친구), 同氣(동기), 同僚(동료)등이 나의 財物(재물)을 妨害(방해)한다는 뜻이다.

　31세 辛巳年에 巳火는 丙火이므로 四柱(사주) 辛金과 丙辛合水局(병신합수국)하면 壬水이고 食神(식신) 忌神運(기신운)이다. 丙火 偏官(편관)이

辛金 劫財(겁재)와 合(합)하여 食傷(식상) 忌神運(기신운)이다. 피부 관리 업을 하는데 就業(취업)만 하면 말썽이 나고 口舌數(구설수)가 많아 자꾸 移動(이동)하게 되고 不安(불안)해서 就業(취업)을 못하고 있다.

식신		편관	비견				坤命				용신.금.관성
화	목	금	목								희신.토.재성
丙	甲	庚	甲	64	54	44	34	24	14	4	기신.화.식신
寅	午	午	辰	癸	甲	乙	丙	丁	戊	己	구신.목.비겁
丙	丙	丙	乙	亥	子	丑	寅	卯	辰	巳	한신.수.인성
화	화	화	목								
식신	식신	식신	겁재								

무격(無格) 월의심천 8일 3시간 18분

　節期(절기)에서 8日 3時間(시간)이라 午는 丙火, 辰는 乙木, 初氣(초기)에 해당하고 寅은 中氣(중기) 丙火이다.

　甲木日干(갑목일간)이 地支(지지)에 通根(통근)하고 적당한 힘을 維持(유지)하고 있다. 四柱(사주)에 强(강)한 것은 火星(화성)인 食傷(식상)이다. 食傷(식상)이 强(강)하면, 피해보는 것은 官星(관성)인데, 구제할 수 있는 五行(오행)으로는 水星(수성)과 土星(토성) 두 五行(오행)이다. 四柱(사주)에 두 五行(오행) 모두가 없어 用神(용신)으로는 쓸 수가 없고, 食傷(식상)에게 당하고 있는 官星(관성) 自己(자기)가 用神(용신)이 된다.

　丙火 大運(대운)에 丙火 食神(식신) 忌神運(기신운)이다. 食傷(식상)이 四柱(사주)에 强(강)한데, 食傷運(식상운)이 오면 어찌 庚金이 녹지 않고 살겠는가 또 甲木 比劫(비겁)은 火氣(화기)에 타는 현상이고 比劫(비겁)은 食

傷(식상)을 生助(생조)하고 食傷(식상)은 氣高萬丈(기고만장)하여 職場(직장)이나, 男子를 攻擊(공격)한다는 뜻이고 무엇인가 始作(시작)한다는 뜻이다.

38세 辛巳年에 巳火는 丙火이고 食神(식신) 忌神運(기신운)이다. 自營業(자영업)을 하다가 失敗(실패)하고 後半(후반) 丙火 食神(식신) 忌神運(기신운)인데 또 始作(시작)한다고 準備(준비) 중이지만 앞날이 걱정이다.

정재		겁재	편재			坤命					
목	금	금	목								용신.금.비겁
甲	辛	庚	乙								희신.토.인성
午	卯	辰	巳	71	61	51	41	31	21	11	기신.화.관성
丙	甲	乙	戊	丁	丙	乙	甲	癸	壬	辛	구신.목.재성
화	목	목	토	亥	戌	酉	申	未	午	巳	한신.수.식상
정관	정재	편재	인수								

재다용비격(財多用比格)　　월의심천 2일 3시간 23분

節期(절기)에서 2日 3時間(시간)이라 初氣(초기)에 해당한다.

辛金日干(신금일간)이 地支(지지)에 通根(통근)하지 못하고 身弱(신약)하다. 四柱(사주)에 强(강)한 것은 木星(목성)인 財星(재성)이다. 財星(재성)이 强(강)하면, 피해보는 것은 印星(인성)인데, 구제할 수 있는 五行(오행)은 金星(금성)과 火星(화성) 두 五行(오행)이다. 火星(화성)을 用神(용신)으로 잡으면 比劫(비겁)이 身弱(신약)이라 쓸 수가 없고, 金星(금성)인 比劫(비겁)이 財星(재성)을 攻擊(공격)하고, 印星(인성)을 保護(보호)해야 된다. 未土 大運(대운)에 未土는 己土이므로 四柱(사주) 甲木과 甲己合土局(갑기합토국)하면 戊土이고 印綬(인수) 喜神運(희신운)이다. 文書(문서)나 二姓(이성)문제가 吉(길)하는 뜻이다.

37세 辛巳年에 辛金이 四柱(사주) 時支(시지) 丙火와 丙辛合水局(병신합수국)하면 壬水이고 傷官(상관) 閑神運(한신운)이다. 大運(대운)에서 合(합)으로 甲木 正財(정재)가 印星(인성)으로 變質(변질)되고 勢運(세운)에서 合(합)으로 丙火 正官(정관)이 變質(변질)되어 食傷(식상)이면 무엇인가 始作(시작)한다는 뜻이다, 官星(관성)이 힘을 못 쓰면 用神(용신)인 比劫(비겁)이 活潑(화발)하게 움직인다. 美容室(미용실)을 開業(개업)하고 或是(혹시)나 運勢(운세)가 凶(흉)인가, 吉(길)한가, 大運(대운)의 흐름이 너무나 잘 오고 있다.

상관		비견	편재				乾命					용신.목.비겁
화	목	목	토									희신.수.인성
丁	甲	甲	戊	70	60	50	40	30	20	10		기신.금.관성
卯	寅	寅	戌	辛	庚	己	**戊**	丁	丙	乙		구신.토.재성
甲	戊	戊	辛	酉	申	未	午	巳	辰	卯		한신.화.식상
목	토	토	금									
비견	편재	편재	정관									

재다용비격(財多用比格) 월의심천 1일 13시간 41분

節期(절기)에서 1日 13時間(시간)이라 初氣(초기)에 해당한다.

甲木日柱(갑목일주)가 地支(지지)에 通根(통근)하고 印星(인성)이 없어 身弱(신약)하다. 四柱(사주)에 强(강)한 것은 土星(토성)인 財星(재성)이다. 財星(재성)이 强(강)하면, 피해보는 것은 印星(인성)인데, 구제할 수 있는 五

行(오행)은 木星(목성)과 金星(금성) 두 五行(오행)이다. 金星(금성)을 用神(용신)으로 잡으면 比劫(비겁)이 身弱(신약)이라 쓸 수가 없고, 比劫(비겁)이 財星(재성)을 攻擊(공격)하고. 印星(인성)을 保護(보호)해야 된다.

戊土 大運(대운)에 戊土 偏財(편재) 仇神運(구신운)이다. 財星(재성)이 喜神(희신)인 印星(인성)을 攻擊(공격)하면 金錢(금전)이나 二姓(이성)문제가 發生(발생)하고 財物(재물)이나 女子 慾心(욕심)이 나서 陷穽(함정)에 빠지게 된다.

44세 辛巳年에 辛金 正官(정관) 忌神運(기신운)이다. 官星運(관성운)이 오면 職場(직장)문제가 發生(발생)하지 않으면, 健康(건강)문제가 發生(발생)한다. 大運(대운)에서 財星(재성) 仇神運(구신운) 勢運(세운)에서 忌神運(기신운)이라 比劫(비겁)이 어떻게 감당하겠는가? 淨水器(정수기) 事業(사업)을 始作(시작)했는데 不振(부진)하고, 金錢(금전)도 힘이 들고, 夫婦(부부)관계도 문제가 많아 어떻게 해야 할지 불안하다.

인수		식신	식신									
화	토	금	금			坤命						용신.목.관성
丙	己	辛	辛									희신.화.인성
子	酉	卯	亥	65	55	45	35	25	15	5		기신.금.식상
癸	辛	乙	壬	戊	丁	丙	乙	甲	癸	壬		구신.토.비겁
수	금	목	수	戌	酉	申	未	午	巳	辰		한신.수.재성
편재	식상	편관	정재									

관인상생격 (官印相生格)　　　월의심천 19일 9시간 24분

己土日干(기토일간)이 地支(지지)에 通根(통근)하지 못하고 身弱(신약)하

다. 四柱(사주)에 强(강)한 것은 水星(수성)인 財星(재성)이다. 財星(재성)이 强(강)하면, 피해보는 것은 印星(인성)인데, 구제할 수 있는 五行(오행)으로는 土星(토성)과 木星(목성) 두 五行(오행)이다. 土星(토성)은 四柱(사주)에 없으므로 用神(용신)의 資格(자격)이 未達(미달)이라 쓸 수가 없고, 木星(목성)인 官星(관성)에게 부탁하여, 財星(재성)을 泄氣(설기)하고, 印星(인성)을 相生(상생)하여 保護(보호)해야 된다.

午火 大運(대운)에 午火는 丁火이므로 四柱(사주) 年支(년지) 壬水와 丁壬木局(정임목국)하면 甲木이고 正官(정관) 用神運(용신운)이다. 職場(직장)이나, 新規(신규)등이 吉(길)하다는 뜻이다.

31세 辛巳年에 巳火는 丙火이므로 四柱(사주) 年支(년지) 壬水와 丙壬沖(병임충)이다. 무엇인가 움직인다는 뜻이다. 大運(대운)에서 丁壬木局(정임목국)한 것을 勢運(세운)에서 丙壬沖(병임충)하면 發生(발생)하게 된다. 事業(사업)을 한다고 物色(물색) 중이고 무엇을 하면 自己(자기)한테 잘 맞을까, 後半(후반)에 開業(개업)을 하려고 하는데 大運(대운)의 흐름이 吉(길)하다.

정재		정재	겁재		坤命						용신.수.비겁
화	수	화	수								희신.금.인성
丙	癸	丙	壬	69	59	49	39	29	19	9	기신.토.관성
辰	巳	午	子	己	庚	辛	壬	癸	甲	乙	구신.화.재성
戊	丙	丁	癸	亥	子	丑	寅	卯	辰	巳	한신.목.식상
토	화	화	수								
정관	정재	편재	비견								

재다용비격(財多用比格)　　월의심천 25일 9시간 8분

癸水日柱(계수일주)가 地支(지지)에 通根(통근)하고 적당한 힘을 維持(유지)하고 있다. 四柱(사주)에 强(강)한 것은 火星(화성)인 財星(재성)이다. 財星(재성)이 强(강)하면, 피해보는 것은 印星(인성)인데, 구제할 수 있는 五行(오행)으로는 水星(수성)과 土星(토성) 두 五行(오행)이다. 土星(토성)을 用神(용신)으로 잡으면 印星(인성)이 없어서, 比劫(비겁)이 身弱(신약)되기 때문에 쓸 수가 없고, 水星(수성)인 比劫(비겁)이 財星(재성)을 攻擊(공격)하고, 印星(인성)을 保護(보호)해야 되고 陰陽調候(음양조후)가 吉(길)하게 된다.

癸水 大運(대운)에 癸水가 四柱(사주) 時支(시지) 戊土와 戊癸火局(무계화국)하면 丙火이고 正財(정재) 仇神運(구신운)이다. 親舊(친구), 官災(관재), 財物(재물), 男子문제가 發生(발생)한다.

30세 辛巳年에 巳火는 丙火이므로 四柱(사주) 年干(년간) 壬水와 丙壬沖(병임충)이다. 大運(대운)에서 合(합)으로 官星(관성)이 사라지고 勢運(세운)에서 沖(충)으로 用神(용신)의 힘이 부족 되면서 財星(재성) 仇神(구신)이 氣高萬丈(기고만장)하게 된다, 男便(남편)과는 離婚(이혼)하고 男子

만나서 同居生活(동거생활)을 始作(시작)했는데 兄弟(형제), 父母(부모), 繼母(계모) 子息(자식)들까지 혼자서 다 解決(해결)해야 되니, 이러다간 뒷날이 걱정되어 그만두고 싶다.

식신		편관	편관					坤命				용신.토.식상
토	화	수	수									희신.화.비겁
戊	丙	壬	壬		63	53	43	33	23	13	3	진용신.목.인성
子	戌	子	寅		乙	丙	丁	戊	己	庚	辛	기신.수.관성
壬	辛	壬	戊		巳	午	未	申	酉	戌	亥	구신.금.재성
수	금	수	토									
편관	정재	편관	식신									

식상제살격(食傷制殺格)　　월의심천 6일 1시간 43분

節期(절기)에서 6日 1時間(시간)이라 初氣(초기)에 해당한다.

丙火日干(병화일간)이 地支(지지)에 通根(통근)하지 못하고 身弱(신약)하다. 四柱(사주)에 强(강)한 것은 水星(수성)인 官星(관성)이다. 官星(관성)이 强(강)하면, 피해보는 것은 比劫(비겁)인데, 구제할 수 있는 五行(오행)은 木星(목성)과 土星(토성) 두 五行(오행)이다. 木星(목성)을 用神(용신)을 잡으면 吉(길)한데, 四柱(사주)에 없으므로 用神(용신)은 잡을 수가 없고 眞用神(진용신)은 잡을 수가 있다. 土星(토성)인 食傷(식상)이 官星(관성)을 攻擊(공격)하고, 比劫(비겁)을 保護(보호)해야 된다.

申金 大運(대운)에 申金는 庚金 偏財(편재) 仇神運(구신운)이다. 財星(재성)은 官星(관성)을 相生(상생)하기 때문에 官星(관성) 忌神(기신)이 夥多(과다)하여 官星(관성)에서 發生(발생)한다. 職場(직장)이나 男子문제가

不吉(불길)하던가, 아니면 健康(건강)이 나빠진다는 뜻이다.

　40세 辛巳年에 巳火는 丙火이므로 四柱(사주) 日支(일지) 辛金과 丙辛合水局(병신합수국)하면 壬水이고 偏官(편관) 忌神運(기신운)이다. 친구와 같이 茶房(다방)을 開業(개업)했는데 不振(부진)하고 친구와 사이도 좋지 않고, 丙火 친구, 辛金 財物(재물)과 合(합)이면 慾心(욕심) 때문에 陷穽(함정)이다.

인수		편재	편재		乾命							용신.목.관성
화	토	수	수									희신.수.재성
丙	己	癸	癸		65	55	45	35	25	15	5	기신.금.식상
子	未	亥	丑		丙	丁	戊	己	庚	辛	壬	구신.토.비겁
癸	己	甲	己		辰	巳	午	未	申	酉	戌	한신.화.인성
水	土	木	土									
편재	비견	정관	비견									

재자약살격 (財滋弱殺格)　　월의심천 12일 1시간 31분

節期(절기)에서 12日 1時間(시간)이라 亥水는 甲木 中氣(중기)에 해당한다. 己土日柱(기토일주)가 日支(일지)에 得地(득지)하고 印星(인성)까지 있어 太旺(태왕)하다. 四柱(사주)에 强(강)한 것은 比劫(비겁)이다. 比劫(비겁)이 强(강)하면, 피해보는 것은 財星(재성)인데, 구제할 수 있는 五行(오행)은 金星(금성)과 木星(목성) 두 五行(오행)이다. 金星(금성)은 四柱(사주)에 없으므로 用神(용신)의 資格(자격)이 未達(미달)이라 쓸 수가 없고, 木星(목성)인 官星(관성)에게 부탁하여, 比劫(비겁)을 攻擊(공격)하고, 財星(재성)을 保護(보호)해야 된다.

庚金 大運(대운)에 庚金이 四柱(사주) 月支(월지) 甲木과 甲庚沖(갑경충)이다. 食傷(식상) 忌神(기신)이 와서 官星(관성) 用神(용신)을 沖(충)하면 食傷(식상)은 新規(신규), 擴張(확장), 무엇인가 始作(시작)할러는 마음을 갖지게 되고, 用神(용신)이 沖(충)이라 사리판단 못하게 된다.

29세 辛巳年에 巳火는 丙火 印綬(인수) 閑神運(한신운)이다. 印星(인성)이 와서 比劫(비겁)을 生助(생조)하면 比劫(비겁)이 氣高萬丈(기고만장)하여 財星(재성)을 攻擊(공격)하게 된다. 하는 일마다 잘 안되고 重裝備(중장비) 事業(사업)을 始作(시작)하려고 한다. 不吉(불길)하고, 陷穽(함정)이다.

편관		정관	정관				乾命				용신.금.식상
목	토	목	목								희신.수.재성
乙	己	甲	甲								기신.화.인성
亥	亥	戌	午	70	60	50	40	30	20	10	구신.목.관성
戊	戊	辛	丙	辛	庚	己	戊	丁	丙	乙	한신.토.비겁
토	토	금	화	巳	辰	卯	寅	丑	子	亥	
겁재	겁재	식신	인수								

식상생재격 (食傷生財格)　　월의심천 1일 17시간 33분

節期(절기)에서 1日 17時間(시간)이라 初氣(초기)에 해당한다.

己土日柱(기토일주)가 日支(일지)에 得地(득지)하고 印星(인성)까지 있어 太旺(태왕)하다. 四柱(사주)에 强(강)한 것은 土星(토성)인 比劫(비겁)이다. 比劫(비겁)이 强(강)하면, 피해보는 것은 財星(재성)인데, 구제할 수 있는 五行(오행)은 木星(목성)과 金星(금성) 두 五行(오행)이다. 木星(목성)을 用

神(용신)으로 잡기는 무엇인가 不安(불안)하고, 金星(금성)인 食傷(식상)에게 부탁하여, 比劫(비겁)을 泄氣(설기)하고, 財星(재성)을 相生(상생)하여 保護(보호)해야 된다.

寅木 大運(대운)에 寅木는 甲木이므로 四柱(사주) 日干(일간) 己土와 甲己合土局(갑기합토국)하면 戊土이고 劫財(겁재) 閑神運(한신운)이다. 比劫(비겁)은 財星(재성)을 攻擊(공격)하기 때문에 財物(재물), 親舊(친구), 官災(관재), 女子, 문제 등이 發生(발생)한다.

48세 辛巳年에 巳火는 丙火이므로 四柱(사주) 月支(월지) 辛金과 丙辛合水局(병신합수국)하면 壬水이고 正財(정재) 喜神運(희신운)이다. 하지만 食傷(식상)인 用神(용신)이 合(합)하여 變質(변질)되고 없는 財星(재성)이 들어오면 軍劫正財(군겁정재)가 된다. 만일 食傷(식상)이 變化(변화)지 않았다면 軍比(군비)는 나지 않는다. 婦人(부인) 健康(건강)이 많이 나빠서 어떻게 될 것인가.

비견		식신	편재								용신.수.비겁
수	수	목	화			乾命					희신.금.인성
壬	壬	甲	丙								기신.토.관성
寅	辰	午	寅	68	58	48	38	28	18	8	구신.화.재성
丙	癸	己	丙	辛	庚	己	戊	丁	丙	乙	한신.목.식상
화	수	토	화	丑	子	亥	戌	酉	申	未	
편재	겁재	정관	편재								

재다용비격(財多用比格)　　월의심천 10일 19시간 46분

節期(절기)에서 10日 19時間(시간)이라 中氣(중기)에 해당한다.

壬水日柱(임수일주)가 日支(일지)에 得地(득지)하고 印星(인성)이 없어 身弱(신약)하다. 四柱(사주)에 强(강)한 것은 火星(화성)인 財星(재성)이다. 財星(재성)이 强(강)하면, 피해보는 것은 印星(인성)인데, 구제할 수 있는 五行(오행)은 水星(수성)과 土星(토성) 두 五行(오행)이다. 土星(토성)을 用神(용신)으로 사용하면 比劫(비겁)이 身弱(신약)되기 때문에 쓸 수가 없고, 比劫(비겁)이 財星(재성)을 攻擊(공격)하고, 印星(인성)을 保護(보호)해야 된다.

未土 大運(대운)에 未土는 己土이므로 四柱(사주) 月干(월간) 甲木과 甲己合土局(갑기합토국)하면 戊土이고 偏官(편관) 忌神運(기신운)이다. 食傷(식상)이 사라지면서 官星(관성)이 두려움이 없기 때문에, 氣高萬丈(기고만장)하여 比劫(비겁)을 攻擊(공격)하게 된다.

16세 辛巳年에 巳火는 丙火이므로 四柱(사주) 壬水와 丙壬沖(병임충)이다. 壬水 日干(일간)이 다치게 된다. 親舊(친구)와 싸움을 해서 허리에 마비가 와서 病院治療(병원치료) 중이다. 상대 父母(부모)와 合議(합의)도 하지 않고 있다.

편관		정재	상관		坤命						용신.수.식상
화	금	목	수								희신.금.비겁
丙	庚	乙	癸	68	58	48	38	28	18	8	기신.토.인성
戌	戌	卯	丑	壬	辛	庚	己	**戊**	丁	丙	구신.화.관성
丁	丁	甲	辛	戌	酉	申	未	午	巳	辰	한신.목.재성
화	화	목	금								
정관	정관	편재	겁재								

식상제살격(食傷制殺格)　월의심천 9일 18시간 17분

　節期(절기)에서 9日 18時間(시간)이라 卯는 初氣(초기)이고 丑, 戌는 中氣(중기)에 해당한다.

　庚金日干(경금일간)이 地支(지지)에 通根(통근)하고 印星(인성)이 없어 身弱(신약)하다. 四柱(사주)에 强(강)한 것은 火星(화성)인 官星(관성)이다. 官星(관성)이 强(강)하면, 피해보는 것은 比劫(비겁)인데, 구제할 수 있는 五行(오행)은 土星(토성)과 水星(수성) 두 五行(오행)이다. 土星(토성)은 四柱(사주)에 없으므로 用神(용신)으로 資格(자격)이 未達(미달)이라 쓸 수가 없고, 水星(수성)인 食傷(식상)에게 부탁하여, 官星(관성)을 攻擊(공격)하고, 比劫(비겁)을 保護(보호)해야 된다.

　戊土 大運(대운)에 戊土가 四柱(사주) 年干(년간) 癸水와 戊癸火局(무계화국)하면 丙火이고 偏官(편관) 仇神運(구신운)이다. 合(합)으로 食傷(식상) 用神(용신)이 사라지고 官星(관성)이 强(강)해지므로 官星(관성)이 氣高萬丈(기고만장)하여 官(관)쪽에서 문제가 發生(발생)한다.

　29세 辛巳年에 巳火는 丙火이므로 四柱(사주) 年支(년지) 辛金과 丙辛合水局(병신합수국)하면 壬水이고 食神(식신) 用神運(용신운)이다. 丙火는

職場(직장) 男子이고 合(합)하여 食傷(식상)이면 始作(시작)인데 男子 만나서 친하게 되고 男便(남편)과는 멀어지고 어떻게 해야 할지 分別(분별)이 서지 않는다.

비견		정관	식신				乾命				용신.화.재성
수	수	토	목								희신.토.관성
癸	癸	戊	乙	66	56	46	36	26	16	6	기신.수.비겁
亥	卯	寅	巳	辛	壬	癸	**甲**	乙	丙	丁	구신.금.인성
壬	乙	甲	丙	未	申	酉	戌	亥	子	丑	한신.목.식상
수	목	목	화								
겁재	식신	상관	정재								

게실태과격(制殺太過格)　월의심천 14일 12시간 44분

癸水日干(계수일간)이 地支(지지)에 通根(통근)하고 比劫(비겁)이 적당한 힘을 維持(유지)하고 있다. 四柱(사주)에 强(강)한 五行(오행)은 木星(목성)인 食傷(식상)이다. 食傷(식상)이 强(강)하면, 피해보는 것은 官星(관성)인데, 구제할 수 있는 五行(오행)은 金星(금성)과 火星(화성) 두 五行(오행)이다. 金星(금성)은 四柱(사주)에 없으므로 用神(용신)을 잡을 수가 없고, 火星(화성)인 財星(재성)에게 부탁하여, 食傷(식상)을 泄氣(설기)하고 官星(관성)을 相生(상생)하여 保護(보호)해야 된다.

甲木 大運(대운)에 甲木 傷官(상관) 閑神運(한신운)이다. 食傷(식상)은 官星(관성)을 攻擊(공격)하기 때문에 官星(관성)쪽에서 發生(발생)한다.

37세 辛巳年에 辛金이 四柱(사주) 年支(년지) 丙火와 丙辛合水局(병신합수국)하면 壬水이고 劫財(겁재) 忌神運(기신운)이다. 丙火 用神(용신)이

合(합)하여 比劫(비겁)이 强(강)해져 食傷(식상)을 生助(생조)하면 食傷(식상)은 官星(관성)을 攻擊(공격)하게 된다. 丙火 用神(용신)이 變質(변질)만 되지 않았다면, 打擊(타격)이 적은데 自營業(자영업)을 하다가 最惡(최악)이 되었고 婦人(부인)마저 離婚(이혼)하자고 마음과 몸이 滿身瘡(만신창)이가 되어 어떻게 해야 할지 고민이다.

겁재		식신	편재				乾命				용신.수.비겁
수	수	목	화								희신.금.인성
壬	癸	乙	丁	66	56	46	36	26	16	6	기신.토.관성
子	巳	巳	酉	戊	己	庚	辛	壬	癸	甲	구신.화.재성
癸	丙	丙	辛	戌	亥	子	丑	寅	卯	辰	한신.목.식상
수	화	화	금								
비견	정재	정재	편인								

재다용비격(財多用比格) 월의심천 14일 20시간 2분

癸水日柱(계수일주)가 地支(지지)에 通根(통근)하고 印星(인성)까지 있어 적당한 힘을 維持(유지)하고 있다. 四柱(사주)에 强(강)한 것은 火星(화성)인 財星(재성)이다. 財星(재성)이 强(강)하면, 피해보는 것은 印星(인성)인데, 구제할 수 있는 五行(오행)은 水星(수성)과 土星(토성) 두 五行(오행)이다. 土星(토성)은 四柱(사주)에 없으므로, 用神(용신)의 資格(자격)이 未達(미달)이라 쓸 수가 없고, 比劫(비겁)이 財星(재성)을 攻擊(공격)하고, 印星(인성)을 保護(보호)해야 된다.

丑土 大運(대운)에 丑土가 四柱(사주) 巳, 酉와 巳酉丑金局(사유축금국)하면 辛金이고 偏印(편인) 喜神運(희신운)이다. 印星運(인성운)이 吉(길)해야 되는데, 三合(삼합)으로 印星(인성)이 夥多(과다)하여 吉(길)하

지 않고, 凶(흉)으로 變化(변화)게 된다. 文書(문서), 二姓(이성)문제가 發
生(발생)한다.

　45세 辛巳年에 巳火는 丙火이므로 四柱(사주) 年支(년지) 辛金과 병신합
수국(병신합수국)하면 壬水이고 劫財(겁재) 用神運(용신운)이다. 大運(대
운)에서 印星(인성)이 强(강)해저 比劫(비겁)을 生助(생조)하고 勢運(세
운)에서 劫財運(겁재운)이라, 比劫(비겁) 用神(용신)이 凶(흉)으로 變化(변
화)되어 財星(재성)을 攻擊(공격)해서 財星(재성)이 다치게 된다. 女子 만나
1年 동안 만나곤 했는데, 婦人(부인)이 알고 離婚(이혼)하자고 한다.

상관		정재	식신				坤命				용신.화.관성
수	금	목	수								희신.토.인성
壬	辛	甲	癸	67	57	47	37	27	17	7	진용신.금.비겁
辰	卯	寅	卯	辛	庚	己	戊	丁	丙	乙	기신.수.식상
戊	乙	丙	乙	酉	申	未	午	巳	辰	卯	구신.목.재성
토	목	화	목								
인수	편재	정관	편재								

관인상생격(官印相生格)　월의심천 12일 10시간 22분

　節期(절기)에서 12日 10時間(시간)이라 寅은 丙火 中氣(중기)에 해당한다.
　辛金日干(신금일간)이 地支(지지)에 通根(통근)하지 못하고 身弱(신약)하
다. 四柱(사주)에 强(강)한 것은 木星(목성)인 財星(재성)이다. 財星(재성)이
强(강)하면, 피해보는 것은 印星(인성)인데, 구제할 수 있는 五行(오행)은
金星(금성)과 火星(화성) 두 五行(오행)이다. 金星(금성)을 用神(용신)으로
잡으면 錦上添花(금성첨화)인데 四柱(사주)에 없으므로 用神(용신)을 잡을

수는 없고, 眞用神(진용신)은 잡을 수는 있다. 四柱(사주)구조상 어쩔 수 없어서 官星(관성)을 用神(용신)을 잡았지만 官星運(관성운)은 弱(약)한 比劫(비겁)을 攻擊(공격)하기 때문에 大凶(대흉)해진다. 官印相生格(관인상생격)이라 했지만 財多用比格(재다용비격)이라 해야 할 것이다.

戊土 大運(대운)에 戊土가 四柱(사주) 年干(년간) 癸水와 戊癸火局(무계화국)하면 丙火이고 正官(정관) 用神運(용신운)이다. 事業(사업)이 잘 되어야 하는데 失敗(실패)하고 말았다.

39세 辛巳年에 辛金이 四柱(사주) 月支(월지) 丙火와 丙辛合水局(병신합수국)하면 壬水이고 傷官(상관) 忌神運(기신운)이다. 事業(사업)을 失敗(실패)하고 夫婦(부부)문제까지 있어 離婚(이혼)을 해야 옳은지 判斷(판단)이 서지 않는다.

정재		정관	편관				坤命					
목	금	화	화								용신.화.관성	
乙	庚	丁	丙	70	60	50	40	30	20	10	희신.목.재성	
酉	寅	酉	辰	庚	辛	壬	癸	甲	乙	丙	기신.수.식상	
辛	甲	辛	戊	寅	卯	辰	巳	午	未	申	구신.금.비겁	
금	목	금	토								한신.토.인성	
겁재	편재	겁재	편인									

재자약살격 (財滋弱殺格)　　월의심천 27일 21시간 2분

庚金日柱(경금일주)가 月令(월령)에 得令(득령)하고 印星(인성)까지 있어 太旺(태왕)하다. 四柱(사주)에 强(강)한 것은 比劫(비겁)이다. 比劫(비겁)이 强(강)하면, 피해보는 것은 財星(재성)인데, 구제할 수 있는 五行(오행)은

火星(화성)과 水星(수성) 두 五行(오행)이다. 水星(수성)은 四柱(사주)에 없으므로 用神(용신)의 資格(자격)이 未達(미달)이라 쓸 수가 없고, 火星(화성)인 官星(관성)에게 부탁하여, 比劫(비겁)을 攻擊(공격)하고, 財星(재성)을 保護(보호)해야 된다.

未土 大運(대운)에 未土가 四柱(사주) 日支(일지) 甲木과 甲己合土局(갑기합토국)하면 戊土이고 偏印(편인) 閑神運(한신운)이다. 印星(인성)이 와서 比劫(비겁)을 相生(상생)하면 比劫(비겁)은 힘이 强(강)하게 되어 氣高萬丈(기고만장)하고 財星(재성)을 攻擊(공격)하게 되고 比劫(비겁)이 强(강)한데, 比劫運(비겁운)이나, 印星運(인성운)이 오면 男便(남편)이 愛人(애인)이 생기고 夫婦(부부)문제가 發生(발생)하게 된다.

26세 辛巳年에 辛金이 四柱(사주) 年干(년간) 丙火와 丙辛合水局(병신합수국)하면 壬水이고 食神(식신) 忌神運(기신운)이다. 食傷(식상)이 와서 用神(용신)인 官星(관성)을 攻擊(공격)하게 된다. 男便(남편)은 잘해주는데 이상하게 정이 가지 않고 離婚(이혼)하고 싶은데 方法(방법)이 없다.

편인		정관	식신				坤命				용신.화.재성
금	수	토	목								희신.목.식상
庚	壬	己	甲								기신.수.비겁
戌	午	巳	午	68	58	48	38	28	18	8	구신.금.인성
戊	丁	丙	丁	壬	癸	**甲**	乙	丙	丁	戊	한신.토.관성
토	화	화	화	戌	亥	子	丑	寅	卯	辰	
편관	정재	편재	정재								

종재격(從財格)　　월의심천 20일 8시간 52분

　壬水日干(임수일간)이 地支(지지)에 通根(통근)하지 못하고 身弱(신약)하다. 四柱(사주)에 强(강)한 것은 火星(화성)인 財星(재성)이다. 財星(재성)이 强(강)하면, 피해보는 것은 印星(인성)인데, 구제할 수 있는 五行(오행)으로는 水星(수성)과 土星(토성) 두 五行(오행)인데 强(강)한 火星(화성)을 剋(극)하는 水星(수성)이 없기 때문에 일반 四柱(사주)와 달리 强者(강자)의 勢力(세력)에 大勢(대세)를 따라가야 吉(길)하게 된다.

　甲木 大運(대운)에 甲木이 四柱(사주) 月干(월간) 己土와 甲己合土局(갑기합토국)하면 戊土이고 偏官(편관) 閑神運(한신운)이다. 職場(직장), 健康(건강), 男子등이 發生(발생)한다.

　丑土 大運(대운)에 男便(남편)과 離婚(이혼)하고 딸과 같이 살고 있다.

　48세 辛巳年에 辛金이 四柱(사주) 月支(월지) 丙火와 丙辛合水局(병신합수국)하면 壬水이고 比肩(비견) 忌神運(기신운)이다. 財星(재성) 用神(용신)이 合(합)으로 比劫(비겁) 忌神(기신)이 된다면 나의 財物(재물)을 親舊(친구)가 가져간다는 뜻이다. 호프집을 하고 있는데, 손님으로 와서 매일 들리곤 했는데, 단골이라 옆에 앉자 대화 중에 結婚(결혼)하자고 請

婚(청혼)해 왔다. 男子라면 窒塞(질식)인데 어떻게 해야 할지?

財物(재물)보고 接近(접근)한 형태로 陷穽(함정)이다.

편관		인수	편재				坤命					용신.목.비겁
금	목	수	토									희신.수.인성
庚	甲	癸	戊									기신.금.관성
午	辰	亥	寅	61	51	41	31	21	11	1		구신.토.재성
丙	乙	戊	戊	丙	丁	戊	己	庚	辛	壬		한신.화.식상
화	목	토	토	辰	巳	午	未	申	酉	戌		
식신	겁재	편재	편재									

재다용비격(財多用比格) 월의심천 0일 1시간 42분

節期(절기)에서 0日 1時間(시간)이라 初氣(초기)에 해당한다.

甲木日柱(갑목일주)가 日支(일지)에 得地(득지)하고 印星(인성)까지 있어 比劫(비겁)이 적당한 힘을 維持(유지)하고 있다. 四柱(사주)에 强(강)한 五行(오행)은 土星(토성)인 財星(재성)이다. 財星(재성)이 强(강)하면, 피해보는 것은 印星(인성)인데, 구제할 수 있는 五行(오행)으로는 木星(목성)과 金星(금성) 두 五行(오행)이다. 金星(금성)을 用神(용신)을 잡으면 比劫(비겁)이 身弱(신약)되기 때문에 쓸 수가 없고, 比劫(비겁)이 財星(재성)을 攻擊(공격)하고 印星(인성)을 保護(보호)해야 된다.

丙火 大運(대운)에 丙火 食神(식신) 閑神運(한신운)이다. 食傷(식상)은 財星(재성)을 生助(생조)하기 때문에 財星(재성)이 强(강)해져 印星(인성)을 攻擊(공격)하게 되면 印星(인성)이 다치게 된다. 즉 文書(문서)나 二姓(이성)문제이다.

64세 辛巳年에 巳火는 丙火이고 食神(식신) 閑神運(한신운)이다. 大運(대운)에서 丙火 食神(식신)이고, 勢運(세운)에서 丙火(병화) 食神(식신) 閑神運(한신운)이다. 食傷(식상)은 財星(재성) 仇神(구신)을 生助(생조)하고 官星(관성)을 攻擊(공격)하고 힘을 받은 財星(재성)은 印星(인성)을 攻擊(공격)하게 된다. 男便(남편)이 事業(사업)하다가 크게 失敗(실패)하고 할 수 없어 職場(직장)을 나가고 있다.

편재		편인	식신									
토	목	수	화			坤命						용신.목.비겁
己	乙	癸	丁									희신.수.인성
卯	巳	丑	亥	66	56	46	36	26	16	6		기신.금.관성
乙	丙	己	壬	庚	己	戊	丁	丙	乙	甲		구신.토.재성
목	화	토	수	申	未	午	巳	辰	卯	寅		한신.화.식상
비견	상관	편재	인수									

재다용비겁(財多用比格)   월의심천 14일 11시간 30분

乙木日柱(을목일주)가 地支(지지)에 通根(통근)하고 印星(인성)까지 있어 比劫(비겁)이 적당한 힘을 維持(유지)하고 있다. 四柱(사주)에 强(강)한 것은 土星(토성)인 財星(재성)이다. 財星(재성)이 强(강)하면, 피해보고 있는 것은 印星(인성)인데, 구제할 수 있는 五行(오행)은 木星(목성)과 金星(금성) 두 五行(오행)이다. 金星(금성)은 四柱(사주)에 없으므로 用神(용신)의 資格(자격)이 未達(미달)이라 쓸 수가 없고, 比劫(비겁)이 財星(재성)을 攻擊(공격)하고, 印星(인성)을 保護(보호)해야 된다.

午火 大運(대운)에 午火는 丁火이므로 四柱(사주) 年支(년지) 壬水와 丁

壬木局(정임목국)하면 甲木이고 劫財(겁재) 用神(용신)이다. 甲木은 男子이고, 比劫(비겁)이 강하게 되어 오히려 忌神(기신) 역할을 하게 된다.

55세 辛巳年에 巳火가 四柱(사주) 年支(년지) 亥水와 巳亥沖(사해충)하면 亥中甲木(해중감목)이 中氣(중기)에서 나오게 된다. 甲木이 나와서 무엇을 하는가 甲己合土局(갑기합토국)하면 戊土이고 正財(정재) 仇神運(구신운)이다. 財星(재성)은 印星(인성)을 攻擊(공격)하게 된다. 美容室(미용실)을 하고 있고, 살던 集(집)이 競賣(경매)에 넘어가고 愛人(애인)이 다시 찾아준다고 했는데 찾아줄까? 男子의 福(복)이 있을까?

편재		인수	비견									
수	토	화	토				坤命					용신.토.비겁
壬	戊	丁	戊									희신.화.인성
子	子	巳	申	65	55	45	35	25	15	5		기신.목.관성
癸	癸	庚	壬	庚	辛	壬	癸	甲	乙	丙		구신.수.재성
수	수	금	수	戊	亥	子	丑	寅	卯	辰		한신.금.식상
정재	정재	식신	편재									

재다용비격(財多用比格)　월의심천 12일 5시간 4분

節期(절기)에서 12日 5時間(시간)이라 巳, 申은 中氣(중기)에 해당한다. 戊土日干(무토일간)이 地支(지지)에 通根(통근)하지 못하고 身弱(신약)하다. 四柱(사주)에 强(강)한 것은 水星(수성)인 財星(재성)이다. 財星(재성)이 强(강)하면, 피해보는 것은 印星(인성)인데, 구제할 수 있는 五行(오행)은 土星(토성)과 木星(목성) 두 五行(오행)이다. 木星(목성)은 四柱(사주)에 없으므로, 用神(용신)을 잡을 수가 없고, 比劫(비겁)이 財星(재성)을 攻擊(공격)하고 印星(인성)을 保護(보호)해야 된다.

　寅木 大運(대운)에 寅木은 甲木(갑목)이므로 四柱(사주) 月支(월지) 庚金과 甲庚沖(갑경충)이다. 官星(관성)과 食傷(식상)이 沖(충)이면, 食傷(식상)은 活動舞臺(활동무대)이고 밥그릇 이고, 官星(관성)은 職場(직장)및 男便(남편), 男子와 沖(충)이다. 즉 夫婦(부부)나 男子문제가 發生(발생)한다.

　34세 辛巳年에 辛金 傷官(상관) 閑神運(한신운)이다. 食傷(식상)이 와서 財星(재성)을 相生(상생)하면 强(강)한 財星(재성)은 印星(인성)을 攻擊(공격)하여 印星(인성)이 다치게 된다. 男便(남편)이 바람나서 集(집)나가서 3年 만에 集(집)에 오고 외로워서 愛人(애인)을 만나고 있는데 어떻게 해야 할지 判斷(판단)이 서지 않는다.

상관		정관	인수				坤命				용신.금.인성
목	수	토	금								희신.토.관성
甲	癸	戊	庚	67	57	47	37	27	17	7	기신.화.재성
寅	酉	寅	戌	辛	壬	癸	甲	乙	丙	丁	구신.목.식상
甲	辛	甲	戊	未	申	酉	戌	亥	子	丑	한신.수.비겁
목	금	목	토								
상관	편인	상관	정관								

식상용인격(食傷用印格)　　월의심천 17일 13시간 44분

　癸水日干(계수일간)이 地支(지지)에 通根(통근)하지 못하고 身弱(신약)하다. 四柱(사주)에 强(강)한 것은 木星(목성)인 食傷(식상)이다. 食傷(식상)이 强(강)하면, 피해보는 것은 官星(관성)인데, 구제할 수 있는 五行(오행)은 金星(금성)과 火星(화성) 두 五行(오행)이다. 火星(화성)은 四柱(사주)에 없으므로 用神(용신)의 資格(자격)이 未達(미달)이라 쓸 수가 없고, 火星(화성)이 있다 해도 比劫(비겁)이 身弱(신약)이라 쓸 수가 없다. 金星(금성)인 印星(인성)에게 부탁하여, 食傷(식상)을 攻擊(공격)하고, 官星(관성)을 保護(보호)해야 된다.

亥水 大運(대운)에 亥水는 壬水 劫財(겁재) 閑神運(한신운)이다. 比劫(비겁)은 食傷(식상)을 相生(상생)하여 食傷(식상)이 더욱 强(강)해져 官星(관성)을 攻擊(공격)하면, 官星(관성)이 다치게 된다.

32세 辛巳年에 巳火는 丙火이므로 四柱(사주) 日支(일지) 辛金과 丙辛合水局(병신합수국)하면 壬水이고 劫財(겁재) 閑神運(한신운)이다. 大運(대운)에서 比劫運(비겁운)이고 勢運(세운)에서 比劫(비겁)이 食傷(식상)을 相生(상생)하면 食傷(식상)이 氣高萬丈(기고만장)하여 官星(관성)을 攻擊(공격)하면 官星(관성)이 다치게 된다. 夫婦(부부)같이 족발집을 하는데, 不振(부진)하고 賣買(매매)도 되지 않고 언제쯤 賣買(매매)가 될까?

상관		상관	편인		坤命						용신.화.인성
금	토	금	화								희신.목.관성
辛	戊	辛	丙	65	55	45	35	25	15	5	기신.수.재성
酉	子	丑	申	甲	乙	丙	丁	戊	己	庚	구신.금.식상
辛	癸	辛	壬	午	未	申	酉	戌	亥	子	한신.토.비겁
금	수	금	수								
상관	정재	상관	편재								

식상용인격 (食傷用印格)　　월의심천 10일 19시간 20분

節期(절기)에서 10日 19時間(시간)이라 申, 丑은 中氣(중기)에 해당한다.

戊土日干(무토일간)이 地支(지지)에 通根(통근)하지 못하고 身弱(신약)하다. 四柱(사주)에 强(강)한 것은 金星(금성)인 食傷(식상)이다. 食傷(식상)이 强(강)하면, 피해보는 것은 官星(관성)인데, 구제할 수 있는 五行(오행)은 火星(화성)과 水星(수성) 두 五行(오행)이다. 水星(수성)을 用神(용신)으로 잡으면 比劫(비겁)이 身弱(신약)이라 쓸 수가 없고, 火星(화성)인 印星(인성)에게 부탁하여, 食傷(식상)을 攻擊(공격)하고, 官星(관성)을 保護(보호)해야 된다.

丙火 大運(대운)에 丙火가 四柱(사주) 辛金과 丙辛合水局(병신합수국)하면 壬水이고 偏財(편재) 忌神運(기신운)이다. 財星(재성)은 印星(인성)을 攻擊(공격)하므로 用神(용신)인 印星(인성)이 다치게 된다.

46세 辛巳年에 巳火는 丙火이므로 四柱(사주) 辛金과 丙辛合水局(병신합수국)하면 壬水이고 偏財(편재) 忌神運(기신운)이다. 大運(대운)에도 財星(재성) 忌神運(기신운) 勢運(세운)에도 財星(재성) 忌神運(기신운)이라 印星(인성)이 어떻게 살겠는가? 食堂(식당)을 運營(운영)하는데, 너무나 不振(부진)해서 정리해야 옳은지 어떻게 해야 될지 判斷(판단)을 못하고 있다.

겁재		정관	편인						坤命						용신.화.식상
목	목	금	수												희신.토.재성
乙	甲	辛	壬	65	55	45	35	25	15	5					기신.수.인성
亥	寅	亥	子	甲	乙	丙	丁	戊	己	庚					구신.금.관성
甲	丙	甲	癸	辰	巳	午	未	**申**	酉	戌					한신.목.비겁
목	화	목	수												
비견	식신	비견	인수												

식상생재격(食傷生財格)   월의심천 12일 5시간 51분

節期(절기)에서 12日 5時間(시간)이라 亥, 寅은 中氣(중기)에 해당한다.

甲木日柱(갑목일주)가 月令(월령)에 得令(득령)하고 印星(인성)까지 있어 太旺(태왕)하다. 四柱(사주)에 强(강)한 것은 比劫(비겁)이다. 比劫(비겁)이 强(강)하면, 피해보는 것은 財星(재성)인데, 구제할 수 있는 五行(오행)은 火星(화성)과 金星(금성) 두 五行(오행)이다. 金星(금성)을 用神(용신)으로 잡기는 무엇인가 不安(불안)하고, 火星(화성)인 食傷(식상)에게 부탁하여, 比劫(비겁)을 泄氣(설기)하고, 財星(재성)을 相生(상생)하여 保護(보호)해야 된다.

申金 大運(대운)에 申金은 庚金이므로 四柱(사주) 時干(시간) 乙木과 乙庚金局(을경금국)하면 庚金이고 偏官(편관) 仇神運(구신운)이다. 乙木은 親舊(친구)이고 庚金은 職場(직장)이고 男子인데, 묶인다는 뜻이다.

30세 辛巳年에 辛金이 四柱(사주) 時干(시간)과 乙辛沖(을신충)이다. 大運(대운)에서 乙庚金局(을경금국)한 것을 勢運(세운)에서 乙辛沖(을신충)하면 發生(발생)하게 된다. 愛人(애인)이 結婚(결혼)을 約束(약속)했는데 나는 꼼작 못하게 하고 다른 女子를 만나면서 대화를 하려하면 暴力(폭력)이라 무섭고 어떻게 해야 할지 고민이다.

	편관		인수	인수		乾命		용신.화.식상
	금	목	수	수				희신.토.재성
	庚	甲	癸	癸				기신.수.인성
	午	子	亥	卯		64 54 44 34 24 14 4		구신.금.관성
	丙	壬	甲	甲		丙 丁 戊 己 庚 辛 壬		한신.목.비겁
	화	수	목	목		辰 巳 午 **未** 申 酉 戌		
	식신	편인	비견	비견				

식상생재격(食傷生財格)　월의심천 8일 23시간 58분

節期(절기)에서 8日 23時間(시간)이라 亥는 中氣(중기)이고 子, 午, 卯는 初氣(초기)에 해당한다.

甲木日柱(갑목일주)가 月令(월령)에 得令(득령)하고 印星(인성)까지 있어 太旺(태왕)하다. 四柱(사주)에 强(강)한 것은 比劫(비겁)이다. 比劫(비겁)이 强(강)하면, 피해보는 것은 財星(재성)인데, 구제할 수 있는 五行(오행)은 金星(금성)과 火星(화성) 두 五行(오행)이다. 金星(금성)을 用神(용신)으로 잡기는 무엇인가 不安(불안)하고 火星(화성)인 食傷(식상)에게 부탁하여, 比劫(비겁)을 泄氣(설기)하고, 財星(재성)을 相生(상생)하여 保護(보호)해야 된다.

未土 大運(대운)에 未土는 己土이므로 四柱(사주) 甲木과 甲己合土局(갑기합토국)하면 戊土이고 偏財(편재) 喜神運(희신운)이다. 財星運(재성운)이 와도 丙火 食神(식신)이 있고 官星(관성)이 있어서 軍比正財(군비정재)는 나지 않는다.

39세 辛巳年에 辛金이 四柱(사주) 時支(시지) 丙火와 丙辛合水局(병신합수국)하면 壬水이고 偏印運(편인운)이다. 丙火 用神(용신)이 合(합)으로

變質(변질)되어 壬水 偏印(편인) 릇神(기신)이 比劫(비겁)을 生助(생조)하면 比劫(비겁)은 더욱 强(강)해져 大運(대운)에서 合(합)하여 온 財星(재성)을 攻擊(공격)하여 財星(재성)이 다치게 된다. 이것이 軍比正財(군비정재)이다. 用神(용신)인 丙火가 合(합)으로 사라지면 比劫(비겁)이 가만히 있지 않고 財星(재성)을 攻擊(공격)하게 된다. 丙火가 合(합)을 하지 않고 그대로 있다면 軍比正財(군비정재)가 되지 않는다. 丙火가 그대로 살았다 하더라도 庚金 偏官(편관)을 乙木이 와서 묶인다면 軍比正財(군비정재)가 된다. 大運(대운)에서나 勢運(세운)에서 辛金이나 乙木이 와서 合(합)을 하지 않으면 軍比正財(군비정재)는 일어나지 않지만 만일 辛金이나 乙木이 와서 合(합)이 成立(성립)되면 丙火나 庚金이 變質(변질)되기 때문에 軍比正財(군비정재)가 發生(발생)하게 된다. 형님이 와서 돈을 빌려달라고 했는데 돈은 없고 카드를 빌려주었는데 카드 한도까지 쓰고 오리발이고 형님이 능력이 없는데 拒絶(거절) 못하고 빌려준 것 때문에 婦人(부인)과 싸움을 하게 되고 離婚(이혼)하자고 하며 集(집)을 나가 오지 않고 있다.

인수		상관	식신				坤命				
토	금	수	수								용신.목.재성
己	庚	癸	壬								희신.수.식상
卯	午	卯	寅	70	60	50	40	30	20	10	기신.금.비겁
乙	丁	乙	甲	丙	丁	戊	己	庚	辛	壬	구신.토.인성
목	화	목	목	申	酉	戌	亥	子	丑	寅	한신.화.관성
정재	정관	정재	편재								

종재격(從財格)   월의심천 26일 20시간 0분

庚金日干(경금일간)이 地支(지지)에 通根(통근)하지 못하고 身弱(신약)하다. 四柱(사주)에 强(강)한 것은 木星(목성)인 財星(재성)이다. 財星(재성)이 强(강)하면, 피해보는 것은 印星(인성)인데, 구제할 수 있는 五行(오행)으로는 金星(금성)과 火星(화성) 두 五行(오행)이다. 火星(화성)을 用神(용신)을 잡으면 身弱(신약)이라 쓸 수가 없고, 金星(금성)은 四柱(사주)에 없으므로 强(강)한 財星(재성)을 剋(극)하는 金星(금성)이 없기 때문에 일반 四柱(사주)와 달리 强者(강자)의 勢力(세력)에 大勢(대세)를 따라가야 吉(길)하다.

己土 大運(대운)에 己土가 四柱(사주) 年支(년지) 甲木과 甲己合土局(갑기합토국)하면 戊土이고 偏印(편인) 仇神運(구신운)이다. 印星(인성)이 仇神(구신)이면, 文書(문서)나, 二姓(이성)문제가 發生(발생)한다.

40세 辛巳年에 辛金이 四柱(사주) 乙木과 乙辛沖(을신충)이다. 辛金은 男子이고, 乙木 財物(재물)과 沖(충)이라 男子와 財物(재물)문제가 있게 된다. 男子를 만나서 愛人(애인)사이가 되었고 무엇인가 도움이 될까하고 만났는데 도움은 되지 않고 오히려 돈만 빌려주게 되고 받기 위해서 또 빌려주고 이제 더 이상 줄 돈이 바닥이 났으나 그는 돈이 있으면서 안 준다고 毆縛(구박)만 하고 도움이 될까 했는데 오히려 모든 것을 잃고 말았다.

인수		비견	편인				坤命					용신.토.관성
금	수	수	금									희신.화.재성
庚	癸	癸	辛	71	61	51	41	31	21	11		기신.목.식상
申	巳	巳	亥	庚	己	戊	丁	**丙**	乙	甲		구신.수.비겁
戊	戊	戊	戊	子	亥	戌	酉	申	未	午		한신.금.인성
토	토	토	토									
정관	정관	정관	정관									

종관살격(從官煞格)　월의심천 2일 3시간 22분

節期(절기)에서 2日 3時間(시간)이라 初氣(초기)에 해당한다.

癸水日干(계수일간)이 地支(지지)에 通根(통근)하지 못하고 身弱(신약)하다. 四柱(사주)에 强(강)한 것은 土星(토성)인 官星(관성)이다. 官星(관성)이 强(강)하면, 피해보는 것은 比劫(비겁)인데, 구제할 수 있는 五行(오행)은 金星(금성)과 木星(목성) 두 五行(오행)이다. 木星(목성)을 用神(용신)으로 잡아야 되는데 强(강)한 官星(관성)을 剋(극)하는 木星(목성)인 食傷(식상)이 없기 때문에, 일반 四柱(사주)와 달리 强者(강자)의 勢力(세력)에 大勢(대세)를 따라가야 吉(길)하게 된다.

丙火 大運(대운)에 丙火가 四柱(사주) 年干(년간) 辛金과 丙辛合水局(병신합수국)하면 壬水이고 劫財(겁재) 仇神運(구신운)이다. 合(합)으로 比劫運(비겁운)이면 官星(관성)이 가만히 있을 리가 없고 官星(관성)은 比劫(비겁)을 攻擊(공격)하게 된다. 즉 健康(건강), 職場(직장), 男子문제가 發生(발생)한다.

31세 辛巳年에 辛金 偏印(편인) 閑神運(한신운)인데, 印星(인성)이 比劫(비겁)을 相生(상생)하면 比劫(비겁)이 氣高萬丈(기고만장)하다가 官

星(관성)에게 당하게 된다. 親舊(친구)와 같이 놀다가 우연히 男子를 만나서 술자리에 동석 했는데 男便(남편)이 보고 愛人(애인)인 줄 알고 오해를 해서 離婚(이혼)을 당하고 말았다.

정재		정관	편관								
수	토	목	목				坤命				용신.목.관성
癸	戊	乙	甲								희신.수.재성
亥	辰	亥	午	61	51	41	31	21	11	1	기신.금.식상
戊	乙	戊	丙	戊	己	庚	辛	壬	癸	甲	구신.토.비겁
토	목	토	화	辰	巳	午	未	申	酉	戌	한신.화.인성
비견	정관	비견	편인								

재자약살격 (財滋弱殺格)   월의심천 0일 14시간 39분

節期(절기)에서 0日 14時間(시간)이라 初氣(초기)에 해당한다.

戊土日柱(무토일주)가 月令(월령)에 得令(득령)하고 印星(인성)까지 있어 太旺(태왕)하다. 四柱(사주)에 强(강)한 것은 土星(토성)인 比劫(비겁)이다. 比劫(비겁)이 强(강)하면, 피해보는 것은 財星(재성)인데, 구제할 수 있는 五行(오행)으로는 木星(목성)과 金星(금성) 두 五行(오행)이다. 金星(금성)은 四柱(사주)에 없으므로 用神(용신)을 잡을 수가 없고, 木星(목성)인 官星(관성)에게 부탁하여, 比劫(비겁)을 攻擊(공격)하고, 財星(재성)을 保護(보호)해야 된다.

午火 大運(대운)에 午火는 丁火이므로 四柱(사주) 時干(시간) 癸水와 丁癸沖(정계충)이다. 丁火 印水(인수)가 癸水 正財(정재) 喜神(희신)과 沖(충)이라 財星(재성)이 다친다는 뜻이고, 財物(재물)문제가 發生(발생)한다.

48세 辛巳年에 巳火는 丙火 偏印(편인) 閑神運(한신운)이다. 大運(대운)에서 沖(충)하여 財星(재성)이 힘이 부족이고, 勢運(세운)에서 印星(인성)이 와서 比劫(비겁)을 相生(상생)하면 比劫(비겁)은 氣高萬丈(기고만장)하여 財星(재성)을 攻擊(공격)하게 된다. 職場生活(직장생활)하고 있는데, 集(집)을 팔아서 事業(사업)하려고 한다. 比劫(비겁)이 强(강)해 지는 시기에 事業(사업)이라 不吉(불길)하다.

상관		정관	편관				乾命				용신.목.인성
토	화	수	수		65	55	45	35	25	15	5	희신.수.관성
己	丙	癸	壬		庚	己	戊	丁	丙	乙	甲	기신.금.재성
丑	子	卯	午		戌	**酉**	申	未	午	巳	辰	구신.토.식상
己	癸	乙	己									한신.화.비겁
토	수	목	토									
상관	정관	인수	상관									

식상용인격(食傷用印格)　　월의심천 17일 12시간 21분

節期(절기)에서 17日 12時間(시간)이라 午는 己土 中氣(중기)에 해당한다.

丙火日干(병화일간)이 地支(지지)에 通根(통근)하지 못하고 身弱(신약)하다. 四柱(사주)에 强(강)한 것은 土星(토성)인 食傷(식상)이다. 食傷(식상)이 强(강)하면, 피해보는 것은 官星(관성)인데, 구제할 수 있는 五行(오행)으로는 木星(목성)과 金星(금성) 두 五行(오행)이다. 金星(금성)은 四柱(사주)에 없으므로 用神(용신)의 資格(자격)이 未達(미달)이라 쓸 수가 없고, 木星(목성)인 印星(인성)에게 부탁하여, 食傷(식상)을 攻擊(공격)하고, 官星(관성)을 保護(보호)해야 된다.

酉金 大運(대운)에 酉金은 辛金이므로 四柱(사주) 日干(일간) 丙火와 丙辛合水局(병신합수국)하면 壬水이고 偏官(편관) 喜神運(희신운)이다. 辛金 財物(재물), 女子가 丙火 나를 合(합)하여 水局(수국) 喜神(희신)이라, 즉 財物(재물)과 女子와 職場(직장)이 吉(길)하다는 뜻이다.

60세 辛巳年에 辛金이 四柱(사주) 日干(일간) 丙火와 丙辛合水局(병신합수국)하면 壬水이고 偏官運(편관운)이다. 退職(퇴직)하고, 自營業(자영업)을 愛人(애인)의 도움으로 始作(시작)했는데 生角(생각) 외로 잘되고 있고 婦人(부인)이 女子를 만나고 있다는 것을 알면서 아무런 말도 하지 않고 있다.

정관		식신	정관	坤命							용신.토.인성
화	금	수	화								희신.화.관성
丁	庚	壬	丁	62	52	42	32	22	12	2	기신.목.재성
亥	辰	寅	亥	己	戊	丁	丙	乙	甲	癸	구신.수.식상
壬	戊	甲	壬	酉	申	未	午	巳	辰	卯	한신.금.비겁
수	토	목	수								
식상	편인	편재	식신								

관인상생격(官印相生格)　월의심천 25일 21시간 40분

庚金日干(경금일간)이 地支(지지)에 通根(통근)하지 못하고 身弱(신약)하다. 四柱(사주)에 强(강)한 것은 水星(수성)인 食傷(식상)이다. 食傷(식상)이 强(강)하면, 피해보는 것은 官星(관성)인데, 구제할 수 있는 五行(오행)은 土星(토성)과 木星(목성) 두 五行(오행)이다. 木星(목성)을 用神(용신)을 잡으면 比劫(비겁)이 身弱(신약)이라 쓸 수가 없고, 土星(토성)인 印

星(인성)에게 부탁하여, 食傷(식상)을 攻擊(공격)하고, 官星(관성)을 保護(보호)해야 된다.

戊土 大運(대운)에 戊土 偏印(편인) 用神運(용신운)이다. 文書(문서) 二姓(이성)쪽으로 吉(길)하다는 뜻이다.

55세 辛巳年에 巳火가 四柱(사주) 亥水와 巳亥沖(사해충)을 하면 亥中甲木(해중갑목)이 中氣(중기)에서 나오게 된다. 甲木이 나와서 무엇을 하는가 四柱(사주) 日干(일간) 庚金과 甲庚沖(갑경충)이다. 財物(재물)과 身體(신체)가 沖(충)이면 財物(재물)문제가 생긴다는 뜻이다. 集(집)을 마련해서 新築工事(신축공사)를 동생에게 부탁하여 始作(시작)했는데, 동생이 돈을 조금씩 속이고 신축비가 너무 많이 들어가서 確認(확인)해보니 동생이 장난친 것이다. 大運(대운)이 吉(길)하다 해도 勢運(세운)이 忌神(기신), 仇神(구신)이면 凶(흉)하게 된다. 强(강)도가 弱(약)하다는 뜻이고 5年 동안 吉(길)함이 더 많다.

편관		인수	편인								
화	금	토	토				乾命				용신.토.인성
丙	庚	己	戊								희신.금.비겁
子	辰	未	申	71	61	51	41	31	21	11	기신.목.재성
壬	乙	丁	戊	丙	乙	甲	癸	壬	辛	庚	구신.수.식상
수	목	화	토	寅	丑	子	亥	戌	酉	申	한신.화.관성
식신	정재	정관	편인								

살중용인격(殺重用印格)　　월의심천 1일 14시간 18분

節期(절기)에서 1日 14時間(시간)이라 初氣(초기)에 해당한다.

庚金日干(경금일간)이 地支(지지)에 通根(통근)하지 못하고 身弱(신약)하다. 四柱(사주)에 强(강)한 것은 火星(화성)인 官星(관성)이다. 官星(관성)이 强(강)하면, 피해보는 것은 比劫(비겁)인데, 구제할 수 있는 五行(오행)으로는 土星(토성)과 水星(수성) 두 五行(오행)이다. 水星(수성)을 用神(용신)으로 잡으면 比劫(비겁)이 身弱(신약)이라 쓸 수가 없고, 土星(토성)인 印星(인성)에게 부탁하여, 官星(관성)을 泄氣(설기)하고, 比劫(비겁)을 相生(상생)하여 保護(보호)해야 된다.

壬水 大運(대운)에 壬水가 四柱(사주) 月支(월지) 丁火와 丁壬木局(정임목국)하면 甲木이고 偏財(편재) 忌神運(기신운)이다. 壬水 食神(식신)과 丁火 正官(정관)과 합(合)해서 財星(재성)이면 官星(관성)은 職場(직장)이고 食傷(식상)은 밥그릇, 새로운 것 始作(시작)이고 합(合)하여 財星(재성)이면 財星(재성)은 財物(재물)이고, 女子여자 인데, 즉 職場變化(직장변화)이고 財物(재물)이 힘들게 된다는 뜻이다.

34세 辛巳年에 辛金이 四柱(사주) 時干(시간) 丙火와 丙辛合水局(병신합수국)하면 壬水이고 食神(식신) 仇神運(구신운)이다. 무엇인가 始作(시작)한다는 뜻이다. 職場(직장)을 그만두고 개인사무실을 開業(개업)하려고 한다. 陷穽(함정)이다.

식신		편재	상관								용신.화.비겁
토	화	금	토				乾命				희신.목.인성
戊	丙	庚	己								기신.수.관성
戊	辰	午	酉	63	53	43	33	23	13	3	구신.금.재성
辛	乙	丙	庚	癸	甲	乙	丙	丁	戊	己	한신.토.식상
금	목	화	금	亥	子	丑	寅	卯	辰	巳	
정재	인수	비견	편재								

재다용비격(財多用比格)　　월의심천 4일 14시간 18분

節期(절기)에서 4日 14時間(시간)이라 初氣(초기)에 해당한다.

丙火日柱(병화일주)가 月令(월령)에 得令(득령)하고 印星(인성)까지 있어 身强(신강)하다. 四柱(사주)에 强(강)한 것은 金星(금성)인 財星(재성)이다. 財星(재성)이 强(강)하면, 피해보는 것은 印星(인성)인데, 구제할 수 있는 五行(오행)은 火星(화성)과 水星(수성) 두 五行(오행)이다. 水星(수성)은 四柱(사주)에 없으므로 用神(용신)을 잡을 수가 없고, 比劫(비겁)이 財星(재성)을 攻擊(공격)하고, 印星(인성)을 保護(보호)해야 된다.

丙火 大運(대운)에 丙火가 四柱(사주) 時支(시지) 辛金과 丙辛合水局(병신합수국)하면 壬水이고 偏官(편관) 忌神運(기신운)이다. 丙火는 親舊(친구), 同氣(동기)이고 辛金은 財物(재물), 女子이다. 合(합)하여 水局(수국)이면 親舊(친구), 財物(재물), 職場(직장)문제가 不吉(불길)하다는 뜻이다.

33세 辛巳年에 辛金이 四柱(사주) 丙火와 丙辛合水局(병신합수국)하면 壬水이고 偏官(편관) 忌神運(기신운)이다. 事業(사업)하다가 失敗(실패)하고 婦人(부인)이 離婚(이혼)하자고 한다. 卯木 大運(대운)에 卯木은 乙木이므로 四柱(사주) 庚金과 乙庚金局(을경금국)하면 庚金 偏財(편재) 仇神

運(구신운)에 事業(사업)을 始作(시작)했다가 結局(결국) 亡(망)하고 말았
다. 合(합)이라 慾心(욕심) 때문에 陷穽(함정)에 빠진 경우다.

편재		편재	정재				坤命					용신.토.관성
화	수	화	화									희신.금.인성
丙	壬	丙	丁	70	60	50	40	30	20	10		진용신.수.비겁
午	戌	午	亥	癸	壬	辛	庚	己	戊	丁		기신.목.식상
丙	辛	丙	戊	丑	子	亥	戌	酉	申	未		구신.화.재성
화	금	화	토									
편재	인수	편재	편관									

관인상생격(官印相生格)　월의심천 5일 13시간 59분

節期(절기)에서 5日 13時間(시간)이라 初氣(초기)에 해당한다.

壬水日干(임수일간)이 地支(지지)에 通根(통근)하지 못하고 身弱(신약)하
다. 四柱(사주)에 强(강)한 것은 火星(화성)인 財星(재성)이다. 財星(재성)이
强(강)하면, 피해보는 것은 印星(인성)인데, 구제할 수 있는 五行(오행)은
水星(수성)과 土星(토성) 두 五行(오행)이다. 水星(수성)을 用神(용신)으로
잡으면 錦上添花(금상첨화)인데 四柱(사주)에 없으므로 用神(용신)은 잡을
수 없고, 眞用神(진용신)은 잡을 수가 있다. 官星(관성)이 財星(재성)을 泄
氣(설기)하고, 印星(인성)을 保護(보호)해야 된다. 하지만 印星(인성)을 相
生(상생)하여 保護(보호)하지만, 比劫(비겁)을 攻擊(공격)하기 때문에 不
安(불안)하다, 四柱(사주)구조상 어쩔 수 없어 用神(용신)으로 사용한 것
이다.

亥水 大運(대운)에 亥水는 壬水이므로 四柱(사주) 年干(년간) 丁火와 丁

壬木局(정임목국)하면 甲木이고 食神(식신) 忌神運(기신운)이다. 무엇인가 始作(시작)한다는 뜻이다.

55세 辛巳年에 巳火는 丙火이므로 四柱(사주) 日支(일지) 辛金과 丙辛 合水局(병신합수국)하면 壬水이고 比肩(비견) 眞用神運(진용신운)인데 印星(인성)이 合(합)으로 사라지면, 官星(관성)이 比劫(비겁)을 攻擊(공격)하지 가만히 있겠는가? 離婚(이혼)하고, 처음 男子를 만났는데, 마음에 들어 結婚(결혼)하려고 한다.

겁재		편재	편재									
목	목	토	토			乾命						용신.화.식상
乙	甲	戊	戊									희신.토.재성
亥	寅	午	戌	71	61	51	41	31	21	11		기신.수.인성
戊	丙	丙	丙	乙	甲	癸	壬	辛	庚	己		구신.금.관성
토	화	화	화	丑	子	亥	戌	酉	申	未		한신.목.비겁
편재	식신	식신	식신									

종아격(從我格)

월의심천 0일 7시간 18분

節期(절기)에서 0日 7時間(시간)이라 亥는 戊土, 初己(초기)에 해당하고 三合(삼합)은 月令(월령)에 꼭 한자는 있어야 成立(성립)된다. 寅午戌火局(인오술화국)이면 丙火이다.

甲木日干(갑목일간)이 地支(지지)에 通根(통근)하지 못하고 身弱(신약)하다. 四柱(사주)에 强(강)한 것은 火星(화성)인 食傷(식상)이다. 食傷(식상)이 强(강)하면 피해보는 것은 官星(관성)인데, 구제할 수 있는 五行(오행)은 水星(수성)과 土星(토성) 두 五行(오행)이다. 食傷(식상)을 剋(극)하는 印星(인성)이 四柱(사주)에 없으므로 일반 四柱(사주)와 달리 强者(강자)의 勢力(세력)으로 大勢(대세)를 따라가야 吉(길)해 진다.

壬水 大運(대운)에 壬水가 四柱(사주) 丙火와 丙壬沖(병임충)이다. 印星(인성) 忌神(기신)이 丙火 用神(용신) 밥그릇과 沖(충)이다. 누군가가 방해한다는 뜻이다.

44세 辛巳年에 辛金이 四柱(사주) 丙火와 丙辛合水局(병신합수국)하면 壬水이고 偏印運(편인운)이다. 大運(대운)에서 丙壬沖(병임충)한 것을 勢運(세운)에서 丙辛合水局(병신합수국)하면 發生(발생)하게 된다. 韓方業(한방업)을 開業(개업)했는데 開業(개업)한지 하루도 되지 않았는데 돌팔이라고 소문내고 돌아다니는 사람이 있어 너무 피곤하다. 大運(대운)의 흐름이 不吉(불길)하고 戌土 大運(대운)에 始作(시작)했다면 어떨까?

정재		편인	편인				坤命							
금	화	목	목									용신.금.재성	
庚	丁	乙	乙	63	53	43	33	23	13	3		희신.토.식상	
戌	酉	酉	未	壬	辛	**庚**	己	戊	丁	丙		기신.화.비겁	
戊	辛	辛	己	辰	卯	寅	丑	子	亥	戌		구신.목.인성	
토	금	금	토									한신.수.관성	
상관	편재	편재	식신										

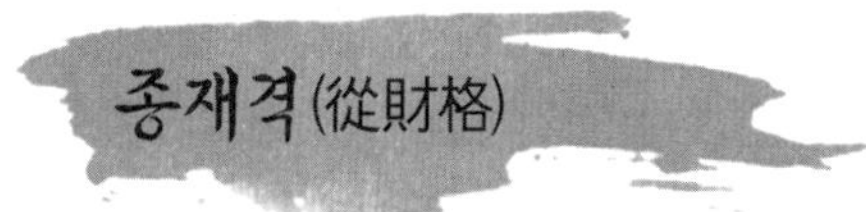

종재격(從財格)

월의심천 25일 0시간 58분

丁火日干(정화일간)이 地支(지지)에 通根(통근)하지 못하고 身弱(신약)하다. 四柱(사주)에 强(강)한 것은 金星(금성)인 財星(재성)이다. 財星(재성)이 强(강)하면, 피해보는 것은 印星(인성)인데, 구제할 수 있는 五行(오행)으로는 火星(화성)과 水星(수성) 두 五行(오행)인데, 四柱(사주)에 金星(금성)을 剋(극)하는 火星(화성)이 없으므로 일반 四柱(사주)와 달리 强者(강자)의 勢力(세력)에 大勢(대세)를 따라가야 吉(길)하다.

庚金 大運(대운)에 庚金이 四柱(사주) 乙木과 乙庚金局(을경금국)하면 庚金이고 正財(정재) 用神運(용신운)이다. 庚金은 財物(재물)이고 乙木은 文書(문서)나 二姓(이성)이 合(합)하여 財星(재성) 用神(용신)이면 財物(재물)또는 사업이 活潑(활발)하다는 뜻이다.

47세 辛巳年에 辛金이 四柱(사주) 乙木과 乙辛沖(을신충)이다. 大運(대운)에서 乙庚金局(을경금국)한 것을 勢運(세운)에서 乙辛沖(을신충)을 하면 發生(발생)하게 된다. 食堂業(식당업)을 한다고 準備(준비) 중에 있다. 앞으로 大運(대운)을 흐름도 寅木 大運(대운)도 寅木는 甲木이므로 四柱(사주) 年支(년지) 己土와 甲己合土局(갑기합토국)하면 傷官(상관) 喜神運(희신운)이라 吉(길)하고 辛卯 大運(대운)까지 大吉(대길)하다.

<table>
<tr><td>겁재</td><td></td><td>비견</td><td>겁재</td><td colspan="7" style="text-align:center">乾命</td><td>용신.토.인성</td></tr>
<tr><td>금</td><td>금</td><td>금</td><td>금</td><td></td><td></td><td></td><td></td><td></td><td></td><td></td><td>희신.화.관성</td></tr>
<tr><td>辛</td><td>庚</td><td>庚</td><td>辛</td><td>66</td><td>56</td><td>46</td><td>36</td><td>26</td><td>16</td><td>6</td><td>기신.목.재성</td></tr>
<tr><td>巳</td><td>寅</td><td>子</td><td>丑</td><td>癸</td><td>甲</td><td>乙</td><td>丙</td><td>丁</td><td>戊</td><td>己</td><td>구신.수.식상</td></tr>
<tr><td>丙</td><td>甲</td><td>癸</td><td>己</td><td>巳</td><td>午</td><td>未</td><td>申</td><td>酉</td><td>戌</td><td>亥</td><td>한신.금.비겁</td></tr>
<tr><td>화</td><td>목</td><td>수</td><td>토</td><td></td><td></td><td></td><td></td><td></td><td></td><td></td><td></td></tr>
<tr><td>편관</td><td>편재</td><td>상관</td><td>인수</td><td></td><td></td><td></td><td></td><td></td><td></td><td></td><td></td></tr>
</table>

관인상생격(官印相生格) 월의심천 15일 17시간 4분

庚金日干(경금일간)이 地支(지지)에 通根(통근)하지 못하고 身弱(신약)하다. 四柱(사주)에 强(강)한 것은 水星(수성)인 食傷(식상)이다. 食傷(식상)이 强(강)하면, 피해보는 것은 官星(관성)인데, 구제할 수 있는 五行(오행)은 土星(토성)과 木星(목성) 두 五行(오행)이다. 木星(목성)을 用神(용신)을 잡으면 比劫(비겁)이 身弱(신약)되기 때문에 쓸 수가 없고, 土星(토성)인 印星(인성)에게 부탁하여, 食傷(식상)을 攻擊(공격)하고, 官星(관성)을 保護(보호)해야 된다.

申金 大運(대운)에 申金이 四柱(사주) 日支(일지) 寅木과 寅申沖(인신충)을 하면 寅中丙火(인중병화)가 中氣(중기)에서 나오게 된다. 丙火가 나와서 무엇을 하는가 年干(년간) 辛金과 丙辛合水局(병신합수국)하면 壬水이고 食神(식신) 仇神運(구신운)이다. 丙火는 職場(직장)이고 辛金 女子와 合(합)하여 食傷(식상)이면 무엇인가 始作(시작)한다는 뜻이다.

41세 辛巳年에 辛金이 四柱(사주) 時支(시지) 丙火와 丙辛合水局(병신합수국)하면 壬水이고 食神(식신) 仇神運(구신운)이다. 職場生活(직장생활)하다가 退職(퇴직)하고 본인 事業(사업)을 한다고 準備(준비) 중에 있다. 大運(대운)의 흐름이 이제 始作(시작)인데, 不吉(불길)하다. 慾心(욕심)때문에 陷穽(함정)에 빠져들고 있다.

정관		편인	식신				乾命					
화	금	토	수									용신.금.비겁
丙	辛	己	癸									희신.토.인성
申	酉	未	卯	64	54	44	34	24	14	4		기신.화.관성
壬	庚	乙	甲	壬	癸	甲	乙	丙	丁	戊		구신.목.재성
수	금	목	목	子	丑	寅	**卯**	辰	巳	午		한신.수.식상
상관	겁재	편재	정재									

재다용비격(財多用比格)　　월의심천 9일 10시간 52분

　節期(절기)에서 9日 10時間(시간)이라 卯, 酉는 初氣(초기)에 해당하고 未, 申은 中氣(중기)에 해당한다.

　辛金日干(신금일간)이 日支(일지)에 得地(득지)하고 印星(인성)까지 있어 比劫(비겁)이 적당한 힘을 維持(유지)하고 있다. 四柱(사주)에 强(강)한 것은 木星(목성)인 財星(재성)이다. 財星(재성)이 强(강)하면, 피해보는 것은 印星(인성)인데, 구제할 수 있는 五行(오행)은 金星(금성)과 火星(화성) 두 五行(오행)이다. 火星(화성)을 用神(용신)을 잡으면 比劫(비겁)이 身弱(신약)되기 때문에 쓸 수가 없고, 比劫(비겁)이 財星(재성)을 攻擊(공격)하고, 印星(인성)을 保護(보호)해야 된다.

　卯木 大運(대운)에 卯木은 乙木이므로 四柱(사주) 日支(일지) 庚金과 乙庚金局(을경금국)하면 庚金이고 劫財(겁재) 用神運(용신운)이다. 用神運(용신운)이긴 하지만 乙木이 와서 庚金을 묶인 상태라 庚金 用神(용신)이 꼼작 못하고 있고 財星(재성)이 氣高萬丈(기고만장)해서 날 띠게 되어, 財物(재물)이나 女子-문제가 發生(발생)한다.

　39세 辛巳年에 巳火는 丙火이므로 四柱(사주) 日干(일간) 辛金과 丙辛合水局(병신합수국)하면 壬水이고 傷官運(상관운)이다. 比劫(비겁)은 사라지고. 財星(재성)만 强(강)하게 된다. 愛人(애인) 만나다가 婦人(부인)이 알고 離婚(이혼)하고 愛人(애인)도 背信(배신)하여 헤어지고 만다.

상관		식신	편관		坤命						용신.토.식상
토	화	토	수								희신.화.비겁
己	丙	戊	壬	66	56	46	36	26	16	6	기신.목.인성
亥	戌	申	子	辛	壬	癸	甲	乙	丙	丁	구신.수.관성
壬	戊	庚	癸	丑	寅	卯	辰	巳	午	未	한신.금.재성
수	토	금	수								
편관	식신	편재	정관								

식상제살격(食傷制殺格)　월의심천 16일 3시간 1분

丙火日干(병화일간)이 地支(지지)에 通根(통근)하지 못하고 身弱(신약)하다. 四柱(사주)에 强(강)한 것은 水星(수성)인 官星(관성)이다. 官星(관성)이 强(강)하면, 피해보는 것은 比劫(비겁)인데, 구제할 수 있는 五行(오행)은 木星(목성)과 土星(토성) 두 五行(오행)이다. 木星(목성)은 四柱(사주)에 없으므로 用神(용신)으로 쓸 수가 없고, 土星(토성)인 食傷(식상)에게 부탁하여, 官星(관성)을 攻擊(공격)하고, 比劫(비겁)을 保護(보호)해야 된다.

乙木 大運(대운)에 乙木이 四柱(사주) 月支(월지) 庚金과 乙庚金局(을경금국)하면 庚金이고 偏財(편재) 閑神運(한신운)이다. 財星(재성)은 仇神(구신)인 官星(관성)을 相生(상생)하므로 官星(관성)이 氣高萬丈(기고만장)하게 되고 官星(관성)은 比劫(비겁)을 攻擊(공격)하게 된다. 즉 職場(직장), 健康(건강), 男子문제가 發生(발생)한다.

30세 辛巳年에 辛金이 四柱(사주) 日干(일간) 丙火와 丙辛合水局(병신합

수국)하면 壬水이고 偏官(편관) 仇神運(구신운)이다. 辛金은 財物(재물)이고 丙火 나와 合(합)하여 官星(관성)이면 金錢(금전) 때문에 男子를 만나게된다. 전 愛人(애인)과는 헤어지고 男子를 만나서 愛人(애인) 사이가 되고財物(재물) 쪽으로 너무나 힘들고 있었는데 經濟的(경제적)으로 解決(해결)해주었다. 오늘만 吉(길)하면 뭘 하나 陷穽(함정)에 빠져들고 있다.

비견		식신	정재				坤命				
수	수	목	화								용신.수.비겁
癸	癸	乙	丙								희신.금.인성
亥	未	未	申	64	54	44	34	24	14	4	기신.토.관성
甲	丁	丁	壬	戊	己	庚	辛	壬	癸	甲	구신.화.재성
목	화	화	수	子	丑	寅	卯	辰	巳	午	한신.목.식상
상관	편재	편재	겁재								

재다용비격(財多用比格)　　월의심천 8일 8시간 32분

節期(절기)에서 8日 8時間(시간)이라 申, 亥는 中氣(중기)에 해당하고, 未는 初氣(초기)에 해당한다.

癸水日干(계수일간)이 地支(지지)에 通根(통근)하지 못하고 身弱(신약)하다. 四柱(사주)에 强(강)한 것은 火星(화성)인 財星(재성)이다. 財星(재성)이 强(강)하면, 피해보는 것은 印星(인성)인데, 구제할 수 있는 五行(오행)은 水星(수성)과 土星(토성) 두 五行(오행)이다. 土星(토성)은 四柱(사주)에 없으므로 用神(용신)의 資格(자격)이 未達(미달)이라 쓸 수가 없고, 比劫(비겁)이 財星(재성)을 攻擊(공격)하고, 印星(인성)을 保護(보호)해야 된다.

庚金 大運(대운)에 庚金이 四柱(사주) 月干(월간) 乙木과 乙庚金局(을경

금국)하면 庚金이고 印綬(인수) 喜神運(희신운)이다. 印星(인성)이 喜神(희신)이면, 文書(문서), 健康(건강), 二姓(이성), 윗사람의 도움 등이 吉(길)해진다.

46세 辛巳年에 辛金이 四柱(사주) 月干(월간) 乙木과 乙辛沖(을신충)이다. 大運(대운)에서 乙庚金局(을경금국)한 것을 勢運(세운)에서 乙辛沖(을신충)하면 發生(발생)하게 된다. 윗사람을 도움 받아서 化粧品(화장품) 매점을 開業(개업)했는데, 或是(혹시)나 도움 받아서 하는 것이라, 잘못될까봐 大運(대운) 흐름이 吉(길)하다.

정관		상관	정관								
금	목	화	금				坤命				용신.토.재성
庚	乙	丙	庚								희신.화.식상
辰	酉	戌	戌	69	59	49	39	29	19	9	기신.목.비겁
戊	辛	戊	戊	己	庚	辛	壬	癸	甲	乙	구신.수.인성
토	금	토	토	卯	辰	巳	午	未	申	酉	한신.금.관성
정재	편관	정재	정재								

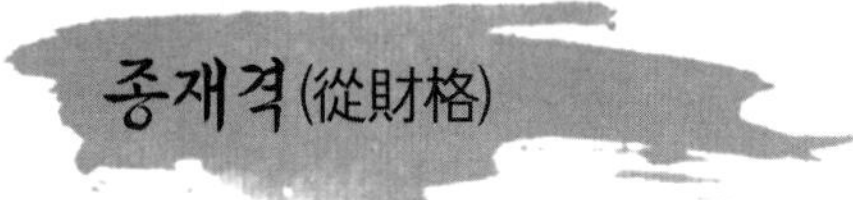

종재격(從財格)

월의심천 23일 6시간 28분

乙木日干(을목일간)이 地支(지지)에 通根(통근)하지 못하고 身弱(신약)하다. 四柱(사주)에 强(강)한 것은 土星(토성)인 財星(재성)이다. 財星(재성)이 强(강)하면, 피해보는 것은 印星(인성)인데, 구제할 수 있는 五行(오행)으로는 木星(목성)과 金星(금성) 두 五行(오행)이다. 木星(목성)을 用神(용신)으로 잡아야 되는데, 四柱(사주)에 木星(목성)이 없기 때문에 쓸 수가 없고, 財星(재성)이 强(강)한데, 剋(극)하는 比劫(비겁)이 없어 일반 四柱(사주)와 달리 强者(강자)의 勢力(세력)에 大勢(대세)를 따라가야 吉(길)하다.

　癸水 大運(대운)에 癸水가 四柱(사주) 戊土와 戊癸火局(무계화국)하면 丙火이고 傷官(상관) 喜神運(희신운)이다. 食傷(식상)이 喜神(희신)이면 무엇인가 始作(시작)한다는 뜻이고 擴張(확장)이나 新規(신규)등이 吉(길)하다.

　32세 辛巳年에 巳火는 丙火이므로 四柱(사주) 日支(일지) 辛金과 丙辛合水局(병신합수국)하면 壬水이고 印綬(인수) 仇神運(구신운)이다. 印星(인성)은 食傷(식상)을 攻擊(공격)하게 된다. 즉 活動舞臺(활동무대) 밥그릇을 打擊(타격) 받는다는 뜻인데, 化粧品(화장품)판매원을 하다가 體力(체력)이 힘들어 그만두고 化粧品(화장품) 賣店(매점)을 開業(개업)하려고 準備(준비) 중이다. 勢運(세운)이 凶(흉)하다.

식신		편관	편관				坤命				용신.토.인성
수	금	화	화								희신.금.비겁
壬	庚	丙	丙	61	51	41	31	21	11	1	기신.목.재성
午	子	申	午	己	庚	辛	壬	癸	甲	乙	구신.수.식상
丙	壬	戊	丙	丑	寅	卯	辰	巳	午	未	한신.화.관성
화	수	토	화								
편관	식신	편인	편관								

살중용인격(殺重用印格)　　월의심천 1일 3시간 41분

　節期(절기)에서 1日 3時間(시간)이라 初氣(초기)에 해당한다.

　庚金日干(경금일간)이 地支(지지)에 通根(통근)하지 못하고 身弱(신약)하다. 四柱(사주)에 强(강)한 것은 火星(화성)인 官星(관성)이다. 官星(관성)이

强(강)하면, 피해보는 것은 比劫(비겁)인데, 구제할 수 있는 五行(오행)은 土星(토성)과 水星(수성) 두 五行(오행)이다. 水星(수성)을 用神(용신)으로 잡으면 比劫(비겁)이 身弱(신약)이라 쓸 수가 없고, 土星(토성)인 印星(인성)에게 부탁하여, 官星(관성)을 泄氣(설기)하고, 比劫(비겁)을 相生(상생)하여 保護(보호)해야 된다.

辰土 大運(대운)에 辰土는 戊土 偏印(편인) 用神運(용신운)이다. 用神運(용신운)이라 文書(문서)나 二姓(이성)쪽으로 吉(길)하다는 뜻인데,

36세 辛巳年에 辛金이 四柱(사주) 丙火와 丙辛合水局(병신합수국)하면 壬水이고 食神(식신) 仇神運(구신운)이다. 食傷(식상)이 仇神(구신)이라 하지만 强(강)한 官星(관성)을 攻擊(공격)하기 때문에 官星(관성)이 두려워한다. 壬水 大運(대운)에 男便(남편)과 離婚(이혼)했는데 지금 와서 합치자고 하고 愛人(애인)을 만나고 있는데 어떻게 해야 할지 判斷(판단)을 못하고 있다, 子息(자식)들 生角(생각)에 고민에 빠져 있다.

인수		비견	식신				坤命						
화	토	토	금								용신.토.비겁
丁	戊	戊	庚								희신.화.인성
巳	子	寅	子	69	59	49	39	29	19	9	기신.목.관성
丙	癸	甲	癸	辛	壬	癸	**甲**	乙	丙	丁	구신.수.재성
화	수	목	수	未	申	酉	戌	亥	子	丑	한신.금.식상
편인	정재	편관	정재								

재다용비격(財多用比格)　　월의심천 25일 6시간 7분

戊土日干(무토일간)이 地支(지지)에 通根(통근)하지 못하고 身弱(신약)하

다. 四柱(사주)에 强(강)한 것은 水星(수성)인 財星(재성)이다. 財星(재성)이 强(강)하면, 피해보는 것은 印星(인성)인데, 구제할 수 있는 五行(오행)은 土星(토성)과 木星(목성) 두 五行(오행)이다. 木星(목성)을 用神(용신)으로 사용하면 比劫(비겁)이 더욱 身弱(신약)되기 때문에 쓸 수가 없고, 比劫(비겁)이 財星(재성)을 攻擊(공격)하고, 印星(인성)을 保護(보호)해야 된다.

  甲木 大運(대운)에 甲木이 四柱(사주) 年干(년간) 庚金과 甲庚沖(갑경충)이다. 甲木 偏官(편관)은 職場(직장)이나 男子이고 庚金 食神(식신)은 活動舞臺(활동무대) 밥그릇과 沖(충)이라 金錢(금전)문제가 힘들게 되고 職場(직장)이 잘못된다는 뜻이다.

  42세 辛巳年에 辛金이 四柱(사주) 時支(시지) 丙火와 丙辛合水局(병신합수국)하면 壬水이고 偏財(편재) 仇神運(구신운)이다. 喜神(희신)인 印星(인성)이 弱(약)하게 되고 仇神(구신)인 財星(재성)은 强(강)하게 되어 印星(인성)을 攻擊(공격)하게 되면 印星(인성)이 다치게 된다. 財物(재물) 慾心(욕심)에 돈을 빌려주고 이자놀이 하다가 많은 돈을 받지도 못하고 自營業(자영업)을 하고 있는데 事業(사업)도 不振(부진)하여 힘이 들고 있다.

겁재		식신	정재				坤命					
금	금	수	목									용신.수.식상
庚	辛	癸	甲									희신.목.재성
子	酉	酉	辰	62	52	42	32	22	12	2		기신.토.인성
壬	庚	庚	乙	丙	丁	戊	己	庚	辛	壬		구신.화.관성
수	금	금	목	寅	卯	辰	巳	午	未	申		한신.금.비겁
상관	겁재	겁재	편재									

식상생재격(食傷生財格) 월의심천 2일 0시간 0분

節期(절기)에서 2日 0時間(시간)이라 初氣(초기)에 해당한다.

辛金日柱(신금일주)가 月令(월령)에 得令(득령)하고 太旺(태왕)하다. 比劫(비겁)이 強(강)하면, 피해보는 것은 財星(재성)인데, 구제할 수 있는 五行(오행)은 火星(화성)과 水星(수성) 두 五行(오행)이다. 火星(화성)은 四柱(사주)에 없으므로 用神(용신)의 資格(자격)이 未達(미달)이라 쓸 수가 없고, 水星(수성)인 食傷(식상)에게 부탁하여, 比劫(비겁)을 泄氣(설기)하고, 財星(재성)을 相生(상생)하여 保護(보호)해야 된다.

巳火 大運(대운)에 巳火는 丙火이므로 四柱(사주) 日干(일간) 辛金과 丙辛合水局(병신합수국)하면 壬水이고 傷官(상관) 用神運(용신운)이다. 丙火 正官(정관)이 辛金 나와 合(합)하여 食傷(식상)이면 무엇인가 始作(시작)이고 새로운 것, 新規(신규), 擴張(확장), 變化(변화)가 있다는 뜻이다.

38세 辛巳年에 巳火는 丙火이므로 四柱(사주) 日干(일간) 辛金과 丙辛合水局(병신합수국)하면 壬水이고 傷官(상관) 用神運(용신운)이다. 大運(대운)에서 合(합)으로 用神運(용신운)이고 勢運(세운)에서 合(합)으로 用神運(용신운)이라 愛人(애인)이 事業(사업)을 할 수 있도록 도와준다고 하는데, 믿어야 하는지, 거짓인지 大運(대운)의 흐름이 吉(길)하고, 믿어도 되지 않을까?

겁재		편관	겁재				乾命					용신.금.비겁
금	금	화	금									희신.토.인성
庚	辛	丁	庚	67	57	47	37	27	17	7		기신.화.관성
子	亥	亥	子	甲	癸	壬	辛	庚	己	戊		구신.목.재성
癸	甲	甲	癸	午	巳	辰	卯	寅	丑	子		한신.수.식상
수	목	목	수									
식신	정재	정재	식신									

재다용비격(財多用比格)   월의심천 12일 4시간 57분

節期(절기)에서 12日 4時間(시간)이라 亥는 甲木, 中氣(중기)에 해당한다.

辛金日干(신금일간)이 地支(지지)에 通根(통근)하지 못하고 身弱(신약)하다. 四柱(사주)에 强(강)한 것은 木星(목성)인 財星(재성)이다. 財星(재성)이 强(강)하면, 피해보는 것은 印星(인성)인데, 구제할 수 있는 五行(오행)은 金星(금성)과 火星(화성) 두 五行(오행)이다. 火星(화성)을 用神(용신)으로 사용하면 比劫(비겁)이 身弱(신약)이라 쓸 수가 없고, 比劫(비겁)이 財星(재성)을 攻擊(공격)하고, 印星(인성)을 保護(보호)해야 된다.

卯木 大運(대운)에 卯木은 乙木이므로 四柱(사주) 庚金과 乙庚金局(을경금국)하면 庚金이고 劫財(겁재) 用神運(용신운)이다. 乙木은 財物(재물)이고 女子이다, 合(합)하여 比劫(비겁)이면 財物(재물)이나 女子쪽으로 吉(길)해진다는 뜻이다.

42세 辛巳年에 辛金은 比肩(비견) 用神運(용신운)이다. 寅木 大運(대

운)에 離婚(이혼)하고 지금까지 혼자 살았는데, 親舊(친구)의 소개로 女子를 만나 정이 들어, 愛人(애인)이 되었고 事業(사업)을 하고 있는데 일손이 부족하다고 도와주면 좋겠다고 해서 結婚(결혼)을 約束(약속)하고 職場生活(직장생활)을 그만두고 도와주기로 決定(결정)했다.

편재		겁재	비견				坤命				용신.토.재성
토	목	목	목								희신.화.식상
戊	甲	乙	甲	62	52	42	32	22	12	2	기신.목.비겁
辰	子	亥	辰	戊	己	庚	辛	壬	癸	甲	구신.수.인성
乙	壬	戊	乙	辰	巳	午	**未**	申	酉	戌	한신.금.관성
목	수	토	목								
겁재	편인	편재	겁재								

무격(無格) 월의심천 3일 14시간 15분

節期(절기)에서 3日 14時間(시간)이라 初氣(초기)에 해당한다.

甲木日柱(갑목일주)가 地支(지지)에 通根(통근)하고 印星(인성)까지 있어 太旺(태왕)하다. 四柱(사주)에 强(강)한 것은 比劫(비겁)이다. 比劫(비겁)이 强(강)하면, 피해보는 것은 財星(재성)인데, 구제할 수 있는 五行(오행)은 火星(화성)과 金星(금성) 두 五行(오행)이다. 四柱(사주)에 두 五行(오행)이 없으므로 無格(무격)이다. 比劫(비겁)이 强(강)한데 財星(재성)을 도와주는 五行(오행)이 없어 財星(재성) 自己(자기)가 用神(용신)이 된다.

未土 大運(대운)에 未土은 己土이므로 四柱(사주) 甲木과 甲己合土局(갑기합토국)하면 戊土이고 用神運(용신운)이다. 己土는 財物(재물)이고 甲木 나와 合(합)하여 財星(재성)이면, 合(합)으로 와기 때문에 財物(재물) 慾

心(욕심)을 내기 마련이다.

38세 辛巳年에 巳火는 丙火이므로 四柱)사주) 日支(일지) 壬水와 丙壬沖(병임충)이다. 丙火 食神(식신)이 壬水 偏印(편인) 仇神(구신)과 沖(충)이면 文書(문서)가 움직인다는 뜻이다. 男便(남편)은 事業(사업)이 잘 되고 부족이 없는데도 財星(재성)이 用神(용신)이라 財物(재물) 慾心(욕심)있어 自營業(자영업)을 한다고 準備(준비) 중에 있다.

정재		정재	정재			坤命					용신.수.식상
목	금	목	목								희신.금.비겁
甲	辛	甲	甲								기신.토.인성
午	丑	戌	午	62	52	42	32	22	12	2	구신.화.관성
丙	癸	辛	丙	丁	戊	己	庚	辛	壬	癸	한신.목.재성
화	수	금	화	卯	辰	巳	午	未	申	酉	
정관	식신	비견	정관								

식상제살격(食傷制殺格) 월의심천 3일 7시간 33분

節期(절기)에서 3日 7時間(시간)이라 初氣(초기)에 해당한다.

辛金日柱(신금일주)가 月令(월령)에 得令(득령)하고 比劫(비겁)이 적당한 힘을 維持(유지)하고 있다. 四柱(사주)에 强(강)한 것은 火星(화성)인 官星(관성)이다. 官星(관성)이 强(강)하면, 피해보는 것은 比劫(비겁)인데, 구제할 수 있는 五行(오행)은 土星(토성)과 水星(수성) 두 五行(오행)이다. 土星(토성)은 四柱(사주)에 없으므로 用神(용신)으로서 資格(자격)이 未達(미달)이라 쓸 수가 없고, 水星(수성)인 食傷(식상)에게 부탁하여, 官星(관성)을 攻擊(공격)하고, 比劫(비겁)을 保護(보호)해야 된다.

巳火 大運(대운)에 巳火는 丙火이므로 四柱(사주) 辛金과 丙辛合水局(병신합수국)하면 壬水이고 傷官(상관) 用神運(용신운)이다. 丙火는 職場(직장)이나 男子이고, 辛金 나와 合(합)하여 食傷(식상)이면 무엇인가 始作(시작)이고 새로운 일이 出發(출발)이라는 뜻이다.

48세 辛巳年에 巳火는 丙火이므로 四柱(사주) 辛金과 丙辛合水局(병신합수국)하면 壬水이고 傷官(상관) 用神運(용신운)이다. 알바로 일을 갔다가 社長(사장)님과 친하게 되고 더욱 열심히 일 했는데 수고했다고 식사도 하고 술도 먹고 정이 들었는데 結婚(결혼)하자고 한다.

식신		정재	상관				坤命				
금	토	수	금							용신.화.인성
庚	戊	癸	辛							희신.목.관성
申	申	巳	亥	66	56	46	36	26	16	6	기신.수.재성
庚	庚	丙	壬	庚	己	戊	丁	丙	乙	甲	구신.금.식상
금	금	화	수	子	亥	戌	酉	**申**	未	午	한신.토.비겁
식신	식신	편인	편재								

관인상생격(官印相生格)

월의심천 17일 3시간 22분

戊土日干(무토일간)이 地支(지지)에 通根(통근)하지 못하고 身弱(신약)하다. 四柱(사주)에 强(강)한 것은 金星(금성)인 食傷(식상)이다. 食傷(식상)이 强 (강)하면, 피해보는 것은 官星(관성)인데, 구제할 수 있는 五行(오행)은 火星(화성)과 水星(수성) 두 五行(오행)이다. 水星(수성)을 用神(용신)으로 잡으면 比劫(비겁)이 身弱(신약)이라 쓸 수가 없고, 火星(화성)인 印星(인성)에게 부탁하여, 食傷(식상)을 攻擊(공격)하고, 官星(관성)을 保

護(보호)해야 된다.

申金 大運(대운)에 申金은 庚金 食神(식신) 仇神運(구신운)이다. 庚金 食神(식신)은 무엇인가 始作(시작)이고 出發(출발)이라는 뜻인데, 仇神運(구신운)이라 陷穽(함정)에 빠지게 된다.

31세 辛巳年에 巳火가 四柱(사주) 年支(년지) 亥水와 巳亥沖(사해충)하면 亥中甲木(해중갑목)이 中氣(중기)에서 나오게 된다. 甲木이 나와서 무엇을 하는가? 甲庚沖(갑경충)이다. 沖(충)하면 甲木 偏官(편관) 喜神(희신)이 다치게 된다. 職場(직장)문제나, 男子문제가 發生(발생)하게 된다. 男子를 만나 結婚(결혼)했는데 나이를 8年이나 속이고 한집에 전 家族(가족)이 살고 있고 앞날이 보이지 않고 詐欺(사기)라 生角(생각)하면 離婚(이혼)해야 되는데 참아야 될지 判斷(판단)을 하지 못하고 있다.

정재		정관	식신			坤命					용신.목.식상
화	수	토	목								희신.수.비겁
丙	癸	戊	乙								기신.금.인성
辰	丑	子	巳	65	55	45	35	25	15	5	구신.토.관성
戊	己	癸	丙	乙	甲	癸	壬	辛	庚	己	한신.화.재성
토	토	수	화	未	午	巳	辰	卯	寅	丑	
정관	편관	비견	정재								

식상제살격(食傷制殺格)   월의심천 17일 15시간 44분

癸水日柱(계수일주)가 月令(월령)에 得令(득령)하고, 比劫(비겁)이 적당한 힘을 維持(유지)하고 있다. 四柱(사주)에 强(강)한 것은 土星(토성)인 官星(관성)이다. 官星(관성)이 强(강)하면, 피해보는 것은 比劫(비겁)인데, 구제할 수 있는 五行(오행)으로는 金星(금성)과 木星(목성) 두 五行(오행)이다. 金星(금성)은 四柱(사주)에 없으므로 用神(용신)으로 資格(자격)이 未達(미달)이라 쓸 수가 없고, 木星(목성)인 食傷(식상)이 官星(관성)을 攻擊(공격)하고, 比劫(비겁)을 保護(보호)해야 된다.

壬水 大運(대운)에 壬水가 四柱(사주) 丙火와 丙壬沖(병임충)이다. 壬水 劫財(겁재)가 丙火 正財(정재)와 沖(충)이라 同氣(동기), 親舊(친구), 新規(신규), 獨立(독립)등등이 吉(길)해 진다.

37세 辛巳年에 辛金이 四柱(사주) 丙火와 丙辛合水局(병신합수국)하면 壬水이고 劫財(겁재) 喜神運(희신운)이다. 大運(대운)에서 丙壬沖(병임충)한 것을 勢運(세운)에서 丙辛合水局(병신합수국)하면 發生(발생)하게 된다. 職場(직장)을 退職(퇴직)하고 男子 친구와 同業(동업)으로 事業(사업)하려고 準備(준비) 중이다. 지금은 吉(길)하고 辰土 大運(대운)이 오고 있는데 어떻게 하려는 것일까? 辰土는 戊土이므로 四柱(사주) 癸水와 戊癸火局(무계화국)하면 丙火 正財運(정재운)은 凶(흉)으로 打擊(타격)이 强(강)할 것이다.

정관　　　겁재　편관

	금	목	목	금				乾命				용신.토.재성
庚	乙	甲	辛								희신.금.관성
辰	巳	午	卯	70	60	50	40	30	20	10	기신.목.비겁
戊	丙	丁	乙	丁	戊	己	庚	辛	壬	癸	구신.수.인성
토	화	화	목	亥	子	丑	寅	卯	辰	巳	한신.화.식상
정재	상관	식신	비견								

제살태과격(制殺太過格)　　월의심천 27일 9시간 57분

乙木日柱(을목일주)가 地支(지지)에 通根(통근)하고 比劫(비겁)이 적당한 힘을 維持(유지)하고 있다. 四柱(사주)에 强(강)한 것은 火星(화성)인 食傷(식상)이다. 食傷(식상)이 强(강)하면, 피해보는 것은 官星(관성)인데, 구제할 수 있는 五行(오행)으로는 水星(수성)과 土星(토성) 두 五行(오행)이다. 水星(수성)은 四柱(사주)에 없으므로 用神(용신)의 資格(자격)이 未達(미달)이라 쓸 수가 없고. 土星(토성)인 財星(재성)에게 부탁하여, 食傷(식상)을 泄氣(설기)하고, 官星(관성)을 相生(상생)하여 保護(보호)해야 된다.

己土 大運(대운)에 己土가 四柱(사주) 月干(월간) 甲木과 甲己合土局(갑기합토국)하면 戊土이고 正財(정재) 用神運(용신운)이다. 己土는 財物(재물)이나 女子(여자)이라 財物(재물)과 女子문제가 吉(길)하게 된다.

51세 辛巳年에 辛金이 四柱(사주) 日支(일지) 丙火와 丙辛合水局(병신합수국)하면 壬水이고 印綬(인수) 仇神運(구신운)이다. 丙火 傷官(상관)이 사라지고 壬水 印綬(인수)가 와서 丁火 食神(식신)을 剋(극)하면 食傷(식상)이 힘이 喪失(상실)되고, 官星(관성)과 財星(재성)이 힘을 모아 自己(자

기)할 일을 다 하게 된다. 寅木 大運(대운)에 離婚(이혼)하고 女子를 만났
는데, 結婚(결혼)하려고 한다. 或是(혹시) 前妻(전처)의 길이 또 올까봐,
確認(확인)하고 싶어진다.

정관		식신	상관				乾命				용신.금.재성
수	화	토	토								희신.수.관성
壬	丁	己	戊	71	61	51	41	31	21	11	기신.화.비겁
寅	亥	未	戌	丙	乙	甲	癸	壬	辛	庚	구신.목.인성
戊	戊	丁	辛	寅	丑	子	亥	戌	酉	申	한신.토.식상
토	토	화	금								
상관	상관	비견	편재								

제살태과격 (制殺太過格)　　월의심천 1일 2시간 57분

節期(절기)에서 1日 2時間(시간)이라 初氣(초기)에 해당한다.

丁火日柱(정화일주)가 月令(월령)에 得令(득령)하고 比劫(비겁)이 적당한
힘을 維持(유지)하고 있다. 四柱(사주)에 强(강)한 것은 土星(토성)인 食
傷(식상)이다. 食傷(식상)이 强(강)하면, 피해보는 것은 官星(관성)인데, 구
제할 수 있는 五行(오행)으로는 金星(금성)과 木星(목성) 두 五行(오행)이
다. 木星(목성)은 四柱(사주)에 없으므로 用神(용신)의 資格(자격)이 未
達(미달)이라 쓸 수가 없고, 金星(금성)인 財星(재성)에게 부탁하여, 食
傷(식상)을 泄氣(설기)하고, 官星(관성)을 相生(상생)하여 保護(보호)해야
된다.

癸水 大運(대운)에 癸水가 四柱(사주) 戊土와 戊癸火局(무계화국)하면
丙火이고 劫財(겁재) 忌神運(기신운)이다. 比劫(비겁)은 强(강)한 食傷(식

상)을 相生(상생)하면 食傷(식상)은 더욱 힘을 받아 官星(관성)을 攻擊(공격)하게 되어 官星(관성)이 다치게 된다.

44세 辛巳年에 巳火는 丙火이므로 四柱(사주) 年支(년지) 辛金과 丙辛合水局(병신합수국)하면 壬水이고 正官(정관) 喜神運(희신운)이다. 辛金 用神(용신)이 合(합)으로 사라지면 食傷(식상)이 官星(관성)을 攻擊(공격)하게 된다. 自營業(자영업)을 하는데, 너무나 不振(부진)하여 最惡(최악)이 되었다.

겁재		식신	식신			坤命					
화	화	토	토								용신.수.관성
丙	丁	己	己								희신.금.재성
午	巳	巳	亥	62	52	42	32	22	12	2	기신.토.식상
丁	丙	丙	壬	丙	乙	甲	癸	壬	辛	庚	구신.화.비겁
화	화	화	수	子	亥	戌	酉	申	未	午	한신.목.인성
비견	겁재	겁재	정관								

재자약살격 (財滋弱殺格)　　월의심천 28일 19시간 51분

丁火日柱(정화일주)가 月令(월령)에 得令(득령)하고 太旺(태왕)하다. 四柱(사주)에 强(강)한 것은 比劫(비겁)이다. 比劫(비겁)이 强(강)하면, 피해 보는 것은 財星(재성)인데, 구제할 수 있는 五行(오행)은 土星(토성)과 水星(수성) 두 五行(오행)이다. 土星(토성)을 用神(용신)으로 잡기는 무엇인가 不安(불안)하여 쓸 수가 없고, 水星(수성)인 官星(관성)에게 부탁하여, 比劫(비겁)을 攻擊(공격)하고, 財星(재성)을 保護(보호)해야 된다. 水氣(수기)가 와야 陰陽調候(음양조후)가 吉(길)하다.

甲木 大運(대운) 甲木은 四柱(사주) 己土와 甲己合土局(갑기합토국)하
면 戊土이고 傷官(상관) 忌神運(기신운)이다. 食傷(식상)은 出發(출발), 始
作(시작), 子息(자식), 새로운 것 등이 不吉(불길)하게 된다는 뜻이다.

43세 辛巳年에 巳火가 四柱(사주) 年支(년지) 亥水와 巳亥沖(사해충)하
면 亥中甲木(해중갑목)이 中氣(중기)에서 나오게 된다. 甲木이 나와서 무
엇을 하는가 甲己合土局(갑기합토국)하면 戊土이고 傷官(상관) 忌神運(기
신운)이다. 食傷(식상)과 官星(관성)이 싸우게 된다. 男便(남편)과 離婚(이
혼)하고 再婚(재혼)을 했는데 男子는 初婚(초혼)이라, 아이들이 있어야 되
는데, 不姙(불임)이라 姙娠(임신)할 수 없다는 것을 알고 離婚(이혼)하자고
한다. 어떻게 해야 할지 判斷(판단)이 서지 않는다.

정재		겁재	인수				坤命				용신.목.인성
금	화	화	목								희신.화.비겁
庚	丁	丙	甲	63	53	43	33	23	13	3	기신.금.재성
子	酉	子	辰	己	庚	辛	壬	癸	甲	乙	구신.토.식상
壬	庚	壬	乙	巳	午	未	申	酉	戌	亥	한신.수.관성
수	금	수	목								
정관	정재	정관	편인								

살중용인격(殺重用印格) 월의심천 6일 14시간 7분

節期(절기)에서 6日 14時間(시간)이라 初氣(초기)에 해당한다.

丁火日干(정화일간)이 地支(지지)에 通根(통근)하지 못하고 身弱(신약)하
다. 四柱(사주)에 强(강)한 것은 水星(수성)인 官星(관성)이다. 官星(관성)이
强(강)하면, 피해보는 것은 比劫(비겁)인데, 구제할 수 있는 五行(오행)은

木星(목성)과 土星(토성) 두 五行(오행)이다. 土星(토성)은 四柱(사주)에 없으므로 用神(용신)의 資格(자격)이 未達(미달)이라 쓸 수가 없고, 木星(목성)인 印星(인성)에게 부탁하여, 官星(관성)을 泄氣(설기)하고, 比劫(비겁)을 相生(상생)하여 保護(보호)해야 된다.

申金 大運(대운)에 申金는 庚金이므로 四柱(사주) 年支(년지) 乙木과 乙庚金局(을경금국)하면 庚金이고 正財(정재) 忌神運(기신운)이다. 乙木이 大運(대운)에서 庚金을 合(합)으로 묶인 상태이고 四柱(사주)에 있는 庚金이 甲木을 攻擊(공격)하게 된다. 甲木 用神(용신)이 다치면 官星(관성)은 比劫(비겁)을 攻擊(공격)하게 된다.

38세 辛巳年에 辛金이 四柱(사주) 月干(월간) 丙火와 丙辛合水局(병신합수국)하면 壬水이고 正官(정관) 閑神運(한신운)이다. 大運(대운)에서 印星(인성)을 攻擊(공격)하고 勢運(세운)에서 官星(관성)이 比劫(비겁)을 攻擊(공격) 健康(건강)이 좋지 않아 쉬고 있는데 精神(정신)적으로 문제가 왔다.

인수	인수	비견		坤命						용신.목.식상
금	수	금	수							희신.화.재성
庚	癸	庚	癸	68	58	48	38	28	18	8
申	巳	申	卯	丁	丙	乙	甲	癸	壬	辛
壬	庚	壬	乙	卯	寅	丑	子	亥	戌	酉
수	금	수	목							
겁재	인수	겁재	식신							

기신.금.인성
구신.토.관성
한신.수.비겁

식상생재격(食傷生財格)　월의심천 10일 1시간 5분

節期(절기)에서 10日 1時間(시간)이라 巳, 申은 中氣(중기)에 해당하고 卯는 正氣(정기)에 해당한다.

癸水日柱(계수일주)가 月令(월령)에 得令(득령)하고 印星(인성)까지 있어 太旺(태왕)하다. 四柱(사주)에 强(강)한 것은 水星(수성)인 比劫(비겁)이다. 比劫(비겁)이 强(강)하면, 피해보는 것은 財星(재성)인데, 구제할 수 있는 五行(오행)은 木星(목성)과 土星(토성) 두 五行(오행)이다. 土星(토성)은 四柱(사주)에 없으므로 用神(용신)으로 사용할 수 없고, 木星(목성)인 食傷(식상)에게 부탁하여, 比劫(비겁)을 泄氣(설기)하고, 財星(재성)을 相生(상생)하여 保護(보호)해야 된다.

甲木 大運(대운)에 甲木이 四柱(사주) 庚金과 甲庚沖(갑경충)이다. 甲木 傷官(상관) 用神(용신)이 庚金과 沖(충)하면 甲木이 다치게 된다. 즉 沖(충)하면 甲木의 役割(역할)을 하지 못하고 오히려 風波(풍파)만 오게 된다.

39세 辛巳年에 辛金이 四柱(사주) 年支(년지) 乙木과 乙辛沖(을신충)하면 乙木 食神(식신) 用神(용신)이 다치게 된다. 본 마음을 잃고 사리판단 못하여 陷穽(함정)에 빠지게 된다. 男子를 만나게 되었는데, 家庭(가정)은 뒷전이고 만나기 위해서 外出(외출)이 많아지고 男便(남편)이 수상하게 生角(생각)하고 尾行(미행)하여 꼬리가 잡히고 말았다.

상관		겹재	편인		乾命						용신.목.인성
토	화	화	목								희신.수.관성
己	丙	丁	甲	63	53	43	33	23	13	3	기신.금.재성
丑	戌	卯	午	甲	癸	壬	辛	庚	己	戊	구신.토.식상
己	戊	乙	丁	戌	酉	**申**	未	午	巳	辰	한신.화.비겁
토	토	목	화								
상관	식신	인수	겹재								

관인상생격(官印相生格)　월의심천 24일 14시간 41분

丙火日柱(병화일주)가 地支(지지)에 通根(통근)하고 印星(인성)까지 있어 身强(신강)하다. 四柱(사주)에 强(강)한 것은 土星(토성)인 食傷(식상)이다. 食傷(식상)이 强(강)하면, 피해보는 것은 官星(관성)인데, 구제할 수 있는 五行(오행)은 木星(목성)과 金星(금성) 두 五行(오행)이다. 金星(금성)은 四柱(사주)에 없으므로 用神(용신)으로 사용할 수가 없고, 木星(목성)인 印星(인성)에게 부탁하여, 食傷(식상)을 攻擊(공격)하고, 官星(관성)을 保護(보호)해야 된다,

申金 大運(대운)에 申金은 庚金이므로 四柱(사주) 月支(월지) 乙木과 乙庚金局(을경금국)하면 庚金이고 偏財(편재) 忌神運(기신운)이다. 乙木이 合(합)으로 財星(재성)이면 財星(재성)은 印星(인성)을 攻擊(공격)하므로 印星(인성)이 다치게 된다. 즉 金錢(금전)이나, 文書(문서), 夫婦(부부)문제가 發生(발생)하게 된다.

48세 辛巳年에 辛金이 四柱(사주) 月支(월지) 乙木과 乙辛沖(을신충)이
다. 大運(대운)에서 乙庚金局(을경금국)한 것을 勢運(세운)에서 乙辛沖(을
신충)하면 發生(발생)하게 된다. 책과 관련된 일을 하는데, 金錢(금전)이
돌지 않아 不渡(부도) 직전에 있고 婦人(부인)이 너무 피곤하게 하고 모든
것을 정리하고 혼자 살고 싶다.

편재		편인	인수									
토	목	수	수				坤命					용신.토.재성
己	乙	癸	壬									희신.화.식상
卯	亥	卯	辰	69	59	49	39	29	19	9		기신.목.비겁
乙	壬	乙	戊	丙	丁	**戊**	己	庚	辛	壬		구신.수.인성
목	수	목	토	申	酉	戌	亥	子	丑	寅		한신.금.관성
비견	인수	비견	정재									

무격(無格)　　　월의심천 24일 6시간 23분

乙木日柱(을목일주)가 月令(월령)에 得令(득령)하고 印星(인성)까지 있어
太旺(태왕)하다. 四柱(사주)에 强(강)한 것은 比劫(비겁)이다. 比劫(비겁)이
强(강)하면, 피해보는 것은 財星(재성)인데, 구제할 수 있는 五行(오행)으
로는 火星(화성)과 金星(금성) 두 五行(오행)이다. 四柱(사주)에 火星(화
성)과 金星(금성) 두 五行(오행)모두가 없다, 剋(극)을 당하고 있는 財星(재
성) 自己(자기)가 用神(용신)이 된다. 이것이 無格(무격)이다.

戊土 大運(대운)에 戊土가 四柱(사주) 月干(월간) 癸水와 戊癸火局(무계
화국)하면 丙火이고 傷官(상관) 喜神運(희신운)이다. 食傷(식상)이 喜神(희
신)이면 新規(신규), 擴張(확장), 무엇인가 始作(시작)한다는 의미가 있다.

50세 辛巳年에 巳火가 四柱(사주) 日支(일지) 亥水와 巳亥沖(사해충)하면 亥中甲木(해중갑목)이 中氣(중기)에서 나오게 된다. 甲木이 나와서 무엇을 하는가 時干(시간) 己土와 甲己合土局(갑기합토국)하면 戊土이고 正財(정재) 用神運(용신운)이다. 甲木은 男子이고 合(합)하여 財星(재성)이면 財物(재물)이다. 男子를 만나서 再婚(재혼)하고 男便(남편)이 能力(능력)이 있어, 自營業(자영업)을 開業(개업)해 주었고 事業(사업)도 生角(생각) 외로 잘되고 있다. 이 福(복)이 계속 진행 된다면 얼마나 좋을까.

정재		편관	비견				坤命					용신.토.비겁
수	토	목	토									희신.화.인성
壬	己	乙	己									구신.목.관성
申	酉	亥	亥	66	56	46	36	26	16	6		구신.수.재성
庚	辛	壬	壬	壬	辛	庚	己	戊	丁	丙		한신.금.식상
금	금	수	수	午	巳	辰	卯	寅	丑	子		
상관	식신	정재	정재									

재다용비격(財多用比格)　월의심천 15일 3시간 28분

己土日干(기토일간)이 地支(지지)에 通根(통근)하지 못하고 身弱(신약)하다. 四柱(사주)에 强(강)한 것은 水星(수성)인 財星(재성)이다. 財星(재성)이 强(강)하면, 피해보는 것은 印星(인성)인데, 구제할 수 있는 五行(오행)으로는 土星(토성)과 木星(목성) 두 五行(오행)이다. 木星(목성)의 用神(용신)을 잡으면 比劫(비겁)이 身弱(신약)이라 쓸 수가 없고, 土星(토성)인 比劫(비겁)이 財星(재성)을 攻擊(공격)하고, 印星(인성)을 保護(보호)해야 된다.

卯木 大運(대운)에 卯木은 乙木이므로 四柱(사주) 時支(시지) 庚金과 乙

庚金局(을경금국)하면 傷官(상관) 閑神運(한신운)이다. 食傷(식상)은 比劫(비겁)을 泄氣(설기)하고, 財星(재성)을 生助(생조)하므로 財星(재성)이 氣高萬丈(기고만장)하여 印星(인성)을 攻擊(공격)하게 된다.

43세 辛巳年에 辛金이 四柱(사주) 月干(월간) 乙木과 乙辛沖(을신충)이다. 辛金 食傷(식상)이 乙木 官星(관성)을 沖(충)이면 乙木이 다치게 된다. 즉 職場(직장)이나, 官災(관재), 男子문제 發生(발생)하게 되는데 男便(남편)이 바람피우는 것을 알았고, 家庭(가정)에도 소홀하고 生活費(생활비)도 부족하게 주고 어떻게 해야 잘하는 것인지 判斷(판단)이 가지 않고 離婚(이혼)만이 최선인가?

정재		편재	겁재				乾命					
토	목	토	목								용신.목.비겁
戊	乙	己	甲								희신.수.인성
寅	丑	巳	午	70	60	50	40	30	20	10	기신.금.관성
戊	癸	戊	丙	丙	乙	甲	癸	壬	辛	庚	구신.토.재성
토	수	토	화	子	亥	戌	酉	申	未	午	한신.화.식상
정재	편인	정재	상관								

재다용비격(財多用比格)　　월의심천 2일 16시간 52분

節期(절기)에서 2日 16時間(시간)이라 初氣(초기)에 해당한다.

乙木日干(을목일간)이 地支(지지)에 通根(통근)하지 못하고 身弱(신약)하다. 四柱(사주)에 强(강)한 것은 土星(토성)인 財星(재성)이다. 財星(재성)이 强(강)하면, 피해보는 것은 印星(인성)인데, 구제할 수 있는 五行(오행)은 木星(목성)과 金星(금성) 두 五行(오행)이다. 金星(금성)은 四柱(사주)에 없으므로 用神(용신)의 資格(자격)이 未達(미달)이라 쓸 수가 없고, 比劫(비겁)이 財星(재성)을 攻擊(공격)하고, 印星(인성)을 保護(보호)해야 된다.

酉金 大運(대운)에 酉金은 辛金이므로 四柱(사주) 年支(년지) 丙火와 丙辛合水局(병신합수국)하면 壬水이고 印綬(인수) 喜神運(희신운)이다. 辛金 偏官(편관)과 丙火 傷官(상관)이 合(합)하여 印星(인성)이면 文書(문서)나 二姓(이성)문제가 吉(길)하다는 뜻이다.

48세 辛巳年에 辛金이 四柱(사주) 年支(년지) 丙火와 丙辛合水局(병신합수국)하면 壬水이고 印綬(인수) 喜神運(희신운)이다. 丙火 傷官(상관)이 合(합)으로 變質(변질)되면 財星(재성)은 힘이 弱(약)하게 되고 用神(용신)인 比劫(비겁)은 印星(인성)의 도움으로 最大限(최대한)힘을 發揮(발휘)한다. 酒店(주점)을 開業(개업)하여 運營(운영)이 잘 되고 있다.

정재		비견	인수										
토	목	목	수				坤命					용신.화.식상
戊	乙	乙	壬									희신.토.재성
寅	亥	巳	寅	71	61	51	41	31	21	11		기신.수.인성
甲	壬	丙	甲	戊	己	庚	辛	壬	癸	甲		구신.금.관성
목	수	화	목	戌	亥	子	丑	**寅**	卯	辰		한신.목.비겁
겁재	인수	상관	겁재									

식상생재격(食傷生財格)　　월의심천 30일 19시간 20분

乙木日柱(을목일주)가 地支(지지)에 通根(통근)하고 印星(인성)까지 있어 太旺(태왕)하다. 四柱(사주)에 强(강)한 것은 比劫(비겁)이다. 比劫(비겁)이 强(강)하면, 피해보는 것은 財星(재성)인데, 구제할 수 있는 五行(오행)으로는 火星(화성)과 金星(금성) 두 五行(오행)이다. 金星(금성)은 四柱(사주)에 없으므로 用神(용신)의 資格(자격)이 未達(미달)이라 쓸 수가 없고, 火星(화성)인 食傷(식상)에게 부탁하여, 比劫(비겁)을 泄氣(설기)하고, 財星(재성)을 相生(상생)하여 保護(보호)해야 된다.

寅木 大運(대운)에 寅木은 甲木 劫財(겁재) 閑神運(한신운)이다. 比劫(비겁)이 閑神(한신)이라 할지라도 四柱(사주)에 比劫(비겁)이 强(강)한데 比劫(비겁) 大運(대운)이 오면 財星(재성)을 攻擊(공격)하게 되고, 比劫(비겁)은 官星(관성)이 없기 때문에 氣高萬丈(기고만장)하게 되어, 역으로 官星(관성)을 攻擊(공격)하게 된다.

40세 辛巳年에 辛金이 四柱(사주) 月支(월지) 丙火와 丙辛合水局(병신합수국)하면 壬水이고 印綬(인수) 忌神運(기신운)이다. 食傷(식상) 用神(용신)이 合(합)하여 忌神(기신)으로 變質(변질)되고 比劫(비겁)은 財星(재성)을 攻擊(공격)하고 用神(용신), 喜神(희신)이 힘이 없어진다. 男便(남편)도 보기 싫고 일도 하기 싫어 自己(자기)마음을 다스리지 못하고 自暴自棄(자포자기)하고 있다.

식신		상관	상관				乾命				용신.화.식상
화	목	화	화								희신.토.재성
丙	甲	丁	丁	63	53	43	33	23	13	3	기신.수.인성
寅	午	未	亥	庚	辛	壬	癸	甲	乙	丙	구신.금.관성
戊	丙	丁	戊	子	丑	寅	卯	辰	巳	午	한신.목.비겁
토	화	화	토								
편재	식신	상관	편재								

종아격(從我格)

월의심천 5일 19시간 34분

節期(절기)에서 5日 19時間(시간)일라 初氣(초기)에 해당한다.

甲木日干(갑목일간)이 地支(지지)에 通根(통근)하지 못하고 身弱(신약)하다. 四柱(사주)에 强(강)한 것은 火星(화성)인 食傷(식상)이다. 食傷(식상)이 强(강)하면, 피해보는 것은 官星(관성)인데, 구제할 수 있는 五行(오행)으로는 水星(수성)과 土星(토성) 두 五行(오행)이다. 比劫(비겁)이 弱(약)한데, 土星(토성)을 用神(용신)으로 쓸 수는 없고, 火星(화성)을 剋(극)하는 水星(수성)이 없기 때문에 일반 四柱(사주)와 달리 强者(강자)의 勢力(세력)에 大勢(대세)를 따라가야 吉(길)해진다.

辛金 大運(대운)에 辛金이 四柱(사주) 丙火와 丙辛合水局(병신합수국)하면 壬水이고 偏印(편인) 忌神運(기신운)이다. 從我格(종아격)에서는 印星運(인성운)이 大凶(대흉)하다. 辛金이 丙火와 合(합)하여 印星(인성) 忌神(기신)이면 文書(문서)나 二姓(이성)쪽으로 不吉(불길)하게 된다.

55세 辛巳年에 辛金이 四柱(사주) 丙火와 丙辛合水局(병신합수국)하면 壬水이고 偏印(편인) 忌神運(기신운)이다. 辛金은 職場(직장)이고, 子息(자식)이다. 丙火는 活動舞臺(활동무대), 밥그릇 인데, 合(합)으로 壬水 偏

印(편인) 릿神(기신)이면 職場(직장)이 잘 못된다는 뜻이다. 슈퍼를 하고 있는데, 不振(부진)하여 다른 業種(업종)으로 變更(변경)하여 始作(시작)하려고 한다. 不吉(불길)하다.

식신		편재	상관				坤命					
토	화	금	토									용신.토.식상
戊	丙	庚	己									희신.금.재성
戊	寅	午	亥	69	59	49	39	29	19	9		기신.목.인성
丙	丙	丙	戊	丁	丙	乙	甲	癸	壬	辛		구신.수.관성
화	화	화	토	丑	子	亥	戌	酉	申	未		한신.화.비겁
비견	비견	비견	식신									

식상생재격(食傷生財格)   월의심천 6일 23시간 30분

節期(절기)에서 6日 23時間(시간)아라 亥는 戊土 初氣(초기)에 해당하고 寅午戌火局(인오술화국)이 月支(월지)를 끼고 있어 三合(삼합)이 成立(성립)된다.

丙火日柱(병화일주)가 月令(월령)에 得令(득령)하고 太旺(태왕)하다. 四柱(사주)에 强(강)한 것은 火星(화성)인 比劫(비겁)이다. 比劫(비겁)이 强(강)하면, 피해보는 것은 財星(재성)인데, 구제할 수 있는 五行(오행)은 水星(수성)과 土星(토성) 두 五行(오행)이다. 水星(수성)은 四柱(사주)에 없으므로 用神(용신)의 資格(자격)이 未達(미달)이라 쓸 수가 없고, 土星(토성)인 食傷(식상)에게 부탁하여, 比劫(비겁)을 泄氣(설기)하고, 財星(재성)을 相生(상생)하여 保護(보호)해야 된다.

甲木 大運(대운)에 甲木이 四柱(사주) 年干(년간) 己土와 甲己合土局(갑

기합토국)하면 戊土이고 食神(식신) 用神運(용신운)이다. 始作(시작)이고, 擴張(확장), 新規(신규)등이 吉(길)해진다.

43세 辛巳年에 辛金이 四柱(사주) 丙火와 丙辛合水局(병신합수국)하면 壬水이고 偏官(편관) 仇神運(구신운)이라 凶(흉)으로 생각하겠지만 吉(길)해진다. 火氣(화기)가 强(강)하기 때문에 일반 적으로 水氣(수기)가 오면 不安(불안)한데 丙火와 合(합)으로 왔기 때문에 문제가 發生(발생)하지 않는다. 學院(학원)을 하는데, 공간이 부족하여 擴張(확장)공사 중이다.

겁재		인수	편관									
목	목	수	금				坤命					용신.목.비겁
乙	甲	癸	庚									희신.수.인성
丑	寅	未	戌	69	59	49	39	29	19	9		기신.금.관성
己	甲	己	戊	丙	丁	戊	己	庚	辛	壬		구신.토.재성
토	목	토	토	子	丑	寅	卯	辰	巳	午		한신.화.식상
정재	비견	정재	편재									

재다용비격(財多用比格)　　월의심천 25일 4시간 19분

甲木日柱(갑목일주)가 日支(일지)에 得地(득지)하고 印星(인성)까지 있어 比劫(비겁)이 적당한 힘을 維持(유지)하고 있다. 四柱(사주)에 强(강)한 것은 土星(토성)인 財星(재성)이다. 財星(재성)이 强(강)하면, 피해보는 것은 印星(인성)인데, 구제할 수 있는 五行(오행)으로는 木星(목성)과 金星(금성) 두 五行(오행)이다. 金星(금성)을 用神(용신)을 잡으면 比劫(비겁)이 身弱(신약)되기 때문에 쓸 수가 없고, 比劫(비겁)이 財星(재성)을 攻擊(공격)하고, 印星(인성)을 保護(보호)해야 된다.

庚金 大運(대운)에 庚金이 四柱(사주) 時干(시간) 乙木과 乙庚金局(을경금국)하면 庚金이고 偏官(편관) 忌神運(기신운)이다. 官星(관성)은 比劫(비겁)을 攻擊(공격)하므로 比劫(비겁) 用神(용신)이 다치게 된다 用神(용신)이 다치면 사리판단 못하고 慾心(욕심)으로 陷穽(함정)에 빠지게 된다.

32세 辛巳年에 辛金이 四柱(사주) 時干(시간) 乙木과 乙辛沖(을신충)이다. 大運(대운)에서 乙庚金局(을경금국)한 것을 勢運(세운)에서 乙辛沖(을신충)하면 發生(발생)하게 되는데 結婚(결혼)한지 3年 되었는데 아직까지 아이가 없고 證券(증권)에 투자해서 많은 돈을 잃었는데 男便(남편)이 알게 되고 夫婦(부부)사이가 멀어지면서 離婚(이혼)문제까지 말이 나왔다. 아무런 말도하지 못하고 決論(결론)만 기다리고 있다.

인수	비겁	상관									乾命			
금	수	수	목									용신.금.인성
辛	壬	壬	乙					乾命				희신.수.비겁
亥	辰	午	巳	62	52	42	32	22	12	2		기신.화.재성
戊	乙	丙	戊	乙	丙	丁	戊	己	庚	辛		구신.목.식상
토	목	화	토	亥	子	丑	寅	卯	辰	巳		한신.토.관성
편관	상관	편재	편관									

살중용인격(殺重用印格)　월의심천 1일 15시간 28분

節期(절기)에서 1日 15時間(시간)이라 初氣(초기)에 해당한다.

壬水日干(임수일간)이 地支(지지)에 通根(통근)하지 못하고 身弱(신약)하다. 四柱(사주)에 强(강)한 것은 土星(토성)인 官星(관성)이다. 官星(관성)이 强(강)하면, 피해보는 것은 比劫(비겁)인데, 구제할 수 있는 五行(오행)은

金星(금성)과 木星(목성) 두 五行(오행)이다. 木星(목성)을 用神(용신)으로 잡으면 比劫(비겁)이 身弱(신약)이라 쓸 수가 없고, 金星(금성)인 印星(인성)에게 부탁하여, 官星(관성)을 泄氣(설기)하고, 比劫(비겁)을 相生(상생)하여 保護(보호)해야 된다.

寅木 大運(대운)에 寅木은 甲木 食神(식신) 仇神運(구신운)이다. 食傷(식상)은 新規(신규), 擴張(확장), 무엇인가 始作(시작)한다는 의미이다.

37세 辛巳年에 巳火는 丙火이므로 四柱(사주) 時干(시간) 辛金과 丙辛合水局(병신합수국)하면 壬水이고 比肩(비견) 喜神運(희신운)이다. 辛金 用神(용신)이 變質(변질)되어 比劫(비겁)이 된다면 吉(길)하지 않고 凶(흉)이 된다. 辛金 印星(인성)이 사라지면 强(강)한 官星(관성)이 比劫(비겁)을 攻擊(공격)하지 가만히 있을 리가 만무하다 食堂業(식당업)한다고 準備(준비) 중이고 辛金은 文書(문서), 본 마음인데 사리판단 못하게 되고 文書(문서)가 逃亡(도망)간다는 뜻이다.

편관		비견	편인			乾命					용신.목.인성
수	화	화	목								용신.목.인성
壬	丙	丙	甲								희신.화.비겁
辰	申	子	辰	69	59	49	39	29	19	9	기신.금.재성
乙	壬	壬	壬	癸	壬	辛	庚	己	戊	丁	구신.토.식상
목	수	수	수	未	午	巳	辰	卯	寅	丑	한신.수.관성
인수	편관	편관	편관								

살중용인격 (殺重用印格)   월의심천 5일 21시간 37분

節期(절기)에서 5日 21時間(시간)이라 時支(시지) 辰土는 乙木 初氣(초

기)에 해당하고, 申子辰水局(신자진수국)이면 壬水이고, 月支(월지)에 三子중 한자가 있어 三合(삼합)이 成立(성립)된다. 辰土가 두 개인데 年부터 始作(시작)해서 먼저 三合(삼합)이 成立(성립)되고 時支(시지) 辰土는 合(합)하지 못하고 일반적으로 보면 된다.

丙火日干(병화일간)이 地支(지지)에 通根(통근)하지 못하고 身弱(신약)하다. 四柱(사주)에 强(강)한 것은 水星(수성)인 官星(관성)이다. 官星(관성)이 强(강)하면, 피해보는 것은 比劫(비겁)인데, 구제할 수 있는 五行(오행)은 木星(목성)과 土星(토성) 두 五行(오행)이다. 土星(토성)은 四柱(사주)에 없으므로 用神(용신)의 資格(자격)이 未達(미달)이라 쓸 수가 없고, 木星(목성)인 印星(인성)에게 부탁하여, 官星(관성)을 泄氣(설기)하고, 比劫(비겁)을 相生(상생)하여 保護(보호)해야 된다.

卯木 大運(대운)에 卯木은 乙木 印綬(인수) 用神運(용신운)이다. 文書(문서)나 新規(신규)등이 吉(길)하다.

38세 辛巳年에 巳火는 丙火이므로 四柱(사주) 壬水와 丙壬沖(병임충)이다. 比劫(비겁) 喜神(희신)와서 官星(관성) 閑神(한신)과 沖(충)이라 움직인다는 뜻이다. 中小企業(중소기업)을 設立(설립)하려고 準備(준비) 중이다.

식신		편재	편재		坤命						용신.목.비겁
화	목	토	토								희신.수.인성
丁	乙	己	己								기신.금.관성
丑	卯	巳	丑	65	55	45	35	25	15	5	구신.토.재성
己	乙	丙	己	丙	乙	甲	癸	壬	辛	庚	한신.화.식상
토	목	화	토	子	亥	**戌**	酉	申	未	午	
편재	비견	상관	편재								

재다용비격(財多用比格)　　월의심천 18일 19시간 53분

乙木日柱(을목일주)가 日支(일지)에 得地(득지)하고 印星(인성)이 없어 身弱(신약)하다. 四柱(사주)에 强(강)한 것은 土星(토성)인 財星(재성)이다. 財星(재성)이 强(강)하면, 피해보는 것은 印星(인성)인데, 구제할 수 있는 五行(오행)은 木星(목성)과 金星(금성) 두 五行(오행)이다. 金星(금성)은 四柱(사주)에 없으므로 用神(용신)으로서 資格(자격)이 未達(미달)이라 쓸 수가 없고, 比劫(비겁)이 財星(재성)을 攻擊(공격)하고, 印星(인성)을 保護(보호)해야 된다.

戌土 大運(대운)에 戌土는 戊土 正財(정재) 仇神運(구신운)이다. 財星(재성)이 强(강)한데, 財星運(재성운)이 오면, 印星(인성)을 攻擊(공격)하므로 文書(문서)나 二姓(이성)문제 金錢波瀾(금전파란)이 있게 된다.

53세 辛巳年에 巳火는 丙火 傷官(상관) 閑神運(한신운)이다. 食傷(식상)은 財星(재성)을 相生(상생)하므로 財星(재성)이 氣高萬丈(기고만장)하여 財星(재성)쪽에서 문제가 發生(발생)하고 食傷(식상)은 무엇인가 始作(시작)한다는 뜻이다. 3年 동안 金錢(금전)문제로 苦生(고생)이 많았고 醫療用品(의료용품)점을 開業(개업)하려고 하는데 或是(혹시)또 亡(망)하지 않을까 猜忌的(시기적)으로 事業運(사업운)이 不安(불안)하고 55세 乙木(대운)에 始作(시작)하면 大吉(대길)하다.

<table>
<tr><td>식신</td><td></td><td>식신</td><td>편재</td><td colspan="7"></td><td>용신.화.식상</td></tr>
<tr><td>화</td><td>목</td><td>화</td><td>토</td><td colspan="7" align="center">坤命</td><td>희신.목.비겁</td></tr>
<tr><td>丁</td><td>乙</td><td>丁</td><td>己</td><td></td><td></td><td></td><td></td><td></td><td></td><td></td><td>기신.수.인성</td></tr>
<tr><td>亥</td><td>未</td><td>丑</td><td>酉</td><td>68</td><td>58</td><td>48</td><td>38</td><td>28</td><td>18</td><td>8</td><td>구신.금.관성</td></tr>
<tr><td>甲</td><td>乙</td><td>辛</td><td>庚</td><td>甲</td><td>癸</td><td>壬</td><td>辛</td><td>庚</td><td>己</td><td>戊</td><td>한신.토.재성</td></tr>
<tr><td>목</td><td>목</td><td>금</td><td>금</td><td>申</td><td>未</td><td>午</td><td>巳</td><td>辰</td><td>卯</td><td>寅</td><td></td></tr>
<tr><td>겁재</td><td>비견</td><td>편관</td><td>정관</td><td colspan="7"></td><td></td></tr>
</table>

식상제살격(食傷制殺格)　월의심천 9일 19시간 28분

節期(절기)에서 9日 19時間(시간)이라 酉는 庚金 初氣(초기)이고 丑, 未, 亥는 中氣(중기)에 해당한다.

乙木日柱(을목일주)가 日支(일지)에 得地(득지)하고 身强(신강)하다. 四柱(사주)에 强(강)한 것은 金星(금성)인 官星(관성)이다. 官星(관성)이 强(강)하면, 피해보는 것은 比劫(비겁)인데, 官星(관성)과 比劫(비겁)이 싸움을 말기는 자가 用神(용신)이 된다. 구제할 수 있는 五行(오행)은 水星(수성)과 火星(화성) 두 五行(오행)이다. 水星(수성)을 用神(용신)으로 사용하면 比劫(비겁)이 强(강)하게 되기 때문에 쓸 수가 없고, 食傷(식상)에게 부탁하여, 比劫(비겁)을 泄氣(설기)하고, 官星(관성)을 攻擊(공격)해야 된다.

辰土 大運(대운)에 辰土는 戊土 正財(정재) 閑神運(한신운)이다. 財星(재성)이 와서 官星(관성)을 生助(생조)하면 官星(관성)이 强(강)해지므로 官

星(관성)에 대한 일이 發生(발생)한다. 官星(관성)은 職場(직장), 官災(관재), 男子등이 문제가 생긴다.

33세 辛巳年에 辛金이 四柱(사주) 乙木과 乙辛沖(을신충)이다. 辛金 偏官(편관)이 乙木 나와 沖(충)이라 職場(직장)에서 有婦男(유부남)과 어떤 관계가 있다고 口舌數(구설수)가 돌아서 어쩔 수 없이 職場(직장)에 있을 수가 없어, 退職(퇴직)하고 말았다.

인수		편재	정재				乾命					용신.화.인성
화	토	수	수									희신.토.비겁
丙	己	癸	壬	62	52	42	32	22	12	2		기신.수.재성
寅	卯	卯	辰	庚	己	戊	丁	丙	乙	甲		구신.금.식상
甲	乙	乙	戊	戌	酉	申	未	午	巳	辰		한신.목.관성
목	목	목	토									
정관	편관	편관	겁재									

살중용인격(殺重用印格)   월의심천 28일 4시간 23분

己土日干(기토일간)이 地支(지지)에 通根(통근)하고 印星(인성)이 있어 比劫(비겁)이 적당한 힘을 維持(유지)하고 있다. 四柱(사주)에 强(강)한 것은 木星(목성)인 官星(관성)이다. 官星(관성)이 强(강)하면, 피해보는 것은 比劫(비겁)인데, 구제할 수 있는 五行(오행)으로는 火星(화성)과 金星(금성) 두 五行(오행)이다. 金星(금성)은 四柱(사주)에 없으므로 用神(용신)의 資格(자격)이 未達(미달)이라, 쓸 수가 없고, 火星(화성)인 印星(인성)에게 부탁하여, 官星(관성)을 泄氣(설기)하고, 比劫(비겁)을 相生(상생)하여 保護(보호)해야 된다.

申金 大運(대운)에 申金이 四柱(사주) 時支(시지) 寅木과 寅申沖(인신충)하면 寅中丙火(인중병화)가 中氣(중기)에서 나오게 된다. 丙火가 나와서 무엇을 하는가 年干(년간) 壬水와 丙壬沖(병임충)이다. 丙火 用神(용신)이 와서 壬水 忌神(기신)을 沖(충)하면 比劫(비겁)이 힘이 생기고, 文書(문서)나 二姓(이성)쪽으로 吉(길)해진다.

50세 辛巳年에 巳火는 丙火(병화)이므로 四柱(사주) 年干(년간) 壬水와 丙壬沖(병임충)이다. 大運(대운)에도 丙壬沖(병임충)이고. 勢運(세운)에도 丙壬沖(병임충)이라, 文書(문서)와 二姓(이성)이다, 死別(사별)하고 소개로 女子를 만났는데 서로가 싫지 않고 結婚(결혼)을 하려고 한다.

정관		인수	정관								용신.토.식상
수	화	목	수								희신.화.비겁
壬	丁	甲	壬			**坤命**					기신.목.인성
寅	亥	辰	辰	63	53	43	33	23	13	3	구신.수.관성
戌	戌	乙	乙	丁	戊	己	庚	辛	壬	癸	한신.금.재성
토	토	목	목	酉	戌	**亥**	子	丑	寅	卯	
상관	상관	편인	편인								

 **무격**(無格)　　　월의심천 5일 23시간 15분

節期(절기)에서 5日 23時間(시간)이라 初氣(초기)에 해당한다.

丁火日干(정화일간)이 地支(지지)에 通根(통근)하지 못하고 身弱(신약)하다. 四柱(사주)에 强(강)한 것은 木星(목성)인 印星(인성)이다. 印星(인성)이 强(강)하면, 피해보는 것은 食傷(식상)인데, 구제할 수 있는 五行(오행)으로는 火星(화성)과 金星(금성) 두 五行(오행)이다. 四柱(사주)에 火星(화성)이나 金星(금성)이 없으므로 用神(용신)을 잡을 수가 없고 印星(인성)에게 剋(극)당하고 있는 食傷(식상) 自己(자기)가 用神(용신)이 된다.

亥水 大運(대운)에 亥水은 壬水이므로 四柱(사주) 日干(일간) 丁火와 丁壬木局(정임목국)하면 甲木이고 印綬(인수) 忌神運(기신운)이다. 壬水 正官(정관)이 丁火 比肩(비견) 나와 合(합)하여 印星(인성)이면 職場(직장), 官災(관재), 文書(문서), 健康(건강), 男子문제 등등이 不吉(불길)하게 된다.

50세 辛巳年에 巳火는 丙火이므로 丙壬沖(병임충)하게 된다. 大運(대운)에서 丁壬木局(정임목국)한 것을 勢運(세운)에서 丙壬沖(병임충)하면 發生(발생)하게 된다. 男便(남편)이 事業(사업) 失敗(실패)하고 離婚(이혼)까지 하였고 男子를 만났는데, 사귀고 보니 사기꾼을 만나서 골치가 아프다. 그동안에는 이상 없었는데 亥水 大運(대운)부터 波瀾(파란)이 많았고 어떻게 살아야 될 것인지 吉(길)한 戊土 大運(대운)이 오고 있다.

비견		상관	편재		坤命						
화	화	토	금								용신.목.인성
丙	丙	己	庚								희신.화.비겁
申	戌	卯	申	64	54	44	34	24	14	4	기신.금.재성
壬	辛	甲	壬	壬	癸	甲	乙	丙	丁	戊	구신.토.식상
수	금	목	수	申	酉	戌	亥	子	丑	寅	한신.수.관성
편관	정재	편인	편관								

살중용인격(殺重用印格)　　월의심천 8일 21시간 13분

節期(절기)에서 8日 21時間(시간)일라 卯, 戌은 初氣(초기)이고 申은 中氣(중기)에 해당한다.

丙火日干(병화일간)이 地支(지지)에 通根(통근)하지 못하고 身弱(신약)하다. 四柱(사주)에 强(강)한 것은 水星(수성)인 官星(관성)이다. 官星(관성)이 强(강)하면, 피해보는 것은 比劫(비겁)인데, 구제할 수 있는 五行(오행)은 木星(목성)과 土星(토성) 두 五行(오행)이다. 土星(토성)을 用神(용신)으로 잡으면 比劫(비겁)이 身弱(신약)되기 때문에 쓸 수가 없고, 木星(목성)인 印星(인성)에게 부탁하여, 官星(관성)을 泄氣(설기)하고, 比劫(비겁)을 相生)상생)하여 保護(보호)해야 된다.

丑土 大運(대운) 丑土는 己土이므로 四柱(사주) 月支(월지) 甲木과 甲己合土局(갑기합토국)하면 戊土이고 食神(식신) 仇神運(구신운)이다. 甲木 用神(용신)이 食傷(식상)으로 變質(변질)되면 사리판단 못하고 陷穽(함정)에 빠지게 되고 무엇인가 始作(시작)한다는 運(운)이다.

22세 辛巳年에 辛金이 四柱(사주) 丙火와 丙辛合水局(병신합수국)하면 壬水이고 偏官(편관) 閑神運(한신운)이다. 用神(용신) 喜神(희신)이 사라지고 官星運(관성운)이면, 職場(직장)이나 男子문제가 發生(발생)하게 된다, 3年 전에 離婚(이혼)하고 3세 아이 養育(양육)권은 본인이 男子를 만나고 있는데 지금은 陷穽(함정)이다.

편재		상관	정재								용신.금.식상
수	토	금	수				乾命				희신.수.재성
癸	己	庚	壬	65	55	45	35	25	15	5	기신.화.인성
酉	丑	戌	子	丁	丙	乙	甲	癸	壬	辛	구신.목.관성
辛	己	戊	癸	巳	辰	卯	寅	丑	子	亥	한신.토.비겁
금	토	토	수								
식신	비견	겁재	편재								

식상생재격(食傷生財格) 월의심천 17일 4시간 48분

己土日柱(기토일주)가 月令(월령)에 得令(득령)하고 身强(신강)하다. 四柱(사주)에 强(강)한 것은 土星(토성)인 比劫(비겁)이다. 比劫(비겁)이 强(강)하면, 피해보는 것은 財星(재성)인데, 구제할 수 있는 五行(오행)으로는 木星(목성)과 金星(금성) 두 五行(오행)이다. 木星(목성)은 四柱(사주)에 없으므로 用神(용신)의 資格(자격)이 未達(미달)이라 쓸 수가 없고, 金星(금성)인 食傷(식상)에게 부탁하여, 比劫(비겁)을 泄氣(설기)하고, 財星(재성)을 相生(상생)하여 保護(보호)해야 된다.

丑土 大運(대운)에 丑土는 己土 比肩(비견) 閑神運(한신운)이다. 比劫(비겁)이 强(강)한 四柱(사주)에 比劫運(비겁운)이 오면 親舊(친구), 金錢(금전), 女子문제가 發生(발생)한다. 己土는 나와 同氣(동기)이기 때문에 男子를 조심해야 財物(재물)을 被害(피해)보지 않는다,

30세 辛巳年에 巳火는 丙火이므로 四柱(사주) 時支(시지) 辛金과 丙辛合水局(병신합수국)하면 壬水 正財(정재) 喜神運(희신운)이다. 親舊(친구)에게 곧 돌려받기로 하고 돈을 빌려주었는데 集(집)을 移徙(이사)해야 하는데 연락이 없고 빨리 解決(해결)해야 되는데, 받을 수 있을지 걱정이다.

식신		식신	편재	乾命							용신.화.재성
목	수	목	화								희신.목.식상
乙	癸	乙	丁	69	59	49	39	29	19	9	기신.수.비겁
卯	巳	巳	未	戊	己	庚	辛	壬	癸	甲	구신.금.인성
乙	丙	丙	己	戌	亥	子	丑	寅	卯	辰	한신.토.관성
목	화	화	토								
식신	정재	정재	편관								

종재격(從財格)　　월의심천 22일 16시간 13분

癸水日干(계수일간)이 地支(지지)에 通根(통근)하지 못하고 身弱(신약)하다. 四柱(사주)에 强(강)한 것은 火星(화성)인 財星(재성)이다. 財星(재성)이 强(강)하면, 피해보는 것은 印星(인성)인데, 구제할 수 있는 五行(오행)으로는 水星(수성)과 土星(토성) 두 五行(오행)이다. 土星(토성)을 用神(용신)으로 잡으면 比劫(비겁)이 身弱(신약)이라 쓸 수가 없고, 水星(수성)이 있어야 되는데 四柱(사주)에 火氣(화기)가 强(강)하면 水氣(수기)가 있어야 되는데 없으므로 일반 四柱(사주)와 달리 强者(강자)의 勢力(세력)에 大勢(대세)를 따라가야 吉(길)하다.

寅木 大運(대운)에 寅木은 甲木이므로 四柱(사주) 年支(년지) 己土와 甲己合土局(갑기합토국)하면 戊土이고 正官(정관) 閑神運(한신운)이다. 甲木 傷官(상관)과 己土 偏官(편관)과 合(합)하여 正官(정관)이면 職場(직장), 活動舞臺(발동무대)에 變化(변화)가 있다는 것이다.

35세 辛巳年에 巳火는 丙火 正財(정재) 用神運(용신운)이다. 大運(대운)은 閑神運(한신운)이고 勢運(세운)에는 用神運(용신운)이라 衣類業(의류업)을 開業(개업)하고는 걱정이 되어, 或是(혹시) 잘못될까봐 寅木 大

運(대운)보다는 다가오는 辛金 大運(대운)에 四柱(사주) 丙火와 丙辛合水局(병신합수국)하면 壬水 劫財(겁재) 忌神運(기신운)이라 不吉(불길)하다.

정관		식신	정관		乾命							용신.화.인성
목	토	금	목									희신.토.비겁
甲	己	辛	甲	68	58	48	38	28	18	8		기신.수.재성
子	未	未	寅	戊	丁	丙	乙	**甲**	癸	壬		구신.금.식상
壬	乙	乙	丙	寅	丑	子	亥	戌	酉	申		한신.목.관성
수	목	목	화									
정재	편관	편관	인수									

살중용인격(殺重用印格)　　월의심천 9일 3시간 49분

　節期(절기)에서 9日 3時間(시간)이라 子는 初氣(초기)에 해당하고 寅, 未는 中氣(중기)에 해당한다.

　己土日干(기토일간)이 地支(지지)에 通根(통근)하지 못하고 身弱(신약)하다. 四柱(사주)에 强(강)한 것은 木星(목성)인 官星(관성)이다. 官星(관성)이 强(강)하면, 피해보는 것은 比劫(비겁)인데, 구제할 수 있는 五行(오행)은 火星(화성)과 金星(금성) 두 五行(오행)이다, 金星(금성)을 用神(용신)으로 잡으면 比劫(비겁) 身弱(신약)이 더욱 身弱(신약)되기 때문에 쓸 수가 없고, 火星(화성)인 寅星(인성)에게 부탁하여, 官星(관성)을 泄氣(설기)하고, 比劫(비겁)을 相生(상생)하여 保護(보호)해야 된다.

　甲木 大運(대운)에 甲木이 四柱(사주) 日干(일간) 己土와 甲己合土局(갑기합토국)하면 戊土이고 劫財(겁재) 喜神運(희신운)이다. 合(합)하여 戊土는 女子이다,

　28세 辛巳年에 辛金이 四柱(사주) 年支(년지) 丙火와 丙辛合水局(병신

합수국)하면 壬水이고 正財(정재) 릿神運(기신운)이다. 丙火는 用神(용신)인데 合(합)하여 財星(재성)으로 變質(변질)되면 사리판단 못하고 財物(재물)이나, 女子 慾心(욕심) 때문에 陷穽(함정)에 빠지게 된다. 8年 年上(연상)인 愛人(애인)을 만났는데, 有夫女(유부녀)이고 愛人(애인) 男便(남편)은 바람나서 別居生活(별거생활)하고 있기 때문에 서로 자주 만나고 있다.

인수		상관	정재								용신.금.인성
금	수	목	화			坤命					희신.수.비겁
辛	壬	乙	丁								기신.화.재성
亥	申	巳	未	71	61	51	41	31	21	11	구신.목.식상
戊	戊	戊	丁	壬	辛	庚	己	戊	丁	丙	한신.토.관성
토	토	토	화	子	亥	戊	酉	申	未	午	
편관	편관	편관	정재								

살중용인격(殺重用印格)　　월의심천 2일 8시간 13분

節期(절기)에서 2日 8時間(시간)이라 初氣(초기)에 해당한다.

壬水日干(임수일간)이 地支(지지)에 通根(통근)하지 못하고 身弱(신약)하다. 四柱(사주)에 强(강)한 것은 土星(토성)인 官星(관성)이다. 官星(관성)이 强(강)하면, 피해보는 것은 比劫(비겁)인데, 구제할 수 있는 五行(오행)은 金星(금성)과 木星(목성) 두 五行(오행)이다. 木星(목성)을 用神(용신)으로 잡으면 比劫(비겁)이 身弱(신약)이라 쓸 수가 없고, 金星(금성)인 印星(인성)에게 부탁하여, 官星(관성)을 泄氣(설기)하고, 比劫(비겁)을 相生(상생)하여 保護(보호)해야 된다.

戊土 大運(대운)에 戊土 偏官(편관) 閑神運(한신운)이다. 官星(관성)은 比劫(비겁)을 攻擊(공격)하게 되어 職場(직장), 健康(건강), 男子문제가 發生(발생)한다.

35세 辛巳年에 巳火는 丙火이므로 四柱(사주) 時干(시간) 辛金과 丙辛合水局(병신합수국)하면 壬水이고 比肩(비견) 喜神運(희신운)이다. 辛金用神(용신)이 合(합)으로 사라지고 比劫(비겁)이 된다면 强(강)한 官星(관성)이 比劫(비겁)을 가만히 둘리가 없다 合(합)으로 壬水는 女子이라 男便(남편)이 結婚(결혼)전 女子와 만나서 別居生活(별거생활)하고 있고 그리고 7年 年下(연하) 男子를 만나서 戀人(연인) 사이로 지내고 있다. 이것을 福(복)이라 할까?

편재		편관	상관					坤命					
금	화	수	토									용신.토.식상	
辛	丁	癸	戊				63	53	43	33	23	13	3
丑	亥	亥	申				丙	丁	戊	己	庚	辛	壬
癸	戊	戊	戊				辰	巳	午	未	申	酉	戌
수	토	토	토										
편관	상관	상관	상관										

희신.금.재성
기신.목.인성
구신.수.관성
한신.화.비겁

종아격(從我格)

월의심천 5일 9시간 1분

節期(절기)에서 5日 9時間(시간)이라 初氣(초기)에 해당한다.

丁火日干(정화일간)이 地支(지지)에 通勤(통근)하지 못하고 身弱(신약)하다. 四柱(사주)에 强(강)한 것은 土星(토성)인 食傷(식상)이다. 食傷(식상)이 强(강)하면, 피해보는 것은 官星(관성)인데, 구제할 수 있는 五行(오행)은 木星(목성)과 金星(금성) 두 五行(오행)이다. 金星(금성)을 用神(용신)을 잡으면 比劫(비겁)이 身弱(신약)이라 쓸 수가 없고, 木星(목성)이 있어야 되는데 四柱(사주)에 없어, 强(강)한 土星(토성)을 剋(극)하는 木星(목성)이 없기 때문에 일반 四柱(사주)와 달리 强者(강자)의 勢力(세력)에 大勢(대세)를 따라가야 吉(길)하다.

己土 大運(대운)에 己土 食神(식신) 用神運(용신운)이다. 食傷運(식상운)에는 新規(신규), 擴張(확장), 무엇인가 始作(시작)한다는 뜻이다.

34세 辛巳年에 辛金 偏財(편재) 喜神運(희신운)이다. 大運(대운)에서 己土, 食神(식신) 用神運(용신운)이고 勢運(세운)에서 辛金 偏財(편재) 喜神運(희신운)이라 自營業(자영업)을 하고 있는데 지금까지는 運營(운영)은 대체로 吉(길)하였고 擴張工事(확장공사)해서 營業(영업)점을 補强(보강)하려고 準備(준비) 중이고 運勢(운세)가 걱정이 되어 未土 大運(대운)까지는 흐름이 吉(길)하다.

편관		비견	상관				坤命				용신.화.비겁
수	화	화	토								희신.목.인성
癸	丁	丁	戊	66	56	46	36	26	16	6	기신.수.관성
卯	酉	巳	戌	庚	辛	壬	癸	甲	乙	丙	구신.금.재성
乙	辛	庚	戊	戌	亥	子	丑	寅	卯	辰	한신.토.식상
목	금	금	토								
편인	편재	정재	상관								

재다용비격(財多用比格)　　월의심천 13일 19시간 41분

節期(절기)에서 13日 19時間(시간)이라 巳는 庚金 中氣(중기)에 해당한다.

丁火日干(정화일간)이 地支(지지)에 通根(통근)하지 못하고 身弱(신약)하다. 四柱(사주)에 强(강)한 것은 金星(금성)인 財星(재성)이다. 財星(재성)이 强(강)하면, 피해보는 것은 印星(인성)인데, 구제할 수 있는 五行(오행)은 火星(화성)과 水星(수성) 두 五行(오행)이다. 水星(수성)을 用神(용신)으로 잡으면 比劫(비겁)이 身弱(신약)이라 쓸 수가 없고, 比劫(비겁)이 財星(재성)을 攻擊(공격)하고, 印星(인성)을 保護(보호)해야 된다.

丑土 大運(대운)에 丑土는 己土 食神(식신) 閑神運(한신운)이다. 食傷(식상)은 財星(재성)을 相生(상생)하므로 財星(재성)이 强(강)하게 되어 印星(인성)을 攻擊(공격)하면 印星(인성)이 다치게 된다. 文書(문서)나 二姓(이성)문제 등이 따르게 된다.

44세 辛巳年에 巳火는 丙火이므로 四柱(사주) 日支(일지) 辛金과 丙辛合水局(병신합수국)하면 壬水이고 正官(정관) 忌神運(기신운)이다. 配偶者(배우자) 궁이 흔들리고 있다, 合(합)하여 官星(관성) 忌神(기신)이면 職場(직장)이나 男子문제가 發生(발생)하는데 男便(남편)이 술도 많이 먹고 늦게 들어오는 날이 많아지고 行動(행동)이 이상하고 느낌이 들어 或是(혹시) 바람 피우지 않을까?

겁재		인수	비견								용신.수.인성
목	목	수	목				乾命				희신.목.비겁
乙	甲	癸	甲	63	53	43	33	23	13	3	기신.토.재성
亥	申	酉	辰	庚	己	戊	丁	丙	乙	甲	구신.화.식상
壬	庚	辛	戊	辰	卯	寅	丑	子	亥	戌	한신.금.관성
수	금	금	토								
편인	편관	정관	편재								

살중용인격(殺重用印格)　　월의심천 24일 22시간 31분

甲木日干(갑목일간)이 地支(지지)에 通根(통근)하지 못하고 身弱(신약)하다. 四柱(사주)에 强(강)한 것은 金星(금성)인 官星(관성)이다. 官星(관성)이 强(강)하면, 피해보는 것은 比劫(비겁)인데, 구제할 수 있는 五行(오행)으로는 水星(수성)과 火星(화성) 두 五行(오행)이다. 火星(화성)은 四柱(사주)에 없으므로 用神(용신)의 資格(자격)이 未達(미달)이라 쓸 수가 없고, 水星(수성)인 印星(인성)에게 부탁하여, 官星(관성)을 (泄氣)설기)하고, 比劫(비겁)을 相生(상생)하여 保護(보호)해야 된다.

丑土 大運(대운)에 丑土는 己土이므로 四柱(사주) 甲木과 甲己合土局(갑기합토국)하면 戊土이고 偏財(편재) 忌神運(기신운)이다. 甲木 比肩(비견) 喜神(희신)이 合(합)하여 財星(재성) 忌神(기신)이 된다면 金錢(금전)이나. 職場(직장), 官災(관재), 女子문제가 發生(발생)한다,

38세 辛巳年에 辛金이 四柱(사주) 時干(시간) 乙木과 乙辛沖(을신충)이다. 大運(대운)에서 合(합)으로 甲木이 財星(재성)으로 變質(변질)되고 勢運(세운)에서 沖(충)으로 乙木 喜神(희신)이 힘을 못 쓰고 官星(관성)이 氣高萬丈(기고만장)하게 된다. 自營業(자영업)을 하는데, 不振(부진)하여 적

자만 婦人(부인)과는 離婚(이혼)하였고 離婚(이혼)하고도 子息(자식)들 生
角(생각)해서 당분간 같이 生活(생활)하고 있다.

정관		비견	겁재			坤命					용신.목.비겁
금	목	목	목								희신.수.인성
庚	乙	乙	甲	69	59	49	39	29	19	9	기신.금.관성
辰	酉	亥	辰	戊	己	庚	辛	壬	癸	甲	구신.토.재성
戊	辛	壬	戊	辰	巳	午	未	申	酉	戌	한신.화.식상
토	금	수	토								
정재	편관	인수	정재								

재다용비격(財多用比格) 월의심천 24일 14시간 15분

乙木日干(을목일간)이 地支(지지)에 通根(통근)하지 못하고 身弱(신약)하
다. 四柱(사주)에 强(강)한 것은 土星(토성)인 財星(재성)이다. 財星(재성)이
强(강)하면, 피해보는 것은 印星(인성)인데, 구제할 수 있는 五行(오행)으로
는 木星(목성)과 金星(금성) 두 五行(오행)이다. 金星(금성)을 用神(용신)을
잡으면 比劫(비겁) 身弱(신약)이 더욱 身弱(신약)되기 때문에 쓸 수가 없
고, 比劫(비겁)이 財星(재성)을 攻擊(공격)하고, 印星(인성)을 保護(보호)해
야 된다.

申金 大運(대운)에 申金은 庚金이므로 四柱(사주) 乙木과 乙庚金局(을
경금국)하면 庚金이고 正官(정관) 忌神運(기신운)이다. 庚金 正官(정관) 忌
神(기신)이 와서 乙木 比肩(비견) 用神용신)과 合(합)하여 庚金 正官(정관)
忌神(기신)이 된다면 즉 男子와 내가 合(합)이라 내가 男子에게 묶인 상태
라 男子 때문에 陷穽(함정)에 빠지게 된다.

38세 辛巳年에 辛金이 四柱(사주) 乙木과 乙辛沖(을신충)이다. 大運(대운)에서 乙庚金局(을경금국)한 것을 勢運(세운)에서 乙辛沖(을신충)하면 發生(발생)하게 된다. 男便(남편)과는 離婚(이혼)하고 離婚(이혼)하게 된 이유는 結婚(결혼) 전부터 사귀던 愛人(애인)이 있었고 男便(남편)과는 條件(조건)을 보고 結婚(결혼)을 했기 때문에 얼마나 오래 가겠는가?

비견		겁재	식신		乾命							용신.수.비겁
수	수	수	목									희신.금.인성
癸	癸	壬	乙		69	59	49	39	29	19	9	기신.토.관성
亥	丑	午	巳		乙	丙	丁	戊	己	庚	辛	구신.화.재성
壬	己	丁	丙		亥	子	丑	寅	**卯**	辰	巳	한신.목.식상
수	토	화	화									
겁재	편관	편재	정재									

재다용비격(財多用比格)   월의심천 22일 15시간 28분

癸水日柱(계수일주)가 地支(지지)에 通根(통근)하여 比劫(비겁)이 적당한 힘을 維持(유지)하고 있다. 四柱(사주)에 强(강)한 것은 火星(화성)인 財星(재성)이다. 財星(재성)이 强(강)하면, 피해보는 것은 印星(인성)인데, 구제할 수 있는 五行(오행)으로는 水星(수성)과 土星(토성) 두 五行(오행)이다. 土星(토성)을 用神(용신)으로 잡으면 比劫(비겁)이 身弱(신약)되기 때문에 쓸 수가 없고, 比劫(비겁)이 財星(재성)을 攻擊(공격)하고, 印星(인성)을 保護(보호)해야 된다.

卯木 大運(대운)에 卯木은 乙木 食神(식신) 閑神運(한신운)이다. 乙木 食神(식신)은 仇神(구신)인 財星(재성)을 相生(상생)하기 때문에 財星(재성)에

서 문제가 發生(발생)한다. 즉 新規(신규)나 職場(직장), 財物(재물)쪽으로
不吉(불길)하게 된다.

37세 辛巳年에 巳火가 四柱(사주) 時支(시지) 亥水와 巳亥沖(사해충)하
면 亥中甲木(해중갑목)이 中氣(중기)에서 나오게 된다. 甲木이 나와서 무엇
을 하는가? 四柱(사주) 日支(일지) 己土와 甲己合土局(갑기합토국)하면 戊
土이고 正官(정관) 忌神運(기신운)이다. 比劫(비겁)은 힘이 부족하게 되고
官星(관성)이 強(강)하게 된다. 職場生活(직장생활)하다가 退職(퇴직)하고,
물 쪽으로 事業(사업)을 하려고 한다. 물 쪽은 맞지만 지금은 흐름이 不
吉(불길)하다.

편관		인수	편인				乾命							
금	목	수	수										용신.화.식상	
辛	乙	壬	癸										희신.토.재성	
巳	卯	戌	卯	71	61	51	41	31	21	11			기신.수.인성	
丙	乙	戊	乙	乙	丙	丁	戊	己	庚	辛			구신.금.관성	
화	목	토	목	卯	辰	巳	午	未	申	酉			한신.목.비겁	
상관	비견	정재	비견											

식상생재격(食傷生財格)   월의심천 30일 0시간 54분

乙木日柱(을목일주)가 日支(일지)에 得地(득지)하고 印星(인성)까지 있
어 太旺(태왕)하다. 四柱(사주)에 強(강)한 것은 木星(목성)인 比劫(비겁)이
다. 比劫(비겁)이 強(강)하면, 피해보는 것은 財星(재성)인데, 구제할 수 있
는 五行(오행)으로는 金星(금성)과 火星(화성) 두 五行(오행)이다. 金星(금
성)을 用神(용신)으로 잡기는 무엇인가 不安(불안)하고 火星(화성)인 食

傷(식상)에게 부탁하여, 比劫(비겁)을 泄氣(설기)하고, 財星(재성)을 相生(상생)하여 保護(보호)된다.

　未土 大運(대운)에 未土는 己土 偏財(편재) 喜神運(희신운)이다. 財星(재성)이 喜神(희신)이면 財物(재물)이나, 女子쪽으로 吉(길)하다는 뜻이다.

　39세 辛巳年에 辛金이 四柱(사주) 時支(시지) 丙火와 丙辛合水局(병신합수국)하면 壬水이고 印綬(인수) 忌神運(기신운)이다. 辛金 偏官(편관)이 丙火 用神(용신)과 合(합)하여 印星(인성) 忌神(기신)이면 用神(용신)이 사라지게 되는데 强(강)한 比劫(비겁)들이 가만히 있겠는가? 食傷(식상)이 사라지면 一時的(일시적)으로 軍比正財(군비정재)가 된다, 辛金은 子息(자식)이므로 婦人(부인)과 子息(자식)문제로 싸우다가 瞬間的(순간적)으로 暴行(폭행)했는데 婦人(부인)이 集(집)을 나가 別居生活(별거생활)을 하게 되었다.

비견		상관	정관	乾命							
수	수	목	토								용신.토.관성
壬	壬	乙	己								희신.화.재성
寅	戌	亥	亥	70	60	50	40	30	20	10	기신.목.식상
甲	戊	壬	壬	戊	己	庚	辛	壬	癸	甲	구신.수.비겁
목	토	수	수	辰	巳	午	未	申	酉	戌	한신.금.인성
식신	편관	비견	비견								

재자약살격 (財滋弱殺格)　　월의심천 27일 15시간 28분

　壬水日柱(임수일주)가 月令(월령)에 得令(득령)하고 太旺(태왕)하다. 四柱(사주)에 强(강)한 것은 水星(수성)인 比劫(비겁)이다. 比劫(비겁)이

强(강)하면, 피해보는 것은 財星(재성)인데, 구제할 수 있는 五行(오행)으로는 土星(토성)과 木星(목성) 두 五行(오행)이다. 木星(목성)을 用神(용신)으로 잡으면, 亥月에 木이라 무엇인가 不安(불안)하고 土星(토성)인 官星(관성)에게 부탁하여, 比劫(비겁)을 攻擊(공격)하고, 財星(재성)을 保護(보호)해야 된다.

辛金 大運(대운)에 辛金이 四柱(사주) 月干(월간) 乙木과 乙辛沖(을신충)이다. 辛金이 乙木 傷官(상관)을 沖(충)하면 官星(관성) 用神(용신)이 自己(자기)할 役割(역할)을 다 하게 된다.

43세 辛巳年에 巳火가 四柱(사주) 亥水와 巳亥沖(사해충)하면 亥中甲木(해중갑목)이 中氣(중기)에서 나오게 된다. 甲木이 나와서 무엇을 하는가? 年干(년간) 己土와 甲己合土局(갑기합토국)하면 戊土이고 偏官(편관) 用神運(용신운)이다. 大運(대운)에서 辛金 閑神(한신)이 乙木 忌神(기신)과 沖(충) 勢運(세운)에서 合(합)으로 用神運(용신운)이라 建築(건축)일을 하고 있는데 建築事務室(건축사무실)을 開業(개업)하여 새로운 出發(출발)을 始作(시작)했는데 뒷날이 걱정되어 未土 大運(대운)까지는 흐름이 吉(길)하리라.

편인		편재	겁재									
토	금	목	금				乾命					용신.토.인성
戊	庚	甲	辛									희신.금.비겁
子	寅	午	丑	68	58	48	38	28	18	8		기신.목.재성
癸	甲	丁	己	丁	戊	己	**庚**	辛	壬	癸		구신.수.식상
수	목	화	토	亥	子	丑	寅	卯	辰	巳		한신.화.관성
상관	편재	정관	인수									

살중용인격(殺重用印格)　　월의심천 20일 16시간 13분

庚金日干(경금일간)이 地支(지지)에 通根(통근)하지 못하고 身弱(신약)하다. 四柱(사주)에 强(강)한 것은 火星(화성)인 官星(관성)이다. 官星(관성)이 强(강)하면, 피해보는 것은 比劫(비겁)인데, 구제할 수 있는 五行(오행)으로는 土星(토성)과 水星(수성) 두 五行(오행)이다. 水星(수성)을 用神(용신)으로 사용하면 比劫(비겁)이 身弱(신약)이라 쓸 수가 없고, 土星(토성)인 印星(인성)에게 부탁하여, 官星(관성)을 泄氣(설기)하고, 比劫(비겁)을 相生(상생)하여 保護(보호)해야 된다.

庚金 大運(대운)에 庚金이 四柱(사주) 甲木과 甲庚沖(갑경충)이다. 庚金 比肩(비견) 喜神(희신)이 와서 甲木 忌神(기신)을 沖(충)이면 比劫(비겁)은 强(강)하게 되고 財星(재성)이 弱(약)하게 되면 官星(관성) 亦是(역시) 弱(약)하게 된다. 庚金은 親舊(친구), 兄弟(형제), 獨立(독립)등이 吉(길)하게 된다.

41세 辛巳年에 辛金 劫財(겁재) 喜神運(희신운)이다. 大運(대운)에서 庚金 喜神(희신)이 沖(충)으로 움직이게 하고 勢運(세운)에서 辛金 喜神(희신)의 힘으로 行動(행동)하게 된다. 親舊(친구)와 同業(동업)으로 事業(사업)을 始作(시작)하려고 準備(준비) 중인데 親舊(친구)와 或是(혹시) 사이가 나빠 질까봐 걱정이다. 大運(대운)을 흐름이 잘 오고 있고 서로 背信(배신)할 것은 없을 것이라 믿어 의심하지 않는다.

편재		정관	인수								용신.금.인성
화	수	토	금				乾命				희신.토.관성
丙	壬	己	辛								기신.화.재성
午	戌	亥	卯	64	54	44	34	24	14	4	구신.목.식상
丙	丁	甲	甲	壬	癸	甲	乙	丙	丁	戊	한신.수.비겁
화	화	목	목	辰	巳	午	未	申	酉	戌	
편재	정재	식신	식신								

관인상생격(官印相生格)　　월의심천 9일 22시간 3분

節期(절기)에서 9日 22時間(시간)이라 卯, 午는 初氣(초기)해당하고 亥, 戌은 中氣(중기)에 해당한다.

壬水日干(임수일간)이 地支(지지)에 通根(통근)하지 못하고 身弱(신약)하다. 四柱(사주)에 强(강)한 것은 木星(목성)인 食傷(식상)이다. 食傷(식상)이 强(강)하면, 피해보는 것은 官星(관성)인데, 구제할 수 있는 五行(오행)은 金星(금성)과 火星(화성) 두 五行(오행)이다. 火星(화성)을 用神(용신)으로 잡으면 比劫(비겁)이 身弱(신약)이라 쓸 수가 없고, 金星(금성)인 印星(인성)에게 부탁하여, 食傷(식상)을 攻擊(공격)하고, 官星(관성)을 保護(보호)해야 된다.

午火 大運(대운)에 午火는 丁火이므로 四柱(사주) 日干(일간) 壬水와 丁壬木局(정임목국)하면 甲木이고 食神(식신) 仇神運(구신운)이다. 丁火 財

星(재성)이 壬水 比肩(비견) 나와 合(합)하여 食傷(식상)이면 무엇인가? 始作(시작)한다는 뜻이다. 始作(시작)하면 陷穽(함정)인데

51세 辛巳年에 辛金이 四柱(사주) 丙火와 丙辛合水局(병신합수국)하면 壬水이고 比肩(비견) 閑神運(한신운)이다. 比劫(비겁)이 와서 食傷(식상)을 相生(상생)하면 陷穽(함정)에 빠지게 된다. 始作(시작)하면 亡(망)한다고 해서 놀고만 있는데 婦人(부인)이 花園(화원)을 하는데 도와주지 않으면 離婚(이혼)하자고 脅迫(협박)이다.

편관		편재	편관								坤命		용신.수.재성
목	토	수	목										희신.금.식상
甲	戊	壬	甲		61	51	41	31	21	11	1		기신.토.비겁
子	子	申	辰		乙	丙	丁	戊	己	庚	辛		구신.화.인성
壬	壬	壬	壬		丑	寅	卯	辰	巳	午	未		한신.목.관성
수	수	수	수										
편재	편재	편재	편재										

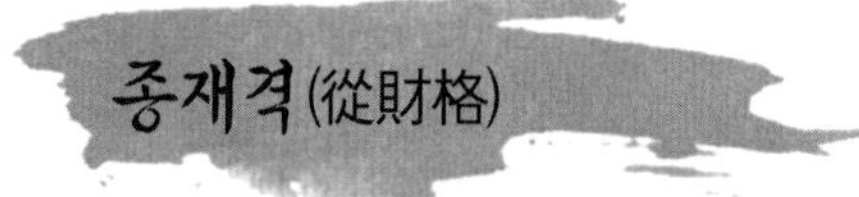

종재격(從財格)

월의심천 0일 2시간 43분

節期(절기)에서 0日 2時間(시간)이라 時支(시지) 子는 初氣(초기)에 해당하고 年부터 申子辰水局(신자진수국)인데, 三子중 한자가 月支(월지)에 있기 때문에 三合(삼합)이 成立(성립)된다. 時支(시지)에 子水는 三合(삼합)이 成立(성립)되지 않는다.

戊土日干(무토일간)이 地支(지지)에 通根(통근)하지 못하고 身弱(신약)하다. 四柱(사주)에 强(강)한 것은 水星(수성)인 財星(재성)이다. 財星(재성)이 强(강)하면, 피해보는 것은 印星(인성)인데, 財星(재성)을 剋(극)하는

比劫(비겁)이 四柱(사주)에 없기 때문에 일반 四柱(사주)와 달리 强者(강자)의 勢力(세력)에 大勢(대세)를 따라가야 吉(길)하게 된다.

辰土 大運(대운)에 辰土는 戊土 比肩(비견) 忌神運(기신운)이다. 比劫(비겁)이 忌神(기신)이면 親舊(친구)나 同氣(동기)들 때문에 문제가 發生(발생)하고 從財格(종재격)은 四柱(사주)에 食傷(식상)이 없으면 比劫運(비겁운)을 가장 두려워한다.

38세 辛巳年에 巳火는 丙火이므로 四柱(사주) 壬水와 丙壬沖(병임충)이다. 丙火 偏印(편인) 仇神(구신)이 와서 壬水 用神(용신)과 沖(충)하면 印星(인성)이 다치게 된다. 文書(문서)나 二姓(이성)과 健康(건강) 문제인데, 家內工業(가내공업)을 運營(운영)하고 있지만 不振(부진)하여 最惡(최악)의 상황인데 어떻게 해야 옳은지 判斷(판단)이 서지 않는다.

정관		겁재	편관									
화	금	금	화				坤命					용신.토.인성
丁	庚	辛	丙									희신.화.관성
丑	辰	丑	申	62	52	42	32	22	12	2		기신.목.재성
癸	乙	癸	戊	甲	乙	丙	丁	戊	己	庚		구신.수.식상
수	목	수	토	午	未	申	酉	戌	亥	子		한신.금.비겁
상관	정재	상관	편인									

관인상생격(官印相生格)　월의심천 2일 3시간 20분

節期(절기)에서 2日 3時間(시간)이라 初氣(초기)에 해당한다.

庚金日干(경금일간)이 地支(지지)에 通根(통근)하지 못하고 身弱(신약)하다. 四柱(사주)에 强(강)한 것은 水星(수성)인 食傷(식상)이다. 食傷(식상)이 强(강)하면, 피해보는 것은 官星(관성)인데, 구제할 수 있는 五行(오행)은 土星(토성)과 木星(목성) 두 五行(오행)이다. 木星(목성)을 用神(용신)을 잡으면 比劫(비겁)이 身弱(신약)이라 쓸 수가 없고, 土星(토성)인 印星(인성)에게 부탁하여, 食傷(식상)을 攻擊(공격)하고, 官星(관성)을 保護(보호)해야 된다.

丙火 大運(대운)에 丙火가 四柱(사주) 月干(월간) 辛金과 丙辛合水局(병신합수국)하면 壬水이고 食神(식신) 仇神運(구신운)이다. 食傷(식상)은 官星(관성)을 攻擊(공격)하므로 官星(관성)이 다치게 된다.

42세 辛巳年에 辛金이 四柱(사주) 年干(년간) 丙火와 丙辛合水局(병신합수국)하면 壬水이고 食神(식신) 仇神運(구신운)이다. 大運(대운)에서 合(합)으로 食傷運(식상운)이고 勢運(세운)에서도 合(합)으로 食傷(식상) 仇神運(구신운)이라 官星(관성)이 어떻게 다치지 않겠는가? 事業(사업)을 하고 있는데 너무나 不振(부진)하고 먹고 사는데도 지장이 많다. 大運(대운) 흐름을 보면 어떻게 살았는지 알 수 있다.

<table>
<tr><td>비견</td><td></td><td>편재</td><td>편관</td><td colspan="7">坤命</td><td>용신.목.비겁</td></tr>
<tr><td>목</td><td>목</td><td>토</td><td>금</td><td colspan="7"></td><td>희신.수.인성</td></tr>
<tr><td>乙</td><td>乙</td><td>己</td><td>辛</td><td>71</td><td>61</td><td>51</td><td>41</td><td>31</td><td>21</td><td>11</td><td>기신.금.관성</td></tr>
<tr><td>酉</td><td>巳</td><td>亥</td><td>丑</td><td>丙</td><td>乙</td><td>甲</td><td>癸</td><td>壬</td><td>辛</td><td>庚</td><td>구신.토.재성</td></tr>
<tr><td>庚</td><td>戊</td><td>戊</td><td>癸</td><td>午</td><td>巳</td><td>辰</td><td>卯</td><td>寅</td><td>丑</td><td>子</td><td>한신.화.식상</td></tr>
<tr><td>금</td><td>토</td><td>토</td><td>수</td><td colspan="7"></td><td></td></tr>
<tr><td>정관</td><td>정재</td><td>정재</td><td>편인</td><td colspan="7"></td><td></td></tr>
</table>

재다용비격(財多用比格) 월의심천 0일 17시간 44분

節期(절기)에서 0日 17時間(시간)이라 初氣(초기)에 해당한다.

乙木日干(을목일간)이 地支(지지)에 通根(통근)하지 못하고 身弱(신약)하다. 四柱(사주)에 强(강)한 것은 土星(토성)인 財星(재성)이다. 財星(재성)이 强(강)하면, 피해보는 것은 印星(인성)인데, 구제할 수 있는 五行(오행)은 木星(목성)과 金星(금성) 두 五行(오행)이다. 金星(금성)을 用神(용신)을 잡으면 比劫(비겁)이 身弱(신약)이라 쓸 수가 없고, 比劫(비겁)이 財星(재성)을 攻擊(공격)하고, 印星(인성)을 保護(보호)해야 된다.

癸水 大運(대운)에 癸水가 四柱(사주) 戊土와 戊癸火局(무계화국)하면 丙火이고 傷官(상관) 閑神運(한신운)이다. 食傷(식상)은 比劫(비겁)을 泄氣(설기)하여 財星(재성)을 生助(생조)하면 財星(재성)은 힘을 얻어 印星(인성)을 攻擊(공격)하게 되므로 印星(인성)이 다치게 된다.

41세 辛巳年에 辛金이 四柱(사주) 乙木과 乙辛沖(을신충)이다. 辛金은 職場(직장)이나, 男子이고 乙木 나와 沖(충)이면 職場(직장), 官災(관재), 男子문제가 發生(발생)한다. 用神(용신), 喜神(희신)이 힘을 못 쓰고 있다. 男便(남편)과는 別居生活(별거생활)하고 있고 愛人(애인)을 만나고 있는데,

도움이 되지 않고 食堂(식당)을 運營(운영)하고 있지만, 不振(부진)하고 제대로 되는 일이 하나도 없다.

인수		정재	인수				乾命				용신.금.재성
목	화	금	목								희신.수.관성
甲	丁	庚	甲	64	54	44	34	24	14	4	기신.화.비겁
辰	未	午	辰	丁	丙	乙	甲	癸	壬	辛	구신.목.인성
戊	己	丁	戊	丑	子	亥	戌	酉	申	未	한신.토.식상
토	토	화	토								
상관	식신	비견	상관								

제살태과격(制殺太過格) 월의심천 21일 7시간 18분

丁火日柱(정화일주)가 月令(월령)에 得令(득령)하고 印星(인성)까지 있어 比劫(비겁)이 적당한 힘을 維持(유지)하고 있다. 四柱(사주)에 強(강)한 것은 土星(토성)인 食傷(식상)이다. 食傷(식상)이 強(강)하면, 피해보는 것은 官星(관성)인데, 구제할 수 있는 五行(오행)으로는 木星(목성)과 金星(금성) 두 五行(오행)이다. 木星(목성)을 用神(용신)으로 잡으면 比劫(비겁)이 身強(신강)되기 때문에 쓸 수가 없고, 金星(금성)인 財星(재성)에게 부탁하여, 食傷(식상)을 泄氣(설기)하고, 官星(관성)을 相生(상생)하여 保護(보호)해야 된다.

甲木 大運(대운)에 甲木이 四柱(사주) 日支(일지) 己土와 甲己合土局(갑기합토국)하면 戊土이고 傷官(상관) 閑神運(한신운)이다. 食傷(식상)은 무엇인가 始作(시작)한다는 뜻이고, 官星(관성)을 攻擊(공격)하기 때문에 官星(관성)이 다치게 된다.

38세 辛巳年에 巳火는 丙火 劫財(겁재) 忌神運(기신운)이다. 比劫(비겁)은 財星(재성)을 攻擊(공격)하게 된다. 大運(대운)에서 食傷(식상)이 官星(관성)을 攻擊(공격)하고 勢運(세운)에서 比劫(비겁)이 財星(재성)을 攻擊(공격)하고 用神(용신), 喜神(희신)이 힘을 못 쓰고 있다. 事業(사업)은 亡(망)하고, 婦人(부인)과는 離婚(이혼)하고, 愛人(애인)을 만났는데, 도움이 되지 않고 앞날이 보이지 않고 어떻게 살아야 될지 불안하다.

인수		정관	식신								용신.금.재성
목	화	수	토				坤命				희신.토.식상
甲	丁	壬	己								기신.화.비겁
辰	丑	申	酉	64	54	44	34	24	14	4	구신.목.인성
戊	己	庚	辛	己	戊	丁	丙	乙	甲	癸	한신.수.관성
토	토	금	금	卯	寅	丑	子	**亥**	戌	酉	
상관	식신	정재	편재								

종재격(從財格)　　　월의심천 22일 6시간 16분

丁火日干(정화일간)이 地支(지지)에 通根(통근)하지 못하고 身弱(신약)하다. 四柱(사주)에 强(강)한 것은 金星(금성)인 財星(재성)이다. 財星(재성)이 强(강)하면, 피해보는 것은 印星(인성)인데, 구제할 수 있는 五行(오행)으로는 火星(화성)과 水星(수성) 두 五行(오행)이다. 水星(수성)을 用神(용신)으로 잡으면 比劫(비겁)이 身弱(신약)이라 쓸 수가 없고, 火星(화성)인 比劫(비겁)이 四柱(사주)에 없으므로, 일반 四柱(사주)와 달리 强者(강자)의 勢力(세력)에 大勢(대세)를 따라가야 吉(길)하다.

亥水 大運(대운)에 亥水는 壬水이므로 四柱(사주) 日干(일간) 丁火와 丁

壬木局(정임목국)하면 甲木이고 印綬(인수) 仇神運(구신운)이다. 甲木 印綬(인수)가 運(운)에서 오면 强(강)한 財星(재성)이 가만있을 리가 萬無(만무)하다 印星(인성)이 다치게 된다. 文書(문서)나 健康(건강), 二姓(이성)쪽으로 不吉(불길)하게 된다.

33세 辛巳年에 巳火는 丙火이므로 四柱(사주) 年支(년지) 辛金과 丙辛 合水局(병신합수국)하면 壬水이고 正官(정관) 閑神運(한신운)이다. 職場(직장)이나, 官災(관재), 男子문제가 發生(발생)한다. 男便(남편)과는 離婚(이혼)하였는데 子息(자식)들 生角(생각)해서 다시 始作(시작) 해보자고 하는데 어떻게 화해하여 예전과 같다면 陷穽(함정)이다.

상관		편관	겁재								용신.금.비겁
수	금	화	금				乾命				희신.토.인성
壬	辛	丁	庚								기신.화.관성
辰	亥	亥	子	67	57	47	37	27	17	7	구신.목.재성
癸	甲	甲	癸	甲	癸	壬	辛	庚	己	戊	한신.수.식상
수	목	목	수	午	巳	辰	卯	寅	丑	子	
식신	정재	정재	식신								

재다용비격(財多用比格)　　월의심천 11일 13시간 28분

節期(절기)에서 11日 13時間(시간)이라 亥, 辰은 中氣(중기)에 해당한다.

辛金日干(신금일간)이 地支(지지)에 通根(통근)하지 못하고 身弱(신약)하다. 四柱(사주)에 强(강)한 것은 木星(목성)인 財星(재성)이다. 財星(재성)이 强(강)하면, 피해보는 것은 印星(인성)인데, 구제할 수 있는 五行(오행)은 金星(금성)과 火星(화성) 두 五行(오행)이다. 火星(화성)을 用神(용신)으로 잡으면 比劫(비겁)이 身弱(신약)이라 쓸 수가 없고, 比劫(비겁)이 財星(재성)을 攻擊(공격)하고, 印星(인성)을 保護(보호)해야 된다.

卯木 大運(대운)에 卯木은 乙木이므로 四柱(사주) 年干(년간) 庚金과 乙庚金局(을경금국)하면 庚金이고 劫財(겁재) 用神運(용신운)이다. 乙木 偏財(편재)가 庚金과 合(합)하여 庚金이면 財物(재물)이나, 女子가 들어온다는 뜻이다.

42세 辛巳年에 辛金 比肩(비견) 用神運(용신운)이다. 辛金은 親舊(친구)이고 兄弟(형제)에 해당한다. 親舊(친구)나 兄弟(형제)의 德(덕)이 있다는 뜻이다. 婦人(부인)과는 離婚(이혼)하였고 親舊(친구)소개로 女子를 만났는데 서로 뜻이 맞아 아무런 條件(조건)없이 再婚(재혼)하기로 하고 結婚擇日(결혼택일)받아 結婚(결혼) 날짜만 기다리고 있다.

인수		편인	비견		坤命						용신.수.인성
수	목	수	목								용신.수.인성
壬	乙	癸	乙								희신.금.관성
午	亥	未	未	70	60	50	40	30	20	10	기신.토.재성
丙	戊	丁	丁	庚	己	戊	丁	丙	乙	甲	구신.화.식상
화	토	화	화	寅	丑	子	**亥**	戌	酉	申	한신.목.비겁
상관	정재	식신	식신								

관인상생격(官印相生格)　　월의심천 5일 4시간 24분

節期(절기)에서 5日 4時間(시간)이라 初氣(초기)에 해당한다.

乙木日干(을목일간)이 地支(지지)에 通根(통근)하지 못하고 身弱(신약)하다. 四柱(사주)에 强(강)한 것은 火星(화성)인 食傷(식상)이다. 食傷(식상)이 强(강)하면, 피해보는 것은 官星(관성)인데. 구제할 수 있는 五行(오행)은 水星(수성)과 土星(토성) 두 五行(오행)이다. 土星(토성)을 用神(용신)으로 잡으면 比劫(비겁)이 身弱(신약)이라 쓸 수가 없고, 水星(수성)인 印星(인성)에게 부탁하여, 食傷(식상)을 攻擊(공격)하고, 官星(관성)을 保護(보호)해야 된다.

亥水 大運(대운)에 亥水는 壬水이므로 四柱(사주) 丁火와 丁壬木局(정임목국)하면 甲木이고 劫財(겁재) 閑神運(한신운)이다. 比劫(비겁)은 食傷(식상)을 生助(생조)하기 때문에 食傷(식상)이 强(강)해져, 官星(관성)을 攻擊(공격)하면 官星(관성)이 다치게 되고 무엇인가 始作(시작)할려는 마음을 가지게 된다.

47세 辛巳年에 巳火는 丙火이므로 四柱(사주) 時干(시간) 壬水와 丙壬沖(병임충)이다. 壬水 用神(용신)이 다치게 되면 사리판단 못하고 陷穽(함정)에 빠지게 된다. 不動産(부동산)을 하고 있는데 너무나 不振(부진)하여 다른 業種(업종)으로 始作(시작)하려고 한다. 지금은 陷穽(함정)이라 不吉(불길)한데 잘 할 수 있을까?

관인상생격(官印相生格)　　　월의심천 30일 10시간 12분

壬水日干(임수일간)이 地支(지지)에 通根(통근)하지 못하고 身弱(신약)하다. 四柱(사주)에 强(강)한 것은 木星(목성)인 食傷(식상)이다. 食傷(식상)이 强(강)하면, 피해보는 것은 官星(관성)인데. 구제할 수 있는 五行(오행)은 金星(금성)과 火星(화성) 두 五行(오행)이다. 火星(화성)을 用神(용신)으로 잡으면 比劫(비겁)이 身弱(신약)이라 쓸 수가 없고, 金星(금성)인 印星(인성)에게 부탁하여, 食傷(식상)을 攻擊(공격)하고, 官星(관성)을 保護(보호)해야 된다.

壬水 大運(대운)에 壬水가 四柱(사주) 丁火와 丁壬木局(정임목국)하면 甲木이고 食神(식신) 仇神運(구신운)이다. 壬水 比肩(비견)이 丁火 正財(정재)와 合(합)하여 食傷(식상)이면 親舊(친구)가 나의 財物(재물)이나, 女子를 가지고 간다는 뜻이다.

51세 辛巳年에 巳火는 丙火이므로 四柱(사주) 辛金과 丙辛合水局(병신합수국)하면 壬水이고 比肩(비견) 閑神運(한신운)이다. 用神(용신)이 사라지고 比劫(비겁)이면 比劫(비겁)은 食傷(식상)을 生助(생조)하고 食傷(식상)은 官星(관성)을 攻擊(공격)하여 官星(관성)이 다치게 된다. 事業(사업)하다가 失敗(실패)하고 婦人(부인)과도 離婚(이혼)하고 말았다. 生角(생각)없이 事業(사업)을 無理(무리)하게 始作(시작)했기 때문에 온 缺課(결과)라고 生角(생각)한다.

<table>
<tr><td>인수</td><td></td><td>편관</td><td>인수</td><td></td><td colspan="7">坤命</td><td></td><td>용신.목.재성</td></tr>
<tr><td>토</td><td>금</td><td>화</td><td>토</td><td></td><td></td><td></td><td></td><td></td><td></td><td></td><td></td><td></td><td>희신.화.관성</td></tr>
<tr><td>己</td><td>庚</td><td>丙</td><td>己</td><td></td><td>63</td><td>53</td><td>43</td><td>33</td><td>23</td><td>13</td><td>3</td><td></td><td>기신.금.비겁</td></tr>
<tr><td>卯</td><td>辰</td><td>子</td><td>酉</td><td></td><td>癸</td><td>壬</td><td>辛</td><td>庚</td><td>己</td><td>戊</td><td>丁</td><td></td><td>구신.토.인성</td></tr>
<tr><td>乙</td><td>戊</td><td>癸</td><td>辛</td><td></td><td>未</td><td>午</td><td>巳</td><td>辰</td><td>卯</td><td>寅</td><td>丑</td><td></td><td>한신.수.식상</td></tr>
<tr><td>목</td><td>토</td><td>수</td><td>금</td><td></td><td></td><td></td><td></td><td></td><td></td><td></td><td></td><td></td><td></td></tr>
<tr><td>정재</td><td>편인</td><td>상관</td><td>겁재</td><td></td><td></td><td></td><td></td><td></td><td></td><td></td><td></td><td></td><td></td></tr>
</table>

재살태과격(制殺太過格)　　월의심천 23일 14시간 39분

庚金日柱(경금일주)가 地支(지지)에 通根(통근)하고 印星(인성)까지 있어 身强(신강)하다. 四柱(사주)에 强(강)한 것은 水星(수성)인 食傷(식상)이다. 食傷(식상)이 强(강)하면, 피해보는 것은 官星(관성)인데, 구제할 수 있는 五行(오행)으로는 土星(토성)과 木星(목성) 두 五行(오행)이다. 土星(토성)을 用神(용신)으로 잡으면 比劫(비겁)이 身强(신강)되기 때문에 쓸 수가 없고, 木星(목성)인 財星(재성)에게 부탁하여, 食傷(식상)을 泄氣(설기)하고, 官星(관성)을 保護(보호)해야 된다.

庚金 大運(대운)에 庚金은 四柱(사주) 時支(시지) 乙木과 乙庚金局(을경금국)하면 庚金이고 比肩(비견) 忌神運(기신운)이다. 庚金 比肩(비견)이 乙木 正財(정재)와 合(합)이라 用神(용신)이 比劫(비겁)으로 變質(변질)되어 사리판단 못하고 나의 財物(재물)을 親舊(친구)가 가져가는 일이 發生(발

생)한다.

　33세 辛巳年에 辛金이 四柱(사주) 時支(시지) 乙木과 乙辛沖(을신충)이
다. 大運(대운)에서 乙庚金局(을경금국)한 것을 勢運(세운)에서 乙辛沖(을
신충)하면 發生(발생)한다. 5年을 사귀던 愛人(애인)이 돈을 빌려가 此日彼
日(차일피일) 미루며 갚지 않아 金錢(금전) 문제로 離別(이별)하고 8年 年
下(연하) 男子를 만나고 있는데 이 男子역시 똑같은 男子인것 같다. 男子
의 福(복)이 이렇게도 없단 말인가!

겁재		정재	식신			乾命								
수	수	화	목									용신.금.인성	
癸	壬	丁	甲									희신.토.관성	
卯	申	卯	寅	62	52	42	32	22	12	2		기신.화.재성	
乙	庚	乙	甲	甲	癸	壬	辛	庚	己	戊		구신.목.식상	
목	금	목	목	戌	酉	申	未	午	巳	辰		한신.수.비겁	
상관	편인	상관	식신										

관인상생격 (官印相生格)　　월의심천 25일 22시간 23분

　壬水日干(임수일간)이 地支(지지)에 通根(통근)하지 못하고 身弱(신약)하
다. 四柱(사주)에 强(강)한 것은 木星(목성)인 食傷(식상)이다. 食傷(식
상)이 强(강)하면, 피해보는 것은 官星(관성)인데, 구제할 수 있는 五行(오
행)으로는 金星(금성)과 火星(화성) 두 五行(오행)이다. 火星(화성)을 用
神(용신)으로 잡으면 比劫(비겁)이 身弱(신약)이라 쓸 수가 없고, 金星(금
성)인 印星(인성)에게 부탁하여, 食傷(식상)을 攻擊(공격)하고, 官星(관
성)을 保護(보호)해야 된다.

午火 大運(대운)에 午火는 丁火이므로 四柱(사주) 日干(일간) 壬水와 丁壬木局(정임목국)하면 甲木이고 食神(식신) 仇神運(구신운)이다. 丁火는 財物(재물)이나, 女子이고, 壬水 나와 合(합)해서 食傷(식상)이면 무엇인가 始作(시작)한다는 의미인데 이것은 慾心(욕심) 때문에 陷穽(함정)에 빠지게 된다.

28세 辛巳年에 巳火는 丙火이므로 四柱(사주) 日干(일간) 壬水와 丙壬沖(병임충)이다. 大運(대운)에서 丁壬木局(정임목국)한 것을 勢運(세운)에서 丙壬沖(병임충)하면 發生(발생)하게 된다. 財物(재물) 慾心(욕심)으로 9년 年上(연상) 女人을 만났는데, 한번 離婚(이혼)한 女人이라는 것을 알면서 도움이 될까봐 만났는데 아무런 도움도 되지못하고 財物(재물)이라는 것이 그냥 오는 것이 아니라 勞力(노력)해야 오는 것이다.

편재	정관	편인		坤命							용신.목.인성
금	화	수	목								희신.수.관성
辛	丁	壬	乙								희신.수.관성
亥	未	午	巳	66	56	46	36	26	16	6	기신.금.재성
壬	己	己	丙	己	戊	丁	丙	乙	甲	癸	구신.토.식상
수	토	토	화	丑	子	亥	戌	酉	申	未	한신.화.비겁
정관	식신	식신	겁재								

관인상생격 (官印相生格) 월의심천 16일 15시간 28분

節期(절기)에서 16日 15時間(시간)이라 午는 己土 中氣(중기)에 해당한다.

丁火日柱(정화일주)가 地支(지지)에 通根(통근)하고 印星(인성)까지 있어 比劫(비겁)이 적당한 힘을 維持(유지)하고 있다. 四柱(사주)에 强(강)한 것은 土星(토성)인 食傷(식상)이다. 食傷(식상)이 强(강)하면, 피해보는 것은 官星(관성)인데, 구제할 수 있는 五行(오행)은 木星(목성)과 金星(금성) 두 五行(오행)이다. 金星(금성)을 用神(용신)으로 사용하면 比劫(비겁)이 身弱(신약)되기 때문에 쓸 수가 없고, 木星(목성)에게 부탁하여, 食傷(식상)을 攻擊(공격)하고, 官星(관성)을 保護(보호)해야 된다.

　丙火 大運(대운)에 丙火가 四柱(사주) 時干(시간) 辛金과 丙辛合水局(병신합수국)하면 壬水이고 正官(정관) 喜神運(희신운)이다. 丙火 劫財(겁재)와 辛金 偏財(편재)와 合(합)하여 正官(정관)이면 職場(직장)이나, 男子 쪽으로 吉(길)하다는 뜻이다,

　37세 辛巳年에 辛金이 四柱(사주) 年支(년지) 丙火와 丙辛合水局(병신합수국)하면 壬水이고 正官(정관) 喜神運(희신운)이다. 大運(대운)에는 丙火가 와서 合(합)이고 勢運(세운)에서 辛金이 와서 合(합)이라 職場(직장)과 財物運(재물운)이라는 뜻이다. 事業(사업)을 한다고 準備(준비) 중에 있다.

정재		인수	비견								용신.토.비겁
수	토	화	토			坤命					희신.화.인성
癸	戊	丁	戊								기신.목.관성
丑	子	巳	申	65	55	45	35	25	15	5	구신.수.재성
己	癸	庚	壬	庚	辛	壬	癸	甲	乙	丙	한신.금.식상
토	수	금	수	戊	亥	子	丑	寅	卯	辰	
겁재	정재	식신	편재								

재다용비격 (財多用比格)　　월의심천 12일 6시간 34분

節期(절기)에서 12日　6時間(시간)이라 申, 巳는 中氣(중기)에 해당한다.

戊土日柱(무토일주)가 地支(지지)에 通根(통근)하고 印星(인성)까지 있어 比劫(비겁)이 적당한 힘을 維持(유지)하고 있다. 四柱(사주)에 强(강)한 것은 水星(수성)인 財星(재성)이다. 財星(재성)이 强(강)하면 피해보는 것은 印星(인성)인데, 구제할 수 있는 五行(오행)은 土星(토성)과 木星(목성) 두 五行(오행)이다. 木星(목성)을 用神(용신)으로 잡으면 比劫(비겁)이 身弱(신약)되기 때문에 쓸 수가 없고, 比劫(비겁)이 財星(재성)을 攻擊(공격)하고 印星(인성)을 保護(보호)해야 된다.

寅木 大運(대운)에 寅木은 甲木이므로 四柱(사주) 時支(시지) 己土와 甲己合土局(갑기합토국)하면 戊土이고 比肩(비견) 用神運(용신운)이다. 偏官(편관)이 와서 合(합)하여 比肩(비견)이면 職場(직장)과 男子가 와서 合(합)을 하면 職場(직장)이나, 男子, 親舊(친구)와 關契(관계)된 일이 發生(발생)하게 된다.

34세 辛巳年에 巳火는 丙火이므로 四柱(사주) 年支(년지) 壬水와 丙壬沖(병임충)하면 文書(문서)나, 財物(재물)이 움직이게 된다. 갈비집의 親舊(친구)와 同業(동업)으로 開業(개업)하려고 인테리어 工事(공사) 중이고 이왕이면 吉(길)한 날짜로 開業(개업)하려고 한다.

<table>
<tr><td>편관</td><td></td><td>정재</td><td>편재</td><td colspan="7" rowspan="2">乾命</td><td>용신.토.재성</td></tr>
<tr><td>금</td><td>목</td><td>토</td><td>토</td><td>희신.금.관성</td></tr>
<tr><td>庚</td><td>甲</td><td>己</td><td>戊</td><td>63</td><td>53</td><td>43</td><td>33</td><td>23</td><td>13</td><td>3</td><td>기신.목.비겁</td></tr>
<tr><td>午</td><td>辰</td><td>未</td><td>申</td><td>丙</td><td>乙</td><td>甲</td><td>癸</td><td>壬</td><td>辛</td><td>庚</td><td>구신.수.인성</td></tr>
<tr><td>丁</td><td>戊</td><td>己</td><td>庚</td><td>寅</td><td>丑</td><td>子</td><td>亥</td><td>戌</td><td>酉</td><td>申</td><td>한신.화.식상</td></tr>
<tr><td>화</td><td>토</td><td>토</td><td>금</td><td colspan="7"></td><td></td></tr>
<tr><td>상관</td><td>편재</td><td>정재</td><td>편관</td><td colspan="7"></td><td></td></tr>
</table>

화격(化格)

월의심천 26일 1시간 48분

甲木日干(갑목일간)이 地支(지지)에 通根(통근)하지 못하고 身弱(신약)하다. 甲木日干(갑목일간)이 月干(월간) 己土와 甲己合土局(갑기합토국)으로 干合(간합)하여 土가 되는데 月支(월지)가 土月이고 剋(극)하는 木이 없기 때문에 일반 四柱(사주)와 달리 化格(화격)으로 成立(성립)된다. 化格(화격)은 干合(간합)하는 五行(오행)이 많으면, 泄氣(설기)하는 官星運(관성운)이 吉(길)하고, 干合(간합) 五行(오행)이 부족할 때는 相生(상생)하는 食傷運(식상운)이 吉(길)하다. 이 四柱(사주)는 干合(간합) 五行(오행)이 많기 때문에, 官星(관성)은 吉(길)하고, 食傷(식상)은 凶(흉)이다.

癸水 大運(대운)에 癸水가 四柱(사주) 戊土와 戊癸火局(무계화국)하면 丙火이고 食神(식신) 閑神運(한신운)이다. 戊土 用神(용신)이 癸水와 合(합)하여 食傷(식상)으로 變質(변질)되면 食傷(식상)은 官星(관성)을 攻擊(공격)하게 되어 官星(관성)이 다치게 된다.

34세 辛巳年에 巳火는 丙火 食神(식신) 閑神運(한신운)이다. 大運(대운)에서 食傷運(식상운)이고 勢運(세운)에서 食傷運(식상운)이라 어찌 官星(관성)이 다치지 않겠는가? 婦人(부인)과는 離婚(이혼)하고 외로워서 女子를 만났는데 이 女子, 저 女子가 똑 같다는 것을 알았다.

겁재		편관	인수					坤命				용신.금.인성
수	수	토	금									희신.수.비겁
壬	癸	己	庚	68	58	48	38	28	18	8		기신.화.재성
戌	酉	丑	辰	壬	癸	甲	乙	丙	丁	戊		구신.목.식상
戊	辛	己	戊	午	未	申	酉	戌	亥	子		한신.토.관성
토	금	토	토									
정관	편인	편관	정관									

살중용인격(殺重用印格)　월의심천 19일 18시간 26분

癸水日干(계수일간)이 地支(지지)에 通根(통근)하지 못하고 身弱(신약)하다. 四柱(사주)에 强(강)한 것은 土星(토성)인 官星(관성)이다. 官星(관성)이 强(강)하면, 피해보는 것은 比劫(비겁)인데, 구제할 수 있는 五行(오행)으로는 金星(금성)과 木星(목성) 두 五行(오행)이다. 木星(목성)은 四柱(사주)에 없으므로 用神(용신)의 資格(자격)이 未達(미달)이라, 쓸 수가 없고, 金星(금성)인 印星(인성)에게 부탁하여, 官星(관성)을 泄氣(설기)하고, 比劫(비겁)을 相生(상생)하여 保護(보호)해야 된다.

癸水 大運(대운)에 癸水가 四柱(사주) 戊土와 戊癸火局(무계화국)하면 丙火이고 正財(정재) 忌神運(기신운)이다. 財星(재성)은 印星(인성)을 攻擊(공격)하고 官星(관성)을 生助(생조)하므로 官星(관성)이 氣高萬丈(기고만장)하게 되어 官星(관성)이 夥多(과다)하여 官星(관성)에서 문제가 생긴다.

62세 辛巳年에 巳火가 四柱(사주) 丑土, 酉金과 巳酉丑金局(사유축금국)하면 辛金이고 偏印(편인) 用神運(용신운)인데 印星(인성)이 夥多(과다)하여 吉(길)하지 못하고, 凶(흉)으로 變化(변화)게 된다. 自營業(자영업)을 하고 있는데, 不振(부진)하여 現狀維持(현상유지)가 되지 않아 다른

業種(업종)으로 다시 始作(시작)하려고 한다. 不吉(불길)하고 未土 大運(대운)까지 기다리는 것이 吉(길)하다.

비견		편관	편인			乾命					용신.목.비겁
목	목	금	수								희신.수.인성
甲	甲	庚	壬	70	60	50	40	30	20	10	기신.금.관성
子	申	戌	寅	丁	丙	乙	甲	癸	壬	辛	구신.토.재성
壬	戊	辛	戊	巳	辰	卯	寅	丑	子	亥	한신.화.식상
수	토	금	토								
편인	편재	정관	편재								

재다용비격(財多用比格)   월의심천 3일 21시간 22분

節期(절기)에서 3日 22時間(시간)이라 初氣(초기)에 해당한다.

甲木日干(갑목일간)이 地支(지지)에 通根(통근)하지 못하고 身弱(신약)하다. 四柱(사주)에 强(강)한 것은 土星(토성)인 財星(재성)이다. 財星(재성)이 强(강)하면, 피해보는 것은 印星(인성)인데, 구제할 수 있는 五行(오행)은 木星(목성)과 金星(금성) 두 五行(오행)이다. 金星(금성)을 用神(용신)으로 잡으면 比劫(비겁)이 身弱(신약)이라 쓸 수가 없고, 比劫(비겁)이 財星(재성)을 攻擊(공격)하고, 印星(인성)을 保護(보호)해야 된다.

甲木 大運(대운)에 甲木이 四柱(사주) 月干(월간) 庚金과 甲庚沖(갑경충)이다. 甲木이 와서 庚金을 沖(충)하면 我軍(아군)이 와서 赤軍(적군)과 싸워주면 我軍(아군)이 한결 수월하다는 뜻과 마찬가지다.

40세 辛巳年에 巳火는 丙火이므로 四柱(사주) 月支(월지) 辛金과 丙辛合水局(병신합수국)하면 壬水이고 偏印(편인) 喜神運(희신운)이다. 大運(대운)에서 比劫(비겁) 用神(용신) 勢運(세운)에서 喜神運(희신운)이라 大吉(대길)하다, 學院(학원)을 하는데, 擴張工事(확장공사)를 하고 있다. 丑土 大運(대운)에 丑土는 己土이므로 四柱(사주) 甲木과 甲己合土局(갑기합토국)하면 戊土이고 偏財(편재) 仇神運(구신운)에 너무나 不振(부진)하고 口舌數(구설수)가 많아 고생이 많다.

비견		편관	상관								
금	금	화	수								용신.목.재성
庚	庚	丙	癸			坤命					희신.화.관성
辰	寅	辰	卯	67	57	47	37	27	17	7	진용신.토.인성
癸	丙	癸	乙	癸	壬	辛	**庚**	己	戊	丁	기신.금.비겁
수	화	수	목	亥	戌	酉	申	未	午	巳	구신.수.식상
상관	편관	상관	정재								

제살태과격(制殺太過格) 월의심천 11일 11시간 11분

節期(절기)에서 11日 11時間(시간)이라 辰, 寅은 中氣(중기)에 해당한다.

庚金日干(경금일간)이 地支(지지)에 通根(통근)하지 못하고 身弱(신약)하다. 四柱(사주)에 强(강)한 것은 水星(수성)인 食傷(식상)이다. 食傷(식상)이 强(강)하면, 피해보는 것은 官星(관성)인데, 구제할 수 있는 五行(오행)은 木星(목성)과 土星(토성) 두 五行(오행)이다. 土星(토성)을 用神(용신)으로 잡으면 錦上添花(금상첨화)인데 四柱(사주)에 없으므로 用神(용신)의 資格(자격)은 되지 않고 眞用神(진용신)으로 잡을 수밖에 없고 木星(목성)인 財星(재성)이 食傷(식상)을 泄氣(설기)하고, 官星(관성)을 保護(보호)해야 된다. 官星(관성)이 强(강)해지면 比劫(비겁)을 攻擊(공격)하지 가만히 있을 리가 萬無(만무)하다 하여 眞用神(진용신)을 잡는 것이다.

　庚金 大運(대운)에 庚金이 四柱(사주) 年支(년지) 乙木과 乙庚金局(을경금국)하면 庚金이고 比肩(비견) 忌神運(기신운)이다. 庚金 親舊(친구)가 乙木 財物(재물)을 가져가는 이치이고 乙木 財星(재성)이 사라지면 食傷(식상)은 官星(관성)을 攻擊(공격)하게 된다.

　39세 辛巳年에 辛金이 四柱(사주) 乙木과 乙辛沖(을신충)이다. 大運(대운)에서 乙庚金局(을경금국)한 것을 勢運(세운)에서 沖(충)하면 發生(발생)하게 된다. 韓服(한복)점을 한다고 準備(준비) 중에 있는데 나의 運勢(운세)가 걱정이 되어서 지금은 慾心(욕심)이고 陷穽(함정)인데 지금 그만두면 損害(손해)가 너무나 많아서 亡(망)함 보다는 낫지 않을까?

편재		식신	편인								용신.화.식상
토	목	화	수				坤命				희신.목.비겁
己	乙	丁	癸								기신.수.인성
卯	丑	巳	巳	69	59	49	39	29	19	9	구신.금.관성
甲	癸	庚	庚	甲	癸	壬	辛	庚	己	戊	한신.토.재성
목	수	금	금	子	亥	戌	酉	申	未	午	
겁재	편인	정관	정관								

식상제살격(食傷制殺格)　　월의심천 8일 0시간 38분

　節期(절기)에서 8日 0時間(시간)이라 巳는 中氣(중기)에 해당하고 丑, 卯는 初氣(초기)에 해당한다.

　乙木日柱(을목일주)가 地支(지지)에 通根(통근)하고 印星(인성)까지 있어 比劫(비겁)이 적당한 힘을 維持(유지)하고 있다. 四柱(사주)에 强(강)한 것은 金星(금성)인 官星(관성)이다. 官星(관성)이 强(강)하면, 피해보는 것은 比劫(비겁)인데, 구제할 수 있는 五行(오행)은 水星(수성)과 火星(화성) 두 五行(오행)이다. 水星(수성)을 用神(용신)으로 잡으면 比劫(비겁)이 身强(신강)되기 때문에 쓸 수가 없고, 火星(화성)인 食傷(식상)에게 부탁하여, 官星(관성)을 攻擊(공격)하고, 比劫(비겁)을 保護(보호)해야 된다.

壬水 大運(대운)에 壬水가 四柱(사주) 月干(월간) 丁火와 丁壬木局(정임목국)하면 甲木이고 劫財(겁재) 喜神運(희신운)이다. 喜神運(희신운)이라 할지라도 丁火 用神(용신)이 合(합)으로 變質(변질)되었기 때문에 사리 판단 못하고 剋(극)하는 食傷(식상)이 힘을 못 쓰면 官星(관성)이 氣高萬丈(기고만장)하여 官星(관성)에서 문제가 發生(발생)한다.

49세 辛巳年에 辛金이 四柱(사주) 日干(일간) 乙木과 乙辛沖(을신충)하면 官星(관성)이 더욱 强(강)하게 된다. 食堂(식당)을 運營(운영)하는데, 不振(부진)하여 移動(이동)해서 다른 業種(업종)으로 始作(시작)하려고 한다. 陷穽(함정)이다.

편인		편인	인수						坤命						용신.금.비겁
토	금	토	토									희신.토.인성
己	辛	己	戊	63	53	43	33	23	13	3		기신.화.관성
亥	卯	未	戌	壬	癸	**甲**	乙	丙	丁	戊		구신.목.재성
乙	乙	乙	辛	子	丑	寅	卯	辰	巳	午		한신.수.식상
목	목	목	금									
편재	편재	편재	비견									

재다용비격(財多用比格)　　월의심천 5일 20시간 57분

節期(절기)에서 5日 20時間(시간)이라 戌은 初氣(초기)이고 亥卯未木局(해묘미목국)하면 乙木이고 三合(삼합)한 자가 月支(월지)에 한자가 있기 때문에 三合(삼합)이 成立(성립)된다.

辛金日柱(신금일주)가 地支(지지)에 通根(통근)하고 印星(인성)까지 있어 比劫(비겁)이 적당한 힘을 維持(유지)하고 있다. 四柱(사주)에 强(강)한 것은 木星(목성)인 財星(재성)이다. 財星(재성)이 强(강)하면, 피해보는 것은 印星(인성)인데, 구제할 수 있는 五行(오행)은 金星(금성)과 火星(화성) 두 五行(오행)이다. 火星(화성)은 四柱(사주)에 없으므로 用神(용신)의 資格(자격)이 未達(미달)이라 쓸 수가 없고, 比劫(비겁)이 財星(재성)을 攻擊(공격)하고, 印星(인성)을 保護(보호)해야 된다.

甲木 大運(대운)에 甲木이 四柱(사주) 己土와 甲己合土局(갑기합토국)하면 戊土이고 印綬(인수) 喜神運(희신운)이다. 甲木 正財(정재)가 와서 己土 偏印(편인)과 合(합)하여 印綬(인수)이면 文書(문서)나 財物(재물), 二姓(이성)쪽으로 吉(길)하다는 뜻이다.

44세 辛巳年에 辛金 比肩(비견) 用神運(용신운)이다. 大運(대운)에서 喜

神(희신)이고 勢運(세운)에서 用神運(용신운)이라 自營業(자영업)을 하고 있는데, 擴張移轉(확장이전) 하려고 하면 吉(길)하리라.

	비견		겁재	편재		乾命						
토	토	토	수								용신.수.재성
己	己	戊	癸		65	55	45	35	25	15	5	희신.목.관성
巳	亥	午	巳		辛	壬	癸	甲	乙	丙	丁	기신.토.비겁
庚	甲	己	庚		亥	子	丑	寅	卯	辰	巳	구신.화.인성
금	목	토	금									한신.금.식상
상관	정관	비견	상관									

제살태과격(制殺太過格) 월의심천 11일 0시간 14분

節期(절기)에서 11日 0時間(시간)이라 中氣(중기)에 해당한다.

己土日柱(기토일주)가 月令(월령)에 得令(득령)하고 身强(신강)하다. 四柱(사주)에 强(강)한 것은 金星(금성)인 食傷(식상)이다. 食傷(식상)이 强(강)하면, 피해보는 것은 官星(관성)인데, 구제할 수 있는 五行(오행)은 火星(화성)과 水星(수성) 두 五行(오행)이다. 火星(화성)은 四柱(사주)에 없으므로 用神(용신)의 資格(자격)이 未達(미달)이라 쓸 수가 없고, 水星(수성)인 財星(재성)에게 부탁하여, 食傷(식상)을 泄氣(설기)하고, 官星(관성)을 保護(보호)해야 된다.

癸水 大運(대운)에 癸水가 四柱(사주) 月干(월간) 戊土와 戊癸火局(무계화국)하면 丙火이고 印綬(인수) 仇神運(구신운)이다. 印星運(인성운)이 와서 比劫(비겁)을 相生(상생)하면 比劫(비겁)은 財星(재성)을 攻擊(공격)하기 때문에 財星(재성)에서 發生(발생)하게 되고 合(합)하여 印星(인성)이면, 文

書(문서)나 二姓(이성)문제가 發生(발생)한다.

49세 辛巳年에 巳火는 丙火 印綬(인수) 忌神運(기신운)이다. 大運(대운)에서 丙火 印綬運(인수운)이고 勢運(세운)에서 丙火 印綬(인수) 仇神運(구신운)이라 婦人(부인)이 集(집)에서 가져 갈수 있는 모든 것을 가지고 家出(가출)했는데 언제쯤이나 돌아올까?

<table>
<tr><td>정관</td><td></td><td>정재</td><td>편재</td><td colspan="7" rowspan="6" align="center">乾命</td><td>용신.화.비겁</td></tr>
<tr><td>수</td><td>화</td><td>금</td><td>금</td><td>희신.목.인성</td></tr>
<tr><td>壬</td><td>丁</td><td>庚</td><td>辛</td><td>기신.수.관성</td></tr>
<tr><td>子</td><td>丑</td><td>寅</td><td>丑</td><td>구신.금.재성</td></tr>
<tr><td>壬</td><td>辛</td><td>丙</td><td>辛</td><td>한신.토.식상</td></tr>
<tr><td>수</td><td>금</td><td>화</td><td>금</td></tr>
<tr><td>정관</td><td>편재</td><td>겁재</td><td>편재</td></tr>
</table>

	64	54	44	34	24	14	4
	癸	甲	乙	丙	丁	戊	己
	未	申	酉	戌	亥	子	丑

재다용비격(財多用比格)   월의심천 9일 13시간 37분

節期(절기)에서 9日 13時間(시간)이라 子는 初氣(초기)이고 丑, 寅은 中氣(중기)에 해당한다.

丁火日柱(정화일주)가 月슈(월령)에 得令(득령)하고 比劫(비겁)이 적당한 힘을 維持(유지)하고 있다. 四柱(사주)에 强(강)한 것은 金星(금성)인 財星(재성)이다. 財星(재성)이 强(강)하면, 피해보는 것은 印星(인성)인데, 구제할 수 있는 五行(오행)은 火星(화성) 水星(수성) 두 五行(오행)이다. 水星(수성)을 用神(용신)으로 사용하면 比劫(비겁)이 身弱(신약)되기 때문에 쓸 수가 없고, 比劫(비겁)이 財星(재성)을 攻擊(공격)하고, 印星(인성)을 保護(보호)해야 된다.

戊土 大運(대운)에 戊土는 戊土 傷官(상관) 閑神運(한신운)이다. 食傷(식상)은 財星(재성)을 生助(생조)하므로 財星(재성)이 夥多(과다)해서 財星(재성)에서 發生(발생)하게 되고 食傷(식상)은 무엇인가 始作(시작)한다는 의미이다.

41세 辛巳年에 辛金이 四柱(사주) 月支(월지) 丙火와 丙辛合水局(병신합수국)하면 壬水이고 正官(정관) 忌神運(기신운)이다. 用神(용신)인 比劫(비겁)이 合(합)으로 사라지고 忌神(기신)인 官星(관성)이 強(강)하게 된다. 用神(용신)이 사라지면 사리판단 못하고 陷穽(함정)에 빠지게 되고 職場(직장)을 그만 두고 형님과 同業(동업)으로 事業(사업)하려고 한다.

겁재		상관	식신					坤命							
금	금	수	수										용신.토.인성		
辛	庚	癸	壬										희신.금.비겁		
巳	午	丑	子	71	61	51	41	31	21	11			기신.목.재성		
丙	丁	己	癸	丙	丁	戊	己	庚	辛	壬			구신.수.식상		
화	화	토	수	午	未	申	酉	戌	亥	子			한신.화.관성		
편관	정관	인수	상관												

살중용인격(殺重用印格)　월의심천 28일 14시간 5분

庚金日干(경금일간)이 地支(지지)에 通根(통근)하지 못하고 身弱(신약)하다. 四柱(사주)에 強(강)한 것은 火星(화성)인 官星(관성)이다. 官星(관성)이 強(강)하면, 피해보는 것은 比劫(비겁)인데, 구제할 수 있는 五行(오행)은 土星(토성)과 水星(수성) 두 五行(오행)이다. 水星(수성)을 用神(용신)으로 잡으면 比劫(비겁)이 身弱(신약)되기 때문에 쓸 수가 없고, 土星(토성)인

印星(인성)에게 부탁하여. 官星(관성)을 泄氣(설기)하고. 比劫(비겁)을 相生(상생)하여 保護(보호)해야 된다.

亥水 大運(대운)에 亥水가 四柱(사주) 時支(시지) 巳火와 巳亥沖(사해충)하면 巳中庚金(사중경금)이 中氣(중기)에서 나오게 된다. 庚金이 나와서 무엇을 하는가? 比肩(비견) 喜神運(희신운)이다. 庚金은 親舊(친구)나, 同氣(동기)등의 德(덕)이 있다는 뜻이다.

30세 辛巳年에 辛金이 時支(시지) 丙火와 丙辛合水局(병신합수국)하면 仇神(구신)이다. 大運(대운)에서 庚金 比肩(비견) 喜神運(희신운)이고 勢運(세운)에서 水局(수국)하면 火星(화성)이 弱(약)하게 되므로 比劫運(비겁운)이 오면 힘을 얻어 무엇인가 하려는 용기가 생긴다. 親舊(친구)와 同業(동업)으로 事業(사업)을 하려고 準備(준비) 중이다. 이왕이면 擇日(택일)하여 商號(상호)까지 잘 만들어 成功(성공)하려 다짐한다. 大運(대운)의 흐름이 잘 오고 있다.

정재		겁재	편인								용신.수.인성
토	목	목	수				坤命				희신.금.관성
己	甲	乙	壬	71	61	51	41	31	21	11	기신.토.재성
巳	戌	巳	寅	戊	己	庚	辛	壬	癸	甲	구신.화.식상
丙	戊	丙	甲	戌	亥	子	丑	**寅**	卯	辰	한신.목.비겁
화	토	화	목								
식신	편재	식신	비견								

관인상생격 (官印相生格)　월의심천 30일 1시간 20분

甲木日柱(갑목일주)가 地支(지지)에 通根(통근)하고 印星(인성)까지 있어

比劫(비겁)이 적당한 힘을 維持(유지)하고 있다. 四柱(사주)에 强(강)한 것은 火星(화성)인 食傷(식상)이다. 食傷(식상)이 强(강)하면, 피해보는 것은 官星(관성)인데, 구제할 수 있는 五行(오행)으로는 水星(수성)과 土星(토성) 두 五行(오행)이다. 土星(토성)을 用神(용신)으로 잡으면 比劫(비겁)이 身弱(신약)되기 때문에 쓸 수가 없고, 水星(수성)인 印星(인성)에게 부탁하여, 食傷(식상)을 攻擊(공격)하고, 官星(관성)을 保護(보호)해야 된다.

寅木 大運(대운)에 寅木은 甲木이므로 四柱(사주) 時干(시간) 己土와 甲己合土局(갑기합토국)하면 戊土이고 偏財(편재) 忌神運(기신운)이다. 甲木 比肩(비견)이 己土 正財(정재)와 合(합)하여 偏財(편재) 忌神(기신)이면 親舊(친구)가 나의 財物(재물)을 가져간다는 뜻이다.

40세 辛巳年에 巳火는 丙火이므로 四柱(사주) 年干(년간) 壬水와 丙壬沖(병임충)이다. 大運(대운)에서 財星(재성) 忌神運(기신운)이고 勢運(세운)에서 壬水 偏印(편인) 用神(용신)과 沖(충)이면 文書(문서)이고, 二姓(이성)이라 男便(남편)이 保證(보증)을 서주었는데, 문제가 생겨 代身(대신) 解決(해결)해야 되는데 事業(사업)도 不振(부진)하고, 集(집)이 競賣(경매)처분이 될 것 같다.

상관		정관	편재	乾命							용신.토.식상
토	화	수	금								희신.화.비겁
戊	丁	壬	辛	64	54	44	34	24	14	4	기신.목.인성
申	丑	辰	丑	乙	丙	丁	戊	己	庚	辛	구신.수.관성
壬	辛	癸	辛	酉	戌	亥	子	丑	寅	卯	한신.금.재성
수	금	수	금								
정관	편재	편관	편재								

식상제살격(食傷制殺格)   월의심천 9일 6시간 48분

節期(절기)에서 9日 6時間(시간)이라 中氣(중기)에 해당한다.

丁火日干(정화일간)이 地支(지지)에 通根(통근)하지 못하고 身弱(신약)하다. 四柱(사주)에 强(강)한 것은 水星(수성)인 官星(관성)이다. 官星(관성)이 强(강)하면, 피해보는 것은 比劫(비겁)인데, 구제할 수 있는 五行(오행)은 土星(토성)과 木星(목성) 두 五行(오행)이다. 木星(목성)은 四柱(사주)에 없으므로 用神(용신)으로 쓸 수가 없고, 土星(토성)인 食傷(식상)에게 부탁하여, 官星(관성)을 攻擊(공격)하고, 比劫(비겁)을 保護(보호)해야 된다.

子水 大運(대운)에 子水는 癸水이므로 四柱(사주) 時干(시간) 戊土와 戊癸火局(무계화국)하면 丙火이고 劫財(겁재) 喜神運(희신운)인데 戊土 用神(용신)이 合(합)하여 比劫(비겁) 喜神(희신)으로 變質(변질)되면 喜神(희신)이라 할지라도 凶(흉)으로 變化(변화)게 된다. 즉 戊土 食傷(식상)이 사라지면 官星(관성)이 氣高萬丈(기고만장)하여 比劫(비겁)을 攻擊(공격)하게 되어 比劫(비겁)이 다치게 된다.

41세 辛巳年에 巳火는 丙火이므로 四柱(사주) 辛金과 丙辛合水局(병신합수국)하면 壬水이고 正官(정관) 仇神運(구신운)이다. 官星(관성)이 夥

多(과다)하여 官星(관성)에서 發生(발생)한다. 事業(사업)도 不振(부진)하고
빌린 돈 문제로 官災(관재)가 發生(발생)해서 裁判(재판)중에 있다.

편재		인수	편재				坤命					용신.금.인성
화	수	금	화									희신.수.비겁
丙	壬	辛	丙	66	56	46	36	26	16	6		기신.화.재성
午	辰	丑	申	甲	乙	丙	丁	戊	己	庚		구신.목.식상
己	戊	己	庚	午	未	申	酉	戌	亥	子		한신.토.관성
토	토	토	금									
정관	편관	정관	편인									

살중용인격(殺重用印格) 월의심천 14일 13시간 20분

　節期(절기)에서 14日 13時間(시간)이라 午火는 己土 中氣(중기)에 해당
한다.

　壬水日干(임수일간)이 地支(지지)에 通根(통근)하지 못하고 身弱(신약)하
다. 四柱(사주)에 强(강)한 것은 土星(토성)인 官星(관성)이다. 官星(관성)이
强(강)하면, 피해보는 것은 比劫(비겁)인데, 구제할 수 있는 五行(오행)은
金星(금성)과 木星(목성) 두 五行(오행)이다. 木星(목성)은 四柱(사주)에 없
으므로 用神(용신)의 資格(자격)이 未達(미달)이라 쓸 수가 없고, 金星(금
성)인 印星(인성)에게 부탁하여, 官星(관성)을 泄氣(설기)하고, 比劫(비
겁)을 相生(상생)하여 保護(보호)해야 된다.

　丙火 大運(대운)에 丙火가 四柱(사주) 月干(월간) 辛金과 丙辛合水局(병
신합수국)하면 壬水이고 比肩(비견) 喜神運(희신운)이다. 丙火 偏財(편
재)가 辛金 印綬(인수)와 合(합)해서 喜神(희신)이면 財物(재물)과 文書(문

서), 二姓(이성)쪽으로 吉(길)하다는 뜻이다.

　46세 辛巳年에 辛金이 四柱(사주) 丙火와 丙辛合水局(병신합수국)하면
壬水이고 比肩(비견) 喜神運(희신운)이다. 大運(대운)에서 喜神運(희신운)이
고 勢運(세운)에서 喜神運(희신운)이라 能力(능력)있는 愛人(애인)을 만났는
데 結婚(결혼)을 했으면 하는데 과연 나의 結婚(결혼) 運(운)이 있을까?

편재		편재	편인	坤命							용신.금.식상
수	토	수	화								희신.수.재성
壬	戊	壬	丙	67	57	47	37	27	17	7	기신.화.인성
戌	午	辰	申	乙	丙	丁	戊	己	庚	辛	구신.목.관성
戊	己	戊	庚	酉	戌	亥	子	丑	寅	卯	한신.토.비겁
토	토	토	금								
비견	겁재	비견	식신								

식상생재격(食傷生財格)　월의심천 16일 15시간 59분

　節期(절기)에서 16日 15時間(시간)이라 午火는 己土 中氣(중기)에 해당
한다.

　戊土日柱(무토일주)가 月令(월령)에 得令(득령)하고 太旺(태왕)하다. 四
柱(사주)에 强(강)한 것은 土星(토성)인 比劫(비겁)이다. 比劫(비겁)이
强(강)하면, 피해보는 것은 財星(재성)인데, 구제할 수 있는 五行(오행)은
木星(목성)과 金星(금성) 두 五行(오행)이다. 木星(목성)은 四柱(사주)에 없
으므로 用神(용신)의 資格(자격)이 未達(미달)이라 쓸 수가 없고, 金星(금
성)인 食傷(식상)에게 부탁하여, 比劫(비겁)을 泄氣(설기)하고, 財星(재
성)을 相生(상생)하여 保護(보호)해야 된다.

子水 大運(대운)에 子水가 四柱(사주) 申, 辰과 申子辰水局(신자진수국)하면 壬水이고 偏財(편재) 喜神運(희신운)인데 吉(길)하지 못하고, 凶(흉)이 된다. 庚金 用神(용신)이 合(합)으로 變質(변질)되고 財星(재성)이 오히려 夥多(과다)하여 印星(인성)을 攻擊(공격)하면 印星(인성)이 다치게 된다. 文書(문서)나 二姓(이성)쪽으로 不吉(불길)하게 된다.

46세 辛巳年에 辛金이 四柱(사주) 年干(년간) 丙火와 丙辛合水局(병신합수국)하면 壬水이고 偏財(편재) 喜神運(희신운)이라 印星(인성)을 攻擊(공격)하게 된다. 男便(남편)과는 離婚(이혼)하고 事業(사업)이 不振(부진)하여 정리 하려고 한다.

비견		정재	정관								
수	수	화	토								용신.목.식상
壬	壬	丁	己			坤命					희신.화.재성
寅	辰	丑	酉	69	59	49	39	29	19	9	기신.금.인성
戊	乙	癸	庚	甲	癸	壬	辛	庚	己	戊	구신.토.관성
토	목	수	금	申	未	午	巳	辰	卯	寅	한신.수.비겁
편관	상관	겁재	편인								

식상생재격(食傷生財格)　　월의심천 6일 1시간 28분

節期(절기)에서 6日 1時間(시간)이라 初氣(초기)에 해당한다.

壬水日柱(임수일주)가 月令(월령)에 得令(득령)하고 印星(인성)까지 있어 身强(신강)하다. 四柱(사주)에 强(강)한 것은 水星(수성)인 比劫(비겁)이다. 比劫(비겁)이 强(강)하면, 피해보는 것은 財星(재성)인데, 구제할 수 있는 五行(오행)은 土星(토성)과 木星(목성) 두 五行(오행)이다. 土星(토성)을 用

神(용신)으로 잡기는 무엇인가 不安(불안)하고 木星(목성)인 食傷(식상)에게 부탁하여, 比劫(비겁)을 泄氣(설기)하고, 財星(재성)을 相生(상생)하여 保護(보호)해야 된다.

庚金 大運(대운)에 庚金이 四柱(사주) 日支(일지) 乙木과 乙庚金局(을경금국)하면 庚金이고 偏印(편인) 忌神運(기신운)이다. 乙木 用神(용신)이 印星(인성)으로 變質(변질)되면 사리판단 못하게 되고 印星(인성)에서 發生(발생)하게 된다. 文書(문서)나 二姓(이성)쪽으로 不吉(불길)하다.

33세 辛巳年에 辛金이 四柱(사주) 日支(일지) 乙木과 乙辛沖(을신충)이다. 大運(대운)에서 乙庚金局(을경금국)한 것을 勢運(세운)에서 乙辛沖(을신충)하면 發生(발생)하게 된다. 配偶者(배우자) 궁이 흔들리고 있는 것을 볼 수 있다. 男便(남편)과는 離婚(이혼)하였고 10살이나 많은 男子를 만났는데, 잘해주지 않아 不滿(불만)만 稼得(가득)하고 波瀾(파란)만 있다.

겁재		인수	인수				坤命				용신.토.관성
수	수	금	금								희신.화.재성
壬	癸	庚	庚	65	55	45	35	25	15	5	기신.목.식상
戌	未	辰	寅	癸	甲	乙	丙	丁	戊	己	구신.수.비겁
토	토	토	화	酉	戌	亥	子	丑	寅	卯	한신.금.인성
정관	편관	정관	정재								

종관살격(從官煞格)　　　월의심천 13일 1시간 46분

節期(절기)에서 13日 1時間(시간)이라 寅木은 丙火 中氣(중기)에 해당한다. 癸水日干(계수일간)이 地支(지지)에 通根(통근)하지 못하고 身弱(신약)하다. 四柱(사주)에 强(강)한 것은 土星(토성)인 官星(관성)이다. 官星(관성)이 强(강)하면, 피해보는 것은 比劫(비겁)인데, 구제할 수 있는 五行(오행)은 木星(목성)과 金星(금성) 두 五行(오행)이다. 官星(관성)이 너무 强(강)한 데, 剋(극)하는 食傷(식상)이 없기 때문에 일반 四柱(사주)와 달리 强者(강자)의 勢力(세력)에 大勢(대세)를 따라가야 吉(길)해 진다.

亥水 大運(대운)에 亥水 壬水이므로 四柱(사주) 年支(년지) 丙火와 丙壬沖(병임충)이다. 男子 親舊(친구)가 나의 財物(재물)을 破壞(파괴)를 한다는 뜻이다.

52세 辛巳年에 辛金이 四柱(사주) 年支(년지) 丙火와 丙辛合水局(병신합수국)하면 壬水이고 劫財(겁재) 仇神運(구신운)이면 나의 財物(재물)을 親舊(친구)가 가져간다는 의미인데 大運(대운)에서 丙壬沖(병임충)한 것을 勢運(세운)에서 丙辛合水局(병신합수국)하면 發生(발생)하게 된다. 工場(공장)을 新築工事(신축공사)해서 親舊(친구)와 同業(동업)으로 運營(운영)하려고 한다. 不吉(불길)하고 陷穽(함정)이다.

겁재		식신	비견	乾命							용신.수.식상
금	금	수	금								희신.금.비겁
辛	庚	壬	庚	62	52	42	32	22	12	2	기신.토.인성
巳	子	午	寅	己	戊	丁	丙	乙	甲	癸	구신.화.관성
丙	癸	丁	甲	丑	子	亥	戌	酉	申	未	한신.목.재성
화	수	화	목								
편관	상관	정관	편재								

식상제살격(食傷制殺格)　　월의심천 27일 17시간 39분

庚金日干(경금일간)이 地支(지지)에 通根(통근)하지 못하고 身弱(신약)하다. 四柱(사주)에 强(강)한 것은 火星(화성)인 官星(관성)이다. 官星(관성)이 强(강)하면, 피해보는 것은 比劫(비겁)인데, 구제할 수 있는 五行(오행)은 土星(토성)과 水星(수성) 두 五行(오행)이다. 土星(토성)은 四柱(사주)에 없으므로 用神(용신)의 資格(자격)이 未達(미달)이라 쓸 수가 없고, 水星(수성)인 食傷(식상)에게 부탁하여, 官星(관성)을 攻擊(공격)하고, 比劫(비겁)을 保護(보호)해야 된다.

戊土 大運(대운)에 戊土가 四柱(사주) 日支(일지) 癸水와 戊癸火局(무계화국)하면 丙火이고 偏官(편관) 仇神運(구신운)이다. 癸水 傷官(상관)이 合(합)하여 官星(관성)이 되면 食傷(식상)은 弱(약)하게 되고 官星(관성)이 强(강)하게 되어 職場(직장)이 잘 못되거나 健康(건강)문제가 생긴다.

52세 辛巳年에 巳火는 丙火이므로 四柱(사주) 時干(시간) 辛金과 丙辛合水局(병신합수국)하면 壬水이고 食神(식신) 用神運(용신운)이다. 大運(대운)에서 官星(관성) 仇神運(구신운)인데, 勢運(세운)에서 壬水 用神運(용신운)이라 食傷(식상)은 始作(시작)이고 움직인다는 뜻이다. 自營

業(자영업)을 始作(시작)하려고 한다. 勢運(세운)이 吉(길)하다 하더라도 壬午年이 오고 있는데, 어떻게 하려고 不吉(불길)하다.

겁재		편관	인수								용신.금.인성
수	수	토	금			**坤命**					희신.수.비겁
壬	癸	己	庚								기신.화.재성
戌	卯	丑	戌	65	55	45	35	25	15	5	구신.목.식상
戊	乙	己	戊	壬	癸	甲	乙	丙	丁	戊	한신.토.관성
토	목	토	토	午	未	申	酉	**戌**	亥	子	
정관	식신	편관	정관								

살중용인격(殺重用印格) 월의심천 12일 11시간 45분

癸水日干(계수일간)이 地支(지지)에 通根(통근)하지 못하고 身弱(신약)하다. 四柱(사주)에 强(강)한 것은 土星(토성)인 官星(관성)이다. 官星(관성)이 强(강)하면, 피해보는 것은 比劫(비겁)인데, 구제할 수 있는 五行(오행)은 金星(금성)과 木星(목성) 두 五行(오행)이다. 木星(목성)을 用神(용신)으로 잡으면 比劫(비겁)이 身弱(신약)이라 쓸 수가 없고, 金星(금성)인 印星(인성)에게 부탁하여, 官星(관성)을 泄氣(설기)하고, 比劫(비겁)을 相生(상생)하여 保護(보호)해야 된다.

戊土 大運(대운)에 戊土는 戊土이므로 四柱(사주) 日干(일간) 癸水와 戊癸火局(무계화국)하면 丙火이고 正財(정재) 忌神運(기신운)이다. 癸水 日干(일간)이 合(합)되어 財星(재성)으로 變質(변질)되어 官星(관성)을 相生(상생)하면 官星(관성)은 氣高萬丈(기고만장)하게 되고 官星(관성)은 比劫(비겁)인 나를 무시하게 된다.

32세 辛巳年에 巳火는 丙火이므로 四柱(사주) 時干(시간) 壬水와 丙壬沖(병임충)이다. 比劫(비겁)은 더욱 弱(약)하게 되고, 官星(관성)은 財星(재성)의 힘을 받아 더욱 强(강)하게 되므로 夥多(과다)하여 官星(관성)에서 發生(발생)하게 된다. 男便(남편)이 女子 親舊(친구)들과 같이 놀면서 集(집)에 오지 않아 夫婦(부부)사이가 아니라, 남이라 생각 할 정도다.

식신		겁재	정재									
금	토	토	수				乾命				용신.금.식상
庚	戊	己	癸								희신.토.비겁
申	寅	未	卯	70	60	50	40	30	20	10	기신.화.인성
庚	甲	己	乙	壬	癸	甲	乙	丙	丁	戊	구신.목.관성
금	목	토	목	子	丑	寅	卯	辰	巳	午	한신.수.재성
식신	편관	겁재	정관								

식상재살격(食傷制殺格)　　월의심천 26일 10시간 52분

戊土日柱(무토일주)가 月令(월령)에 得令(득령)하고 身强(신강)하다. 四柱(사주)에 强(강)한 것은 木星(목성)인 官星(관성)이다. 官星(관성)이 强(강)하면, 피해보는 것은 比劫(비겁)인데, 구제할 수 있는 五行(오행)으로는 火星(화성)과 金星(금성) 두 五行(오행)이다. 火星(화성)은 四柱(사주)에 없으므로 用神(용신)의 資格(자격)이 未達(미달)이라 쓸 수가 없고, 金星(금성)인 食傷(식상)에게 부탁하여, 官星(관성)을 攻擊(공격)하고, 比劫(비겁)을 保護(보호)해야 된다.

辰土 大運(대운)에 辰土는 戊土이므로 四柱(사주) 年干(년간) 癸水와 戊癸火局(무계화국)하면 丙火이고 偏印(편인) 忌神運(기신운)이다. 戊土 親

舊(친구)와 癸水 女子와 合(합)하여 印星(인성)이면 用神(용신)인 食傷(식상)을 攻擊(공격)하므로 食傷(식상)이 다치게 되어 사리판단 못하고 陷穽(함정)에 빠지게 된다. 親舊(친구)와 女子가 좋아 놀기 좋아하게 된다.

39세 辛巳年에 巳火는 丙火 偏印(편인) 忌神運(기신운)이다. 大運(대운)에서 印星)運(인성운)이고 勢運(세운)에서 印星運(인성운)이라 食傷(식상) 用神(용신)이 어찌 다치지 않겠는가? 職場(직장)을 그만두고 놀고만 있으니 婦人(부인)이 가만히 있겠는가? 離婚(이혼)하자고 하는데 婦人(부인)이 착해서 이런 말이 나올지는 꿈에도 생각 못했다.

겁재		겁재	편관								乾命		용신.화.비겁
화 丙 午 己 토	화 丁 酉 辛 금	화 丙 辰 癸 수	수 癸 巳 庚 금	65 己 酉	55 庚 戌	45 辛 亥	35 壬 子	25 癸 丑	15 甲 寅	5 乙 卯			희신.목.인성 기신.수.관성 구신.금.재성 한신.토.식상
식신	편재	편관	정재										

재다용비격 (財多用比格)　　월의심천 11일 1시간 17분

節期(절기)에서 11日 1時間(시간)이라 巳, 辰, 午는 中氣(중기)에 해당한다.

丁火日干(정화일간)이 地支(지지)에 通根(통근)하지 못하고 身弱(신약)하다. 四柱(사주)에 强(강)한 것은 金星(금성)인 財星(재성)이다. 財星(재성)이 强(강)하면, 피해보는 것은 印星(인성)인데, 구제할 수 있는 五行(오행)은 火星(화성)과 水星(수성) 두 五行(오행)이다. 水星(수성)을 用神(용신)으로 잡으면 比劫(비겁)이 身弱(신약)이라 쓸 수가 없고, 比劫(비겁)이 財星(재성)을 攻擊(공격)하고 印星(인성)을 保護(보호)해야 된다.

辛金 大運(대운)에 辛金이 四柱(사주) 丙火와 丙辛合水局(병신합수국)하면 壬水이고 正官(정관) 忌神運(기신운)이다. 辛金 財星(재성)은 財物(재물), 女子와 合(합)하여 官星(관성)이면 職場(직장), 官災(관재), 女子문제가 發生(발생)한다.

49세 辛巳年에 辛金이 四柱(사주) 丙火와 丙辛合水局(병신합수국)하면 壬水이고 正官(정관) 忌神運(기신운)이다. 大運(대운)에서 正官(정관) 忌神運(기신운)이고 勢運(세운)에서 正官(정관) 忌神運(기신운)이다. 婦人(부인)과는 離婚(이혼)하고 다른 女子를 만나서 同居生活(동거생활) 하다가 잘 못되면 본 婦人(부인)에게 들어가고 또다시 同居生活(동거생활)을 始作(시작)하여 잘 못되면 또 들어간다.

식신		비견	정관								
토	화	화	수			坤命					용신.목.인성
己	丁	丁	壬								희신.수.관성
酉	卯	未	辰	65	55	45	35	25	15	5	기신.금.재성
辛	乙	己	戊	庚	辛	壬	癸	甲	乙	丙	구신.토.식상
금	목	토	토	子	丑	寅	卯	辰	巳	午	한신.회.비겁
편재	편인	식신	상관								

관인상생격 (官印相生格) 월의심천 13일 3시간 45분

丁火日干(정화일간)이 地支(지지)에 通根(통근)하지 못하고 身弱(신약)하다. 四柱(사주)에 强(강)한 것은 土星(토성)인 食傷(식상)이다. 食傷(식상)이 强(강)하면, 피해보는 것은 官星(관성)인데, 구제할 수 있는 五行(오행)은 木星(목성)과 金星(금성) 두 五行(오행)이다. 金星(금성)을 用神(용신)으로 잡으면 比劫(비겁)이 身弱(신약)이라 쓸 수가 없고, 木星(목성)인 印星(인성)에게 부탁하여, 食傷(식상)을 攻擊(공격)하고, 官星(관성)을 保護(보호)해야 된다.

寅木 大運(대운)에 寅木은 甲木이므로 四柱(사주) 己土와 甲己合土局(갑기합토국)하면 戊土이고 傷官(상관) 仇神運(구신운)이다. 食傷(식상)이 仇神(구신)이라 食傷(식상)이 官星(관성)을 攻擊(공격)하게 되면 官星(관성)이 다치게 된다. 職場(직장)이나, 男子문제가 發生(발생)하게 된다.

50세 辛巳年에 辛金이 四柱(사주) 日支(일지) 乙木과 乙辛冲(을신충)이다. 乙木 用神(용신)이 다치게 되고 配偶者(배우자)궁이 흔들리고 있다. 大運(대운)에서 食傷(식상)이 官星(관성)을 攻擊(공격)하고 勢運(세운)에서 冲(충)이라 官星(관성)이 살려고 最大限(최대한) 努力(노력)을 다할 것이다. 男便(남편)이 女人을 만나서 同居生活(동거생활)하는지 集(집)에 들어오지 않는데, 와 봐야 도움도 되지 않고 속만 태운다.

정관		식신	편인								용신.목.비겁
금	목	화	수				坤命				희신.수.인성
庚	乙	丁	癸								기신.금.관성
辰	丑	巳	卯	66	56	46	**36**	26	16	6	구신.토.재성
戊	己	丙	乙	甲	癸	壬	**辛**	庚	己	戊	한신.화.식상
토	토	화	목	子	亥	戌	酉	申	未	午	
정재	편재	상관	비견								

재다용비격(財多用比格)   월의심천 15일 17시간 38분

甲木日柱(갑목일주)가 地支(지지)에 通根(통근)하고 印星(인성)까지 있어 比劫(비겁)이 적당한 힘은 維持(유지)하고 있다. 四柱(사주)에 强(강)한 것은 土星(토성)인 財星(재성)이다. 財星(재성)이 强(강)하면, 피해보는 것은 印星(인성)인데, 구제할 수 있는 五行(오행)은 木星(목성)과 金星(금성) 두 五行(오행)이다. 金星(금성)을 用神(용신)으로 잡으면 比劫(비겁)이 身弱(신약)되기 때문에 쓸 수가 없고, 比劫(비겁)이 財星(재성)을 攻擊(공격)하고, 印星(인성)을 保護(보호)해야 된다.

辛金 大運(대운)에 辛金이 四柱(사주) 月支(월지) 丙火와 丙辛合水局(병신합수국)하면 壬水이고 印綬(인수) 喜神運(희신운)이다. 印星運(운성운)이 와서 比劫(비겁)을 相生(상생)하면 比劫(비겁)이 强(강)하게 되어 比劫(비겁)의 役割(역할)을 잘할 수 있게 된다. 즉 文書(문서)나 二姓(이성)쪽으로 吉(길)하게 된다.

39세 辛巳年에 辛金이 四柱(사주) 月支(월지) 丙火와 丙辛合水局(병신합수국)하면 壬水이고 印綬(인수) 喜神運(희신운)이다. 辛金 偏官(편관)은 職場(직장)이나, 男子이라 合(합)하여 印星運(인성운)이라 男子를 親舊(친구)한테 소개팅으로 만났는데 사귀다보니 갈수록 마음에 들어 再婚(재혼)하기로 決定(결정)하고 結婚擇日(결혼택일) 날짜를 받았다.

<table>
<tr><td>정재</td><td></td><td>식신</td><td>식신</td><td colspan="8"></td></tr>
<tr><td>수</td><td>토</td><td>금</td><td>금</td><td colspan="8"></td><td>용신.금.식상</td></tr>
<tr><td>癸</td><td>戊</td><td>庚</td><td>庚</td><td colspan="7" align="center">坤命</td><td></td><td>희신.수.재성</td></tr>
<tr><td>丑</td><td>寅</td><td>辰</td><td>子</td><td>66</td><td>56</td><td>46</td><td>36</td><td>26</td><td>16</td><td>6</td><td></td><td>기신.화.인성</td></tr>
<tr><td>己</td><td>甲</td><td>戊</td><td>癸</td><td>癸</td><td>甲</td><td>乙</td><td>丙</td><td>丁</td><td>戊</td><td>己</td><td></td><td>구신.목.관성</td></tr>
<tr><td>토</td><td>목</td><td>토</td><td>수</td><td>酉</td><td>戌</td><td>亥</td><td>子</td><td>丑</td><td>寅</td><td>卯</td><td></td><td>한신.토.비겁</td></tr>
<tr><td>겁재</td><td>편관</td><td>비견</td><td>정재</td><td colspan="8"></td></tr>
</table>

식상생재격(食傷生財格) 월의심천 14일 22시간 46분

　戊土日柱(무토일주)가 月令(월령)에 得令(득령)하고 身强(신강)하다. 四柱(사주)에 强(강)한 것은 比劫(비겁)이다. 比劫(비겁)이 强(강)하면, 피해 보는 것은 財星(재성)인데. 구제할 수 있는 五行(오행)은 金星(금성)과 木星(목성) 두 五行(오행)이다. 木星(목성)을 用神(용신)으로 잡기는 무엇인가 不安(불안)하고 金星(금성)인 食傷(식상)에게 부탁하여, 比劫(비겁)을 泄氣(설기)하고, 財星(재성)을 相生(상생)하여 保護(보호)해야 된다.

　子水 大運(대운)에 子水는 癸水이므로 四柱(사주) 戊土와 戊癸火局(무계화국)하면 丙火이고 偏印(편인) 忌神運(기신운)이다. 印星(인성)이 忌神(기신)이면 文書(문서)나 二姓(이성)쪽으로 不吉(불길)하고 印星(인성)은 用神(용신)인 食傷(식상)을 攻擊(공격)하므로 食傷(식상)이 다치게 된다.

　42세 辛巳年에 巳火는 丙火 偏印(편인) 忌神運(기신운)이다. 印星(인성)이 比劫(비겁)을 生助(생조)하면 比劫(비겁)이 强(강)하게 되어 財星(재성)을 攻擊(공격)하게 되면 財星(재성)이 다치게 된다. 愛人(애인)과 同業(동업)으로 事業(사업)을 하고 있는데, 事業(사업)이 不振(부진)하고 愛人(애인)과는 사이가 점점 멀어져가고 方法(방법)을 찾아야 되는데 찾지를 못하고 있다.

비견		식신	정관				乾命					
수	수	목	토								용신.목.식상
癸	癸	乙	戊								희신.수.비겁
亥	巳	丑	申	66	56	46	36	26	16	6	기신.금.인성
甲	庚	己	壬	壬	辛	庚	己	戊	丁	丙	구신.토.관성
목	금	토	수	申	未	午	巳	辰	卯	寅	한신.화.재성
상관	인수	편관	겁재								

식상제살격(食傷制殺格)   월의심천 13일 1시간 13분

節期(절기)에서 13日 1時間(시간)이라 申, 巳, 亥는 中氣(중기)에 해당한다.

癸水日柱(계수일주)가 地支(지지)에 通根(통근)하고 印星(인성)까지 있어 身强(신강)하다. 四柱(사주)에 强(강)한 것은 土星(토성)인 官星(관성)이다. 官星(관성)이 强(강)하면, 피해보는 것은 比劫(비겁)인데, 구제할 수 있는 五行(오행)은 木星(목성)과 金星(금성) 두 五行(오행)이다. 金星(금성)을 用神(용신)으로 잡으면 比劫(비겁)이 더욱 身强(신강)되기 때문에 쓸 수가 없고, 木星(목성)인 食傷(식상)에게 부탁하여, 官星(관성)을 攻擊(공격)하고, 比劫(비겁)을 保護(보호)해야 된다.

辰土 大運(대운)에 辰土는 戊土이므로 四柱(사주) 癸水와 戊癸火局(무계화국)하면 丙火이고 正財(정재) 閑神運(한신운)이다. 財星(재성)이 官星(관

성)을 生助(생조)하므로 官星(관성)은 더욱 强(강)하게 되어, 官星(관성)에서 發生(발생)한다. 職場(직장)이나, 官災(관재)쪽으로 不吉(불길)해진다.

34세 辛巳年에 巳火는 丙火이므로 四柱(사주) 年支(년지) 壬水와 丙壬沖(병임충)이다. 大運(대운)에서 癸水가 合(합)으로 變質(변질)되고 勢運(세운)에서 沖(충) 比劫(비겁)이 힘을 못 쓰고 있다. 婦人(부인)과는 離婚(이혼)하고 職場(직장)도 그만두고 무엇 하나 제대로 되는 일이 없다.

식신		상관	정관				坤命							
화	목	화	금									용신.목.비겁		
丙	甲	丁	辛									희신.수.인성		
寅	戌	酉	丑	61	51	41	31	21	11	1		기신.금.관성		
甲	戌	辛	己	甲	癸	壬	辛	庚	己	戊		구신.토.재성		
목	토	금	토	辰	卯	寅	丑	子	亥	戌		한신.화.식상		
비견	편재	정관	정재											

재다용비격(財多用比格)　월의심천 29일 22시간 1분

甲木日柱(갑목일주)가 地支(지지)에 通根(통근)하고 印星(인성)이 없어, 比劫(비겁)이 身弱(신약)하다. 四柱(사주)에 强(강)한 것은 土星(토성)인 財星(재성)이다. 財星(재성)이 强(강)하면, 피해보는 것은 印星(인성)인데, 구제할 수 있는 五行(오행)은 木星(목성)과 金星(금성) 두 五行(오행)이다. 金星(금성)을 用神(용신)으로 잡으면 比劫(비겁)이 身弱(신약)이라 쓸 수가 없고, 比劫(비겁)이 財星(재성)을 攻擊(공격)하고, 印星(인성)을 保護(보호)해야 된다.

壬水 大運(대운)에 壬水가 四柱(사주) 月干(월간) 丁火와 丁壬木局(정임

목국)하면 甲木이고 比肩(비견) 用神運(용신운)이다. 甲木 比肩(비견)이 用神(용신)이면 同氣(동기), 親舊(친구), 新規(신규)등이 吉(길)해진다.

41세 辛巳年에 辛金이 四柱(사주) 時干(시간) 丙火와 丙辛合水局(병신합수국)하면 壬水이고 偏印(편인) 喜神運(희신운)이다. 大運(대운)에서 比劫(비겁) 用神運(용신운) 勢運(세운)에서 印星(인성) 喜神運(희신운)이라 事業(사업)을 運營(운영)하고 있는데, 丑土 大運(대운)에 5年간 너무 不振(부진)하여 힘이 들어 抛棄(포기) 상태까지 갔는데 올해부터 서서히 잘되고 있고 抛棄(포기)하지 않고 運營(운영)한 것이 이제 와서 生角(생각)하면 잘한 것 같다.

편재		식신	상관									용신.목.인성
금	화	토	토				坤命					희신.수.관성
庚	丙	戊	己									기신.금.재성
寅	子	辰	酉	63	53	43	33	23	13	3		구신.토.식상
甲	癸	戊	辛	乙	甲	癸	壬	辛	庚	己		한신.화.비겁
목	수	토	금	亥	戌	酉	申	未	午	巳		
편인	정관	식신	정재									

관인상생격(官印相生格) 월의심천 25일 20시간 15분

丙火日干(병화일간)이 地支(지지)에 通根(통근)하지 못하고 身弱(신약)하다. 四柱(사주)에 强(강)한 것은 土星(토성)인 食傷(식상)이다. 食傷(식상)이 强(강)하면, 피해보는 것은 官星(관성)인데, 구제할 수 있는 五行(오행)은 木星(목성)과 金星(금성) 두 五行(오행)이다. 金星(금성)을 用神(용신)으로 잡으면 比劫(비겁)이 身弱(신약)이라 쓸 수가 없고, 木星(목성)인

印星(인성)에게 부탁하여, 食傷(식상)을 攻擊(공격)하고, 官星(관성)을 保護(보호)해야 된다.

壬水 大運(대운)에 壬水 偏官(편관) 喜神運(희신운)이다. 官星(관성)이 喜神(희신)이면 職場(직장)이나, 男子문제가 吉(길)해진다.

33세 辛巳年에 巳火는 丙火이므로 四柱(사주) 年支(년지) 辛金과 丙辛合水局(병신합수국)하면 壬水이고 偏官(편관) 喜神運(희신운)이다. 丙火 친구가 와서 辛金 財物(재물)과 合(합)하여 官星(관성)이라 女子와 財物(재물), 職場(직장), 男子문제쪽으로 吉(길)하다는 뜻이다. 就業(취업)을 했는데, 社長(사장) 婦人(부인)이 家出(가출)해서 集(집)에 오지를 않고 婦人(부인)이 하는 일을 代身(대신) 했는데 서로 정이 들어 同居生活(동거생활)을 始作(시작)하고 職場(직장)을 구하고, 愛人(애인)이 생기고 삶이란 하루아침에 이렇게 變化(변화)가 올 수 있는가?

편인		인수	겁재				乾命					
금	수	금	수									용신.금.인성
辛	癸	庚	壬									희신.토.관성
酉	卯	戌	寅	63	53	43	33	23	13	3		기신.화.재성
辛	乙	戊	甲	丁	丙	乙	甲	癸	壬	辛		구신.목.식상
금	목	토	목	巳	辰	卯	寅	丑	子	亥		한신.수.비겁
편인	식신	정관	상관									

식상용인격(食傷用印格) 월의심천 23일 14시간 52분

癸水日干(계수일간)이 地支(지지)에 通根(통근)하지 못하고 身弱(신약)하다. 四柱(사주)에 强(강)한 것은 木星(목성)인 食傷(식상)이다. 食傷(식상)이 强(강)하면, 피해보는 것은 官星(관성)인데, 구제할 수 있는 五行(오행)으로는 金星(금성)과 火星(화성) 두 五行(오행)이다. 火星(화성)은 四柱(사주)에 없으므로 用神(용신)의 資格(자격)이 未達(미달)이라 쓸 수가 없고, 金星(금성)인 印星(인성)에게 부탁하여, 食傷(식상)을 攻擊(공격)하고, 官星(관성)을 保護(보호)해야 된다.

寅木 大運(대운)에 寅木은 甲木이므로 四柱(사주) 月干(월간) 庚金과 甲庚沖(갑경충)이다. 甲木 食傷(식상)이 庚金 用神(용신)과 沖(충)이면 庚金 用神(용신)이 다치게 되므로 사리판단 못하고 文書(문서)문제나, 二姓(이성)쪽으로 문제가 發生(발생)하게 된다.

40세 辛巳年에 巳火는 丙火이므로 四柱(사주) 辛金과 丙辛合水局(병신합수국)하면 壬水이고 劫財(겁재) 閑神運(한신운)이다. 大運(대운)에서 庚金 用神(용신)이 沖(충)이고 勢運(세운)에서 辛金 用神(용신)이 合(합)으로 變質(변질)되어 用神(용신)이 힘을 못 쓰고 陷穽(함정)에 빠지게 된다. 職場生活(직장생활)하고 있는데, 退職(퇴직)하고 親舊(친구)와 會社(회사)를 設立(설립)하려고 하지만 慾心(욕심)이다.

정관		정재	편관								용신.금.식상
목	토	수	목				乾命				희신.토.비겁
乙	戊	癸	甲								기신.화.인성
卯	寅	酉	辰	65	55	45	35	25	15	5	구신.목.관성
乙	甲	辛	戊	庚	己	戊	丁	丙	乙	甲	한신.수.재성
목	목	금	토	辰	卯	寅	丑	子	亥	戌	
정관	편관	상관	비견								

식상제살격(食傷制殺格)　　월의심천 18일 6시간 31분

戊土日柱(무토일주)가 地支(지지)에 通根(통근)하고 印星(인성)이 없어, 比劫(비겁)이 身弱(신약)하다. 四柱(사주)에 强(강)한 것은 木星(목성)인 官星(관성)이다. 官星(관성)이 强(강)하면, 피해보는 것은 比劫(비겁)인데, 구제할 수 있는 五行(오행)으로는 火星(화성)과 金星(금성) 두 五行(오행)이다. 火星(화성)은 四柱(사주)에 없으므로 用神(용신)의 資格(자격)이 未達(미달)이라 쓸 수가 없고, 食傷(식상)에게 부탁하여, 官星(관성)을 攻擊(공격)하고, 比劫(비겁)을 保護(보호)해야 된다.

丁火 大運(대운)에 丁火가 四柱(사주) 月干(월간) 癸水와 丁癸沖(정계충)이다. 印星(인성)이 와서 財星(재성)을 沖(충)하면 官星(관성)이 食傷(식상)을 두려워하고 官星(관성) 仇神(구신)이 無力(무력)하게 되면서 반면에 食傷(식상)이 自己(자기) 役割(역할)을 다하게 된다.

38세 辛巳年에 辛金이 四柱(사주) 乙木과 乙辛沖(을신충)이다. 食傷(식상) 用神(용신)이 와서 官星(관성)과 沖(충)이라 官星(관성)은 더욱 弱(약)하게 되고 食傷(식상)은 氣高萬丈(기고만장)하여 무엇인가 始作(시작)한다는 의미를 가지고 있다. 親舊(친구)와 同業(동업)하고 있는데, 獨立(독립)하여 혼자서 事業(사업)을 하려고 한다. 運(운)의 흐름에 찬스가 보인다.

식상		인수	편재								
수	금	토	목								용신.토.인성
癸	辛	戊	乙			**坤命**					희신.금.비겁
巳	亥	寅	巳	64	54	44	34	24	14	4	기신.목.재성
丙	壬	甲	丙	乙	甲	癸	壬	辛	庚	己	구신.수.식상
화	수	목	화	酉	申	未	午	巳	辰	卯	한신.화.관성
정관	상관	정재	정관								

살중용인격(殺重用印格)　　월의심천 22일 0시간 44분

辛金日干(신금일간)이 地支(지지)에 通根(통근)하지 못하고 身弱(신약)하다. 四柱(사주)에 强(강)한 것은 火星(화성)인 官星(관성)이다. 官星(관성)이 强(강)하면, 피해보는 것은 比劫(비겁)인데, 구제할 수 있는 五行(오행)으로는 土星(토성)과 水星(수성) 두 五行(오행)이다. 水星(수성)을 用神(용신)으로 잡으면 比劫(비겁)이 身弱(신약)이라 쓸 수가 없고, 土星(토성)인 印星(인성)에게 부탁하여, 官星(관성)을 泄氣(설기)하고, 比劫(비겁)을 相生(상생)하여 保護(보호)해야 된다.

壬水 大運(대운)에 壬水가 四柱(사주) 丙火와 丙壬沖(병임충)이다. 食傷(식상)이 와서 官星(관성)을 沖(충)하면 官星(관성)은 無力(무력)하게 되고, 比劫(비겁)은 한결 수월해지고 比劫(비겁)이 自己(자기)가 할 役割(역할)을 다할 수 있다,

37세 辛巳年에 辛金이 四柱(사주) 丙火와 丙辛合水局(병신합수국)하면 壬水이고 仇神運(구신운)이다. 大運(대운)에서 丙壬沖(병임충)한 것을 勢運(세운)에서 丙辛合水局(병신합수국)하면 發生(발생)하게 된다. 호프집을 運營(운영)하고 있고, 본 男便(남편)과는 離婚(이혼)하고 현재는 同居生

活(동거생활)하고 있는데 結婚式(결혼식)을 하자고 한다. 외로워서 同居(동거)는 했는데 男子의 福(복)이 없다고 해서 結婚(결혼)을 하면 또 反復(반복)될까 봐 두려워하고 있다.

<table>
<tr><td>비견</td><td></td><td>상관</td><td>겁재</td><td colspan="7"></td><td colspan="3"></td></tr>
<tr><td>목</td><td>목</td><td>화</td><td>목</td><td colspan="7" align="center">坤命</td><td colspan="3">용신.화.식상</td></tr>
<tr><td>甲</td><td>甲</td><td>丁</td><td>乙</td><td colspan="7"></td><td colspan="3">희신.목.비겁</td></tr>
<tr><td>戌</td><td>戌</td><td>亥</td><td>巳</td><td>68</td><td>58</td><td>48</td><td>38</td><td>28</td><td>18</td><td>8</td><td colspan="3">기신.수.인성</td></tr>
<tr><td>辛</td><td>辛</td><td>甲</td><td>庚</td><td>甲</td><td>癸</td><td>壬</td><td>辛</td><td>庚</td><td>己</td><td>戊</td><td colspan="3">구신.금.관성</td></tr>
<tr><td>금</td><td>금</td><td>목</td><td>금</td><td>午</td><td>巳</td><td>辰</td><td>卯</td><td>寅</td><td>丑</td><td>子</td><td colspan="3">한신.토.재성</td></tr>
<tr><td>정관</td><td>정관</td><td>비견</td><td>편관</td><td colspan="7"></td><td colspan="3"></td></tr>
</table>

식상제살격(食傷制殺格)　월의심천 8일 20시간 23분

節期(절기)에서 8日 20時間(시간)이라 戌은 初氣(초기)이고 巳, 亥는 中氣(중기)에 해당한다.

甲木日柱(갑목일주)가 月令(월령)에 得令(득령)하고 身强(신강)하다. 四柱(사주)에 强(강)한 것은 金星(금성)인 官星(관성)이다. 官星(관성)이 强(강)하면 피해보는 것은 比劫(비겁)인데, 구제할 수 있는 五行(오행)은 火星(화성)과 水星(수성) 두 五行(오행)이다. 水星(수성)은 四柱(사주)에 없으므로 用神(용신)을 잡을 수가 없고, 火星(화성)인 食傷(식상)에게 부탁하여 官星(관성)을 攻擊(공격)하고 比劫(비겁)을 保護(보호)해야 된다.

寅木 大運(대운)에 寅木은 甲木이므로 四柱(사주) 年支(년지) 庚金과 甲庚沖(갑경충)이다. 甲木 比劫(비겁)이 와서 强(강)한 官星(관성)을 沖(충)하면 親舊(친구)나 同氣(동기)들의 도움으로 吉(길)해진다.

37세 辛巳年에 巳火는 丙火이므로 四柱(사주) 辛金과 丙辛合水局(병신합수국)하면 壬水이고 偏印(편인) 忌神運(기신운)이다. 大運(대운)에서 甲庚沖(갑경충)이고 勢運(세운)에서 合(합)으로 辛金이 壬水 偏印(편인)으로 變質(변질)되어 官星(관성)은 弱(약)하게 되고 오히려 比劫(비겁)이 强(강)하게 되어 忌神(기신) 役割(역할)을 하게 된다. 自營業(자영업)을 하고 있는데, 너무 不振(부진)하고 愛人(애인)이 도와준다고는 했는데, 연락만 기다리는 중이다.

상관		편관	겁재				坤命					용신.목.식상
목	수	토	수									희신.수.비겁
甲	癸	己	壬		62	52	42	32	22	12	2	기신.금.인성
寅	丑	酉	寅		壬	癸	甲	乙	丙	丁	戊	구신.토.관성
戊	癸	庚	戊		寅	卯	辰	巳	午	未	申	한신.화.재성
토	수	금	토									
정관	비견	인수	정관									

식상제살격(食傷制殺格) 월의심천 3일 16시간 15분

節期(절기)에서 3日 16時間(시간)이라 初氣(초기)에 해당한다.

癸水日柱(계수일주)가 日支(일지)에 得地(득지)하고 印星(인성)까지 있어 身强(신강)하다. 四柱(사주)에 强(강)한 것은 土星(토성)인 官星(관성)이다. 官星(관성)이 强(강)하면, 피해보는 것은 比劫(비겁)인데, 구제할 수 있는 五行(오행)은 金星(금성)과 木星(목성) 두 五行(오행)이다. 金星(금성)을 用神(용신)으로 잡으면 比劫(비겁)이 더욱 身强(신강)되기 때문에 쓸 수가 없고, 木星(목성)인 食傷(식상)에게 부탁하여, 官星(관성)을 攻擊(공격)하고

比劫(비겁)을 保護(보호)해야 된다.

巳火 大運(대운)에 巳火는 丙火이므로 四柱(사주) 年干(년간) 壬水와 丙壬沖(병임충)이다. 丙火 財星(재성)이 와서 壬水 比劫(비겁)을 沖(충)하면 比劫(비겁)은 弱(약)하게 되고 官星(관성)은 더욱 强(강)하게 되어 官星(관성)에서 문제가 發生(발생)한다.

40세 辛巳年에 巳火는 丙火이므로 四柱(사주) 年干(년간) 壬水와 丙壬沖(병임충)이다. 大運(대운)에서 沖(충), 勢運(세운)에서 沖(충)이다. 官星(관성)이 夥多(과다)하여 문제가 생긴다. 自營業(자영업)을 하고 있는데, 37세부터 지금까지 계속 不振(부진)했는데 정리를 빨리했어야 했는데 或是(혹시) 내일은 잘되겠지 했는데, 이제는 바닥까지 와서 抛棄(포기)할 수밖에 없다.

상관		편관	식신				坤命						용신.토.식상
토	화	수	토										용신.토.식상
己	丙	壬	戊										희신.금.재성
亥	戌	戌	戌	70	60	50	40	30	20	10			기신.목.인성
壬	戊	戊	戊	乙	丙	丁	戊	己	庚	辛			구신.수.관성
수	토	토	토	卯	辰	巳	午	未	申	酉			한신.화.비겁
편관	식신	식신	식신										

종아격(從我格)　　월의심천 27일 18시간 11분

丙火日干(병화일간)이 地支(지지)에 通根(통근)하지 못하고 身弱(신약)하다. 四柱(사주)에 强(강)한 것은 土星(토성)인 食傷(식상)이다. 食傷(식상)이 强(강)하면, 피해보는 것은 官星(관성)인데, 구제할 수 있는 五行(오

행)으로는 金星(금성)과 木星(목성) 두 五行(오행)이다. 四柱(사주)에 金星(금성)과 木星(목성)이 없어 强(강)한 食傷(식상)을 剋(극)하는 者(자)가 없으므로 일반 四柱(사주)와 달리 强者(강자)의 勢力(세력)에 大勢(대세)를 따라가야 吉(길)하다.

戊土 大運(대운)에 戊土 食神(식신) 用神運(용신운)이다. 食傷(식상)은 活動舞臺(활동무대)라 무엇인가 始作(시작)이고 發展(발전)한다는 뜻이다.

44세 辛巳年에 巳火가 四柱(사주) 時支(시지) 亥水와 巳亥沖(사해충)하면 亥中甲木(해중갑목)이 中氣(중기)에서 나오게 된다. 甲木이 나와서 무엇을 하는가 時干(시간) 己土와 甲己合土局(갑기합토국)하면 戊土이고 食神(식신) 用神運(용신운)이다. 大運(대운)에서 用神運(용신운) 勢運(세운)에서 用神運(용신운)이다. 과일 장사를 始作(시작)해서 3年 동안 生角(생각) 외로 收入(수입)이 좋아서 擴張工事(확장공사)를 해서 다시 始作(시작)하려고 한다. 午火 大運(대운)에는 不吉(불길)한데 어떻게 될까?

정관		식신	편관			乾命					용신.화.인성
목	토	금	목								희신.토.비겁
甲	己	辛	乙								희신.목.관성
戊	丑	巳	巳	71	61	51	41	31	21	11	기신.수.재성
戊	己	丙	丙	甲	乙	丙	丁	戊	己	庚	구신.금.식상
토	토	화	화	戌	亥	子	丑	寅	卯	辰	
겁재	비견	인수	인수								

종왕격(從旺格)　　　월의심천 29일 17시간 48분

己土日柱(기토일주)가 日支(일지)에 得地(득지)하고 印星(인성)까지 있어

太旺(태왕)하다, 四柱(사주)에 强(강)한 것은 火星(화성)인 印星(인성)이다. 印星(인성)이 强(강)하면, 피해보는 것은 食傷(식상)인데, 구제할 수 있는 五行(오행)은 土星(토성)과 水星(수성) 두 五行(오행)이다. 土星(토성)을 用神(용신)으로 잡으면, 比劫(비겁)이 身强(신강)되기 때문에 쓸 수가 없고, 水星(수성)은 四柱(사주)에 없으므로 用神(용신)으로 잡을 수가 없다. 强(강)한 火氣(화기)를 剋(극)하는 水氣(수기)가 없으므로, 일반 四柱(사주)와 달리 强者(강자)의 勢力(세력)에 大勢(대세)를 따라가야 吉(길)하게 된다.

寅木 大運(대운)에 寅木은 甲木이므로 四柱(사주) 己土와 甲己合土局(갑기합토국)하면 戊土이고 劫財(겁재) 喜神運(희신운)이다. 戊土는 女子이기 때문에 女子에 대한 일이 發生(발생)한다.

37세 辛巳年에 巳火는 丙火이므로 四柱(사주) 月干(월간) 辛金과 丙辛合水局(병신합수국)하면 壬水이고 正財(정재) 忌神運(기신운)이다. 財星運(재성운)이 오면 比劫(비겁)이 가만히 있을 리가 萬無(만무)하고 財星(재성)을 攻擊(공격)하므로 財星(재성)이 다치게 된다. 우연히 女子를 만나서 戀人(연인)사이가 되었는데 有夫女(유부녀)인지 몰랐고 男便(남편)이 알게 되어 法(법)으로 한다고 每日(매일) 脅迫(협박)하고 있다. 돈을 달라고 요구하는 것인지 알 수가 없고 或是(혹시) 꽃뱀한테 물린 것이 아닌가, 生角(생각)하고 있다. 이렇게 大運(대운)이 吉(길)하다 해도 勢運(세운)이 凶(흉)하면 당하게 된다.

식신		인수	편재								용신.수.인성
화	목	수	토				坤命				희신.목.비겁
丁	乙	壬	己								기신.토.재성
丑	酉	申	亥	64	54	44	34	24	14	4	구신.화.식상
己	辛	庚	壬	己	戊	丁	丙	乙	甲	癸	한신.금.관성
토	금	금	수	卯	寅	丑	子	亥	戌	酉	
편재	편관	정관	인수								

살중용인격(殺重用印格) 월의심천 22일 9시간 26분

乙木日干(을목일간)이 地支(지지)에 通根(통근)하지 못하고 身弱(신약)하다. 四柱(사주)에 强(강)한 것은 金星(금성)인 官星(관성)이다. 官星(관성)이 强(강)하면, 피해보는 것은 比劫(비겁)인데, 구제할 수 있는 五行(오행)으로는 水星(수성)과 火星(화성) 두 五行(오행)이다. 火星(화성)을 用神(용신)으로 잡으면 比劫(비겁)이 身弱(신약)이라 쓸 수가 없고, 水星(수성)인 印星(인성)에게 부탁하여, 官星(관성)을 泄氣(설기)하고, 比劫(비겁)을 相生(상생)하여 保護(보호)해야 된다.

子水 大運(대운)에 子水는 癸水이므로 四柱(사주) 時干(시간) 丁火와 丁癸沖(정계충)이다. 沖(충)하여 食神(식신)이 힘을 못쓰면 官星(관성)은 氣高萬丈(기고만장)하게 되어 官星(관성)에서 문제가 發生(발생)하게 된다. 즉 職場(직장)문제나, 男子문제이다.

43세 辛巳年에 辛金이 四柱(사주) 日干(일간) 乙木과 乙辛沖(을신충)이다. 辛金이 와서 乙木과 沖(충)하면 健康(건강)이나, 男子문제가 發生(발생)하게 된다. 辛金은 配偶者(배우자) 궁이라서 夫婦(부부)문제가 흔들리고 있다. 男便(남편)이 女子를 만나 바람피우고 있다는 것을 알게 되었고 앞으로는 만나지 않겠지 하고 기다렸는데 離婚(이혼)하자고 要求(요구)하고 있다. 아니면 健康(건강)이 다치게 된다.

<table>
<tr><td>편인</td><td></td><td>상관</td><td>편재</td><td colspan="8"></td><td></td></tr>
<tr><td>토</td><td>금</td><td>수</td><td>목</td><td colspan="7" style="text-align:center">乾命</td><td></td><td>용신.수.식상</td></tr>
<tr><td>戊</td><td>庚</td><td>癸</td><td>甲</td><td colspan="8"></td><td>희신.금.비겁</td></tr>
<tr><td>寅</td><td>午</td><td>酉</td><td>午</td><td>70</td><td>60</td><td>50</td><td>40</td><td>30</td><td>20</td><td>10</td><td></td><td>기신.토.인성</td></tr>
<tr><td>戊</td><td>丙</td><td>庚</td><td>丙</td><td>庚</td><td>己</td><td>戊</td><td>丁</td><td>丙</td><td>乙</td><td>甲</td><td></td><td>구신.화.관성</td></tr>
<tr><td>토</td><td>화</td><td>금</td><td>화</td><td>辰</td><td>卯</td><td>寅</td><td>丑</td><td>子</td><td>亥</td><td>戌</td><td></td><td>한신.목.재성</td></tr>
<tr><td>편인</td><td>편관</td><td>비견</td><td>편관</td><td colspan="8"></td><td></td></tr>
</table>

식상제살격(食傷制殺格)　　월의심천 2일 14시간 52분

節期(절기)에서 2日 14時間(시간)이라 初氣(초기)에 해당한다.

庚金日柱(경금일주)가 月令(월령)에 得令(득령)하고 印星(인성)까지 있어 身强(신강)하다. 四柱(사주)에 强(강)한 것은 火星(화성)인 官星(관성)이다. 官星(관성)이 强(강)하면, 피해보는 것은 比劫(비겁)인데, 구제할 수 있는 五行(오행)은 土星(토성)과 水星(수성) 두 五行(오행)이다. 土星(토성)을 用神(용신)으로 잡으면 比劫(비겁)이 더욱 身强(신강)되기 때문에 쓸 수가 없고, 水星(수성)인 食傷(식상)에게 부탁하여, 官星(관성)을 攻擊(공격)하고, 比劫(비겁)을 保護(보호)해야 된다.

丑土 大運(대운)에 丑土는 己土이므로 四柱(사주) 年干(년간) 甲木과 甲己合土局(갑기합토국)하면 戊土이고 偏印(편인) 忌神運(기신운)이다. 甲木 偏財(편재)가 合(합)으로 사라지면 印星(인성)이 食傷(식상)을 攻擊(공격)하고 金錢(금전)이나, 婦人(부인)이 사라진다는 뜻이다.

48세 辛巳年에 巳火는 丙火 偏官(편관) 仇神運(구신운)이다. 官星(관성)이 와서 印星(인성)을 相生(상생)하면 印星(인성)이 强(강)하게 되어 食傷(식상)을 攻擊(공격)하고 官星(관성)은 比劫(비겁)을 攻擊(공격)하게 된다. 用神(용신), 喜神(희신)이 本分(본분)을 잃고 있는 상태라 사리판단 못하고 陷穽(함정)에 빠지게 된다. 女子를 만나서 눈 안에 안경 되어서 職場(직장)도 그만두고 家庭(가정)도 돌보지 않아 婦人(부인)이 가만히 있을 리가 萬無(만무)하고 婦人(부인)이 離婚(이혼)하자고 家庭法院(가정법원)에 서류를 제출하고 判決(판결)만 기다리고 있다.

상관		비견	편인				坤命					
수	금	금	토									용신.토.인성
癸	庚	庚	戊									희신.금.비겁
未	辰	申	戌	69	59	49	39	29	19	9		희신.화.관성
己	戊	庚	戊	癸	甲	乙	丙	丁	戊	己		기신.목.재성
토	토	금	토	丑	寅	卯	辰	巳	午	未		구신.수.식상
인수	편인	비견	편인									

종강격(從强格)　　월의심천 23일 3시간 13분

庚金日柱(경금일주)가 月令(월령)에 得令(득령)하고 印星(인성)까지 있어 太旺(태왕)하다. 四柱(사주)에 强(강)한 것은 土星(토성)인 印星(인성)이다. 印星(인성)이 强(강)하면, 피해보는 것은 食傷(식상)인데, 구제할 수 있는 五行(오행)으로는 金星(금성)과 木星(목성) 두 五行(오행)이다. 金星(금성)을 用神(용신)으로 잡으면 比劫(비겁)이 더욱 强(강)하게 되므로 쓸 수가 없고, 木星(목성)은 四柱(사주)에 없으므로 用神(용신)을 잡을 수가 없다. 强(강)한 土星(토성)을 剋(극)하는 者(자)가 없으므로 일반 四柱(사주)와 달리 强者(강자)의 勢力(세력)에 大勢(대세)를 따라가야 吉(길)하게 된다.

辰土 大運(대운)에 辰土가 四柱(사주) 年支(년지) 戌土와 辰戌沖(진술충)하면 戌中丁火(술중정화)가 中氣(중기)에서 나오게 된다. 丁火가 나와서 무엇을 하는가? 四柱(사주) 時干(시간) 癸水와 丁癸沖(정계충)이다. 四柱(사주)에 없는 官星(관성)이 와서 仇神(구신)인 食傷(식상)을 沖(충)하면 職場(직장)이나, 男子문제가 吉(길)하게 된다.

44세 辛巳年에 巳火는 丙火 偏官(편관) 喜神運(희신운)이다. 美容室(미용실)을 하고 있는데 事業(사업)장을 擴張(확장)하려고 準備(준비) 중이고 男子를 만나서 同居生活(동거생활)을 하고 있다.

인수		인수	상관				坤命					
토	금	토	수									용신.토.인성
戊	辛	戊	壬									희신.화.관성
戌	巳	申	子	65	55	45	35	25	15	5		기신.목.재성
丁	庚	壬	癸	辛	壬	癸	甲	乙	丙	丁		구신.수.식상
화	금	수	수	丑	寅	卯	辰	巳	午	未		한신.금.비겁
편관	겁재	상관	식신									

관인상생격 (官印相生格) 월의심천 11일 1시간 1분

節期(절기)에서 11日 1時間(시간)이라 申, 巳, 戌은 中氣(중기)에 해당한다.

辛金日柱(신금일주)가 日支(일지)에 得地(득지)하고 印星(인성)까지 있어 比劫(비겁)이 적당한 힘을 維持(유지)하고 있다. 四柱(사주)에 强(강)한 것은 水星(수성)인 食傷(식상)이다. 食傷(식상)이 强(강)하면, 피해보는 것은 官星(관성)인데, 구제할 수 있는 五行(오행)은 土星(토성)과 木星(목성) 두 五行(오행)이다. 木星(목성)은 四柱(사주)에 없으므로 用神(용신)의 資格(자격)이 未達(미달)이라 쓸 수가 없고, 土星(토성)인 印星(인성)에게 부탁하여. 食傷(식상)을 攻擊(공격)하고, 官星(관성)을 保護(보호)해야 된다.

巳火 大運(대운)에 巳火는 丙火이므로 四柱(사주) 日干(일간) 辛金과 丙辛合水局(병신합수국)하면 壬水이고 傷官(상관) 仇神運(구신운)이다. 食傷(식상)이 四柱(사주)에 强(강)하게 있는데 食傷運(식상운)이 오면 官星(관성)을 攻擊(공격)하게 되므로 官星(관성)이 다치게 된다. 四柱(사주)에 財星(재성)이 있으면 打擊(타격)이 弱(약)한데 財星(재성)이 없기 때문에 打擊(타격)이 强(강)하다. 職場(직장)이나, 男子문제가 發生(발생)하게 된다.

30세 辛巳年에 辛金 比肩(비견) 閑神運(한신운)이다. 辛金은 親舊(친구)이고, 同氣(동기)에 해당한다. 比劫(비겁)이 와서 食傷(식상)을 相生(상생)하므로 食傷(식상)이 더욱 强(강)하게 되어 官星(관성)을 攻擊(공격)하게 되므로 官星(관성)이 다치게 된다. 男便(남편)이 女子를 만나 바람피우는 것을 알게 되었고 눈앞에 아무것도 보이지 않고 職場(직장)도 가지 않아 그만두고 어떻게 해야 옳을지 判斷(판단)을 할 수가 없고 아무런 生角(생각)없이 外出(외출)도 하지 않고 방에서 무엇을 잘못한 것이 있는가, 自重(자중)하고 있다

인수		편관	상관				乾命						용신.금.식상
화	토	목	금										희신.수.재성
丙	己	乙	庚	71	61	51	41	31	21	11			기신.화.인성
寅	亥	酉	子	壬	辛	庚	己	戊	丁	丙			구신.목.관성
戊	戊	庚	壬	辰	卯	寅	丑	子	亥	戌			한신.토.비겁
토	토	금	수										
겁재	겁재	상관	정재										

식상생재격(食傷生財格) 월의심천 0일 2시간 45분

節期(절기)에서 0日 2時間(시간)이라 初氣(초기)에 해당한다.

己土日柱(기토일주)가 日支(일지)에 得地(득지)하고 印星(인성)까지 있어 太旺(태왕)하다. 四柱(사주)에 强(강)한 것은 土星(토성)인 比劫(비겁)이다. 比劫(비겁)이 强(강)하면, 피해보는 것은 財星(재성)인데, 구제할 수 있는 五行(오행)으로는 木星(목성)과 金星(금성) 두 五行(오행)이다. 木星(목성)을 用神(용신)으로 잡기는 무엇인가 不安(불안)하고 金星(금성)인 食傷(식상)에게 부탁하여, 比劫(비겁)을 泄氣(설기)하고, 財星(재성)을 相生(상생)하여 保護(보호)해야 된다.

己土 大運(대운)에 己土 比肩(비견) 閑神運(한신운)이다. 四柱(사주)에 比劫(비겁)이 强(강)하게 있는데, 比劫運(비겁운)이 오면 財星(재성)을 攻擊(공격)하기 때문에 財星(재성)이 다치게 된다. 親舊(친구), 金錢(금전)이나, 女子문제가 生角(생각)대로 잘 풀리지 않고, 慾心(욕심) 때문에 陷穽(함정)에 빠지게 된다.

42세 辛巳年에 巳火는 丙火이므로 四柱(사주) 年支(년지) 壬水와 丙壬沖(병임충)이다. 大運(대운)에서 比肩(비견)이 와서 財星(재성)이 攻擊(공격)당하고 있는데 勢運(세운)에서 丙火가 壬水 財星(재성)을 沖(충)하면 財

星(재성)이 어떻게 당하지 않고 살겠는가? 撞球場(당구장)을 運營(운영)하고 있는데, 不振(부진)하여 現狀維持(현상유지)가 되지 않고 타 業種(업종)으로 새로운 마음으로 始作(시작)하려고 한다. 財物(재물)과 文書(문서)가 沖(충)이라 不吉(불길)하다.

<table>
<tr><td>겁재</td><td></td><td>편인</td><td>식신</td><td colspan="8"></td><td>용신.화.식상</td></tr>
<tr><td>목</td><td>목</td><td>수</td><td>화</td><td colspan="8" rowspan="3" style="text-align:center">坤命</td><td>희신.토.재성</td></tr>
<tr><td>乙</td><td>甲</td><td>壬</td><td>丙</td><td>기신.수.인성</td></tr>
<tr><td>丑</td><td>辰</td><td>辰</td><td>申</td><td>62</td><td>52</td><td>42</td><td>32</td><td>22</td><td>12</td><td>2</td><td></td><td>구신.금.관성</td></tr>
<tr><td>癸</td><td>乙</td><td>乙</td><td>戊</td><td>乙</td><td>丙</td><td>丁</td><td>戊</td><td>己</td><td>庚</td><td>辛</td><td></td><td>한신.목.비겁</td></tr>
<tr><td>수</td><td>목</td><td>목</td><td>토</td><td>酉</td><td>戌</td><td>亥</td><td>子</td><td>丑</td><td>寅</td><td>卯</td><td></td><td></td></tr>
<tr><td>인수</td><td>겁재</td><td>겁재</td><td>편재</td><td colspan="8"></td><td></td></tr>
</table>

식상생재격(食傷生財格)　　월의심천 1日 20시간 29분

節期(절기)에서 1日 20時間(시간)이라 初氣(초기)에 해당한다.

甲木日柱(갑목일주)가 月令(월령)에 得令(득령)하고 印星(인성)까지 있어 太旺(태왕)하다. 四柱(사주)에 强(강)한 것은 木星(목성)인 比劫(비겁)이다. 比劫(비겁)이 强(강)하면, 피해보는 것은 財星(재성)인데, 구제할 수 있는 五行(오행)으로는 金星(금성)과 火星(화성) 두 五行(오행)이다. 金星(금성)은 四柱(사주)에 없으므로 用神(용신)의 資格(자격)이 未達(미달)이라 쓸 수가 없고, 火星(화성)인 食傷(식상)에게 부탁하여, 比劫(비겁)을 泄氣(설기)하고, 財星(재성)을 相生(상생)하여 保護(보호)해야 된다.

丁火 大運(대운)에 丁火가 四柱(사주) 月干(월간) 壬水와 丁壬木局(정임목국)하면 甲木이고 比肩(비견) 閑神運(한신운)이다. 甲木은 同氣(동기)이고

女子이다. 比劫(비겁)이 强(강)한데, 比劫運(비겁운)이나, 印星運(인성운)이 오면 男便(남편)이 愛人(애인)이 생기거나, 男便(남편)과 死別(사별)하게 된다. 이것은 金剋木(금극목)이 아니라, 木剋金(목극금)이 되기 때문에 金이 木을 이길 수 없기 때문에 밖에서 놀게 되고 아니면 金 이 다치게 되기 때문에 發生(발생)하는 것이다.

　46세 辛巳年에 辛金이 四柱(사주) 年干(년간) 丙火와 丙辛合水局(병신합수국)하면 壬水이고 偏印(편인) 忌神運(기신운)이다. 丙火 用神(용신)이 合(합)하여 偏印(편인)으로 變質(변질)되고 比劫(비겁)이 더욱 强(강)하게 되어 財星(재성)을 攻擊(공격)하면 財星(재성)은 힘없이 당하고 用神(용신), 喜神(희신)이 힘이 喪失(상실)되는 동시에 比劫(비겁)은 氣高萬丈(기고만장)하여 比劫(비겁)에서 문제가 發生(발생)하게 된다. 男便(남편)이 女子를 만나서 同居生活(동거생활)을 始作(시작)해서 集(집)에도 오지 않고, 生活費(생활비)도 주지 않아 어떻게 결론을 내려야 옳을지 生角(생각)도 못하고 세월만 보내고 있다.

겁재		인수	비견				坤命						
토	토	화	토									용신.금.식상	
戊	己	丙	己									희신.토.비겁	
辰	卯	寅	酉	61	51	41	31	21	11	1		기신.화.인성	
戊	乙	甲	辛	癸	壬	辛	庚	己	戊	丁		구신.목.관성	
토	목	목	금	酉	申	未	午	巳	辰	卯		한신.수.재성	
겁재	편관	정관	식신										

식상제살격(食傷制殺格)　　월의심천 28일 23시간 31분

　己土日柱(기토일주)가 地支(지지)에 通根(통근)하고 印星(인성)까지 있어

比劫(비겁)이 적당한 힘을 維持(유지)하고 있다. 四柱(사주)에 强(강)한 것은 木星(목성)인 官星(관성)이다. 官星(관성)이 强(강)하면, 피해보는 것은 比劫(비겁)인데, 구제할 수 있는 五行(오행)으로는 火星(화성)과 金星(금성) 두 五行(오행)이다. 火星(화성)을 用神(용신)으로 잡으면 比劫(비겁)이 身强(신강)되기 때문에 쓸 수가 없고, 金星(금성)인 食傷(식상)에게 부탁하여, 官星(관성)을 攻擊(공격)하고, 比劫(비겁)을 保護(보호)해야 된다.

庚金 大運(대운)에 庚金이 四柱(사주) 日支(일지) 乙木과 乙庚金局(을경금국)하면 庚金이고 傷官(상관) 用神運(용신운)이다. 庚金이 와서 乙木과 合(합)하여 食傷(식상)이면 職場(직장)이나, 男子문제가 새롭게 始作(시작)한다는 의미이다.

33세 辛巳年에 辛金이 四柱(사주) 月干(월간) 丙火와 丙辛合水局(병신합수국)하면 壬水이고 正財(정재) 閑神運(한신운)이다. 丙火 忌神(기신)이 合(합)으로 사라지면 食傷(식상)은 두려움 없이 自己(자기)할 役割(역할)을 다 하게 된다. 소개팅으로 男子를 만나서 多情多感(다정다감)하고 맘에 들어 結婚(결혼)을 하려고 生角(생각)한다.

인수		정재	겁재				乾命						
토	금	목	금								용신.금.비겁		
己	庚	乙	辛	70	60	50	40	30	20	10	희신.토.인성		
卯	申	未	亥	戊	己	庚	辛	壬	癸	甲	기신.화.관성		
乙	庚	乙	乙	子	丑	寅	卯	辰	巳	午	구신.목.재성		
목	금	목	목								한신.수.식상		
정재	비견	정재	정재										

재다용비격(財多用比格) 월의심천 26일 2시간 39분

庚金日柱(경금일주)가 日支(일지)에 得地(득지)하고 印星(인성)까지 있어 比劫(비겁)이 적당한 힘을 維持(유지)하고 있다. 四柱(사주)에 强(강)한 것은 木星(목성)인 財星(재성)이다. 財星(재성)이 强(강)하면, 피해보는 것은 印星(인성)인데, 구제할 수 있는 五行(오행)으로는 金星(금성)과 火星(화성) 두 五行(오행)이다. 火星(화성)은 四柱(사주)에 없으므로 用神(용신)의 資格(자격)이 未達(미달)이라 쓸 수가 없고, 金星(금성)인 比劫(비겁)이 財星(재성)을 攻擊(공격)하고, 印星(인성)을 保護(보호)해야 된다. 四柱(사주)에 合(합)이 많아 多情多感(다정다감)하고 多情多感(다정다감)하다 못해 色情(색정)에 빠지게 된다. 亥卯未가 있어 삼합이 성립된다.

壬水 大運(대운)에 壬水 食神(식신) 閑神運(한신운)이다. 食傷(식상)은 財星(재성)을 相生(상생)하므로 財星(재성)이 더욱 强(강)하게 되어 財星(재성)에서 문제가 發生(발생)한다.

31세 辛巳年에 辛金이 四柱(사주) 乙木과 乙辛沖(을신충)이다. 辛金 用神(용신)이 와서 乙木 正財(정재)와 沖(충)하면 辛金 用神(용신)이 사리판단 못하게 되고 乙木 財星(재성)도 다치게 된다. 婦人(부인)과는 離婚(이혼)하고 女子를 만나서 同居(동거)하다가 잘 못되면 전 婦人(부인)에게 다시 가고 또 同居生活(동거생활)를 反復(반복)하는 일만 하고 있다.

비견		편재	겁재			坤命					용신.화.비겁
화	화	금	화								희신.목.인성
丙	丙	庚	丁	70	60	50	40	30	20	10	기신.수.관성
申	辰	戌	酉	丁	丙	乙	甲	癸	壬	辛	구신.금.재성
戊	乙	辛	庚	巳	辰	卯	寅	丑	子	亥	한신.토.식상
토	목	금	금								
식신	인수	정재	편재								

재다용비격(財多用比格)　　월의심천 2일 18시간 0분

節期(절기)에서 2일 18時間(시간)이라 初氣(초기)에 해당한다.

丙火日干(병화일간)이 地支(지지)에 通根(통근)하지 못하고 身弱(신약)하다. 四柱(사주)에 强(강)한 것은 金星(금성)인 財星(재성)이다. 財星(재성)이 强(강)하면, 피해보는 것은 印星(인성)인데, 구제할 수 있는 五行(오행)은 火星(화성)과 水星(수성) 두 五行(오행)이다. 水星(수성)은 四柱(사주)에 없으므로 用神(용신)의 資格(자격)이 未達(미달)이라 쓸 수가 없고, 火星(화성)인 比劫(비겁)이 財星(재성)을 攻擊(공격)하고, 印星(인성)을 保護(보호)해야 된다.

寅木 大運(대운)에 寅木은 甲木이므로 四柱(사주) 庚金과 甲庚沖(갑경충)이다. 甲木 偏印(편인)이 와서 庚金 偏財(편재)를 沖(충)하면 仇神(구신)인 財星(재성)은 弱(약)하게 되고, 用神(용신)인 比劫(비겁)은 힘을 얻어 比劫(비겁)이 할 役割(역할)을 다하게 된다.

45세 辛巳年에 巳火는 丙火이므로 四柱(사주) 月支(월지) 辛金과 丙辛合水局(병신합수국)하면 壬水이고 偏官(편관) 忌神運(기신운)인데 凶(흉)하게 되지는 않는다. 大運(대운)에서 庚金 偏財(편재)와 沖(충)이고 勢運(세운)에서 辛金이 合(합)하여 水局(수국)으로 變質(변질)되어 있기 때문에 財星(재성)들이 힘이 喪失(상실)되어 있어 仇神(구신)인 官星(관성)이 와도 食傷(식상)이 있기 때문에 比劫(비겁)을 힘차게 攻擊(공격)을 못하게 된다. 合(합)으로 官星(관성)이 와기 때문에 職場(직장)이나, 男子문제가 吉(길)하게 된다. 男子를 만났는데 서로 結婚(결혼)해서 失敗(실패)하여 離婚(이혼)한 상태이고, 서로 傷處(상처)가 있는 사람들이니까 두 번 다시 예전과 같은 길이 되지 않도록 約束(약속)하고 再婚(재혼)하려고 마음먹고 있다.

식신		편관	비견								
화	목	금	목				乾命				용신.화.식상
丁	乙	辛	乙								희신.목.비겁
丑	亥	巳	未	63	53	43	33	23	13	3	기신.수.인성
癸	甲	庚	丁	甲	乙	**丙**	丁	戊	己	庚	구신.금.관성
수	목	금	화	戌	亥	子	丑	寅	卯	辰	한신.토.재성
편인	겁재	정관	식신								

식상제살격(食傷制殺格)   월의심천 7일 9시간 12분

節期(절기)에서 7日 9時間(시간)이라 未, 丑은 初氣(초기)이고 巳, 亥는 中氣(중기)에 해당한다.

乙木日柱(을목일주)가 日支(일지)에 得地(득지)하고 印星(인성)까지 있어

身强(신강)하다. 四柱(사주)에 强(강)한 것은 金星(금성)인 官星(관성)이다. 官星(관성)이 强(강)하면, 피해보는 것은 比劫(비겁)인데, 구제할 수 있는 五行(오행)은 水星(수성)과 火星(화성) 두 五行(오행)이다. 水星(수성)을 用神(용신)으로 잡으면, 比劫(비겁)이 더욱 身强(신강)되기 때문에 쓸 수가 없고, 火星(화성)인 食傷(식상)에게 부탁하여, 官星(관성)을 攻擊(공격)하고, 比劫(비겁)을 保護(보호)해야 된다.

丙火 大運(대운)에 丙火가 四柱(사주) 月干(월간) 辛金과 丙辛合水局(병신합수국)하면 壬水이고 印綬(인수) 忌神運(기신운)이다. 印星(인성) 忌神(기신)이 食傷(식상)을 攻擊(공격)하기 때문에 文書(문서), 活動舞臺(활동무대)에 누군가가 妨害(방해)를 하게 된다.

47세 辛巳年에 巳火는 丙火이므로 四柱(사주) 月干(월간) 辛金과 丙辛合水局(병신합수국)하면 壬水이고 印綬(인수) 忌神運(기신운)이다. 會社(회사)직원이 공금을 橫領(횡령)하고, 직원들과 싸움을 하여 문제가 많았고 앞으로 직원들을 믿지 않고 관리하면서 運營(운영)해야 된다고 生角(생각)한다.

비견		편인	비견								용신.토.인성
금	금	토	금								희신.화.관성
辛	辛	己	辛			**坤命**					기신.목.재성
卯	酉	亥	亥	63	53	43	33	23	13	3	구신.수.식상
乙	辛	壬	壬	丙	乙	甲	癸	壬	辛	庚	한신.금.비겁
목	금	수	수	午	巳	辰	卯	**寅**	丑	子	
편재	비견	상관	상관								

관인상생격(官印相生格)　　월의심천 23일 19시간 33분

辛金日柱(신금일주)가 日支(일지)에 得令(득령)하고 印星(인성)까지 있어 比劫(비겁)이 적당한 힘을 維持(유지)하고 있다. 四柱(사주)에 强(강)한 것은 水星(수성)인 食傷(식상)이다. 食傷(식상)이 强(강)하면, 피해보는 것은 官星(관성)인데, 구제할 수 있는 五行(오행)은 土星(토성)과 木星(목성) 두 五行(오행)이다. 木星(목성)은 亥月에 木이라 浮木(부목)이 되기 때문에 用神(용신)을 잡을 수가 없고, 土星(토성)인 印星(인성)에게 부탁하여, 食傷(식상)을 攻擊(공격)하고, 官星(관성)을 保護(보호)해야 된다.

寅木 大運(대운)에 寅木은 甲木이므로 四柱(사주) 月干(월간) 己土와 甲己合土局(갑기합토국)하면 戊土이고 印綬(인수) 用神運(용신운)이다.

31세 辛巳年에 巳火가 四柱(사주) 亥水와 巳亥沖(사해충)하면 亥中甲木(해중갑목)이 中氣(중기)에서 나오게 된다. 甲木이 나와서 무엇을 하는가 四柱(사주) 月干(월간) 己土와 甲己合土局(갑기합토국)하면 戊土이고 印綬(인수) 用神運(용신운)이다. 大運(대운)에서 印星運(인성운) 勢運(세운)에도 印星運(인성운)이라 食傷(식상)은 弱(약)하게 되고 比劫(비겁)이 强(강)하게 되어 오히려 忌神(기신) 役割(역할)을 하게 된다. 事業(사업)을 始作(시작)했는데, 不振(부진)하고, 現狀維持(현상유지)가 되지 않고 있다.

비견		정관	비견									용신.수.관성
화	화	수	화									희신.금.재성
丁	丁	壬	丁				坤命					기신.토.식상
未	未	寅	酉	71	61	51	41	31	21	11		구신.화.비겁
丁	丁	戊	庚	己	戊	丁	**丙**	乙	甲	癸		한신.목.인성
화	화	토	금	酉	申	未	午	巳	辰	卯		
비견	비견	상관	정재									

재자약살격(財滋弱殺格)   월의심천 0일 3시간 35분

節期(절기)에서 0日 3時間(시간)이라 初氣(초기)에 해당한다.

丁火日柱(정화일주)가 日支(일지)에 得地(득지)하고 身强(신강)하다. 四柱(사주)에 强(강)한 것은 火星(화성)인 比劫(비겁)이다. 比劫(비겁)이 强(강)하면, 피해보는 것은 財星(재성)인데, 구제할 수 있는 五行(오행)은 水星(수성)과 土星(토성) 두 五行(오행)이다. 土星(토성)을 用神(용신)으로 잡기는 무엇인가 不安(불안)하고, 水星(수성)인 官星(관성)에게 부탁하여, 比劫(비겁)을 攻擊(공격)하고, 財星(재성)을 保護(보호)하는 것이 吉(길)하다.

丙火 大運(대운)에 丙火가 四柱(사주) 月干(월간) 壬水와 丙壬沖(병임충)이다. 丙火 仇神(구신)이 와서 壬水 用神(용신)을 沖(충)하면 壬水 用神(용신)이 다치게 된다. 壬水는 나의 머리이고 마음이라 사리판단 못하게 되고 男子이기 때문에, 男便(남편)이나 男子문제가 發生(발생)하게 된다.

45세 辛巳年에 巳火는 丙火이므로 四柱(사주) 月干(월간) 壬水와 丙壬沖(병임충)이다. 大運(대운)에서 丙壬沖(병임충) 勢運(세운)에도 丙壬沖(병임충)이라 男便(남편)과 문제가 있어 集(집)에서 家出(가출)하고 男子를 만나서 同居生活(동거생활)을 始作(시작)했는데 처음은 마음에 들었으나 갈수록 맘에 들지 않고 멀어지는 느낌이다.

정관		편관	편관								용신.목.관성
목	토	목	목								희신.수.재성
乙	戊	甲	甲			**坤命**					기신.금.식상
卯	午	戌	辰	70	60	50	40	30	20	10	구신.토.비겁
乙	丁	戊	戊	丁	戊	己	庚	辛	壬	癸	한신.화.인성
목	화	토	토	卯	辰	巳	午	**未**	申	酉	
정관	인수	비견	비견								

재자약살격 (財滋弱殺格)　　월의심천 27일 15시간 8분

戊土日柱(무토일주)가 月令(월령)에 得令(득령)하고 印星(인성)까지 있어 太旺(태왕)하다. 四柱(사주)에 强(강)한 것은 土星(토성)인 比劫(비겁)이다. 比劫(비겁)이 强(강)하면, 피해보는 것은 財星(재성)인데, 구제할 수 있는 五行(오행)으로는 木星(목성)과 金星(금성) 두 五行(오행)이다. 金星(금성)은 四柱(사주)에 없으므로 用神(용신)의 資格(자격)이 未達(미달)이라 쓸 수가 없고, 木星(목성)인 官星(관성)에게 부탁하여, 比劫(비겁)을 攻擊(공격)하고, 財星(재성)을 保護(보호)해야 된다.

未土 大運(대운)에 未土는 己土이므로 四柱(사주) 甲木과 甲己合土局(갑기합토국)하면 戊土이고 比肩(비견) 仇神運(구신운)이다. 甲木 用神(용신)이 合(합)으로 變質(변질)되어 比肩(비견)이면 甲木은 男子이고, 合(합)하여 戊土는 女子이고 同氣(동기)이므로 즉 男子와 女子문제에 관계된 일이 發生(발생)하게 된다.

38세 辛巳年에 辛金이 四柱(사주) 乙木과 乙辛沖(을신충)이다. 用神(용신)인 甲木, 乙木이 힘이 喪失(상실)되므로 사리판단 못하고, 比劫(비겁)이 氣高萬丈(기고만장)하여 문제가 發生(발생)한다. 家庭(가정)이 있는 사람끼리 만나서 戀人(연인) 사이가 되었는데 男子쪽 婦人(부인)이 姦通罪(간통죄)로 告發(고발)하여 문제가 있었는데, 합의해서 문제가 解決(해결)되었고 두 家庭(가정)이 離婚(이혼)하였다.

편관		인수	겁재		乾命							용신.목.비겁
금	목	수	목									희신.수.인성
辛	乙	壬	甲									기신.금.관성
巳	未	申	辰		69	59	49	39	29	19	9	구신.토.재성
戊	丁	戊	乙		己	戊	丁	丙	乙	甲	癸	한신.화.식상
토	화	토	목		卯	寅	丑	子	亥	戌	酉	
정재	식신	정재	비견									

재다용비격(財多用比格) 월의심천 6일 13시간 14분

節期(절기)에서 6日 13時間(시간)이라 初氣(초기)에 해당한다.

乙木日柱(을목일주)가 地支(지지)에 通根(통근)하고 印星(인성)까지 있어 比劫(비겁)이 적당한 힘을 維持(유지)하고 있다. 四柱(사주)에 强(강)한 것은 土星(토성)인 財星(재성)이다. 財星(재성)이 强(강)하면, 피해보는 것은 印星(인성)인데, 구제할 수 있는 五行(오행)은 木星(목성)과 金星(금성) 두 五行(오행)이다. 金星(금성)을 用神(용신)으로 잡으면, 比劫(비겁)이 身弱(신약)되기 때문에 쓸 수가 없고, 比劫(비겁)이 財星(재성)을 攻擊(공격)하고, 印星(인성)을 保護(보호)해야 된다.

亥水 大運(대운)에 亥水는 壬水이므로 四柱(사주) 日支(일지) 丁火와 丁壬木局(정임목국)하면 甲木이고 劫財(겁재) 用神運(용신운)이다. 食神(식신)이 合(합)으로 變質(변질)되어 比劫(비겁)이면 財星(재성)은 弱(약)하게

되고, 比劫(비겁)은 두려움 없이 힘을 發揮(발휘)할 수 있다.

38세 辛巳年에 巳火는 丙火이므로 四柱(사주) 時干(시간) 辛金과 丙辛合水局(병신합수국)하면 壬水이고 印綬(인수) 喜神運(희신운)이다. 辛金 偏官(편관)과 丙火 傷官(상관)이 合(합)하여 印綬(인수)이면 職場(직장)이나, 文書(문서) 活動舞臺(활동무대)인데 自動車(차동차) 賣買(매매)상사를 開業(개업)하여 運營(운영) 중이다.

정재		정재	정관									
금	화	금	수				坤命					용신.금.재성
庚	丁	庚	壬									희신.토.식상
戌	丑	戌	子	63	53	43	33	23	13	3		기신.화.비겁
辛	癸	辛	壬	癸	甲	乙	丙	丁	戊	己		구신.목.인성
금	수	금	수	卯	辰	巳	午	未	申	酉		한신.수.관성
편재	편관	편재	정관									

 **종재격(從財格)**　　　월의심천 5일 6시간 48분

節期(절기)에서 5日 6時間(시간)이라 初氣(초기)에 해당한다.

丁火日干(정화일간)이 地支(지지)에 通根(통근)하지 못하고 身弱(신약)하다. 四柱(사주)에 强(강)한 것은 金星(금성)인 財星(재성)이다. 財星(재성)이 强(강)하면, 피해보는 것은 印星(인성)인데, 구제할 수 있는 五行(오행)은 火星(화성)과 水星(수성) 두 五行(오행)이다. 水星(수성)을 用神(용신)으로 잡으면, 比劫(비겁)이 身弱(신약)이라 쓸 수가 없고, 金星(금성)을 剋(극)하는 火星(화성)이 四柱(사주)에 없으므로 일반 四柱(사주)와 달리 强者(강자)의 勢力(세력)에 大勢(대세)를 따라가야 吉(길)하게 된다.

未土 大運(대운)에 未土는 己土 食神(식신) 喜神運(희신운)이다. 食神(식신)이 喜神(희신)이면 四柱(사주)에 없는 食傷(식상)이 와서 財星(재성)을 相生(상생)하므로 무엇인가 始作(시작)이고, 新規(신규)나 擴張(확장)등이 吉(길)하게 되고, 財物(재물)이 들어온다는 뜻이 된다.

30세 辛巳年에 辛金 偏財(편재) 用神運(용신운)이다. 大運(대운)에서 己土 喜神運(희신운)이고 勢運(세운)에서 辛金 用神運(용신운)이라 아버지의 도움으로 안경점을 하려고 準備(준비) 중인데 事業(사업)을 처음 하여서 或是(혹시) 運(운)이 나빠 失敗(실패)는 하지 않을까 걱정 된다.

비견		편재	비견				乾命				용신.금.비겁
금	금	목	금								희신.토.인성
辛	辛	乙	辛	64	54	44	34	24	14	4	기신.화.관성
卯	亥	未	丑	戊	己	庚	辛	壬	癸	甲	구신.목.재성
乙	乙	乙	辛	子	丑	寅	卯	辰	巳	午	한신.수.식상
목	목	목	금								
편재	편재	편재	비견								

재다용비격 (財多用比格) 월의심천 9일 12시간 23분

節期(절기)에서 9日 12時間(시간)이라 丑은 中氣(중기)에 해당하고 亥卯未가 月支(월지)에 三子중 한자가 있어 三合(삼합)이 成立(성립)된다.

辛金日柱(신금일주)가 地支(지지)에 通根(통근)하고 比劫(비겁)이 적당한 힘을 維持(유지)하고 있다. 四柱(사주)에 强(강)한 것은 木星(목성)인 財星(재성)이다. 財星(재성)이 强(강)하면, 피해보는 것은 印星(인성)인데, 구제할 수 있는 五行(오행)으로는 金星(금성)과 火星(화성) 두 五行(오행)이다. 火星(화성)은 四柱(사주)에 없으므로 用神(용신)의 資格(자격)이 未達(미달)이라 쓸 수가 없고, 金星(금성)인 比劫(비겁)이 財星(재성)을 攻擊(공격)하고, 印星(인성)을 保護(보호)해야 된다.

卯木 大運(대운)에 卯木이 四柱(사주) 未, 亥와 亥卯未木局(해묘미목국)하면 乙木이고 偏財(편재) 仇神運(구신운)이다. 卯木이 와서 合(합)하여 偏財(편재)이면 財星(재성)이 强(강)하게 되므로 財星(재성)에서 문제가 發生(발생)하게 된다. 즉 金錢(금전)이나, 女子문제이다.

41세 辛巳年에 巳火는 丙火이므로 四柱(사주) 辛金과 丙辛合水局(병신합수국)하면 壬水이고 傷官(상관) 閑神運(한신운)이다. 傷官(상관)이 와서 財星(재성)을 相生(상생)하므로 財星(재성)이 더욱 强(강)하게 된다. 大運(대운)에서 乙木 偏財(편재) 仇神運(구신운)이고 勢運(세운)에서 壬水 傷官(상관) 閑神運(한신운)이라 財星(재성)이 氣高萬丈(기고만장)하여 올바른 判斷(판단)을 하지 못하고 陷穽(함정)에 빠지게 된다. 女子를 만나서 戀人(연인)사이가 되었는데, 婦人(부인)이 尾行(미행)한다는 것을 生角(생각)도 못하고 현장에서 꼬리가 잡혀 婦人(부인)이 어떻게 나올 것인지 묵묵히 기다리고 있는 중이다.

<table>
<tr><td>편재</td><td>정재</td><td>비견</td><td colspan="7">乾命</td><td>용신.금.인성</td></tr>
<tr><td>화</td><td>수</td><td>화</td><td>수</td><td colspan="6"></td><td>희신.수.비겁</td></tr>
<tr><td>丙</td><td>壬</td><td>丁</td><td>壬</td><td>66</td><td>56</td><td>46</td><td>36</td><td>26</td><td>16</td><td>6</td><td>기신.화.재성</td></tr>
<tr><td>午</td><td>申</td><td>未</td><td>辰</td><td>甲</td><td>癸</td><td>壬</td><td>辛</td><td>庚</td><td>己</td><td>戊</td><td>구신.목.식상</td></tr>
<tr><td>己</td><td>庚</td><td>己</td><td>戊</td><td>寅</td><td>丑</td><td>子</td><td>亥</td><td>戌</td><td>酉</td><td>申</td><td>한신.토.관성</td></tr>
<tr><td>토</td><td>금</td><td>토</td><td>토</td><td colspan="7"></td><td></td></tr>
<tr><td>정관</td><td>편인</td><td>정관</td><td>편관</td><td colspan="7"></td><td></td></tr>
</table>

살중용인격(殺重用印格) 월의심천 17일 21시간 45분

節期(절기)에서 17日 21時間(시간)이라 午火는 初氣(초기)에 해당한다.

壬水日干(임수일간)이 地支(지지)에 通根(통근)하지 못하고 身弱(신약)하다. 四柱(사주)에 强(강)한 것은 土星(토성)인 官星(관성)이다. 官星(관성)이 强(강)하면, 피해보는 것은 比劫(비겁)인데, 구제할 수 있는 五行(오행)은 金星(금성)과 木星(목성) 두 五行(오행)이다. 木星(목성)은 四柱(사주)에 없으므로 用神(용신)의 資格(자격)이 未達(미달)이라 쓸 수가 없고, 金星(금성)인 印星(인성)에게 부탁하여, 官星(관성)을 泄氣(설기)하고, 比劫(비겁)을 相生(상생)하여 保護(보호)해야 된다.

壬水 大運(대운)에 壬水가 四柱(사주) 月干(월간) 丁火와 丁壬木局(정임목국)하면 甲木이고 食神(식신) 仇神運(구신운)이다. 食傷(식상)이 仇神(구신)이면 金錢(금전)문제나, 무엇인가 始作(시작)하려는 마음을 가지게 된다.

50세 辛巳年에 巳火는 丙火이므로 四柱(사주) 壬水와 丙壬沖(병임충)이다. 丙火가 와서 壬水 比肩(비견) 喜神(희신)을 沖(충)하면 比劫(비겁)의 힘이 喪失(상실)되어 生角(생각)대로 되지 않고 判斷(판단)이 흐리게 된다. 食堂業(식당업)을 하고 있는데 不振(부진)해서 정리하고 旅館業(여관업)을 하려고 準備(준비)하고 있다. 陷穽(함정)이다.

정관		정관	식신									용신.수.재성
목	토	목	금									희신.목.관성
乙	戊	乙	庚			乾命						기신.토.비겁
卯	辰	酉	子	61	51	41	31	21	11	1		구신.화.인성
乙	戊	辛	癸	壬	辛	庚	己	戊	丁	丙		한신.금.식상
목	토	금	수	辰	卯	寅	丑	子	亥	戌		
정관	비견	상관	정재									

제살태과격(制殺太過格)　　월의심천 29일 5시간 45분

戊土日柱(무토일주)가 日支(일지)에 得地(득지)하고 比劫(비겁)이 적당한 힘을 維持(유지)하고 있다. 四柱(사주)에 强(강)한 것은 金星(금성)인 食傷(식상)이다. 食傷(식상)이 强(강)하면, 피해보는 것은 官星(관성)인데, 구제할 수 있는 五行(오행)으로는 火星(화성)과 水星(수성) 두 五行(오행)이다. 火星(화성)은 四柱(사주)에 없으므로 用神(용신)의 資格(자격)이 未達(미달)이라 쓸 수가 없고, 水星(수성)인 財星(재성)에게 부탁하여, 食傷(식상)을 泄氣(설기)하고, 官星(관성)을 相生(상생)하여 保護(보호)해야 된다.

庚金 大運(대운)에 庚金이 四柱(사주) 乙木과 乙庚金局(을경금국)하면 庚金이고 食神(식신) 閑神運(한신운)이다. 食傷(식상)은 官星(관성)을 攻擊(공격)하므로 官星(관성)이 다치게 된다.

42세 辛巳年에 辛金이 四柱(사주) 乙木과 乙辛沖(을신충)이다. 大運(대운)에서 乙庚金局(을경금국)한 것을 勢運(세운)에서 乙辛沖(을신충)하면 發生(발생)하게 된다. 乙木 正官(정관)이 合(합)하여 食神(식신)으로 變質(변질)되면 正官(정관)이 힘이 喪失(상실)되므로 官星(관성)의 役割(역할)을 하지 못하게 된다. 事業(사업)을 運營(운영)하다가 失敗(실패)하여 破産(파산)할 수밖에 없었다.

겁재		상관	편관								용신.토.인성
금	금	수	화				坤命				희신.화.관성
庚	辛	壬	丁	65	55	45	35	25	15	5	기신.목.재성
子	未	子	酉	己	戊	丁	丙	乙	甲	癸	구신.수.식상
癸	己	癸	辛	未	午	巳	辰	卯	寅	丑	한신.금.비겁
수	토	수	금								
식신	편인	식신	비견								

관인상생격(官印相生格)　　월의심천 18일 6시간 3분

辛金日柱(신금일주)가 地支(지지)에 通根(통근)하고 印星(인성)까지 있어 比劫(비겁)이 적당한 힘을 維持(유지)하고 있다. 四柱(사주)에 强(강)한 것은 水星(수성)인 食傷(식상)이다. 食傷(식상)이 强(강)하면, 피해보는 것은 官星(관성)인데, 구제할 수 있는 五行(오행)으로는 木星(목성)과 土星(토성) 두 五行(오행)이다. 木星(목성)은 四柱(사주)에 없으므로 用神(용신)의 資格(자격)이 未達(미달)이라 쓸 수가 없고, 土星(토성)인 印星(인성)에게 부탁하여, 食傷(식상)을 攻擊(공격)하고, 官星(관성)을 保護(보호)해야 된다.

丁火 大運(대운)에 丁火가 四柱(사주) 月干(월간) 壬水와 丁壬木局(정임목국)하면 甲木이고 正財(정재) 忌神運(기신운)이다. 丁火 偏官(편관)이 와서 合(합)하여 正財(정재) 仇神運(구신운)이면 職場(직장)이나, 金錢(금전) 慾心(욕심)으로 陷穽(함정)에 빠지게 된다.

45세 辛巳年에 巳火는 丙火이므로 四柱(사주) 月干(월간) 壬水와 丙壬沖(병임충)이다. 大運(대운)에서 丁壬木局(정임목국)한 것을 勢運(세운)에서 丙壬沖(병임충)하면 發生(발생)하게 된다. 財物(재물)쪽으로 무엇인가 움직인다는 뜻이다. 職場生活(직장생활)하다가 退職(퇴직)하고 물 쪽으로 事業(사업)을 하려고 準備(준비) 중이다. 陷穽(함정)이다.

비견　　식신　비견

수	수	목	수								용신.목.식상
壬	壬	甲	壬				坤命				희신.화.재성
寅	辰	辰	辰	65	55	45	35	25	15	5	기신.금.인성
丙	癸	癸	癸	丁	戊	己	庚	辛	壬	癸	구신.토.관성
화	수	수	수	酉	戌	亥	子	丑	寅	卯	한신.수.비겁
편재	겁재	겁재	겁재								

식상생재격(食傷生財格)　　월의심천 10일 23시간 15분

節期(절기)에서 10日 23時間(시간)이라 中氣(중기)에 해당한다.

壬水日柱(임수일주)가 月令(월령)에 得令(득령)하고 太旺(태왕)하다. 四柱(사주)에 强(강)한 것은 水星(수성)인 比劫(비겁)이다. 比劫(비겁)이 强(강)하면, 피해보는 것은 財星(재성)인데, 구제할 수 있는 五行(오행)은 土星(토성)과 木星(목성) 두 五行(오행)이다. 土星(토성)은 四柱(사주)에 없으므로 用神(용신)의 資格(자격)이 未達(미달)이라 쓸 수가 없고, 木星(목성)인 食傷(식상)에게 부탁하여, 比劫(비겁)을 泄氣(설기)하고, 財星(재성)을 相生(상생)하여 保護(보호)해야 된다.

亥水 大運(대운)에 亥水는 壬水이므로 四柱(사주) 時支(시지) 丙火와 丙壬沖(병임충)이다. 壬水가 와서 丙火 偏財(편재) 喜神(희신)을 沖(충)하면 財星(재성)이 다치게 된다. 즉 나의 財物(재물)에 문제가 생긴다는 뜻이다.

50세 辛巳年 辛金이 四柱(사주) 時支(시지) 丙火와 丙辛合水局(병신합수국)하면 壬水이고 比肩(비견) 閑神運(한신운)이다. 大運(대운)에게 丙壬沖(병임충)한 것을 勢運(세운)에서 丙辛合水局(병신합수국)하면 發生(발생)하게 된다. 事業(사업)을 運營(운영)하다가 失敗(실패)해서 빚이 너무나 많아 정리를 해야 되는데 방법은 없고 할 수없이, 破産(파산)하려고 한다.

편재		겁재	정재				乾命					
금	화	화	금									용신.목.인성
辛	丁	丙	庚									희신.화.비겁
亥	丑	戌	子	68	58	48	38	28	18	8		기신.금.재성
甲	癸	辛	壬	癸	壬	辛	**庚**	己	戊	丁		구신.토.식상
목	수	금	수	巳	辰	卯	寅	丑	子	亥		한신.수.관성
인수	편관	편재	정관									

살중용인격(殺重用印格)　　월의심천 8일 6시간 21분

節期(절기)에서 8日 6時間(시간)이라 子, 戌, 丑은 初氣(초기)에 해당하고 亥는 中氣(중)기에 해당한다.

丁火日干(정화일간)이 地支(지지)에 通根(통근)하지 못하고 身弱(신약)하다. 四柱(사주)에 强(강)한 것은 水星(수성)인 官星(관성)이다. 官星(관성)이 强(강)하면, 피해보는 것은 比劫(비겁)인데, 구제할 수 있는 五行(오행)은 木星(목성)과 土星(토성) 두 五行(오행)이다. 土星(토성)은 四柱(사주)에 없으므로 用神(용신)의 資格(자격)이 未達(미달)이라 쓸 수가 없고, 木星(목성)인 印星(인성)에게 부탁하여, 官星(관성)을 泄氣(설기)하고, 比劫(비겁)을 相生(상생)하여 保護(보호)해야 된다.

庚金 大運(대운)에 庚金이 四柱(사주) 時支(시지) 甲木과 甲庚沖(갑경충)이다. 庚金 正財(정재)가 와서 甲木 印綬(인수) 用神(용신)과 沖(충)이면 사리판단 못하고 女子 때문에 陷穽(함정)에 빠지게 된다.

42세 辛巳年에 辛金이 四柱(사주) 月干(월간) 丙火와 丙辛合水局(병신합수국)하면 壬水이고 正官(정관) 閑神運(한신운)이다. 用神(용신)과 喜神(희신)이 힘이 喪失(상실)되는 반면에 官星(관성)은 氣高萬丈(기고만장)하게 된다. 3年 전부터 女子를 만나고 있었는데 婦人(부인)이 알고는 離婚訴訟(이혼소송)을 신청하여 裁判(재판) 날짜를 기다리고 있다.

상관		식신	편인								용신.금.식상
금	토	금	화			**坤命**					희신.수.재성
辛	戊	庚	丙	63	53	43	33	23	13	3	기신.화.인성
酉	申	寅	申	癸	甲	乙	丙	丁	戊	己	구신.목.관성
庚	戊	戊	戊	未	申	酉	戌	亥	子	丑	한신.토.비겁
금	토	토	토								
식신	비견	비견	비견								

식상생재격(食傷生財格)　　월의심천 6일 13시간 18분

節期(절기)에서 6日 13時間(시간)이라 初氣(초기)에 해당한다.

戊土日柱(무토일주)가 月令(월령)에 得令(득령)하고 印星(인성)까지 있어 太旺(태왕)하다. 四柱(사주)에 强(강)한 것은 土星(토성)인 比劫(비겁)이다. 比劫(비겁)이 强(강)하면, 피해보는 것은 財星(재성)인데, 구제할 수 있는 五行(오행)은 木星(목성)과 金星(금성) 두 五行(오행)이다. 木星(목성)은 四柱(사주)에 없으므로 用神(용신)의 資格(자격)이 未達(미달)이라 쓸 수가 없고, 金星(금성)인 食傷(식상)에게 부탁하여, 比劫(비겁)을 泄氣(설기)하고, 財星(재성)을 相生(상생)하여 保護(보호)해야 된다.

乙木 大運(대운)에 乙木이 四柱(사주) 庚金과 乙庚金局(을경금국)하면 庚金이고 食神(식신) 用神運(용신운)이다. 乙木이 와서 庚金 用神(용신)을 合(합)으로 묶이면 庚金이 꼼작 못하고 用神(용신)다운 일을 하지 못하게 된다.

46세 辛巳年에 巳火는 丙火이므로 四柱(사주) 時干(시간) 辛金과 丙辛合水局(병신합수국)하면 壬水이고 偏財(편재) 喜神運(희신운)인데 吉(길)하지 않고 凶(흉)이 된다. 大運(대운)에서 庚金이 用神(용신)이라 하지만 乙木이 와서 合(합)으로 묶기면서 힘이 喪失(상실)되었고 勢運(세운)에서 辛金이 合(합)으로 財星(재성)으로 變質(변질)되어 用神(용신)을 役割(역할)을 하지 못하고 勢運(세운)에서 財星運(재성운)이 와서니 强(강)한 比劫(비겁)들이 가만있을 리가 萬無(만무)하다. 이것이 軍比正財(군비정재)가 된다. 만일 食傷(식상)이 合(합)으로 變質(변질)만 되지 않았다면 軍比丁財(군비정재)가 나지 않는다. 自營業(자영업)을 運營(운영)하고 있는데, 36세부터 지금까지 現狀維持(현상유지)가 되지 않고 口舌數(구설수)만 많아지고 金錢(금전)부족으로 事業(사업)을 抛棄(포기)할 수밖에 없었다.

정관		정재	상관				坤命						
금	목	토	화								용신.화.식상		
辛	甲	己	丁								희신.목.비겁		
未	午	酉	酉	67	57	47	37	27	17	7	기신.수.인성		
乙	己	辛	辛	丙	乙	甲	癸	壬	辛	庚	구신.금.관성		
목	토	금	금	辰	卯	寅	丑	子	亥	戌	한신.토.재성		
겁재	정재	정관	정관										

식상제살격(食傷制殺格)　　월의심천 11일 6시간 18분

節期(절기)에서 11日 6時間(시간)이라 午, 未는 中氣(중기)에 해당한다.
甲木日柱(갑목일주)가 地支(지지)에 通根(통근)하고 印星(인성)이 없어 身

弱(신약)하다. 四柱(사주)에 强(강)한 것은 金星(금성)인 官星(관성)이다. 官星(관성)이 强(강)하면, 피해보는 것은 比劫(비겁)인데, 구제할 수 있는 五行(오행)은 水星(수성)과 火星(화성) 두 五行(오행)이다. 水星(수성)은 四柱(사주)에 없으므로 用神(용신)의 資格(자격)이 未達(미달)이라 쓸 수가 없고, 火星(화성)인 食傷(식상)에게 부탁하여, 官星(관성)을 攻擊(공격)하고, 比劫(비겁)을 保護(보호)해야 된다.

丑土 大運(대운)에 丑土는 己土이므로 四柱(사주) 日干(일간) 甲木과 甲己合土局(갑기합토국)하면 戊土이고 偏財(편재) 閑神運(한신운)이다. 己土 正財(정재)가 와서 甲木 나와 合(합)하여 偏財(편재)로 變質(변질)되면 財物(재물) 慾心(욕심)이 나기 때문에 무엇인가 始作(시작)하려는 마음을 가지게 된다.

45세 辛巳年에 辛金이 四柱(사주) 時支(시지) 乙木과 乙辛沖(을신충)이다. 大運(대운)에서 甲木이 喪失(상실)되고 勢運(세운)에서 乙木이 沖(충)으로 힘을 못 쓰고, 比劫(비겁)인 喜神(희신)이 氣盡脈盡(기진맥진)하여 사리 판단을 못하게 되는데 事業(사업)을 하려고 準備(준비) 중이다.

비견		식신	비견		坤命						용신.화.식상
목	목	화	목								희신.목.비겁
甲	甲	丙	甲								희신.토.재성
戌	午	寅	午	62	52	42	32	22	12	2	기신.수.인성
丙	丙	丙	丙	己	庚	辛	壬	癸	甲	乙	구신.금.관성
화	화	화	화	未	申	**酉**	戌	亥	子	丑	
식신	식신	식신	식신								

양신성상격(兩神成象格)　월의심천 3일 2시간 59분

節期(절기)에서 3日 2時間(시간)이라 初氣(초기)에 해당한다.

寅午戌火局(인오술화국)하면 丙火이고, 三子中 한자가 月支(월지)에 있기 때문에 三合(삼합)이 成立(성립)된다.

甲木日干(갑목일간)이 地支(지지)에 通根(통근)하지 못하고 身弱(신약)하다. 四柱(사주)에 强(강)한 것은 火星(화성)인 食傷(식상)이다. 食傷(식상)이 强(강)하면, 피해보는 것은 官星(관성)인데, 구제할 수 있는 五行(오행)은 水星(수성)과 土星(토성) 두 五行(오행)이다. 四柱(사주)에 水星(수성)이나, 土星(토성)이 없으므로, 强(강)한 火星(화성)을 剋(극)하는 자가 없기 때문에 일반 四柱(사주)와 달리 强者(강자)의 勢力(세력)에 大勢(대세)를 따라가야 吉(길)하게 된다. 從我格(종아격)으로 볼 수도 있지만 두 개의 五行(오행)만 있기 때문에 兩神成象格(양신성상격)으로 보는 것이다.

酉金 大運(대운)에 酉金은 辛金이므로 四柱(사주) 丙火와 丙辛合水局(병신합수국)하면 壬水이고 偏印(편인) 忌神運(기신운)이다. 辛金이 와서 丙火 用神(용신)과 合(합)하여 壬水 偏印(편인) 忌神運(기신운)으로 變質(변질)되면 二姓(이성)문제나. 男子문제가 發生(발생)하게 된다.

48세 辛巳年에 辛金이 四柱(사주) 丙火와 丙辛合水局(병신합수국)하면 壬水이고 偏印(편인) 忌神運(기신운)이다. 大運(대운)에서 偏印(편인) 忌神運(기신운)이고 勢運(세운)에서 偏印(편인) 忌神運(기신운)이라 生角(생각)되로 되지 않고 混沌(혼돈)을 하게 된다. 男便(남편)이 3年 전에 바람나서 集(집)나가서 同居生活(동거생활)을 始作(시작)하여 아이가 3살이나 되었고 우연히 有婦男(유부남)을 만났는데, 서로 정이 들어 愛人(애인) 사이가 되었는데, 본 婦人(부인)과는 離婚(이혼)하고 모든 정리를 하고 와서 結婚(결혼)을 하자고 하는데 어떻게 해야 옳은 判斷(판단)인지 生角(생각)을 못하고 있다.

정관		정관	인수									
화	금	화	토				乾命					용신.금.비겁
丁	庚	丁	己									희신.토.인성
亥	寅	卯	酉	65	55	45	35	25	15	5		기신.화.관성
甲	丙	乙	辛	庚	辛	壬	癸	甲	乙	丙		구신.목.재성
목	화	목	금	申	酉	戌	亥	子	丑	寅		한신.수.식상
편재	편관	정재	겁재									

재다용비격(財多用比格)　　월의심천 10일 19시간 19분

節期(절기)에서 10日 19時間(시간)이라 寅, 亥는 中氣(중기)에 해당한다.

庚金日柱(경금일주)가 地支(지지)에 通根(통근)하고 印星(인성)까지 있어 比劫(비겁)이 적당한 힘을 維持(유지)하고 있다. 四柱(사주)에 强(강)한 것은 木星(목성)인 財星(재성)이다. 財星(재성)이 强(강)하면, 피해보는 것은 印星(인성)인데, 구제할 수 있는 五行(오행)은 金星(금성)과 火星(화성) 두

五行(오행)이다. 火星(화성)을 用神(용신)으로 잡으면 比劫(비겁)이 身弱(신약)되기 때문에 쓸 수가 없고, 比劫(비겁)이 財星(재성)을 攻擊(공격)하고, 印星(인성)을 保護(보호)해야 된다.

子水 大運(대운)에 子水는 癸水이므로 四柱(사주) 丁火와 丁癸沖(정계충)이다. 癸水 傷官(상관)이 와서 丁火 正官(정관)을 沖(충)하면 職場(직장)이나 子息(자식)문제로 힘들게 된다.

33세 辛巳年에 辛金이 四柱(사주) 日支(일지) 丙火와 丙辛合水局(병신합수국)하면 壬水이고 食神(식신) 閑神運(한신운)이다. 丙火가 日支(일지)에 있기 때문에 配偶者(배우자) 궁인데 辛金이 와서 合(합)하여 食神(식신)이면 配偶者(배우자) 궁이 흔들리고, 밖으로 나간다는 뜻이다. 婦人(부인)이 家出(가출)하는 바람에 아이들이 어려서 돌봐야 하고, 職場生活(직장생활)하는데, 이러지도 저러지도 못하고 있다.

편재		식신	편인				坤命					
토	목	화	수									용신.화.식상
己	乙	丁	癸									희신.목.비겁
卯	丑	巳	巳	69	59	49	39	29	19	9		기신.수.인성
甲	癸	庚	庚	甲	癸	壬	辛	庚	己	戊		구신.금.관성
목	수	금	금	子	亥	戌	酉	申	未	午		한신.토.재성
겁재	편인	정관	정관									

식상재살격 (食傷制殺格)　　월의심친 8일 0시간 38분

節期(절기)에서 8日 0時間(시간)이라 巳는 中氣(중기)이고 卯, 丑은 初氣(초기)에 해당한다.

乙木日柱(을목일주)가 地支(지지)에 通根(통근)하고 印星(인성)까지 있어 身强(신강)하다. 四柱(사주)에 强(강)한 것은 金星(금성)인 官星(관성)이다. 官星(관성)이 强(강)하면, 피해보는 것은 比劫(비겁)인데, 구제할 수 있는 五行(오행)은 水星(수성)과 火星(화성) 두 五行(오행)이다. 水星(수성)을 用神(용신)으로 잡으면 比劫(비겁)이 더욱 身强(신강)되기 때문에 쓸 수가 없고, 火星(화성)인 食傷(식상)에게 부탁하여, 官星(관성)을 攻擊(공격)하고, 比劫(비겁)을 保護(보호)해야 된다.

壬水 大運(대운)에 壬水가 四柱(사주) 月干(월간) 丁火와 丁壬木局(정임목국)하면 甲木이고 劫財(겁재) 喜神運(희신운)이다. 喜神運(희신운)이라 하지만 吉(길)하지 못하고, 凶(흉)으로 變化(변화)게 된다. 合(합)으로 用神(용신)인 丁火가 比劫(비겁)으로 變質(변질)되면 官星(관성)이 氣高萬丈(기고만장)하여 比劫(비겁)을 攻擊(공격)하게 된다.

49세 辛巳年에 辛金이 四柱(사주) 日干(일간) 乙木과 乙辛沖(을신충)이다. 沖(충)하여 乙木이 꼼작 못하면 庚金은 解放(해방)된 氣分(기분)으로 甲木을 攻擊(공격)하게 된다. 用神(용신)과 喜神(희신)은 힘이 喪失(상실)되고 官星(관성)은 氣高萬丈(기고만장)하여 比劫(비겁)을 攻擊(공격)하게 된다. 大運(대운)에서 丁火 用神(용신)이 合(합)으로 사라지고 勢運(세운)에서 辛金이 乙木을 沖(충)하므로 庚金이 묶인 상태가 아니라 힘을 誇示(과시)하므로 甲木이 다치게 된다. 男便(남편)이 하는 일이 풀리지 않아, 도움을 줄까 하고 事業(사업)을 始作(시작)하려고 準備(준비) 중이다.

편재		상관	비견				坤命				용신.화.식상
토	목	화	목								희신.토.재성
己	乙	丙	乙	62	52	42	32	22	12	2	기신.수.인성
卯	卯	戊	卯	癸	壬	辛	庚	己	戊	丁	구신.금.관성
乙	乙	戊	乙	巳	辰	卯	寅	丑	子	亥	한신.목.비겁
목	목	토	목								
비견	비견	정재	비견								

식상생재격(食傷生財格)　　월의심천 26일 23시간 28분

乙木日柱(을목일주)가 日支(일지)에 得地(득지)하고 太旺(태왕)하다. 四柱(사주)에 强(강)한 것은 木星(목성)인 比劫(비겁)이다. 比劫(비겁)이 强(강)하면, 피해보는 것은 財星(재성)인데, 구제할 수 있는 五行(오행)으로는 金星(금성)과 火星(화성) 두 五行(오행)이다. 金星(금성)은 四柱(사주)에 없으므로 用神(용신)의 資格(자격)이 未達(미달)이라 쓸 수가 없고, 火星(화성)인 食傷(식상)에게 부탁하여, 比劫(비겁)을 泄氣(설기)하고, 財星(재성)을 相生(상생)하여 保護(보호)해야 된다.

丑土 大運(대운)에 丑土는 己土 偏財(편재) 喜神運(희신운)이다. 丑土는 12月에 土星(토성)이기 때문에 水星(수성)을 性分(성분)을 가지고 있다는 것을 參考(참고)해야 된다.

27세 辛巳年에 辛金이 四柱(사주) 月干(월간) 丙火와 丙辛合水局(병신합수국)하면 壬水이고 印綬(인수) 忌神運(기신운)이다. 辛金 偏官(편관)이 와서 丙火 用神(용신)과 合(합)으로 變質(변질)이라 用神(용신)인 丙火가 사라지고 印綬(인수) 忌神運(기신운)이면 比劫(비겁)이 더욱 强(강)하게 되어 財星(재성)을 攻擊(공격)하면 財星(재성)이 다치게 되고 사리판단 못하게 된다. 13年 年上(연상)이고 有婦男(유부남)을 만나게 되어 戀人(연인) 사이가 되었는데, 婦人(부인)과 離婚(이혼)하고 모든 것을 정리하고 와서 結婚(결혼)하자고 한다.

비견		식신	편인				坤命					
화	화	토	목									용신.목.인성
丙	丙	戊	甲									희신.수.관성
申	申	辰	辰	65	55	45	35	25	15	5		기신.금.재성
壬	壬	戊	戊	辛	壬	癸	甲	乙	丙	丁		구신.토.식상
수	수	토	토	酉	戌	亥	子	丑	寅	卯		한신.화.비겁
편관	편관	식신	식신									

식상용인격(食傷用印格) 월의심천 12일 13시간 12분

節期(절기)에서 12日 13時間(시간)이라 申金은 中氣(중기)에 해당한다.

丙火日干(병화일간)이 地支(지지)에 通根(통근)하지 못하고 身弱(신약)한다. 四柱(사주)에 强(강)한 것은 土星(토성)인 食傷(식상)이다. 食傷(식상)이 强(강)하면, 피해보는 것은 官星(관성)인데, 구제할 수 있는 五行(오행)은 金星(금성)과 木星(목성) 두 五行(오행)이다. 金星(금성)은 四柱(사주)에 없으므로 用神(용신)의 資格(자격)이 未達(미달)이라 쓸 수가 없고, 木星(목성)인 印星(인성)에게 부탁하여, 食傷(식상)을 攻擊(공격)하고, 官星(관성)을 保護(보호)해야 된다.

甲木 大運(대운)에 甲木 偏印(편인) 用神運(용신운)이다. 偏印(편인)이 用神運(용신운)이면 文書(문서)나, 二姓(이성)쪽으로 吉(길)하게 된다.

38세 辛巳年에 巳火는 丙火이므로 四柱(사주) 壬水와 丙壬沖(병임충)이다. 丙火는 親舊(친구)이고 同氣(동기)인데, 壬水 喜神(희신)을 沖(충)하면 즉 親舊(친구)나, 同氣(동기)가 나의 職場(직장)이나, 男子를 잘 못되게 하거나 妨害(방해)를 한다는 뜻이다.

35세부터 事業(사업)을 始作(시작)해서 지금까지 運營(운영)이 生角(생각)보다 잘되었는데 從業員(종업원)이 말썽을 부려 들어오면 나가고 丙火가 壬水를 沖(충)했기 때문에 문제가 發生(발생)하는 것이다.

식신		겁재	정재								용신.토.식상
토	화	화	금			乾命					희신.화.비겁
己	丁	丙	庚	65	55	45	35	25	15	5	기신.목.인성
酉	亥	戌	子	癸	壬	辛	庚	己	戊	丁	구신.수.관성
辛	壬	戊	癸	巳	辰	卯	寅	丑	子	亥	한신.금.재성
금	수	토	수								
편재	정관	상관	편관								

제살태과격(制殺太過格)　　18일 2시간 21분

丁火日干(정화일간)이 地支(지지)에 通根(통근)하지 못하고 身弱(신약)하다. 四柱(사주)에 强(강)한 것은 水星(수성)인 官星(관성)이다. 官星(관성)이 强(강)하면, 피해보는 것은 比劫(비겁)인데, 구제할 수 있는 五行(오행)은 木星(목성)과 土星(토성) 두 五行(오행)이다. 木星(목성)은 四柱(사주)에 없으므로 用神(용신)의 資格(자격)이 未達(미달)이라 쓸 수가 없고, 土星(토성)인 食傷(식상)에게 부탁하여, 官星(관성)을 攻擊(공격)하고, 比劫(비겁)을 保護(보호)해야 된다.

寅木 大運(대운)에 寅木은 甲木이므로 四柱(사주) 時干(시간) 己土와 甲己合土局(갑기합토국)하면 戊土이고 傷官(상관) 用神運(용신운)이다. 傷

官(상관) 用神運(용신운)이면 新規(신규), 擴張(확장), 무엇인가 始作(시작)하려는 마음을 가지게 된다.

42세 辛巳年에 巳火가 四柱(사주) 日支(일지) 亥水와 巳亥沖(사해충)하면, 亥中甲木(해중갑목)이 中氣(중기)에서 나오게 된다. 甲木이 나와서 무엇을 하는가? 四柱(사주) 時干(시간) 己土와 甲己合土局(갑기합토국)하면 戊土이고 傷官(상관) 用神運(용신운)이다. 大運(대운)이나, 勢運(세운)이 傷官(상관) 用神運(용신운)이라 自營業(자영업)을 開業(개업)했는데, 運營(운영)은 잘되고 첫사랑을 잊지 못하고 서로 만나고 있었는데 從業員(종업원)으로 體用(채용)해서 같이 일하고 있다.

편인		상관	편관				乾命					
화	토	금	목								용신.금.식상
丙	戊	辛	甲								희신.수.재성
辰	寅	未	午	67	57	47	37	27	17	7	기신.화.인성
戊	丙	己	己	戊	丁	丙	乙	甲	癸	壬	구신.목.관성
토	화	토	토	寅	丑	子	亥	戌	酉	申	한신.토.비겁
비견	편인	겁재	겁재								

식상생재격(食傷生財格)　월의심천 13일 6시간 11분

節期(절기)에서 13日 6時間(시간)이라 午, 寅은 中氣(중기)에 해당한다.

戊土日柱(무토일주)가 月令(월령)에 得令(득령)하고 印星(인성)까지 있어 太旺(태왕)하다. 四柱(사주)에 强(강)한 것은 土星(토성)인 比劫(비겁)이다. 比劫(비겁)이 强(강)하면, 피해보는 것은 財星(재성)인데, 구제할 수 있는 五行(오행)은 木星(목성)과 金星(금성) 두 五行(오행)이다. 木星(목성)을 用

神(용신)으로 잡기는 무엇인가 不安(불안)하고, 金星(금성)인 食傷(식상)에게 부탁하여, 比劫(비겁)을 泄氣(설기)하고, 財星(재성)을 相生(상생)하여 保護(보호)해야 된다.

丙火 大運(대운)에 丙火가 四柱(사주) 月干(월간) 辛金과 丙辛合水局(병신합수국)하면 壬水이고 偏財(편재) 喜神運(희신운)이다. 丙火가 와서 辛金 用神(용신)과 合(합)하여 偏財(편재)이면 吉(길)해야 되는데, 凶(흉)이 된다. 辛金 傷官(상관) 用神(용신)이 變質(변질)되어 財星(재성)으로 갔기 때문에 四柱(사주)에 없는 財星(재성)이 들어오면 比劫(비겁)이 가만히 있을 리가 萬無(만무)하다. 이것이 軍劫正財(군겁정재)이다. 만일 辛金이 合(합)만 되지 않았다면 軍劫正財(군겁정재)는 나지 않는다.

48세 辛巳年에 巳火는 丙火이므로 四柱(사주) 月干(월간) 辛金과 丙辛合水局(병신합수국)하면 壬水이고 偏財(편재) 喜神運(희신운)이다. 職場生活(직장생활)하다가 健康(건강)이 좋지 않아 退職(퇴직)하고 무엇인가 해야 먹고살지 않겠는가, 生角(생각)하고 있었는데, 愛人(애인)이 事業(사업)을 하려고 準備(준비) 중에 있는데, 같이 투자해서 먹고살자고 해서 自營業(자영업)을 始作(시작)했는데 現狀維持(현상유지)도 하지 못하고 뒷날이 걱정되고 發展(발전)할 기미가 보이지 않고 있다.

편인	겁재	비견								용신.금.인성
금	수	수	수				坤命			희신.수.비겁
辛	癸	壬	癸							기신.화.재성
酉	巳	戌	丑	66 56 46 36 26 16 6						구신.목.식상
辛	丙	戊	己	己 戊 丁 丙 乙 甲 癸						한신.토.관성
금	화	토	토	巳 辰 卯 寅 丑 子 亥						
편인	정재	정관	편관							

살중용인격(殺重用印格)　월의심천 15일 23시간 3분

　癸水日干(계수일간)이 地支(지지)에 通根(통근)하지 못하고 身弱(신약)하다. 四柱(사주)에 强(강)한 것은 土星(토성)인 官星(관성)이다. 官星(관성)이 强(강)하면, 피해보는 것은 比劫(비겁)인데, 구제할 수 있는 五行(오행)으로는 金星(금성)과 木星(목성) 두 五行(오행)이다. 木星(목성)은 四柱(사주)에 없으므로 用神(용신)의 資格(자격)이 未達(미달)이라 쓸 수가 없고, 金星(금성)인 印星(인성)에게 부탁하여, 官星(관성)을 泄氣(설기)하고, 比劫(비겁)을 相生(상생)하여 保護(보호)해야 된다.

　乙木 大運(대운)에 乙木이 四柱(사주) 辛金과 乙辛沖(을신충)이다. 乙木 食神(식신)와서 辛金 用神(용신)을 沖(충)하면 무엇인가 文書(문서)쪽으로 움직인다는 뜻이다.

　29세 辛巳年에 巳火는 丙火이므로 四柱(사주) 辛金과 丙辛合水局(병신합수국)하면 壬水이고 劫財(겁재) 喜神運(희신운)이다. 大運(대운)에서 乙辛沖(을신충)한 것을 勢運(세운)에서 丙辛合水局(병신합수국)하면 문제가 發生(발생)하게 된다. 勢運(세운)에서 喜神運(희신운)이라 할지라도 大運(대운)에서 沖(충)이라 辛金이 乙木과 싸운다고　比劫(비겁)을 保護(보호)하지 못하는 사이에 官星(관성)이 比劫(비겁)을 攻擊(공격)하게 되므로 比劫(비겁)이 다치게 된다. 호프집을 하려고 인테리어 工事(공사) 중에 있다.

상관		상관	편관					坤命				용신.토.관성
목	수	목	토									희신.화.재성
乙	壬	乙	戊	62	52	42	32	22	12	2		기신.목.식상
巳	辰	卯	子	戊	己	庚	辛	壬	癸	甲		구신.수.비겁
戊	乙	甲	壬	申	酉	戌	亥	子	丑	寅		한신.금.인성
토	목	목	수									
편관	상관	식신	비견									

무격(無格)

월의심천 2일 9시간 32분

節期(절기)에서 2日 9時間(시간)이라 初氣(초기)에 해당한다.

壬水日柱(임수일주)가 地支(지지)에 通根(통근)하고 印星(인성)이 없어 身弱(신약)하다. 四柱(사주)에 强(강)한 것은 木星(목성)인 食傷(식상)이다. 食傷(식상)이 强(강)하면, 피해보는 것은 官星(관성)인데, 구제할 수 있는 五行(오행)은 金星(금성)과 火星(화성) 두 五行(오행)이다. 四柱(사주)에 두 五行(오행) 모두가 없으므로 食傷(식상)에게 攻擊(공격)당하고 있는 官星(관성) 自己(자기)가 用神(용신)이 된다. 이것이 無格(무격)이다.

己土 大運(대운)에 己土가 四柱(사주) 月支(월지) 甲木과 甲己合土局(갑기합토국)하면 戊土이고 偏官(편관) 用神運(용신운)이다. 己土가 와서 甲木과 合(합)하여 偏官(편관)으로 變質(변질)되면 食傷(식상)은 힘이 弱(약)하게 되면서 오히려 官星(관성)이 强(강)하게 된다.

54세 辛巳年에 辛金이 四柱(사주) 乙木과 乙辛沖(을신충)이다. 大運(대

운)에서 甲木이 合(합)으로 喪失(상실)되고, 勢運(세운)에서 辛金이 乙木을 沖(충)하여 乙木이 힘을 못 쓰고, 忌神(기신)인 食傷(식상)이 힘이 喪失(상실)되면서 오히려 官星(관성)이 氣高萬丈(기고만장)하여 官星(관성)에서 문제가 發生(발생)하게 된다. 事業(사업)이 不實(부실)하면서 貸出(대출)을 받았는데 解決(해결)을 못하는 바람에 경매처분 되어 넘어가고 말았다.

식신		정재	편재			坤命						
토	화	금	금									용신.목.인성
己	丁	庚	辛									희신.화.비겁
酉	未	子	卯	62	52	42	32	22	12	2		기신.금.재성
辛	己	癸	乙	丁	丙	乙	甲	癸	壬	辛		구신.토.식상
금	토	수	목	未	午	巳	辰	卯	寅	丑		한신.수.관성
편재	식신	편관	편인									

살중용인격(殺重用印格)   월의심천 25일 11시간 28분

丁火日干(정화일간)이 地支(지지)에 通根(통근)하지 못하고 身弱(신약)하다. 四柱(사주)에 强(강)한 것은 水星(수성)인 官星(관성)이다. 官星(관성)이 强(강)하면, 피해보는 것은 比劫(비겁)인데, 구제할 수 있는 五行(오행)은 土星(토성)과 木星(목성) 두 五行(오행)이다. 土星(토성)을 用神(용신)으로 잡으면 比劫(비겁)이 身弱(신약)이라 쓸 수가 없고, 木星(목성)인 印星(인성)에게 부탁하여, 官星(관성)을 泄氣(설기)하고, 比劫(비겁)을 相生(상생)하여 保護(보호)해야 된다.

巳火 大運(대운)에 巳火는 丙火이므로 四柱(사주) 辛金과 丙辛合水局(병

신합수국)하면 壬水이고 正官(정관) 閑神運(한신운)이다. 丙火는 男子이고 辛金 財物(재물)과 合(합)하여 壬水 正官(정관) 閑神運(한신운)이면 즉 財物(재물)과, 職場(직장), 男子문제에 관계된 일이 發生(발생)한다.

51세 辛巳年에 辛金이 四柱(사주) 年支(년지) 乙木 用神(용신)과 乙辛沖(을신충)이다. 辛金이 와서 乙木을 沖(충)하면 사리판단 못하고 生角(생각)하는 것이 虛荒(허황)된 꿈을 가지게 되고. 用神(용신)이 힘이 喪失(상실)되면 官星(관성)이 가만히 있겠는가, 당연히 比劫(비겁)을 攻擊(공격)하지 愛人(애인)이 고기 체인점을 할 수 있도록 도와준다고 하고는 오늘 내일하고 있는데 可能(가능)할 것인가?

식신		정재	겁재				坤命				용신.목.비겁
화	목	토	목								희신.수.인성
丙	甲	己	乙	64	54	44	34	24	14	4	기신.금.관성
寅	申	丑	巳	丙	乙	甲	癸	壬	辛	庚	구신.토.재성
甲	庚	己	丙	申	未	午	巳	辰	卯	寅	한신.화.식상
목	금	토	화								
비견	편관	정재	식신								

재다용비격 (財多用比格) 월의심천 19日 0시간 36분

甲木日柱(갑목일주)가 地支(지지)에 通根(통근)하고 比劫(비겁)이 적당한 힘을 維持(유지)하고 있다. 四柱(사주)에 强(강)한 것은 土星(토성)인 財星(재성)이다. 財星(재성)이 强(강)하면, 피해보는 것은 印星(인성)인데, 구제할 수 있는 五行(오행)으로는 木星(목성)과 金星(금성) 두 五行(오행)이다. 金星(금성)을 用神(용신)으로 잡으면, 比劫(비겁)이 身弱(신약)되기 때문에 쓸 수가 없고, 比劫(비겁)이 財星(재성)을 攻擊(공격)하고, 印星(인성)을 保護(보호)해야 된다.

癸水 大運(대운)에 癸水 印綬(인수) 喜神運(희신운)이다. 印綬(인수)가 喜神(희신)이면 文書(문서)쪽이나, 二姓(이성)쪽으로 吉(길)하게 된다.

37세 辛巳年에 辛金이 四柱(사주) 丙火와 丙辛合水局(병신합수국)하면 壬水이고 偏印(편인) 喜神運(희신운)이다. 辛金 正官(정관)이 와서 丙火와 合(합)하여 偏印(편인) 喜神運(희신운)이면 壬水는 文書(문서)이고, 辛金 正官(정관)은 職場(직장)이고, 男子라 自營業(자영업)을 始作(시작)해서 生角(생각) 외로 運營(운영)이 잘되고 있고 손님으로 왔다가 알게 되어 친하여 戀人(연인) 사이가 되었는데 結婚(결혼)할 相對者(상대자)로 서로 만나고 있다.

비견		편재	정재								용신.수.인성
목	목	토	토				坤命				희신.목.비겁
乙	乙	己	戊								
酉	酉	未	申	63	53	43	33	23	13	3	기신.토.재성
庚	庚	丁	壬	壬	癸	甲	乙	丙	丁	戊	구신.화.식상
금	금	화	수	子	丑	寅	卯	辰	巳	午	한신.금.관성
정관	정관	식신	인수								

살중용인격(殺重用印格)   월의심천 7일 7사간 48분

節期(절기)에서 7日 7時間(시간)이라 未, 酉는 初氣(초기)에 해당하고, 申金은 中氣(중기)에 해당한다.

乙木日干(을목일간)이 地支(지지)에 通根(통근)하지 못하고 身弱(신약)하다. 四柱(사주)에 强(강)한 것은 金星(금성)인 官星(관성)이다. 官星(관성)이 强(강)하면, 피해보는 것은 比劫(비겁)인데, 구제할 수 있는 五行(오행)은 水星(수성)과 火星(화성) 두 五行(오행)이다. 火星(화성)을 用神(용신)으로 잡으면, 比劫(비겁)이 身弱(신약)이라 쓸 수가 없고, 水星(수성)인 印星(인성)에게 부탁하여, 官星(관성)을 泄氣(설기)하고, 比劫(비겁)을 相生(상생)하여 保護(보호)해야 된다.

　乙木 大運(대운)에 乙木이 四柱(사주) 庚金과 乙庚金局(을경금국)하면 庚金이고 正官(정관) 閑神運(한신운)이다. 乙木이 와서 庚金과 合(합)하여 묶인다면 乙木은 女子이고, 同氣(동기), 親舊(친구)가 庚金 나의 男便(남편)이 따 女子에게 뺏긴다는 이치와 같다.

　34세 辛巳年에 辛金이 四柱(사주) 乙木과 乙辛沖(을신충)이다. 辛金 偏官(편관)이 와서 乙木 나를 沖(충)이다. 偏官(편관)은 외간 男子이고 愛人(애인)이다. 大運(대운)에서 乙庚金局(을경금국)한 것을 勢運(세운)에서 乙辛沖(을신충)하면 문제가 發生(발생)하게 된다. 男便(남편)은 女子를 만나 바람이 나서 同居生活(동거생활)하는지 集(집)에 오지 않고 외로워서, 술집에서 술 먹다가 우연히 7年 年下(연하)를 만났는데 술이 취하는 바람에 失手(실수)를 하고 말았는데 기분이 나쁘지 않고 因緣(인연)이 되어 繼續(계속) 만나고 싶은데 生角(생각)대로 잘 되기를 每日(매일)기도 하면서 기쁜 마음으로 하루하루를 보내고 있다.

정재		인수	정관				坤命					용신.목.인성
금	화	목	수									희신.수.관성
庚	丁	甲	壬	66	56	46	36	26	16	6		기신.금.재성
戌	亥	辰	寅	丁	戊	己	庚	辛	壬	癸		구신.토.식상
戊	壬	戊	甲	酉	戌	亥	子	丑	寅	卯		한신.화.비겁
토	수	토	목									
상관	정관	상관	인수									

관인상생격(官印相生格)　　월의심천 14일 4시간 56분

丁火日干(정화일간)이 地支(지지)에 通根(통근)하지 못하고 身弱(신약)하다. 四柱(사주)에 强(강)한 것은 土星(토성)인 食傷(식상)이다. 食傷(식상)이 强(강)하면, 피해보는 것은 官星(관성)인데, 구제할 수 있는 五行(오행)으로는 木星(목성)과 金星(금성) 두 五行(오행)이다. 金星(금성)을 用神(용신)으로 잡으면, 比劫(비겁)이 身弱(신약)이라 쓸 수가 없고, 木星(목성)인 印星(인성)에게 부탁하여, 食傷(식상)을 攻擊(공격)하고, 官星(관성)을 保護(보호)해야 된다.

庚金 大運(대운)에 庚金이 四柱(사주) 年支(년지) 甲木과 甲庚沖(갑경충)이다. 庚金이 와서 甲木 用神(용신)을 沖(충)하면 食傷(식상)이 氣高萬丈(기고만장)하여, 官星(관성)을 攻擊(공격)하면 官星(관성)이 다치게 되고, 사리판단을 하지 못하고 공경에 처하게 된다.

40세 辛巳年에 巳火가 四柱(사주) 日支(일지) 亥水와 巳亥沖(사해충)하면 亥中甲木(해중갑목)이 中氣(중기)에서 나오게 된다. 甲木이 나와서 무엇을 하는가? 四柱(사주) 時干(시간) 庚金과 甲庚沖(갑경충)이다. 甲木과 庚金이 싸우는 사이에 食傷(식상)은 官星(관성)을 攻擊(공격)하게 된다.

男便(남편)이 事業(사업)에 失敗(실패)하고 男便(남편)이 보기가 싫고 離婚(이혼)할 생각만 하고 있다.

식신		편관	정재				坤命				용신.토.인성
수	금	화	목								희신.금.비겁
癸	辛	丁	甲	70	60	50	40	30	20	10	기신.목.재성
巳	巳	卯	辰	庚	辛	壬	癸	甲	乙	丙	구신.수.식상
丙	丙	乙	戊	申	酉	戌	亥	子	丑	寅	한신.화.관성
화	화	목	토								
정관	정관	편재	인수								

살중용인격(殺重用印格)　월의심천 27일 12시간 14분

辛金日干(신금일간)이 地支(지지)에 通根(통근)하지 못하고 身弱(신약)하다. 四柱(사주)에 强(강)한 것은 火星(화성)인 官星(관성)이다. 官星(관성)이 强(강)하면, 피해보는 것은 比劫(비겁)인데, 구제할 수 있은 五行(오행)으로는 土星(토성)과 水星(수성) 두 五行(오행)이다. 水星(수성)을 用神(용신)으로 잡으면, 比劫(비겁)이 身弱(신약)이라 쓸 수가 없고, 土星(토성)인 印星(인성)에게 부탁하여, 官星(관성)을 泄氣(설기)하고, 比劫(비겁)을 相生(상생)하여 保護(보호)해야 된다.

子水 大運(대운)에 子水는 癸水이므로 四柱(사주) 年支(년지) 戊土와 戊癸火局(무계화국)하면 丙火이고 正官(정관) 閑神運(한신운)이다. 癸水가 와서 戊土 用神(용신)과 合(합)하여 丙火 閑神運(한신운)이면 戊土 用神(용신)이 變質(변질)되어 사리판단 못하게 되고, 丙火 正官(정관)이 더욱 强(강)하게 되므로 官星(관성)에서 문제가 發生(발생)하게 된다.

38세 辛巳年에 巳火는 丙火이므로 四柱(사주) 日干(일간) 辛金과 丙辛 合水局(병신합수국)하면 壬水이고 傷官(상관) 仇神運(구신운)이다. 傷官(상관)이 仇神運(구신운)이면 무엇인가 始作(시작)하려는 마음을 가지게 되고, 用神(용신)과 喜神(희신)이 合(합)하여 變質(변질)되었기 때문에 올바른 판단을 하지 못하고 陷穽(함정)에 빠지게 된다. 事業(사업)을 하려고 準備(준비) 중에 있다.

식신		식신	편관			坤命					용신.금.인성
목	수	목	토								희신.토.관성
乙	癸	乙	己								기신.화.재성
卯	卯	亥	酉	65	55	45	35	25	15	5	구신.목.식상
乙	乙	壬	辛	壬	辛	庚	己	戊	丁	丙	한신.수.비겁
목	목	수	금	午	巳	辰	卯	寅	丑	子	
식신	식신	겁재	편인								

식상용인격(食傷用印格) 월의심천 16일 7시간 19분

癸水日柱(계수일주)가 月令(월령)에 得令(득령)하고 印星(인성)까지 있어 身强(신강)하다. 四柱(사주)에 强(강)한 것은 木星(목성)인 食傷(식상)이다. 食傷(식상)이 强(강)하면, 피해보는 것은 官星(관성)인데, 구제할 수 있는 五行(오행)으로는 金星(금성)과 火星(화성) 두 五行(오행)이다. 火星(화성)은 四柱(사주)에 없으므로 用神(용신)의 資格(자격)이 未達(미달)이라 쓸 수가 없고, 金星(금성)인 印星(인성)에게 부탁하여, 食傷(식상)을 攻擊(공격)하고, 官星(관성)을 保護(보호)해야 된다.

寅木 大運(대운)에 寅木은 甲木이므로 四柱(사주) 年干(년간) 己土와 甲

己合土局(갑기합토국)하면 戊土이고 正官(정관) 喜神運(희신운)이다. 甲木 傷官(상관)이 와서 己土와 合(합)하여 戊土 喜神運(희신운)이면 職場(직장)이나, 新規(신규), 男子쪽으로 吉(길)하게 된다.

33세 辛巳年에 辛金이 四柱(사주) 乙木과 乙辛沖(을신충)이다. 辛金이 와서 乙木을 沖(충)하면 乙木 仇神(구신)은 힘이 弱(약)하게 되고, 반면에 官星(관성)은 힘을 얻어 最大限(최대한) 自己(자기)가 할 役割(역할)을 다 할 수 있다. 大運(대운)에서 正官(정관) 喜神運(희신운) 勢運(세운)에서 用神運(용신운)이다. 美容室(미용실)을 開業(개업)하려고 인테리어 工事(공사) 중이다.

편재		편재	비견								용신.수.비겁
화	수	화	수				乾命				희신.금.인성
丙	壬	丙	壬								
午	午	午	子	67	57	47	37	27	17	7	기신.토.관성
己	己	己	癸	癸	壬	辛	庚	己	戊	丁	구신.화.재성
토	토	토	수	丑	子	亥	戌	酉	申	未	한신.목.식상
정관	정관	정관	겁재								

무격(無格)　　월의심천 14일 13시간 8분

節期(절기)에서 14日 13時間(시간)이라 午火는 中氣(중기)에 해당한다.

壬水日柱(임수일주)가 地支(지지)에 通根(통근)하고 比劫(비겁)이 적당한 힘을 維持(유지)하고 있다. 四柱(사주)에 强(강)한 것은 土星(토성)인 官星(관성)이다. 官星(관성)이 强(강)하면, 피해보는 것은 比劫(비겁)인데, 구제할 수 있는 五行(오행)은 金星(금성)과 木星(목성) 두 五行(오행)이다. 四

柱(사주)에 金星(금성)과 木星(목성)이 없으므로 官星(관성)에게 攻擊(공격)당하고 있는 比劫(비겁)이 用神(용신)이 된다.

己土 大運(대운)에 己土 正官(정관) 忌神運(기신운)이다. 四柱(사주)에 官星(관성)이 强(강)하게 있는데, 官星運(관성운)이 오면 官星(관성)이 夥多(과다)하므로 官星(관성)에서 문제가 發生(발생)하게 된다.

30세 辛巳年에 巳火는 丙火이므로 四柱(사주) 壬水와 丙壬沖(병임충)이다. 丙火 仇神(구신)이 와서 壬水 用神(용신)과 沖(충)이면 丙火는 婦人(부인), 財物(재물), 아버지가 나와 沖(충)이란 뜻이다. 大運(대운)에서 忌神運(기신운) 勢運(세운)에서 仇神運(구신운)이라 아버지에게 婦人(부인) 모르게 保證(보증) 서준 것을 婦人(부인)이 알게 되었는데 集(집)을 家出(가출)해서 別居生活(별거생활)하고 있다.

정재		비견	편인				乾命					
목	금	금	토									용신.화.관성
乙	庚	庚	戊									희신.목.재성
酉	午	申	申	64	54	44	34	24	14	4		기신.수.식상
辛	丁	庚	庚	丁	丙	乙	甲	癸	壬	辛		구신.금.비겁
금	화	금	금	卯	寅	丑	子	亥	戌	酉		한신.토.인성
겁재	정관	비견	비견									

재자약살격 (財滋弱殺格)　월의심천 20일 22시간

庚金日柱(경금일주)가 月令(월령)에 得令(득령)하고 印星(인성)까지 있어 太旺(태왕)하다. 四柱(사주)에 强(강)한 것은 金星(금성)인 比劫(비겁)이다. 比劫(비겁)이 强(강)하면, 피해보는 것은 財星(재성)인데, 구제할 수 있는 五行(오행)으로는 水星(수성)과 火星(화성) 두 五行(오행)이다. 水星(수성)은 四柱(사주)에 없으므로 用神(용신)의 資格(자격)이 未達(미달)이라 쓸 수가 없고, 火星(화성)인 官星(관성)에게 부탁하여, 比劫(비겁)을 攻擊(공격)하고, 財星(재성)을 保護(보호)해야 된다.

甲木 大運(대운)에 甲木이 四柱(사주) 庚金과 甲庚沖(갑경충)이다. 甲木 喜神(희신)이 와서 庚金과 沖(충)하면, 甲木이 다치게 된다. 즉 바위와 계란이 부딪치는 현상과 마찬가지이다.

34세 辛巳年에 辛金이 四柱(사주) 日干(일간) 乙木과 乙辛沖(을신충)이다. 辛金 仇神(구신)이 와서 乙木 喜神(희신)을 沖(충)하면 乙木 正財(정재)가 다치게 된다. 大運(대운)에서 甲庚沖(갑경충) 勢運(세운)에서 乙辛沖(을신충)이라 財星(재성)이 어떻게 比劫(비겁)을 감당할 수 있겠는가, 事業(사업)을 꾸준히 해왔는데 공간이 부족하고, 다음을 生角(생각)해서 擴張(확장)을 했는데 擴張(확장)하고부터는 現狀維持(현상유지)가 되지 않고 婦人(부인)과도 사이가 점점 멀어지면서 不滿(불만)이 너무 많아지고 있다.

<table>
<tr><td>식신</td><td></td><td>식신</td><td>편관</td><td colspan="8"></td><td></td></tr>
<tr><td>목</td><td>수</td><td>목</td><td>토</td><td colspan="8">坤命</td><td>용신.화.재성</td></tr>
<tr><td>甲</td><td>壬</td><td>甲</td><td>戊</td><td colspan="8"></td><td>희신.목.식상</td></tr>
<tr><td>辰</td><td>午</td><td>寅</td><td>戌</td><td>71</td><td>61</td><td>51</td><td>41</td><td>31</td><td>21</td><td>11</td><td></td><td>구신.수.비겁</td></tr>
<tr><td>戊</td><td>丙</td><td>丙</td><td>丙</td><td>丁</td><td>戊</td><td>己</td><td>庚</td><td>辛</td><td>壬</td><td>癸</td><td></td><td>구신.금.인성</td></tr>
<tr><td>토</td><td>화</td><td>화</td><td>화</td><td>未</td><td>申</td><td>酉</td><td>戌</td><td>亥</td><td>子</td><td>丑</td><td></td><td>한신.토.관성</td></tr>
<tr><td>편관</td><td>편재</td><td>편재</td><td>편재</td><td colspan="8"></td><td></td></tr>
</table>

종재격(從財格)　　월의심천 29일 15시간 41분

四柱(사주)에 寅午戌火局(인오술화국)이 삼자 중 한자가 月支(월지)에 있기 때문에 三合(삼합)이 成立(성립)된다.

壬水日干(임수일간)이 地支(지지)에 通根(통근)하지 못하고 身弱(신약)하다. 四柱(사주)에 强(강)한 것은 火星(화성)인 財星(재성)이다. 財星(재성)이 强(강)하면, 피해보는 것은 印星(인성)인데, 구제할 수 있는 五行(오행)은 水星(수성)과 土星(토성) 두 五行(오행)이다. 土星(토성)을 用神(용신)으로 잡으면, 比劫(비겁)이 身弱(신약)이라 쓸 수가 없고, 水星(수성)은 四柱(사주)에 없으므로 强(강)한 火星(화성)을 剋(극)하는 자가 없기 때문에 일반 四柱(사주)와 달리 强者(강자)의 勢力(세력)에 大勢(대세)를 따라가야 吉(길)하게 된다.

庚金 大運(대운)에 庚金이 四柱(사주) 甲木(갑목)과 甲庚沖(갑경충)이다. 庚金 仇神(구신)이 와서 甲木 喜神(희신)을 沖(충)하면 活動(활동)하는 무대나, 나의 밥그릇에 문제가 發生(발생)하게 된다.

44세 辛巳年에 辛金이 四柱(사주) 丙火와 丙辛合水局(병신합수국)하면 壬水이고 比肩(비견) 忌神運(기신운)이다. 辛金 仇神(구신)이 와서 丙火 用

神(용신)과 合(합)하여, 壬水 忌神(기신)이면 壬水는 同氣(동기)이고, 親舊(친구)이므로 文書(문서)나, 二姓(이성)문제가 發生(발생)한다. 大運(대운)에서 甲庚沖(갑경충) 勢運(세운)에서 丙辛合水局(병신합수국)이라 用神(용신)과 喜神(희신)이 變質(변질)되었기 때문에 女子에게 당하게 된다. 男便(남편) 會社(회사)에 勤務(근무)하는 從業員(종업원)과 눈이 맞아 男便(남편)이 바람을 피우고 있다는 것을 生角(생각)도 하지 못하고 있었는데 會社(회사)에 勤務(근무)하는 사람이 전화로 연락해서 알게 되었는데 어떻게 처리해야 좋은 判斷(판단)인지 결론을 내리지 못하고 누구에게도 議論(의논)하지 못하고, 혼자서 망설이고 있다.

식신		편재	인수								용신.토.비겁
금	토	수	화			乾命					희신.화.인성
庚	戊	壬	丁	69	59	49	39	29	19	9	기신.목.관성
申	辰	子	未	乙	丙	丁	戊	己	庚	辛	구신.수.재성
壬	壬	壬	己	巳	午	未	申	酉	戌	亥	한신.금.식상
수	수	수	토								
편재	편재	편재	겁재								

재다용비격 (財多用比格)　월의심천 22일 12시간 12분

四柱(사주)에 申子辰水局(신자진수국)이 月支(월지)에 三子 中 한자가 있기 때문에 三合(삼합)이 成立(성립)된다.

戊土日柱(무토일주)가 地支(지지)에 通根(통근)하고 印星(인성)까지 있어 比劫(비겁)이 적당한 힘을 維持(유지)하고 있다. 四柱(사주)에 强(강)한 것은 水星(수성)인 財星(재성)이다. 財星(재성)이 强(강)하면, 피해보는 것은 印星(인성)인데, 구제할 수 있는 五行(오행)은 土星(토성)과 木星(목성) 두 五行(오행)이다. 木星(목성)은 四柱(사주)에 없으므로 用神(용신)의 資格(자격)이 未達(미달)이라 쓸 수가 없고, 土星(토성)인 比劫(비겁)이 財星(재성)을 攻擊(공격)하고, 印星(인성)을 保護(보호)해야 된다.

酉金 大運(대운)에 酉金은 辛金 傷官(상관) 閑神運(한신운)이다. 辛金 傷官(상관)이 와서 財星(재성)을 相生(상생)하면 比劫(비겁)은 泄氣(설기)되면서, 財星(재성)은 더욱 强(강)하게 되어 比劫(비겁)이 다스릴 수가 없게 된다. 즉 婦人(부인)이나, 財物(재물)에게 이기지 못하고 끌려가는 이치와 같다.

35세 辛巳年에 辛金 傷官(상관) 閑神運(한신운)이다. 大運(대운)에서 辛金 傷官運(상관운) 勢運(세운)에서 辛金 傷官運(상관운)이라 財星(재성)이 氣高萬丈(기고만장)하다. 婦人(부인)이 너무 眼下無人(안하무인)이라 이길 수도 없고, 어떻게 하면 離婚(이혼)할 수 있을까 生角(생각)만 하고 있다.

정관		편관	정재								용신.토.관성
토	수	토	화				坤命				희신.화.재성
戊	癸	己	丙								
午	未	亥	申	63	53	43	33	23	13	3	기신.목.식상
丙	丁	戊	戊	壬	癸	甲	乙	丙	丁	戊	구신.수.비겁
화	화	토	토	辰	巳	午	未	申	酉	戌	한신.금.인성
정재	편재	정관	정관								

월의심천 4일 17시간 4분

節期(절기)에서 4日 17時間(시간)이라 初氣(초기)에 해당한다.

癸水日干(계수일간)이 地支(지지)에 通根(통근)하지 못하고 身弱(신약)하다. 四柱(사주)에 强(강)한 것은 土星(토성)인 官星(관성)이다. 官星(관성)이 强(강)하면, 피해보는 것은 比劫(비겁)인데, 구제할 수 있는 五行(오행)은 木星(목성)과 金星(금성) 두 五行(오행)이다. 四柱(사주)에 金星(금성)이나, 木星(목성)이 없기 때문에 强者(강자)의 勢力(세력)에 大勢(대세)를 따라가야 吉(길)하게 된다

甲木 大運(대운)에 甲木이 四柱(사주) 月干(월간) 己土와 甲己合土局(갑기합토국)하면 戊土이고 正官(정관) 用神運(용신운)이다. 甲木 忌神(기신)이 와서 己土와 合(합)하여 戊土 正官(정관) 用神運(용신운)이면 職場(직장)이나, 男子쪽으로 吉(길)하게 된다.

46세 辛巳年에 巳火는 丙火 正財(정재) 喜神運(희신운)이다. 丙火가 와서 官星(관성)을 相生(상생)하면 官星(관성)쪽으로 最大限(최대한) 發揮(발휘)하게 된다. 大運(대운)에서 戊土 用神運(용신운)이고 勢運(세운)에서 喜神運(희신운)이라 自營業(자영업)을 運營(운영)하고 前 男便(남편)과는 離婚(이혼)하고 혼자 지내고 있었는데, 우연히 男子를 만나서 同居生活(동거생활)하고 있는데, 結婚(결혼)을 하려고 한다.

겁재		식신	편재					乾命				용신.화.인성
토	토	금	수									희신.토.비겁
戊	己	辛	癸	63	53	43	33	23	13	3		기신.수.재성
辰	未	酉	卯	甲	乙	丙	丁	戊	己	庚		구신.금.식상
乙	丁	庚	甲	寅	卯	辰	**巳**	午	未	申		한신.목.관성
목	화	금	목									
편관	편인	상관	정관									

살중용인격(殺重用印格)　　월의심천 4일 14시간 18분

節期(절기)에서 4日 14時間(시간)이라 初氣(초기)에 해당한다.

己土日干(기토일간)이 地支(지지)에 通根(통근)하지 못하고 身弱(신약)하다. 四柱(사주)에 強(강)한 것은 木星(목성)인 官星(관성)이다. 官星(관성)이 強(강)하면, 피해보는 것은 比劫(비겁)인데, 구제할 수 있는 五行(오행)은 金星(금성)과 火星(화성) 두 五行(오행)이다. 金星(금성)을 用神(용신)을 잡으면 比劫(비겁)이 身弱(신약)이라 쓸 수가 없고, 火星(화성)인 印星(인성)에게 부탁하여, 官星(관성)을 泄氣(설기)하고, 比劫(비겁)을 相生(상생)하여 保護(보호)해야 된다.

巳火 大運(대운)에 巳火는 丙火이므로 四柱(사주) 月干(월간) 辛金과 丙辛合水局(병신합수국)하면 壬水이고 正財(정재) 忌神運(기신운)이다. 丙火가 와서 辛金과 合(합)하여 正財(정재) 忌神運(기신운)이면 財物(재물)이나, 女子문제가 發生(발생)하게 된다.

39세 辛巳年에 巳火는 丙火이므로 四柱(사주) 月干(월간) 辛金과 丙辛合水局(병신합수국)하면 壬水이고 正財(정재) 忌神運(기신운)이다. 大運(대운)에서 正財(정재) 忌神運(기신운) 勢運(세운)에서 正財(정재) 忌神運(기신운)이라 丁火 用神(용신)이 힘이 弱(약)하게 되므로, 財星(재성)을 다스

릴 수가 없기 때문에 財星(재성) 쪽으로 문제가 發生(발생)하게 된다. 婦
人(부인)과 別居生活(별거생활)하고 있다.

편재		인수	편재				坤命				용신.목.인성
금	화	목	금								희신.수.관성
辛	丁	甲	辛	66	56	46	36	26	16	6	기신.금.재성
亥	丑	午	亥	辛	庚	己	戊	丁	丙	乙	구신.토.식상
壬	己	己	壬	丑	子	亥	戌	酉	申	未	한신.화.비겁
수	토	토	수								
정관	식신	식신	정관								

관인상생격(官印相生格)　　월의심천 15일 5시간 1분

　節期(절기)에서 15日 5時間(시간)이라 午火는 中氣(중기)에 해당한다.
　丁火日干(정화일간)이 地支(지지)에 通根(통근)하지 못하고 身弱(신약)하
다. 四柱(사주)에 强(강)한 것은 土星(토성)인 食傷(식상)이다. 食傷(식
상)이 强(강)하면, 피해보는 것은 官星(관성)인데, 구제할 수 있는 五行(오
행)은 木星(목성)과 金星(금성) 두 五行(오행)이다. 金星(금성)을 用神(용
신)으로 잡으면, 比劫(비겁)이 身弱(신약)이라 쓸 수가 없고, 木星(목성)인
印星(인성)에게 부탁하여, 食傷(식상)을 攻擊(공격)하고, 官星(관성)을 保
護(보호)해야 된다.
　酉金 大運(대운)에 酉金은 辛金 偏財(편재) 忌神運(기신운)이다. 辛金 偏
財(편재)가 와서 印星(인성)을 攻擊(공격)하면 印星(인성)이 다치게 되고,
財物(재물)쪽으로 慾心(욕심)이 생기게 된다.
　31세 辛巳年에 辛金 偏財(편재) 忌神運(기신운)이다. 大運(대운)에서 偏

財(편재) 忌神運(기신운) 勢運(세운)에서 偏財(편재) 忌神運(기신운)이라 財星(재성)은 用神(용신)인 印星(인성)을 攻擊(공격)하기 때문에 用神(용신)이 다치게 되어 사리판단 못하게 되므로 陷穽(함정)에 빠지게 된다. 職場生活(직장생활)하고 있는데 退職(퇴직)하고 事業(사업)하려고 한다.

정재		식신	상관				乾命				
화	수	목	목								용신.목.식상
丙	癸	乙	甲								희신.수.비겁
辰	未	亥	辰	63	53	43	33	23	13	3	기신.금.인성
戊	己	壬	戊	壬	辛	庚	己	戊	丁	丙	구신.토.관성
토	토	수	토	午	巳	辰	卯	寅	丑	子	한신.화.재성
정관	편관	겁재	정관								

식상제살격(食傷制殺格)　월의심천 22일 14시간 15분

癸水日柱(계수일주)가 月令(월령)에 得令(득령)하고 比劫(비겁)이 적당한 힘을 維持(유지)하고 있다. 四柱(사주)에 强(강)한 것은 土星(토성)인 官星(관성)이다. 官星(관성)이 强(강)하면, 피해보는 것은 比劫(비겁)인데, 구제할 수 있는 五行(오행)으로는 金星(금성)과 木星(목성) 두 五行(오행)이다. 金星(금성)은 四柱(사주)에 없으므로 用神(용신)의 資格(자격)이 未達(미달)이라 쓸 수가 없고, 木星(목성)인 食傷(식상)에게 부탁하여, 官星(관성)을 攻擊(공격)하고, 比劫(비겁)을 保護(보호)해야 된다.

卯木 大運(대운)에 卯木은 乙木 食神(식신) 用神運(용신운)이다. 乙木 食神(식신) 用神運(용신운)이 오면 무엇인가 變化(변화)이고, 새로운 것을 찾게 된다.

38세 辛巳年에 辛金이 四柱(사주) 時干(시간) 丙火와 丙辛合水局(병신합수국)하면 壬水이고 劫財(겁재) 喜神運(희신운)이다. 大運(대운)에서 用神運(용신운) 勢運(세운)에서 喜神運(희신운)이라 四柱(사주)에 官星(관성)이 強(강)하게 있는데, 職業(직업)이 官職(관직)으로 가면 훗날에 後悔(후회)하게 되는데 官職(관직)으로 있으면서 아무리 生角(생각)해도 職業(직업)이 맞지 않는 것 같아 退職(퇴직)하고 自營業(자영업)을 하려고 準備(준비) 중이다.

편인		편재	인수									
화	토	수	화			乾命						용신.화.인성
丙	戊	壬	丁									희신.토.비겁
辰	寅	寅	亥	69	59	49	39	29	19	9		기신.수.재성
戊	甲	甲	壬	乙	丙	丁	戊	己	庚	辛		구신.금.식상
토	목	목	수	未	申	**酉**	戌	亥	子	丑		한신.목.관성
비견	편관	편관	편재									

살중용인격(殺重用印格) 월의심천 23일 7시간 40분+

戊土日柱(무토일주)가 地支(지지)에 通根(통근)하고 印星(인성)까지 있어 比劫(비겁)이 적당한 힘을 維持(유지)하고 있다. 四柱(사주)에 強(강)한 것은 木星(목성)인 官星(관성)이다. 官星(관성)이 強(강)하면, 피해보는 것은 比劫(비겁)인데, 구제할 수 있는 五行(오행)으로는 金星(금성)과 火星(화성) 두 五行(오행)이다. 金星(금성)은 四柱(사주)에 없으므로 用神(용신)의 資格(자격)이 未達(미달)이라 쓸 수가 없고, 火星(화성)인 印星(인성)에게 부탁하여, 官星(관성)을 泄氣(설기)하고, 比劫(비겁)을 相生(상생)하여 保

護(보호)해야 된다.

酉金 大運(대운)에 酉金은 辛金이므로 四柱(사주) 時干(시간) 丙火와 丙辛合水局(병신합수국)하면 壬水이고 偏財(편재) 忌神運(기신운)이다. 辛金이 와서 丙火 用神(용신)과 合(합)하여 偏財(편재)로 變質(변질)된다면 判斷(판단)을 흐리게 하고, 財物(재물) 慾心(욕심)내다가 陷穽(함정)에 빠지게 된다.

55세 辛巳年에 巳火가 四柱(사주) 年支(년지) 亥水와 巳亥沖(사해충)하면 亥中甲木(해중갑목)이 中氣(중기)에서 나오게 된다. 甲木 偏官(편관) 閑神運(한신운)이다. 官星(관성)이 **夥多**(과다)하기 때문에 官星(관성)에서 문제가 發生(발생)한다. 事業(사업)을 하다가 不實(부실)하여 最惡(최악)이 되었다.

편관	비견	겁재								용신.금.비겁
화	금	금	금			乾命				희신.토.인성
丙	庚	庚	辛							기신.화.관성
戌	寅	寅	卯	66	56	46	36	26	16	6	구신.목.재성
戌	甲	甲	乙	癸	甲	乙	丙	丁	戊	己	한신.수.식상
토	목	목	목	未	申	**酉**	戌	亥	子	丑	
편인	편재	편재	정재							

재다용비격(財多用比格) 월의심천 14일 20시간 17분

庚金日干(경금일간)이 地支(지지)에 通根(통근)하지 못하고 身弱(신약)하다. 四柱(사주)에 强(강)한 것은 木星(목성)인 財星(재성)이다. 財星(재성)이 强(강)하면, 피해보는 것은 印星(인성)인데, 구제할 수 있는 五行(오행)으로는 火星(화성)과 金星(금성) 두 五行(오행)이다. 火星(화성)을 用神(용신)으로 잡으면, 比劫(비겁)이 身弱(신약)이라 쓸 수가 없고, 金星(금성)인 比劫(비겁)이 官星(관성)을 攻擊(공격)하고, 印星(인성)을 保護(보호)해야 된다.

酉金 大運(대운)에 酉金은 辛金이므로 四柱(사주) 時干(시간) 丙火와 丙辛合水局(병신합수국)하면 壬水이고 食神(식신) 閑神運(한신운)이다. 辛金이 와서 丙火 偏官(편관)과 合(합)하여 食神(식신)으로 變質(변질)되면 丙火 職場(직장)이 사라지고 食神(식신)이 財星(재성)을 相生(상생)하면 財星(재성)이 氣高萬丈(기고만장)하여 財星(재성)에서 문제가 發生(발생)하게 된다. 즉 職場(직장), 金錢(금전), 女子문제가 힘들어 진다.

51세 辛巳年에 巳火는 丙火이므로 四柱(사주) 年干(년간) 辛金과 丙辛合水局(병신합수국)하면 壬水이고 食神(식신) 閑神運(한신운)이다. 學院(학원)을 運營(운영)하다가 不實(부실)해서 失敗(실패)하고 婦人(부인)마저 바람나서 結局(결국) 離婚(이혼)하였고 제대로 되는 일이 없다.

인수		식신	식신				乾命						
금	수	목	목								용신.목.식상		
辛	壬	甲	甲								희신.화.재성		
丑	子	戌	申	69	59	49	39	29	19	9	기신.금.인성		
癸	壬	辛	戌	辛	庚	己	戊	丁	丙	乙	구신.토.관성		
수	수	금	토	巳	辰	卯	寅	丑	子	亥	한신.수.비겁		
겁재	비견	인수	편관										

식상생재격 (食傷生財格)   월의심천 6일 7시간 21분

節期(절기)에서 6日 7時間(시간)이라 初氣(초기)에 해당한다. 壬水日柱(임수일주)가 日支(일지)에 得地(득지)하고 印星(인성)까지 있어 太旺(태왕)하다. 四柱(사주)에 强(강)한 것은 水星(수성)인 比劫(비겁)이다. 比劫(비겁)이 强(강)하면, 피해보는 것은 財星(재성)인데, 구제할 수 있는 五行(오행)은 土星(토성)과 木星(목성) 두 五行(오행)이다. 土星(토성)을 用神(용신)으로 잡으면 무엇인가 不安(불안)하고, 木星(목성)인 食傷(식상)에게 부탁하여, 比劫(비겁)을 泄氣(설기)하고, 財星(재성)을 相生(상생)하여 保護(보호)해야 된다.

卯木 大運(대운)에 卯木은 乙木이므로 四柱(사주) 辛金과 乙辛沖(을신충)이다. 乙木이 와서 辛金을 沖(충)하면, 乙木이 다치게 된다. 乙木 運勢(운세)를 받아야 되는데, 받지를 못하고 文書(문서)나, 二姓(이성)문제가 發生(발생)하게 된다.

58세 辛巳年에 巳火는 丙火이므로 四柱(사주) 辛金과 丙辛合水局(병신합수국)하면 壬水이고 比肩(비견) 閑神運(한신운)이다. 大運(대운)에서 乙辛沖(을신충)한 것을 勢運(세운)에서 丙辛合水局(병신합수국)하면 發生(발생)하게 된다. 己土 大運(대운)에 己土가 四柱(사주) 甲木과 甲己合土局(갑기합토국) 하면 戊土이고 偏官(편관) 仇神運(구신운)부터 지금까지 바람만 피우다가 婦人(부인)이 離婚(이혼)하려고 訴訟(소송) 중이다.

<table>
<tr><td>식신</td><td></td><td>편재</td><td>비견</td><td colspan="7" rowspan="2" align="center">坤命</td><td>용신.화.식상</td></tr>
<tr><td>화</td><td>목</td><td>토</td><td>목</td><td>희신.토.재성</td></tr>
<tr><td>丁</td><td>乙</td><td>己</td><td>乙</td><td>67</td><td>57</td><td>47</td><td>37</td><td>27</td><td>17</td><td>7</td><td>기신.수.인성</td></tr>
<tr><td>丑</td><td>丑</td><td>卯</td><td>卯</td><td>丙</td><td>乙</td><td>甲</td><td>癸</td><td>壬</td><td>辛</td><td>庚</td><td>구신.금.관성</td></tr>
<tr><td>己</td><td>己</td><td>乙</td><td>乙</td><td>戌</td><td>酉</td><td>申</td><td>未</td><td>午</td><td>巳</td><td>辰</td><td>한신.목.비겁</td></tr>
<tr><td>토</td><td>토</td><td>목</td><td>목</td><td colspan="7"></td><td></td></tr>
<tr><td>편재</td><td>편재</td><td>비견</td><td>비견</td><td colspan="7"></td><td></td></tr>
</table>

식상생재격(食傷生財格) 월의심천 13일 12시간 24분

乙木日柱(을목일주)가 月令(월령)에 得令(득령)하고 比劫(비겁)이 太旺(태왕)하다. 四柱(사주)에 强(강)한 것은 木星(목성)인 比劫(비겁)이다. 比劫(비겁)이 强(강)하면, 피해보는 것은 財星(재성)인데, 구제할 수 있는 五行(오행)으로는 金星(금성)과 火星(화성) 두 五行(오행)이다. 金星(금성)은 四柱(사주)에 없으므로 用神(용신)의 資格(자격)이 未達(미달)이라 쓸 수가 없고, 火星(화성)인 食傷(식상)에게 부탁하여, 比劫(비겁)을 泄氣(설기)하고, 財星(재성)을 相生(상생)하여 保護(보호)해야 吉(길)하게 된다.

壬水 大運(대운)에 壬水가 四柱(사주) 時干(시간) 丁火와 丁壬木局(정임목국)하면 甲木이고 劫財(겁재) 閑神運(한신운)이다. 壬水가 와서 丁火 用神(용신)과 合(합)하여, 甲木 劫財(겁재)로 變質(변질)되면 올바른 사리판단 못하고, 陷穽(함정)에 빠지게 되고 甲木은 男子이기 때문에 男子에 대한 일이 發生(발생)한다.

27세 辛巳年에 辛金이 四柱(사주) 乙木과 乙辛沖(을신충)이다. 辛金 仇神(구신)와서 乙木 나와 沖(충)하면 乙木이 다치게 된다. 男子를 만나서 사기다가 背信(배신)당하고 또 男子를 만나서 同居生活(동거생활)을 始作(시작)했는데, 갈수록 마음에 들지 않고⋯. 이렇게 男子 福(복)이 없을까?

<table>
<tr><td>편인</td><td>겁재</td><td>정재</td><td colspan="7" align="center">坤命</td><td>용신.금.인성</td></tr>
<tr><td>금</td><td>수</td><td>수</td><td>화</td><td colspan="7"></td><td>희신.수.비겁</td></tr>
<tr><td>庚</td><td>壬</td><td>癸</td><td>丁</td><td>63</td><td>53</td><td>43</td><td>33</td><td>23</td><td>13</td><td>3</td><td>기신.화.재성</td></tr>
<tr><td>戌</td><td>辰</td><td>卯</td><td>未</td><td>庚</td><td>己</td><td>戊</td><td>丁</td><td>丙</td><td>乙</td><td>甲</td><td>구신.목.식상</td></tr>
<tr><td>戊</td><td>戊</td><td>乙</td><td>己</td><td>戌</td><td>酉</td><td>申</td><td>未</td><td>年</td><td>巳</td><td>辰</td><td>한신.토.관성</td></tr>
<tr><td>토</td><td>토</td><td>목</td><td>토</td><td colspan="7"></td><td></td></tr>
<tr><td>편관</td><td>편관</td><td>상관</td><td>정관</td><td colspan="7"></td><td></td></tr>
</table>

살중용인격(殺重用印格)　　월의심천 23일 4시간 48분

壬水日干(임수일간)이 地支(지지)에 通根(통근)하지 못하고 身弱(신약)하다. 四柱(사주)에 强(강)한 것은 土星(토성)인 官星(관성)이다. 官星(관성)이 强(강)하면, 피해보는 것은 比劫(비겁)인데, 구제할 수 있는 五行(오행)으로는 木星(목성)과 金星(금성) 두 五行(오행)이다. 木星(목성)을 用神(용신)으로 잡으면, 比劫(비겁)이 身弱(신약)이라 쓸 수가 없고, 金星(금성)인 印星(인성)에게 부탁하여, 官星(관성)을 泄氣(설기)하고, 比劫(비겁)을 相生(상생)하여 保護(보호)해야 된다.

丁火 大運(대운)에 丁火가 四柱(사주) 日干(일간) 壬水와 丁壬木局(정임목국)하면 甲木이고 食神(식신) 仇神運(구신운)이다. 丁火가 와서 壬水 나와 合(합)하여 食神(식신)이면 즉 丁火는 財物(재물)이고, 食神(식신)은 무엇인가 始作(시작)이라는 뜻이다.

35세 辛巳年에 巳火는 丙火이므로 四柱(사주) 日干(일간) 壬水와 丙壬沖(병임충)이다. 大運(대운)에서 丁壬木局(정임목국)한 것을 勢運(세운)에서 丙壬沖(병임충)하면 發生(발생)하게 된다. 財物(재물)이 필요해서 18살이나 많은 有婦男(유부남)을 만나서 同居生活(동거생활)을 始作(시작)하고 姙娠(임신)까지 했는데 生角(생각)대로 돈을 주지 않고 慾心(욕심) 때문에 陷穽(함정)에 빠졌다.

<table>
<tr><td>상관</td><td></td><td>정재</td><td>정재</td><td rowspan="7" align="center">乾命

65 55 45 35 25 15 5
壬 癸 甲 乙 丙 丁 戊
戌 亥 子 丑 寅 卯 辰</td><td>용신.화.식상</td></tr>
<tr><td>화</td><td>목</td><td>토</td><td>토</td><td>희신.목.비겁</td></tr>
<tr><td>丁</td><td>甲</td><td>己</td><td>己</td><td>기신.수.인성</td></tr>
<tr><td>卯</td><td>午</td><td>巳</td><td>酉</td><td>구신.금.관성</td></tr>
<tr><td>乙</td><td>己</td><td>庚</td><td>辛</td><td>한신.토.재성</td></tr>
<tr><td>목</td><td>토</td><td>금</td><td>금</td><td></td></tr>
<tr><td>겁재</td><td>정재</td><td>편관</td><td>정관</td><td></td></tr>
</table>

식상제살격(食傷制殺格)　　월의심천 13일 4시간 40분

節期(절기)에서 13日 4時間(시간)이라 巳, 午는 中氣(중기)에 해당한다.

甲木日柱(갑목일주)가 地支(지지)에 通根(통근)해도 身弱(신약)하다. 四柱(사주)에 强(강)한 것은 金星(금성)인 官星(관성)이다. 官星(관성)이 强(강)하면, 피해보는 것은 比劫(비겁)인데, 구제할 수 있는 五行(오행)은 水星(수성)과 火星(화성) 두 五行(오행)이다. 水星(수성)은 四柱(사주)에 없으므로 用神(용신)의 資格(자격)이 未達(미달)이라 쓸 수가 없고, 火星(화성)인 食傷(식상)에게 부탁하여, 官星(관성)을 攻擊(공격)하고, 比劫(비겁)을 保護(보호)해야 된다.

寅木 大運(대운)에 寅木은 甲木이므로 四柱(사주) 己土와 甲己合土局(갑기합토국)하면 戊土이고 偏財(편재) 閑神運(한신운)이다. 甲木이 와서 己土와 合(합)하여 偏財(편재) 閑神運(한신운)이면 즉 甲木은 男子이고, 己土는 婦人(부인)이라, 親舊(친구)에게 나의 婦人(부인)을 뺏긴다는 뜻이다.

33세 辛巳年에 辛金이 四柱(사주) 時支(시지) 乙木과 乙辛沖(을신충)이다. 辛金이 와서 乙木을 沖(충)하면 比劫(비겁) 喜神(희신)이 힘을 못 쓰고 乙木이 다치게 된다. 女子를 만나서 婦人(부인)과는 別居生活(별거생활)을 하고 後悔(후회)하고 집에 가려고 하니까 婦人(부인)이 다른 男子를 만나고 있다.

<table>
<tr><td colspan="4">편인　　정재　인수</td><td rowspan="6" align="center">乾命

66　56　46　36　26　16　6
己　戊　丁　丙　乙　甲　癸
亥　戌　酉　申　未　午　巳</td><td>용신.금.식상</td></tr>
<tr><td>화</td><td>토</td><td>수</td><td>화</td><td>희신.수.재성</td></tr>
<tr><td>丁</td><td>己</td><td>壬</td><td>丙</td><td>기신.화.인성</td></tr>
<tr><td>卯</td><td>酉</td><td>辰</td><td>午</td><td>구신.목.관성</td></tr>
<tr><td>乙</td><td>辛</td><td>戊</td><td>己</td><td>한신.토.비겁</td></tr>
<tr><td>목</td><td>금</td><td>토</td><td>토</td><td></td></tr>
<tr><td colspan="4">편관　식신　겁재　비견</td><td></td></tr>
</table>

식상생재격(食傷生財格)　월의심천 14일 15시간 33분

節期(절기)에서 14日 15時間(시간)이라 午火는 中氣(중기)에 해당한다.

己土日柱(기토일주)가 月令(월령)에 得令(득령)하고 印星(인성)까지 있어 太旺(태왕)하다. 四柱(사주)에 强(강)한 것은 土星(토성)인 比劫(비겁)이다. 比劫(비겁)이 强(강)하면, 피해보는 것은 財星(재성)인데, 구제할 수 있는 五行(오행)은 木星(목성)과 金星(금성) 두 五行(오행)이다. 木星(목성)을 用神(용신)으로 잡기는 무엇인가 不安(불안)하고, 金星(금성)인 食傷(식상)에게 부탁하여, 比劫(비겁)을 泄氣(설기)하고, 財星(재성)을 相生(상생)하여 保護(보호)해야 된다.

丙火 大運(대운)에 丙火가 四柱(사주) 日支(일지) 辛金과 丙辛合水局(병신합수국)하면 壬水이고 正財(정재) 喜神運(희신운)이다. 正財(정재)가 喜神運(희신운)이면 財物(재물)이나, 女子쪽으로 吉(길)하게 된다.

36세 辛巳年에 辛金이 四柱(사주) 年干(년간) 丙火와 丙辛合水局(병신합수국)하면 壬水이고 正財(정재) 喜神運(희신운)이다. 未土 大運(대운)에 未土는 己土 比肩(비견) 閑神運(한신운)에 婦人(부인)과 別居生活(별거생활)을 했는데 지금 와서 生角(생각)해보면 잘 못했다는 것을 깊이 뉘우치고 婦人(부인)과 다시 합치려고 한다.

편관		정재	비견								용신.토.비겁
목	토	수	토				乾命				희신.화.인성
甲	戊	癸	戊								기신.목.관성
子	戌	亥	申	65	55	45	35	25	15	5	구신.수.재성
癸	戊	壬	庚	庚	己	戊	丁	丙	乙	甲	한신.금.식상
수	토	수	금	午	巳	辰	卯	寅	丑	子	
정재	비견	편재	식신								

재다용비격(財多用比格)　　월의심천 17일 6시간 30분

　戊土日柱(무토일주)가 日支(일지)에 得地(득지)하고 比劫(비겁)이 적당한 힘을 維持(유지)하고 있다. 四柱(사주)에 强(강)한 것은 水星(수성)인 財星(재성)이다. 財星(재성)이 强(강)하면, 피해보는 것은 印星(인성)인데, 구제할 수 있는 五行(오행)으로는 土星(토성)과 木星(목성) 두 五行(오행)이다. 木星(목성)을 用神(용신)으로 잡으면 比劫(비겁)이 身弱(신약)되기 때문에 쓸 수가 없고, 土星(토성)인 比劫(비겁)이 財星(재성)을 攻擊(공격)하고, 印星(인성)을 保護(보호)해야 된다.

　寅木 大運(대운)에 寅木이 四柱(사주) 年支(년지) 申金과 寅申沖(인신충)하면 申中壬水(신중임수)가 中氣(중기)에서 나오게 된다. 壬水 偏財(편재) 仇神運(구신운)이다. 四柱(사주)에 財星(재성)이 强(강)하게 있는데 財星運(재성운)이 오면 財物(재물)쪽으로 慾心(욕심)내지 말아야 하는데 오히려 慾心(욕심) 때문에 陷穽(함정)에 빠지게 된다.

　34세 辛巳年에 巳火가 四柱(사주) 月支(월지) 亥水와 巳亥沖(사해충)하면 亥中甲木(해중갑목)이 나오게 된다. 甲木 偏官(편관) 忌神運(기신운)이다. 大運(대운)에서 壬水 仇神運(구신운) 勢運(세운)에서 甲木 忌神運(기신운)이라 올바른 生角(생각)을 못하게 되는데 職場(직장)을 退職(퇴직)하고 事業(사업)을 하려고 準備(준비) 중이다.

편재		비견	편관		坤命						용신.화.인성
수	토	토	목								희신.토.비겁
癸	己	己	乙	64	54	44	34	24	14	4	기신.수.재성
酉	卯	卯	巳	丙	乙	甲	癸	壬	辛	庚	구신.금.식상
辛	乙	乙	丙	戌	酉	申	未	午	巳	辰	한신.목.관성
금	목	목	화								
식신	편관	편관	인수								

살중용인격(殺重用印格)　월의심천 20일 14시간 29분

己土日干(기토일간)이 地支(지지)에 通根(통근)하지 못하고 身弱(신약)하다. 四柱(사주)에 强(강)한 것은 木星(목성)인 官星(관성)이다. 官星(관성)이 强(강)하면, 피해보는 것은 比劫(비겁)인데, 구제할 수 있는 五行(오행)은 金星(금성)과 火星(화성) 두 五行(오행)이다. 金星(금성)을 用神(용신)으로 잡으면 比劫(비겁)이 身弱(신약)이라 쓸 수가 없고, 火星(화성)인 印星(인성)에게 부탁하여, 官星(관성)을 泄氣(설기)하고, 比劫(비겁)을 相生(상생)하여 保護(보호)해야 된다.

癸水 大運(대운)에 癸水 偏財(편재) 忌神運(기신운)이다. 偏財(편재)가 와서 官星(관성)을 相生(상생)하면 官星(관성)이 더욱 强(강)하게 되므로 官星(관성)에서 문제가 發生(발생)한다. 즉 職場(직장)이나, 官災(관재), 男子, 女子문제 등이다.

37세 辛巳年에 辛金이 四柱(사주) 年支(년지) 丙火와 丙辛合水局(병신합수국)하면 壬水이고 正財(정재) 忌神運(기신운)이다. 辛金이 와서 丙火 用神(용신)과 合(합)하여 正財(정재)로 變質(변질)되므로 官星(관성)이 强(강)하게 되어 比劫(비겁)을 攻擊(공격)하면 比劫(비겁)이 다치게 된다.

丙火 印星(인성)이 살았다면 打擊(타격)이 弱(약)하게 되는데 男便(남편)이 有夫女(유부녀)를 만나다가 相對方(상대방) 男便(남편)이 姦通罪(간통죄)로 告發(고발)하여 여러 가지 문제가 많다.

						坤命					
식신		비견	정재								
금	토	토	수								용신.토.비겁
庚	戊	戊	癸								희신.화.인성
申	子	午	卯	69	58	49	39	29	19	9	기신.목.관성
壬	壬	丙	甲	乙	甲	癸	壬	辛	庚	己	구신.수.재성
수	수	화	목	丑	子	亥	戌	酉	申	未	한신.금.식상
편재	편재	편인	편관								

재다용비격(財多用比格) 월의심천 7일 21시간 16분

節期(절기)에서 7日 21時間(시간)이라 卯, 午, 子는 初氣(초기)에 해당하고 申金은 中氣(중기)에 해당한다.

戊土日干(무토일간)이 地支(지지)에 通根(통근)하지 못하고 身弱(신약)하다. 四柱(사주)에 强(강)한 것은 水星(수성)인 財星(재성)이다. 財星(재성)이 强(강)하면, 피해보는 것은 印星(인성)인데, 구제할 수 있는 五行(오행)은 木星(목성)과 土星(토성) 두 五行(오행)이다. 木星(목성)을 用神(용신)으로 잡으면, 比劫(비겁)이 身弱(신약)이라 쓸 수가 없고, 土星(토성)인 比劫(비겁)이 財星(재성)을 攻擊(공격)하고, 印星(인성)을 保護(보호)해야 된다.

壬水 大運(대운)에 壬水가 四柱(사주) 月支(월지) 丙火와 丙壬沖(병임충)이다. 壬水 偏財(편재) 仇神(구신)이 와서 丙火 喜神(희신)과 沖(충)하면 丙火가 다치게 된다. 文書(문서)나 二姓(이성)문제가 發生(발생)하게 된다.

39세 辛巳年에 辛金이 四柱(사주) 月支(월지) 丙火와 丙辛合水局(병신합수국)하면 壬水이고 偏財(편재) 仇神運(구신운)이다. 大運(대운)에서 丙壬沖(병임충)한 것을 勢運(세운)에서 丙辛合水局(병신합수국)하면 문제가 發生(발생)하게 된다. 合(합)하여 壬水로 變質(변질)되어 水氣(수기)가 夥多(과다)하면 甲木이 어떻게 많은 水氣(수기)를 감당 하겠는가 甲木이 浮木(부목)되어 洪水(홍수)물에 떠내려가는 현상과 마찬가지이다. 自營業(자영업)을 運營(운영)하고 있는데 男便(남편)이 女子를 만나서 家出(가출)하고 集(집)에 들어왔다가 또 家出(가출)하고 어떻게 해야 올바른 判斷(판단)인지 分揀(분간) 못하고 있다.

식신		정재	편인								용신.토.재성
화	목	토	수				乾命				희신.금.관성
丁	乙	戊	癸								
亥	巳	午	卯	69	59	49	39	29	19	9	기신.목.비겁
壬	丙	丁	乙	辛	壬	癸	甲	乙	丙	丁	구신.수.인성
수	화	화	목	亥	子	丑	寅	卯	辰	巳	한신.화.식상
인수	상관	식신	비견								

제살태과격(制殺太過格)　월의심천 25일 3시간 16분

乙木日柱(을목일주)가 地支(지지)에 通根(통근)하고 印星(인성)까지 있어 身强(신강)하다. 四柱(사주)에 强(강)한 것은 火星(화성)인 食傷(식상)이다. 食傷(식상)이 强(강)하면, 피해보는 것은 官星(관성)인데, 구제할 수 있는 五行(오행)으로는 水星(수성)과 土星(토성) 두 五行(오행)이다. 水星(수성)을 用神(용신)으로 잡으면 比劫(비겁)이 더욱 身强(신강)되기 때문에 쓸 수가 없고, 土星(토성)인 財星(재성)에게 부탁하여, 食傷(식상)을 泄氣(설기)하고, 官星(관성)을 相生(상생)하여 保護(보호)해야 된다.

甲木 大運(대운)에 甲木 劫財(겁재) 忌神運(기신운)이다. 比劫(비겁)이 强(강)하게 되어 財星(재성)을 剋(극)하면 財星(재성)이 당하게 된다.

39세 辛巳年에 巳火가 四柱(사주) 時支(시지) 亥水와 巳亥沖(사해충)하면 亥中甲木(해중갑목)이 中氣(중기)에서 나오게 된다. 甲木 劫財(겁재) 忌神運(기신운)이다. 大運(대운)에서 忌神運(기신운) 勢運(세운)에서 忌神運(기신운)이라 事業(사업)을 運營(운영)하다가 失敗(실패)하고 말았다.

정관		겁재	식신				坤命				용신.금.식상
목	토	토	금								용신.금.식상
乙	戊	己	庚								희신.수.재성
卯	午	丑	戌	70	60	50	40	30	20	20	기신.화.인성
乙	丁	己	戊	壬	癸	甲	乙	丙	丁	戊	구신.목.관성
목	화	토	토	午	未	申	酉	戌	亥	子	한신.토.비겁
정관	인수	겁재	비견								

식상생재격(食傷生財格)　　월의심천 26일 21시간 45분

戊土日柱(무토일주)가 月令(월령)에 得令(득령)하고 印星(인성)까지 있어 太旺(태왕)하다. 四柱(사주)에 强(강)한 것은 土星(토성)인 比劫(비겁)이다. 比劫(비겁)이 强(강)하면, 피해보는 것은 財星(재성)인데, 구제할 수 있는 五行(오행)으로는 木星(목성)과 金星(금성) 두 五行(오행)이다. 木星(목성)을 用神(용신)으로 잡기는 무엇인가 不安(불안)하고, 金星(금성)인 食傷(식상)에게 부탁하여, 比劫(비겁)을 泄氣(설기)하고, 財星(재성)을 相

生(상생)하여 保護(보호)해야 된다.

丙火 大運(대운)에 丙火 偏印(편인) 忌神運(기신운)이다. 丙火 偏印(편인)이 와서 比劫(비겁)을 相生(상생)하면 比劫(비겁)이 더욱 强(강)하게 되어 財星(재성)이 다치게 되고 丙火는 文書(문서)이기 때문에 文書(문서)문제가 發生(발생)하게 된다.

32세 辛巳年에 巳火는 丙火 偏印(편인) 忌神運(기신운)이다. 大運(대운)에서 丙火가 와서 比劫(비겁)이 强(강)하게 되었는데 勢運(세운)에서 丙火가 다시 와서 比劫(비겁)을 相生(상생)하면 比劫(비겁)이 더욱 强(강)하게 되므로 사리판단 못하고 財星(재성)을 攻擊(공격)하여 財星(재성)이 다치게 된다. 職場生活(직장생활)하다가 退職(퇴직)하고 自營業(자영업)을 始作(시작)했는데 始作(시작)하자마자 不安(불안)하고 무엇인가 잘못되었다는 것을 알았다.

정관		비견	정재		乾命							
목	토	토	수									용신.금.식상
甲	己	己	壬									희신.수.재성
戌	酉	酉	子	69	59	49	39	29	19	9		기신.화.인성
辛	庚	庚	壬	丙	乙	甲	癸	壬	辛	庚		구신.목.관성
금	금	금	수	辰	卯	寅	丑	子	亥	戌		한신.토.비겁
식신	상관	상관	정재									

종아격(從我格) 월의심천 7일 22시간 15분

節期(절기)에서 7日 22時間(시간)이라 初氣(초기)에 해당한다. 己土日干(기토일간)이 地支(지지)에 通根(통근)하지 못하고 身弱(신약)하다. 四柱(사주)에 强(강)한 것은 金星(금성)인 食傷(식상)이다. 食傷(식상)이 强(강)하면, 피해보는 것은 官星(관성)인데, 구제할 수 있는 五行(오행)은 水星(수성)과 火星(화성) 두 五行(오행)이다. 水星(수성)을 用神(용신)으로 잡으면 比劫(비겁)이 身弱(신약)이라 쓸 수가 없고, 强(강)한 金星(금성)을 剋(극)하는 火星(화성)이 없기 때문에, 일반 四柱(사주)와 달리 强者(강자)의 勢力(세력)에 大勢(대세)를 따라 가야 吉(길)하게 된다.

壬水 大運(대운)에 壬水 正財(정재) 喜神運(희신운)이다. 壬水 正財(정재) 喜神運(희신운)이 오면 무엇인가 始作(시작)이고 財物(재물)이나, 女子쪽으로 吉(길)하게 된다는 뜻이다.

30세 辛巳年에 巳火는 丙火이므로 四柱(사주) 時支(시지) 辛金과 丙辛合水局(병신합수국)하면 壬水이고 正財(정재) 喜神運(희신운)이다. 丙火 文書(문서)가 와서 辛金과 合(합)하여 正財(정재) 喜神運(희신운)으로 變質(변질)된다면 文書(문서)가 움직인다는 뜻이고 財物(재물)쪽으로 發展(발전)하게 된다. 職場生活(직장생활)하다가 退職(퇴직)하고 自營業(자영업)을 開業(개업)해서 서서히 出發(출발)하고 있다.

편재		정관	정관								용신.수.재성
수	토	목	목			坤命					희신.목.관성
癸	己	甲	甲								기신.토.비겁
酉	丑	戌	寅	63	53	43	33	23	13	3	구신.화.인성
庚	癸	辛	戊	丁	戊	己	庚	辛	壬	癸	한신.금.식상
금	수	금	토	卯	辰	巳	午	**未**	申	酉	
상관	편재	식신	겁재								

재살태과격(制殺太過格)　　월의심천 6일 17시간 15분

節期(절기)에서 6日 17時間(시간)이라 初氣(초기)에 해당한다. 己土日柱(기토일주)가 地支(지지)에 通根(통근)하고 比劫(비겁)이 적당한 힘을 維持(유지)하고 있다. 四柱(사주)에 强(강)한 것은 金星(금성)인 食傷(식상)이다. 食傷(식상)이 强(강)하면, 피해보는 것은 官星(관성)인데, 구제할 수 있는 五行(오행)은 火星(화성)과 水星(수성) 두 五行(오행)이다. 火星(화성)은 四柱(사주)에 없으므로 用神(용신)의 資格(자격)이 未達(미달)이라 쓸 수가 없고, 水星(수성)인 財星(재성)에게 부탁하여, 食傷(식상)을 泄氣(설기)하고, 官星(관성)을 相生(상생)하여 保護(보호)해야 된다.

未土 大運(대운)에 未土는 己土이므로 四柱(사주) 甲木과 甲己合土局(갑기합토국)하면 戊土이고 劫財(겁재) 忌神運(기신운)이다. 己土가 와서 甲木과 合(합)하여 戊土 忌神運(기신운)이면 甲木 正官(정관) 喜神(희신)이 힘이 喪失(상실)되므로 職場(직장)이나, 男子쪽으로 문제가 發生(발생)하게 된다.

28세 辛巳年에 辛金 食神(식신) 閑神運(한신운)이다. 四柱(사주)에 食傷(식상)이 强(강)하게 있는데, 食神運(식신운)이 오면 官星(관성)을 攻

擊(공격)하게 되어 官星(관성)이 다치게 된다. 自營業(자영업)을 하고 있는데 너무 不實(부실)하여 賣買(매매)하고 다른 業種(업종)으로 다시 始作(시작)하려고 한다.

상관		편관	비견	坤命							용신.목.인성
토	화	수	화								희신.수.관성
己	丙	壬	丙								기신.금.재성
亥	寅	辰	申	69	59	49	39	29	19	9	구신.토.식상
壬	甲	戊	庚	乙	丙	丁	戊	己	庚	辛	한신.화.비겁
수	목	토	금	酉	戌	亥	子	丑	寅	卯	
편관	편인	식신	편재								

관인상생격(官印相生格) 월의심천 24일 17시간 59분

丙火日干(병화일간)이 地支(지지)에 通根(통근)하지 못하고 身弱(신약)하다. 四柱(사주)에 强(강)한 것은 土星(토성)인 食傷(식상)이다. 食傷(식상)이 强(강)하면, 피해보는 것은 官星(관성)인데, 구제할 수 있는 五行(오행)으로는 木星(목성)과 金星(금성) 두 五行(오행)이다. 金星(금성)을 用神(용신)으로 잡으면 比劫(비겁)이 身弱(신약)이라 쓸 수가 없고, 木星(목성)인 印星(인성)에게 부탁하여, 食傷(식상)을 攻擊(공격)하고, 官星(관성)을 相生(상생)하여 保護(보호)해야 된다.

子水 大運(대운)에 子水가 四柱(사주) 年支(년지) 申, 月支(월지) 辰과 申子辰水局(신자진수국)하면 壬水이고 偏官(편관) 喜神運(희신운)이다. 喜神(희신)이라 할지라도 吉(길)하지 않고, 凶(흉)이 된다. 三合(삼합)으로 偏官(편관)이 너무나 夥多(과다)하여 日干(일간)을 攻擊(공격)하기 때문에 不

吉(불길)하고 職場(직장)이나, 男子 때문에 힘들게 된다.

46세 辛巳年에 辛金이 四柱(사주) 丙火와 丙辛合水局(병신합수국)하면 壬水이고 偏官(편관) 喜神運(희신운)이다. 大運(대운)에서 申子辰水局(신자진수국) 壬水 偏官運(편관운) 勢運(세운)에서 丙辛合水局(병신합수국)이라, 偏官(편관)이 夥多(과다)하여 官星(관성)에서 문제가 생긴다. 男便(남편)이 보기 싫어 하루가 地獄(지옥)이라 生角(생각)하고 있다.

정관		인수	정재			乾命					용신.목.재성
화	금	토	목								희신.수.식상
丁	庚	己	乙	66	56	46	36	26	16	6	기신.금.비겁
亥	辰	卯	未	壬	癸	甲	乙	丙	丁	戊	구신.토.인성
乙	戊	乙	乙	申	酉	戌	亥	子	丑	寅	한신.화.관성
목	토	목	목								
정재	편인	정재	정재								

종재격(從財格)　　　월의심천 14일 4시간 59분

四柱(사주)에 亥卯未(해묘미) 三子 중 月支(월지)에 한자가 있기 때문에 三合(삼합)이 成立(성립)된다.

庚金日干(경금일간)이 地支(지지)에 通根(통근)하지 못하고 身弱(신약)하다. 四柱(사주)에 强(강)한 것은 木星(목성)인 財星(재성)이다. 財星(재성)이 强(강)하면, 피해보는 것은 印星(인성)인데 구제할 수 있는 五行(오행)은 金星(금성)과 火星(화성) 두 五行(오행)이다. 火星(화성)을 用神(용신)으로 잡으면, 比劫(비겁)이 身弱(신약)이라 쓸 수가 없고, 强(강)한 木星(목성)을 剋(극)하는 金星(금성)이 四柱(사주)에 없으므로, 일반 四柱(사주)와 달리

强者(강자)의 勢力(세력)에 大勢(대세)를 따라 가야 吉(길)하게 된다.

　甲木 大運(대운)에 甲木이 四柱(사주) 月干(월간) 己土와 甲己合土局(갑기합토국)하면 戊土이고 偏印(편인) 仇神運(구신운)이다. 甲木 偏財(편재)가 와서 合(합)하여 偏印(편인) 仇神運(구신운)이면 甲木은 財物(재물)이나, 女子이기 때문에 文書(문서)나 女子문제가 發生(발생)하게 된다.

　47세 辛巳年에 辛金이 四柱(사주) 乙木과 乙辛沖(을신충)이다. 辛金 劫財(겁재) 女子가 와서 乙木 用神(용신)과 沖(충)이라 올바른 生角(생각)을 하지 못하고 陷穽(함정)에 빠지게 된다. 우연히 女子를 만나서 정이 들어 戀人(연인) 사이가 되었고 서로 家庭(가정)이 있으니까 만나다가 時間(시간)이 부족하고 오래도록 같이 있고 싶은데, 家庭(가정) 때문에 문제가 많아 각자 離婚(이혼)하고 정식으로 만나서 結婚(결혼)하려고 한다.

인수		식신	상관										
화	토	금	금		坤命							용신.화.인성	
丁	戊	庚	辛									희신.토.비겁	
巳	寅	寅	亥	65	55	45	35	25	15	5		기신.수.재성	
丙	甲	甲	壬	丁	丙	乙	甲	癸	壬	辛		구신.금.식상	
화	목	목	수	酉	申	未	午	巳	辰	卯		한신.목.관성	
편인	편관	편관	편재										

살중용인격(殺重用印格)　　월의심천 17일 14시간 5분

　戊土日干(무토일간)이 地支(지지)에 通根(통근)하지 못하고 身弱(신약)하다. 四柱(사주)에 强(강)한 것은 木星(목성)인 官星(관성)이다. 官星(관성)이 强(강)하면, 피해보는 것은 比劫(비겁)인데, 구제할 수 있는 五行(오행)으로는 金星(금성)과 火星(화성) 두 五行(오행)이다. 金星(금성)을 用神(용신)으로 잡으면, 比劫(비겁)이 身弱(신약)이라 쓸 수가 없고, 火星(화성)이 印星(인성)에게 부탁하여, 官星(관성)을 泄氣(설기)하고, 比劫(비겁)을 相生(상생)하여 保護(보호)해야 된다.

巳火 大運(대운)에 巳火가 四柱(사주) 年支(년지) 亥水와 巳亥沖(사해충)하면, 亥中甲木(해중갑목)이 中氣(중기)에서 나오게 된다. 甲木이 나와서 무엇을 하는가 四柱(사주) 月干(월간) 庚金과 甲庚沖(갑경충)이다. 甲木이 와서 庚金과 沖(충)하면 職場(직장)과 밥그릇이 잘 못 된다는 뜻이다.

31세 辛巳年에 辛金이 四柱(사주) 時支(시지) 丙火와 丙辛合水局(병신합수국)하면 壬水이고 偏財(편재) 忌神運(기신운)이다. 辛金이 와서 丙火 用神(용신)과 合(합)하여 偏財(편재) 忌神(기신)으로 變質(변질)된다면 偏財(편재)가 官星(관성)을 相生(상생)하면 官星(관성)이 强(강)하게 되므로 官星(관성)이 夥多(과다)하여 官星(관성)에서 문제가 發生(발생)하고 官星(관성)은 比劫(비겁)을 攻擊(공격)하므로 比劫(비겁)이 다치게 된다. 自營業(자영업)을 하고 있는데, 收入(수입)이 不振(부진)해서, 賣買(매매)하려고 하고 健康(건강)이 문제가 있어 運營(운영)이 잘 된다 해도 정리를 해야 되는 상태이고 愛人(애인)과도 사이가 점점 멀어지고 있는 느낌이다.

화격(化格)　　　월의심천 26일 1시간 23분

　癸水日干(계수일간)이 時干(시간) 戊土와 戊癸火局(무계화국)으로 干合(간합)하고, 月支(월지)에 午火가 있기 때문에 化格(화격)이 成立(성립)된다. 剋(극)하는 水星(수성)이 있으면 火格(화격)이 成立(성립)될 수가 없다. 火格(화격)은 四柱(사주) 속에 干合(간합)이 표시하는 五行(오행)에 해당하는 干支(간지)가 많을수록 吉(길)한데, 만일 이것이 부족할 때는 이를 生(생)하는 運(운)이 吉(길)하고 반면에 太過(태과)할 때는 이를 泄氣(설기)하는 運(운)이 吉(길)하다. 가령 戊癸火局(무계화국)에 있어서 火가 부족할 때는 火,木, 運(운)이 吉(길)하고, 火가 夥多(과다)하면, 土, 火, 運(운)이 吉(길)하게 된다.

　乙木 大運(대운)에 乙木이 四柱(사주) 月干(월간) 庚金과 乙庚金局(을경금국)하면 庚金이고 印綬(인수) 閑神運(한신운)이다. 乙木이 와서 庚金과 合(합)으로 묶인다면 文書(문서)나, 二姓(이성)문제가 묶인 것과 마찬가지다.

　53세 辛巳年에 辛金이 四柱(사주) 日支(일지) 丙火와 丙辛合水局(병신합수국)하면 壬水이고 劫財(겁재) 仇神運(구신운)이다. 辛金이 와서 丙火와 合(합)하여 壬水 仇神運(구신운)이라 配偶者(배우자) 궁이 흔들리고 있다.

結婚(결혼)을 몇 번씩이나 했는데 남은 것은 없고, 또 離婚(이혼)이라 女子의 福(복)이 왜 이리 없단 말인가?

비견		편인	편인				乾命					용신.화.재성
수	수	금	금									희신.목.식상
壬	壬	庚	庚									기신.수.비겁
寅	申	辰	子	68	58	48	38	28	18	8		구신.금.인성
丙	壬	壬	壬	丁	丙	乙	甲	癸	壬	辛		한신.토.관성
화	수	수	수	亥	戌	酉	申	未	午	巳		
편재	비견	비견	비견									

무격(無格)　　월의심천 9일 0시간 46분

節期(절기)에서 9日 0時間(시간) 46分(분)이라 寅木은 中氣(중기)에 해당하고, 申子辰水局(신자진수국) 三合(삼합)이 月支(월지)에 한자가 있기 때문에 三合(삼합)이 成立(성립)된다. 壬水日柱(임수일주)가 月令(월령)에 得令(득령)하고 印星(인성)까지 있어 太旺(태왕)하다. 四柱(사주)에 强(강)한 것은 水星(수성)인 比劫(비겁)이다. 比劫(비겁)이 强(강)하면, 피해보는 것은 財星(재성)인데, 구제할 수 있는 五行(오행)은 土星(토성)과 木星(목성) 두 五行(오행)이다. 四柱(사주)에 木星(목성)과 土星(토성) 두 五行(오행)이 없기 때문에 比劫(비겁)에게 당하고 있는 財星(재성) 自己(자기)가 用神(용신)이 된다.

甲木 大運(대운)에 甲木이 四柱(사주) 庚金과 甲庚沖(갑경충)이다. 甲木 食神(식신) 喜神(희신)이 와서 庚金과 沖(충)하면 甲木이 다치게 된다. 甲木 喜神(희신)의 도움을 받아야 되는데 丙火 用神(용신)이 도움을 받지

못하게 된다.

42세 辛巳年에 辛金이 四柱(사주) 時支(시지) 丙火와 丙辛合水局(병신합수국)하면 壬水이고 比肩(비견) 忌神運(기신운)이다. 辛金이 와서 丙火 用神(용신)과 合(합)하여 比肩(비견)으로 變質(변질)된다면 나의 財物(재물)이 사라지고 太陽(태양)이 없어진 것과 마찬가지인데 어떻게 農事(농사)가 되겠는가, 事業(사업)을 하고 있는데 繼續(계속) 不振(부진)하여 이제는 더 이상 運營(운영)할 수가 없을 정도까지 왔다.

<table>
<tr><td>편인</td><td></td><td>겁재</td><td>상관</td><td colspan="7">坤命</td><td>용신.금.식상</td></tr>
<tr><td>화</td><td>토</td><td>토</td><td>금</td><td></td><td></td><td></td><td></td><td></td><td></td><td></td><td>희신.수.재성</td></tr>
<tr><td>丙</td><td>戊</td><td>己</td><td>辛</td><td>63</td><td>53</td><td>43</td><td>33</td><td>23</td><td>13</td><td>3</td><td>기신.화.인성</td></tr>
<tr><td>辰</td><td>辰</td><td>亥</td><td>丑</td><td>丙</td><td>乙</td><td>甲</td><td>癸</td><td>壬</td><td>辛</td><td>庚</td><td>구신.목.관성</td></tr>
<tr><td>戊</td><td>戊</td><td>壬</td><td>己</td><td>午</td><td>巳</td><td>辰</td><td>卯</td><td>寅</td><td>丑</td><td>子</td><td>한신.토.비겁</td></tr>
<tr><td>토</td><td>토</td><td>수</td><td>토</td><td></td><td></td><td></td><td></td><td></td><td></td><td></td><td></td></tr>
<tr><td>비견</td><td>비견</td><td>편재</td><td>겁재</td><td></td><td></td><td></td><td></td><td></td><td></td><td></td><td></td></tr>
</table>

식상생재격 (食傷生財格)   월의심천 23일 7시간 44분

戊土日柱(무토일주)가 日支(일지)에 得地(득지)하고 印星(인성)까지 있어 太旺(태왕)하다. 四柱(사주)에 强(강)한 것은 土星(토성)인 比劫(비겁)이다. 比劫(비겁)이 强(강)하면, 피해보는 것은 財星(재성)인데, 구제할 수 있는 五行(오행)으로는 木星(목성)과 金星(금성) 두 五行(오행)이다. 木星(목성)은 四柱(사주)에 없으므로 用神(용신)의 資格(자격)이 未達(미달)이라 쓸 수가 없고, 金星(금성)인 食傷(식상)에게 부탁하여, 比劫(비겁)을 泄氣(설기)하고, 財星(재성)을 相生(상생)하여 保護(보호)해야 된다.

卯木 大運(대운)에 卯木은 乙木이므로 四柱(사주) 年干(년간) 辛金과 乙辛沖(을신충)이다. 乙木이 와서 辛金 用神(용신)을 沖(충)하면 辛金과 乙木이 싸우는 사이 比劫(비겁)이 財星(재성)을 攻擊(공격)하게 되어 財星(재성)이 다치게 된다.

41세 辛巳年에 巳火가 四柱(사주) 月支(월지) 亥水와 巳亥沖(사해충)하면, 亥中甲木(해중갑목)이 中氣(중기)에서 나오게 된다. 甲木이 나와서 무엇을 하는가 四柱(사주) 己土와 甲己合土局(갑기합토국)하면 戊土이고 比肩(비견) 閑神運(한신운)이다. 四柱(사주)에 比劫(비겁)이 强(강)하게 있는데, 比劫運(비겁운)이 왔으니 衣類(의류) 쪽으로 事業(사업)을 하고 있는데, 不振(부진)하여 정리하고 따 業種(업종)으로 하려고 한다.

편인		편인	비견				乾命				용신.수.관성
목	화	목	화								용신.수.관성
乙	丁	乙	丁								희신.금.재성
巳	亥	巳	未	67	57	47	37	27	17	7	기신.토.식상
丙	壬	丙	己	戊	己	庚	辛	壬	癸	甲	구신.화.비겁
화	수	화	토	戌	亥	子	丑	寅	卯	辰	한신.목.인성
겁재	정관	겁재	식신								

재자약살격 (財滋弱殺格) 월의심천 16일 20시간 13분

丁火日柱(정화일주)가 月令(월령)에 得令(득령)하고 印星(인성)까지 있어 太旺(태왕)하다. 四柱(사주)에 强(강)한 것은 火星(화성)인 比劫(비겁)이다. 比劫(비겁)이 强(강)하면, 피해보는 것은 財星(재성)인데, 구제할 수 있는 五行(오행)으로는 水星(수성)과 土星(토성) 두 五行(오행)이다. 土星(토성)을 用神(용신)으로 잡으면, 陰陽調喉(음양조후) 때문에 쓸 수가 없고, 水星(수성)인 官星(관성)에게 부탁하여, 比劫(비겁)을 攻擊(공격)하고, 財星(재성)을 保護(보호)해야 된다.

寅木 大運(대운)에 寅木은 甲木이므로 四柱(사주) 年支(년지) 己土와 甲己合土局(갑기합토국)하면 戊土이고 傷官(상관) 忌神運(기신운)이다. 傷官運(상관운)이 오면 比劫(비겁)은 食傷(식상)을 相生(상생)하므로 食傷(식상)이 强(강)하게 되어 官星(관성)을 攻擊(공격)하여, 官星(관성)이 다치게 된다.

35세 辛巳年에 巳火가 四柱(사주) 日支(일지) 亥水와 巳亥沖(사해충)하면 亥中甲木(해중갑목)이 中氣(중기)에서 나오게 된다. 甲木이 나와서 무엇을 하는가 四柱(사주) 年支(년지) 己土와 甲己合土局(갑기합토국)하면 戊土이고 傷官(상관) 忌神運(기신운)이다. 大運(대운)에서 戊土 傷官運(상관운) 勢運(세운)에서 戊土 傷官運(상관운) 무엇인가 始作(시작)한다는 의미인데 自營業(자영업)을 하려고 準備(준비) 중이다.

편관		편인	정관				坤命					용신.목.관성
목	토	화	목									희신.수.재성
甲	戊	丙	乙	63	53	43	33	23	13	3		기신.금.식상
子	辰	戌	未	癸	壬	辛	庚	己	戊	丁		구신.토.비겁
癸	戊	戊	己	巳	辰	卯	寅	丑	子	亥		한신.화.인성
수	토	토	토									
정재	비견	비견	겁재									

재자약살격(財滋弱殺格)　　월의심천 25일 13시간 7분

戊土日柱(무토일주)가 月令(월령)에 得令(득령)하고 印星(인성)까지 있어 太旺(태왕)하다. 四柱(사주)에 强(강)한 것은 土星(토성)인 比劫(비겁)이다. 比劫(비겁)이 强(강)하면, 피해보는 것은 財星(재성)인데, 구제할 수 있는 五行(오행)으로는 木星(목성)과 金星(금성) 두 五行(오행)이다. 金星(금성)은 四柱(사주)에 없으므로 用神(용신)의 資格(자격)이 未達(미달)이라 쓸 수가 없고, 木星(목성)인 官星(관성)에게 부탁하여, 比劫(비겁)을 攻擊(공격)하고, 財星(재성)을 保護(보호)해야 된다.

辛金 大運(대운)에 辛金이 四柱(사주) 月干(월간) 丙火와 丙辛合水局(병신합수국)하면 壬水이고 偏財(편재) 喜神運(희신운)이다. 辛金이 와서 丙火와 合(합)하여 偏財(편재)로 變質(변질)되면 比劫(비겁)을 生(생)하는 丙火가 힘이 喪失(상실)되므로 比劫(비겁)이 弱(약)하게 되고 官星(관성) 用神(용신)과 財星(재성) 喜神(희신)이 힘을 얻어 發展(발전)하게 된다.

47세 辛巳年에 辛金이 四柱(사주) 月干(월간) 丙火와 丙辛合水局(병신합수국)하면 壬水이고 偏財(편재) 喜神運(희신운)이다. 大運(대운)에서 喜神運(희신운) 勢運(세운)에서 喜神運(희신운)이라 吉(길)하게 된다. 小企

業(소기업)을 運營(운영)하고 있는데 아무런 문제없이 運營(운영)이 잘 되어 集(집)을 마련하여 移徙(이사)를 하려고 한다.

<table>
<tr><td>편관</td><td></td><td>인수</td><td>편인</td><td colspan="7" align="center">乾命</td><td>용신.금.관성</td></tr>
<tr><td>금</td><td>목</td><td>수</td><td>수</td><td>70</td><td>60</td><td>50</td><td>40</td><td>30</td><td>20</td><td>10</td><td>희신.토.재성</td></tr>
<tr><td>庚</td><td>甲</td><td>癸</td><td>壬</td><td></td><td></td><td></td><td></td><td></td><td></td><td></td><td>기신.화.식상</td></tr>
<tr><td>午</td><td>寅</td><td>卯</td><td>辰</td><td>庚</td><td>己</td><td>戊</td><td>丁</td><td>丙</td><td>乙</td><td>甲</td><td>구신.목.비겁</td></tr>
<tr><td>丙</td><td>戊</td><td>甲</td><td>乙</td><td>戌</td><td>酉</td><td>申</td><td>未</td><td>午</td><td>巳</td><td>辰</td><td>한신.수.인성</td></tr>
<tr><td>화</td><td>토</td><td>목</td><td>목</td><td></td><td></td><td></td><td></td><td></td><td></td><td></td><td></td></tr>
<tr><td>식신</td><td>편재</td><td>비견</td><td>겁재</td><td></td><td></td><td></td><td></td><td></td><td></td><td></td><td></td></tr>
</table>

재자약살격 (財滋弱殺格)   월의심천 3일 12시간 23분

節期(절기)에서 3日 12時間(시간)이라 初氣(초기)에 해당한다. 甲木日柱(갑목일주)가 月令(월령)에 通根(통근)하고 印星(인성)까지 있어 太旺(태왕)하다. 四柱(사주)에 强(강)한 것은 木星(목성)인 比劫(비겁)이다. 比劫(비겁)이 强(강)하면, 피해보는 것은 財星(재성)인데, 구제할 수 있는 五行(오행)은 火星(화성)과 金星(금성) 두 五行(오행)이다. 火星(화성)을 用神(용신)으로 잡으면, 陰陽調候(음양조후)에 문제가 있기 때문에 쓸 수가 없고, 金星(금성)인 官星(관성)에게 부탁하여, 比劫(비겁)을 攻擊(공격)하고, 財星(재성)을 保護(보호)해야 된다.

戊土 大運(대운)에 戊土가 四柱(사주) 月干(월간) 癸水와 戊癸火局(무계화국)하면 丙火이고 食神(식신) 忌神運(기신운)이다. 戊土가 와서 癸水와 合(합)하여 丙火 食神運(식신운)이면 食傷(식상)은 比劫(비겁)의 生(생)을 받아 强(강)하게 되어 官星(관성)을 攻擊(공격)하기 때문에 官星(관성)이 다

치게 된다.

50세 辛巳年에 巳火는 丙火이므로 四柱(사주) 年干(년간) 壬水와 丙壬沖(병임충)이다. 大運(대운)에서 戊癸火局(무계화국)하여 癸水가 丙火로 變質(변질)되고 勢運(세운)에서 丙壬沖(병임충)하여 壬水가 힘이 喪失(상실)되므로 水氣(수기)가 蒸發(증발)되고 없다는 것과 같은 이치이다. 물이 없는데, 어떻게 農事(농사)가 되겠는가? 自營業(자영업)을 하고 있는데, 너무 不振(부진)하여 더 이상 運營(운영)할 수 없을 정도로 到達(도달)하고 있다.

비견		식신	정재		乾命						용신.목.식상
수	수	목	화								희신.수.비겁
壬	壬	甲	丁								기신.금.인성
寅	子	辰	未	65	55	45	35	25	15	5	구신.토.관성
丙	癸	戊	己	丁	戊	己	**庚**	辛	壬	癸	한신.화.재성
화	수	토	토	酉	戌	亥	子	丑	寅	卯	
편재	겁재	편관	정관								

식상제살격(食傷制殺格) 월의심천 12일 7시간 45분

節期(절기)에서 12日 7時間(시간)이라 寅木은 中氣(중기)에 해당한다.

壬水日干(임수일간)이 日支(일지)에 得地(득지)하고 比劫(비겁)이 적당한 힘을 維持(유지)하고 있다. 四柱(사주)에 强(강)한 것은 土星(토성)인 官星)관성)이다. 官星(관성)이 强(강)하면, 피해보는 것은 比劫(비겁)인데, 구제할 수 있는 五行(오행)은 金星(금성)과 木星(목성) 두 五行(오행)이다. 金星(금성)은 四柱(사주)에 없으므로 用神(용신)의 資格(자격)이 未達(미

달)이라 쓸 수가 없고, 木星(목성)인 食傷(식상)에게 부탁하여 官星(관
성)을 泄氣(설기)하고, 比劫(비겁)을 相生(상생)하여 保護(보호)해야 된다.

　庚金 大運(대운)에 庚金이 四柱(사주) 月干(월간) 甲木과 甲庚沖(갑경
충)이다. 庚金이 와서 甲木 用神(용신)과 沖(충)하면 甲木 用神(용신)이 힘
이 喪失(상실) 되어 사리판단 못하게 되고 甲木이 힘을 못 쓰면 官星(관
성)이 氣高萬丈(기고만장)하여 比劫(비겁)을 攻擊(공격)하므로 比劫(비
겁)이 다치게 된다.

　35세 辛巳年에 巳火는 丙火이므로 四柱(사주) 壬水와 丙壬沖(병임충)이
다. 丙火 偏財(편재) 女子가 와서 壬水 比肩(비견) 나와 沖(충)하면 女子문
제나, 財物(재물)쪽으로 힘들게 된다. 女子를 만나는 것을 婦人(부인)이 알
고는 어쩔 수없이 婦人(부인)과 離婚(이혼)하고 同居生活(동거생활)을 始
作(시작)했는데, 生角(생각) 외로 마음에 들지 않고 選擇(선택)을 잘못했다
는 것을 알고 後悔(후회)하고 있다.

식신		비견	편인				坤命					
토	화	화	목								용신.금.재성	
己	丁	丁	乙								희신.수.관성	
酉	丑	亥	未	69	59	49	39	29	19	9	기신.화.비겁	
庚	癸	戊	丁	甲	癸	壬	辛	庚	己	戊	구신.목.인성	
금	수	토	화	午	巳	辰	卯	寅	丑	子	한신.토.식상	
정재	편관	상관	비견									

제살태과격 (制殺太過格)　　월의심천 4일 4시간 45분

節期(절기)에서 4日 4時間(시간)이라 初氣(초기)에 해당한다. 丁火日柱(정

화일주)가 地支(지지)에 通根(통근)하고 印星(인성)이 있어 比劫(비겁)이 적당한 힘을 維持(유지)하고 있다. 四柱(사주)에 强(강)한 것은 土星(토성)인 食傷(식상)이다. 食傷(식상)이 强(강)하면, 피해보는 것은 官星(관성)인데, 구제할 수 있는 五行(오행)은 木星(목성)과 金星(금성) 두 五行(오행)이다. 木星(목성)을 用神(용신)으로 잡으면, 比劫(비겁)이 身强(신강)되기 때문에 쓸 수가 없고, 金星(금성)인 財星(재성)에게 부탁하여, 食傷(식상)을 泄氣(설기)하고, 官星(관성)을 相生(상생)하여 保護(보호)해야 된다.

卯木 大運(대운)에 卯木은 乙木이므로 四柱(사주) 時支(시지) 庚金과 乙庚金局(을경금국)하면 庚金이고 正財(정재) 用神運(용신운)이다. 乙木이 와서 庚金 用神(용신)과 합(合)하여 묶인다면 庚金 用神(용신)이 꼼짝 못하고, 있는 사이에 食傷(식상)은 官星(관성)을 攻擊(공격)하게 되어 官星(관성)이 다치게 된다.

47세 辛巳年에 巳火는 丙火 劫財(겁재) 忌神運(기신운)이다. 劫財(겁재)가 食傷(식상)을 相生(상생)하면, 食傷(식상)이 强(강)하게 되어 官星(관성)을 攻擊(공격)하므로 官星(관성)이 다치게 된다. 男便(남편)과 別居生活(별거생활)하고 있으면서 愛人(애인)과 자주 만나고 있다.

비견		편재	겁재								
금	금	목	금				坤命				용신.목.재성
辛	辛	乙	庚								희신.수.식상
卯	酉	酉	辰	63	53	43	33	23	13	3	기신.금.비겁
甲	庚	庚	乙	戊	己	庚	辛	壬	癸	甲	구신.토.인성
목	금	금	목	寅	**卯**	辰	巳	午	未	申	한신.화.관성
정재	겁재	겁재	편재								

무격(無格)

월의심천 7일 2시간 1분

節期(절기)에서 7日 2時間(시간)이라 初氣(초기)에 해당한다. 辛金日柱(신금일주)가 月令(월령)에 得令(득령)하고 身强(신강)하다. 四柱(사주)에 强(강)한 것은 金城(금성)인 比劫(비겁)이다. 比劫(비겁)이 强(강)하면, 피해 보는 것은 財星(재성)인데, 구제할 수 있는 五行(오행)은 火星(화성)과 水星(수성) 두 五行(오행)이다. 四柱(사주)에 火星(화성)과 水星(수성) 두 五行(오행) 모두가 없으므로 比劫(비겁)에게 당하고 있는 財星(재성) 自己(자기)가 用神(용신)이 된다.

卯木 大運(대운)에 卯木은 乙木이므로 四柱(사주) 庚金과 乙庚金局(을경금국)하면 庚金이고 劫財(겁재) 忌神運(기신운)이다. 乙木이 와서 庚金을 合(합)으로 묶인다면 乙木의 도움을 받아야 되는데 받지를 못하고 앞으로 進行(진행)해야 되는데. 나갈 수가 없게 된다.

62세 辛巳年에 辛金이 四柱(사주) 乙木과 乙辛沖(을신충)이다. 辛金이 와서 乙木과 沖(충)하면 乙木이 다치게 되고 大運(대운)에서 乙庚金局(을경금국)한 것을 勢運(세운)에서 乙辛沖(을신충)하면 문제가 發生(발생)하게 된다. 自營業(자영업)을 계속 運營(운영)을 해왔는데, 갈수록 現狀維

持(현상유지)되지 않고 먹고 살아야 되는데도 어쩔 수 없이 그만두기로
決心(결심)하고 다른 일을 찾아 일을 하려고 한다.

겁재		식신	인수		乾命						용신.목.식상
수	수	목	금								희신.수.비겁
壬	癸	乙	庚								기신.금.인성
戌	丑	酉	子	66	56	46	36	26	16	6	구신.토.관성
戊	己	辛	癸	壬	辛	庚	己	戊	丁	丙	한신.화.재성
토	토	금	수	辰	卯	寅	**丑**	子	亥	戌	
정관	편관	편인	비견								

식상제살 격(食傷制殺格)   월의심천 14일 19시간 45분

癸水日柱(계수일주)가 地支(지지)에 通根(통근)하고 印星(인성)이 있어 身
强(신강)하다. 四柱(사주)에 强(강)한 것은 土星(토성)인 官星(관성)이다. 官
星(관성)이 强(강)하면, 피해보는 것은 比劫(비겁)인데, 구제할 수 있는 五
行(오행)은 金星(금성)과 木星(목성) 두 五行(오행)이다. 金星(금성)을 用
神(용신)으로 잡으면 比劫(비겁)이 身强(신강)되기 때문에 쓸 수가 없고,
木星(목성)인 食傷(식상)에게 부탁하여, 官星(관성)을 攻擊(공격)하고 比
劫(비겁)을 保護(보호)해야 된다.

丑土 大運(대운)에 丑土는 己土 偏官(편관) 仇神運(구신운)이다. 四柱(사
주)에 官星(관성)이 强(강)하게 있는데 官星運(관성운)이 오면 官星(관성)이
더욱 强(강)하게 되어 官星(관성)에서 문제가 發生(발생)하게 된다. 즉 職
場(직장)문제나, 官災(관재)문제가 생긴다.

42세 辛巳年에 辛金이 四柱(사주) 月干(월간) 乙木과 乙辛沖(을신충)이

다. 辛金 偏印(편인)이 와서 乙木 用神(용신)을 沖(충)하면 乙木 用神(용신)이 다치게 되므로 사리판단 못하게 되고 食傷(식상)이 힘이 喪失(상실)되면 官星(관성)은 더욱 氣高萬丈(기고만장)하여 官星(관성)에서 문제가 發生(발생)하게 된다. 自營業(자영업)을 開業(개업)하고 婦人(부인)이 家出(가출)해서 연락이 되지 않고 있다.

<table>
<tr><td>정관</td><td></td><td>비견</td><td>겁재</td><td></td><td colspan="7">坤命</td><td></td><td>용신.화.인성</td></tr>
<tr><td>목</td><td>토</td><td>토</td><td>토</td><td></td><td></td><td></td><td></td><td></td><td></td><td></td><td></td><td></td><td>희신.토.비겁</td></tr>
<tr><td>乙</td><td>戊</td><td>戊</td><td>己</td><td></td><td>69</td><td>59</td><td>49</td><td>39</td><td>29</td><td>19</td><td>9</td><td></td><td>기신.수.재성</td></tr>
<tr><td>卯</td><td>午</td><td>辰</td><td>酉</td><td></td><td>乙</td><td>甲</td><td>癸</td><td>壬</td><td>辛</td><td>庚</td><td>己</td><td></td><td>구신.금.식상</td></tr>
<tr><td>甲</td><td>丙</td><td>乙</td><td>庚</td><td></td><td>亥</td><td>戌</td><td>酉</td><td>申</td><td>未</td><td>午</td><td>巳</td><td></td><td>한신.목.관성</td></tr>
<tr><td>목</td><td>화</td><td>목</td><td>금</td><td></td><td></td><td></td><td></td><td></td><td></td><td></td><td></td><td></td><td></td></tr>
<tr><td>편관</td><td>편인</td><td>정관</td><td>식신</td><td></td><td></td><td></td><td></td><td></td><td></td><td></td><td></td><td></td><td></td></tr>
</table>

살중용인격(殺重用印格)　　월의심천 7일 22시간 15분

節期(절기)에서 7日 22時間(시간)이라 初氣(초기)에 해당한다. 戊土日干(무토일간)이 地支(지지)에 通根(통근)하지 못하고 身弱(신약)하다. 四柱(사주)에 强(강)한 것은 木星(목성)인 官星(관성)이다. 官星(관성)이 强(강)하면, 피해보는 것은 比劫(비겁)인데, 구제할 수 있는 五行(오행)은 火星(화성)과 金星(금성) 두 五行(오행)이다. 金星(금성)은 四柱(사주)에 없으므로 用神(용신)의 資格(자격)이 未達(미달)이라 쓸 수가 없고. 火星(화성)인 印星(인성)에게 부탁하여, 官星(관성)을 泄氣(설기)하고, 比劫(비겁)을 相生(상생)하여 保護(보호)해야 된다.

辛金 大運(대운)에 辛金이 四柱(사주) 日支(일지) 丙火와 丙辛合水局(병

신합수국)하면 壬水이고 偏財(편재) 믔神運(기신운)이다. 辛金이 와서 丙火 用神(용신)과 合(합)하여 壬水 偏財(편재)로 變質(변질)되면 올바른 生角(생각)을 하지 못하고 丙火 用神(용신) 我軍(아군)이 赤軍(적군)으로 背信(배신)해서 離脫(이탈)했다는 말과 마찬가지이고 官星(관성)은 比劫(비겁)을 攻擊(공격)하고 比劫(비겁)을 무시하게 된다.

　33세 辛巳年에 辛金이 四柱(사주) 日支(일지) 丙火와 丙辛合水局(병신합수국)하면 壬水이고 偏財(편재) 믔神運(기신운)이다. 男便(남편)과는 離婚(이혼)하고, 同居生活(동거생활)을 始作(시작)했는데 안개처럼 사라지고 연락이 안 되고 있다.

비견		편인	비견								용신.금.비겁
금	금	토	금								희신.토.인성
庚	庚	戊	庚			**坤命**					기신.화.관성
辰	寅	寅	子	62	52	42	32	22	12	2	구신.목.재성
戊	甲	甲	癸	乙	甲	**癸**	壬	辛	庚	己	한신.수.식상
토	목	목	수	酉	申	未	午	巳	辰	卯	
편인	편재	편재	상관								

재다용비격(財多用比格)　　월의신천 27일 4시간 7분

　庚金日干(경금일간)이 地支(지지)에 通根(통근)하지 못하고 身弱(신약)하다. 四柱(사주)에 强(강)한 것은 木星(목성)인 財星(재성)이다. 財星(재성)이 强(강)하면, 피해보는 것은 印星(인성)인데, 구제할 수 있은 五行(오행)으로는 火星(화성)과 金星(금성) 두 五行(오행)이다. 火星(화성)은 四柱(사주)에 없으므로 用神(용신)의 資格(자격)이 未達(미달)이라 쓸 수가 없고,

金星(금성)인 比劫(비겁)이 財星(재성)을 攻擊(공격)하고, 印星(인성)을 保護(보호)해야 된다.

癸水 大運(대운)에 癸水가 四柱(사주) 戊土와 戊癸火局(무계화국)하면 丙火이고 偏官(편관) 忌神運(기신운)이다. 癸水가 와서 戊土 喜神(희신)과 合(합)하여 丙火 偏官(편관)으로 變質(변질)된다면 文書(문서)와 職場(직장)문제가 發生(발생)하게 된다.

42세 辛巳年에 巳火는 丙火 偏官(편관) 忌神運(기신운)이다. 丙火가 오면 强(강)한 財星(재성)은 官星(관성)을 相生(상생)하기 때문에 官星(관성)에서 문제가 생긴다. 親舊(친구)와 事業(사업)을 同業(동업)하려고 準備(준비) 중이고 資金(자금)은 親舊(친구)가 責任(책임) 지고, 收入(수입)은 5대5로 하기로 議論(의논)하고 빨리 進行(진행)이 되어야 하는데 親舊(친구)가 미적미적하고 있다.

편관		식신	인수	坤命							
금	목	화	수								용신.금.관성
辛	乙	丁	壬								희신.수.인성
巳	酉	未	辰	71	61	51	41	31	21	11	기신.화.식상
丙	辛	己	戊	庚	辛	壬	癸	甲	乙	丙	구신.목.비겁
화	금	토	토	子	丑	寅	卯	辰	巳	午	한신.토.재성
상관	편관	편재	정재								

관인상생격 (官印傷生格)   월의심천 30일 19시간 45분

乙木日干(을목일간)이 地支(지지)에 通根(통근)하지 못하고 身弱(신약)하다. 四柱(사주)에 强(강)한 것은 土星(토성)인 財星(재성)이다. 財星(재성)이

强(강)하면, 피해보는 것은 印星(인성)인데, 구제할 수 있는 五行(오행)은 木星(목성)과 金星(금성) 두 五行(오행)이다. 木星(목성)은 四柱(사주)에 없으므로 用神(용신)을 資格(자격)이 未達(미달)이라 쓸 수가 없고, 金星(금성)인 官星(관성)에게 부탁하여, 財星(재성)을 泄氣(설기)하고, 印星(인성)을 相生(상생)하여 保護(보호)해야 된다.

卯木 大運(대운)에 卯木은 乙木이므로 四柱(사주) 辛金과 乙辛沖(을신충)이다. 乙木 比肩(비견)이 와서 辛金 用神(용신)과 沖(충)이라 乙木은 같은 女子이고 同氣(동기)이다. 辛金은 職場(직장)이고, 男子이기 때문에 즉 職場(직장)과, 男子, 女子문제가 發生(발생)한다는 뜻이다.

50세 辛巳年에 巳火는 丙火이므로 四柱(사주) 辛金과 丙辛合水局(병신합수국)하면 壬水이고 印綬(인수) 喜神運(희신운)이다. 大運(대운)에서 乙辛沖(을신충)한 것을 勢運(세운)에서 丙辛合水局(병신합수국)하면 문제가 發生(발생)하게 된다. 男便(남편)이 바람피워서 離婚(이혼)하고 自營業(자영업)을 하고 있는데 너무나 不振(부진)하여 타 業種(업종)으로 다시 始作(시작)하려고 한다.

비견		비견	편재								용신.토.관성
수	수	수	화				乾命				희신.화.재성
癸	癸	癸	丁								기신.목.식상
丑	巳	丑	未	67	57	47	37	27	17	7	구신.수.비겁
己	丙	己	己	丙	丁	戊	己	庚	辛	壬	한신.금.인성
토	화	토	토	午	未	申	酉	**戌**	亥	子	
편관	정재	편관	편관								

종관살격(從官煞格) 월의심천 17일 11시간 4분

癸水日干(계수일간)이 地支(지지)에 通根(통근)하지 못하고 身弱(신약)하다. 四柱(사주)에 强(강)한 것은 土星(토성)인 官星(관성)이다. 官星(관성)이 强(강)하면, 피해보는 것은 比劫(비겁)인데, 구제할 수 있는 五行(오행)으로는 金星(금성)과 木星(목성) 두 五行(오행)이다. 四柱(사주)에 金星(금성)과 木星(목성) 두 五行(오행) 모두가 없고, 强(강)한 土星(토성)을 剋(극)하는 木星(목성)이 있어야 되는데, 없으므로 일반 四柱(사주)와 달리 强者(강자)의 勢力(세력)에 大勢(대세)를 따라가야 吉(길)하게 된다.

戊土 大運(대운)에 戊土는 戊土이므로 四柱(사주) 癸水와 戊癸火局(무계화국)하면 丙火이고 正財(정재) 喜神運(희신운)이다. 戊土 正官(정관)이 와서 癸水 比肩(비견) 나와 合(합)하여 丙火 正財(정재) 喜神運(희신운)이면 職場(직장)과 財物(재물)쪽으로 吉(길)하게 된다는 뜻이다.

35세 辛巳年에 巳火는 丙火 正財(정재) 喜神運(희신운)이다. 丙火 正財(정재)가 와서 官星(관성)을 相生(상생)하면, 官星(관성)쪽으로 吉(길)하게 된다. 大運(대운)에서 正財(정재) 喜神運(희신운), 勢運(세운)에서 正財(정재) 喜神運(희신운)이라 職場(직장)을 退職(퇴직)하고 自營業(자영업)을 하려고 準備(준비) 중이다.

정재	정관	겁재		坤命							
화	수	토	수								용신.토.관성
丁	壬	己	癸								희신.화.재성
未	戌	未	丑	65	55	45	35	25	15	5	기신.목.식상
己	戊	己	己	丙	乙	甲	癸	壬	辛	庚	구신.수.비겁
토	토	토	토	寅	丑	子	亥	戌	酉	申	한신.금.인성
정관	편관	정관	정관								

종관살격(從官煞格)　월의심천 17일 23시간 3분

壬水日干(임수일간)이 地支(지지)에 通根(통근)하지 못하고 身弱(신약)하다. 四柱(사주)에 强(강)한 것은 土星(토성)인 官星(관성)이다. 官星(관성)이 强(강)하면, 피해보는 것은 比劫(비겁)인데, 구제할 수 있는 五行(오행)으로는 金星(금성)과 木星(목성) 두 五行(오행)이다. 四柱(사주)에는 金星(금성)과 木星(목성) 두 五行(오행)이 없으므로 用神(용신)을 잡을 수는 없고, 强(강)한 土星(토성)을 剋(극)하는 木星(목성)이 없기 때문에 일반 四柱(사주)와 달리 强者(강자)의 勢力(세력)에 大勢(대세)를 따라가야 吉(길)하게 된다.

壬水 大運(대운)에 壬水가 四柱(사주) 時干(시간) 丁火와 丁壬木局(정임목국)하면 甲木이고 食神(식신) 忌神運(기신운)이다. 壬水 比肩(비견)이 와서 丁火 正財(정재)와 合(합)하여 食神(식신)이면 즉 親舊(친구), 同氣(동기) 때문에 나의 財物(재물)이 밖으로 나간다는 뜻이고 食神(식신)은 무엇인가 始作(시작)하려는 마음을 가지게 된다.

29세 辛巳年에 辛金 印綬(인수) 閑神運(한신운)이다. 辛金이 와서 比劫(비겁)을 相生(상생)하면 比劫(비겁) 親舊(친구)문제가 發生(발생)하고 文

書(문서)나 二姓(이성)문제가 생긴다. 親舊(친구)와 同業(동업)으로 自營業(자영업)을 始作(시작)하려고 準備(준비) 중에 있다.

인수		편관	편인					坤命				
수	목	금	수								용신.금.관성
癸	甲	庚	壬								희신.수.인성
酉	午	戌	子	68	58	48	38	28	18	8	기신.화.식상
辛	丁	戊	癸	癸	甲	乙	丙	丁	戊	己	구신.목.비겁
금	화	토	수	卯	辰	巳	午	未	申	酉	한신.토.재성
정관	상관	편재	인수								

관인상생격(官印相生格)　월의심천 22일 4시간 48분

甲木日干(갑목일간)이 地支(지지)에 通根(통근)하지 못하고 身弱(신약)하다. 四柱(사주)에 强(강)한 것은 土星(토성)인 財星(재성)이다. 財星(재성)이 强(강)하면, 피해보는 것은 印星(인성)인데, 구제할 수 있는 五行(오행)으로는 木星(목성)과 金星(금성) 두 五行(오행)이다. 木星(목성)은 四柱(사주)에 없으므로 用神(용신)의 資格(자격)이 未達(미달)이라 쓸 수가 없고, 金星(금성)인 官星(관성)에게 부탁하여, 財星(재성)을 泄氣(설기)하고, 印星(인성)을 相生(상생)하여 保護(보호)해야 된다.

丁火 大運(대운)에 丁火가 四柱(사주) 年干(년간) 壬水와 丁壬木局(정임목국)하면 甲木이고 比肩(비견) 仇神運(구신운)이다. 丁火가 와서 壬水 喜神(희신)과 合(합)하여 比肩(비견)이면 比劫(비겁)이 食傷(식상)을 相生(상생)하면, 食傷(식상)이 强(강)하게 되어 官星(관성)을 攻擊(공격)하므로 官星(관성)이 다치게 된다.

30세 辛巳年에 巳火는 丙火이므로 四柱(사주) 年干(년간) 壬水와 丙壬沖(병임충)이다. 四柱(사주) 時支(시지) 辛金과 丙辛合水局(병신합수국)을 먼저 해야 하는데 大運(대운)에서 丁壬木局(정임목국)한 것이 있기 때문에, 合(합)이 우선이 아니라 沖(충)이 먼저 된다. 大運(대운)에서 丁壬木局(정임목국)한 것을 勢運(세운)에서 丙壬沖(병임충)하면 發生(발생)하게 된다. 自營業(자영업)을 始作(시작)했다가 不振(부진)하여 最惡(최악)을 맞이하고 말았다.

	편재		인수	식신			坤命					용신.토.비겁
	수	토	화	금								희신.화.인성
	壬	戊	丁	庚	67	57	47	37	27	17	7	기신.목.관성
	子	午	亥	子	庚	辛	壬	癸	甲	乙	丙	구신.수.재성
	癸	己	壬	癸	辰	巳	午	未	申	酉	戌	한신.금.식상
	수	토	수	수								
	정재	겁재	편재	정재								

재다용비격(財多用比格)　　월의심천 18일 5시간 23분

節期(절기)에서 18日 5時間(시간)이라 午火는 中氣(중기)에 해당한다.

戊土日干(무토일간)이 地支(지지)에 通根(통근)하지 못하고 身弱(신약)하다. 四柱(사주)에 强(강)한 것은 水星(수성)인 財星(재성)이다. 財星(재성)이 强(강)하면, 피해보는 것은 印星(인성)인데, 구제할 수 있는 五行(오행)은 木星(목성)과 土星(토성) 두 五行(오행)이다. 木星(목성)은 四柱(사주)에 없으므로 用神(용신)의 資格(자격)이 未達(미달)이라 쓸 수가 없고, 土星(토성)인 比劫(비겁)이 財星(재성)을 攻擊(공격)하고, 印星(인성)을 保護(보호)해야 된다.

未土 大運(대운)에 未土는 己土 劫財(겁재) 用神運(용신운)이다. 己土가 와서 强(강)한 財星(재성)을 攻擊(공격)하면 財星(재성)은 弱(약)하게 되면서 比劫(비겁)은 한결 숨쉬기가 수월해지고, 己土는 男子이기 때문에 男子에 대한 일이 생긴다.

42세 辛巳年에 巳火가 四柱(사주) 月支(월지) 亥水와 巳亥沖(사해충)하면, 亥中甲木(해중갑목)이 中氣(중기)에서 나오게 된다. 甲木이 나와서 무엇을 하는가 四柱(사주) 日支(일지) 己土와 甲己合土局(합기합토국)하면 戊土이고 比肩(비견) 用神運(용신운)이다. 男便(남편)과는 離婚(이혼)하였고 男子를 만나고 있는데 再婚(재혼)하려고 한다.

정관		정관	비견								용신.금.식상
목	토	목	토				乾命				희신.토.비겁
乙	戊	乙	戊								기신.화.인성
卯	戊	卯	申	63	53	43	33	23	13	3	구신.목.관성
乙	戊	乙	庚	壬	辛	庚	己	戊	丁	丙	한신.수.재성
목	토	목	금	戌	酉	申	未	午	巳	辰	
정관	비견	정관	식신								

식상제살격 (食傷制殺格)　　월의심천 23일 9시간 12분

戊土日柱(무토일주)가 日支(일지)에 得地(득지)하고 比劫(비겁)이 적당한 힘을 維持(유지)하고 있다. 四柱(사주)에 强(강)한 것은 木星(목성)인 官星(관성)이다. 官星(관성)이 强(강)하면, 피해보는 것은 比劫(비겁)인데, 구제할 수 있는 五行(오행)으로는 火星(화성)과 金星(금성) 두 五行(오행)이다. 火星(화성)은 四柱(사주)에 없으므로 用神(용신)의 資格(자격)이 未達(미달)이라 쓸 수가 없고, 金星(금성)인 食傷(식상)에게 부탁하여, 官星(관성)을 攻擊(공격)하고, 比劫(비겁)을 保護(보호)해야 된다.

己土 大運(대운)에 己土 劫財(겁재) 喜神運(희신운)이다. 己土가 와서 食傷(식상)을 相生(상생)하면, 食傷(식상)은 官星(관성)을 攻擊(공격)하기 때문에 比劫(비겁)은 한결 수월하고, 食傷(식상)은 힘을 받아 무엇인가 始作(시작)할러는 마음을 가지게 된다.

34세 辛巳年에 辛金이 四柱(사주) 乙木과 乙辛沖(을신충)이다. 辛金 用神(용신)이 와서 乙木 仇神(구신)을 沖(충)하면 職場(직장)에 變化(변화)이다. 大運(대운)에서 己土 喜神運(희신운), 勢運(세운)에서 用神運(용신운)이라 職場(직장)을 退職(퇴직)하고, 事業(사업)을 始作(시작)해서 서서히 發展(발전)하고 있다.

겁재		인수	겁재									
금	금	토	금			乾命						용신.금.비겁
庚	辛	戊	庚									희신.토.인성
寅	巳	寅	子	65	55	45	35	25	15	5		기신.화.관성
甲	丙	甲	癸	乙	甲	癸	壬	辛	庚	己		구신.목.재성
목	화	목	수	酉	申	未	午	巳	辰	卯		한신.수.식상
정재	정관	정재	식신									

재다용비격 (財多用比格)　　월의심천 18일 0시간 7분

辛金日干(신금일간)이 地支(지지)에 通根(통근)하지 못하고 身弱(신약)하다. 四柱(사주)에 强(강)한 것은 木星(목성)인 財星(재성)이다. 財星(재성)이

强(강)하면, 피해보는 것은 印星(인성)인데, 구제할 수 있는 五行(오행)으로 는 火星(화성)과 金星(금성) 두 五行(오행)이다. 火星(화성)을 用神(용신)으로 잡으면, 比劫(비겁)이 身弱(신약)이라 쓸 수가 없고, 金星(금성)인 比劫(비겁)이 財星(재성)을 攻擊(공격)하고, 印星(인성)을 保護(보호)해야 된다.

午火 大運(대운)에 午火는 丁火이므로 四柱(사주) 年支)년지) 癸水와 丁癸沖(정계충)이다. 丁火 偏官(편관)이 와서 癸水 食神(식신)과 沖(충)하면 職場(직장)과 밥그릇이 문제가 생긴다는 뜻이다.

42세 辛巳年에 辛金이 四柱(사주) 日支(일지) 丙火와 丙辛合水局(병신합수국)하면 壬水이고 傷官(상관) 閑神運(한신운)이다. 辛金 比肩(비견)이 와서 丙火 正官(정관)과 合(합)하여 傷官(상관)으로 變質(변질)되면 傷官(상관)은 무엇인가 始作(시작)하려는 마음을 가지게 되고 食傷(식상)은 財星(재성)을 相生(상생)하므로 財星(재성)이 더욱 夥多(과다)하게 되므로 財星(재성)에서 문제가 發生(발생)한다. 앞전에 失敗(실패)했는데, 또 事業(사업)하려고 準備(준비) 중이다.

<table>
<tr><td>편인</td><td>식신</td><td>편인</td><td colspan="8"></td><td></td></tr>
<tr><td>금</td><td>수</td><td>목</td><td>금</td><td colspan="8" rowspan="2">坤命</td><td>용신.토.관성</td></tr>
<tr><td>庚</td><td>壬</td><td>甲</td><td>庚</td><td>희신.화.재성</td></tr>
<tr><td>戊</td><td>辰</td><td>申</td><td>子</td><td>69</td><td>59</td><td>49</td><td>39</td><td>29</td><td>19</td><td>9</td><td></td><td>기신.목.식상</td></tr>
<tr><td>戊</td><td>壬</td><td>壬</td><td>壬</td><td>丁</td><td>戊</td><td>己</td><td>庚</td><td>辛</td><td>壬</td><td>癸</td><td></td><td>구신.수.비겁</td></tr>
<tr><td>토</td><td>수</td><td>수</td><td>수</td><td>丑</td><td>寅</td><td>卯</td><td>辰</td><td>巳</td><td>午</td><td>未</td><td></td><td>한신.금.인성</td></tr>
<tr><td>편관</td><td>비견</td><td>비견</td><td>비견</td><td colspan="8"></td><td></td></tr>
</table>

재자약살격(財滋弱殺格)   월의심천 24일 21시간 30분

四柱(사주)에 申子辰水局(신자진수국)이 月支(월지)에 한자가 있기 때문에 三合(삼합)이 成立(성립)된다.

壬水日干(임수일간)이 月令(월령)에 得令(득령)하고 印星(인성)까지 있어 太旺(태왕)하다. 四柱(사주)에 強(강)한 것은 水星(수성)인 比劫(비겁)이다. 比劫(비겁)이 強(강)하면, 피해보는 것은 財星(재성)인데, 구제할 수 있는 五行(오행)은 木星(목성)과 土星(토성) 두 五行(오행)이다. 木星(목성)을 用神(용신)으로 잡으면, 浮木(부목)되기 때문에 쓸 수가 없고, 土星(토성)인 官星(관성)에게 부탁하여, 比劫(비겁)을 攻擊(공격)하고, 財星(재성)을 保護(보호)해야 된다.

庚金 大運(대운)에 庚金이 四柱(사주) 月干(월간) 甲木과 甲庚沖(갑경충)이다. 庚金 偏印(편인)이 와서 甲木과 沖(충)하면 比劫(비겁)은 더욱 強(강)하게 되어, 財星(재성)이 없기 때문에 역으로 官星(관성)을 剋(극)하므로 官星(관성)이 다치게 된다.

42세 辛巳年에 辛金 印綬(인수) 閑神運(한신운)이다. 辛金이 와서 比劫(비겁)을 相生(상생)하면 比劫(비겁)이 氣高萬丈(기고만장)하게 된다. 男

便(남편)과는 死別(사별)하고 먹고살기 위해서 就業(취업)을 했는데, 社長(사장)이 愛人(애인)으로 사귀자고 귀찮게 하고 있다.

편인		편재	편인								용신.목.관성
화	토	수	화				乾命				희신.수.재성
丁	己	癸	丁								기신.금.식상
卯	亥	丑	未	69	59	49	39	29	19	9	구신.토.비겁
乙	壬	己	己	丙	丁	戊	己	庚	辛	壬	한신.화.인성
목	수	토	토	午	未	申	酉	戌	亥	子	
편관	정재	비견	비견								

재자약살격(財滋弱殺格) 월의심천 23일 15시간 4분

　己土日柱(기토일주)가 月令(월령)에 得令(득령)하고 印星(인성)까지 있어 太旺(태왕)하다. 四柱(사주)에 强(강)한 것은 土星(토성)인 比劫(비겁)이다. 比劫(비겁)이 强(강)하면, 피해보는 것은 財星(재성)인데, 구제할 수 있는 五行(오행)으로는 木星(목성)과 金星(금성) 두 五行(오행)이다. 金星(금성)은 四柱(사주)에 없으므로 用神(용신)의 資格(자격)이 未達(미달)이라 쓸 수가 없고, 木星(목성)인 官星(관성)에게 부탁하여, 比劫(비겁)을 攻擊(공격)하고, 財星(재성)을 保護(보호)해야 된다.

　戊土 大運(대운)에 戊土는 戊土이므로 四柱(사주) 月干(월간) 癸水와 戊癸火局(무계화국)하면 丙火이고 印綬(인수) 閑神運(한신운)이다. 戊土 劫財(겁재)가 와서 癸水 偏財(편재) 喜神(희신)과 合(합)하여 丙火 印綬(인수) 閑神運(한신운)이면 나의 財物(재물)이 잘못 된다는 뜻이고 印星(인성)이 와서 比劫(비겁)을 相生(상생)하면 比劫(비겁)은 힘을 받아 財星(재

성)을 攻擊(공격)하기 때문에 財星(재성)이 다치게 된다.

35세 辛巳年에 辛金이 四柱(사주) 時支(시지) 乙木과 乙辛沖(을신충)이다. 辛金 食神(식신)이 와서 乙木 用神(용신)과 沖(충)이면 職場(직장)이 잘 못 된다는 뜻이다. 하는 일마다 풀리지 않고 있는데, 보다 못해 兄弟(형제)들이 自營業(자영업)을 하도록 도와준다고 해서 準備(준비) 중에 있다.

정재		편재	인수				坤命				용신.토.비겁
수	토	수	화								희신.화.인성
癸	戊	壬	丁	66	56	46	36	26	16	6	기신.목.관성
亥	辰	子	酉	己	戊	丁	丙	乙	甲	癸	구신.수.재성
壬	戊	癸	辛	未	午	巳	辰	卯	寅	丑	한신.금.식상
수	토	수	금								
편재	비견	정재	상관								

재다용비격(財多用比格)   월의심천 15일 4시간 34분

戊土日柱(무토일주)가 日支(일지)에 得地(득지)하고 印星(인성)이 있어 比劫(비겁)이 적당한 힘을 維持(유지)하고 있다. 四柱(사주)에 强(강)한 것은 水星(수성)인 財星(재성)이다. 財星(재성)이 强(강)하면, 피해보는 것은 印星(인성)인데, 구제할 수 있는 五行(오행)으로는 土星(토성)과 木星(목성) 두 五行(오행)이다. 木星(목성)은 四柱(사주)에 없으므로 用神(용신)의 資格(자격)이 未達(미달)이라 쓸 수가 없고, 土星(토성)인 比劫(비겁)이 財星(재성)을 攻擊(공격)하고, 印星(인성)을 保護(보호)해야 된다.

辰土 大運(대운)에 辰土는 戊土이므로 四柱(사주) 癸水와 戊癸火局(무계

화국)하면 丙火이고 偏印(편인) 喜神運(희신운)이다. 戊土 比肩(비견)이 와
서 癸水와 合(합)하여 丙火 偏印(편인) 喜神運(희신운)이면 文書(문서)나,
二姓(이성)쪽으로 吉(길)하게 된다는 뜻인데,

　45세 辛巳年에 巳火가 四柱(사주) 時支(시지) 亥水와 巳亥沖(사해충)하
면 亥中甲木(해중갑목)이 中氣(중기)에서 나오게 된다. 甲木 偏官(편관) 忌神
運(기신운)이다. 甲木 偏官(편관) 忌神運(기신운)이면 職場(직장)이나, 男子
문제가 發生(발생)한다. 大運(대운)이 吉(길)하다 해도 勢運(세운)이 凶(흉)이
면 당하게 된다. 男便(남편)과는 사는 동안 정이 없이 살았고 우연히 男子
를 만나서 愛人(애인) 사이가 되었는데 家庭(가정)이 올바르게 될 리는 萬
無(만무)하고 自營業(자영업)을 始作(시작)하려고 準備(준비) 중이다.

편재		편인	비견			乾命						용신.화.비겁
금	화	목	화									희신.목.인성
庚	丙	甲	丙	62	52	42	32	22	12	2		희신.토.식상
寅	寅	午	午	辛	庚	己	戊	丁	丙	乙		기신.수.관성
甲	甲	丁	丁	丑	子	亥	戌	酉	申	未		구신.금.재성
목	목	화	화									
편인	편인	겁재	겁재									

종왕격(從旺格)　　월의심천 29일 15시간 40분

　丙火日柱(병화일주)가 月令(월령)에 得令(득령)하고 印星(인성)까지 있
어 太旺(태왕)하다. 四柱(사주)에 强(강)한 것은 火星(화성)인 比劫(비겁)이
다. 比劫(비겁)이 强(강)하면, 피해보는 것은 財星(재성)인데, 구제할 수 있
는 五行(오행)으로는 水星(수성)과 土星(토성) 두 五行(오행)이다. 四柱(사

주)에는 水星(수성)과 土星(토성) 두 五行(오행)이 없으므로 財星(재성)이 比劫(비겁)을 감당 할 수가 없기 때문에 일반 四柱(사주)와 달리 强者(강자)의 勢力(세력)에 大勢(대세)를 따라가야 吉(길)하게 된다.

戊土 大運(대운)에 戊土 食神(식신) 喜神運(희신운)이다. 食神(식신) 喜神運(희신운)이 오면 무엇인가 始作(시작)하려는 마음을 가지게 되고 移動(이동)이나, 進級(진급)등등이 吉(길)하게 된다.

36세 辛巳年에 巳火는 丙火 比肩(비견) 用神運(용신운)이다. 比肩(비견) 用神運(용신운)이 오면 親舊(친구)나, 兄弟(형제), 同氣(동기)들이 도와준다는 뜻과 같다. 大運(대운)에서 戊土 食神(식신) 喜神運(희신운) 勢運(세운)에서 丙火 比肩(비견) 用神運(용신운)이라 職場生活(직장생활)하다가 退職(퇴직)하고 兄弟(형제)들 도움으로 갈빗집을 開業(개업)하여 運營(운영)을 잘 하고 있다.

상관		정재	편재			坤命						
목	수	화	화								용신.목.식상
甲	癸	丙	丁								희신.수.비겁
寅	丑	午	巳	65	55	45	35	25	15	5	진용신.금.인성
甲	己	己	丙	癸	壬	辛	庚	己	戊	丁	기신.토.관성
목	토	토	화	丑	子	亥	戌	酉	申	未	구신.화.재성
상관	편관	편관	정재								

식상제살격 (食傷制殺格)　　월의심천 18일 23시간 58분

節期(절기)에서 18日 23時間(시간)이라 午火은 中氣(중기)에 해당한다.

癸水日柱(계수일주)가 地支(지지)에 通根(통근)하지 못하고 身弱(신약)하다. 四柱(사주)에 强(강)한 것은 土星(토성)인 官星(관성)이다. 官星(관성)이 强(강)하면, 피해보는 것은 比劫(비겁)인데, 구제할 수 있는 五行(오행)은 金星(금성)과 木星(목성) 두 五行(오행)이다. 金星(금성)은 四柱(사주)에 없으므로 用神(용신)을 잡을 수가 없고, 眞用神(진용신)은 사용할 수는 있다. 木星(목성)인 食傷(식상)에게 부탁하여, 官星(관성)을 攻擊(공격)하고, 比劫(비겁)을 保護(보호)해야 된다.

己土 大運(대운)에 己土가 四柱(사주) 甲木과 甲己合土局(합기합토국)하면 戊土이고 正官(정관) 仇神運(구신운)이다. 己土 偏官(편관)이 와서 甲木 用神(용신)과 合(합)하여 戊土 正官(정관)으로 變質(변질)되면 食傷(식상) 用神(용신)은 힘이 喪失(상실)되고 官星(관성)은 氣高萬丈(기고만장)하게 되어 官星(관성)에서 문제가 생긴다.

25세 辛巳年에 巳火는 丙火 正財(정재) 閑神運(한신운)이다. 丙火 正財(정재)가 와서 官星(관성)을 相生(상생)하면 强(강)한 官星(관성)이 더욱 强(강)하게 되어 官星(관성)이 比劫(비겁)을 우습게보게 된다. 많은 男子들이 접근하고 있는데 비리비리한 男子들 뿐이다.

<table>
<tr><td>정관</td><td></td><td>인수</td><td>편인</td><td colspan="7" align="center">乾命</td><td>용신.토.식상</td></tr>
<tr><td>수</td><td>화</td><td>목</td><td>목</td><td colspan="7"></td><td>희신.화.비겁</td></tr>
<tr><td>癸</td><td>丙</td><td>乙</td><td>甲</td><td>66</td><td>56</td><td>46</td><td>36</td><td>26</td><td>16</td><td>6</td><td>기신.목.인성</td></tr>
<tr><td>巳</td><td>子</td><td>亥</td><td>辰</td><td>壬</td><td>辛</td><td>庚</td><td>己</td><td>戊</td><td>丁</td><td>丙</td><td>구신.수.관성</td></tr>
<tr><td>丙</td><td>癸</td><td>壬</td><td>戊</td><td>午</td><td>巳</td><td>辰</td><td>卯</td><td>寅</td><td>丑</td><td>子</td><td>한신.금.재성</td></tr>
<tr><td>화</td><td>수</td><td>수</td><td>토</td><td colspan="7"></td><td></td></tr>
<tr><td>비견</td><td>정관</td><td>편관</td><td>식신</td><td colspan="7"></td><td></td></tr>
</table>

식상제살격(食傷制殺格)　월의심천 15일 16시간 15분

丙火日柱(병화일주)가 地支(지지)에 通根(통근)하고 印星(인성)이 있어 比劫(비겁)이 적당한 힘을 維持(유지)하고 있다. 四柱(사주)에 强(강)한 것은 水星(수성)인 官星(관성)이다. 官星(관성)이 强(강)하면, 피해보는 것은 比劫(비겁)인데, 구제할 수 있는 五行(오행)으로는 木星(목성)과 土星(토성) 두 五行(오행)이다. 木星(목성)을 用神(용신)으로 잡으면, 亥月에 木이라 쓸 수가 없고, 土星(토성)인 食傷(식상)에게 부탁하여, 官星(관성)을 攻擊(공격)하고, 比劫(비겁)을 保護(보호)해야 된다.

己土 大運(대운)에 己土가 四柱(사주) 年干(년간) 甲木과 甲己合土局(갑기합토국)하면 戊土이고 食神(식신) 用神運(용신운)이다. 己土 傷官(상관)이 와서 甲木 忌神(기신)과 合(합)하여 戊土 用神運(용신운)이면 印星(인성)은 弱(약)하게 되고, 食傷(식상)은 힘을 받아 最大限(최대한) 일을 잘할 수 있고 食傷(식상)은 무엇인가 始作(시작)한다는 뜻을 가지게 된다.

38세 辛巳年에 辛金이 四柱(사주) 丙火와 丙辛合水局(병신합수국)하면 壬水이고 偏官(편관) 仇神運(구신운)이다. 辛金 正財(정재)가 와서 丙火 喜神(희신)과 合(합)하여 偏官(편관) 仇神運(구신운)이면 事業(사업)을 하려는 마음을 가지게 된다. 自營業(자영업)을 始作(시작)하려고 準備(준비) 중에 있다. 寅木 大運(대운)에 寅木은 甲木 偏印(편인) 忌神運(기신운)이다.
甲木은 食傷(식상) 用神(용신)을 攻擊(공격)하는 시기에 事業(사업)을 始
作(시작)했다가 완전히 失敗(실패)하고 다시 事業(사업)을 준비 중이다.

비견		편재	인수				坤命					
금	금	목	토									용신.금.비겁
辛	辛	乙	戊									희신.토.인성
卯	卯	丑	戌	62	52	42	32	22	12	2		기신.화.관성
甲	甲	癸	辛	戊	己	庚	辛	壬	癸	甲		구신.목.재성
목	목	수	금	午	未	申	酉	戌	亥	子		한신.수.식상
정재	정재	식신	비견									

재다용비격(財多用比格)　　월의심천 2일 19시간 32분

節期(절기)에서 2日 19時間(시간)이라 初氣(초기)에 해당한다. 辛金日
柱(신금일주)가 地支(지지)에 通根(통근)하고 印星(인성)이 있어 比劫(비
겁)이 적당한 힘을 維持(유지)하고 있다. 四柱(사주)에 强(강)한 것은 木
星(목성)인 財星(재성)이다. 財星(재성)이 强(강)하면, 피해보는 것은 印
星(인성)인데, 구제할 수 있는 五行(오행)은 金星(금성)과 火星(화성) 두 五
行(오행)이다. 火星(화성)은 四柱(사주)에 없으므로 用神(용신)의 資格(자
격)이 未達(미달)이라 쓸 수가 없고, 金星(금성)인 比劫(비겁)이 財星(재
성)을 攻擊(공격)하고, 印星(인성)을 保護(보호)해야 된다.

庚金 大運(대운)에 庚金이 四柱(사주) 月干(월간) 乙木과 乙庚金局(을경
금국)하면 庚金이고 劫財(겁재) 用神運(용신운)이다. 庚金 劫財(겁재)가 와
서 乙木 偏財(편재)와 合(합)하여 庚金 用神運(용신운)이면 庚金은 男子

이기 때문에, 男子(남자)에게 나의 財物(재물)이 묶인다는 뜻이고 庚金 用神(용신)이라 하지만 꼼작하지 못하기 때문에 運(운)에서 도움이 되지 못한다.

　44세 辛巳年에 辛金이 四柱(사주) 月干(월간) 乙木과 乙辛沖(을신충)이다. 大運(대운)에서 乙庚金局(을경금국)한 것을 勢運(세운)에서 乙辛沖(을신충)하면 문제가 發生(발생)하게 된다. 辛金은 나와 같은 同氣(동기)이고 親舊(친구)인데 親舊(친구)에게 男子를 紹介(소개)받아 愛人(애인) 사이가 되었고 돈이 급하게 필요하다 해서 빌려주었는데 갈수록 마음이 變化(변화)고 있다는 것을 알고 돈을 回收(회수)하려고 하는데, 오늘 내일 하면서 미류고 있다. 지금 와서 生角(생각)하면 이중성격이고 自己(자기)의 目的(목적)을 위해서 마음에도 없으면서 좋아하는 척 한 것이라 生角(생각)하고 있다.

편관		인수	편재				乾命						용신.화.비겁
수	화	목	금										희신.목.인성
壬	丙	乙	庚	64	54	44	34	24	14	4			기신.수.관성
辰	午	酉	申	壬	辛	庚	己	戊	丁	丙			구신.금.재성
戌	丁	辛	庚	辰	卯	寅	丑	子	亥	戌			한신.토.식상
토	화	금	금										
식신	겁재	정재	편재										

재다용비격(財多用比格)　　월의심천 22일 11시간 37분

　丙火日柱(병화일주)가 日支(일지)에 得地(득지)하고 印星(인성)이 있어 比劫(비겁)이 적당한 힘을 維持(유지)하고 있다. 四柱(사주)에 强(강)한 것은 金星(금성)인 財星(재성)이다. 財星(재성)이 强(강)하면, 피해보는 것은

印星(인성)인데, 구제할 수 있는 五行(오행)으로는 火星(화성)과 水星(수성) 두 五行(오행)이다. 水星(수성)을 用神(용신)으로 잡으면, 比劫(비겁)이 身弱(신약)되기 때문에 쓸 수가 없고, 火星(화성)인 比劫(비겁)이 財星(재성)을 攻擊(공격)하고, 印星(인성)을 保護(보호)해야 된다.

亥水 大運(대운)에 亥水는 壬水이므로 四柱(사주) 日支(일지) 丁火와 丁壬木局(정임목국)하면 甲木이고 偏印(편인) 喜神運(희신운)이다. 壬水 偏官(편관)이 와서 丁火와 合(합)하여 甲木 偏印(편인) 喜神運(희신운)이면 職場(직장)과 文書(문서), 二姓(이성)쪽으로 吉(길)하게 된다는 뜻이다.

22세 辛巳年에 巳火는 丙火이므로 四柱(사주) 月支(월지) 辛金과 丙辛合水局(병신합수국)하면 壬水이고 偏官(편관) 忌神運(기신운)이다. 丙火 比肩(비견) 親舊(친구)가 와서 辛金 正財(정재)와 合(합)하여 壬水 偏官(편관) 忌神運(기신운)이면 親舊(친구)와 職場(직장), 財物(재물)과 관계된 일이 發生(발생)하게 되는데 親舊(친구)와 同業(동업)으로 自營業(자영업)을 하려고 準備(준비) 중이다.

편관		편인	편인								용신.화.식상
금	목	수	수				坤命				희신.목.비겁
庚	甲	壬	壬	68	58	48	38	28	18	8	기신.수.인성
午	午	子	子	乙	丙	丁	戊	己	庚	辛	구신.금.관성
丁	丁	癸	癸	巳	午	未	申	酉	戌	亥	한신.토.재성
화	화	수	수								
상관	상관	인수	인수								

무격(無格)

월의심천 22일 3시간 11분

甲木日干(갑목일간)이 地支(지지)에 通根(통근)하지 못하고 身弱(신약)하다. 四柱(사주)에 强(강)한 것은 水星(수성)인 印星(인성)이다. 印星(인성)이 强(강)하면, 피해보는 것은 食傷(식상)인데, 구제할 수 있는 五行(오행)으로는 木星(목성)과 土星(토성) 두 五行(오행)이다. 四柱(사주)에는 木星(목성)과 土星(토성) 두 五行(오행)이 없으므로, 水星(수성)에게 攻擊(공격)당하고 있는 火星(화성) 自己(자기)가 用神(용신)이 된다.

己土 大運(대운)에 己土가 四柱(사주) 日干(일간) 甲木과 甲己合土局(갑기합토국)하면 戊土이고 偏財(편재) 閑神運(한신운)이다. 己土 正財(정재)가 와서 甲木 比肩(비견) 나와 合(합)하여 偏財(편재) 閑神運(한신운)으로 變質(변질)되면 財物(재물)이 나에게 와야 되는데 내가 財物(재물)을 따라가는 현상이기 때문에 慾心(욕심)으로 失敗(실패)하게 된다.

29세 庚辰年에 庚金이 四柱(사주) 日干(일간) 甲木과 甲庚沖(갑경충)이다. 大運(대운)에서 甲己合土局(갑기합토국)한 것을 勢運(세운)에서 甲庚沖(갑경충)하면 發生(발생)하게 된다. 自營業(자영업)을 始作(시작)했는데 너무나 不振(부진)하여 現狀維持(현상유지)가 되지 않는다. 30세 辛巳年

에 辛金 正官(정관) 仇神運(구신운)에 더 이상 감당하기 힘들어 失敗(실패)하고 정리를 하였다.

비견		편재	식신				坤命					용신.토.관성
수	수	화	목									희신.화.재성
壬	壬	丙	甲	68	58	48	38	28	18	8		기신.목.식상
寅	子	子	辰	己	庚	辛	壬	癸	甲	乙		구신.수.비겁
甲	癸	癸	戊	巳	午	未	申	酉	戌	亥		한신.금.인성
목	수	수	토									
식신	겁재	겁재	편관									

재자약살격 (財滋弱殺格) 월의심천 21일 17시간 37분

壬水日柱(임수일주)가 月令(월령)에 得令(득령)하고 太旺(태왕)하다. 四柱(사주)에 强(강)한 것은 水星(수성)인 比劫(비겁)이다. 比劫(비겁)이 强(강)하면, 피해보는 것은 財星(재성)인데, 구제할 수 있는 五行(오행)으로는 土星(토성)과 木星(목성) 두 五行(오행)이다. 木星(목성)을 用神(용신)으로 잡으면, 子月에 甲木이라 쓸 수가 없고, 土星(토성)인 官星(관성)에게 부탁하여, 比劫(비겁)을 攻擊(공격)하고, 財星(재성)을 保護(보호)해야 된다.

壬水 大運(대운)에 壬水가 四柱(사주) 月干(월간) 丙火와 丙壬沖(병임충)이다. 壬水 比肩(비견) 仇神(구신)이 와서 丙火 偏財(편재) 喜神(희신)과 沖(충)하면 丙火 偏財(편재)가 다치게 되고 太陽(태양)이 사라지는 현상인데, 어떻게 農事(농사)가 되겠는가?

38세 辛巳年에 辛金이 四柱(사주) 月干(월간) 丙火와 丙辛合水局(병신합수국)하면 壬水이고 比肩(비견) 仇神運(구신운)이다. 比劫(비겁)이 强(강)하게 있는데 比劫運(비겁운)이 오면 財星(재성)이 어떻게 살겠는가? 大運(대운)에서 丙壬沖(병임충)한 것을 勢運(세운)에서 丙辛合水局(병신합수국)하면 문제가 發生(발생)하게 된다. 自營業(자영업)을 運營(운영)하고 있는데, 不振(부진)하여 抛棄(포기)하려고 한다.

정재		겁재	정관								용신.토.비겁
수	토	토	목			乾命					희신.화.인성
癸	戊	己	乙								기신.목.관성
亥	子	卯	巳	71	61	51	41	31	21	11	구신.수.재성
壬	癸	乙	丙	壬	癸	甲	乙	丙	丁	戊	한신.금.식상
수	수	목	화	申	酉	戌	亥	子	丑	寅	
편재	정재	정관	편인								

재다용비격(財多用比格)　　월의심천 29일 18시간 29분

戊土日干(무토일간)이 地支(지지)에 通根(통근)하지 못하고 身弱(신약)하다. 四柱(사주)에 强(강)한 것은 水星(수성)인 財星(재성)이다. 財星(재성)이 强(강)하면, 피해보는 것은 印星(인성)인데, 구제할 수 있는 五行(오행)으로는 土星(토성)과 木星(목성) 두 五行(오행)이다. 木星(목성)을 用神(용신)으로 잡으면, 比劫(비겁)이 身弱(신약)이라 쓸 수가 없고, 土星(토성)인 比劫(비겁)이 財星(재성)을 攻擊(공격)하고, 印星(인성)을 保護(보호)해야 된다.

子水 大運(대운)에 子水는 癸水이므로 四柱(사주) 日干(일간) 戊土와 戊癸火局(무계화국)하면 丙火이고 偏印(편인) 喜神運(희신운)이다. 癸水 正財(정재)가 와서 戊土 比肩(비견) 나와 合(합)하여 丙火 偏印(편인) 喜神運(희신운)이면 즉 文書(문서)와 財物(재물), 女子쪽으로 吉(길)하게 된다.

37세 辛巳年에 巳火가 四柱(사주) 時支(시지) 亥水와 巳亥沖(사해충)하면, 亥中甲木(해중갑목)이 中氣(중기)에서 나오게 된다. 甲木이 나와서 무엇을 하는가? 四柱(사주) 月干(월간) 己土와 甲己合土局(갑기합토국)하면 戊土이고 比肩(비견) 用神運(용신운)이다. 甲木은 職場(직장)이고, 己土는 女子이라 職場(직장)을 退職(퇴직)하고 自營業(자영업)을 하려고 準備(준비) 중이고 만나는 愛人(애인)과 結婚(결혼)하려고 한다.

식신		편인	편재				乾命						용신.화.재성
목	수	금	화										희신.목.식상
甲	壬	庚	丙										기신.수.비겁
辰	寅	寅	午	68	58	48	38	28	18	8			구신.금.인성
乙	丙	丙	丙	丁	丙	乙	甲	癸	壬	辛			한신.토.관성
목	화	화	화	酉	申	未	午	巳	辰	卯			
상관	편재	편재	편재										

종재격(從財格)

월의심천 7일 16시간 52분

節期(절기)에서 7日 16時間(시간)이라 午, 辰은 初氣(초기)에 해당하고 寅木은 中氣(중기)에 해당한다.

壬水日干(임수일간)이 地支(지지)에 通根(통근)하지 못하고 身弱(신약)하다. 四柱(사주)에 强(강)한 것은 火星(화성)인 財星(재성)이다. 財星(재성)이 强(강)하면, 피해보는 것은 印星(인성)인데, 구제할 수 있는 五行(오행)은 水星(수성)과 土星(토성) 두 五行(오행)이다. 四柱(사주)에는 水星(수성)과 土星(토성) 두 五行(오행)이 없으므로, 일반 四柱(사주)와 달리 强者(강자)의 勢力(세력)에 大勢(대세)를 따라가야 吉(길)하게 된다.

巳火 大運(대운)에 巳火는 丙火이므로 四柱(사주) 日干(일간) 壬水와 丙壬沖(병임충)이다. 丙火 偏財(편재) 用神(용신)이 와서 壬水 比肩(비견) 나와 沖(충)이면 財物(재물)이나, 女子, 나의 肉身(육신)에 대한 일이 發生(발생)하게 된다.

36세 辛巳年에 辛金이 四柱(사주) 丙火와 丙辛合水局(병신합수국)하면 壬水이고 比肩(비견) 仇神運(구신운)이다. 大運(대운)에서 丙壬沖(병임충)한 것을 勢運(세운)에서 丙辛合水局(병신합수국)하면 發生(발생)하게 된다. 15살이나 적은 女子를 만나서, 結婚(결혼)은 生角(생각)도 못했는데 姙娠(임신)하는 바람에 어떻게 할 수 없어 結婚(결혼)을 하려고 한다.

편인		편인	편재				坤命					
토	금	토	목									용신.토.인성
己	辛	己	乙									희신.화.관성
丑	巳	丑	未	68	58	48	38	28	18	8		기신.목.재성
癸	庚	癸	丁	丙	乙	甲	癸	壬	辛	庚		구신.수.식상
수	금	수	화	申	未	午	巳	辰	卯	寅		한신.금.비겁
식신	겁재	식신	편관									

관인상생격 (官印相生格)　　월의심천 8일 9시간 0분

節期(절기)에서 8日 9時間(시간)이라 未, 丑은 初氣(초기)에 해당하고 巳火는 中氣(중기)에 해당한다.

辛金日柱(신금일주)가 日支(일지)에 得地(득지)하고 印星(인성)이 있어 比劫(비겁)이 적당한 힘을 維持(유지)하고 있다. 四柱(사주)에 强(강)한 것은 水星(수성)인 食傷(식상)이다. 食傷(식상)이 强(강)하면, 피해보는 것은 官

星(관성)인데, 구제할 수 있는 五行(오행)으로는 土星(토성)과 木星(목성) 두 五行(오행)이다. 木星(목성)을 用神(용신)으로 잡으면, 丑月에 乙木이라 쓸 수가 없고, 土星(토성)인 印星(인성)에게 부탁하여, 食傷(식상)을 攻擊(공격)하고, 官星(관성)을 保護(보호)해야 된다.

巳火 大運(대운)에 巳火는 丙火이므로 四柱(사주) 日干(일간) 辛金과 丙辛合水局(병신합수국)하면 壬水이고 傷官(상관) 仇神運(구신운)이다. 四柱(사주)에 食傷(식상)이 强(강)하게 있는데 食傷運(식상운)이 오면 官星(관성)을 攻擊(공격)하기 때문에 官星(관성)이 다치게 된다.

47세 辛巳年에 辛金이 四柱(사주) 年干(년간) 乙木과 乙辛沖(을신충)이다. 辛金이 와서 乙木을 沖(충)하면 官星(관성)을 相生(상생)하는 財星(재성)이 힘을 못 쓰면, 食傷(식상)은 이때가 찬스다 하고 官星(관성)을 攻擊(공격)해서 官星(관성)이 다치게 된다. 自營業(자영업)을 運營(운영)하고 있는데 너무나 不振(부진)하고 男便(남편)과는 死別(사별)하고 외로워서 8年 年下(연하) 男子를 만나서 도움이 될까 했는데 오히려 만나지 않았으면 더 좋았을 것을 이제 와서 後悔(후회)하고 있다.

	상관		식신	편관				坤命					용신.토.관성
	목	수	목	토									희신.화.재성
	乙	壬	甲	戊									기신.목.식상
	巳	午	子	子	66	56	46	36	26	16	6		구신.수.비겁
	丙	己	癸	癸	丁	戊	己	庚	辛	壬	癸		한신.금.인성
	화	토	수	수	巳	午	**未**	申	酉	戌	亥		
	편재	정관	겁재	겁재									

재자약살격 (財滋弱殺格)   월의심천 15일 20시간 52분

節期(절기)에서 15日 20時間(시간)이라 午火는 中氣(중기)에 해당한다.

壬水日柱(임수일주)가 月令(월령)에 得令(득령)하고 身强(신강)하다. 四柱(사주)에 强(강)한 것은 水星(수성)인 比劫(비겁)이다. 比劫(비겁)이 强(강)하면, 피해보는 것은 財星(재성)인데, 구제할 수 있는 五行(오행)은 土星(토성)과 木星(목성) 두 五行(오행)이다. 木星(목성)을 用神(용신)으로 잡으면, 子月에 나무이기 때문에 쓸 수가 없고, 土星(토성)인 官星(관성)에게 부탁하여, 比劫(비겁)을 攻擊(공격)하고, 財星(재성)을 保護(보호)해야 된다.

未土 大運(대운)에 未土는 己土이므로 四柱(사주) 月干(월간) 甲木과 甲己合土局(합기합토국)하면 戊土이고 偏官(편관) 用神運(용신운)이다. 己土 正官(정관)이 와서 甲木과 合(합)하여 偏官(편관) 用神運(용신운)이면 甲木 食神(식신)이 變質(변질)되었기 때문에 官星(관성)은 한결 수월해진다.

44세 辛巳年에 辛金이 四柱(사주) 時支(시지) 丙火와 丙辛合水局(병신합수국)하면 壬水 比肩(비견) 仇神運(구신운)이다. 辛金 印綬(인수)가 와서 丙火 偏財(편재)와 合(합)하여 比肩(비견)이면 金錢(금전)이나, 親舊(친구) 때문에 문제가 생긴다. 親舊(친구)와 同業(동업)으로 自營業(자영업)을 같이 運營(운영)하고 있는데, 運營(운영)은 生角(생각)보다 잘 되고 있는데 親舊(친구)와 마음이 맞지 않아 그만두고 혼자 獨立(독립)으로 營業(영업)을 始作(시작)하려고 準備(준비) 중에 있다.

비견	비견	정관	坤命							용신.목.인성
화	화	화	수							희신.수.관성
丁	丁	丁	壬							기신.금.재성
未	丑	未	寅	71	61	51	41	31	21	11	구신.토.식상
己	己	己	甲	庚	辛	壬	癸	甲	乙	丙	한신.화.비겁
토	토	토	목	子	丑	寅	卯	辰	巳	午	
식신	식신	식신	인수							

관인상생격(官印相生格)　월의심천 30일 14시간 39분

丁火日干(정화일간)이 地支(지지)에 通根(통근)하지 못하고 身弱(신약)하다. 四柱(사주)에 强(강)한 것은 土星(토성)인 食傷(식상)이다. 食傷(식상)이 强(강)하면, 피해보는 것은 官星(관성)인데, 구제할 수 있는 五行(오행)으로는 木星(목성)과 金星(금성) 두 五行(오행)이다. 金星(금성)은 四柱(사주)에 없으므로 用神(용신)의 資格(자격)이 未達(미달)이라 쓸 수가 없고, 木星(목성)인 印星(인성)에게 부탁하여, 食傷(식상)을 攻擊(공격)하고, 官星(관성)을 保護(보호)해야 된다.

辰土 大運(대운)에 辰土는 戊土 傷官(상관) 仇神運(구신운)이다. 四柱(사주)에 食傷(식상)이 强(강)하게 있는데 食傷運(식상운)이 오면 食傷(식상)은 官星(관성)을 攻擊(공격)하기 때문에 官星(관성)이 다치게 된다. 즉

職場(직장), 官災(관재), 男子문제 등이 不吉(불길)하게 된다.

　40세 辛巳年에 巳火는 丙火이므로 四柱(사주) 年干(년간) 壬水와 丙壬沖(병임충)이다. 丙火 劫財(겁재)가 와서 壬水 正官(정관) 喜神(희신)을 沖(충)하면 壬水 正官(정관)이 다치게 된다. 본 男便(남편)과는 離婚(이혼)하고, 두 번째 再婚(재혼)했는데 男便(남편)이 能力(능력)이 부족하고 정이 가지 않아 離婚(이혼)하려고 하는데 生角(생각)대로 되지 않고 男便(남편)이 決定(결정)을 내리지 못하고 있다.

겁재		편인	식신								乾命					
목	목	수	화									용신.화.식상				
乙	甲	壬	丙									희신.토.재성				
丑	辰	辰	申	71	61	51	41	31	21	11		기신.수.인성				
癸	乙	乙	戊	己	戊	丁	丙	乙	甲	癸		구신.금.관성				
수	목	목	토	亥	戌	酉	**申**	未	午	巳		한신.목.비겁				
인수	겁재	겁재	편재													

식상생재격(食傷生財格)　월의심천 1일 21시간 59분

　節期(절기)에서 1日 21時間(시간)이라 初氣(초기)에 해당한다. 甲木日柱(갑목일주)가 月令(월령)에 得令(득령)하고 印星(인성)까지 있어 太旺(태왕)하다. 四柱(사주)에 强(강)한 것은 木星(목성)인 比劫(비겁)이다. 比劫(비겁)이 强(강)하면, 피해보는 것은 財星(재성)인데, 구제할 수 있는 五行(오행)은 金星(금성)과 火星(화성) 두 五行(오행)이다. 金星(금성)은 四柱(사주)에 없으므로 用神(용신)의 資格(자격)이 未達(미달)이라 쓸 수가 없고, 火星(화성)인 食傷(식상)에게 부탁하여, 比劫(비겁)을 泄氣(설기)하고, 財星(재성)을 相生(상생)하여 保護(보호)해야 된다.

申金 大運(대운)에 申金은 庚金이므로 四柱(사주) 乙木과 乙庚金局(을경금국)하면 庚金이고 偏官(편관) 仇神運(구신운)이다. 庚金 偏官(편관)이 와서 乙木 劫財(겁재)와 合(합)하여 仇神運(구신운)이면 庚金은 職場(직장)이고, 乙木은 女子이기 때문에 職場(직장)과 女子쪽으로 문제가 發生(발생)하게 된다.

50세 辛巳年에 辛金이 四柱(사주) 乙木과 乙辛沖(을신충)이다. 大運(대운)에서 乙庚金局(을경금국)한 것을 勢運(세운)에서 乙辛沖(을신충)하면 문제가 發生(발생)하게 된다. 同窓會(동창회)갔다가 女子 同窓(동창)들이 하는 이야기가 職場生活(직장생활)보다는 事業(사업)하는 것이 낫다고 아우성이다. 事業(사업)하는 同窓(동창)들이 많이 있는데 集(집)에 와서 生角(생각)하니 맞는 말이기도 하고 나이가 들면 무엇을 해야 되는지도 현재는 보이지 않아 미리 準備(준비)하는 것이 낫다고 生角(생각)하고 職場(직장)을 退職(퇴직)하고 어떤 事業(사업)을 해야 올바른 選擇(선택)인지 구상하고 있다.

<table>
<tr><td>겁재</td><td></td><td>겁재</td><td>편인</td><td colspan="7" align="center">乾命</td><td>용신.화.관성</td></tr>
<tr><td>금</td><td>금</td><td>금</td><td>토</td><td colspan="7"></td><td>희신.목.재성</td></tr>
<tr><td>辛</td><td>庚</td><td>辛</td><td>戊</td><td>61</td><td>51</td><td>41</td><td>31</td><td>21</td><td>11</td><td>1</td><td>기신.수.식상</td></tr>
<tr><td>巳</td><td>戌</td><td>酉</td><td>申</td><td>戊</td><td>丁</td><td>丙</td><td>乙</td><td>甲</td><td>癸</td><td>壬</td><td>구신.금.비겁</td></tr>
<tr><td>丙</td><td>戊</td><td>辛</td><td>庚</td><td>辰</td><td>卯</td><td>寅</td><td>丑</td><td>子</td><td>亥</td><td>戌</td><td>한신.토.인성</td></tr>
<tr><td>화</td><td>토</td><td>금</td><td>금</td><td colspan="7"></td><td></td></tr>
<tr><td>편관</td><td>편인</td><td>겁재</td><td>비견</td><td colspan="7"></td><td></td></tr>
</table>

재자약살격(財滋弱殺格)　　월의심천 29일 11시간 19분

　庚金日柱(경금일주)가 月令(월령)에 得令(득령)하고 印星(인성)까지 있어 太旺(태왕)하다. 四柱(사주)에 强(강)한 것은 金星(금성)인 比劫(비겁)이다. 比劫(비겁)이 强(강)하면, 피해보는 것은 財星(재성)인데, 구제할 수 있는 五行(오행)으로는 火星(화성)과 水星(수성) 두 五行(오행)이다. 水星(수성)은 四柱(사주)에 없으므로 用神(용신)의 資格(자격)이 未達(미달)이라 쓸 수가 없고, 火星(화성)인 官星(관성)에게 부탁하여, 比劫(비겁)을 攻擊(공격)하고, 財星(재성)을 保護(보호)해야 된다.

　乙木 大運(대운)에 乙木이 四柱(사주) 庚金과 乙庚金局(을경금국)하면 庚金이고 比肩(비견) 仇神運(구신운)이다. 乙木 正財(정재)가 와서 庚金 나와 合(합)하여 比肩(비견) 仇神運(구신운)이면 財物(재물)과 나와 묶인 것과 같은 현상이라, 活動(활동)을 하지 말고 職場生活(직장생활)하는 것이 그나마 最善(최선)인데

　34세 辛巳年에 辛金이 四柱(사주) 時支(시지) 丙火와 丙辛合水局(병신합수국)하면 壬水이고 食神(식신) 忌神運(기신운)이다. 辛金 劫財(겁재)가 와서 丙火 偏官(편관) 用神(용신)과 合(합)하여 壬水 食神(식신) 忌神運(기신운)으로 變質(변질)된다면 丙火 職場(직장)이 없어지는 것과 같은 이치

이다. 32세 己卯年에 事業(사업)했다가 서서히 不振(부진)해서 結局(결국) 最後(최후)를 맞이하고 말았다.

<table>
<tr><td>상관</td><td></td><td>겁재</td><td>편인</td><td colspan="8"></td></tr>
<tr><td>화</td><td>목</td><td>목</td><td>수</td><td colspan="7" align="center">坤命</td><td>용신.화.식상</td></tr>
<tr><td>丁</td><td>甲</td><td>乙</td><td>壬</td><td colspan="7"></td><td>희신.토.재성</td></tr>
<tr><td>卯</td><td>戌</td><td>巳</td><td>寅</td><td>71</td><td>61</td><td>51</td><td>41</td><td>31</td><td>21</td><td>11</td><td>기신.수.인성</td></tr>
<tr><td>乙</td><td>戊</td><td>丙</td><td>甲</td><td>戊</td><td>己</td><td>庚</td><td>辛</td><td>壬</td><td>癸</td><td>甲</td><td>구신.금.관성</td></tr>
<tr><td>목</td><td>토</td><td>화</td><td>목</td><td>戌</td><td>亥</td><td>子</td><td>丑</td><td>寅</td><td>卯</td><td>辰</td><td>한신.목.비겁</td></tr>
<tr><td>겁재</td><td>편재</td><td>식신</td><td>비견</td><td colspan="8"></td></tr>
</table>

식상생재격(食傷生財格) 월의심천 29일 21시간 20분

甲木日柱(갑목일주)가 地支(지지)에 通根(통근)하고 印星(인성)까지 있어 太旺(태왕)하다. 四柱(사주)에 强(강)한 것은 木星(목성)인 比劫(비겁)이다. 比劫(비겁)이 强(강)하면, 피해보는 것은 財星(재성)인데, 구제할 수 있는 五行(오행)으로는 金星(금성)과 火星(화성) 두 五行(오행)이다. 金星(금성)은 四柱(사주)에 없으므로 用神(용신)의 資格(자격)이 未達(미달)이라 쓸 수가 없고, 火星(화성)인 食傷(식상)에게 부탁하여, 比劫(비겁)을 泄氣(설기)하고, 財星(재성)을 相生(상생)하여 保護(보호)해야 된다.

寅木 大運(대운)에 寅木은 甲木 比肩(비견) 閑神運(한신운)이다. 四柱(사주)에 比劫(비겁)이 强(강)하게 있는데, 比劫運(비겁운)이 오면 比劫(비겁)은 財星(재성)을 攻擊(공격)하기 때문에 財星(재성)이 다치게 되고 官星(관성)이 다치게 된다.

40세 辛巳年에 辛金이 四柱(사주) 月支(월지) 丙火와 丙辛合水局(병신합

수국)하면 壬水이고 偏印(편인) 忌神運(기신운)이다. 辛金 正官(정관)이 와
서 丙火 用神(용신)과 合(합)하여 偏印(편인) 忌神運(기신운)이면 文書(문
서)나, 財物(재물), 男子문제가 發生(발생)한다. 男便(남편)과는 離婚(이
혼)하고, 따라다니는 男子는 많은데, 빚이 많아서 解決(해결)해주는 男子
와 愛人(애인)하려고 한다.

비견		편관	상관								용신.목.식상
수	수	토	목			坤命					희신.수.비겁
壬	壬	戊	乙								기신.금.인성
寅	寅	寅	未	69	59	49	39	29	19	9	구신.토.관성
戊	戊	戊	丁	乙	甲	癸	壬	辛	庚	己	한신.화.재성
토	토	토	화	酉	申	未	**午**	巳	辰	卯	
편관	편관	편관	정재								

식상제살격(食傷制殺格)　월의심천 5일 5시간 12분

　節期(절기)에서 5日 5時間(시간)이라 初氣(초기)에 해당한다. 壬水日
干(임수일간)이 地支(지지)에 通根(통근)하지 못하고 身弱(신약)하다. 四
柱(사주)에 强(강)한 것은 土星(토성)인 官星(관성)이다. 官星(관성)이
强(강)하면, 피해보는 것은 比劫(비겁)인데, 구제할 수 있는 五行(오행)은
金星(금성)과 木星(목성) 두 五行(오행)이다. 金星(금성)은 四柱(사주)에 없
으므로 用神(용신)을 잡을 수가 없고, 木星(목성)인 食傷(식상)에게 부탁
하여, 官星(관성)을 攻擊(공격)하고, 比劫(비겁)을 保護(보호)해야 된다.
　午火 大運(대운)에 午火는 丁火이므로 四柱(사주) 壬水와 丁壬木局(정임
목국)하면 甲木이고 食神(식신) 用神運(용신운)이다. 丁火 正財(정재)가 와

서 壬水 比肩(비견) 나와 合(합)하여 食神(식신) 用神運(용신운)이면 財物(재물) 때문에 내가 움직인다는 뜻이고, 무엇인가 始作(시작)이라는 뜻이다.

47세 辛巳年에 巳火는 丙火이므로 四柱(사주) 壬水와 丙壬沖(병임충)이다. 大運(대운)에서 丁壬木局(정임목국)한 것을 勢運(세운)에서 丙壬沖(병임충)하면 發生(발생)하게 된다. 生活費(생활비) 때문에 就業(취업)을 했는데, 社長(사장)님과 같이 勤務(근무)하다가 친하게 되어 愛人(애인) 사이가 되었고, 社長(사장)님이 俸給(봉급) 말고도 많이 주고 있다.

편관		편관	편관				乾命					용신.화.식상
금	목	금	금									희신.토.재성
辛	乙	辛	辛	67	57	47	37	27	17	7		기신.수.인성
巳	卯	卯	丑	甲	乙	丙	丁	戊	己	庚		구신.금.관성
丙	乙	乙	己	申	酉	戌	亥	子	丑	寅		한신.목.한신
화	목	목	토									
상관	비견	비견	편재									

식상생재격 (食傷生財格) 월의심천 17일 5시간 55분

乙木日柱(을목일주)가 月令(월령)에 得令(득령)하고 身强(신강)하다. 四柱(사주)에 强(강)한 것은 木星(목성)인 比劫(비겁)이다. 比劫(비겁)이 强(강)하면, 피해보는 것은 財星(재성)인데, 구제할 수 있는 五行(오행)으로는 金星(금성)과 火星(화성) 두 五行(오행)이다. 金星(금성)을 用神(용신)으로 잡기는 무엇인가 不安(불안)하고, 火星(화성)인 食傷(식상)에게 부탁하여, 比劫(비겁)을 泄氣(설기)하고, 財星(재성)을 相生(상생)하여 保

護(보호)해야 된다.

丁火 大運(대운)에 丁火 食神(식신) 用神運(용신운)이다. 丁火 食神(식신) 用神(용신)이 와서 財星(재성)을 相生(상생)하면 財物(재물)쪽으로는 吉(길)하게 된다는 뜻이다.

41세 辛巳年에 辛金이 四柱(사주) 時支(시지) 丙火와 丙辛合水局(병신합수국)하면 壬水이고 印綬(인수) 忌神運(기신운)이다. 辛金 偏官(편관)이 와서 丙火 傷官(상관) 用神(용신)과 合(합)하여 印綬(인수) 忌神運(기신운)이면 丙火 用神(용신)이 印綬(인수)로 變質(변질)되었기 때문에 사리판단 못하게 되고, 比劫(비겁)은 印綬運(인수운)이 왔기 때문에 더욱 强(강)하게 되어 財星(재성)을 攻擊(공격)하기 때문에 財星(재성)이 다치게 된다는 뜻인데 3年 동안 事業(사업)은 잘 되고 있고 가게를 賣買(매매)하고 移動(이동)하려고 生角(생각) 중이다.

식신		편재	비견				乾命						
토	화	금	화									용신.수.관성	
戊	丙	庚	丙									희신.금.재성	
戌	寅	子	戌	67	57	47	37	27	17	7		기신.토.식상	
丁	丙	癸	丁	丁	丙	乙	甲	癸	壬	辛		구신.화.비겁	
화	화	수	화	未	午	巳	辰	卯	寅	丑		한신.목.인성	
겁재	비견	정관	겁재										

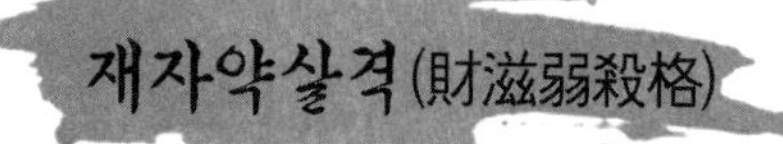

재자약살격(財滋弱殺格)   월의심천 10일 18시간 30분

節期(절기)에서 10日 18時間(시간)이라 戌, 寅은 中氣(중기)에 해당한다.

丙火日柱(병화일주)가 日支(일지)에 得地(득지)하고 太旺(태왕)하다. 四

柱(사주)에 强(강)한 것은 火星(화성)인 比劫(비겁)이다. 比劫(비겁)이 强(강)하면, 피해보는 것은 財星(재성)인데, 구제할 수 있는 五行(오행)은 水星(수성)과 土星(토성) 두 五行(오행)이다. 土星(토성)을 用神(용신)으로 잡으면, 陰陽調候(음양조후) 때문에 쓸 수가 없고, 水星(수성)인 官星(관성)이 比劫(비겁)을 攻擊(공격)하고, 財星(재성)을 保護(보호)해야 된다.

巳火 大運(대운)에 巳火는 丙火 比肩(비견) 仇神運(구신운)이다. 四柱(사주)에 比劫(비겁)이 旺盛(왕성)한데 比劫運(비겁운)이 오면 比劫(비겁)은 財星(재성)을 攻擊(공격)하기 때문에 財星(재성)이 다치게 되고, 역으로 官星(관성)을 剋(극)하기 때문에 官星(관성)이 다치게 된다. 즉 水剋火(수극화)가 아니라, 火剋水(화극수)가 되는 것이다.

56세 辛巳年에 巳火는 丙火 比肩(비견) 仇神運(구신운)이다. 大運(대운)에서 比肩(비견) 仇神運(구신운) 勢運(세운)에서 比肩(비견) 仇神運(구신운)이라 婦人(부인)과 아들이 家出(가출)해서 연락이 되지 않고 있다. 比劫(비겁)이 四柱(사주)에 過多(과다)하면 官星(관성)이나 財星(재성)이 比劫(비겁)을 감당하기 힘들어지고 두려워하기 때문에 財星(재성)이나 官星(관성)이 살려고 하니까 逃亡(도망) 갈 수밖에 없는 이치와 같다.

<table>
<tr><td>편관</td><td></td><td>정재</td><td>겁재</td><td colspan="7"></td><td></td></tr>
<tr><td>목</td><td>토</td><td>수</td><td>토</td><td colspan="7" rowspan="2" style="text-align:center">坤命</td><td>용신.금.식상</td></tr>
<tr><td>甲</td><td>戊</td><td>癸</td><td>己</td><td>희신.수.재성</td></tr>
<tr><td>寅</td><td>申</td><td>酉</td><td>亥</td><td>66</td><td>56</td><td>46</td><td>36</td><td>26</td><td>16</td><td>6</td><td>기신.화.인성</td></tr>
<tr><td>甲</td><td>庚</td><td>辛</td><td>壬</td><td>庚</td><td>己</td><td>戊</td><td>丁</td><td>丙</td><td>乙</td><td>甲</td><td>구신.목.관성</td></tr>
<tr><td>목</td><td>금</td><td>금</td><td>수</td><td>辰</td><td>卯</td><td>寅</td><td>丑</td><td>子</td><td>亥</td><td>戌</td><td>한신.토.비겁</td></tr>
<tr><td>편관</td><td>식신</td><td>상관</td><td>편재</td><td colspan="7"></td><td></td></tr>
</table>

종아격(從我格) 월의심천 14일 9시간 42분

戊土日干(무토일간)이 地支(지지)에 通根(통근)하지 못하고 身弱(신약)하다. 四柱(사주)에 强(강)한 것은 金星(금성)인 食傷(식상)이다. 食傷(식상)이 强(강)하면, 피해보는 것은 官星(관성)인데, 구제할 수 있는 五行(오행)으로는 火星(화성)과 水星(수성) 두 五行(오행)이다. 水星(수성)을 用神(용신)으로 잡으면, 比劫(비겁)이 身弱(신약)이라 쓸 수가 없고, 强(강)한 金星(금성)을 剋(극)하는 火星(화성)이 없기 때문에 일반 四柱(사주)와 달리 强者(강자)의 勢力(세력)에 大勢(대세)를 따라가야 吉(길)하게 된다.

丑土 大運(대운)에 丑土는 己土이므로 四柱(사주) 甲木과 甲己合土局(갑기합토국)하면 戊土이고 比肩(비견) 閑神運(한신운)이다. 比劫(비겁)은 財星(재성)을 攻擊(공격)하기 때문에 財星(재성)이 다치게 된다.

43세 辛巳年에 巳火가 四柱(사주) 年支(년지) 亥水와 巳亥沖(사해충)하면 亥中甲木(해중갑목)이 中氣(중기)에서 나오게 된다. 甲木이 나와서 무엇을 하는가? 四柱(사주) 年干(년간) 己土와 甲己合土局(갑기합토국)하면 戊土이고 比肩(비견) 閑神運(한신운)이다. 事業(사업)을 運營(운영)하고 있는데, 不振(부진)해서 가게를 賣買(매매)하고 集(집)도 賣買(매매)하여 정리하고, 健康(건강) 때문에 당분간 쉬려고 한다.

식신		겁재	상관								
목	수	수	목				乾命				용신.금.인성
乙	癸	壬	甲								희신.토.관성
卯	卯	申	寅	64	54	44	34	24	14	4	기신.화.재성
乙	乙	庚	甲	己	戊	丁	丙	乙	甲	癸	구신.목.식상
목	목	금	목	卯	寅	丑	子	亥	戌	酉	한신.수.비겁
식신	식신	인수	상관								

식상용인격(食傷用印格)　월의심천 21일 23시간 33분

癸水日干(계수일간)이 地支(지지)에 通根(통근)하지 못하고 身弱(신약)하다. 四柱(사주)에 强(강)한 것은 木星(목성)인 食傷(식상)이다. 食傷(식상)이 强(강)하면, 피해보는 것은 官星(관성)인데, 구제할 수 있는 五行(오행)으로는 金星(금성)과 火星(화성) 두 五行(오행)이다. 火星(화성)은 四柱(사주)에 없으므로 用神(용신)의 資格(자격)이 未達(미달)이라 쓸 수가 없고, 金星(금성)인 印星(인성)에게 부탁하여, 食傷(식상)을 攻擊(공격)하고, 官星(관성)을 保護(보호)해야 된다.

乙木 大運(대운)에 乙木이 四柱(사주) 月支(월지) 庚金과 乙庚金局(을경금국)하면 庚金이고 印綬(인수) 用神運(용신운)이다. 乙木 食神(식신)이 와서 庚金 印綬(인수)와 合(합)하여 用神運(용신운)이라 하지만 庚金 用神(용신)이 묶인 상태이고, 꼼작 못하기 때문에 올바른 일을 하지 못하고, 사리판단을 하지 못하게 된다.

28세 辛巳年에 辛金이 四柱(사주) 乙木과 乙辛沖(을신충)이다. 大運(대운)에서 乙庚金局(을경금국)한 것을 勢運(세운)에서 乙辛沖(을신충)하면 發生(발생)하게 되는데 24세부터 지금까지 되는 일이 없었고 證券投資(증

권투자)를 했다가, 損害(손해)를 많이 보았고 잃은 것을 만회하기 위하여
事業(사업)을 하려고 準備(준비) 중이다.

정재		편재	겁재				乾命				용신.토.비겁
수	토	수	토								희신.화.인성
癸	戊	壬	己	66	56	46	36	26	16	6	기신.목.관성
亥	辰	申	酉	乙	丙	丁	戊	己	庚	辛	구신.수.재성
甲	戊	壬	辛	丑	寅	卯	辰	巳	午	未	한신.금.식상
목	토	수	금								
편관	비견	편재	상관								

재다용비격(財多用比格)　월의심천 13일 20시간 16분

節期(절기)에서 13日 20時間(시간)이라 申, 亥는 中氣(중기)에 해당한다.

戊土日柱(무토일주)가 日支(일지)에 得地(득지)하고 比劫(비겁)이 적당한
힘을 維持(유지)하고 있다. 四柱(사주)에 强(강)한 것은 水星(수성)인 財
星(재성)이다. 財星(재성)이 强(강)하면, 피해보는 것은 官星(관성)인데, 구
제할 수 있는 五行(오행)은 土星(토성)과 木星(목성) 두 五行(오행)이다. 木
星(목성)을 用神(용신)으로 잡으면, 比劫(비겁)이 身弱(신약)되기 때문에
쓸 수가 없고, 土星(토성)인 比劫(비겁)이 財星(재성)을 攻擊(공격)하고, 印
星(인성)을 保護(보호)해야 된다.

巳火 大運(대운)에 巳火는 丙火이므로 四柱(사주) 年支(년지) 辛金과 丙
辛合水局(병신합수국)하면 壬水이고 偏財(편재) 仇神運(구신운)이다. 丙火
偏印(편인)이 와서 辛金과 合(합)하여 壬水 偏財(편재) 仇神運(구신운)이면
財星(재성)이 過多(과다)하게 되므로 財星(재성)에서 문제가 發生(발생)하

게 된다.

　33세 辛巳年에 巳火는 丙火이므로 四柱(사주) 年支(년지) 辛金과 丙辛合水局(병신합수국)하면 壬水이고 偏財(편재) 忌神運(기신운)이다. 勢運(세운)까지 偏財運(편재운)이 왔으니 財星(재성)이 더욱 强(강)하게 된다. 婦人(부인)이 離婚(이혼)하자고 하는데 올바른 判斷(판단)을 못하고 기다리고만 있다.

비견		편인	편재			坤命								
목	목	수	토										용신.목.비겁	
甲	甲	壬	戊										희신.수.인성	
戊	戊	戊	戊	66	56	46	36	26	16	6			기신.금.관성	
戊	戊	戊	戊	乙	丙	丁	戊	己	庚	辛			구신.토.재성	
토	토	토	토	卯	辰	巳	午	未	申	酉			한신.화.식상	
편재	편재	편재	편재											

재다용비격(財多用比格)　　월의심천 15일 16시간 11분

　甲木日干(갑목일간)이 地支(지지)에 通根(통근)하지 못하고 身弱(신약)하다. 四柱(사주)에 强(강)한 것은 土星(토성)인 財星(재성)이다. 財星(재성)이 强(강)하면, 피해보는 것은 印星(인성)인데, 구제할 수 있는 五行(오행)으로는 木星(목성)과 金星(금성) 두 五行(오행)이다. 金星(금성)은 四柱(사주)에 없으므로 用神(용신)의 資格(자격)이 未達(미달)이라 쓸 수가 없고, 木星(목성)인 比劫(비겁)이 財星(재성)을 攻擊(공격)하고, 印星(인성)을 保護(보호)해야 된다.

　午火 大運(대운)에 午火는 丁火이므로 四柱(사주) 月干(월간) 壬水와 丁壬木局(정임목국)하면 甲木이고 比肩(비견) 用神運(용신운)이다. 丁火 傷

官(상관)이 와서 壬水 喜神(희신)과 合(합)하여 甲木 比肩(비견) 用神運(용신운)이면 壬水가 變質(변질)되었기 때문에 水氣(수기)가 없는 것과 같은 위치이고 戊土가 너무나 强(강)하게 있는데, 甲木이 어떻게 뿌리를 내리고 살겠는가 水氣(수기)가 있다면 사항이 달라지는데,

　44세 辛巳年에 巳火가 丙火이므로 四柱(사주) 月干(월간) 壬水와 丙壬沖(병임충)이다. 大運(대운)에서 丁壬木局(정임목국)한 것을 勢運(세운)에서 丙壬沖(병임충)하면 發生(발생)하게 된다. 食堂業(식당업)을 하려고 準備(준비) 중이고 食堂(식당)은 水氣(수기)를 가져있기 때문에 그나마 多幸(다행)이다.

편관		상관	정재								乾命	용신.목.인성
수	화	토	금									희신.수.관성
癸	丁	戊	庚	66	56	46	36	26	16	6		기신.금.재성
卯	丑	子	戌	乙	甲	癸	壬	辛	庚	己		구신.토.식상
乙	己	癸	戊	未	午	巳	辰	**卯**	寅	丑		한신.화.비겁
목	토	수	토									
편인	식신	편관	상관									

관인상생격(官印相生格)　　월의심천 15일 8시간 53분

　丁火日干(정화일간)이 地支(지지)에 通根(통근)하지 못하고 身弱(신약)하다. 四柱(사주)에 强(강)한 것은 土星(토성)인 食傷(식상)이다. 食傷(식상)이 强(강)하면, 피해보는 것은 官星(관성)인데, 구제할 수 있는 五行(오행)으로는 木星(목성)과 金星(금성) 두 五行(오행)이다. 金星(금성)을 用神(용신)으로 잡으면, 比劫(비겁)이 身弱(신약)이라 쓸 수가 없고, 木星(목

성)인 印星(인성)에게 부탁하여, 食傷(식상)을 攻擊(공격)하고, 官星(관성)을 保護(보호)해야 된다.

卯木 大運(대운)에 卯木은 乙木이므로 四柱(사주) 年干(년간) 庚金과 乙庚金局(을경금국)하면 庚金이고 正財(정재) 忌神運(기신운)이다. 乙木 偏印(편인)이 와서 庚金과 合(합)하여 庚金 忌神運(기신운)이면 乙木이나 庚金이 묶인 상태이기 때문에 꼼작 못하는 것과 같다. 즉 財物(재물)이나 文書(문서)가 움직임이 없다는 말과 같은 이치이다.

32세 辛巳年에 巳火는 丙火 劫財(겁재) 閑神運(한신운)이다. 丙火 劫財(겁재)가 와서 食傷(식상)을 相生(상생)하면, 食傷(식상)은 힘을 받아 官星(관성)을 攻擊(공격)하여 官星(관성)이 다치게 된다. 즉 職場(직장)이 잘못된다는 말이 된다. 自營業(자영업)을 運營(운영)하고 있는데, 不振(부진)해서 現狀維持(현상유지) 되지 않고 있다.

식신		식신	정관				乾命					
목	수	목	토								용신.금.인성
乙	癸	乙	戊								희신.토.관성
卯	卯	丑	申	63	53	43	33	23	13	3	기신.화.재성
乙	乙	己	庚	壬	辛	庚	己	戊	丁	丙	구신.목.식상
목	목	토	금	申	未	午	巳	辰	卯	寅	한신.수.비겁
식신	식신	편관	인수								

관인상생격 (官印相生格)　　　　월의심천 22일 9시간 13분

癸水日干(계수일간)이 地支(지지)에 通根(통근)하지 못하고 身弱(신약)하다. 四柱(사주)에 强(강)한 것은 木星(목성)인 食傷(식상)이다. 食傷(식

상)이 强(강)하면, 피해보는 것은 官星(관성)인데, 구제할 수 있는 五行(오행)으로는 金星(금성)과 火星(화성) 두 五行(오행)이다. 火星(화성)은 四柱(사주)에 없으므로 用神(용신)의 資格(자격)이 未達(미달)이라 쓸 수가 없고, 金星(금성)인 印星(인성)에게 부탁하여, 食傷(식상)을 攻擊(공격)하고, 官星(관성)을 保護(보호)해야 된다.

己土 大運(대운)에 己土 偏官(편관) 喜神運(희신운)이다. 己土는 職場(직장)이고, 印星(인성)을 相生(상생)하므로 文書(문서)나, 二姓(이성)쪽으로 吉(길)하게 된다.

34세 辛巳年에 辛金이 四柱(사주) 乙木과 乙辛沖(을신충)이다. 辛金 偏印(편인)이 와서 乙木 食神(식신)을 沖(충)하면 官星(관성)이 숨쉬기가 한결 수월해지고 움직임이 있다는 뜻이다. 大運(대운)에서 偏官(편관) 喜神運(희신운) 勢運(세운)에서 用神運(용신운)이라 職場(직장)이나, 文書(문서), 女子문제가 發生(발생)하게 되는데 職場(직장)을 退職(퇴직)하고, 愛人(애인)과 同業(동업)으로 自營業(자영업)을 始作(시작)했는데 서서히 단골이 많아지면서 生角(생각) 외로 運營(운영)이 잘 되고 있다.

<table>
<tr><td>식신</td><td></td><td>정관</td><td>비견</td><td rowspan="2" colspan="8">坤命</td><td>용신.수.인성</td></tr>
<tr><td>화</td><td>목</td><td>금</td><td>목</td><td>희신.금.관성</td></tr>
<tr><td>丙</td><td>甲</td><td>辛</td><td>甲</td><td>71</td><td>61</td><td>51</td><td>41</td><td>31</td><td>21</td><td>11</td><td></td><td>기신.토.재성</td></tr>
<tr><td>子</td><td>午</td><td>未</td><td>午</td><td>甲</td><td>乙</td><td>丙</td><td>丁</td><td>戊</td><td>己</td><td>庚</td><td></td><td>구신.화.식상</td></tr>
<tr><td>癸</td><td>丁</td><td>己</td><td>丁</td><td>子</td><td>丑</td><td>寅</td><td>卯</td><td>辰</td><td>巳</td><td>午</td><td></td><td>한신.목.비겁</td></tr>
<tr><td>수</td><td>화</td><td>토</td><td>화</td><td colspan="8"></td></tr>
<tr><td>인수</td><td>상관</td><td>정재</td><td>상관</td><td colspan="8"></td></tr>
</table>

관인상생격(官印相生格)   월의심천 29일 22시간 21분

甲木日干(갑목일간)이 地支(지지)에 通根(통근)하지 못하고 身弱(신약)하다. 四柱(사주)에 强(강)한 것은 火星(화성)인 食傷(식상)이다. 食傷(식상)이 强(강)하면, 피해보는 것은 官星(관성)인데, 구제할 수 있는 五行(오행)으로는 水星(수성)과 土星(토성) 두 五行(오행)이다. 土星(토성)을 用神(용신)으로 잡으면, 比劫(비겁)이 身弱(신약)이라 쓸 수가 없고, 水星(수성)인 印星(인성)에게 부탁하여, 食傷(식상)을 攻擊(공격)하고, 官星(관성)을 保護(보호)해야 된다.

卯木 大運(대운)에 卯木은 乙木이므로 四柱(사주) 月干(월간) 辛金과 乙辛沖(을신충)이다. 乙木 劫財(겁재) 閑神(한신)이 와서 辛金 正官(정관) 喜神(희신)과 沖(충)이면 職場(직장)이나, 男子쪽으로 무엇인가 움직인다는 뜻이다.

48세 辛巳年에 巳火는 丙火이므로 四柱(사주) 月干(월간) 辛金과 丙辛合水局(병신합수국)하면 壬水이고 偏印(편인) 用神運(용신운)이다. 大運(대운)에서 乙辛沖(을신충)한 것을 勢運(세운)에서 丙辛合水局(병신합수국)하면 문제가 發生(발생)하게 된다. 食堂(식당)에 從業員(종업원)으로 일하다

가 社長(사장)님이 健康(건강)문제로 食堂(식당)을 賣買(매매)를 해야 되는
입장이라 할 수 없이 食堂(식당)을 引受(인수)해서 運營(운영) 중인데, 서
서히 매상이 떨어지고 있다.

편인		편인	상관									용신.금.재성
목	화	목	토				乾命					희신.수.관성
甲	丙	甲	己									기신.화.비겁
午	戌	戌	酉	71	61	51	41	31	21	11		구신.목.인성
丁	戊	戊	辛	丁	戊	己	庚	辛	壬	癸		한신.토.식상
화	토	토	금	卯	辰	巳	午	未	申	酉		
겁재	식신	식신	정재									

제살태과격(制殺太過格)　월의심천 29일 16시간 13분

　　丙火日柱(병화일주)가 地支(지지)에 通根(통근)하고 印星(인성)까지 있어
比劫(비겁)이 적당한 힘을 維持(유지)하고 있다. 四柱(사주)에 强(강)한 것
은 土星(토성)인 食傷(식상)이다. 食傷(식상)이 强(강)하면, 피해보는 것은
官星(관성)인데, 구제할 수 있는 五行(오행)으로는 木星(목성)과 金星(금
성) 두 五行(오행)이다. 木星(목성)을 用神(용신)으로 잡기는 무엇인가 不
安(불안)하고, 金星(금성)인 財星(재성)에게 부탁하여, 食傷(식상)을 泄
氣(설기)하고, 官星(관성)을 相生(상생)하여 保護(보호)해야 된다.

　　辛金 大運(대운)에 辛金이 四柱(사주) 日干(일간) 丙火와 丙辛合水局(병
신합수국)하면 壬水(임수)이고 偏官(편관) 喜神運(희신운)이다. 辛金 正
財(정재)가 와서 丙火 比肩(비견) 나와 合(합)하여 偏官(편관) 喜神運(희신
운)이면 職場(직장)과 財物(재물)쪽으로 變化(변화)가 있게 된다.

33세 辛巳年에 巳火는 丙火이므로 年支(년지) 辛金과 丙辛合水局(병신합수국)하면 壬水이고 偏官(편관) 喜神運(희신운)이다. 大運(대운)에서 偏官(편관) 喜神運(희신운) 勢運(세운)에서 偏官(편관) 喜神運(희신운)이다. 職場(직장)을 退職(퇴직)하고 事業(사업)을 하려고 하는데, 어떤 事業(사업)을 해야 좋은지 構想(구상) 중이다.

편관		비견	식신				乾命					
목	토	토	금		62	52	42	32	22	12	2	용신.토.비겁
甲	戊	戊	庚		乙	甲	癸	壬	辛	庚	己	희신.화.인성
子	子	子	戌		未	午	巳	辰	卯	寅	丑	기신.목.관성
癸	癸	癸	戊									구신.수.재성
수	수	수	토									한신.금.식상
정재	정재	정재	비견									

재다용비격(財多用比格) 월의심천 27일 2시간 22분

戊土日柱(무토일주)가 地支(지지)에 通根(통근)하고 比劫(비겁)이 적당한 힘을 維持(유지)하고 있다. 四柱(사주)에 强(강)한 것은 水星(수성)인 財星(재성)이다. 財星(재성)이 强(강)하면, 피해보는 것은 印星(인성)인데, 구제할 수 있는 五行(오행)으로는 土星(토성)과 木星(목성) 두 五行(오행)이다. 木星(목성)을 用神(용신)으로 잡으면 子月에 木이라 陰陽調候(음양조후) 때문에 쓸 수가 없고, 土星(토성)인 比劫(비겁)이 財星(재성)을 攻擊(공격)하고, 印星(인성)을 保護(보호)해야 된다.

壬水 大運(대운)에 壬水 偏財(편재) 仇神運(구신운)이다. 四柱(사주)에 財星(재성)이 强(강)하게 있는데, 壬水 偏財運(편재운)이 오면 甲木 偏官(편

관)이 水氣(수기)가 많아 뿌리가 섞게 되고 물에 떠있는 현상이라 職場(직장)이 잘못되고 財物(재물)이나, 女子 때문에 공경에 처하게 된다.

32세 辛巳年에 辛金 傷官(상관) 閑神運(한신운)이다. 辛金 傷官(상관)이 와서 財星(재성)을 相生(상생)하면 財星(재성)이 너무나 過多(과다)하게 되므로 財星(재성)에서 문제가 생긴다. 職場(직장)에서 문제가 있어 어쩔 수 없이 退職(퇴직)하고 愛人(애인)과 同業(동업)으로 自營業(자영업)을 始作(시작)했는데, 營業(영업)도 不振(부진)하고, 서로 疑見(의견)이 맞지 않아 문제가 많고 同業(동업)한 것을 後悔(후회)하고 있다.

상관		상관	정재									
화	목	화	토				坤命				용신.화.식상	
丁	甲	丁	己								희신.토.재성	
卯	辰	卯	亥	66	56	46	36	26	16	6	기신.수.인성	
乙	戊	乙	壬	甲	癸	壬	辛	庚	己	戊	구신.금.관성	
목	토	목	수	戌	酉	申	未	午	巳	辰	한신.목.비겁	
겁재	편재	겁재	편인									

식상생재격(食傷生財格)　　월의심천 16일 13시간 33분

甲木日柱(갑목일주)가 月슈(월령)에 得슈(득령)하고 印星(인성)까지 있어 太旺(태왕)하다. 四柱(사주)에 强(강)한 것은 木星(목성)인 比劫(비겁)이다. 比劫(비겁)이 强(강)하면, 피해보는 것은 財星(재성)인데, 구제할 수 있는 五行(오행)으로는 金星(금성)과 火星(화성) 두 五行(오행)이다. 金星(금성)은 四柱(사주)에 없으므로 用神(용신)의 資格(자격)이 未達(미달)이라 쓸 수가 없고, 火星(화성)인 食傷(식상)에게 부탁하여, 比劫(비겁)을 泄

氣(설기)하고, 財星(재성)을 相生(상생)하여 保護(보호)해야 된다.

　未土 大運(대운)에 未土가 四柱(사주) 亥水, 卯木과 亥卯未木局(해묘미목국)하면 乙木이고 劫財(겁재) 閑神運(한신운)이다. 四柱(사주)에 比劫(비겁)이 強(강)하게 있는데, 比劫運(비겁운)이 오면 比劫(비겁)은 財星(재성)을 攻擊(공격)하고, 역으로 官星(관성)이 다치게 된다.

　43세 辛巳年에 辛金이 四柱(사주) 乙木과 乙辛沖(을신충)이다. 四柱(사주)에 乙木이 強(강)하게 있는데, 辛金 正官(정관)이 와서 乙辛沖(을신충)하면 辛金이 다치게 되고, 男子쪽으로 문제가 發生(발생)하게 된다. 男便(남편)과는 夫婦生活(부부생활)을 하지 않고, 밖에서 愛人(애인)을 만나서 夫婦(부부)처럼 行動(행동)하면서 지내고 있다.

비견		식신	식신								용신.금.식상
토	토	금	금				乾命				희신.수.재성
己	己	辛	辛								기신.화.인성
巳	未	丑	亥	69	59	49	39	29	19	9	구신.목.관성
丙	己	己	壬	甲	乙	丙	丁	戊	己	庚	한신.토.비겁
화	토	토	수	午	未	申	酉	戌	亥	子	
인수	비견	비견	정재								

식상생재격(食傷生財格)　　월의심천 22일 19시간 48분

　己土日柱(기토일주)가 月令(월령)에 得令(득령)하고 印星(인성)까지 있어 太旺(태왕)하다. 四柱(사주)에 強(강)한 것은 土星(토성)인 比劫(비겁)이다. 比劫(비겁)이 強(강)하면, 피해보는 것은 財星(재성)인데, 구제할 수 있는 五行(오행)으로는 木星(목성)과 金星(금성) 두 五行(오행)이다. 木星(목성)은 四柱(사주)에 없으므로 用神(용신)의 資格(자격)이 未達(미달)이라 쓸 수가 없고, 金星(금성)인 食傷(식상)에게 부탁하여, 比劫(비겁)을 泄氣(설기)하고, 財星(재성)을 相生(상생)하여 保護(보호)해야 된다.

戊土 大運(대운)에 戊土 劫財(겁재) 閑神運(한신운)이다. 四柱(사주)에 比劫(비겁)이 强(강)하게 있는데. 比劫運(비겁운)이 오면 比劫(비겁)은 財星(재성)을 攻擊(공격)하기 때문에 財星(재성)이 다치게 된다. 즉 金錢(금전)이나, 女子문제가 發生(발생)하게 된다.

31세 辛巳年에 巳火가 四柱(사주) 年支(년지) 亥水와 巳亥沖(사해충)하면 亥中甲木(해중갑목)이 中氣(중기)에서 나오게 된다. 甲木이 나와서 무엇을 하는가? 四柱(사주) 己土와 甲己合土局(갑기합토국)하면 戊土이고 劫財(겁재) 閑神運(한신운)이다. 婦人(부인)과는 離婚(이혼)하고 職場(직장)을 退職(퇴직)하고 事業(사업)하려고 物色(물색) 중이다.

편관		식신	편관										
수	화	토	수			坤命						용신.목.인성	
癸	丁	己	癸									희신.수.관성	
卯	丑	未	巳	66	56	46	36	26	16	6		기신.금.재성	
乙	己	己	丙	丙	乙	**甲**	癸	壬	辛	庚		구신.토.식상	
목	토	토	화	寅	丑	子	亥	戌	酉	申		한신.화.비겁	
편인	식신	식신	겁재										

관인상생격 (官印相生格) 월의심천 17일 9시간 55분

丁火日柱(정화일주)가 地支(지지)에 通根(통근)하고 印星(인성)까지 있어 比劫(비겁)이 적당한 힘을 維持(유지)하고 있다. 四柱(사주)에 强(강)한 것은 土星(토성)인 食傷(식상)이다. 食傷(식상)이 强(강)하면, 피해보는 것은 官星(관성)인데, 구제할 수 있는 五行(오행)으로는 木星(목성)과 金星(금성) 두 五行(오행)이다. 金星(금성)은 四柱(사주)에 없으므로 用神(용신)의 資格(자격)이 未達(미달)이라 쓸 수가 없고, 木星(목성)인 印星(인성)에게 부탁하여, 食傷(식상)을 攻擊(공격)하고, 官星(관성)을 保護(보호)해야 된다.

甲木 大運(대운)에 甲木이 四柱(사주) 己土와 甲己合土局(갑기합토국)하면 戊土이고 傷官(상관) 仇神運(구신운)이다. 四柱(사주)에 食傷(식상)이 强(강)하게 있는데, 食傷(식상) 仇神運(기신운)이 오면 食傷(식상)은 더욱 强(강)하게 되어, 官星(관성)을 攻擊(공격)하므로 官星(관성)이 다치게 된다. 즉 職場(직장)이나, 男子문제가 發生(발생)하게 된다는 뜻이다.

49세 辛巳年에 巳火는 丙火 劫財(겁재) 閑神運(한신운)이다. 丙火 劫財(겁재)가 와서 食傷(식상)을 相生(상생)하므로 食傷(식상)이 너무나 過多(과다)하게 되므로, 官星(관성)이 어떻게 살겠는가? 自營業(자영업)을 運營(운영)하고 있는 不振(부진)하여, 다른 業種(업종)을 하려고 準備(준비)하고 있는 중이다.

정관		편재	상관				坤命				용신.목.인성
수	화	금	토								희신.수.관성
壬	丁	辛	戊								기신.금.재성
寅	未	酉	戊	67	57	47	37	27	17	7	구신.토.식상
甲	己	辛	戊	甲	乙	丙	丁	戊	己	庚	한신.화.비겁
목	토	금	토	寅	卯	辰	巳	午	未	申	
인수	식신	편재	상관								

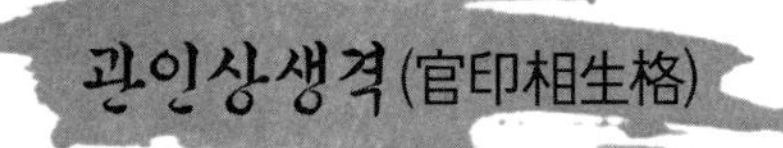

관인상생격(官印相生格)　　월의심천 18일 15시간 31분

丁火日干(정화일간)이 地支(지지)에 通根(통근)하지 못하고 身弱(신약)하다. 四柱(사주)에 强(강)한 것은 土星(토성)인 食傷(식상)이다. 食傷(식상)이 强(강)하면, 피해보는 것은 官星(관성)인데, 구제할 수 있는 五行(오행)으로는 木星(목성)과 金星(금성) 두 五行(오행)이다. 金星(금성)을 用神(용신)으로 잡으면, 比劫(비겁)이 身弱(신약)이라 쓸 수가 없고, 木星(목성)인 印星(인성)에게 부탁하여, 食傷(식상)을 攻擊(공격)하고, 官星(관성)을 保護(보호)해야 된다.

巳火 大運(대운)에 巳火는 丙火이므로 四柱(사주) 辛金과 丙辛合水局(병신합수국)하면 壬水이고 正官(정관) 喜神運(희신운)이다. 丙火 劫財(겁재)가 와서 辛金 偏財(편재)와 合(합)하여 正官(정관) 喜神運(희신운)이면 金錢(금전)이나, 職場(직장)쪽으로 吉(길)하게 된다는 뜻이다.

44세 辛巳年에 巳火는 丙火이므로 四柱(사주) 辛金과 丙辛合水局(병신합수국)하면 壬水이고 正官(정관) 喜神運(희신운)이다. 大運(대운)에서 正官(정관) 喜神運(희신운) 勢運(세운)에서 正官(정관) 喜神運(희신운)이라 自營業(자영업)을 하고 있는데, 運營(운영)은 生角(생각) 외로 잘되고 있고

擴張(확장)하여 한 개를 더 하려고 하는데 어느 곳이 좋은지 物色(물색)
중에 있다.

상관		상관	정관		坤命						용신.수.식상
수	금	수	화								희신.목.재성
壬	辛	壬	丙	64	54	44	34	24	14	4	기신.토.인성
辰	亥	辰	申	乙	丙	丁	戊	己	庚	辛	구신.화.관성
癸	甲	癸	壬	酉	戌	亥	子	丑	寅	卯	한신.금.비겁
수	목	수	수								
식신	정재	식신	상관								

종아격(從我格)

월의심천 9일 3시간 59분

節期(절기)에서 9日 3時間(시간)이라 中氣(중기)에 해당한다. 辛金日
干(신금일간)이 地支(지지)에 通根(통근)하지 못하고 身弱(신약)하다. 四
柱(사주)에 强(강)한 것은 水星(수성)인 食傷(식상)이다. 食傷(식상)이
强(강)하면, 피해보는 것은 官星(관성)인데, 구제할 수 있는 五行(오행)으
로는 土星(토성)과 木星(목성) 두 五行(오행)이다. 木星(목성)을 用神(용
신)으로 잡으면 比劫(비겁)이 身弱(신약)이라 쓸 수가 없고, 四柱(사주)에
强(강)한 水星(수성)을 剋(극)하는 土星(토성)이 없기 때문에 일반 四柱(사
주)와 달리 强者(강자)의 勢力(세력)에 大勢(대세)를 따라가야 吉(길)하게
된다.

丁火 大運(대운)에 丁火가 四柱(사주) 壬水와 丁壬木局(정임목국)하면 甲
木이고 正財(정재) 喜神運(희신운)이다. 丁火 偏官(편관)이 와서 壬水 傷
官(상관)과 合(합)하여 正財(정재) 喜神運(희신운)이면 職場(직장)과 財

物(재물), 무엇인가 움직이게 된다는 뜻이다.

46세 辛巳年에 辛金이 四柱(사주) 年干(년간) 丙火와 丙辛合水局(병신합수국)하면 壬水이고 傷官(상관) 用神運(용신운)이다. 辛金 比肩(비견)이 와서 丙火 正官(정관)과 合(합)하여 壬水 傷官(상관) 用神運(용신운)이면 職場(직장)에 變化(변화)가 있게 된다는 뜻이다. 自營業(자영업)을 運營(운영)하고 있는데, 갈수록 營業(영업)이 잘 되고 있고 가게가 너무 좁아서 큰 곳으로 擴張移轉(확장이전)하려고 物色(물색) 중이다.

정관		식신	정관								坤命	용신.수.식상
화	금	수	화									희신.금.비겁
丁	庚	壬	丁	67	57	47	37	27	17	7		기신.토.인성
丑	申	寅	酉	己	戊	丁	丙	乙	甲	癸		구신.화.관성
己	壬	丙	辛	酉	申	未	午	巳	辰	卯		한신.목.재성
토	수	화	금									
인수	식신	편관	겁재									

식상제살격 (食傷制殺格)   월의심천 12일 15시간 35분

節期(절기)에서 12日 15時間(시간)이라 寅, 申은 中氣(중기)에 해당한다.

庚金日柱(경금일주)가 地支(지지)에 通根(통근)하고 印星(인성)까지 있어 比劫(비겁)이 적당한 힘을 維持(유지)하고 있다. 四柱(사주)에 强(강)한 것은 火星(화성)인 官星(관성)이다. 官星(관성)이 强(강)하면, 피해보는 것은 比劫(비겁)인데, 구제할 수 있는 五行(오행)은 土星(토성)과 水星(수성) 두 五行(오행)이다. 土星(토성)을 用神(용신)으로 잡으면, 比劫(비겁)이 身强(신강)되기 때문에 쓸 수가 없고, 水星(수성)인 食傷(식상)에게 부탁하여, 官星(관성)을 攻擊(공격)하고, 比劫(비겁)을 保護(보호)해야 된다.

午火 大運(대운)에 午火는 丁火이므로 四柱(사주) 日支(일지) 壬水와 丁壬木局(정임목국)하면 甲木이고 偏財(편재) 閑神運(한신운)이다. 丁火 正官(정관)이 와서 壬水 食神(식신) 用神(용신)과 合(합)하여 甲木 偏財(편재) 閑神運(한신운)이면 壬水 用神(용신)이 變質(변질)되어 올바른 判斷(판단)을 하지 못하게 되고 甲木 偏財(편재)는 官星(관성)을 相生(상생)하므로 官星(관성)이 强(강)하게 되어 官星(관성)에서 문제가 發生(발생)하게 된다. 즉 職場(직장)문제이다.

45세 辛巳年에 巳火는 丙火이므로 四柱(사주) 壬水와 丙壬沖(병임충)이다. 大運(대운)에서 丁壬木局(정임목국)한 것을 勢運(세운)에서 丙壬沖(병임충)하면 문제가 發生(발생)하게 된다. 自營業(자영업)을 運營(운영)하고 있는데 不振(부진)하여. 타 業種(업종)으로 始作(시작)하려고 物色(물색) 중이다.

식신		정관	편인				乾命					용신.토.재성
화	목	금	수									희신.화.식상
丙	甲	辛	壬									기신.목.비겁
寅	寅	亥	寅	70	60	50	40	30	20	10		구신.수.인성
戊	戊	戊	戊	戊	丁	丙	乙	甲	癸	壬		한신.금.관성
토	토	토	토	午	巳	辰	卯	寅	丑	子		
편재	편재	편재	편재									

종재격(從財格)　　　월의심천 3일 21시간 55분

節期(절기)에서 3日 21時間(시간)이라 初氣(초기)에 해당한다. 甲木日

干(갑목일간)이 地支(지지)에 通根(통근)하지 못하고 身弱(신약)하다. 四柱(사주)에 强(강)한 것은 土星(토성)인 財星(재성)이다. 財星(재성)이 强(강)하면, 피해보는 것은 印星(인성)인데, 구제할 수 있는 五行(오행)으로는 木星(목성)과 金星(금성) 두 五行(오행)이다. 金星(금성)을 用神(용신)으로 잡으면, 比劫(비겁)이 身弱(신약)이라 쓸 수가 없고, 强(강)한 土星(토성)을 剋(극)하는 木星(목성)이 없기 때문에, 일반 四柱(사주)와 달리 强者(강자)의 勢力(세력)에 大勢(대세)를 따라가야 吉(길)하게 된다.

乙木 大運(대운)에 乙木이 四柱(사주) 月干(월간) 辛金과 乙辛沖(을신충)이다. 乙木 劫財(겁재)가 와서 辛金 正官(정관)과 沖(충)하면 乙木은 女子이고, 辛金은 職場(직장)이고 나의 名譽(명예)이기 때문에, 즉 女子 문제로 피해본다는 말과 같다.

40세 辛巳年에 巳火는 丙火이므로 四柱(사주) 月干(월간) 辛金과 丙辛合水局(병신합수국)하면 壬水이고 偏印(편인) 仇神運(구신운)이다. 大運(대운)에서 乙辛沖(을신충)한 것을 勢運(세운)에서 丙辛合水局(병신합수국)하면 문제가 發生(발생)하게 된다. 有夫女(유부녀)를 만나서 戀人(연인) 사이가 되었는데, 離婚(이혼)하고, 結婚(결혼)하려고 生角(생각)하고 있다.

상관		편재	겁재			坤命					
수	금	목	금								용신.수.식상
壬	辛	乙	庚								희신.목.재성
辰	酉	酉	子	68	58	48	38	28	18	8	기신.토.인성
戊	辛	辛	癸	戊	己	庚	辛	壬	癸	甲	구신.화.관성
토	금	금	수	寅	卯	辰	巳	午	未	申	한신.금.비겁
인수	비견	비견	식신								

식상생재격(食傷生財格)　　월의심천 22일 7시간 45분

辛金日柱(신금일주)가　月令(월령)에　得令(득령)하고　印星(인성)까지　있어　太旺(태왕)하다.　四柱(사주)에　强(강)한　것은　金星(금성)인　比劫(비겁)이다.　比劫(비겁)이　强(강)하면, 피해보는　것은　財星(재성)인데, 구제할　수　있는　五行(오행)으로는　火星(화성)과　水星(수성)　두　五行(오행)이다.　四柱(사주)에　火星(화성)은　없으므로　用神(용신)의　資格(자격)이　未達(미달)이라　쓸　수가　없고, 水星(수성)인　食傷(식상)에게　부탁하여, 比劫(비겁)을　泄氣(설기)하고, 財星(재성)을　相生(상생)하여　保護(보호)해야　된다.

辛金　大運(대운)에　辛金이　四柱(사주)　月干(월간)　乙木과　乙辛沖(을신충)이다.　辛金　比肩(비견)이　와서　乙木　偏財(편재)　喜神(희신)을　沖(충)하면　財物(재물)이　다치게　된다.

42세　辛巳年에　巳火는　丙火이므로　四柱(사주)　辛金과　丙辛合水局(병신합수국)하면　壬水이고　傷官(상관)　用神運(용신운)이다.　丙火는　職場(직장)이고, 男子에　해당한다.　大運(대운)에서　乙辛沖(을신충)한　것을　勢運(세운)에서　丙辛合水局(병신합수국)하면　문제가　發生(발생)하게　된다.　自營業(자영업)을　運營(운영)하고　있는데　너무나　不振(부진)하고　愛人(애인)에게 돈을 빌려주었는데, 오늘내일 하면서 주지 않고 만나는 것도 핑계를 대면서 서서히 逃亡(도망)가려고 하고 있다.

<table>
<tr><td>편관</td><td></td><td>겁재</td><td>편관</td><td colspan="7"></td><td></td></tr>
<tr><td>수</td><td>화</td><td>화</td><td>수</td><td colspan="7"></td><td>용신.목.인성</td></tr>
<tr><td>癸</td><td>丁</td><td>丙</td><td>癸</td><td colspan="7">坤命</td><td>희신.수.관성</td></tr>
<tr><td>卯</td><td>巳</td><td>辰</td><td>未</td><td>64</td><td>54</td><td>44</td><td>34</td><td>24</td><td>14</td><td>4</td><td>기신.금.재성</td></tr>
<tr><td>乙</td><td>丙</td><td>戊</td><td>己</td><td>癸</td><td>壬</td><td>辛</td><td>庚</td><td>己</td><td>戊</td><td>丁</td><td>구신.토.식상</td></tr>
<tr><td>목</td><td>화</td><td>토</td><td>토</td><td>亥</td><td>戌</td><td>酉</td><td>申</td><td>未</td><td>午</td><td>巳</td><td>한신.화.비겁</td></tr>
<tr><td>편인</td><td>겁재</td><td>상관</td><td>식신</td><td colspan="7"></td><td></td></tr>
</table>

관인상생격(官印相生格)　　월의심천 23일 5시간 19분

丁火日柱(정화일주)가 日支(일지)에 得地(득지)하고 印星(인성)까지 있어 比劫(비겁)이 적당한 힘을 維持(유지)하고 있다. 四柱(사주)에 强(강)한 것은 土星(토성)인 食傷(식상)이다. 食傷(식상)이 强(강)하면, 피해보는 것은 官星(관성)인데. 구제할 수 있는 五行(오행)으로는 木星(목성)과 金星(금성) 두 五行(오행)이다. 四柱(사주)에 金星(금성)이 있으면 用神(용신)으로 서 資格(자격)이 適任者(적임자)인데, 없으므로 쓸 수가 없고, 木星(목성)인 印星(인성)에게 부탁하여, 食傷(식상)을 攻擊(공격)하고, 官星(관성)을 保護(보호)해야 된다.

戊土 大運(대운)에 戊土가 四柱(사주) 月支(월지) 辰土와 辰戌沖(진술충)하면 辰中癸水(진중계수)가 中氣(중기)에서 나오게 된다. 癸水가 나와서 무엇을 하는가 四柱(사주) 日干(일간) 丁火와 丁癸沖(정계충)이다. 中氣(중기)에서 癸水가 와서 丁火와 沖(충)하면 癸水 偏官(편관) 喜神(희신)이고,

沖(충)이라, 職場(직장)에 變化(변화)가 있게 된다.

59세 辛巳年에 辛金이 四柱(사주) 丙火와 丙辛合水局(병신합수국)하면 壬水이고 正官(정관) 喜神運(희신운)이다. 大運(대운)에서 丁癸沖(정계충) 勢運(세운)에서 丙辛合水局(병신합수국) 壬水 喜神運(희신운)이라 自營業(자영업)을 하려고 準備(준비) 중이다.

<table>
<tr><td>겁재</td><td></td><td>정관</td><td>편재</td><td colspan="7" align="center">乾命</td><td>용신.목.비겁</td></tr>
<tr><td>목</td><td>목</td><td>금</td><td>토</td><td></td><td></td><td></td><td></td><td></td><td></td><td></td><td>희신.수.인성</td></tr>
<tr><td>乙</td><td>甲</td><td>辛</td><td>戊</td><td>66</td><td>56</td><td>46</td><td>36</td><td>26</td><td>16</td><td>6</td><td>기신.금.관성</td></tr>
<tr><td>亥</td><td>辰</td><td>酉</td><td>戊</td><td>戊</td><td>丁</td><td>丙</td><td>乙</td><td>甲</td><td>癸</td><td>壬</td><td>구신.토.재성</td></tr>
<tr><td>壬</td><td>戊</td><td>辛</td><td>戊</td><td>辰</td><td>卯</td><td>寅</td><td>丑</td><td>子</td><td>亥</td><td>戌</td><td>한신.화.식상</td></tr>
<tr><td>수</td><td>토</td><td>금</td><td>토</td><td></td><td></td><td></td><td></td><td></td><td></td><td></td><td></td></tr>
<tr><td>편인</td><td>편재</td><td>정관</td><td>편재</td><td></td><td></td><td></td><td></td><td></td><td></td><td></td><td></td></tr>
</table>

재다용비격(財多用比格)　　월의심천 16일 9시간 31분

甲木日干(갑목일간)이 地支(지지)에 通根(통근)하지 못하고 身弱(신약)하다. 四柱(사주)에 强(강)한 것은 土星(토성)인 財星(재성)이다. 財星(재성)이 强(강)하면, 피해보는 것은 印星(인성)인데, 구제할 수 있는 五行(오행)으로는 木星(목성)과 金星(금성) 두 五行(오행)이다. 金星(금성)을 用神(용신)으로 잡으면 比劫(비겁)이 身弱(신약)이라 쓸 수가 없고, 木星(목성)인 比劫(비겁)이 財星(재성)을 攻擊(공격)하고, 印星(인성)을 保護(보호)해야 된다.

丑土 大運(대운)에 丑土는 己土이므로 四柱(사주) 日干(일간) 甲木과 甲己合土局(갑기합토국)하면 戊土이고 偏財(편재) 仇神運(구신운)이다. 己土

正財(정재)가 와서 甲木 比肩(비견) 나와 合(합)하여 偏財(편재) 忌神運(기신운)이면 財物(재물)이나, 女子문제로 힘들게 된다.

44세 辛巳年에 辛金이 四柱(사주) 時干(시간) 乙木과 乙辛沖(을신충)이다. 辛金 正官(정관) 忌神(기신)이 乙木 劫財(겁재) 用神(용신)을 沖(충)하면 乙木 用神(용신)이 다치게 되고, 올바른 生角(생각)을 하지 못하고 머리 쪽으로 이상하게 된다. 大運(대운)에서 甲己合土局(갑기합토국) 偏財(편재) 仇神運(구신운) 勢運(세운)에서 乙辛沖(을신충) 用神(용신)의 힘이 喪失(상실)되어 疑妻症(의처증)이 發生(발생)하였다.

정관		식신	상관								용신.화.관성
화	금	수	수								희신.목.재성
丁	庚	壬	癸			乾命					기신.수.식상
丑	寅	戌	卯	63	53	43	33	23	13	3	구신.금.비겁
癸	戊	辛	甲	乙	丙	丁	戊	己	庚	辛	한신.토.인성
수	토	금	목	卯	辰	巳	**午**	未	申	酉	
상관	편인	겁재	편재								

재자약살격(財滋弱殺格)   월의심천 4일 16시간 54분

節期(절기)에서 4日 16時間(시간)이라 初氣(초기)에 해당한다. 庚金日柱(경금일주)가 月令(월령)에 得令(득령)하고 印星(인성)까지 있어 身强(신강)하다. 四柱(사주)에 强(강)한 것은 金星(금성)인 比劫(비겁)이다. 比劫(비겁)이 强(강)하면, 피해보는 것은 財星(재성)인데, 구제할 수 있는 五行(오행)은 火星(화성)과 水星(수성) 두 五行(오행)이다. 水星(수성)을 用神(용신)으로 잡으면 陰陽調候(음양조후) 때문에 쓸 수가 없고, 火星(화성)인

官星(관성)이 比劫(비겁)을 攻擊(공격)하고, 財星(재성)을 保護(보호)해야 된다.

午火 大運(대운)에 午火는 丁火이므로 四柱(사주) 月干(월간) 壬水와 丁壬木局(정임목국)하면 甲木이고 偏財(편재) 喜神運(희신운)이다. 丁火 正官(정관)이 와서 壬水와 合(합)하여 甲木 偏財(편재) 喜神運(희신운)이면 職場(직장)과 財物(재물)쪽으로 움직인다는 뜻이다.

39세 辛巳年에 巳火는 丙火이므로 四柱(사주) 月干(월간) 壬水와 丙壬沖(병임충)이다. 大運(대운)에서 丁壬木局(정임목국)한 것을 勢運(세운)에서 丙壬沖(병임충)하면 문제가 發生(발생)하게 된다. 職場生活(직장생활)하고 있는데, 退職(퇴직)하고 自營業(자영업)을 運營(운영)하는 것이 앞날에 發展(발전)있다고 生角(생각)하고, 物色(물색) 중이다.

편인		정재	정재					坤命				용신.수.인성
수	목	토	토									희신.금.관성
癸	乙	戊	戊	68	58	48	38	28	18	8		진용신.목.비겁
未	亥	午	戌	辛	壬	癸	甲	乙	丙	丁		기신.토.재성
己	壬	丁	戊	亥	子	丑	**寅**	卯	辰	巳		구신.화.식상
토	수	화	토									
편재	인수	식신	정재									

무격(無格)

월의심천 20일 23시간 18분

乙木日干(을목일간)이 地支(지지)에 通根(통근)하지 못하고 身弱(신약)하다. 四柱(사주)에 强(강)한 것은 土星(토성)인 財星(재성)이다. 財星(재성)이 强(강)하면, 피해보는 것은 印星(인성)인데, 구제할 수 있는 五行(오행)으로는 木星(목성)과 金星(금성) 두 五行(오행)이다. 四柱(사주)에 木星(목성)과 金星(금성)이 없으므로 土星(토성)에게 尅(극)당하고 있는 水星(수성) 自己(자기)가 用神(용신)이 된다. 四柱(사주) 구조상 어쩔 수 없어 金星(금성)을 喜神(희신)으로 잡았지만, 金星(금성)은 身弱(신약)인 比劫(비겁)을 攻擊(공격)하기 때문에 吉(길)하지 않고, 凶(흉)의 작용이 더 強(강)하고 木星(목성)인 比劫運(비겁운)이 吉(길)하게 된다.

寅木 大運(대운)에 寅木은 甲木이므로 四柱(사주) 時支(시지) 己土와 甲己合土局(갑기합토국)하면 戊土이고 正財(정재) 忌神運(기신운)이다. 甲木 劫財(겁재)가 와서 己土와 합(合)하여 正財(정재) 忌神運(기신운)이면 甲木은 男子이고, 己土는 金錢(금전)이기 때문에 즉 男子와 金錢(금전)문제로 힘들게 된다는 뜻이다.

44세 辛巳年에 巳火가 四柱(사주) 日支(일지) 亥水와 巳亥沖(사해충)하면 亥中甲木(해중갑목)이 中氣(중기)에서 나오게 된다. 甲木이 나와서 무엇을 하는가? 四柱(사주) 時支(시지) 己土와 甲己合土局(갑기합토국)하면 戊土이고 正財(정재) 忌神運(기신운)이다. 用神(용신)인 印星(인성)은 弱(약)하게 되면서, 財星(재성)은 더욱 強(강)하게 되어 印星(인성)을 攻擊(공격)하게 되므로 印星(인성)이 다치게 된다. 二姓(이성)문제나, 文書(문서)가 發生(발생)한다. 외롭고 의지할 때가 필요해서 愛人(애인)을 만나고 있는데, 金錢(금전) 문제로 매일 毆縛(구박)하기 때문에 만나는 것이 겁이 난다. 나를 좋아서 만나는 것이 아니라, 金錢(금전)이 필요해서 만나는 것을 알았는데 헤어지는 것이 最高(최고)인데 마음대로 되지 않고 있다. 외로워서 만난 것이 도움은 되지 않고 순간적인 生角(생각)을 잘 못하여 오히려 더욱 힘들게 되고 있다.

편관		겁재	정재		乾命						용신.목.관성
목	토	토	수								희신.수.재성
甲	戊	己	癸								기신.금.식상
寅	午	未	丑	66	56	46	36	26	16	6	구신.토.비겁
丙	己	己	己	壬	癸	甲	乙	**丙**	丁	戊	한신.화.인성
화	토	토	토	子	丑	寅	卯	辰	巳	午	
편인	겁재	겁재	겁재								

재자약살격 (財滋弱殺格)　　월의심천 13일 13시간 3분

節期(절기)에서 13日 13時間(시간)이라 寅, 午는 中氣(중기)에 해당한다. 戊土日柱(무토일주)가 月令(월령)에 得令(득령)하고 印星(인성)까지 있어 太旺(태왕)하다. 四柱(사주)에 强(강)한 것은 土星(토성)인 比劫(비겁)이다. 比劫(비겁)이 强(강)하면, 피해보는 것은 財星(재성)인데, 구제할 수 있는 五行(오행)으로는 木星(목성)과 金星(금성) 두 五行(오행)이다. 金星(금성)은 四柱(사주)에 없으므로 用神(용신)의 資格(자격)이 未達(미달)이라 쓸 수가 없고, 木星(목성)인 官星(관성)에게 부탁하여, 比劫(비겁)을 攻擊(공격)하고, 財星(재성)을 保護(보호)해야 된다.

丙火 大運(대운)에 丙火 偏印(편인) 閑神運(한신운)이다. 四柱(사주)에 比劫(비겁)이 强(강)하게 있는데, 印星運(인성운)이 오면 比劫(비겁)은 더욱 强(강)하게 되므로, 財星(재성)이 힘들게 되어, 金錢(금전)이나, 女子쪽으로 生角(생각)되로 되지 않고, 比劫(비겁)이 旺盛(왕성)하므로 주위 사람들의 도움을 받지 못하고 공경에 처하게 된다.

29세 辛巳年에 辛金이 四柱(사주) 時支(시지) 丙火와 丙辛合水局(병신합수국)하면 壬水이고 偏財(편재) 喜神運(희신운)이다. 10살이나 아래인

女子를 만나 愛人(애인)사이가 되었는데 後半(후반) 丙火 偏印(편인) 閑神運(한신운)이다. 結婚(결혼)을 하려고 生角(생각)했는데, 女子쪽에서 反對(반대)가 너무나 심하고 어떻게 해야 되는지 分揀(분간)을 못하고 있다. 比劫(비겁)이 强(강)하면, 女子의 福(복)이 부족이라 상대가 되는 것을 찾아야 되는데, 하늘만 쳐다보고 땅은 보지 않고 만일 結婚(결혼)을 한다면 因緣(인연)이 얼마나 갈 것인가 辰土 大運(대운)에서 문제가 생길 것이다.